中国农垦农场志丛

# 甘　肃

## 饮马农场志

中国农垦农场志丛编纂委员会　组编
甘肃饮马农场志编纂委员会　主编

中国农业出版社
北　京

图书在版编目（CIP）数据

甘肃饮马农场志/中国农垦农场志丛编纂委员会组
编；甘肃饮马农场志编纂委员会主编 . —北京：中国
农业出版社，2022.12
　（中国农垦农场志丛）
　ISBN 978-7-109-30631-8

　Ⅰ.①甘…　Ⅱ.①中…　②甘…　Ⅲ.①国营农场—概
况—玉门　Ⅳ.①F324.1

中国国家版本馆CIP数据核字（2023）第070522号

出 版 人：刘天金
出版策划：苑　荣　刘爱芳
丛书统筹：王庆宁　赵世元
审 稿 组：柯文武　干锦春　薛　波
编 辑 组：杨金妹　王庆宁　周　珊　刘昊阳　黄　曦　李　梅　吕　睿　赵世元　黎　岳
　　　　　刘佳玫　王玉水　李兴旺　蔡雪青　刘金华　陈思羽　张潇逸　喻瀚章　赵星华
工 艺 组：毛志强　王　宏　吴丽婷
设 计 组：姜　欣　关晓迪　王　晨　杨　婧
发行宣传：王贺春　蔡　鸣　李　晶　雷云钊　曹建丽
技术支持：王芳芳　赵晓红　张　瑶

甘肃饮马农场志
Gansu Yinma Nongchangzhi

中国农业出版社出版
地址：北京市朝阳区麦子店街18号楼
邮编：100125
责任编辑：刘昊阳
责任校对：吴丽婷　责任印制：王　宏
印刷：北京通州皇家印刷厂
版次：2022年12月第1版
印次：2022年12月北京第1次印刷
发行：新华书店北京发行所
开本：889mm×1194mm　1/16
印张：36.5　插页：4
字数：820千字
定价：228.00元

# 玉门市饮马农场土地利用现状图

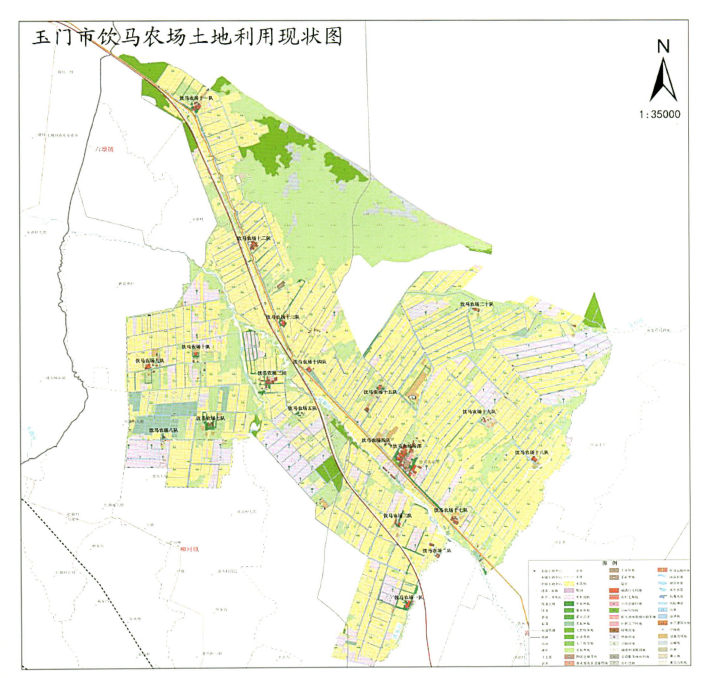

饮马农场大门 ■

■ 饮马农场学校

■ 农场办公楼

东方大酒店

饮马农场招待所

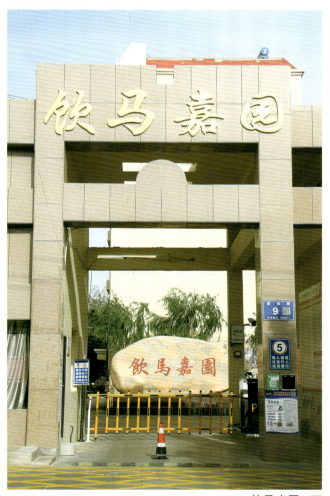

饮马小区

农场棚户区

甘肃省委、省政府授予饮马农场
"省级文明单位"称号

省级文明单位

中共甘肃省委
甘肃省人民政府

奖

1998—1999年度
甘肃思想政治工作优秀企业

省委宣传部　省委组织部
省经贸委　省总工会
2000.10

饮马农场被甘肃省委宣传部等4部门评为
"1998—1999年度思想政治工作优秀企业"

无公害农产品

示范基地农场

2005年11月—2008年11月
中华人民共和国农业部

农业部确定饮马农场为"2005—2008年度
无公害农产品示范基地农场"

甘肃农垦科技进步

三等奖

甘肃省农垦集团有限责任公司
二〇一六年十二月

饮马农场被甘肃省农垦集团公司评为
"2016年度农垦科技进步三等奖"

饮马分公司被甘肃省农垦集团公司党委评选为"2019年度先进单位"

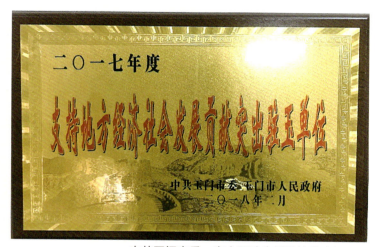

中共玉门市委、市人民政府授予饮马农场
"支援地方经济社会发展贡献突出先进单位"称号

中共甘肃省国资委授予饮马农场"2021年度先进基层党组织"称号

# 中国农垦农场志丛编纂委员会

**主 任**

张兴旺

**副主任**

左常升　李尚兰　刘天金　彭剑良　程景民　王润雷

**成 员**（按垦区排序）

肖辉利　毕国生　苗冰松　茹栋梅　赵永华　杜　鑫　陈　亮

王守聪　许如庆　姜建友　唐冬寿　王良贵　郭宋玉　兰永清

马常春　张金龙　李胜强　马艳青　黄文沐　张安明　王明魁

徐　斌　田李文　张元鑫　余　繁　林　木　王　韬　张懿笃

杨毅青　段志强　武洪斌　熊　斌　冯天华　朱云生　常　芳

# 中国农垦农场志丛编纂委员会办公室

**主 任**

王润雷

**副主任**

王　生　刘爱芳　武新宇　明　星

**成 员**

胡从九　刘琢琬　干锦春　王庆宁

中国农垦农场志

# 甘肃饮马农场志编纂委员会

**主　任**

常玉泉

**副主任**

廖伟祥　张怀德（外聘）

**成　员**

刘明军　党文新　邹常生　郭万鑫　马东红　吴大鹏

刘婉君　关治清　王兴宏　张　彪　张将元　宋丽菁

总　序

中国农垦农场志丛自 2017 年开始酝酿，历经几度春秋寒暑，终于在建党 100 周年之际，陆续面世。在此，谨向所有为修此志作出贡献、付出心血的同志表示诚挚的敬意和由衷的感谢！

中国共产党领导开创的农垦事业，为中华人民共和国的诞生和发展立下汗马功劳。八十余年来，农垦事业的发展与共和国的命运紧密相连，在使命履行中，农场成长为国有农业经济的骨干和代表，成为国家在关键时刻抓得住、用得上的重要力量。

如果将农垦比作大厦，那么农场就是砖瓦，是基本单位。在全国 31 个省（自治区、直辖市，港澳台除外），分布着 1800 多个农垦农场。这些星罗棋布的农场如一颗颗玉珠，明暗随农垦的历史进程而起伏；当其融汇在一起，则又映射出农垦事业波澜壮阔的历史画卷，绽放着"艰苦奋斗、勇于开拓"的精神光芒。

（一）

"农垦"概念源于历史悠久的"屯田"。早在秦汉时期就有了移民垦荒，至汉武帝时创立军屯，用于保障军粮供应。之后，历代沿袭屯田这一做法，充实国库，供养军队。

中国共产党借鉴历代屯田经验，发动群众垦荒造田。1933 年 2 月，中华苏维埃共和国临时中央政府颁布《开垦荒地荒田办法》，规定"县区土地部、乡政府要马上调查统计本地所有荒田荒地，切实计划、发动群众去开荒"。到抗日战争时期，中国共产党大规模地发动军人进行农垦实践，肩负起支援抗战的特殊使命，农垦事业正式登上了历史舞台。

20 世纪 30 年代末至 40 年代初，抗日战争进入相持阶段，在日军扫荡和国民党军事包围、经济封锁等多重压力下，陕甘宁边区生活日益困难。"我们曾经弄到几乎没有衣穿，没有油吃，没有纸、没有菜，战士没有鞋袜，工作人员在冬天没有被盖。"毛泽东同志曾这样讲道。

面对艰难处境，中共中央决定开展"自己动手，丰衣足食"的生产自救。1939 年 2 月 2 日，毛泽东同志在延安生产动员大会上发出"自己动手"的号召。1940 年 2 月 10 日，中共中央、中央军委发出《关于开展生产运动的指示》，要求各部队"一面战斗、一面生产、一面学习"。于是，陕甘宁边区掀起了一场轰轰烈烈的大生产运动。

这个时期，抗日根据地的第一个农场——光华农场诞生了。1939 年冬，根据中共中央的决定，光华农场在延安筹办，生产牛奶、蔬菜等食物。同时，进行农业科学实验、技术推广，示范带动周边群众。这不同于古代屯田，开创了农垦示范带动的历史先河。

在大生产运动中，还有一面"旗帜"高高飘扬，让人肃然起敬，它就是举世闻名的南泥湾大生产运动。

1940 年 6—7 月，为了解陕甘宁边区自然状况、促进边区建设事业发展，在中共中央财政经济部的支持下，边区政府建设厅的农林科学家乐天宇等一行 6 人，历时 47 天，全面考察了边区的森林自然状况，并完成了《陕甘宁边区森林考察团报告书》，报告建议垦殖南泥洼（即南泥湾）。之后，朱德总司令亲自前往南泥洼考察，谋划南泥洼的开发建设。

1941 年春天，受中共中央的委托，王震将军率领三五九旅进驻南泥湾。那时，南泥湾俗称"烂泥湾","方圆百里山连山",战士们"只见梢林不见天",身边做伴的是满山窜的狼豹黄羊。在这种艰苦处境中,战士们攻坚克难,一手拿枪,一手拿镐,练兵开荒两不误,把"烂泥湾"变成了陕北的"好江南"。从1941年到1944年,仅仅几年时间,三五九旅的粮食产量由0.12万石猛增到3.7万石,上缴公粮1万石,达到了耕一余一。与此同时,工业、商业、运输业、畜牧业和建筑业也得到了迅速发展。

南泥湾大生产运动,作为中国共产党第一次大规模的军垦,被视为农垦事业的开端,南泥湾也成为农垦事业和农垦精神的发祥地。

进入解放战争时期,建立巩固的东北根据地成为中共中央全方位战略的重要组成部分。毛泽东同志在1945年12月28日为中共中央起草的《建立巩固的东北根据地》中,明确指出"我党现时在东北的任务,是建立根据地,是在东满、北满、西满建立巩固的军事政治的根据地",要求"除集中行动负有重大作战任务的野战兵团外,一切部队和机关,必须在战斗和工作之暇从事生产"。

紧接着,1947年,公营农场兴起的大幕拉开了。

这一年春天,中共中央东北局财经委员会召开会议,主持财经工作的陈云、李富春同志在分析时势后指出:东北行政委员会和各省都要"试办公营农场,进行机械化农业实验,以迎接解放后的农村建设"。

这一年夏天,在松江省政府的指导下,松江省省营第一农场(今宁安农场)创建。省政府主任秘书李在人为场长,他带领着一支18人的队伍,在今尚志市一面坡太平沟开犁生产,一身泥、一身汗地拉开了"北大荒第一犁"。

这一年冬天,原辽北军区司令部作训科科长周亚光带领人马,冒着严寒风雪,到通北县赵光区实地踏查,以日伪开拓团训练学校旧址为基础,建成了我国第一个公营机械化农场——通北机械农场。

之后,花园、永安、平阳等一批公营农场纷纷在战火的硝烟中诞生。与此同时,一部分身残志坚的荣誉军人和被解放的国民党军人,向东北荒原宣战,艰苦拓荒、艰辛创业,创建了一批荣军农场和解放团农场。

再将视线转向华北。这一时期，在河北省衡水湖的前身"千顷洼"所在地，华北人民政府农业部利用一批来自联合国善后救济总署的农业机械，建成了华北解放区第一个机械化公营农场——冀衡农场。

除了机械化农场，在那个主要靠人力耕种的年代，一些拖拉机站和机务人员培训班诞生在东北、华北大地上，推广农业机械化技术，成为新中国农机事业人才培养的"摇篮"。新中国的第一位女拖拉机手梁军正是优秀代表之一。

## （二）

中华人民共和国成立后农垦事业步入了发展的"快车道"。

1949 年 10 月 1 日，新中国成立了，百废待兴。新的历史阶段提出了新课题、新任务：恢复和发展生产，医治战争创伤，安置转业官兵，巩固国防，稳定新生的人民政权。

这没有硝烟的"新战场"，更需要垦荒生产的支持。

1949 年 12 月 5 日，中央人民政府人民革命军事委员会发布《关于 1950 年军队参加生产建设工作的指示》，号召全军"除继续作战和服勤务者而外，应当负担一部分生产任务，使我人民解放军不仅是一支国防军，而且是一支生产军"。

1952 年 2 月 1 日，毛泽东主席发布《人民革命军事委员会命令》："你们现在可以把战斗的武器保存起来，拿起生产建设的武器。"批准中国人民解放军 31 个师转为建设师，其中有 15 个师参加农业生产建设。

垦荒战鼓已擂响，刚跨进和平年代的解放军官兵们，又背起行囊，扑向荒原，将"作战地图变成生产地图"，把"炮兵的瞄准仪变成建设者的水平仪"，让"战马变成耕马"，在戈壁荒漠、三江平原、南国边疆安营扎寨，攻坚克难，辛苦耕耘，创造了农垦事业的一个又一个奇迹。

### 1. 将戈壁荒漠变成绿洲

1950 年 1 月，王震将军向驻疆部队发布开展大生产运动的命令，动员 11 万余名官兵就地屯垦，创建军垦农场。

垦荒之战有多难，这些有着南泥湾精神的农垦战士就有多拼。

没有房子住，就搭草棚子、住地窝子；粮食不够吃，就用盐水煮麦粒；没有拖拉机和畜力，就多人拉犁开荒种地……

然而，戈壁滩缺水，缺"农业的命根子"，这是痛中之痛！

没有水，战士们就自己修渠，自伐木料，自制筐担，自搓绳索，自开块石。修渠中涌现了很多动人故事，据原新疆兵团农二师师长王德昌回忆，1951 年冬天，一名来自湖南的女战士，面对磨断的绳子，情急之下，割下心爱的辫子，接上绳子背起了石头。

在战士们全力以赴的努力下，十八团渠、红星渠、和平渠、八一胜利渠等一条条大地的"新动脉"，奔涌在戈壁滩上。

1954 年 10 月，经中共中央批准，新疆生产建设兵团成立，陶峙岳被任命为司令员，新疆维吾尔自治区党委书记王恩茂兼任第一政委，张仲瀚任第二政委。努力开荒生产的驻疆屯垦官兵终于有了正式的新身份，工作中心由武装斗争转为经济建设，新疆地区的屯垦进入了新的阶段。

之后，新疆生产建设兵团重点开发了北疆的准噶尔盆地、南疆的塔里木河流域及伊犁、博乐、塔城等边远地区。战士们鼓足干劲，兴修水利、垦荒造田、种粮种棉、修路架桥，一座座城市拔地而起，荒漠变绿洲。

### 2. 将荒原沼泽变成粮仓

在新疆屯垦热火朝天之时，北大荒也进入了波澜壮阔的开发阶段，三江平原成为"主战场"。

1954 年 8 月，中共中央农村工作部同意并批转了农业部党组《关于开发东北荒地的农建二师移垦东北问题的报告》，同时上报中央军委批准。9 月，第一批集体转业的"移民大军"——农建二师由山东开赴北大荒。这支 8000 多人的齐鲁官兵队伍以荒原为家，创建了二九〇、二九一和十一农场。

同年，王震将军视察黑龙江汤原后，萌发了开发北大荒的设想。领命的是第五师副师长余友清，他打头阵，率一支先遣队到密山、虎林一带踏查荒原，于1955年元旦，在虎林县（今虎林市）西岗创建了铁道兵第一个农场，以部队番号命名为"八五〇部农场"。

1955年，经中共中央同意，铁道兵9个师近两万人挺进北大荒，在密山、虎林、饶河一带开荒建场，拉开了向三江平原发起总攻的序幕，在八五〇部农场周围建起了一批八字头的农场。

1958年1月，中央军委发出《关于动员十万干部转业复员参加生产建设的指示》，要求全军复员转业官兵去开发北大荒。命令一下，十万转业官兵及家属，浩浩荡荡进军三江平原，支边青年、知识青年也前赴后继地进攻这片古老的荒原。

垦荒大军不惧苦、不畏难，鏖战多年，荒原变良田。1964年盛夏，国家副主席董必武来到北大荒视察，面对麦香千里即兴赋诗："斩棘披荆忆老兵，大荒已变大粮屯。"

### 3. 将荒郊野岭变成胶园

如果说农垦大军在戈壁滩、北大荒打赢了漂亮的要粮要棉战役，那么，在南国边疆，则打赢了一场在世界看来不可能胜利的翻身仗。

1950年，朝鲜战争爆发后，帝国主义对我国实行经济封锁，重要战略物资天然橡胶被禁运，我国国防和经济建设面临严重威胁。

当时世界公认天然橡胶的种植地域不能超过北纬17°，我国被国际上许多专家划为"植胶禁区"。

但命运应该掌握在自己手中，中共中央作出"一定要建立自己的橡胶基地"的战略决策。1951年8月，政务院通过《关于扩大培植橡胶树的决定》，由副总理兼财政经济委员会主任陈云亲自主持这项工作。同年11月，华南垦殖局成立，中共中央华南分局第一书记叶剑英兼任局长，开始探索橡胶种植。

1952年3月，两万名中国人民解放军临危受命，组建成林业工程第一师、第二师和一个独立团，开赴海南、湛江、合浦等地，住茅棚、战台风、斗猛兽，白手起家垦殖橡胶。

大规模垦殖橡胶，急需胶籽。"一粒胶籽，一两黄金"成为战斗口号，战士们不惜一切代价收集胶籽。有一位叫陈金照的小战士，运送胶籽时遇到山洪，被战友们找到时已没有了呼吸，而背上箩筐里的胶籽却一粒没丢……

正是有了千千万万个把橡胶看得重于生命的陈金照们，1957 年春天，华南垦殖局种植的第一批橡胶树，流出了第一滴胶乳。

1960 年以后，大批转业官兵加入海南岛植胶队伍，建成第一个橡胶生产基地，还大面积种植了剑麻、香茅、咖啡等多种热带作物。同时，又有数万名转业官兵和湖南移民汇聚云南边疆，用血汗浇灌出了我国第二个橡胶生产基地。

在新疆、东北和华南三大军垦战役打响之时，其他省份也开始试办农场。1952年，在政务院关于"各县在可能范围内尽量地办起和办好一两个国营农场"的要求下，全国各地农场如雨后春笋般发展起来。1956 年，农垦部成立，王震将军被任命为部长，统一管理全国的军垦农场和地方农场。

随着农垦管理走向规范化，农垦事业也蓬勃发展起来。江西建成多个综合垦殖场，发展茶、果、桑、林等多种生产；北京市郊、天津市郊、上海崇明岛等地建起了主要为城市提供副食品的国营农场；陕西、安徽、河南、西藏等省区建立发展了农牧场群……

到 1966 年，全国建成国营农场 1958 个，拥有职工 292.77 万人，拥有耕地面积 345457 公顷，农垦成为我国农业战线一支引人瞩目的生力军。

## （三）

前进的道路并不总是平坦的。"文化大革命"持续十年，使党、国家和各族人民遭到新中国成立以来时间最长、范围最广、损失最大的挫折，农垦系统也不能幸免。农场平均主义盛行，从 1967 年至 1978 年，农垦系统连续亏损 12 年。

"没有一个冬天不可逾越，没有一个春天不会来临。"1978 年，党的十一届三中全会召开，如同一声春雷，唤醒了沉睡的中华大地。手握改革开放这一法宝，全党全社会朝着社会主义现代化建设方向大步前进。

在这种大形势下，农垦人深知，国营农场作为社会主义全民所有制企业，应当而且有条件走在农业现代化的前列，继续发挥带头和示范作用。

于是，农垦人自觉承担起推进实现农业现代化的重大使命，乘着改革开放的春风，开始进行一系列的上下求索。

1978 年 9 月，国务院召开了人民公社、国营农场试办农工商联合企业座谈会，决定在我国试办农工商联合企业，农垦系统积极响应。作为现代化大农业的尝试，机械化水平较高且具有一定工商业经验的农垦企业，在农工商综合经营改革中如鱼得水，打破了单一种粮的局面，开启了农垦一二三产业全面发展的大门。

农工商综合经营只是农垦改革的一部分，农垦改革的关键在于打破平均主义，调动生产积极性。

为调动企业积极性，1979 年 2 月，国务院批转了财政部、国家农垦总局《关于农垦企业实行财务包干的暂行规定》。自此，农垦开始实行财务大包干，突破了"千家花钱，一家（中央）平衡"的统收统支方式，解决了农垦企业吃国家"大锅饭"的问题。

为调动企业职工的积极性，从 1979 年根据财务包干的要求恢复"包、定、奖"生产责任制，到 1980 年后一些农场实行以"大包干"到户为主要形式的家庭联产承包责任制，再到 1983 年借鉴农村改革经验，全面兴办家庭农场，逐渐建立大农场套小农场的双层经营体制，形成"家家有场长，户户搞核算"的蓬勃发展气象。

为调动企业经营者的积极性，1984 年下半年，农垦系统在全国选择 100 多个企业试点推行场（厂）长、经理负责制，1988 年全国农垦有 60% 以上的企业实行了这项改革，继而又借鉴城市国有企业改革经验，全面推行多种形式承包经营责任制，进一步明确主管部门与企业的权责利关系。

以上这些改革主要是在企业层面，以单项改革为主，虽然触及了国家、企业和职工的最直接、最根本的利益关系，但还没有完全解决传统体制下影响农垦经济发展的深层次矛盾和困难。

"历史总是在不断解决问题中前进的。"1992年，继邓小平南方谈话之后，党的十四大明确提出，要建立社会主义市场经济体制。市场经济为农垦改革进一步指明了方向，但农垦如何改革才能步入这个轨道，真正成为现代化农业的引领者？

关于国营大中型企业如何走向市场，早在1991年9月中共中央就召开工作会议，强调要转换企业经营机制。1992年7月，国务院发布《全民所有制工业企业转换经营机制条例》，明确提出企业转换经营机制的目标是："使企业适应市场的要求，成为依法自主经营、自负盈亏、自我发展、自我约束的商品生产和经营单位，成为独立享有民事权利和承担民事义务的企业法人。"

为转换农垦企业的经营机制，针对在干部制度上的"铁交椅"、用工制度上的"铁饭碗"和分配制度上的"大锅饭"问题，农垦实施了干部聘任制、全员劳动合同制以及劳动报酬与工效挂钩的三项制度改革，为农垦企业建立在用人、用工和收入分配上的竞争机制起到了重要促进作用。

1993年，十四届三中全会再次擂响战鼓，指出要进一步转换国有企业经营机制，建立适应市场经济要求，产权清晰、权责明确、政企分开、管理科学的现代企业制度。

农业部积极响应，1994年决定实施"三百工程"，即在全国农垦选择百家国有农场进行现代企业制度试点、组建发展百家企业集团、建设和做强百家良种企业，标志着农垦企业的改革开始深入到企业制度本身。

同年，针对有些农场仍为职工家庭农场，承包户垫付生产、生活费用这一问题，根据当年1月召开的全国农业工作会议要求，全国农垦系统开始实行"四到户"和"两自理"，即土地、核算、盈亏、风险到户，生产费、生活费由职工自理。这一举措彻底打破了"大锅饭"，开启了国有农场农业双层经营体制改革的新发展阶段。

然而，在推进市场经济进程中，以行政管理手段为主的垦区传统管理体制，逐渐成为束缚企业改革的桎梏。

垦区管理体制改革迫在眉睫。1995年，农业部在湖北省武汉市召开全国农垦经济体制改革工作会议，在总结各垦区实践的基础上，确立了农垦管理体制的改革思路：逐步弱化行政职能，加快实体化进程，积极向集团化、公司化过渡。以此会议为标志，垦区管理体制改革全面启动。北京、天津、黑龙江等 17 个垦区按照集团化方向推进。此时，出于实际需要，大部分垦区在推进集团化改革中仍保留了农垦管理部门牌子和部分行政管理职能。

"前途是光明的，道路是曲折的。"由于农垦自身存在的政企不分、产权不清、社会负担过重等深层次矛盾逐渐暴露，加之农产品价格低迷、激烈的市场竞争等外部因素叠加，从 1997 年开始，农垦企业开始步入长达 5 年的亏损徘徊期。

然而，农垦人不放弃、不妥协，终于在 2002 年"守得云开见月明"。这一年，中共十六大召开，农垦也在不断调整和改革中，告别"五连亏"，盈利 13 亿。

2002 年后，集团化垦区按照"产业化、集团化、股份化"的要求，加快了对集团母公司、产业化专业公司的公司制改造和资源整合，逐步将国有优质资产集中到主导产业，进一步建立健全现代企业制度，形成了一批大公司、大集团，提升了农垦企业的核心竞争力。

与此同时，国有农场也在企业化、公司化改造方面进行了积极探索，综合考虑是否具备企业经营条件、能否剥离办社会职能等因素，因地制宜、分类指导。一是办社会职能可以移交的农场，按公司制等企业组织形式进行改革；办社会职能剥离需要过渡期的农场，逐步向公司制企业过渡。如广东、云南、上海、宁夏等集团化垦区，结合农场体制改革，打破传统农场界限，组建产业化专业公司，并以此为纽带，进一步将垦区内产业关联农场由子公司改为产业公司的生产基地（或基地分公司），建立了集团与加工企业、农场生产基地间新的运行体制。二是不具备企业经营条件的农场，改为乡、镇或行政区，向政权组织过渡。如 2003 年前后，一些垦区的部分农场连年严重亏损，有的甚至濒临破产。湖南、湖北、河北等垦区经省委、省政府批准，对农场管理体制进行革新，把农场管理权下放到市县，实行属地管理，一些农场建立农场管理区，赋予必要的政府职能，给予财税优惠政策。

这些改革离不开农垦职工的默默支持，农垦的改革也不会忽视职工的生活保障。1986 年，根据《中共中央、国务院批转农牧渔业部〈关于农垦经济体制改革问题的报告〉的通知》要求，农垦系统突破职工住房由国家分配的制度，实行住房商品化，调动职工自己动手、改善住房的积极性。1992 年，农垦系统根据国务院关于企业职工养老保险制度改革的精神，开始改变职工养老保险金由企业独自承担的局面，此后逐步建立并完善国家、企业、职工三方共同承担的社会保障制度，减轻农场养老负担的同时，也减少了农场职工的后顾之忧，保障了农场改革的顺利推进。

从 1986 年至十八大前夕，从努力打破传统高度集中封闭管理的计划经济体制，到坚定社会主义市场经济体制方向；从在企业层面改革，以单项改革和放权让利为主，到深入管理体制，以制度建设为核心、多项改革综合配套协调推进为主：农垦企业一步一个脚印，走上符合自身实际的改革道路，管理体制更加适应市场经济，企业经营机制更加灵活高效。

这一阶段，农垦系统一手抓改革，一手抓开放，积极跳出"封闭"死胡同，走向开放的康庄大道。从利用外资在经营等领域涉足并深入合作，大力发展"三资"企业和"三来一补"项目；到注重"引进来"，引进资金、技术设备和管理理念等；再到积极实施"走出去"战略，与中东、东盟、日本等地区和国家进行经贸合作出口商品，甚至扎根境外建基地、办企业、搞加工、拓市场：农垦改革开放风生水起逐浪高，逐步形成"两个市场、两种资源"的对外开放格局。

## （四）

党的十八大以来，以习近平同志为核心的党中央迎难而上，作出全面深化改革的决定，农垦改革也进入全面深化和进一步完善阶段。

2015 年 11 月，中共中央、国务院印发《关于进一步推进农垦改革发展的意见》（简称《意见》），吹响了新一轮农垦改革发展的号角。《意见》明确要求，新时期农垦改革发展要以推进垦区集团化、农场企业化改革为主线，努力把农垦建设成为保障国家粮食安全和重要农产品有效供给的国家队、中国特色新型农业现代化的示范区、农业对外合作的排头兵、安边固疆的稳定器。

2016 年 5 月 25 日，习近平总书记在黑龙江省考察时指出，要深化国有农垦体制改革，以垦区集团化、农场企业化为主线，推动资源资产整合、产业优化升级，建设现代农业大基地、大企业、大产业，努力形成农业领域的航母。

2018年9月25日，习近平总书记再次来到黑龙江省进行考察，他强调，要深化农垦体制改革，全面增强农垦内生动力、发展活力、整体实力，更好发挥农垦在现代农业建设中的骨干作用。

农垦从来没有像今天这样更接近中华民族伟大复兴的梦想！农垦人更加振奋了，以壮士断腕的勇气、背水一战的决心继续农垦改革发展攻坚战。

## 1. 取得了累累硕果

——坚持集团化改革主导方向，形成和壮大了一批具有较强竞争力的现代农业企业集团。黑龙江北大荒去行政化改革、江苏农垦农业板块上市、北京首农食品资源整合……农垦深化体制机制改革多点开花、逐步深入。以资本为纽带的母子公司管理体制不断完善，现代公司治理体系进一步健全。市县管理农场的省份区域集团化改革稳步推进，已组建区域集团和产业公司超过300家，一大批农场注册成为公司制企业，成为真正的市场主体。

——创新和完善农垦农业双层经营体制，强化大农场的统一经营服务能力，提高适度规模经营水平。截至2020年，据不完全统计，全国农垦规模化经营土地面积5500多万亩，约占农垦耕地面积的70.5%，现代农业之路越走越宽。

——改革国有农场办社会职能，让农垦企业政企分开、社企分开，彻底甩掉历史包袱。截至2020年，全国农垦有改革任务的1500多个农场完成办社会职能改革，松绑后的步伐更加矫健有力。

——推动农垦国有土地使用权确权登记发证，唤醒沉睡已久的农垦土地资源。截至2020年，土地确权登记发证率达到96.3%，使土地也能变成金子注入农垦企业，为推进农垦土地资源资产化、资本化打下坚实基础。

——积极推进对外开放，农垦农业对外合作先行者和排头兵的地位更加突出。合作领域从粮食、天然橡胶行业扩展到油料、糖业、果菜等多种产业，从单个环节

— 15 —

向全产业链延伸，对外合作范围不断拓展。截至 2020 年，全国共有 15 个垦区在 45 个国家和地区投资设立了 84 家农业企业，累计投资超过 370 亿元。

## 2. 在发展中改革，在改革中发展

农垦企业不仅有改革的硕果，更以改革创新为动力，在扶贫开发、产业发展、打造农业领域航母方面交出了漂亮的成绩单。

——聚力农垦扶贫开发，打赢农垦脱贫攻坚战。从 20 世纪 90 年代起，农垦系统开始扶贫开发。"十三五"时期，农垦系统针对 304 个重点贫困农场，绘制扶贫作战图，逐个建立扶贫档案，坚持"一场一卡一评价"。坚持产业扶贫，组织开展技术培训、现场观摩、产销对接，增强贫困农场自我"造血"能力。甘肃农垦永昌农场建成高原夏菜示范园区，江西宜丰黄冈山垦殖场大力发展旅游产业，广东农垦新华农场打造绿色生态茶园……贫困农场产业发展蒸蒸日上，全部如期脱贫摘帽，相对落后农场、边境农场和生态脆弱区农场等农垦"三场"踏上全面振兴之路。

——推动产业高质量发展，现代农业产业体系、生产体系、经营体系不断完善。初步建成一批稳定可靠的大型生产基地，保障粮食、天然橡胶、牛奶、肉类等重要农产品的供给；推广一批环境友好型种养新技术、种养循环新模式，提升产品质量的同时促进节本增效；制定发布一系列生鲜乳、稻米等农产品的团体标准，守护"舌尖上的安全"；相继成立种业、乳业、节水农业等产业技术联盟，形成共商共建共享的合力；逐渐形成"以中国农垦公共品牌为核心、农垦系统品牌联合舰队为依托"的品牌矩阵，品牌美誉度、影响力进一步扩大。

——打造形成农业领域航母，向培育具有国际竞争力的现代农业企业集团迈出坚实步伐。黑龙江北大荒、北京首农、上海光明三个集团资产和营收双超千亿元，在发展中乘风破浪：黑龙江北大荒农垦集团实现机械化全覆盖，连续多年粮食产量稳定在 400 亿斤以上，推动产业高端化、智能化、绿色化，全力打造"北大荒绿色智慧厨房"；北京首农集团坚持科技和品牌双轮驱动，不断提升完善"从田间到餐桌"的全产业链条；上海光明食品集团坚持品牌化经营、国际化发展道路，加快农业

"走出去"步伐，进行国际化供应链、产业链建设，海外营收占集团总营收 20％左右，极大地增强了对全世界优质资源的获取能力和配置能力。

千淘万漉虽辛苦，吹尽狂沙始到金。迈入"十四五"，农垦改革目标基本完成，正式开启了高质量发展的新篇章，正在加快建设现代农业的大基地、大企业、大产业，全力打造农业领域航母。

## （五）

八十多年来，从人畜拉犁到无人机械作业，从一产独大到三产融合，从单项经营到全产业链，从垦区"小社会"到农业"集团军"，农垦发生了翻天覆地的变化。然而，无论农垦怎样变，变中都有不变。

——不变的是一路始终听党话、跟党走的绝对忠诚。从抗战和解放战争时期垦荒供应军粮，到新中国成立初期发展生产、巩固国防，再到改革开放后逐步成为现代农业建设的"排头兵"，农垦始终坚持全面贯彻党的领导。而农垦从孕育诞生到发展壮大，更离不开党的坚强领导。毫不动摇地坚持贯彻党对农垦的领导，是农垦人奋力前行的坚强保障。

——不变的是服务国家核心利益的初心和使命。肩负历史赋予的保障供给、屯垦戍边、示范引领的使命，农垦系统始终站在讲政治的高度，把完成国家战略任务放在首位。在三年困难时期、"非典"肆虐、汶川大地震、新冠肺炎疫情突发等关键时刻，农垦系统都能"调得动、顶得上、应得急"，为国家大局稳定作出突出贡献。

——不变的是"艰苦奋斗、勇于开拓"的农垦精神。从抗日战争时一手拿枪、一手拿镐的南泥湾大生产，到新中国成立后新疆、东北和华南的三大军垦战役，再到改革开放后艰难但从未退缩的改革创新、坚定且铿锵有力的发展步伐，"艰苦奋斗、勇于开拓"始终是农垦人不变的本色，始终是农垦人攻坚克难的"传家宝"。

农垦精神和文化生于农垦沃土，在红色文化、军旅文化、知青文化等文化中孕育，也在一代代人的传承下，不断被注入新的时代内涵，成为农垦事业发展的不竭动力。

"大力弘扬'艰苦奋斗、勇于开拓'的农垦精神，推进农垦文化建设，汇聚起推动农垦改革发展的强大精神力量。"中央农垦改革发展文件这样要求。在新时代、新征程中，记录、传承农垦精神，弘扬农垦文化是农垦人的职责所在。

## （六）

随着垦区集团化、农场企业化改革的深入，农垦的企业属性越来越突出，加之有些农场的历史资料、文献文物不同程度遗失和损坏，不少老一辈农垦人也已年至期颐，农垦历史、人文、社会、文化等方面的保护传承需求也越来越迫切。

传承农垦历史文化，志书是十分重要的载体。然而，目前只有少数农场编写出版过农场史志类书籍。因此，为弘扬农垦精神和文化，完整记录展示农场发展改革历程，保存农垦系统重要历史资料，在农业农村部党组的坚强领导下，农垦局主动作为，牵头组织开展中国农垦农场志丛编纂工作。

工欲善其事，必先利其器。2019 年，借全国第二轮修志工作结束、第三轮修志工作启动的契机，农业农村部启动中国农垦农场志丛编纂工作，广泛收集地方志相关文献资料，实地走访调研、拜访专家、咨询座谈、征求意见等。在充足的前期准备工作基础上，制定了中国农垦农场志丛编纂工作方案，拟按照前期探索、总结经验、逐步推进的整体安排，统筹推进中国农垦农场志丛编纂工作，这一方案得到了农业农村部领导的高度认可和充分肯定。

编纂工作启动后，层层落实责任。农业农村部专门成立了中国农垦农场志丛编纂委员会，研究解决农场志编纂、出版工作中的重大事项；编纂委员会下设办公室，负责志书编纂的具体组织协调工作；各省级农垦管理部门成立农场志编纂工作机构，负责协调本区域农场志的组织编纂、质量审查等工作；参与编纂的农场成立了农场志编纂工作小组，明确专职人员，落实工作经费，建立配套机制，保证了编纂工作的顺利进行。

质量是志书的生命和价值所在。为保证志书质量，我们组织专家编写了《农场志编纂技术手册》，举办农场志编纂工作培训班，召开农场志编纂工作推进会和研讨会，到农场实地调研督导，尽全力把好志书编纂的史实关、政治关、体例关、文字关和出版关。我们本着"时间服从质量"的原则，将精品意识贯穿编纂工作始终。坚持分步实施、稳步推进，成熟一本出版一本，成熟一批出版一批。

中国农垦农场志丛是我国第一次较为系统地记录展示农场形成发展脉络、改革发展历程的志书。它是一扇窗口，让读者了解农场，理解农垦；它是一条纽带，让农垦人牢记历史，让农垦精神代代传承；它是一本教科书，为今后农垦继续深化改革开放、引领现代农业建设、服务乡村振兴战略指引道路。

修志为用。希望此志能够"尽其用"，对读者有所裨益。希望广大农垦人能够从此志汲取营养，不忘初心、牢记使命，一茬接着一茬干、一棒接着一棒跑，在新时代继续发挥农垦精神，续写农垦改革发展新辉煌，为实现中华民族伟大复兴的中国梦不懈努力！

中国农垦农场志丛编纂委员会

2021 年 7 月

甘肃饮马农场志

GANSU YINMA NONGCHANGZHI

　　走进新时代，全国人民意气风发，满怀豪情，在习近平新时代中国特色社会主义思想的指引下，不忘初心，牢记使命，跨越新征程，再创新辉煌，为实现中华民族伟大复兴的中国梦而不懈努力，并做出新的贡献。中国共产党的100年，是矢志践行初心使命的100年，是筚路蓝缕奠基立业的100年，是创造辉煌开辟未来的100年。在中国共产党的英明领导下，中华民族实现了从站起来、富起来到强起来的伟大历史性飞跃。今日之中国，已经自豪地跃升为世界第二大经济体，全国脱贫攻坚取得了全面胜利，小康社会全面建成。中国共产党带领全国人民创造了伟大的人间奇迹。

　　时代在前进，社会在发展。饮马农场自创建64年来，始终坚定不移地贯彻党的各项方针政策，坚持发扬自力更生、艰苦奋斗、勇于开拓的农垦精神，逐步推进生产建设和社会各业的发展，取得了一个又一个伟大胜利。抚今追昔，在20世纪50年代初，一批又一批来自全国各地的复转军人、城市知识青年、专业技术人员及国家干部职工别离故土、弃家舍业，积极响应党的号召，满怀信心地来到这片荒无人烟的大漠戈壁，义无反顾地投入饮马农场的开发建设。但是，在那个艰苦的年代，国民经济百废待兴，建设者面临的困难真是道之不尽——"头顶青天，脚踏荒原，睡地窝子、啃干饼子，披星戴月，战天斗地，顶风冒雪，垦荒造田"，这就是当时的真实写照。

为让荒原变绿洲，最终实现在戈壁滩上建成一个现代化国营农场这一宏伟目标，60多年来，"饮马人"奋斗的脚步从未停止，创业的信念更加坚定，冲锋的号角一直激励着人们奋勇向前。客观地讲，那时饮马农场所处的地域干旱缺水，风沙大，气候条件很差，属典型的湖盆盐漠，生态条件严酷且脆弱。要成功建好农场，必然要下大功夫、花大气力，具有"敢教日月换新天"的魄力。毋庸置疑，这是一场严酷的生产斗争，是一场人与大自然的长期较量和拼搏。数十年后，在创业者的艰苦努力下，终于，一个现代化的国营农场在这块大戈壁上拔地而起——饮马农场诞生了。

开弓没有回头箭。在几十年的农场开发建设中，一批批建设者以坚强的毅力、无所畏惧的勇气和敢为人先的"硬骨头"精神，克服了一个又一个困难，取得了今天来之不易的成绩。这是一个时代刻骨铭心的记忆。

波澜壮阔的改革开放赋予"饮马人"矢志不移的坚定信念，激励农场干部和广大职工群众凝聚共识、团结奋进，为加快现代农业发展，不断开创新局面、做出新贡献，几十年来，在一届又一届场领导的带领下，在改革开放的大好形势鼓舞下，在广大职工群众的大力支持下，"农垦精神"不断发扬光大，农场的生产建设持续稳步发展，经济社会全面进步，农林牧及社会各业发展齐头并进，成就卓著，成果喜人。但是从不居功自傲的"饮马人"并不以此为满足，他们提振士气、信心满满，撸起袖子加油干，为铸就"饮马"新辉煌不懈努力，力争为农场的发展做出新的更大的贡献……

甘肃饮马农场志
GANSU YINMA NONGCHANGZHI

凡例

## 一、宗旨

本志为饮马农场之首志，属企业志范畴。在内容和体例安排上力求做到思想性、科学性和资料性相统一，以纪实方式客观记述饮马农场创建及军垦历史发展演变的全过程。

20 世纪 60 年代末，饮马（劳改）农场和农建十一师十一团两场对调后，十一团沿用了"饮马"这个地名，后按惯例统称为"饮马农场"。但前者和后者的体制有所不同。期内，地方上亦在此地建起了一些农场，后并入军垦。本志从大局考虑，把几个农场的建设情况和饮马（劳改）农场、军垦管理时期的情况统归一体进行记述，特作说明。

## 二、结构

本志横排纵写，以类系事，以事系人，重在记述，纵不断线、横不缺项，循序渐进。本志由序言、概述、大事记及十编章节、相关附录、后记等部分组成。人物部分包括在第十编内，不作单列。篇目设置按原定章目提纲安排，记述以时间顺序推进。本志的层次为编、章、节、目，附录部分居后。

### 三、内容

本志重在记述饮马农场从初建到生产建设逐步发展的 64 年历程，农场体制的演变，县（市）、地（专区）、省和兵团管理等情况均贯穿在叙事之中，不另作赘述。因农垦特有的属性特点，对所处地域的历史和民俗风情，在部分章节中略有提及。

### 四、文体

本志采用述、志、记、录、图、表等形式，概述全貌，以志记为主，图表相辅，附录为补。《大事记》以编年体编排，部分内容采用编年体与记事体相结合的方式编写。各专志均采用以时为经、以事为纬的记述方法，纵写发展，横排门类，纵横交织，融为一体，据实直书。图表随各专业志，附于相关文字处。每编文前有简短引言，大体点明本编所叙要点。本志所言诸事均以事实为依据，凡事只叙，不议不论。

### 五、年限

本志断限从上追溯有记载的事物之发端，下至事物之终结。

### 六、资料来源

本志资料来源包括农场及各方历史档案资料、相关历史文献、存档文书、财务及人事档案、当事人回忆等。文中所列数据，均以统计部门原始资料为准。个别数据因年久无记载，以调查当事人回忆资料作补。

### 七、记述原则

本志采用语体文，文体、用字、词语、称谓、引文、注释、时间、计量、版式、顺序号等均按甘肃省地方史志编纂委员会印发的《甘肃省地方志行文规定》执行，数字用法按 1987 年国家公布的《关于出版物上数字用法的暂行规定》执行。

人物志分别以立传、简介、列表（录）的形式编写。按照"生不立传"的原则，对于为农场发展做出重大贡献者，因事系人，将其事迹记入有关章节，但凡有关志书立传人物，本志照录。

《先进人物名录》收录了县（场、团）以上单位表彰的先进人物。场（团）级领导人简介，原则上不做业绩评述。

### 八、其他说明

北湖机耕农场、国营蘑菇滩农场都是 20 世纪 50 年代地方建立的农场，其体制虽不属农垦，但创建经历大体相同，且后来均并入了农垦序列。本志按照事实原则，亦将其列入其中。

本志在内容记述中出现重复交叉时，采用详略得当的方式处理。

中国农垦农场志丛

# 目 录

# 第三编　基本建设

# 第四编　第一产业

# 第五编　第二产业

# 第九编　党群工作

# 第十编　人物　荣誉

# 概　　述

　　饮马农场是甘肃农垦最早建立的农场之一，至今已走过了 64 年的发展历程。《甘肃饮马农场志》以翔实的历史资料，全方位记述了农场自初建以来的地理状况、境域建制、人口变迁、生产建设、农业发展、工业起步、文教卫生、党群工作、人物、荣誉等方面的情况。

　　中华人民共和国成立后的第二年，党中央和国务院即决策部署在西北地区建立现代化国营农场，饮马农场的建设亦被列入计划之中。1950 年 6 月，中共中央西北局、中共甘肃省委、甘肃省人民政府按照党中央和国务院的部署，做出了"开发疏勒河中游地区，建立现代化国营农场"的重要决定。在此后的几年间，中央、省地县相关部门的专家和技术人员多次亲临实地进行调查、考察，并进行全面勘探设计。一切准备工作就绪后，1956 年 4 月，中央批准甘肃省地方国营饮马场第一农场正式建立。随后，各项建设工程全面启动，大批建设者从祖国的四面八方来到饮马荒原，投入到紧张有序的农场开发建设之中。这时期建设的重点是开荒造田、修渠引水、植树造林乃至人居环境建设等，当时的条件相当差，困难重重，阻力很大。但数千名建设者却不被困难所吓倒，他们立下誓言：下定决心，不怕牺牲，排除万难，去争取胜利！拿下"饮马场"，为党和人民争光！

　　终于，建设者的决心和信心得到了回应，经过几年的努力，一个颇具规模的现代化农场——饮马农场在西北大戈壁胜利建成。但这只是万里长征的第一步，今后的农场怎么发展、怎么管理，一大堆现实问题摆在了眼前，并不时在农场领导的脑海里回旋……

　　翻开尘封的史册，回顾农垦发展历史，透过残留的历史烟云，耳听金戈铁马的远古音律，放眼古朴沧桑的大漠荒原，一座座苍老的烽火台，一截又一截汉长城的残垣断壁，瞬间映入人们的眼帘，还有那些残缺不全的关隘遗址、依稀可辨的荒芜田垄，似给我们倾诉着一段厚重的过往历史：西汉元狩二年（前 121 年），武帝派霍去病率大军征西，一举击败匈奴，收复河西汉地，继而修长城、筑塞垣，"列四郡、据两关"，后因战争所需，开启了在河西一带的戍边屯垦之壮举。当时的目的是解决千军万马的粮草问题。于是，这种始于秦汉、盛行至唐元明清的军屯方式就被传承了下来。历经两千余年的时光流逝，岁月进入 20 世纪 50 年代，一场宏伟的"军垦大业"在河西大地拉开了帷幕。1956 年，为了国防建设的需要，为了边疆的安宁和人民的安居乐业，饮马农场的建设和军垦生产的第一声冲锋号在这里吹响……

1956—2020年，饮马农场基本完成了综合工程设计和施工，包括开荒造田，营造林网，兴修水利、房屋、道路、桥涵、电力等基础设施，乃至工业项目，以及文化、教育、卫生、商业等公用设施建设，取得了有目共睹的显著成就。进入20世纪90年代，开始运用新的科技手段，加大发展力度，本着因地制宜、优化资源配置的原则，对土地利用、产业结构、小城镇建设等实行了新的规划，加大调整和改造力度，资源配置更趋科学与合理。

进入21世纪，饮马农场的农业生产基本实现了全程机械化，在经营上完成了向产业化的过渡，规模生产和农产品基地建设已跨入商品生产的先进行列。先进的生产方式、现代化的企业管理制度，为企业和社会创造了巨大的物质财富。农场的工业发展是根据农垦行业的特点，结合场区资源和生产条件，随着经济、技术的进步而逐步发展起来的。几十年来，先后开发了采矿业，建成了化工业（炸药厂）、食品业（罐头厂等），以及年生产40万吨的水泥厂、年生产量可达到3万吨的啤酒大麦麦芽加工厂，促进了农场现代化工业的快速发展。工业不仅改变了农场以农业为主的格局，而且推动了生产的大发展。

农场的第三产业始于农场开发之初的1956—1958年，大批的建设者来到饮马大戈壁开荒造田、修渠引水、植树造林、建房筑屋，立志建设现代化的国营农场。因为人口众多，他们的衣食住行出现了很多困难和问题，为满足广大职工的生活供应，农场便有了第一家商店、第一个饭馆。后来，农场有了经济支柱，办起了招待所，修了大楼，有了比较上档次的餐饮和住宿业。再后来，农产品销售、房地产业、物业管理逐步发展和完善。在改革开放的大好机遇下，第三产业以崭新的姿态进入市场经济，稳步前行。

政企合一是农垦的突出特点，饮马农场的体制也具有这种属性。饮马农场的管理体制，前期经历了四种演变形式：一是省、地、县多头领导，以县为主的管理体制形式；二是省、地双重领导，以地为主的管理体制形式；三是中央和省双重领导，以省为主，实行军垦管理的管理体制形式；四是甘肃省农垦总公司领导的管理体制形式。

1978年，甘肃省农垦局开始筹建，并逐渐从兰州军区建设兵团接管甘肃农垦事业，饮马农场也回到了农垦管理序列。1981年贯彻新的《国营农场工作条例》，实行党委领导下的场长分工负责制。为了向市场经济过渡，1983年，撤销甘肃省农垦局，成立甘肃省农垦总公司，逐步向农工商综合发展的企业集团过渡，并建立起了适应农垦特点的产权清晰、责权明确、政企分开、管理科学的国有农业企业经营体制和管理体制。

甘肃省农垦总公司成立后，饮马农场由其直接管理。1997年，经甘肃省农垦总公司批准，加挂"甘肃省饮马实业公司"牌子，转制为县级经营实体，企业的计划、财务、生产、人事均由甘肃省农垦总公司直接管理。2009年10月，甘肃省农垦集团公司决定将饮马农场部分农业类相关资产入组甘肃亚盛实业（集团）股份有限公司，成立了甘肃亚盛实业（集团）股份有限公司饮马分公司。自此，饮马农场与饮马分公司实行两块牌子、一套班子的管理体制。饮马农场作为甘肃省农垦集团公司的直属企业，由甘肃省农垦集团公司直接管理，饮马分公司上市公司的分公司由上市公司管理。

多年来，农场在农业发展和经济社会全面发展的同时，非常重视职工生产、生活服务设施的建设。场部克服重重困难，筹资金、调人力，办学校、建医院、兴科技，并开展各种文化娱乐活动，活跃职工群众的精神文化生活。至20世纪70年代，农场的文化教育、医疗卫生、科技服务等社会公共事业有了长足发展，服务设施齐全，全方位服务涵盖了千家万户。80—90年代，在现代高科技引领下，文化、教育事业呈现出欣欣向荣的繁荣景象。到20世纪末，农场的文化建设和各项社会服务体系更加完善，且呈稳步发展的趋势。

加强党的领导，发挥党组织的堡垒作用和共产党员的先锋模范作用，是办好企业的根本保证。建场以来，农场（公司）始终把党的组织建设、思想建设、作风建设三大任务作为各项工作的重点来抓。同时，经常组织开展各种有意义的活动，结合宣传党的路线、方针、政策，让职工群众在了解上级政策的同时，配合、支持农场（公司）的中心工作，真正做到让职工富起来、让农场强起来，以适应社会主义市场经济的大环境。

在饮马农场60多年的建设发展过程中，涌现出了一大批劳动模范，先进工作者，各行各业的优秀代表、典型和榜样，以及许许多多好领导、好干部、优秀带头人、生产建设的排头兵、舍己救人的青年英雄等。臧光辉、王光璠、席宗信这几个名字，饮马农场的建设者并不陌生，他们是"饮马人"的骄傲。他们的无私奉献、自我牺牲精神，激励着千千万万的农垦建设者攻坚克难、勇往直前，谱写了一曲震古烁今的农垦壮丽凯歌。

预祝"饮马"的明天更加美好！

# 大 事 记

● **1950 年** 6月　根据中共中央西北局建议，中共甘肃省委、省政府做出"开发疏勒河中游地区，建立国营农场"的决定。甘肃省农林厅抽调军政部门等有关技术干部组成国营农场勘察团，于当年秋开始勘测玉门荒区的地形状况。

8月8日　国营农场勘察团抵饮马农场—蘑菇滩荒区，对饮马农场、蘑菇滩、灰槽子、西柳条湖国有荒地做了首次踏查，踏查面积约 8 万亩①。勘察于 9 月 7 日结束。

● **1951 年** 5月　新设立的肃北蒙古族自治区（县级）机关与布隆吉一带的 80 余户牧民迁至玉门湖（饮马农场场区）一带，区机关设在原农场十三队旧址。翌年 3 月，肃北蒙古族自治区机关迁至玉门县赤金堡。

秋、冬　国营农场勘察团以开发饮马农场—蘑菇滩荒区为主，进行渠道工程的初步定线，同时进行建场规划的初步设计。

当年　驻玉门县公安部队在灰槽子（原酒花三队）西北角垦荒 500 亩，导引清水河水进行灌溉。

● **1952 年** 9月　国营农场勘察团编制完成《疏勒河流域规划初步意见》和《饮马场国营机械农场初步勘察报告》。同月，进行饮马场国营机械农场土壤勘察，并深入附近村镇进行农业和社会经济调查。

12月　编制完成《饮马场国营机械农场建场计划任务书》及《渠道工程初步设计方案》。

● **1953 年** 5月　开始探测、观察昌马灌区地下水情况，进行灌溉需水量试验及渠道工程防冲、防漏试验。

8月29日　农业部杨珍、朱莲青，水利部董冠群，西北局财政委员会赵宝锡，农林部农业局谈义平，甘肃省农林厅毛羽鹏等一行 25 人，对饮马

---

① 亩为非法定计量单位，1 亩≈667 平方米。——编者注

场—蘑菇滩荒区做进一步勘察，后编制完成《饮马场国营机械农场第二次勘察报告》。

8月 对饮马场—蘑菇滩荒区土壤做进一步勘察。

**1954年** 3月 甘肃省农林厅为配合甘肃省水利局昌马河水利工程研究队工作，决定成立甘肃省农林厅国营农场勘察队。

同月 甘肃省公安厅党组根据公安部指示，委派白秉璋率领筹建劳改农场选址工作组至饮马荒区，经实地勘察和综合评价，认为场区系最佳建场地址，后上报甘肃省公安厅党组审批。经厅党组会分析研究，建议对灌溉水源进行进一步踏查。

5月 白秉璋率领筹建农场工作组第二次到达荒区，与玉门县有关领导对荒区至昌马河源头做了踏查，决定自疏勒河水磨沟段拦坝引流，在昌马河水利工程竣工前用作灌溉水源。

8月 国营农场勘察队计划进行的场区土壤详查工作结束，开始编制《发展疏勒河流域农林牧业的初步意见》和《饮马国营机械农场详查报告》。

9月 国营农场勘察队编制完成《饮马国营机械农场计划任务书》。载：饮马场荒片农林牧综合开发面积10万亩，北湖荒片面积8万亩，蘑菇滩荒片面积7.6万亩。由于建场区地处干旱荒漠，且盐碱危害严重，建场必先解决灌溉水源方可奏效。按照昌马河第一期水利工程的实施和农场的可能发展，拟定该流域国营农场应采取分期建场程序，第一期建立饮马场国营机械农场，自1959年组建，至1963年完成，开垦荒地面积20.46万亩。同月，继续进行灌区地下水探测、观测，灌溉需水量试验及渠道防冲、防漏试验，同时开始场区地质钻探。

**1955年** 3月 甘肃省公安厅工程技术人员携带仪器，从水磨沟测绘引流渠道，并对场区水、土、光、热，以及水资源利用、土地类型组合方式、农林牧各业生产的地域经济差异和劳动力安排等情况做详细调查，形成初步规划。规划经甘肃省公安厅党组会议研究后，报公安部和甘肃省委、省人委审批。

6月 建场方案审批获准。甘肃省公安厅即从甘肃省第三劳改支队抽调相关干部和技术人员，组成农场筹建班子。白秉璋率领技术人员第四次到达场区，以制定的规划为主，在草图基础上标好渠道定位，同时编制场部及作业站规划。同月，完成场区人畜饮水水源、生产建设项目规模、位置、占用土地范围、数量等设计工作。

8月　甘肃省勘察队首次在杨家沙窝（原十九队）开垦荒地80亩，从道水河引流灌溉。

**1956年**　2月　甘肃省公安厅决定撤销第三劳改管教队建制，组建甘肃省地方国营饮马农场第一农场。

3月12日　搬迁人员抵达场区。16日，农田基本建设全面启动。

4月5日　甘肃省地方国营饮马农场第一农场正式建立。

8月　昌马河水利第一期工程启动，饮马农场一场承担渠首、总干、西干、北干（渠）的施工任务。该工程于1958年7月竣工，提前5个月完工，其中干渠总长度543.58千米，可灌溉疏勒河流域玉门、安西（今瓜州）灌区农田57万多亩。

12月3日　甘肃省地方国营饮马农场第一农场场界签字仪式隆重举行（农场划界委员会于11月成立，玉门县县长刘宪章为主任，昌马河水利工程处处长李鸿章、酒泉劳改分局局长黄征、甘肃省劳改局勘测队队长梁栋山、昌马河水利工程队队长权惠端为副主任）。参加仪式的有甘肃省公安厅劳改局、昌马河水利工程处、玉门县有关部门，以及黄闸湾、下西号、柳河乡农业社、贫协、饮马一场等31个单位（负责人）。仪式后，对场界做了勘定，经各方认定后，绘制了图纸资料予以备案。

当年　根据国家建设大西北的规划，玉门县在灰槽子、皇渠梁修建房屋13栋，原计划安置河南移民，后因计划有变未安置。

当年　施工人员在饮马三站（原二十队）淘洗水井时发现一把古剑，证明此地有墓葬。

当年　根据玉门县供销社批示，黄闸湾供销社在场区设代销点，1958年改为饮马供销社，1969年随饮马农场搬迁，供销社撤出。

当年　饮马农场第一农场开垦荒地后进行大面积播种抢种，春季播种面积达2448亩，由于荒地贫瘠、干旱缺水等原因，产量很低，平均亩产仅2.5公斤。

**1957年**　4月15日　甘肃省农林厅农垦局成立，王世杰任局长，主管国营机械农场生产建设事务。

8月　饮马农场第一农场突发生猪仔疾病，死亡猪仔70余头，给养猪业带来了很大经济损失。

10 月　玉门县成立新建机械化农场筹备委员会，下设国营农场筹建组。根据县委、县人委下达的组建 5 万亩耕地规模国营农场的任务，筹建组于 11 月 3 日正式启动工作程序。

12 月 20 日　为进行科学研究，特邀请苏联专家库尔巴托夫抵饮马农场进行考察，重点解决盐土改良重大问题。

12 月　经上级批准，拟筹建国营花海机械化农场，计划开垦荒地 5 万亩。筹建中，因水源无法解决，改在北湖荒片开荒，定名为玉门县国营疏勒河第二农场。

同月　饮马农场第一农场突发羔羊瘫软疾病，畜牧兽医人员紧急进行抢救治疗，并深入调查发病原因。

**1958 年**　2 月 23 日　玉门县疏勒河第二农场成立，后于 4 月更名为玉门县地方国营北湖机耕农场。

3 月 6 日　根据中共中央"下放干部参加劳动锻炼"的指示精神，兰州市 432 名下放干部到蘑菇滩农场投入开荒生产。

3 月 10 日　玉门县人委编制完成《国营蘑菇滩农场建场设计任务书（草案）》。1959 年 11 月 5 日，甘肃省农垦局工作组又增编《玉门县国营蘑菇滩农场规划补充意见书》。

3 月 20 日　玉门县地方国营蘑菇滩农场举行建场典礼。12 月 1 日，该场与北湖农场合并。

4 月 10 日　玉门县人委编制完成《国营北湖农场建场设计任务书》，同时，由甘肃省农垦局勘探设计四队完成《土地规划设计图》，规划农场总面积 43026 亩，可耕地 23853 亩。

4 月　西北农业科学院土壤肥料系主任李国祯等 5 人到达垦区，在饮马、北湖垦区设点进行盐碱土改良课题研究。

同月　经上级批准，高台县下放干部 64 人到北湖农场参加生产劳动。

5 月 18 日　中共玉门县委任命翟金山为北湖农场场长兼党总支书记。

5 月 28 日　蘑菇滩农场召开中队领导以上干部会上，场长武铁汉在会上提出促进生产发展的 11 项重要建议措施。

同日　玉门县在蘑菇滩农场设立供销社和邮电所。

6 月 9 日　蘑菇滩农场房屋建设工程开工，至 9 月底，共修建房屋 185 间，建筑面积达 4880 平方米。

6月30日　饮马农场第一农场部分农田小麦突发蚜虫病害，技术人员经实地查看后提出了有效的治理方案和紧急防治措施。

同日　蘑菇滩农场创办的《红专简报》第一期出刊，场广播站随即广播报道了这一新闻。

7月15日　北湖农场第二作业站场部房屋建设开工，至10月30日，共建房81间，建筑面积1864.48平方米，总投资21158元。

7月21日　北湖、蘑菇滩农场部分农田作物发生红蜘蛛、棉蚜虫、豌豆夜虫、麦棉蝇、土蝗等9种病虫害。玉门县政府责令有关部门给农场调拨六六六粉6430公斤、喷雾器12台、喷粉器10台，并安排专门人员进行紧急防治。

7月23日　饮马农场第一农场大面积小麦受热东风危害，持续时间长达7天，并连带发生黄锈病，病害蔓延麦田面积的60%。虽采取了紧急措施防治，但依然造成了35%的粮食作物减产。

8月2日　蘑菇滩农场筹建造纸厂，8月25日制造出第一刀土草纸。

8月18日　蘑菇滩农场业余剧团成立。

8月　昌马河水利工程完工。饮马农场第一农场场长白秉璋被任命为昌马河灌溉委员会委员。

9月8日　蘑菇滩农场召开场务会议，副场长史直华布置大炼钢铁任务。

9月14日　蘑菇滩农场开展整风运动。整风领导小组由史直华、武铁汉、苏水贤、周德华、韩金钧等人员组成。

9月26日　场区气温骤降至-9℃，糜谷蔬菜等作物因受冻害损失惨重。

10月5日　蘑菇滩农场业余党校成立。

10月7—15日　饮马农场第一农场试验春小麦临冬播种技术获得成功。

11月28日　中共玉门县委任命武铁汉为蘑菇滩农场党总支委员会书记。

12月1日　中共玉门市委决定撤销北湖农场建制，与蘑菇滩农场合并，改称玉门市地方国营蘑菇滩农场。

12月6日　中共玉门市委任命史直华为蘑菇滩农场场长。

12月　根据上级指示，下放农场劳动锻炼的第一批94名干部调离蘑菇滩农场。

当年　甘肃省国营农场会议召开，饮马农场第一农场副场长高玉顺撰写的论文《盐碱土改良的体会》在会议上进行了交流。

同年　蘑菇滩农场首次引进安哥拉毛用兔及来航鸡饲养。

● 1959 年　1 月 6 日　甘肃省张掖专署农垦局工作组到蘑菇滩农场进行实地调查。

1 月 24 日　蘑菇滩农场安置江苏、河南盲目流动人员 420 名。

3 月 20 日　蘑菇滩农场召开建场一周年庆祝大会。

3 月　清水河建造的第一台水磨开始运行。

同月　蘑菇滩农场安置河南柘城支援甘肃建设青年 524 名。

4 月　蘑菇滩农场培养 5406 抗生素和固氮细菌肥料获得成功。饮马农场第一农场养殖的 107 只安哥拉兔、25 只力克斯皮用兔发生败血病，医疗技术专家紧急对其进行治疗，并查找发病原因。

同月　兰州机关、青海干校、高台、玉门县第二批下放劳动锻炼的 106 名干部调离蘑菇滩农场。

5 月　中共蘑菇滩农场总支委员会缩编为党支部，马宗福任党支部书记。

6 月 8 日　根据中共中央和甘肃省政府的有关规定精神，蘑菇滩农场制定和执行新的粮食定量供应标准。

7 月 1 日　玉门市奶牛场并入蘑菇滩农场。甘肃省农垦局提出新的建场方针，即"农牧并举，多种经营，大力发展建设农牧业商品基地"。

8 月 7—9 日　玉门市在饮马农场第一农场召开国营农场农业现场会议。

10 月 9 日　饮马农场第一农场总结的"小畦灌溉经验"向全省推广。

当年　蘑菇滩农场进行防疫工作，为各种牲畜注射疫苗。同时，开展业余教育，办起红专总校 1 所、分校 4 所。

同年　饮马农场第一农场春季完成农作物播种面积 31210 亩，因多种不利原因，秋季粮食产量很低，平均亩产 46 公斤。

● 1960 年　2 月 6 日　蘑菇滩农场为解决副食品供应问题，用土法生产食用糖 5627 公斤。

2 月 14 日　甘肃省地质局水文地质工程队完成对饮马农场、北湖、蘑菇滩农场一带地下水资源储量的勘测。

2 月 19 日　玉门市政府召开全市农村积极分子代表大会，甘肃省地方国营饮马农场（以下简称饮马农场）面粉厂被树立为先进单位，朱应龙、何维兰被授予"五好"农工，牛玉堂、沈学业被授予"五好"干部；蘑菇滩农场庄贵田、王凤禄、王开基、吴启祥被授予"五好"农工。

3 月 17 日　蘑菇滩农场安置河南支建青年 499 名。

4月11日　蘑菇滩农场成立"三反"(反贪污、反浪费、反官僚主义)运动领导小组,成员包括张治国、翟金山、刘九岑、王聘志、杜全生5人。至9月,共查出11个方面的28个经济问题,涉案金额达81603元。

5月27日　玉门市委对饮马农场、蘑菇滩农场存在的开荒播种速度慢、效率不高等问题提出严肃批评。后任命玉门市农业局局长代理蘑菇滩农场场长,并派玉门市公安局副局长刘明山到场协助指挥播种工作。

7月8日　玉门市委第三十次党委会议决定,中共玉门市国营蘑菇滩农场委员会成立,周长德任党委书记。原蘑菇滩农场党总支委员会随即撤销。

8月14日　河南省派慰问团来蘑菇滩农场慰问支建青年。

8月16日　被错误安置到饮马农场的350名上海移民迁至昌马公社。

10月20日　清泉农场807名劳教人员迁入蘑菇滩农场,又调蘑菇滩农场河南支建青年391名到清泉农场。

10月　因粮食紧张,按照上级提出的"低标准、瓜菜代"安排,农场紧急行动,采集代食品原料32500公斤以应急。

11月1日　被错误安置到饮马(劳改)农场的370名上海移民改迁到蘑菇滩农场安置。

11月　饮马农场用2台马斯汽车调换酒泉银达公社2台东方红—54型拖拉机。该拖拉机是1958年朱德委员长视察该公社时赠送的,是洛阳拖拉机制造厂生产的第一批拖拉机。1969年,农场把拖拉机移交给农建十一师第十一团。

12月14日　玉门市委派第一人民医院医护人员到饮马农场和蘑菇滩农场抢救、治疗水肿病人。

12月　甘肃省农垦局饮马农场盐土改良试验工作组完成"作物耐盐测定实验初步报告""盐渍土春小麦灌溉试验"课题。

当年　蘑菇滩农场采用人工授精技术和本交并举的办法繁殖奶牛,西门达尔8—母牛一胎产下双牛犊。蘑菇滩农场建起2个鱼池,面积200平方米,放养鱼苗4万尾。玉门市人民银行在蘑菇滩农场设立分理处,彭志柱任主任。

同年　饮马农场向国家上交粮食共计32.5万公斤。

同年　饮马农场场部至黄闸湾公社的电话线路架通,总长6.5千米。

同年　饮马农场播种面积 56627 亩，收获面积 19180 亩，单产 22 公斤。

● **1961 年**　4 月　蘑菇滩农场引进种植红花 23 亩。

5 月 2 日　玉门市分配蘑菇滩农场土耳其香料荽籽 2.5 公斤，种植面积 5.7 亩。

8 月　甘肃省公安厅决定撤销马鬃山煤矿建制，煤矿并入饮马农场。马鬃山公婆泉铁厂并入饮马农场。

9 月　昌马新生基建队并入饮马农场。

10 月 8 日　柳河、黄闸湾公社与蘑菇滩农场签订《关于转让土地、房屋协议书》，参加签订协议的单位负责人有柳河公社宋国栋、黄闸湾公社娄永皋、蘑菇滩农场王学敏。协议的主要内容是：黄闸湾公社在场区开荒 2041 亩，蘑菇滩农场付开荒费 10250 元；柳河公社在场区开荒 4060 亩，建房 9 间，蘑菇滩农场付开荒费、建房费 24548 元。所开荒地、所建房屋归蘑菇滩农场所有。

12 月 24 日　蘑菇滩农场第一届职工代表大会召开。

当年　蘑菇滩农场机构整编为党委办公室、行政办公室、财务股、生产畜牧股、组织教育股等。下设三个作业站，另设畜牧队、机耕队、法警队、场部生产队等。

● **1962 年**　1 月 28 日　蘑菇滩农场贯彻《农村工作条例》，提出第二管理区在所辖一、二两个生产队率先实行"三包一奖"（包产量、包工资、包成本，超产奖励）、"四固定"（固定土地、劳力、役畜、农具）责任制。

3 月 12 日　经协商同意，蘑菇滩农场划给兰州石油采购供应站玉门分站 500 亩耕地（第一管理区 3 号地），商定使用期限为 6 年。

5 月 25 日　甘肃省农垦局、财政厅清仓核资试点工作组人员抵达蘑菇滩农场，对农场固定资产和流动资金进行全面清查。6 月 30 日完成《清仓核资报告》。核实固定资产 1099833 元，流动资金 629080 元。

5 月 31 日　蘑菇滩农场购置电影放映机 1 套。

6 月 14 日　玉门石油管理局地质大队与蘑菇滩农场达成协议，由蘑菇滩农场划给地质大队一站 4 号熟地 300 亩，协议商定使用期为 5 年。

10 月 20 日　甘肃省农垦局决定将黄花农场 9 台（混合型）拖拉机、1 台康拜因收割机及其他几台农具调给蘑菇滩农场。

11 月 7 日　蘑菇滩农场接纳肃南大河农牧场上海移民 120 名。

12 月 25 日　甘肃省农垦局无偿拨给蘑菇滩农场总价值 11267 元的机电设备。

当年　蘑菇滩农场进行撤股并室、精简人员、充实农业工作。改作业站为管理区，精简干部 14 人，动员回乡 43 人，"移工就食" 253 人。

同年　成立"社会主义教育运动"（简称"社教运动"）领导小组。

同年　蘑菇滩农场在赤金修建房屋 828 平方米、猪圈 2 个、水渠 169 米、自流井 1 眼，无偿调拨给清泉农场；在疏勒河建成二孔石拱桥。

● **1963 年**　2 月 22 日　蘑菇滩农场召开第二届职工代表大会。

4 月 1 日　《蘑菇滩农场建场设计意见书》编制完成。10 月 6 日，甘肃省农垦局负责人冯祖述签发了该意见书。

5 月 1 日　根据中央指示，蘑菇滩农场开展"五反"运动。遂由河西建委副主任范继先带领河西建委、农垦分局工作组 16 人，以及玉门市委"五反"试点工作组人员共同进驻蘑菇滩农场组织开展运动。

10 月　根据国家财政部有关规定，蘑菇滩农场在场内实行公债券抵还借款的办法。

同月　玉门市奶牛场与蘑菇滩农场剥离，调走奶牛 250 头、马 7 匹、驴 4 头、骡子 5 匹。

11 月 19 日　蘑菇滩农场将原定办场方针修改为"以粮食生产为主，农牧业并举，多种经营，综合利用。"

12 月 21—25 日　蘑菇滩农场王学敏、翟金山到酒泉参加农建十一师和河西建委召开的河西国营农场书记、场长会议。中心议题为：河西各场实行军垦，成立农建十一师。蘑菇滩农场被编为农建第十一师农业二团。

当年　饮马农场播种面积 15296 亩，收获 12471 亩。蘑菇滩农场遭受风灾，受灾面积 2520 亩，损失小麦 27000 公斤。甘肃省农业科学院盐土改良试验组人员进驻饮马农场，指导盐土改良工作。

● **1964 年**　1 月 18 日　农建十一师党委任命高成连为农业二团团长。

3 月 7 日　首批济南部队复转军人 232 人调入农业二团。

3 月 8 日　张掖支建知识青年 106 人到达农业二团参加军垦建设。

3 月 11 日　西安支建知识青年 131 人到达农业二团。27 日，又有 340 人到达二团参加军垦建设。

3 月　农建十一师勘探设计处在农业二团进行土壤调查及水文地质调查，

调查面积 102831 亩，于 4 月完成了《二团农场土壤详测报告》，6 月 29 日完成了《二团农场土壤图》测绘任务。

4 月 2 日　平凉市支建知识青年 121 人到达农业二团参加军垦建设。

4 月 3 日　蘑菇滩农场党委改编为农业二团党委。

4 月 9 日　北京军区 250 名复转军人到达农业二团，全年共安置复转军人 521 名。

4 月 11 日　十一师党委批示：农业二团党委由王学敏、高成连、翟金山、杨安全、朱秀甫、郭琳、赵福昌等任委员，王学敏任党委书记，高成连、翟金山任党委副书记。同日，接上级批示，农业二团农场建制改为部队编制，组建连队 11 个。

4 月 15 日　天水 41 名支建知识青年到农业二团参加军垦建设。

4 月 19 日　农建十一师师长李正肃命令：农业二团水利管理所编制 6 人，所长由股级干部担任。

4 月 25 日　武威 427 名支建知识青年到农业二团参加军垦建设。

春　饮马农场首次从新疆、河南引进苹果树苗等种苗在玉门区定植，共定植苹果树苗 156 亩、葡萄苗 5.3 亩、桃树苗 1.3 亩。

5 月 4 日　农业二团首届党员代表大会在清水河边的地窝子召开。

5 月 8 日　新疆生产建设兵团慰问团抵达农业二团慰问军垦战士，兵团"猛进秦腔剧团"随团到场进行演出。

5 月　农业二团做出医疗制度规定：凡国家脱产干部和本团的正式职工，以及参加劳动 6 个月以上的临时工，一律实行公费医疗。

6 月 23 日　国家农垦部部长王震在副部长张仲瀚、新疆生产建设兵团参谋长陈实的陪同下莅临（农场）农业二团进行视察。王震先后视察了农场生产建设及工程连、机修连等单位，于 24 日在玉门镇召开的全师正营级以上干部大会上做了重要讲话。

7 月 1 日　全国第二次人口普查工作全面展开，饮马农场、农业二团按规定程序全力开展普查工作。

7 月　农建十一师勘探设计处对农业二团土地做了新的勘探规划，确定土地总面积 88270.5 亩，生产用地 60256 亩，概算投资 1030 万元，编制完成《农业二团建场设计任务书》。9 月 16 日，甘肃省人民委员会批准执行。

同月　天津市首批 518 名知识青年到农业二团参加军垦建设。

8月22日　农业二团党委第一届监察委员会成立，成员由郭琳、赵福昌、姜恒民、孙才善、张慎文等人组成，郭琳任监察委员会书记。

9月25日　玉门市人民银行核定1964年农业二团定额流动资金572.28万元，知识青年安置费122万元，拨入银行的基本建设投资总额为544万元。

9月　根据中共中央《关于目前农村若干问题的决定（草案）》和《关于农村社会主义教育运动中的一些具体政策规定（草案）》精神，农业二团成立"社教运动"领导小组，王学敏任组长，郭琳任副组长。

10月29日　农建十一师第一期机务培训班在武威第二拖修厂开办，农业二团派郑传明等19人参加培训，其中有女性5人。

当年　农业二团建造地窝子4525平方米，后又建造2210平方米，总投资13.12万元。同年，建立团属商业网点。

同年　天津市慰问团专程到农业二团慰问天津籍支建知识青年。

同年　甘肃省水文地质队对玉门灌区、饮马农场等进行水文地质勘察，并编制调查方案和图表。

同年　饮马农场在场区建立地下水源观测井28个，对地下水资源状况进行观测研究。

**1965年**　2月22日　农业二团"五好"职工代表大会召开。

同月　甘肃省委、省人委组织的50人慰问团，由副省长李培福带队，抵达农业二团慰问农场干部职工。

3月17日　场区突然连续刮10级大风达36小时，春播工作被迫停止。

3月30日　农业二团党委决定：林园队改为八连，新建八连改为十二连，工程连改为工程一连，新成立工程二连。

4月2日　农业二团决定给来队的75名复员军人家属安排工作。

4月20日　农建十一师命令：由农业二团选派3个建制连干部，调往农业三团（边湾农场）工作；选派1个建制连干部，调往农业六团（小宛农场）工作。

5月17日　山东济宁一批支建知识青年到达农业二团投入军垦建设。

5月30日　接上级命令，将农业二团的一、七、九连组建为武装连队。

6月13日　由西安市委、市属11个部门共29人组成的慰问团到达农业二团，对西安籍支建知识青年进行慰问。

6月17日　玉门市文教局派市电影队放映员到农业二团协助电影放映工作，农场电影队正式成立。

同月　农业二团天水籍军垦战士吴文明得知家乡发生洪水灾害，捐出17元钱，寄到天水市防洪指挥部，后被选为先进个人，参加了甘肃省"五好"职工代表大会。

同月　天津支建知识青年431人到达农业二团参加军垦建设。至年底，全年共安置各地支建知识青年1917人。

8月20日　农业二团翟金山、宋凤英当选玉门市第六届人民代表。

9月23日　农建十一师抽调农业二团32人参加师社会教育工作队。

12月5日　农业二团召开首届共青团代表大会，并选举产生了第一届团委成员。

12月23日　甘肃省人民委员会批准：原中国人民解放军生产建设兵团农业建设第十一师农业二团更名为中国人民解放军生产建设兵团农业建设第十一师第二团。

当年　第二团共发展共青团员305名。

**1966年**　1月27日　第二团党委决定：一连为"五好"连队，八连为农业高产单项连队。

2月　甘肃省地质水文队受河西建委委托，对疏勒河中游地区盐渍土进行改良，并对水文地质进行勘察，对饮马农场场区地质水文进行科学论证。

同月　农建十一师计划开采安西（今瓜州）玉石山锰矿的请示获甘肃省政府的批准，同时，省政府安排省外贸局对开矿给予相应支持。

3月12日　根据甘肃省委书记胡继宗和农建十一师师长李正肃的批示，第二团抽调一个武装排到马鬃山（牛圈子）煤矿筹建焦炭生产厂。

3月22日　第二团抽调130名老职工和1个建制连的干部班子到安西第六团工作。

3月23日　第二团抽调66人到安西第六团四工分场工作。

3月　团司令部决定：从机耕队抽调链轨拖拉机2台、轮式拖拉机2台，及钳工、修理工、锻工、技术员和副队长等人员22人，在一连设立"机农合一"试点连。

4月16日　第二团组成采矿队，派九连30人进山开采锰矿石。

4月　接上级通知，敦煌城湾农场、徽县嘉陵农场、安西四工农场建制撤销，并入饮马（劳改）农场。

同月　玉门市武装部组建军民联防委员会，由 15 人组成，指挥部设在饮马农场。

同月　第二团武装连举行授枪仪式。

5 月 15 日　第二团开展"三查"（查思想作风、查铺张浪费、查盗窃国家财产）运动。

5 月 30 日　甘肃省河西垦区农业二团公安局更名为甘肃省河西垦区第二团公安局。

5 月　农建十一师银行在农业二团建立分理处。

同月　第二团抽调全团基建劳动力，在七、八、九、十连间的盐碱荒滩进行"开垦千亩农田大会战"。

6 月 7 日　中共第二团委员会成立内部清查领导小组。

6 月　甘肃省地方国营饮马农场因特殊原因，对外启用 203 厂番号，后改为 204 厂。

8 月 12 日　天津市第三批支建知识青年 334 人到达第二团，投入军垦建设。

8 月　饮马农场制定改扩建规划，计划在十一队进行场区土壤、水文地质勘查，1 年完成扩建规划，决定在场区北片设站 12 个，土地总面积 227604 亩，耕地面积 113699 亩，概算投资 1340 万元。

9 月 11 日　马鬃山煤矿正式移交第二团经营。

11 月 11 日　第二团决定组建民兵连 11 个，人数达 1058 人。

11 月 25 日　甘肃省河西建设委员会、农建十一师、玉门市人民委员会、农业二团、柳河公社共同签署了《关于解决农建十一师二团与柳河公社场社界线的报告》。

当年　第二团完成基建投资 79.6 万元。饮马农场上缴农业税（包括附加费）370257 元；第二团上缴农业税（包括附加费）83090 元。

**1967 年**　3 月 18 日　根据兰州军区命令：即日起对第二团实行军事管制。当天零时，军管组进驻场区，在各连队派驻军代表。

3 月　第二团军管组成立"抓革命，促生产"指挥部，主持日常工作。

5 月 17 日　第二团西四支 4 号渠陡坡被洪水冲毁，水管所干部王提仁等 7 人在三连干部战士的配合下苦干 60 余小时，修好了渠道，保证夏灌正常进行。

5月　因城市知识青年大量返城，农场劳力严重不足，8120部队（军管组所在部队）派出支农小分队帮助夏收。

**1968年**　2月13日　第二团革命委员会（简称"革委会"）成立，由王学敏等15人组成。

7月5日　甘肃省革命委员会（68）甘革发〔66〕号文件批复：支援河西建设的知识青年可以执行探亲假。

**1969年**　1月5日　农建十一师批示：可招收16周岁以上职工子女参加生产劳动，工资待遇与城市知识青年相同。

2月25日　第二团军管组、团革委会负责人参加兰州军区生产建设兵团组建成立大会。

4月4—6日　场区连刮3天8级以上大风，第二团农作物播种后，麦子被吹出地面，造成严重损失，面积达800多亩。

6月12日　兰州军区生产建设兵团副参谋长许彬到第二团进行视察调研。

7月3日　第二团一连教师席宗信、学生陈建筑在皇渠河抢救落水儿童时不幸牺牲。1970年2月5日，兰州军区党委决定给席宗信追记一等功，并追认其为中国共产党党员。1970年3月13日，农建十一师党委决定给陈建筑同学追记三等功。

9月5日　兰州军区任命钟秀文任农建十一师第二团团长，藏光辉任农建十一师十一团团长。

10月2日　兰州军区、农建十一师、甘肃省保卫部劳改局军管组召开座谈会，讨论饮马农场与十一团对调的问题。

10月13日　甘肃省革委会做出决定：农建十一师十一团与甘肃省地方国营饮马农场进行对调。至10月27日，十一团第一批822名人员到达饮马农场。至11月5日，共有1762名人员到达饮马农场。

11月4日　第二团1021名干部战士奉命到昌马洪积扇戈壁参加404国防水利工程建设。工程于12月1日结束。

11月5日　农建十一师军管会、革委会命令：第一团第一、七、十一、十六连，第二团第五、九连，第六团三连，第七团十四连，共8个连队1600人调入饮马农场，编入十一团序列。

11 月 14 日　第十一团奉命参加 404 厂战备水利工程建设的部队全部到达工地。

12 月 5 日　农建十一师政办室干部李镜、朱克俊等人到第二团收集席宗信的先进事迹，拟筹备举办展览。

12 月 22 日　农建十一师军管会、师党委任命藏光辉、杨德荣、周满年、许景云、陈仁俊、于国德 6 人组成第十一团临时党委，藏光辉任党委书记，周满年任党委副书记。

● **1970 年**　1 月 1 日　接上级指示，撤销原河西垦区公安局及第二团公安局建制，第二团成立保卫股。

1 月 6 日　农建十一师第二团代表蒋辉、玉门市革委会代表武德惠、玉门市柳河公社代表恽焕文在安西县签订《关于解决场、社土地问题的协议》。参加协议签订仪式的其他领导有甘肃省革委会田泽光、兰州军区生产建设兵团孙万发、酒泉地区革委会鲁逢魁、农建十一师干部丁一等。

3 月 1 日　甘肃省地方国营饮马农场与农建十一师第十一团完成对调移交。饮马农场交出固定资产总值 2828214.54 元，开垦土地 53369.48 亩。其中，已种植农田 43916.86 亩，已开垦未种植农田 11452.56 亩，防风林带 2333.75 亩，树木 764350 株。

3 月 2 日　第十一团所辖 5 站、6 站移交第二团管理。

3 月 14 日　兰州军区生产建设兵团进行编制番号调整，原中国人民解放军生产建设兵团农建十一师第二团改为兰州军区生产建设兵团第一师第三团，时有固定资产 1392725.18 元，流动资金 1542578 元。原十一团改为第一师第四团，有固定资产 1904403.57 元，流动资金 871102.71 元。

3 月 20 日　接兵团司令部命令，第四团组建 7 个武装值班连、1 个警卫排，安排挖地道 912 米、战壕 8135 米、单人掩体 2295 个。同时，进行通信演练，组织进行六○炮军事集训，并沿场区公路修建 2 处地堡。

3 月 21 日　兰州军区主办的《人民军队》刊登宣传席宗信事迹的文章。

3 月 25 日　兰州军区在第一师第三团召开席宗信庆功大会。

5 月 28 日　第四团变更营连番号：一营（驻四站）一连、二连合并改为一连，七连改为二连，三连（驻七站）不变，八连（驻二站）改为七连，九连（驻一站）改为八连，十连改为九连，十一连（驻三站）改为十连，十二连改为十一连，新建机耕二连（驻一站）。团直属四连（驻场部）不变，十三连分为五连、六连，修理连改为机修连，面粉加工厂改为加工连，水管所、卫生队不变，商店改为服务社。

7月21日　第三团武装连队900余人进行实弹射击训练。

7月30日　接上级通知，第四团十连、十一连合并为十连。

8月27日　接上级命令，王俊生任第四团团长。

8月　中国科学院西北水土保持生物土壤研究所河西盐改组技术人员抵场，对饮马农场（第四团）土壤盐渍化状况进行实地调查。

10月3日　第四团党委对37名编余干部进行安置。

10月8日　甘肃省革委会派201所两名医生到第四团协助布鲁氏菌病防治工作。

10月9日　经兰州铁路局批准，第一师师部驻地官庄设军垦车站。

10月31日　根据兰州军区生产建设兵团指示精神，第四团成立《兵要地志》编纂办公室，由副团长樊锐负责此项工作。

11月5日　第三团《1971—1975年生产建设发展规划》制定完成。

11月16日　第四团党委决定，认真贯彻北方地区农业会议和全国生产建设兵团会议精神，开展"农业学大寨"活动，加强军垦生产建设。

11月17日　第四团撤销机耕连，机车下放给一连、二连、七连、十连，实行"机农合一"管理。

11月22日　第四团党委会成立，王俊生任党委书记，周满年任党委副书记。

12月25日　第四团12名适龄青年应征入伍。

12月30日　在第四团畜牧人员及农业职工中突发流行性布鲁氏菌病。医疗部门对4831人进行了全面普查，对确诊的40人进行集中治疗。

当年　第三团按照安西会议精神，从规划区域内划拨给玉门市柳河公社土地2000亩。

**1971年**　1月5日　第四团第一连、五连被评为1970年度"四好"连队。

1月21日　《人民军垦》报试刊发行。

2月15日　第一师农业科学研究所（简称农科所）迁至饮马农场场区，贺涤新任所长。

2月17日　第四团召开畜牧工作座谈会，研究军垦农场畜牧业发展问题。参加会议人员共128人。

2月　第三团在疏勒河（苹果园北）修建水电站1座，投资58187元。

4月7日　第四团子弟学校更名为"中国人民解放军生产建设兵团第四团军垦中学"。

5月19日　第一师为第三团、第四团隶属的6个武装连更新了武器装备。

5月22日　第四团历时6个月时间，完成《兵要地志》编纂工作。

5月27日　场区出现晚霜冻，瓜、菜、胡麻等作物受害率达70%～80%。

6月　因大旱缺水，庄稼受损，第四连发动战士挖泉149眼，引水浇灌耕地。

7月14日　第四团评选"四好"连队3个、"四好"班组70个、"五好"战士786名、活学活用毛泽东思想积极分子31名。

8月17日　第四团贯彻兵团"打井抗旱"会议精神，成立打井队，当年打井4眼。

9月9日　第四团决定：十一连、十二连合并为十一连；十三、十四连合并为十二连；五站设立三营营部，分管十一连、十二连。

9月10日　第四团九连麦场发生重大火灾，烧毁1.75万公斤小麦、650亩的饲料麦草、500亩地未脱粒的麦捆垛。

同日　兰州军区生产建设兵团在第三团召开卫生防疫座谈会，各师团参加会议的人员共83人。

10月5日　兰州军区司令部下发（71）〔210〕号文件，命令兵团所属师团以上部队使用部队代号。第三团为兰字913部队，第四团为兰字914部队。

11月5日　兰字914部队对2986名干部、战士的婚姻状况进行普查。

11月20日　第一师后勤部派员对第四团粮食减产13万公斤的原因进行专项调查。

12月13日　兰字913部队3个武装连302人、兰字914部队6个武装连656人全副武装到安西（今瓜州）进行军事训练。

12月17日　第三团所属东方红54-42号拖拉机作业2万小时无大修，跨越了4个大修间距，驾驶人员受到第一师的嘉奖。

12月　第一师第三团进行清产核资试点工作。

当年　据统计，第四团出生人口共260人。

● **1972 年**　　1 月 3 日　据统计，兰字 913 部队有现役军人 19 人，兰字 914 部队有现役军人 20 人。

2 月 19 日　第一师在第四团一连、二连、五连、七连召开积肥造肥现场会，推广制造 5406 菌肥、"四合一"复合肥料的经验。

4 月　第三团抽调战士 82 人、第四团抽调战士 130 人，参加安西总干渠施工大会战。

6 月 15 日　第四团为在农业机械改造方面做出贡献的王龙学、邓喜章、慕振声 3 人荣记三等功。

6 月　甘肃省兰州 201 所 3 名专家抵达第四团，协助进行布鲁氏菌病防治工作，并对羊群普遍进行布鲁氏杆菌喷雾免疫。

7 月 21 日　第三团、第四团组建保密委员会。

9 月 17 日　第四团撤销四连建制，建立养猪场。同时，建立了以职工家属为主的"五七"生产队。

11 月 17 日　上级任命现役军人张文任第三团政治委员。

12 月 7—17 日　兰字 910 部队在酒泉教导队举办打坦克、射击集训班，兰字 913、914 部队各选派 12 人参加。

当年　第三团发生各类传染病 646 例。

● **1973 年**　　1 月 29 日　鱼儿红牧场四连（85 人）调第四团，组建为六连（驻林场）。

2 月 7 日　上级任命韩正芳为第四团团长，并兼任团党委书记。

2 月 8 日　第三团召开"农业学大寨、工业学大庆"经验交流大会。参加代表共 448 人，会议宣布覃达光等 8 人荣立三等功。

2 月 15 日　第四团授予九连放牧组集体三等功，盛增太、陈锡万、马自新、李艳英荣立三等功。

3 月 3 日　第四团召开学雷锋表彰大会，会上宣布 13 人荣立三等功，共有 64 个单位、312 名个人受到表彰，740 人受到物质奖励。

4 月 1 日　兵团副司令高东生，第一师副师长阎相武、参谋长彭振江参加第四团党委会，研究土地盐改和条田重新规划问题。

4 月 8 日　第三团召开"农业学大寨、工业学大庆"经验交流大会。

4 月 13—16 日　场区刮起 11 级大风，并伴有大雨和冰雹，造成土地板结并严重泛盐，粮食出苗率减少 20% 以上。

4 月 23 日　兵团批复：撤销兰字 914 部队营级建制。

5月2—4日　第四团首届共青团代表大会召开。

5月8日　第一师后勤部在第四团一连召开连队生活管理现场会。

6月9日　第四团购进F-35毫米电影放映机1套。

7月26日　第三团、第四团从张掖703地质队接受分配的XB-500钻机各1台，总价值4000元。

8月30日　第四团《规划及建场设计任务书（补课）》编制完成。

9月18日　第一师农科所气象站在场区成立。

10月21日　兰州军区党委按照中央五月工作会议"关于生产建设兵团移交地方领导"的指示，批转《军区生产建设兵团移交工作会议纪要》，决定撤销兵团建制，所属各农林师分别交由所在省（区）领导，武器弹药由所在省（区）军区管理。

10月23日　第四团良种试验站成立。

10月25日　第四团传达中共中央（30）号文件、国务院《全国知识青年上山下乡工作会议报告》文件。

10月　第一师交由甘肃省领导。甘肃省委、省革委会决定，师以下单位维持原建制。

12月12—14日　第一师师长范通文率领师司（令部）、政、后、机关340余人，到第三、四团参加拉运草筏子会战。

12月22日　兰州军区生产建设兵团司令部做出《关于停止使用兵团所属部队代号的通知》，要求立即贯彻执行。

12月30日　第三团对72名机务人员进行闭卷考试，考核其实际操作技能，合格者发给操作证。

当年　第一师农科所对青白土（镁质碱化盐土）的改良研究有所突破，总结出用过磷酸钙和石膏改良青白土的有效方法。

同年　第四团突发流行性麻疹病，发病121例，团部紧急派医疗人员对患者进行治疗。

**1974年**　1月7日　经上级批准，第三团报废弃耕3类耕地15802亩。

6月2日　第三团、第四团用飞机在大田喷洒六六六粉和乐果混合粉剂，对农作物和林木病虫害进行大面积防治。

7月30日　第三团派"工宣队"（工人毛泽东思想宣传队）进驻团部中学、一连、二连、七连、九连及锰矿学校。

8月30日　第三团选送朱玲玲、黑桂青、司兰香、孙士刚、王永庆、范希魁等到兰州大学及甘肃农业大学进修深造。

8月　第四团突发细菌性痢疾病，患者达130余人，团部采取紧急措施加以预防，并对患者进行治疗。

9月30日　第四团对在农场的各地知识青年做了详细统计，共计1494人。其中，北京100人、甘肃362人、山东89人、西安273人、天津670人。

12月　甘肃省委、省革委会下发（74）〔48〕号文件，决定撤销第一师师部，改变团、厂隶属关系，并撤销其番号，第三、四团移交酒泉地区管理。酒泉地区党委（简称地委）、地区革委会决定，第三、四团合并，更名为甘肃省酒泉地区国营饮马农场。

当年　第四团首次从外地引进种植黄花。

● **1975年**　1月24日　经酒泉地委批准，甘肃省酒泉地区国营饮马农场党委由韩正芳、陶宝礼、徐良、邓炳才、杜荣华、马珍，张巧丽等人组成。韩正芳任党委书记、革委会主任，陶宝礼、徐良、邓炳才任党委副书记及革委会副主任，马珍、张巧丽为党委常委及革委会副主任。

2月9日　甘肃省科学技术委员会（简称科委）下达酒泉农垦局农科所"内陆河流域大面积盐碱土改良示范"项目。该项目在三连（即原十五队）5～9号农田的3002亩土地实施。当年完成排水暗管37条，总长9476米。

2月15日　饮马农场党委对原第三、四团基层单位进行合并和重新命名，共设置队级以上单位34个。

3月　原工程团三连、四连、五连移交饮马农场，后组建为工程大队。

4月20日　酒泉军分区、玉门市武装部"整建民兵团"工作队进驻饮马农场。

同日　场部民兵小分队成立。

5月26日　饮马农场民兵团成立，陶宝礼任团长，韩正芳任政治委员。

7月1日　天津市组成107人的慰问团，抵饮马农场慰问天津籍支建知识青年。

7月24—26日　共青团饮马农场第一次代表大会召开。参加大会的有团员代表106人、列席青年代表24人。会议表彰了3个先进团组织、34名优秀共青团员。

7月 据统计，共有 1936 名天津知识青年先后到农场参加支建。至年底，留在第二团的实际人数有 1337 人，其中男性 724 人、女性 613 人。

8月1日 酒泉地区"社会主义建设积极分子暨妇女代表大会"召开，饮马农场派代表赵志耕、杨桂花、李洪艳参加。

9月1日 酒泉地区、酒泉农垦局组成 91 人的"农宣队"（农场基本路线宣传教育工作队），进驻饮马农场的 19 个农业队，开展宣传教育活动。

10月6日 撤销水管所和电讯分队，合并成立水电所。

11月12日 农场成立贯彻北方地区全国农业工作会议办公室。

12月14日 农场在子女中学成立职工业余大学，赵连云任校长。

当年 酒泉农垦局农科所在饮马农场十五队实施绿肥改良低产田试验获得成功。

● **1976年** 3月8日 农场首届妇女代表大会召开。

6月22日 酒泉地区农业观摩检查现场会在饮马农场十五队、十七队召开。

7月3日 根据中共中央（20）号文件精神，农场在各队建立养猪场。

7月19日 《1976—1985 年饮马农场十年远景规划》及《规划说明书》编制完成。

8月20日 酒泉农垦局党委派工作组进驻饮马农场，协助完成"两管""五改"工作。

10月4日 国家测绘局应用卫星遥感技术，完成了对昌马洪积扇缘饮马场区域的卫星照片拍摄，彩色合成波段为 MSS 4、5、7。

10月25日 酒泉地区农垦局在饮马农场十三队、十五队召开酒泉垦区平田整地现场会。

当年 酒泉地区农垦局农科所、饮马农场科研站联合进行的"玉单 34"生物学性状、栽培技术等研究试验取得成功。

● **1977年** 2月21日 《甘肃日报》刊登饮马农场《学大寨，抓根本，农场一年大变样》的文章。

2月22日 饮马农场首次"'农业学大寨'经验交流大会"召开。

2月26日 饮马农场党委、革委会给"不顾安危，奋力排险"的锰矿职工李维群荣记三等功。

2月　饮马农场派朱扶昌等人赴海南岛进行春小麦（喀什白皮·赛罗斯）杂交育种，成功培育出 115－2 小麦系列品种。

3月1日　酒泉地区农垦局批准场区成立两所完全中学。第四团子校改为饮马农场第一中学，第三团子校改为饮马农场第二中学，并在二中设高中班。

3月8日　疏勒河灌区第七次水利管理大会通过《疏勒河灌区管理办法》，划定饮马农场对水利工程管理与维护的范围是北干渠三支水闸以下、西二支干渠（和黄闸湾公社北湖大队分段管理）、西四支干渠（和柳河公社分段管理）。

4月13日　根据公安部和国家农垦总局工作组的指示，饮马农场党委为民兵小分队举办劳动教育学习班。

6月25日　甘肃省委副书记李登瀛莅临农场视察。

9月15日　农场六队和科研站合并为科研站。

11月5日　农场撤销武装保卫科，成立保卫科。

11月10日　农场三队小学、饮马第二中学被酒泉地区农垦局评为教育先进单位；二队小学教师（天津籍知识青年）马文华被评为先进教师，受到表彰。

11月28日　农场召开科学教育大会，研究科技兴场问题。

当年　全国刮起"知青回城风"，农场亦出现知青返城潮流。场十五队创出在油菜地套种木樨、当年翻压绿肥经验，被酒泉地区农垦局推广。

同年　从下河清农场引进维尔 42 玉米良种，在三队进行试种。

**1978 年**　1月16日　场成立"三电"（计划用电、节约用电、群众办电）领导小组，潘付勇任组长。

1月　国务院下发《办好国营农场，对实现社会主义现代化建设具有重要意义》文件，提出加强农垦工作的方针和任务。

2月28日　农场筹建锰粉厂，12月停建。最终，此项目失败，损失 28.7912 万元。

3月12日　饮马农场党委制定了加强革命化建设的 6 条措施，后由酒泉地区农垦局党委转发垦区各厂矿执行。

3月14日　修造厂完成两项技术革新（手摇电动搪瓦机、车床缸筒夹具）。

3月25日　农场成立"双打"领导小组。

5月1日　农场举办首届足球运动会。

5月14日　农场承担疏勒河水利工程西四支渠1.66千米暗管制作和铺设工程，于当年完工。

5月　农场开展"实践是检验真理的唯一标准"大学习、大讨论活动。

同月　甘肃省知青办公室、甘肃省农垦局及省级有关厅局组成慰问团，到农场慰问参加农垦建设的知识青年。

6月1日　玉门地区农垦四校（黄花、官庄子、工程大队、饮马中学）田径运动会在场区运动场举行。

6月4日　按照国务院整顿财经纪律的精神，农场组织了8人检查小组，对全场30个单位进行财务大检查，共查出15个方面的479条问题。其中，1976年的违纪金额为111063.86元，1977年的违纪金额为91439.95元。在对这些问题进行公开曝光后，又进行了严肃处理。

6月25日　酒泉地区农垦局在饮马农场召开农机现场会，观摩联合收割机改装革新技术的运用成效。

7月17日　国家冶金工业部拨专款30万元，支持玉石山锰矿挖潜改造，扩大规模。

8月　农场三队在马鬃山公婆泉南开采锰矿石，当年开采1305吨。

同月　酒泉地区农垦局农科所气象站工程师孟远平研究饮马农场海拔、气象、温度的相互关系，得出地下水位高、土壤阴湿是导致农场气温低的主要原因的结论。

9月　甘肃省测绘局完成对饮马农场场区域航空片的拍摄。

同月　农场在敦煌建立芒硝开采点。

10月10日　上级任命邓炳才为饮马农场革命委员会主任。

当年　农场给知识青年发放安置桌200张，后又发放190张。

同年　酒泉地区农垦局农科所李向来在饮马农场进行玉米施锌肥实验获得成功，写出《玉米施锌肥增产效果试验初报》论文。

**1979年**　2月6日　酒泉地区农垦局党委批复饮马农场建立林场。

2月28日　饮马农场党委授予张永恒、高中山、张久仁、吴兆梅"场级劳动模范"称号。

2月　国务院批转财政部、国家农垦局《关于农垦行业财务包干的暂行规定》。

3月　甘肃省农垦局在兰州召开全省农垦工作会议，重点研究了农垦管理体制问题，并形成了《会议纪要》。后省委下发文件，做出了农垦管理体制实行省、地双重领导，以省为主的决定。

4月5日　农场工人考试定级委员会成立。

4月17日　胡洞沟煤矿发生塌方事故，1名工人在事故中身亡。

5月4日　农场共青团委表彰了12名"新长征突击手"和两个"新长征青年突击队"。

5月13日　农场制定并公布《国营饮马农场水规制度（草案）》。

6月4日　农场十三队派出人员在甘沟硫黄矿开炉炼制硫黄。

7月25日　农业部下发《关于在农垦系统贯彻调整、改革、整顿、提高方针的意见》文件，农场开始贯彻落实。

7月26—31日　突降大雨，疏勒河水暴涨，四队20多户民房被淹，场区北干4支，西干2、4支渠道被冲毁15千米。

7月　酒泉地区行署根据甘肃省委决定，将酒泉地区农垦局及其原农建师接收的单位全部移交给甘肃省农垦局管理。省农垦局将农场更名为甘肃省国营饮马农场，任命梁任之为场长，张永恒、李凤阁、彭善之为副场长。

8月　农场派出人员抢修被洪水冲毁的昌马干渠工程。

9月8日　农场被国家农垦总局列为扭亏增盈重点企业。

9月　根据国务院《关于职工升级的几项具体规定》文件精神，农场为40％的干部和职工调升一级工资。

同月　酒泉地区农垦局农科所开始用氯化钙处理种子预防干热风的研究。

**1980年**　1月7—14日　甘肃省农垦局在兰州召开农垦牧业生产和科技工作座谈会，安排1980年度的科研项目，形成《农垦科技工作座谈会纪要》。

1月19日　兽医站分为畜牧队、兽医站。组建机耕队，负责五队、七队、八队、九队、十队及科研站等单位的机耕作业。二队与三队合并为三队。

2月　疏勒河大桥改建工程动工。

4月25日　农场落实"三定一奖"（定产量产值、定生产费用、定人员工资总额，超产、超利润奖励），定员定编制度。

4月　马鬃山铜矿筹建开采。

6月　农场内不少知青掀起"回城热"，先后去甘肃省农垦局、酒泉农垦分局申请，人数最多时达 850 人。

7月　上级任命梁任之为饮马农场党委书记，崔振功为饮马农场场长。

7月　林场筹建炸药厂，并开始试生产。

8月 14 日　农场锰粉厂移交甘肃省国营甘沟硫黄矿经营。

8月 19 日　玉门市公安局饮马派出所成立，场保卫科随之撤销。

当年　农场组建被服厂，人员 20 人。

同年　农场引进匈牙利 3 号胡麻品种，试种 488 亩，获得成功。

**1981 年**

2月 22 日　农场召开第一次政治工作会议。

2月 28 日　甘肃省农垦局报请甘肃省政府批准，会同甘肃省粮食厅、财政厅做出 1981—1985 年国营农场免征通购粮的决定。

4月 30 日—5月 1 日　玉门突遭雪霜、大风侵袭，致农场果树花苞冻落，导致当年果园无收。

6月 22 日　农场劳动鉴定委员会成立。

同日　农场调回农机试验站石棉开采队，建立场石棉矿（位于阿克塞哈萨克自治县安南坝）。

6月 26 日　下午 4 时，全场自西向东遭受冰雹袭击，降雹 13 分钟，雹粒直径 2～4 厘米，积厚 10 厘米。冰雹经过区，农作物茎秆折断，并致 200 余人不同程度受伤。

9月 1 日　原十四队从农机试验站剥离，单独建为十四队；二队从三队剥离，仍恢复二队建制；四队从园林队划出，恢复四队建制。

9月 18 日　按照上级指示精神，对铁路、公路沿线单位枪械进行统计，饮马农场持有步枪 433 支（其中小口径步枪 3 支）、子弹 211860 发、手榴弹 1000 枚、82 迫击炮 6 门、重机枪 3 挺、导火线 13370 米、雷管 25550 支。

9月 29 日　农场颁发《联产计酬生产责任制实施草案》，共 18 条。

当年　甘肃省农垦局根据国务院第二次土壤普查方案要求，派出勘测设计大队对饮马农场土壤进行重新普查。

同年　农场应用燕麦敌喷药试验 30 亩，次年推广应用 5000 亩。

同年　农场修造厂修理车间及辅助车间建成，面积 1520 平方米。

同年　二队疏勒河大桥建成通车。

同年　农场投资 3.8 万元，在黄闸湾水磨沟疏勒河上建成混凝土拱水坝。

● **1982 年**　1月 9—15 日　甘肃省农垦局在兰州召开全省农垦先进集体、先进个人表彰会。会议总结交流了 1978 年以来争先创优的先进典型经验，共表彰先进单位 43 个、先进个人 45 名。其中农场科研站基建班、林场炸药班、二队酒花二组、十四队大田三组、十二队托儿所被授予先进单位，田心灵、刘登科被授予劳动模范，吕德光被授予模范教师荣誉称号。

1 月　农场首次引种药用植物水飞蓟。

3 月 17 日　农场党委提出农场的经营方针和基本思路是"以农为主，多种经营。"

3 月　根据中央精神，农场部署开展"五讲四美三热爱"活动，并将 3 月定为"文明礼貌月"。

4 月 7 日　农场成立干部培训学校（原三团修配厂址），当年办班 7 期，培训干部 295 人次。

4 月 15 日　农业部授予吕德光（场七队小学教师）"全国农垦系统中小学先进教师"称号。

4 月　农场在肃北蒙古族自治县黑峡口建立锰矿石开采场。

6 月 10 日　农场场区突降雨雪，平均气温下降 12℃，农作物严重受损。

7 月 1 日　农场进行第三次全国人口普查，设 5 个普查区，普查结果为：农场有总人口 6893 人，其中男性 3508 人、女性 3385 人；有汉族、回族、满族、蒙古族、维吾尔族、壮族、朝鲜族 7 个民族。

7 月 15 日　农场成立经济改革调整办公室。

7 月 27 日　农场石棉矿发生一起重大盗窃案。

8 月 25 日　《饮马农场 1983—1992 年经济调整方案》完成，上报甘肃省农垦局。

9 月 25 日　农场发出文件《关于取缔限制私人养羊的通知》。

9 月　农场对 1968—1980 年初中、高中毕业的 496 名职工进行统一"双补"考试。

10 月 8 日　根据国务院下发的《关于企业进行全面整顿的决定》文件精神，农场党委制定了《实行经济责任制试行方案》《定员定编方案》《农业生产技术措施条例》《机务管理规章制度》《安全生产防范条例》《场规民约》等规章制度。

11月5日　甘肃省人民政府授予田心灵"先进生产者"荣誉称号。

12月4日　农垦部副部长、党委书记赵凡，甘肃省副省长张剑刚，新疆生产设建设兵团副司令员陈实抵达饮马农场视察。

12月21日　农场对全场青壮年职工进行文化及专业技术摸底考试，考试门类有农机、车辆驾驶、修理、电工物理、卫生常识、矿石化验、矿工化学、商业、缝纫、保育员常识。机关人员考史地，农业人员考生物，共设28个考场。

12月25日　场办《安全简报》第一期出刊。

秋　根据甘肃省农垦总公司安排，农场栽植黄花苗424亩，投资238383.40元。该项目未获得效益。

当年　农场十四队在肃北县石包城建立锰矿采矿场。农场在三队定植酒花138亩，当年生产压缩花17吨，销售8.01吨。农场二队啤酒花烤房建成。

同年　农场改革灌溉方法，改大水漫灌为弧形埂格田灌溉。

同年　场区遭受雹灾，农作物受灾面积13838亩。

同年　农场实行联产计酬奖罚的浮动工资制、超定额计件制、专业承包制和岗位责任制4种不同形式的经济责任制度。全场31个独立核算单位中有358个班组、83个专业户、114名个人参加了承包。

● **1983年**　1月　场农机科与修造厂5人组成铺膜机研制小组。3月底，样机制成，经酒泉农垦分局技术鉴定，达到农艺要求。

2月25日　饮马农场第一届职工代表大会召开。大会审议通过了王兴才所做《农场工作报告》及7个条例，有代表121人出席大会。

3月20日　农场党委颁发《改善知识分子工作和生活条件的暂行规定》文件。

4月29日　农场党委颁发《禁止乱挖甘草的决定》。

4月　农场首次大面积播种白瓜籽获得成功，共播种661亩。

5月10日　农场颁发《实行联产承包经济责任制试行方案》。

5月20日　甘肃省政府下发〔1983〕（26）号文件，决定将甘肃省农垦局改制为甘肃省农垦总公司，为经济实体（地级企业），任命彭栋才为经理。

5月24日　西德赫斯特公司山瓦尔德博士到农场十七队4支4农条田进行"禾草灵"田间药效试验。随后，场实施并大面积推广"禾草灵"灭野燕麦获得成功。

5 月 27 日　农场转发甘肃省农垦局《关于解决有特殊困难的天津知识青年职工家庭问题的通知》，批准部分知识青年回城。

5 月　甘肃省农垦总公司农科所在饮马农场进行"抗旱 1 号"（原名黄腐酸）HCF 应用技术研究试验。

6 月 18 日　甘肃省农垦总公司在金昌召开全省农垦农工商工作现场会。

8 月 9—10 日　场区刮 9 级大风，28000 亩麦田遭受风灾，损失即将收获的小麦约 40 万公斤。

8 月 12 日　甘肃省农垦总公司对饮马农场领导班子进行了调整，任命傅江海为饮马农场场长，陶宝礼为党委书记。

9 月 12 日　甘肃省农垦总公司财经纪律检查组一行 3 人到饮马农场，对农场财经纪律执行情况进行检查。

9 月 22 日　农场二队啤酒花烤房发生火灾，烧毁价值 5 万元的烘烤设备及酒花 2500 公斤。

9 月　农场在十四队首次推行沟灌技术。当年，全场秋冬沟灌面积23956 亩。

10 月 30 日　农场成立企业整顿领导小组，全面整顿农场企业。

11 月 13 日　农场对农林牧业做了全面调查统计，林木覆盖面积占总面积的 9.1%，林业、牧业产值占农业总产值的 9.9%。

11 月 14 日　农场机构改革工作启动，水电所并入机务公司，后更名为机电公司。

11 月　农场对全场 3435 名职工的年龄、知识结构等进行详细普查。

12 月 16—17 日　饮马农场与安南坝石棉矿就合作经营石棉问题进行协商，形成《合营石棉矿座谈纪要》。经甘肃省农垦总公司批准，保留安南坝石棉矿建制，为饮马农场下属二级企业，由饮马农场统一领导、经营核算。

当年　农场生产的大片食用黑瓜子被国家对外贸易部评为"黑瓜子出口优良产品"。农场弃耕撂荒耕地 8098 亩。

同年　农牧渔业部召开全国农垦系统财务、计划会议，全国农垦系统"百万元亏损大户"共 30 个，饮马农场被列为第 28 位。

同年　农场医院对全场人员进行甲状腺病普查。

同年　农场决定投资 12 万元，扶持 30 户养鸡、养兔专业户发展。

**1984 年**　1 月 7 日　总公司将直属的酒泉农垦分局改制为酒泉农垦分公司，任命邓炳才为党委书记，李坤福为经理。

1 月 15—21 日　总公司在兰州召开全省农垦经济计划会议。

3 月 1—3 日　农场召开先进集体、个人表彰大会。对 1983 年创造优异成绩的 4 个队级先进单位、15 个先进班组、30 名先进工作者、67 名先进生产者进行了表彰奖励。

3 月 9 日　经玉门市城建局批准，农场在玉门市区建立奶牛场，占地面积 1 万平方米。

3 月 31 日　农场治安保卫委员会成立。

同日　农场颁布《甘肃省国营饮马农场执行企业职工奖惩条例细则》。

3 月　农场精简非生产人员 240 人，其中机关人员 80 人、队干部 19 人、其他管理人员 141 人，充实生产第一线。

5 月　农场推行家庭农场承包及"双奖双惩"（产量、经济指标，完成奖，完不成罚）大包干责任制。

5 月　农场进行大面积田间灭草，使用国产燕麦敌 2 号、美国氰胺公司产燕麦枯、燕麦畏、德国禾草灵进行土壤处理，苗期喷洒 16135 亩耕地，用 2，4D-丁酯灭灰条 1800 亩，效果良好。

6 月 6 日　农场首次使用草甘膦杀生性除草剂进行叶面喷雾试验（30 亩），主要消灭农田芦苇草。

6 月　农垦总公司根据国务院《关于进一步扩大国营工业企业自主权的暂行规定》精神，制定了《关于干部管理制度试行意见》，并下发执行。

同月　甘肃、新疆、宁夏组织有关人员开展农机调查项目，在饮马农场完成了预定的调查科目。

7 月 15 日　根据国务院《关于办好家庭农场》的指示精神，场制定颁发《关于全面推行家庭联产承包责任制暂行办法》。至翌年 1 月，全场共兴办家庭农场 650 个，承包土地面积 32289.4 亩。

8 月 16 日　总公司将原农科所、农机所、农经所合并，成立农垦科研推广培训中心。农科所由场区迁往武威黄羊镇，所占土地、房屋移交农场使用。

8 月 25 日　总公司决定恢复石棉矿建制，饮马农场全部财产、人员、设备等交厂石棉矿经营。

27日　场区发生早霜冻害，种植的籽瓜受害面积40％，毁灭性死亡面积达1400亩。

9月14日　农场畜牧公司成立。

9月　甘肃省农垦总公司验收饮马农场企业整顿情况，并颁发"企业整顿合格证"。

11月1日　《饮马农场企业全面整顿总结报告》完成，并附"附件"5册。

当年　按照上级"种草种树，发展畜牧"指示精神和甘肃省委38号文件规定，农场退耕还林土地达到4581亩，退耕还牧土地达到9349.2亩。

同年　农场完成工农业总收入761.54万元，总支出761.40元，盈利1406.64元，结束了连续28年经济亏损的历史。

同年　农场加大调整种植业结构力度，经济作物种植面积达到12940.5亩，其中油料作物1459亩、黑瓜籽7162.5亩、啤酒花206亩、水飞蓟2322亩、黄花1062亩、瓜菜729亩。经济作物占种植业内部结构的25.6％。

同年　农场对机关、生产队进行了二次改革调整。机关由原来的4科3室缩编为1科2室，组建了6个专业实体公司，管理人员由120人缩编为37人。队级干部由原来的111人缩编为92人，队业务人员由140人精简到71人。经改革调整，共精简非生产人员240人，除18人办理离、退休手续外，其余人员均充实到了生产一线。

当年　农垦勘探设计院受甘肃省"两西"建设指挥部委托，配合甘肃省水利厅疏勒河流域规划，对场区拟垦荒地的土壤性状做了进一步调查。调查采用航片判读与实地相结合、宏观控制与微观深入相结合、重点与一般相结合的办法，从3月23日开始，至7月25日结束，8月转入资料整理和成果编写阶段，年底圆满完成勘测任务。其成果包括《土壤调查报告》1份，五万分之一荒地土壤、质地、盐分、土壤改良利用分区图各1份，三十万分之一荒地等级图1份。

**1985年**　2月10—11日　农场第二届职工代表大会召开。

2月15日　农场决定撤销九队建制，土地、房屋、设备、人员合并归十队管理。

3月　甘肃省农垦总公司决定各企事业单位实行场（厂、矿、院、校）长、经理负责制。

同月　农场安置"两西"移民，至10月，九队、十队共安置甘肃省中部地区移民607人，分种土地5094亩。

4月　农场首次引种甜叶菊。

6月13日　根据中央的十二届二次会议《关于整党的决定》精神，农场开展整党活动。

6月15日　农场购进罗马尼亚产联合收割机2台。次年7月，罗马尼亚技术专家光耐斯库抵达农场，对收割机进行调试，并给予技术指导。

同日　农场职工医院获农牧渔业部"全国农垦卫生系统先进单位"表彰奖励。

6月17日　甘肃省农垦总公司在《农垦情况反映》第6期转载饮马农场《政治工作"十上门"制度》文章。

6月　饮马水泥厂奠基。

9月2日　农场进行工资简化统一标准工作，共简化2421人的工资标准，每月增资额27050.17元。

9月9日　农场举办首次教师节庆祝活动，表彰优秀教师13人。

10月15日　农场与河南台前县经济联合社合办饮马罐头厂。

10月30日　农场二十队农工郭保年勤劳致富，成为"万元户"，农场奖其工资1级、14寸春风彩色电视机1台。

10月　国家财政部、农牧渔业部联合下发《关于"七五"期间国营农垦企业财务包干的几项规定》，甘肃省农垦总公司与甘肃省财政厅制定下发《甘肃省国营农垦企业三年（1986—1988年）财务包干办法》文件，要求按规定执行。

12月31日　饮马农场城镇房屋普查工作完成，共有房屋104334.06平方米。

当年　农场从靖远县引进大片黑瓜籽良种9771.5公斤，从天祝县引进细毛种羊8只。农场引进"长富2号""长富6号""玉林""轻津""乔纳金""秋富1号""谷富10号""着色1号"8个果树良种高接品种。

同年　据统计，全场共有587个职工家庭农场，盈利的有421个，占71.7%；持平的10个，占1.7%；亏损的156个，占26.6%。

● **1986 年**　1 月 8 日　撤销十队、畜牧队、十六队建制,十六队改为酒花一队。

5 月 11 日　农场开展"一五"期间的普法教育。

5 月 19—20 日　场区刮起 10 级西风,历时 19 个小时,2000 亩籽瓜地的地膜被撕破,造成很大损失,后补种和重种籽瓜 3000 多亩。

8 月　场部 10 孔啤酒花第一加工车间建成并投入使用。

12 月 27 日　农场第三届职工代表大会召开。审议通过了《场长任期目标责任》《场长责任制》《工资分配死套活拿方案》和《关于职工家庭农场有关问题的十一条规定》《饮马农场场规》等规章制度。

12 月　1985 年和 1986 年,承包家庭农场亏损挂账的共有 261 户,计金额 582998 元,农场对其中的 224 户进行了亏损减免,金额达 243930 元,占减免金额总数的 41.84%。

当年　由董西林、傅江海撰写的论文《饮马农场双层经营体制与经济职能作用》被中国农垦经济研究会编入论文集,后又收编《中国经济文库》。

同年　农场印发《安全公约》,签订(到户)社会治安综合治理合同 1550 份。

● **1987 年**　2 月 3 日　农场召开勤劳致富"双先"(先进集体、先进个人)表彰大会。

3 月 7 日　农场决定开展酒花种植优质高产劳动竞赛活动。

3 月 16 日　农场《饮马周报》改版发行。

3 月 25 日　农场和各基层单位签订《社会治安综合治理责任承包合同书》。

3 月　玉门市颁发居民身份证,场区共发证 3234 人。

4 月 3 日　农场决定,对生产经营中成绩突出的 199 名干部、职工给予奖励晋级。

6 月 1 日　甘肃省财政厅、企业管理办公室、酒泉农垦分公司计财科组成调查组,对饮马农场的职工家庭农场、职工生活状况逐户进行调查。

6 月 13 日　农场职称评定领导小组成立。

7 月 10 日　甘肃省副省长路明和甘肃省委政策研究室、甘肃省农委"两西"指挥部负责人一行 9 人抵达农场,专题调查兴办职工家庭农场和双层经营情况。

8 月 8 日　农场调查场区人口结构。据统计,全场共有 5238 人,有老年人口 123 人,占总数的 2.35%。

9 月 24 日　甘肃省委书记李子奇一行莅临饮马农场进行视察。

当年 建设啤酒花种植园 461 亩，啤酒花种植面积达 1277 亩。农场修造厂承担并完成生地湾农场、甘沟硫黄矿各 4 孔酒花烤房部分设备的制作和安装任务。

同年 甘肃省农村科技会议召开，饮马农场"农业模式化栽培"受到省委、省政府的肯定和表扬。农场酒花二队被甘肃省农垦总公司授予"多年生酒花优质高产单位"，16 名工人获"酒花生产能手"，职工武祯贵获"酒花生产特级能手"称号。饮马农场小城镇规划由甘肃省农垦设计院完成。

● **1988 年** 1 月 13 日 甘肃省农垦总公司奖励 1987 年完成经济责任制指标的企业，饮马农场被定为"百万元盈利企业"。

2 月 12 日 农场倡导易风移俗，举行了第一次集体婚礼，有 17 对佳偶喜结良缘。

3 月 5 日 中国共产党饮马农场第一届代表大会召开。

3 月 18 日 农场制定颁发春小麦、啤酒花、黑瓜籽、水飞蓟、甜菜、果树 6 个模式化栽培规范标准手册，户均 1 册。

4 月 9 日 饮马水泥厂竣工，试生产水泥一次成功。

4 月 农场学校有 36 名中学教师获酒泉地区教育处核发的"中学教师教材教法合格证"，35 名小学教师获玉门市教育局核发的"小学教师教材教法合格证"。

5 月 6 日 农场农业机械普查工作完成，资产合计原值 473.28 万元，平均每亩耕地占用原值 82.32 元，现值 63.69 元。

5 月 20 日 农场拟定的《专业技术职务方案》出台，设 48 个岗位，有专业技术人员 276 人，占总人数的 11.5%。

7 月 18 日 农场邀请曾在饮马农场和酒泉农垦分公司担任过领导职务的老同志 20 余人来农场访问并指导工作。

7 月 日本札幌三宝乐啤酒株式会社研究开发部部长森义忠博士在轻工业部有关专家的陪同下，对饮马农场种植的啤酒花进行考察。

9 月 1 日 农业部授予彭述先、周全礼"全国农牧渔业丰收·啤酒花引种栽培一等奖"。

11 月 5—25 日 农场对农业税、能源资金、商业营业税、商业价格、招待费、销货款等进行专项大检查。

当年 农场大面积推广小麦增产菌、瓜类增产菌拌种技术获得成功，种植瓜类 9650 亩、小麦 10579.4 亩。

同年　农场中学 4 层教学楼竣工并投入使用。农场机关办公大楼主体工程完工，于 1989 年 10 月交付使用。

**1989 年**　1 月 18—24 日　农场农业技术人员分组到各队，对农作物及啤酒花种植户进行技术指导和培训。

1 月 27 日　甘肃省省长贾志杰主持召开全省农垦工作会议，肯定了农垦的工作成绩。按照会议精神，下发《关于农垦工作有关问题的会议纪要》。

2 月 14 日　农场第四届职工代表大会召开。

5 月 1 日　农场召开劳动模范表彰大会，表彰场级劳动模范 22 名。

6 月　农场在二队、十七队、十八队、十九队区域小麦及籽瓜田实施"751"叶面喷施试验推广技术。

7 月 26 日　农场决定收复弃耕地 1999 亩。

8 月 21 日　农场一次性更新播种机 14 台。

10 月 1 日　饮马农场场长傅江海同志被评为"全国劳动模范"。

10 月 11 日　农场果树生产管理经验被甘肃省农垦总公司评为"一类果园第一名"。

当年　农场承担"河西地区啤酒大麦新品种栽培技术示范推广"课题，完成种植面积 2900 亩。农场在 3243 亩小麦、籽瓜、酒花作物农田实施稀土微肥技术，被甘肃省农垦总公司评为"科技推广一等奖"。农场职工刘积银等研制的 5ZFX－13 型籽瓜脱粒机被甘肃省农垦总公司授予"科技进步一等奖"。

**1990 年**　1 月 9 日　农场四届二次职工代表大会召开。

1 月 10 日　农场仿制种子包衣机成功，首次对小麦、籽瓜等种子进行机械包衣处理。

3 月 1 日　农场对 9 个单位进行了第一轮承包终结审计。

3 月 25 日　农场颁发《甘肃省国营饮马农场公文处理实施细则（试行）》。

3 月 31 日　甘肃省农垦总公司下发《认真作好农垦企业第二轮承包聘任工作的通知》。

5 月 3 日　甘肃省农垦总公司给饮马农场啤酒大麦基地专项投资 45 万元。

5 月 28 日　农场完成"春小麦模式化栽培技术""果树模式化栽培技术"项目，农垦总公司授予其"科技进步二等奖"；"春小麦种子包衣技术项目"被授予"科技进步三等奖"。

9月27日　甘肃省农垦总公司在对第一轮企业承包经营全面考察和财务审计的基础上，采取稳定多数、个别调整的政策，聘任了第二轮企业承包经营的法人代表。

10月10日　根据甘肃省农垦总公司甘垦审〔1990〕（014）号审计通知书，总公司审计处主审员潘发祥、任振斌一行6人，按照《甘肃省农垦1990年经济责任制任期规范》，对傅江海进行了任期经济责任审计。

12月12日　总公司批转了《关于饮马农场场长傅江海同志任期经济责任的审计报告》。

12月25—27日　农场召开第五届职工代表大会。

●**1991年**　1月10日　国务院授予饮马农场"1990年粮食生产先进单位"称号。

1月17日　甘肃省农垦总公司授予饮马农场"黑瓜籽生产丰收二等奖"。

2月10日　中国共产党饮马农场第二届代表大会召开。

3月6日　农场实行全员风险抵押承包，建立风险基金制度。

同日　农场颁布《饮马农场土地补偿制度》。

4月5日　酒泉地区歌舞团到饮马农场进行慰问演出。

4月27日　甘肃省农垦总公司拨款10.5万元，用于黄闸湾水磨沟至北干渠3.02千米四十斗引水渠衬砌。

7月6日　甘肃省财政厅确认饮马农场为会计标准考核达标单位。

7月8日　农场电影放映队购进上海八一电影机械厂产井冈山牌104 - XZ氙灯放映机1套。

7月23日　甘肃省农垦总公司授予场酒花生产工人郑富春（亩产385公斤）、杨永莲（亩产356公斤）"1990年度酒花生产特级能手"称号，另有64人被评为"酒花生产能手"。

8月　农场向发生洪涝灾害的江淮地区捐款10万元，其中个人捐款6.75万元。

9月16日　饮马电视差转台在甘肃省广播电视厅、广播电视服务中心的协助下建立。

9月　农业部农垦局授予何庆祥"'七五'期间全国农垦系统种子工作先进个人"称号。

12月9日　农场成立12人的经济警察队。

12月29日　农场颁发《饮马农场职工养老保险金统筹试行办法》。

当年　农场开始应用"751"对小麦、籽瓜等作物实施浸种叶喷技术。

同年　饮马农场受灾，甘肃省财政厅拨款15万元，用于打井等补贴。

同年　农场招待所3层大楼建成，面积1400平方米，投资100万元。新打水泥晒场，面积10810平方米；衬砌渠道16.1公里；打机井3眼；收复弃耕地1422亩；细平地12952亩；新开垦荒地500亩；清挖排渠13.2公里。整修场部通往各生产队的主要交通干道5条，计25公里。

**1992年**

2月18日　农场十八队完成农业大面积作物丰收工作，甘肃省农垦总公司授予其"农业丰收一等奖"。

3月12日　酒泉地区保险公司在饮马农场召开保险工作会议，农场投保金额达220253元。

5月25日　农场成立农业丰收计划领导小组，开展丰收奖竞赛活动。

6月5日　农场首次举行"6·5"世界环境日大型宣传活动。

7月14日　农场成立卫生保健委员会。

7月29日　酒泉电视台与农场签订100户住户闭路电视安装合同。

7月　农场派出人员赴新疆、灵武、武威、重庆、宝鸡等地啤酒厂家考察啤酒麦芽生产情况，后根据考察情况编报《关于新建5000吨麦芽生产立项报告》。

8月22日　重庆山城啤酒企业集团接纳饮马农场为该集团成员。

8月　农场文艺宣传队参加甘肃省农垦系统文艺汇演，参演舞蹈《我们丰收了》获二等奖。

9月20日　刘积银等研制的5ZFX－13型籽瓜脱粒机被中国首届丝路节领导小组授予"丝路节科技成果优秀奖"。

10月　甘肃省农垦总公司授予饮马农场"办学先进单位"称号。

11月20日　农场与兰州黄河新技术开发研究所签订协议，由研究所承担饮马农场5000吨麦芽厂的全部设计任务，设计费78万元。

12月26日　农场第六届职工代表大会召开。

**1993年**

1月10日　甘肃省农垦总公司授予饮马农场"粮食丰收一等奖""高产田（啤酒大麦）一等奖"。

1月　饮马派出所被酒泉地区公安处授予"集体三等功"。中国人民保险公司甘肃省分公司授予饮马农场"保险先进农场"称号。

3月7日　农场麦芽厂奠基。8月18日，一期工程竣工，1994年3月建成投产。1994年7月1日，麦芽厂二期工程动工，1995年6月1日建成投产。麦芽厂年生产能力为15000吨。

4月1日　农场成立残疾人协会。

4月9日　甘肃省畜牧厅授予饮马农场俞组义、唐振邦"先进个人"称号。

4月23日　在甘肃省国营饮马农场基础上，增设"甘肃省饮马实业公司"。

4月29日　酒泉地区环境监测站对饮马农场生态环境（水质、土壤、大气）进行了系统检测，大气符合GB 3095—82一级标准，地面水符合GB 3838—88一级标准，生活饮用水符合GB 5749—85标准，土壤符合GB 4284—84标准。

4月30日　玉门市工商行政管理局给甘肃省国营饮马农场、甘肃省饮马实业公司法人核发《营业执照》，注册资金1150万元。

4月　玉门市委、市政府授予饮马农场"模范文明单位"称号。

8月9日　酒泉农垦贸易中心"四通"总汇派员在饮马农场安装了日本产对讲通信设备。

8月　水泥厂完成4.2万吨水泥产销，实现达产达标。

同月　农场与柳河乡政府签订了柳河啤酒花加工厂建厂技术协议书。

9月　农场摄制完成《疏勒河畔饮马人》8集系列人物纪实电视片。

10月1日　场部举行建场以来最隆重"10年改革总结（庆功）大会"。参加单位有甘肃省农垦总公司，酒泉地区行署，玉门市有关单位，重庆、宝鸡啤酒集团等负责人及职工群众数千人。其间，举办了图片展览，展出图片486幅，共50块版面，还放映了电影、电视片。同时，在会上表彰了50名场级劳动模范。

10月9日　饮马实业公司机关进行机构调整，设经理办公室、计划财务部、人事劳动部、党群工作部、农业生产部、酒花园林部等。

11月3日　西二支渠改建工程由场水利队施工完成。

● **1994年**　1月　饮马农场被酒泉地区评为"文明单位"。同月，被甘肃省委、省政府评为"文明单位"。

2月26日　公司首次聘任26名具有内部专业技术职务任职资格的专业技术及管理人员。

2月27日　"玉门市饮马农场人民法庭"更名为"玉门市饮马人民法庭"。

3月11日　甘肃省质量管理局给甘肃省饮马实业公司颁发中华人民共和国《企业法人代码证书》，代码号 29700507 - 1。

3月　饮马实业公司首次种植特种药材（100 号）989.1 亩。

同月　甘肃省绿色食品办公室发布公告：饮马实业公司生产的黑瓜籽、啤酒花、啤酒大麦，经中国绿色食品发展中心审查合格，获得《绿色食品证书》，并许可使用绿色食品标志。

5月1日　饮马实业公司召开纪念军垦人员、知识青年、复转军人参加河西农垦建设 30 周年座谈会。

同日　公司十八队队长王永宏被中共甘肃省委、甘肃省人民政府授予"甘肃省劳动模范"荣誉称号。1995 年 5 月 1 日，王永宏赴北京参加会议，受到江泽民等党和国家领导人的亲切接见。

6月15日　农业部委托甘肃省农业机械局在饮马实施"化肥机械深施技术示范推广"科研项目，国家拨专款 3 万元。

6月23日　公司颁布《饮马实业公司人事劳动管理暂行办法》。

7月17日　甘肃省农垦总公司党委批准：换届后，饮马实业公司党委仍由傅江海任党委书记。

7月　由全国政协副主席杨汝岱带队，全国政协巡视团抵达饮马农场，进行生态环境建设方面的工作视察。

11月22日　饮马加油站建成，12 月 19 日开始对外营业。

12月2日　饮马实业公司奖励水泥厂厂长田心灵、建筑公司经理杨顺庆各 1 万元；奖励机电公司副经理吴四安、工贸公司经理詹殿学各 8000 元。

12月21日　甘肃省农垦总公司党委批准，饮马水泥厂企业级别升为副县级。

12月27日　甘肃省农垦总公司批准饮马啤酒原料股份有限公司成立。1995 年 8 月 11 日，甘肃省人民政府批准成立甘肃省饮马啤酒原料股份有限公司。

当年　饮马水泥厂在酒泉城市经济效益最佳工业企业 50 强排名第 30 位。

同年　甘肃省农业厅确定李家茂、王兴宏为专职种子管理员。农场职工何庆祥被甘肃省人事局、省计划委员会、教育委员会评选为"甘肃省在社会实践中做出优异成绩的优秀大学毕业生"；吴四安被评为"优秀中专毕业生"。经甘肃省政府报国务院批准，饮马农场场长傅江海享受特殊津贴。

同年　兰新光缆工程在场区通过，全长 22.42 千米。

**1995 年**　1 月 24 日　酒泉行政公署公安处授予饮马派出所为"一级达标单位"。

2 月 15 日　傅江海、董西林参加甘肃省农垦总公司召开的政治工作经验交流会，其论文《论企业思想政治工作的无形资产价值》获一等奖。

2 月 21 日　甘肃农垦组建"甘肃省农垦进出口股份有限责任公司"，饮马农场入股 30 万元，为公司股东。

3 月 31 日　甘肃省农垦总公司及酒泉农垦公司在饮马农场举行酒泉垦区工人技师发证大会，饮马农场有 14 人荣获劳动部颁发的《工人技师资格证》。

3 月　畜牧队首次从兰州引进青海小尾寒羊 21 只，当年繁殖 36 只。

4 月 29 日　甘肃省农垦总公司王银定经理抵饮马农场检查工作。

4 月　焦炳琨的报告文学集《饮马人》由敦煌文艺出版社出版发行。

同月　中共玉门市委、市人民政府授予饮马水泥厂"市级文明单位"称号。

5 月 2 日　农场农技推广站首次对全场籽瓜种子实施静电及包衣技术处理。

5 月 6 日　甘肃省人民政府授予傅江海"甘肃省优秀专家"称号。

6 月 1 日　农场麦芽厂建成投产，举行了隆重剪彩仪式，年生产能力为 15000 吨。

6 月 8 日　农场对擅自离岗 1 年以上的 101 名固定工除名，解除 142 名合同制工人的劳动合同。

6 月 17 日　农场防震减灾工作领导小组成立。

6 月 26 日　甘肃省建材局、甘肃省水泥协会评选饮马水泥厂为"'八五'期间全省建材优秀企业"。

7 月 1 日　农场举办"爱我中华"大型歌咏比赛，有 27 个基层单位、800 余名演唱人员参加。

8 月 1 日　酒泉地区农学会第六届大会在饮马农场举行。其间，与会人员参观了农场"两高一优"农作物种植大田。

8 月 20—21 日　在全国财政支农工作会议召开期间，农业部考察团一行在孙鹤龄的带领下到饮马农场考察。

8 月　甘肃省文化厅文物处处长钟圣祖一行到饮马农场视察周边汉长城遗址及其他田野文物遗址。

12 月 6 日　甘肃省人大常委会代表团一行到饮马农场视察，对饮马农场在社会治安、文化教育、经济发展、卫生保健等方面的工作给予了充分肯定。

12月27日　农场第六届职工代表大会第四次会议召开，大会审议通过了《麦芽厂股份制二期改建工程职工入股方案》。

12月　饮马啤酒原料股份有限公司首次向股东核发（30%）红利118.26万元。

当年　饮马啤酒原料股份有限公司生产优质麦芽10050吨。农场开垦荒地2736亩。农场开始实施农业部下达的"节种及精量播种技术"科研项目。农场职工（总人数2307人）年平均收入达到7028元。农场投资50万元入股天马啤酒花有限公司颗粒酒花项目。

同年　农业部农垦局授予农场"全国农垦系统农机管理标准化优秀单位"称号。

**1996年**　1月2日　农场颁布《甘肃省饮马实业公司全面实行劳动合同制实施办法》，自1996年4月1日起执行。

1月5日　由甘肃省农垦总公司组织的饮马农场麦芽厂工程竣工验收委员会同意饮马麦芽厂正式通过验收并交付使用。

1月22日　甘肃省农垦总公司授予饮马农场"'八五'期间科技兴垦先进集体"荣誉称号。

1月30日　农场颁发《饮马实业公司新型医疗制度改革方案》，自2月1日起执行。

2月5日　农场第三届党员代表大会召开。

同日　农场第七届职工代表大会召开。

2月10日　农场酒花药材部改为酒花园林畜牧生产部。

2月14日　根据甘肃省教委《甘肃省学校健康教育评价方案实施意见（试行）》，甘肃省农垦总公司拟定饮马中学为甘肃农垦1996年试点学校。

3月5日　农场设立基本建设部，与土地管理所合署办公。

3月19日　甘肃省副省长贠小苏率甘肃省农业厅、扶贫办、"两西"建设指挥部等厅局负责同志，在甘肃省农垦总公司、酒泉行署、玉门市政府负责人的陪同下，莅临饮马农场视察。

3月30日　农场编制完成《饮马实业公司"九五"计划及2010年远景目标规划》。

4月23日　世界银行完成《中国甘肃河西走廊（疏勒河）项目评估报告》，场区被列入项目区。

5月24日　农场编制完成《扩建1万吨麦芽生产线可行性报告》。

5月29日　强沙尘暴袭击场区，直接经济损失达176.484万元以上。

6月17日　农场编制完成《"九五"期间开荒及中低产田改造申请立项报告》。

6月20日　农场成立畜牧兽医站，原属畜牧队管理的羊群改归各牧点农业队管理，归口酒花园林畜牧生产部。

6月26日　全省农垦种子工作会议暨农业观摩会议在饮马农场召开，参加会议的有14个农场、科研中心、生产公司、种子公司、农技站负责人等，共60余人。

6月　农场完成电视专题片《希望的荒原》的拍摄和制作，作为"6·25"土地日的献礼片，得到省、地和农垦土地部门的好评。

7月4日　在庆祝建党75周年之际，农场开展"献爱心"活动，为贫困乡村建设"万村书库"捐款11923元。

8月3日　农场"绿色长廊"工程启动。

9月19日　甘肃省农垦总公司同意农场扩建3万吨麦芽生产线。

9月21—22日　由甘肃省文联、甘肃省作协、酒泉地区文联组织的酒泉、张掖、平凉、嘉峪关等地作家一行19人到饮马农场采风。

9月24日　以世界银行郑兰生为团长的项目督导一行4人，对世界银行贷款河西走廊（疏勒河）项目进行重点督导检查，考察了农业种植业、畜牧业的开发和生产。

10月3日　农场团委纪念红军长征60周年暨"双学"活动和知识竞赛圆满结束。

10月22日　农场开展的"二五"普法工作经玉门市普法领导小组验收达标。

10月29日　农场编制完成《饮马实业公司加强社会主义精神文明建设五年规划》。

10月　农场建筑公司职工、青年诗人马兆玉的《多情胡杨》诗集由中国华侨出版社出版。

11月12日　农场组织人员进行计划生育入户调查，场区常住人口为

4648 人。

12 月 3 日　饮马农场被列入全国农垦"百家良种企业"和部局种子工程建设的项目单位。

当年　由酒泉农垦公司组织编著的《拓荒礼赞》出版发行，收录饮马农场作者采写的报告文学、特写等文章 6 篇。

**1997 年**　3 月 1 日　农场编制完成《饮马实业公司 2.5 万亩土地综合开发项目可行性报告》。

3 月 10 日　农场召开思想政治工作会议，命名表彰了首批场级文明单位（3 个）和文明家庭（29 个）。

4 月 20 日　农场农业综合开发项目被列入甘肃省农垦"九五"期间第一批商品粮基地建设项目。其中国家补助 100 万元，甘肃省拨款 200 万元，自筹资金 926 万元。

5 月 4 日　农场团委隆重召开纪念"五四"运动 78 周年大会。会上，21 名优秀团员和青年被评为"青年岗位能手"并受到表彰。

10 月 15 日　《饮马实业公司关于贯彻落实党的十五大精神，推进企业体制改革方案》编制完成，并经农垦总公司批准予以实施。

11 月 6 日　《甘肃农垦土地管理实施办法》《甘肃省国有农场重点农田保护实施办法》批转实施。

当年　农场十八队职工张维文荣获中华农业科教基金会"省内基本优秀农户奖"。

**1998 年**　1 月 1 日　饮马啤酒原料股份有限公司完成 600 万元扩股，由发起人全额认购。其中，企业认购 56.7%，计 340.2 万元；职工认购 43.3%，计 259.8 万元。职工实际认购 290.945 万元，占扩股总额的 48.49%。扩股方案经甘肃省体制改革委员会审查同意报请甘肃省政府批准。

同日　按照《甘肃省城镇股份合作制企业暂行办法》的规定，水泥厂完成股份合作制改造。股权设置由农场法人股、职工基本股和职工个人投资构成。企业名称改为甘肃饮马水泥股份合作公司。

2 月 23 日　农场第八届职工代表大会召开。

4 月 8 日　黄花农场青山水库于早晨 9 时 40 分决堤，给下游青山分场职工的生产、生活造成很大损失。灾情发生后，饮马场领导前往慰问受灾职工，并捐助黄花农场现金 10 万元、水泥 400 吨。

4月11日　农场根据甘肃省农垦总公司甘垦计〔（1996）68号〕文件精神，决定新建一条1万吨的麦芽生产线，预计于1998年10月前完工，年底投入运行。

4月20日　"饮马农场中低产田改造项目"被列入《甘肃省1998年国民经济和社会发展计划》（甘计综〔1998〕027号）。

4月24—28日　重庆啤酒（集团）有限责任公司与甘肃省饮马农场就企业联合问题形成《重庆啤酒（集团）有限责任公司与甘肃省饮马农场联合谈判会议纪要》。

5月1日　农场凌晨发生强霜冻，最低气温－6.3℃，持续时间超过5个小时，致使出土酒花幼苗地上部分全部冻死干枯。经实地调查，幼苗受冻率达81%，其中冻死干枯的达41%。

5月3日　农场第八届职工代表大会管委会审议并通过了《饮马农场和重庆啤酒（集团）有限责任公司联合议案的决议》。

5月23日　农场电视并入玉门有线电视网络，电视差转台停止工作，并注销饮马电视差转台执照。

6月1日　按照省国资局〔1998（19）〕号文通知，原饮马水泥厂评估后资产总额为20104958.64元，负债总额为16711373.58元，净资产为3393585.08元。经请示甘肃省农垦总公司同意，水泥厂改制为股份合作制，改制后企业仍称甘肃省饮马水泥厂。

7月8日　英国国家啤酒花协会有限公司主席马丁·嘉利先生被邀请来场访问。

10月1日　甘肃省委宣传部、省委组织部、省经贸委、省总工会授予饮马实业公司"1996—1997年度全省思想政治工作优秀企业"。

11月6日　农场麦芽厂第三车间万吨麦芽生产线竣工投产。

11月　甘肃省农垦总公司对嘉峪关水泥厂领导班子进行调整，饮马实业公司副经理、饮马农场副场长田心灵任水泥厂厂长（兼）。

12月1日　按照甘肃省政府（甘政办纪〔1998〕23号）和甘肃省农垦总公司（甘垦〔1998〕81号）文件精神，疏勒河项目农垦工程建设指挥部成立。指挥部工作受甘肃省农垦总公司和甘肃省疏勒河项目建设管理局的双重领导。农垦指挥部承担疏勒河项目31.666万亩新开荒地及渠系配套建设，新建4个农垦分场，新增灌溉面积45345亩，安置移民1.3万人。

**1999 年**

1 月 20 日　将全场 16 个农业单位合并为 10 个。撤销酒花队，组建成立酒花场；撤销机电公司、修配厂、加油站建制，合并成立农机管理服务中心。

1 月 21 日　甘肃省农垦总公司制定的《甘肃省农垦农业机械管理办法》下发执行。

1 月 29 日　依据《甘肃省农垦总公司关于重点建设项目达产达标的考核办法》（甘垦工〔1996〕9 号）文件规定，饮马麦芽厂 1.5 万吨麦芽技改项目达产达标。

1 月　根据世界银行疏勒河项目工程的安排，农场将负责 5 万亩土地开发和 4 个移民队的移民安置。为此，将对原良种场进行整合和配套，编制完成《关于疏勒河项目饮马农场良种场建设实施报告》。

3 月 21 日　农场撤销工贸公司所属饮马食品厂、食品厂东镇和玉门镇流动组、饮马牛奶厂（玉门市）、饮马农场（玉门镇）打字复印服务部建制，《营业执照》同时注销。

3 月 28 日　第八届职代会管委会审议通过《饮马农场职工医疗保险制度改革方案（试行）》，于 1999 年 4 月 1 日起执行。

4 月 16 日　疏勒河开发项目西五支干渠开始扩建。

5 月 30 日　酒泉地区公安处决定：撤销《关于饮马实业公司建立"饮马化工厂"的批复》，收回颁发的《民用爆炸物品生产许可证》和《民用爆炸物品储存许可证》，自 1999 年 6 月 6 日起停止生产。

7 月 10 日　甘肃省人事厅、甘肃省档案局授予饮马实业公司"全省档案工作先进集体"称号。

7 月 20 日　根据《关于撤销全区 7 个农垦法庭的通知》（酒中法〔1999〕第 51 号）精神，饮马人民法庭自即日撤销，辖区的案件由玉门镇人民法庭立案受理。

7 月 28 日　根据甘肃省政府第 40 次常务会议精神，甘肃省公安厅发出《关于解决农垦系统职工家属户口问题的通知》（甘公治〔1999〕125 号文），农场重新进行户籍登记。此项工作至 2000 年 1 月 20 日结束。

7 月　甘肃省农垦总公司党委要求系统内所有干部认真学习邓小平理论，并进行正规考试。饮马农场参加考试的干部有 314 名，占应参加考试干部的 92.3％。

9月1日　饮马啤酒原料股份有限公司以"拟增资扩股组建上市公司"之事由，向甘肃省国有资产管理局提出"对其资产进行评估验证立项"的申请，获准由甘肃弘信会计师事务所承担评估项目。

10月1日　十八队农业职工张维文被甘肃省委、省政府授予"省级劳动模范"称号。

10月18日　农场编制完成《关于甘肃饮马啤酒原料股份有限公司增资扩股方案》，上报甘肃省国有资产管理局。

11月9日　根据《关于农电资产无偿划拨有关问题的通知》（甘垦财便字〔1999〕108号）精神，由甘肃省会计师事务所进行的农场农电资产清产核资评估工作全面展开。

11月23日　饮马农场4万亩中低产田改造项目批准立项。

11月30日　《饮马实业公司"十五"重大项目》编制完成。

11月　《甘肃农垦实行素质教育实施意见》经全省农垦教育工作会议讨论修改，正式下发实施。

当年　由饮马实业公司托管的嘉峪关水泥厂荣获甘肃省农垦总公司"年度综合特等奖"。

● **2000年**　1月22—25日　全省农垦工作会议在兰州召开。会议提出，国有农场的改制，首先要抓好饮马农场建立集团公司的试点，并逐步扩大。

1月23日　饮马啤酒原料公司被列入全省农业产业化龙头企业名录。

1月24日　农场编制完成《饮马农场1万亩节水灌溉工程项目可行性研究报告》。

2月15日　经第九届职工代表大会和2000年第一次工作会议审议，决定对饮马水泥厂实行新一轮扩容技术改造。技改后，将能满足年产10万吨优质水泥的工艺和新质量标准要求。

2月28日　农场编制完成《饮马水泥厂技术改造建议书》。

3月3日　甘肃省委宣传部、甘肃省委组织部、甘肃省经贸委、甘肃省总工会授予饮马实业公司"1998—1999年度全省思想政治工作优秀企业"称号。

3月10日　经农场党、政领导办公会议研究，并报请农垦总公司批准，饮马水泥厂技改项目所需资金按股份合作制形式筹集，其中农场法人入股100万元，水泥厂法人入股200万元，农场管理人员及水泥厂员工入股 100 万元。该方案按程序提交饮马水泥股份（合作）有限责任公司股东大会审议，获得通过。

3月15日　嘉峪关水泥厂和饮马水泥厂联合申请新建一条日产 1000 吨的干法水泥熟料生产线。

3月16日　国务院体制改革委员会办公室、农业部、财政部领导一行，在国务院体制改革委员会办公室产业与市场司副司长孔泾源的率领下来饮马农场调研。

4月26—27日　全省农垦宣传工作会议在兰州召开，饮马农场就如何创建精神文明先进典型在会上做了主题发言。

5月3日　根据《饮马农场畜牧业管理办法》，农场对全场畜牧业情况进行了全面调查。

5月8日　根据玉门市第五次人口普查办公室〔2000〕（01）号文件精神，农场成立了人口普查领导小组，全场共分为 15 个普查小区。

5月15日　根据《甘肃省农垦农电改造规划方案》和《关于无偿划拨农电资产问题的通知》，甘肃省农垦总公司与甘肃省国资管理局对农场农电资产进行评估确认。

5月18日　农场与新疆绿嘉啤酒花有限公司经多次论证洽谈，决定联合建设年产 3000 吨的颗粒酒花生产线，并组建甘肃饮马绿嘉啤酒花有限责任公司。公司注册资本 360 万元，其中农场所占股份比例为 51％，并正式签订协议。

7月12日　农场就七墩滩土地归属问题向甘肃省国土资源厅提出土地权属确认的申请。

8月24日　甘肃省人大常委会副主任姚文仓到农场视察。

10月15—16日　农场组织劳动力 1600 余人，开展新建百亩酒花园大会战。

10月　甘肃省经贸委下发（甘经贸技〔2000〕623 号）文件，批准饮马农场与酒泉地区祁峰建化有限公司合资日产 1000 吨窑外分解回转窑水泥熟料生产线技改项目立项。

12月10日　疏勒河项目将七墩滩规划为移民乡，交由安西县管理，饮马农场将减少土地 9.77 万亩。为保证农场土地的完整性，农场以甘饮司发〔2000〕第 056 号文件的形式，提出"将项目规划的七墩滩移民乡变为由农垦指挥部实施的饮马农场七墩滩分场，按乡建制，设立乡政府，由饮马农场托管，实行'一场两制'管理"的建议，但未获批准。

12月26日　饮马啤酒原料分公司取得北京新世纪质量体系认证中心颁发的 ISO 9002 质量体系认证书。

12月27日　甘肃省农垦总公司甘垦总发〔2000〕63 号文件通知：聘任田心灵为甘肃省饮马实业公司经理、饮马农场场长。

● **2001 年**

1月12日　全省农垦工作会议在兰州召开，农场荣获"2000 年度综合奖""社会保险工作先进单位奖"两个奖项。

3月8日　根据九届二次职工代表大会提案，农场组织有关部门和人员对 1997—1999 年收复的弃耕地进行详查。其中，4035 亩镁质碱化青白土复垦地决定弃耕，让其恢复原有生态环境；3235 亩重盐碱或存在不透水层的耕地暂时退出耕种，寻求新的改良办法。上述决定呈报甘肃省农垦总公司及国土资源管理局批准。

3月15日　按照莫高股份的上市要求，总公司决定免去郑尚凯、彭述先、庞艳肃饮马实业公司副经理、饮马农场副场长职务。12月31日，免去赵勤壁饮马实业公司副经理、饮马农场副场长职务。

3月20日　农场子校电教室正式启用，共安装多媒体电脑 31 台，初步实现了对中小学生进行计算机网络教育的计划。

3月27日　根据甘肃省委、省政府的要求，为加强对农垦系统农业税费改革工作的领导，决定成立农垦农业税费改革领导小组。

3月28日　农业部农垦局下发《关于开展农垦改革进展情况调查的通知》（国垦发〔2001〕9 号），农场安排对改革进展情况进行调查。

3月　根据玉门市综治委和禁毒委的要求，农场成立禁毒委员会。

4月3日　按照甘肃省政府办公厅文件《关于尽快开展疏勒河农业灌溉暨移民安置综合开发项目建设用地勘测定界工作的通知》（甘政办发〔2001〕3 号）精神，农场勘测定界工作开始，由农场国有土地管理所实施。此次勘测定界土地核准面积为 249983.90 亩。

4月13日　根据农业部农垦局国垦发〔2001〕18 号文件精神，农场开始对农场城镇化建设基本情况进行调查。

4月16日　按照甘肃省国土资源厅批示，莫高股份饮马分公司占用的农场国有土地使用权从即日起变更为由甘肃省农垦总公司经营管理，核准的土地面积为 29564.51 平方米。

**同日** 根据甘肃省农垦总公司 2001 年啤酒原料专题会议和农场发展的需要，调整啤酒花种植面积，决定在酒花三队修建酒花加工厂第三车间。

**4 月** 国债资金农电线路改造工程启动。按照甘肃省计划委、甘肃省电力公司农垦农电线路改造协调会议精神，农垦农电线路改造纳入国家计划。

**6 月 11 日** 按照甘肃省农业综合开发办〔2001〕9 号文件精神，经认真筛选，农场"十五"期间农业综合开发项目选定，共 8 个。其中，"10000 亩生态防护林项目"和"4000 亩优质啤酒花项目"完成编制，呈报审批。

**6 月** 按照"走出农场，走进市场"的思路，农场（含嘉峪关水泥厂）与酒泉祁峰建化有限公司协商，共同出资组建甘肃西部水泥有限责任公司，农场拥有 49％的股份。9 月 13 日，经酒泉市工商行政管理局核准，颁发《营业执照》，注册号 6221001100348，营业期限至 2031 年 9 月 12 日。

**8 月** 决定由成都建材设计研究院完成西部水泥 1000 吨/天窑外分解回转窑水泥熟料生产线技改项目。

**9 月 4 日** 甘肃省农垦总公司对农场 2000 年农业综合开发项目进行实地验收。

**9 月 12 日** 甘肃省政府有关部门和甘肃省农垦总公司领导对农场经济体制改革进行专项调研。

**10 月 11 日** 为提高会计信息质量，逐步完善会计电算化进程，财务部门配置了专用计算机和软件。

**10 月 31 日** 农场"四五"期间的普法工作正式启动。

**11 月** "饮马牌"颗粒酒花取得了 GB/T 1901—2000 idt ISO 9001：2000 质量管理体系认证。饮马绿嘉啤酒花责任有限公司生产的"饮马牌"颗粒酒花取得了管理体系认证。

**同月** 成都建材工业设计院完成西部水泥有限责任公司《1000 吨/天窑外分解回转窑水泥熟料生产线技改工程初步设计方案》和《可行性研究报告》。环境评估委托酒泉地区环保局进行。

**12 月 6 日** 农业改革"两费自理"领导小组成立。组长田心灵向全体管理人员和职工代表进行了宣传动员，要求在职工群众中组织讨论。

**12 月 25 日** 《饮马农场关于农业承包推行"两费自理"改革的决定》出台。

**12 月** 酒泉垦区"五个一工程"评比揭晓。农场参评的电视片《啤酒大麦》获电视新闻节目一等奖，论文《浅析如何塑造农垦企业形象》获一等奖，配乐散文《西部在我心中》获广播自办节目二等奖，《饮马党报党刊订阅创新高》文章获新闻二等奖，摄影作品《创新》获新闻二等奖。

● **2002 年**　1 月 12 日　农场建立项目信息部，与国土资源所合署办公。

1 月 21 日　全省农垦工作会议在兰州召开。会议传达了中央和甘肃省委、省政府有关会议精神，讨论修改了《关于深化农垦经济体制改革的实施意见》。副省长贠小苏到会做了重要讲话。

1 月　饮马颗粒酒花厂生产的"饮马牌"颗粒酒花通过国家绿色食品认证，并取得绿色食品标志使用权。

1 月　按照甘肃省农业综合开发办和甘肃省农垦总公司的要求，《饮马农场农业综合开发"十五"规划》编制完成。

1 月　甘肃省经贸委组织水泥行业专家及有关部门负责人在兰州举行西部水泥技改项目第二次论证会，该项目的设计方案和可行性论证获得通过，项目概算固定资产总投资 7968.18 万元。

1 月　饮马水泥厂被玉门市推荐为地级文明单位。

1 月　按照甘饮发〔2001〕（55）号文件规定，农业承包"两费自理"全面实施，截至月底，完成了 82％的土地承包、租金收缴和承包合同签订工作。

2 月 19 日　农场九届三次职代会暨工作会议召开。

3 月　甘肃省政府下发《关于组建甘肃省农垦集团有限责任公司的批复》（甘政函〔2002〕26 号）文件。

4 月 18 日　全省农垦专业技术人员继续教育工作会议召开。农场聘任的126 名专业技术人员按规定要获得《完成继续教育任务证明书》方可继续聘任。

5 月 21 日　按照甘肃省农垦总公司的要求，饮马农场完成了《生态经济系统和生态工程建设规划》的编制。

6 月 6 日　场区刮 8 级以上大风，且出现沙尘暴天气，农作物（啤酒花等）严重受损，预计直接经济损失 47.28 万元。

6 月 15 日　由农业部下达，甘肃省农垦集团公司组织实施的"农业部948 国外啤麦引种繁育推广项目验收会议"在农场召开。

同日　农业部副部长刘成果来场视察，为农场题字"饮马边关，无私奉献"。

**6月18日** 甘肃省农垦集团公司董事长王银定率领有关部门领导到农场检查指导工作。

**6月** 2000—2001年度国家农业综合开发项目通过验收。该项目由国家、甘肃省和农场共同投资400万元，完成中低产田改造1.48万亩。

**同月** 《饮马农场基层单位目标管理考核办法（试行）》经完善后下发执行。

**7月1日** 经农场党政联席会议讨论通过，决定建设优质肉牛繁育场，以带动、示范、指导农场舍饲养殖的发展。

**7月7日** 农场开展土地清理整顿工作，以规范用地手续的清查事宜。

**7月27日** 根据甘肃省农业综合开发办〔2002〕33号文件精神，结合农场农业综合开发的实际情况，编制完成《饮马农场紫花苜蓿种植基地项目建议书》《饮马农场3000亩滴灌项目建议书》和《饮马农场肉羊养殖项目建议书》。

**9月21日** 中华全国总工会农林水利工会农业工作部部长孙宝侠一行，对农场社会保险、养老统筹等问题进行专题调研。

**同日** 由《中国农垦》经济部主任成德波带队，中国农垦通联会50余名代表来场检查指导工作。

**10月28日** 苏聚明、马兆玉当选玉门市十五届人民代表大会代表。

**11月4日** 甘肃省农垦集团公司委托甘肃金信会计师事务所对农场资产、负债及净资产进行的评估工作结束，形成《甘肃省国有饮马农场（甘肃饮马实业公司）资产评估报告书》。

**12月12日** 甘肃省农垦集团公司经理杨树军率经理办、组织部等有关领导，在酒泉公司党委书记任远峰的陪同下到农场调研检查工作。

**当年** "两费自理"率达100%，实现了农业体制改革的历史性跨越。饮马水泥厂被中共酒泉地委、酒泉行署评为"地级文明单位"。

**同年** 为带动私有养殖和草产业发展，农场投资160万元，建成暖棚羊舍10栋，购进良种小尾寒羊1000只，实行圈养，成为"三化"（产业化、集团化、股份化）促"三增"（企业增效、职工增收、示范作用增强）的经济新亮点。

**同年** 家庭农场兼营家庭养殖户达到520户，占职工家庭农场总数的

42%。年末存栏牛110头、羊13600只、猪638口，家禽65000只。

同年　饮马农场被酒泉地委、酒泉行署评为"地级文明单位"。

● **2003年**　1月6日　农场对"两费自理"改革执行情况及效果进行总结，并根据实际进一步补充完善。

1月17日　全省农垦工作会议在兰州召开。会议以"三个代表"重要思想和党的十六大精神为指导，传达贯彻全国农业工作会议、全省经济工作会议和省上其他有关会议精神，讨论修改了《关于进一步做好农垦企业下岗失业人员再就业工作的实施意见》。

1月　酒泉市委常委、宣传部长李金寿应邀到农场进行党的十六大精神学习辅导。

2月11日　农场九届四次职代会暨第一次工作会议召开。

3月5日　农场针对啤酒原料市场的竞争现状，修改制定了新的《啤酒花优质高产管理办法》。

同日　农场启动"结缘工程"，要求副队级以上管理人员与特困职工和贫困户结缘，开展送科技、送信息、送温暖到户活动，并检查落实此项工作。

3月13日　农场成立退耕还林工作领导小组，编制完成了《年度实施方案》《年度作业方案》。

3月30日　针对部分生产队人畜饮水条件差、水质恶化的问题，启动人畜饮水工程。

4月4日　2003年度退耕还林、荒地造林工程建设正式启动。

4月22日　预防"非典"领导小组成立。

6月1日　西部水泥技改项目全面启动。

6月6日　根据甘肃省农垦集团公司党委《关于深化农垦企业改革的实施意见》（甘垦集团党发〔2003〕22号）文件精神，农场改制领导小组成立，并着手编制《改制方案》。

6月13日　农场《现金管理实施细则》公布施行。

6月　《关于申请小尾寒羊育肥技术项目立项报告》《2003年农业综合开发项目扩大初步设计报告》《2003年度退耕还林自查报告》编制完成并上报。

7月20日　根据甘肃省农垦集团公司批复，《小尾寒羊育肥技术项目》

修定为《肉羊良种繁育及羔羊育肥项目》，并委托甘肃省畜牧技术推广总站进行《饮马农场养殖场扩建方案》编制。8月，完成改扩建方案，开始建设万头优质肉羊养殖基地。

8月13日　农场制定的《饮马农场个人用地管理暂行办法》开始实施。

9月8日　日元贷款风沙治理饮马农场项目区领导小组成立。

9月25日　甘肃农垦创建50周年大会在兰州召开。田心灵、胡文亮、何秀英（女）被授予"甘肃农垦劳动模范"称号，寇景荣被评为"甘肃农垦优秀共产党员"。

9月　投资26.6万元修建的场部集贸市场投入使用。

12月30日　经2003年12月16日甘肃省农垦集团公司董事会审议通过，《甘肃省农垦集团有限责任公司固定资产投资项目管理办法（试行）》印发执行。

**2004年**　2月16日　农场《高致病禽流感防治应急预案》启动。

2月24日　全省农垦工作会议在兰州召开，传达了甘肃省委第十四次全委会议精神，讨论审议了《甘肃农垦全面建设小康社会规划纲要》。

2月27日　农场第十届职代会暨第一次工作会议召开。苏聚明当选为第十届职代会主任。

3月11日　新修订的《啤酒花栽培管理技术规范》《新植酒花栽培管理技术要点》和《啤酒花生产目标管理责任制实施办法》相继实施。

3月15日　为进一步规范和完善"两费自理"农业改革，农场《土地承包费收缴的账务处理程序》《水电费账务处理程序》和《劳务工账目处理程序》三个文件下发实施。

同日　《2004年日元贷款风沙治理工程年度实施方案》编制完成。日元贷款滴灌项目协调小组成立。

3月29日　《2004—2010年重点产业发展规划》编制完成。

4月1日　根据甘肃省政府和玉门市政府的有关规定，农场自2004年4月15日起全面实施禁牧圈养。

4月8日　《关于甘肃农垦农业发展的意见》开始实施。

4月8—16日　历时8天，圆满完成春季植树造林工作，栽植林木面积2347亩。

4月28日　根据甘肃省政府《关于做好第一次全国经济普查工作的通

知》(甘政发〔2004〕6号)精神，农场成立普查领导小组，并认真做好本单位普查工作的组织实施工作。

5月1日　军垦开发河西40周年纪念会隆重召开。农场向曾参加农场建设的各地知青发去了慰问信和光盘，并派代表参加了西安知青的纪念活动。

5月3—5日　受北方强冷空气南下的影响，玉门区气温急剧下降，导致大面积农作物受到严重冻害，造成直接经济损失957.5万元。

5月8日　1691亩啤酒花滴灌工程田间管道管沟开挖和干支管铺设项目放线，6月2日工程完工。此次共开挖管沟2.88公里，铺设各类干支管35公里，为后期首部系统安装和毛管铺设奠定了基础。

5月18日　土地分割登记工作开始，对全场二级单位和职工住宅用地进行登记，确认使用权。

5月28日　甘肃省农垦集团公司批转审计农场《经济责任审计报告》。

7月10日　甘肃省农垦集团公司委托五联会计师事务所，对农场2003年12月31日前的资产进行清产核资专项财务审计。

8月27日　2004年度农垦科研技术推广项目计划下达。农场承担的课题研究有"绵、山羊双胎素免疫技术推广""肉用品种小尾寒羊杂交一代育肥试验""亚麻种植与加工"。

8月31日　日元贷款风沙治理项目饮马项目区《建设计划和投资计划》编制完成。

9月2日　通过清产核资，经现场踏查，决定对22眼机井报损，报损金额879.33万元。

9月　饮马实业公司被甘肃省精神文明建设指导委员会评为"甘肃省诚信单位建设示范点"。

10月30日　嘉安一级公路共征用农场土地2216804亩，其中耕地1336324亩（含林带、排灌渠道）、荒地260137亩。

11月25日　农场完成农业机械化情况的详查。

12月3日　甘肃省农垦集团公司总经理杨树军率检查组对农场2004年的工作进行检查考核。

12月　农场被农业部授予"无公害农产品示范基地农场"。

● **2005年**　1月　饮马水泥厂被酒泉市精神文明建设委员会评为"酒泉市诚信单位示范点"。

2月19日　农场第十届二次职工代表大会暨2005年第一次工作会议召开。

3月7日　甘肃省农业综合开发办公室批复在原农业十七队实施农场2005年农业综合开发项目，项目计划投资46.3万元，改良改造中低产田5000亩。

4月　为纪念五四运动86周年，农场团委开展"我与农场共命运"有奖征文活动，共收到征文86篇（首），有8篇（首）获奖。

4月18日　廖伟祥被玉门市司法局评为"2004年度司法行政工作先进个人"。

5月13日　农场进行有线电视光纤化改造，入户率达100%。

5月17日　农场有线电视光纤化改造完成。

6月20日　成立饮马农场2002—2004年度农业综合开发竣工项目验收工作小组，组长田心灵，副组长刘凤伟、王建伟、尹彩琴，成员郑红斌、史建锋、郑凌世、许红燕、高宏强。

8月11日　甘肃省委副书记马西林对西部水泥有限责任公司进行了视察，并听取了田心灵同志的汇报。

10月8日　甘肃西部水泥有限责任公司举行竣工投产典礼。

10月18日　由农场控股的日产1000吨新型干法水泥技改生产线建成投产。甘肃省政协、甘肃省水泥协会、酒泉和玉门市委、市人大、市政府、市政协及246个单位的领导参加了投产庆典。甘肃省农垦集团公司董事长、党委书记杨树军到会讲话。

11月6日　甘肃省委、省政府派出工作组，来厂对甘肃农垦体制改革等问题进行了调研。

11月9日　农场成立饮马实业公司改革领导小组。

当年　保持共产党员先进性教育活动（第二批）全面铺开。11月，在上级党委组织的群众满意度测评中，总体评价满意的占测评人数的91.5%，基本满意的占测评人数的8.49%。

**2006年**　1月6日　农场决定推行农业承包"三费（生产资料费、生活费和养老金）自理"政策。

2月9日　农场决定对啤酒花承包推行"两费（生活费用及生产资料费用、土地承包费用）自理"政策。

2月23日　饮马农场第十届三次职代会暨2006年第一次工作会议召开。

3月7日　农场决定在农业一队农业综合开发项目区改良中低产田0.33万亩，计划投资58万元。

3月8日　农场成立饮马实业公司分离办社会职能工作领导小组，按要求开展饮马学校、职工医院移交地方的相关工作。

● 2007年　3月2日　饮马农场召开2007年度工作会议。

4月3日　甘肃农垦集团公司党委任命黄建明为饮马农场党委书记，张海为党委副书记，李兆强为党委副书记、党委委员，刘凤伟、王建伟、尹彩琴、陈舜堂为党委委员。

7月17日　经公司研究，同意西部水泥公司成立西部水泥有限责任公司职工代表大会，并推荐李兆强同志担任职代会主任。

8月　股份制饮马农场农资公司成立。

● 2008年　1月10日　饮马农场第十一届职工代表大会第一次会议暨2008年工作会议召开。

2月27日　修订印发《饮马农场机关部室考核办法》。

3月18日　制定出台《饮马农场农业单位会计核算办法》。

3月11日　经农垦集团公司批复同意，计划投资1950万元在玉门市新市区建设饮马花园综合办公楼一栋、住宅楼三栋，建设时间为2008—2009年。

4月　饮马花园第一栋住宅楼开工建设，11月竣工。

6月17日　制定《饮马农场2008—2012年发展规划》。

10月12日　经研究决定，将公司所属西部水泥公司、饮马水泥公司两个单位的人事、社保关系归口雄关天石水泥有限责任公司统一管理。

● 2009年　1月10日　农场第十一届二次职工代表大会召开。

4月　饮马花园综合楼和第3栋住宅楼开工建设。

6月5日　成立饮马农场日元贷款风沙治理项目物资采购评标小组。

7月1日　成立饮马农场基干民兵连党支部。

7月　廖伟祥被甘肃省农垦集团公司授予"先进工作者"荣誉称号。

10月　经国务院国有资产监督管理委员会（简称国资委）和证监局批准，在保留原饮马农场的基础上，将大部分资产（包括土地）划拨甘肃亚盛实业（集团）股份有限公司，名称为甘肃亚盛实业（集团）股份有限公司饮马分公司。

11月18日　在全场范围内开展"感动饮马"人物评选活动。

12月17日　成立农业公司党总支。

当年　西部水泥公司、饮马水泥公司、酒花公司分别从饮马农场剥离。

● **2010 年**　1月15日　成立甘肃省国有饮马工贸公司。

1月16日　农场第十一届三次职工代表大会召开。

3月13—14日　玉门地区发生严重雪灾，同时伴随大幅度降温，给农场的农业生产造成重大损失，直接经济损失达 5859209.3 万元。

3月29日　成立饮马农场农业科技推广站。

5月　饮马花园综合楼竣工，工程总投资 1100 万元。

6月2日　甘肃省农垦集团公司聘任廖伟祥同志为饮马农场党委委员、副场长，饮马实业公司副经理；郑红斌同志为饮马农场财务总监。

6月23日　廖伟祥被甘肃省农垦集团公司评为"2008—2009 年度甘肃农垦信访维稳先进工作者"。

8月10日　成立饮马农场驻玉门市新市区办事处。

11月1日　农场制定出台《饮马农场收复弃耕地暂行管理办法》。

11月21日　农场完成《甘肃省国有饮马农场经济与社会发展第十二个五年规划纲要》的编制工作。

● **2011 年**　5月20日　农场成立危房改造领导小组，制定《甘肃省国有饮马农场危房改造实施方案》，于 2011 年 12 月改造木结构危房 330 栋。

6月30日　将饮马花园综合楼 1～5 层（5 层留两间为农场办公用房）租赁给个体经营者江祥来经营，租赁期限为 2011 年 7 月 1 日、至 2026 年 6 月 30 日，共 15 年。

7月15日　饮马花园小区建设全面完成。

10月10日　副场长廖伟祥同志参加农业部华南农垦干部培训中心第一期农垦企业经营管理人员培训班学习。

11月　饮马农场二级单位和机关各部室正副职干部竞聘上岗。

12月10日　农场党委在回民队设立党支部。

12月12日　农场对管理干部执行的岗位工资进行调整。

12月18日　农场将公司现有耕地划分为承包田、租赁田和养老统筹田三种土地类别，稳步推行"三田制"土地经营管理模式改革。

● **2012 年**　1 月 8 日　饮马农场召开第十一届五次职代会暨 2012 年第一次工作会议。

3 月 9 日　常通同志任亚盛股份有限公司饮马分公司党委副书记、党委委员（正县级待遇）。

5 月 4 日　甘肃省农垦集团公司聘任王德胜同志为饮马农场副场长。

5 月 12 日　玉门地区突降近十年来最严重的晚霜冻，造成直接经济损失 153.9 万元以上。

6 月 5 日　玉门市玉门镇片区突降暴雨，最大降水量达到 95.1 毫米，造成直接经济损失 300 万元以上。

7 月 3 日　王肃东的论文《建立健全制度建设长效机制，强化企业内部管理》获甘肃省农垦集团公司创先争优理论研讨三等奖。

同日　饮马分公司农业二队党支部被农垦集团公司评为"创先争优先进基层党组织"，饮马分公司农业一队党支部被农垦集团公司评为"创先争优样板党支部"。

9 月　亚盛实业（集团）股份有限公司饮马分公司开始和饮马农场实行"三分离""两独立"，并正式挂牌运营。

10 月 6 日　亚盛股份公司党委任命慕自发同志为饮马分公司党委委员、副经理。

10 月 10 日　财务总监王德胜参加农业部华南农垦干部培训中心第二期农垦企业经营管理人员培训班学习。

11 月 12 日　饮马分公司万亩良种食葵优质高产技术推广项目获得农垦集团公司科技进步奖三等奖。

12 月 14 日　饮马分公司党政联席会议研究决定，管理干部的岗位工资在原工资基础上增加 13%。

● **2013 年**　1 月 3 日　饮马分公司第一届一次职代会暨 2013 年工作会议召开。

1 月 5 日　饮马分公司第一届二次职代会审议通过了《亚盛饮马分公司管理人员考勤管理制度》及《亚盛饮马分公司劳动人事管理制度》。

4 月 7 日　经甘肃省农垦集团公司党委会议研究决定，聘任黄建明同志为饮马农场调研员。

同日　任命廖伟祥同志为饮马分公司党委委员、党委副书记、纪委书记，任命薛军同志为饮马分公司党委委员、副经理。

5 月 3 日　甘肃省农垦集团公司授予分公司保卫部部长寇化雄"2012 年

度信访维稳工作先进个人"称号。

5月6日　甘肃省农垦集团公司奖励完成国内生产总值、营业收入、利税、职均收入4项经济指标的企业和对垦区经济社会发展做出突出贡献以及对经济总量起到主要推动作用、规模较大企业的饮马分公司领导班子现金5万元。

5月29日　党委下发《亚盛饮马分公司开展廉洁风险防控工作实施方案》。

6月4日　党委下发《亚盛饮马分公司关于改进工作作风，密切联系群众和厉行勤俭节约，反对铺张浪费的实施办法》。

7月15日　中国共产党甘肃亚盛饮马分公司第一次党员代表大会暨第一届一次全体会议选举张向荣、张海、刘风伟、廖伟祥、薛军5名同志为亚盛饮马分公司党委委员，张向荣同志任党委书记，廖伟祥同志任党委副书记，并选举廖伟祥、王肃东、寇化雄任亚盛饮马分公司纪委委员，廖伟祥同志任纪委书记。

8月10日　分公司党政联席会议研究决定，成立亚盛饮马分公司发展奶牛产业筹备工作领导小组。

8月30日　甘肃农垦创建60周年庆祝大会分会场在饮马农场举行。

9月10日　农场财务总监王德胜和副经理郑红斌同志参加农业部华南农垦干部培训中心第二期农垦企业经营管理人员培训班。

10月6日　党政联席会议决定调整管理干部岗位工资：正科级5100元/月，副科级4000元/月，主办科员3200元/月，科员2300～2600元/月，正队级4000元/月，副队级3200元/月，于2013年10月1日起执行。

**2014年**　3月20日　亚盛事业（集团）股份有限公司党委会任命许述旺同志为饮马分公司党委委员、副书记、纪委书记、工会主席。

3月31日　亚盛实业（集团）股份有限公司党委会任命杨元平同志为饮马分公司党委委员、副经理。

4月3日　甘肃省农垦集团公司任命张向荣同志为饮马农场场长，张海同志为饮马农场调研员（正县级）。

4月30日　农场职工医院史利红同志被甘肃省农垦集团公司授予"甘肃农垦优秀青年人才"荣誉称号。

5月31日　农场通过公开招标的方式，对分公司312国道两侧3～5公里内的6个居民区进行危房改造。

6月26日　分公司职工医院史利红、计划财务项目信息部邹常生被甘肃农垦集团公司党委授予"甘肃农垦优秀青年人才"荣誉称号。

8月29日　分公司党委下发《亚盛饮马分公司企业文化建设2014—2016年实施方案》。

9月16日　甘肃省副省长王玺玉在甘肃省农垦集团公司党委副书记李金有陪同下到饮马农场调研现代农业发展情况。

10月初　农场计划建设高效节水滴灌项目面积7000亩。

10月23日　饮马分公司党委下发《亚盛饮马分公司党委关于全面落实"两个责任"进一步加强企业反腐倡廉建设的实施办法》。

10月30日　饮马分公司按规定程序选举产生饮马分公司工会代表43人和工会组长12人。

11月17日　亚盛实业（集团）股份有限公司党委会任命刘风伟为饮马分公司党委书记，免去张向荣饮马分公司党委书记职务。

同日　甘肃亚盛实业（集团）股份有限公司聘任张向荣为饮马分公司经理，免去刘风伟饮马分公司经理职务。

12月9日　亚盛实业（集团）股份有限公司党委会任命常玉泉为饮马分公司党委委员、副经理。

● **2015年**　1月16日　分公司经理办公会议研究通过《亚盛饮马分公司年度综合考核办法（试行）》方案。

1月22日　饮马分公司2015年经济工作会议召开。

2月10日　分公司下发《甘肃亚盛实业（集团）股份公司饮马分公司职工社会保险业务移交属地管理工作实施方案》。

3月25日　饮马农场许红燕、王亚菊、王玉惠、赵晓梅被甘肃省农垦集团公司授予"'巾帼风采'优秀女职工"荣誉称号。

3月27日　饮马分公司工会召开会员代表大会，民主选举产生饮马分公司第一届工会委员会。成员由许述旺、王光青、薛军、郑凌世、赵富强5人组成，许述旺当选公司工会主席。

4月　农场修建四支一斗机耕路2公里，7月，工程全部完成。

5月20日　分公司经理办公会议研究通过《甘肃亚盛饮马分公司土地管理办法》。

5月22日　分公司工会印发《甘肃亚盛饮马分公司工会工作实施办法

（试行）》方案。

5 月　饮马农场万头肉牛养殖项目开工建设。

6 月 19 日　分公司党委印发《亚盛饮马分公司关于开展"三严三实"专题教育实施方案》。

6 月 25 日　分公司党委会议研究决定：授予饮马职工医院、农业二队、农业六队 3 个党支部"样板支部"荣誉称号，授予刘明军、侯平江、关治清、王建军"优秀党务工作者"称号，授予邹常生、韩正满、徐少标、卜宝荣、马万俊、陈少光、党清俊"优秀共产党员"称号。

6 月底　完成高效节水滴灌项目面积 7000 亩。

6 月　分公司党委安排制作宣传片《追梦》，由廖伟祥负责撰稿，许述旺负责摄影制作，8 月底制作完成。

7 月 3 日　分公司党委印发《亚盛饮马分公司对党员干部进行诫勉谈话和函询实施细则》，同时印发《亚盛饮马分公司纪委约谈分公司管理干部实施细则》。

11 月 30 日　受中国中地乳业控股有限公司邀请，分公司派杨元平赴香港参加"中国中地乳业控股有限公司上市仪式"。

12 月 1 日　农场计划建设高效节水滴灌项目面积 16300 亩。

12 月 21 日　农场制定《亚盛饮马分公司高效节水滴灌管理办法（试行）》。

12 月 25 日　农场制定《亚盛饮马分公司农业生产经营管理办法》。

12 月　农场万头肉牛养殖项目完成了牛舍、饲喂中心、办公室、道路、围墙、上下水设备及供电设施等基础设施建设，项目总投资 7556.2 万元。

● **2016 年**　1 月 19 日　饮马分公司 2016 年经济工作会议召开。

3 月 5 日　甘肃省委农工办农垦改革发展调研小组王剑英等领导莅临饮马农场，对分离农垦企业办社会、促进农垦改革发展进行调研。

4 月 6 日　饮马分公司下发《滴灌考核管理办法》。

5 月 25 日　甘肃省农垦集团公司"科学发展、成就辉煌"大型图片巡回展在饮马农场举行，为期 5 天。

5 月 31 日　集团公司总经理刘建禄同志一行莅临饮马调研指导工作。

6 月 28 日　甘肃省农垦集团公司党委任命常玉泉同志为饮马农场党委书记、饮马分公司经理。

6月29日  张会基同志被甘肃省农垦集团公司党委授予"优秀党员"荣誉称号。

6月底  农场完成了高效节水滴灌项目面积16300亩。

7月1日  农场党委会议研究通过《甘肃省国有饮马农场党委会制度》。

7月2日  甘肃省农垦集团公司党委授予刘明军、张会基、马佶"优秀共产党员""优秀党务工作者"荣誉称号。

同日  农场召开庆祝中国共产党成立95周年暨表彰大会。

7月6日  饮马农场选区组织选民以无记名投票方式选举魏俊平、刘风伟为玉门市第十八届人民代表大会代表。

7月7日  甘肃省农垦集团公司董事长、党委书记杨树军一行莅临分公司调研指导工作。

7月13日  甘肃省疏勒河流域管理局党委书记、局长栾维功一行到饮马分公司调研现代农业高效节水工作。

7月20日  玉门地区自7月中旬至8月9日持续出现30℃以上高温，导致农场种植的食葵受灾面积达10251亩，茴香受灾12333亩，枸杞受灾9882亩，其他作物受灾1.5万亩。全分公司食葵种植经济损失达615万元。

8月18日  分公司工会组织全体干部职工为贫困大学生捐款，共捐助现金30163.5元。

9月初  农场决定计划建设灌溉实施面积15600亩。

9月4日  中共甘肃省饮马农场第五次党员代表大会召开。会议选举常玉泉、刘风伟、张海、廖伟祥、薛军、杨元平、王光青为饮马农场第五届党委会委员，廖伟祥、刘明军、马东红、赵富强、李春盛为纪委委员，常玉泉为饮马农场党委书记，刘风伟为党委副书记，廖伟祥为纪委书记，刘明军为纪委副书记。同时，选举常玉泉、刘风伟、刘明军、陈天亮为中国共产党甘肃省农垦集团有限责任公司第一次代表大会代表。

10月18日  饮马分公司出台《甘肃省国有饮马农场工会实施办法（试行）》。

10月28日  分公司出台《种植枸杞等多年生作物土地租赁管理办法》。分公司印发《亚盛饮马分公司小块地管理办法》。

同日  分公司研究决定给农业生产单位委派督导员。

11月24日 分公司经理办公会通过《亚盛饮马分公司机构和岗位设置改革方案》，计划2016年度财政扶贫资金189万元，建设农场农田水利基础设施1500亩，同时计划2016年度农业综合开发高标准农田开发项目扶持资金900万元，开发高标准农田5600亩。

12月8日 王兴宏同志荣获甘肃省农垦集团公司2014—2016年度"优秀科技工作者"奖。

**2017年**

1月15日 饮马分公司2017年度经济工作会议召开。

2月20日 国家水利部领导一行来饮马分公司调研水利建设工作。

3月10日 新疆天山雪龙牧业科技有限责任公司苏董事长一行到饮马牧业公司参观考察。

4月17—21日 甘肃省农垦集团公司党建第一巡察组和"两学一做"学习教育第五督导组一行莅临饮马农场检查指导工作。

5月24日 甘肃省农垦系统工会主席王海清一行莅临饮马农场调研指导工作。

5月 二分场职工邢文生同志被农业部评为"全国农业劳动模范"。

6月29—30日 农场党委组织举办纪念建党96周年庆祝活动。

7月7日 《中国农垦》编辑部"甘肃农垦行"一行人员莅临饮马农场考察指导工作。

8月24日 甘肃省农垦集团公司纪委党建专项督查组第二组组长张泌及成员祁发鹏等来场检查督导工作。

10月21日 甘肃省农垦集团公司董事长谢天德一行莅临饮马农场调研指导工作。

11月5日 饮马牧业公司领导参加甘肃省2017年畜牧兽医草原重点工作推进会。

11月23日 饮马分公司举办"学习十九大，推进改革发展"研讨会。

**2018年**

1月18日 饮马分公司2018年度经济工作会议召开。

3月2日 饮马分公司"威风锣鼓队"参加玉门市2018年社火汇演并获三等奖。

4月23—25日 分公司副经理吕林带领基层管理人员及相关种植户等赴白银、靖远、武威、民勤勤锋农场等地就栽培贮藏技术等进行考察学习。

4月 甘肃省农垦集团公司进行管理体制改革，撤销中共甘肃省饮马农场党委，成立中共甘肃亚盛实业股份（集团）有限责任公司饮马分公司党委。任命常玉泉为饮马分公司党委书记，张国峰为党委副书记，廖伟祥、吕林、薛军、王德胜为党委委员。

5月15日　分公司邀请玉门市有关单位，如依法治市委员会办公室、司法局、公安局、交警支队、消防支队等，在分公司文化广场举办"推动依法治企"大型普法宣传活动。

7月1日　饮马分公司党委举办纪念建党97周年主题党日活动，组织党委班子成员、支部书记、先进党员代表和预备党员共计54人，赴高台中国工农红军西路军纪念馆进行革命历史传统教育。

7月10日　甘肃亚盛实业（集团）股份有限公司副总经理牛济军携所属22家单位负责人、分管生产的副经理、农业研究院新聘员工共计70余人，组成农业现场观摩团莅临饮马分公司观摩指导。

8月19日　亚盛股份公司党建督查组李福一行莅临饮马分公司进行党建督查。

8月　《饮马分公司环境整治三年（2018—2020年）实施方案》正式启动。

11月7日　饮马分公司在农业七队召开地膜捡拾机示范现场观摩会。

当年　分公司在农业四队投资160万元新建的4.7万立方米滴灌蓄水池、在农业五队投资350万元新建的8.7万立方米滴灌蓄水池完工。

● **2019年**　1月17日　分公司召开一届二次职工代表大会，选举产生了第一届职代会常务委员会。

1月19日　饮马分公司2019年度经济工作会议召开。

4月11—13日　分公司组织全体管理人员和职工群众近600人参加春季义务植树造林活动。

4月　分公司荣获甘肃省农垦集团公司2016—2018年"科技进步三等奖"。

5月11日　甘肃省农垦集团公司副总经理李宗文一行莅临饮马分公司调研指导工作。

5月　场区一期公园竣工投入使用。该项目总投资398万元，占地面积40亩。

6月20日　亚盛股份公司总经理李克恕莅临饮马分公司调研指导工作。

7月1日　张会基同志被甘肃省农垦集团公司党委评为"2019年度优秀共产党员"，刘明军同志被评为"2019年度优秀党务工作者"。

9月　甘肃省农垦集团公司召开庆祝中华人民共和国成立70周年纪念大会，饮马分公司被评为"先进单位"。

10月10日　由玉门市交通局投资204.97万元新建的疏勒河三团大桥正式通车。

11月25日　农场工会组织发动干部职工为困难群众朱生辉捐款，共捐助现金23263元。

● **2020年**　1月19日　饮马分公司2020年度经济工作会议召开。

1月　分公司被亚盛股份公司评为"先进单位"。

8月18日　饮马农场棚户区改造项目正式开工。

9月8日　玉门市委书记胡志勇一行莅临饮马分公司调研指导工作。

9月9日　中国共产党甘肃亚盛实业集团股份有限公司饮马分公司第一次代表大会召开。

9月14日　甘肃省农垦集团公司党委为庆祝中国共产党成立100周年筹划拍摄的微电影《疏勒河畔》在饮马农场开机拍摄。

9月26日　饮马农场退休人员社会化管理移交工作全部完成。

10月　分公司安排整修文化广场。

同月　甘肃省农垦集团公司对分公司人居环境整治工作进行检查验收，并授予分公司"甘肃省农垦集团公司人居环境整治阶段性验收先进单位"荣誉称号。

中国农垦农场志丛

# 第一编

# 地　理

中国农垦农场志丛

"饮马"这个地名由来已久，史载为清康熙时的驻兵营地"营马戍"（又称营马营），后来谐音称为"饮马"。历史上，饮马地处布鲁湖范围内，是其中的一片沼泽湿地，汉代称此地为"冥泽"，唐时叫"大泽"，西夏时党项人称其为"格罗美源"，清代前期统称为"布鲁湖"。至清光绪元年（1875），朝廷编制《大清会典》时，布鲁湖名称已消失，后当地老百姓把这块地叫"草湖"。

在饮马农场未开发之前，这里是一片亘古荒原，没有人烟，自然条件复杂，风沙大，气候变化无常且干旱缺水。但这块地的地理位置非常重要，是古丝绸之路的重要通道，在玉门历史上是历代兵家必争之地，更是明清时期内地连通西域（新疆一带）的唯一交通要道。

饮马农场周边的汉代长城遗址

饮马地区有浓厚的历史文化氛围。据《玉门文物》记载，在饮马农场向北 8 千米处有一段残破的汉代长城遗址，它和玉门境内 100 余千米的花海北沙窝汉代长城是一个整体，始建于西汉武帝元封三年（公元前 108 年），距今约有 2100 年的历史。同时，农场周边还有多座古烽燧，保存较为完好的是人称"饮马烽燧"的十四号烽火台，残高 10 米，有一

古烽燧

座 20 米见方的营房残存，是古代重要的军事防御营垒和通信设施。

# 第一章 境域 建制

## 第一节 境　域

### 一、农场边界

#### （一）勘界过程

**1. 荒地调查勘测**　1950 年秋，甘肃省农林厅即抽调有关部门技术人员和军政干部临时组成国营农场勘查团，开始测量玉门荒区地形。

1951 年秋冬季，以开发饮马场—蘑菇滩荒区为主，进行了渠道初步定线及农场初步设计。为从全流域规划入手，同年，进行了昌马堡、双塔堡水库及疏勒河中下游荒地的勘测，增设了渠道初步定线及农场初步设计。同年，又进行了昌马堡、双塔堡水库及疏勒河中下游荒地的勘测，增设了双塔堡水文站。秋季，在饮马场及花海营盘堡进行了国营农场的土壤勘查，并深入附近乡村进行了农业、社会经济特点的调查。9—10 月，编制完成全流域农林牧发展初步意见及灌溉工程的初步设计。1953 年，进行了玉门灌区地下水探测和观测，以及灌溉需水量和渠道工程防冲、防渗漏试验。秋季，在饮马场做进一步土壤勘查。1954 年 7 月底，完成了计划进行的饮马场—蘑菇滩—七道沟土壤详细调查，后转入玉门灌区进行地质初查和饮马场—蘑菇滩荒区地质钻探，并继续进行地下水探测和观测，以及灌溉需水量及渠道防冲、防渗漏试验，后设置了上游雨量站，邻近疏勒河流域的地区、河道亦增设了流量和气象观测站。

**2. 勘测队伍建立**　1952 年，农业部国营农场管理局在总结试办国营农场经验教训的基础上，制定了《国营机械农场建场程序暂行办法》，提出了建场原则、条件、程序和方法，强调在建场前必须经过调查勘测和规划设计。

（1）国营农场勘查团。1950 年，甘肃省农林厅根据"开发疏勒河中游地区，建立国营农场群"的决定，抽调有关部门技术、军政干部临时组成甘肃省农林厅国营农场勘察团。勘察团编制 36 人，团长毛羽鹏（甘肃省农林厅），副团长牛惠人（西北农林部）。该团于当年 8 月 8 日到达饮马场—蘑菇滩荒区，对饮马场、蘑菇滩、灰槽子、西柳条湖荒片进行了调查勘测。此项工作于 9 月 7 日结束，踏查总面积 150 平方千米，详查面积约 57 平方千米。

（2）国营农场勘查队。1954 年 3 月，甘肃省农林厅为配合甘肃省水利局昌马河水利工程研究队的工作，经甘肃省政府批准，正式组建国营农场勘查队。在完成疏勒河中游荒地勘测任务之后，勘查队就地转化为国营农场筹建组织。勘查队编制 40 人，队长路文明，副队长常桂儒，下设农业组、土壤组和测量组。据《甘肃省志·农垦志》记述，国营农场勘查队的仪器设备、交通工具、生活设施极其简陋，没有固定队址，队里仅有几顶帐篷、一口行军锅、几张行军床。驮运设备靠骆驼，人员勘测靠徒步，而且看不到报纸、听不到广播，消息很闭塞。但他们顶酷暑、冒严寒，以坚定的决心和坚强的意志在非常困难的条件下如期完成了勘测任务，迈出了荒地资源勘测的第一步。

**（二）勘界领域**

1956 年及 1958 年，由甘肃省公安厅劳改局、玉门县及甘肃省农垦局在场区分别创建国有农场，境域以农场经营范围划定。1975 年 2 月，场区南北部第三、四团合并为饮马农场，形成今日之境域。

**1. 东界** 南迄玉门市黄闸湾乡黑沙窝耕地边，沿皇渠河中心线向北，经疏勒河，向东到道水河中心线，折向北，沿道水河、大河中心线至十二墩（白墩子）西之天然河道，与玉门市黄闸湾乡芨芨台子、北湖村、水磨沟、八家庄、舒家庄、杨家屯庄、周家屯庄（曙光）、苏家下庄、龚家庄、东黄花营子相接，以河道中心线为界。界线以东属玉门市黄闸湾乡（现为黄闸湾镇），以西属饮马农场。

**2. 南界** 东迄海子湾，向西经柳条湖、大芨芨梁、三棵刺、澄槽湖、锅底坑，涉清水河，抵枯沟河汊，与玉门市柳河乡下北沟、徐家沟、杨家庄、黄旗、皂旗、兰旗耕地相接。界线以南属玉门市柳河乡，以北属饮马农场。

**3. 西界** 南迄枯沟河汊，向北经泉水沟、蘑菇槽子，向东至胡沟东，再折向西经东沟、羊圈湾，越疏勒河至白圪瘩，沿疏勒河北岸向西至下东湖，从东湖河口至泉子东、野麻梁。疏勒河以南与玉门市柳河乡红旗村（马家庄）、蘑菇乡（中沟）为邻，界线以东属饮马农场，以西属玉门市柳河乡；疏勒河以北与安西县（今瓜州）三道沟镇东沙窝，河东乡东湖滩、七墩井，桥湾戈壁相望。

**4. 北界** 东迄十二墩（白墩子）西大河中心线，沿汉代河西长城向西，至清十七墩西 1.65 千米，紧贴马鬃山洪积扇前缘。

## 二、建制沿革

### （一）始建政区归属

1950 年，中共甘肃省委、省政府根据中共中央西北局的建议，做出"开发疏勒河中游地区，建立国营农场"的决定，国营农场的开发对象是国有宜农荒地资源。疏勒河流域自清代康、雍、乾时期恢复开发，历经 200 余年的选择性开垦，容易开垦的荒地多被垦殖，遗留下来的荒地不是需要兴建大的水利工程，便是土壤需要应用现代科学技术进行改良。因此，开发的首要任务是查清荒地资源的分布、数量、质量和引流灌溉的水资源情况，以便根据"先易后难"的原则，确定荒地的开发顺序，选定建场位置、经营方针和生产规模。为此，甘肃省农林厅抽调专业人员，组建国营农场勘查团（队），对建场地址进行调查勘测。这是现代农垦开发疏勒河流域、建立国营饮马农场之发端。

1958 年，由玉门县、甘肃省农垦局在场区南片分别组建北湖机耕农场和蘑菇滩下放干部农场，这两个农场都是在国家进行投资开荒的基础上建立的。当时的主要任务是开发利用土地资源，迅速恢复和发展生产，满足国家经济建设和人民生活对粮、棉、油及其他农副产品的需要，迅速建立河西粮棉基地；安置下放干部、转业官兵、移民和劳改人员；屯垦戍边，巩固国防。农场创建初期，由于缺乏办场经验、资金、物资，存在急功近利、盲目铺摊设点的现象，致使场区出现省、地、县多头办场的局面，建置单位小、生产规模小、自然条件差，过于零星分散，不便管理。因此，机构撤建频繁，严重阻碍了农场的发展。

### （二）历代政区变化及归属

#### 1. 北湖机耕农场、蘑菇滩农场的演变（1957—1963 年）

（1）北湖机耕农场。1957 年 2 月，玉门县成立的新建机械化农场筹备委员会决定迅速筹建一个 5 万亩经营规模的国营机耕农场，为农业合作化和人民公社化起示范作用。

农场场址设在饮马场—蘑菇滩荒区之北湖滩，场名暂定为玉门县疏勒河农场。建场初，除筹建组几名干部和技术人员外，仅有 17 名农业工人，大小工程依靠饮马场和邻近农业社帮忙，后又更名为玉门县地方国营北湖机耕农场。1958 年 4 月，农场被确定为下放干部农场，月底，高台县、玉门县各机关团体下放干部 544 人陆续抵场。1958 年 11 月，北湖农场并入蘑菇滩农场，建置相继撤销。

（2）国营蘑菇滩农场。1958 年年初，甘肃省农林厅农垦局委托玉门县国营农场筹委会在饮马场—蘑菇滩荒区之蘑菇滩荒片筹建国营蘑菇滩下放干部农场。

1961 年 5 月，甘肃省农垦局从地方接收了蘑菇滩农场，由甘肃省农垦局负责建场投资和行政领导，改称"甘肃省国营蘑菇滩农场"，县级建制。1963 年 12 月 23 日，甘肃省农垦局将包括蘑菇滩农场在内的省属 24 个河西国营农牧场移交农建十一师，撤销原建置。

**2. 军垦建置的演变**（1967—1974 年） 军垦是以中国人民解放军的组织形式、管理体制和战斗精神，在国有荒地资源上组建军垦农场，从事农业综合开发。场区疏勒河南片自 1964 年至 1974 年，疏勒河北片自 1969 年 10 月至 1974 年为军垦农场，团级建置。

（1）首次军垦筹建。1958 年，中央军委决定抽调 3.6 万名官兵组建农业建设部队，建设河西走廊粮棉基地。1958 年 5 月 21 日，甘肃省委根据中央指示，成立了军垦筹备委员会，负责军垦农场筹建事宜，计划首先开发地点为疏勒河流域。军垦农场的规划设计工作由甘肃省农垦局勘测设计队负责，场外水利工程则由甘肃省水利厅和张掖专署水利局负责，蘑菇滩农场被列入军垦农场序列。为做好军垦部队的接待工作，筹委会责成各县、市成立了专门机构。6 月初，新组建的农建部队 1 个师约 1 万人陆续进驻荒区，首先抵达敦煌县机械化棉花农场。后因部队有紧急任务，奉命调离，军垦农场暂时停办，筹委会工作自行结束。

（2）二次军垦筹建。1963 年 10 月 30 日，经国务院批准，甘肃省河西走廊以军垦形式进行开发，生产建设部队命名为中国人民解放军生产建设兵团农业建设第十一师，领导体制为中央和甘肃省双重领导，以省为主，所需物资和部分技术干部由新疆生产建设兵团调配支援。

（3）农建十一师组建。1963 年 11 月 22 日，甘肃省委、省人委发出《关于成立农业建设第十一师的通知》。12 月 1 日，师机关在酒泉正式挂牌，所需干部和工程技术人员从甘肃省和新疆兵团抽调组成，不足部分由农垦部自其他垦区调进。师以下设团（厂）、营、连、排、班和师直单位，按部队编制逐级直管。

（4）农业二团组建。1964 年 1 月，农建十一师临时党委决定：将蘑菇滩农场改编为农建十一师农业二团，为军垦主力开发之重点团场。任命新疆兵团农二师塔里木六场原场长高成连为团长，蘑菇滩农场原场长王学敏为政治委员。第二团机关设司令部、政治处，团以下未设营级建制，直设 11 个连（队），其中农业连 2 个（1 连、6 连）、基本建设连 6 个（2 连、3 连、4 连、5 连、7 连和工程连），此外，还有机耕连、园林队和畜牧队。7 月，又增设 8 连、9 连、10 连 3 个基本建设连，连级建制由 11 个增至 14 个。1967 年 3 月 18 日，对农建十一师实行军事管制，由省军区组成军管会、组，是日零时进驻师、团，连队驻有军代表。第二团军管组由兰州军区空军部队担任。

（5）兰州军区生产建设兵团的组建。1969 年 1 月 21 日，经批准组建"中国人民解放军兰州军区生产建设兵团"。

（6）师、团番号序列的改变。1969年11月1日，兵团将原农建十一师改编为兰州军区生产建设兵团第一师、第二师。第一师师部移驻玉门镇以西7千米之官庄，管辖酒泉地区的7个农业团、1个工程团、4个工业企业、1个矿山和1个牧场。团的番号由西向东顺序排列，相当于团的厂、场、矿番号冠以师的番号。

（7）第十一团与饮马劳改农场的对调。1969年，兰州军区和甘肃省革委会决定，将甘肃省劳改系统在酒泉地区的劳改农场犯人全部向东转移，转移后的农场逐步交由农建十一师接管。

（8）第十一团迁入后建置的演变。调迁场区的第十一团系原建置的团直属单位、一营（驻靖远北湾农场）、二营（驻靖远五大坪农场），原建置的三营（驻景泰条山农场）未做调迁，仍留原处。第十一团迁入后，由于耕地面积的扩大，原建置管理、技术干部和劳动力明显不足，由师报请兵团党委批准，将原饮马（劳改）农场五、六站（后为饮马农场11队、12队）划归第二团管理，从第一、三、六、七团抽调6个建置连队，以第十一团建置为主体，组成新的建置。新建置除少部分原五大坪、北湾农场的老职工外，大部分为1964—1968年从北京、天津、西安、兰州和山东招收的城市知识青年，从北京、济南和兰州军区复员转业军人和黑龙江垦区调干等，调入后沿用第十一团建置番号。

（9）军垦管理体制的撤销。1973年10月21日，兰州军区遵照中央5月工作会议"关于生产建设兵团移交地方领导"的指示，批转了《军区生产建设兵团移交工作会议纪要》，决定撤销兰州军区生产建设兵团。兵团建置撤销后，第一师交由甘肃省领导，师向甘肃省委、省革命委员会请示汇报工作，军垦管理体制又维持了一年。1974年12月，甘肃省委、省革委会联合通知：撤销各农建、林建师建置，改变团（厂、场、矿）隶属关系，并撤销其番号，农建、林建所属企事业单位交由所在地区党委、革委会领导。军垦至此结束。

（10）1974年12月，根据甘肃省委、省革命委员会决定，第一师机关改称酒泉地区农垦局，负责各农垦企事业单位的生产计划、产品销售、资金管理和物资调配。其原有组织机构不变，人、财、物职权不变，下属单位不变，干部改由地委任命。1975年3月，甘肃省委为克服农垦在省上无头领导的问题，决定在甘肃省革命委员会增设农垦处，负责农垦系统报表的汇总统计、农垦文件的上报下达、农垦经费的分配、基本建设的立项和农垦调研。随着革委会体制的变化，1976年9月，农垦处并入甘肃省农林局，其职责不变。

**3. 恢复农垦体制后的建置演变**（1975—2020年）

（1）第三、四团的合并。1975年2月，中共酒泉地委、地区革命委员会决定，第三团、第四团合并，更名为甘肃省酒泉地区国营饮马农场，县级建制。任命韩正芳为革委会主任，陶宝礼、徐良、邓炳才、杜荣华、马珍、张巧莉为副主任，组成新一届党委（书记、副书记暂缺）。

（2）恢复甘肃省农垦局领导。1978年，国务院下发了《办好国营农场，对实现我国社会主义农业现代化具有重大意义》的文件，农垦部以此提出了《农垦工作的方针和任务》。甘肃省委根据上述精神和全省农垦发展的需要，于2月23日发出《关于省农林水电等局机构设置的通知》，决定恢复甘肃省农垦局建置。

当年7月，酒泉地委、行署根据甘肃省委的决定，将农垦所属企事业单位移交甘肃省农垦局管理。甘肃省农垦局改酒泉地区农垦局为甘肃省农垦局酒泉分局，为省局的派出机构，直管酒泉地区农垦企事业单位；改农场为"甘肃省国营饮马农场"。农场计划、财务、生产、人事、劳动由甘肃省农垦局直管，公、检、法由玉门市政府掌握，党务工作由酒泉地委管理。1993年4月23日，经甘肃省农垦总公司批准，在饮马农场基础上设置甘肃省饮马实业公司，两块牌子、一套班子，于4月30日在玉门市工商行政管理局登记注册。

2000年12月26日，甘肃省农垦集团公司从垦区的具体实际出发，以推进体制机制创新为动力，对内优化重组，将所属嘉峪关水泥厂并入饮马实业公司，组建甘肃农垦饮马（集团）有限责任公司，有力推动了垦区整体经济效益的提高。

2009年10月，甘肃省农垦集团公司党委将饮马农场优良资产剥离后入组甘肃农垦亚盛实业（集团）股份有限公司，成立甘肃农垦亚盛实业（集团）股份有限公司饮马分公司，并将饮马农场原有的西部水泥集团股份有限公司、饮马水泥厂、啤酒花产业的资产进行了剥离重组，重新组建了西部水泥集团有限责任公司和甘肃农垦绿鑫啤酒原料有限责任公司。至此，亚盛饮马分公司（饮马农场）成为一家纯农业生产企业。

甘肃省副省长贠小苏（左三）于1996年3月19日视察饮马农场

— 77 —

饮马农场建置沿革示意见图1-1-1，2005年管理机构设置示意见图1-1-2，2010年管理机构设置示意见图1-1-3，2020年管理机构设置示意见图1-1-4。

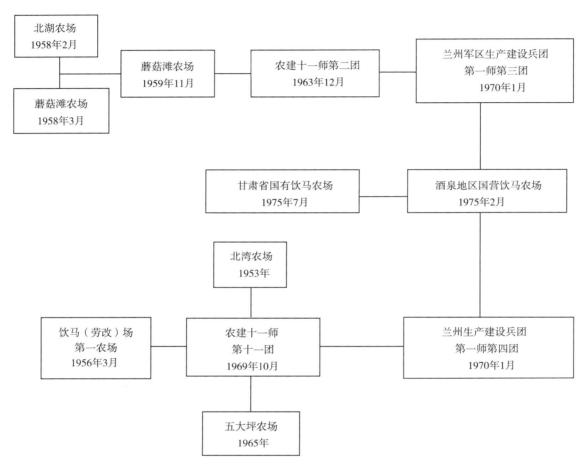

图1-1-1 饮马农场建置沿革示意

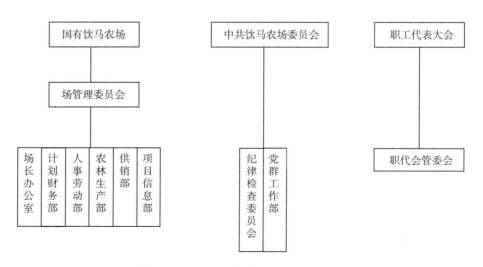

图1-1-2 2005年管理机构设置示意

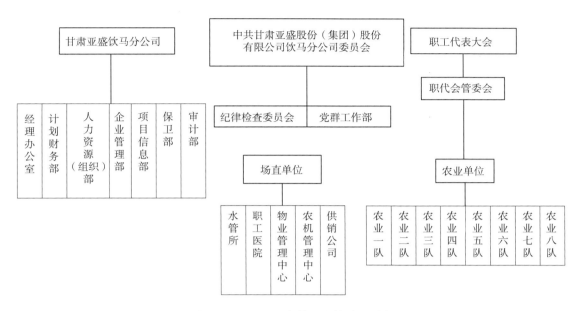

图 1 - 1 - 3　2010 年管理机构设置示意

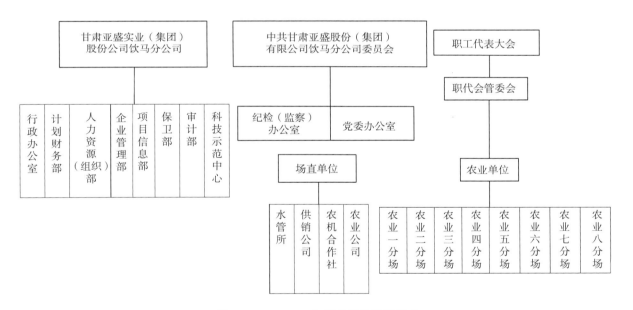

图 1 - 1 - 4　2020 年管理机构设置示意

# 第二节　区　　位

## 一、天文地理位置

饮马农场地理坐标为东经 96°45′—97°12′、北纬 40°26′—40°30′。

## 二、自然地理位置

饮马农场位于祁连山和马鬃山中间地带，地处疏勒河中游，总面积 210 平方千米，自然地理和生态环境十分恶劣，周边均处在浩瀚戈壁和沙漠之中，场内有 266 公顷的沙漠和沼泽，面积占 24.09%。水质盐碱含量高，利用率低。气候温差较大，干燥，冷暖多变，风沙频繁。具耕作条件的土地面积为 62868 亩，占场面积的 20.2%。土质主要是沼泽土、草甸土、盐土、灰棕沙土和风沙土。场内地温很低，水资源匮乏，冰雹、干旱、板结雨、干热风、霜冻、沙尘暴等自然灾害经常发生。日照时间长，紫外线光强。

## 三、经济地理位置

饮马农场地处 G30 连霍高速公路边缘，国道 312 线穿场而过，与玉门市新市区相距 18 千米，交通便捷，信息畅通，极大地方便了农场的农资购买和农产品销售。在国家倡导发展"一带一路"经济后，依托"一带一路"发展机遇和渠道，经亚盛国贸公司，农场生产的啤酒花、啤酒大麦、白瓜子、食葵、苜蓿草等农产品畅销国内各大城市，远销蒙古、巴基斯坦等"一带一路"沿线国家，促进了农场农业经济的快速发展，为玉门市区域经济发展做出了应有的贡献。

## 四、政治地理位置

场区距离首都北京 2138 千米，距离兰州 869 千米，距离酒泉市 153 千米，距离玉门市 18 千米。

# 第二章　自然地理

## 第一节　自然环境

### 一、地质

据地质资料记载，场区地域最古老的地层可能为前中古代的前长城系，中上元古代的震旦系零星可见。古生代直至中生代地层大多出露不全，新生界广泛分布。在地层构造单元上，场区地域属于走廊过渡带与马鬃山地台边缘拗陷带，拗陷的时代开始于二叠至三叠纪，本期的沉积在拗陷带的前山呈条状带分布，至侏罗纪大量接受沉积。晚第三季以前，祁连山迅速上升，拗陷带接受了大量的沉积，包括第三纪玉门系硬岩及红层、第四纪冲积洪积层，马鬃山台地较老岩层就卧于第三纪红层以上。场区按其岩性可分为下部弓形山层，灰白色厚层砂岩，加棕黄色泥岩、砂岩。中部为胳膊沟层，下部棕红色砂质泥岩，夹灰色砂岩。中上部土黄色，灰色砾岩，夹砂质泥岩。上部为牛胳套层，灰层砾岩夹棕红色砂岩。总体来说，岩性以砂砾卵石为主，水平分布，南粗北细，南厚北薄，垂直向上，自下而上由细变粗。上覆盖层主要为松散的粉质沙土，亚黏土层，厚度5～7米，以下为砂、砾卵石层，厚约40米。

### 二、地貌

饮马农场地处蒙新荒漠地带，地理纬度和海拔较高，属河西走廊平原"扇顶、扇裙、扇缘"三阶地带。地势南高北低，略呈倾斜，海拔1480～1520米，镜内为矮山梁及斜坡。

### 三、气象

#### （一）气候特征

饮马农场地处内陆，气候特点是降水少，蒸发大，日照长，昼夜温差显著。冬春季节不明显，夏季炎热而冬季寒冷，风大沙多，灾害频繁。春季升温快，日差较大，冷暖多变，气候干燥，风沙频繁，强寒流带来暴风雪，导致低温冻害频发。农场区位属中温带气候区，根据区域气候特点，农业经营以粮食、啤酒花、油料和牧业生产为主。

**（二）气象要素**

影响场区的气候因素有大气环流和地形。

1. **大气环流对气候的影响** 场区大部分时间均受西风急流控制。因此，各种较强的天气系统均自西或西北向东或东南活动。冬半年，西风急流在青藏高原上空，分成南北两支，北支西风急流正通过场区，在急流上游的西风槽常引导极地冷空气南下，形成寒潮大风及少量降水天气。夏半年，西风急流受副热带高压影响，向北移动，场区则位于北支西风急流的南沿，在副热带高压后部的西南气流常带来较多的水汽，形成夏季降水。在盛夏，此副热带高压分出小高压控制本区，形成一年中最炎热的天气。

民间有"冬半年，夏半年"之说，指季节变化不明显。根据气候变化规律和农作物生长习性，可将四季划分为：春季（3—5月），夏季（6—8月），秋季（9—11月），冬季（12月至翌年2月）。

2. **地形对气候的影响** 场区南面的祁连山平均高度为5000米，对印度洋气流有阻隔作用。北面的马鬃山平均高度为2000米，对北冰洋气流也有一定的影响。控制天气和气候变化的主要因素是天气环流，地形则使气候复杂化，增加了气候的差异性。

**（三）天气现象**

场区主要有低温、降水、大风、干热风、寒潮、冰雹、霜冻、沙尘暴等天气现象。四季的气候特征为：春季升温较快，日差较大，冷暖多变，气候干燥，风沙频繁，强寒流带来暴风雪，导致低温冻害和土壤板结；夏季气候炎热，雨量集中，日照充足，干热风较多出现；秋季雨少，风小，天气晴朗凉快，为一年中最好的季节；冬季寒冷干燥，每天日照不足10小时，天气以降温和大风为主（有时也降雪），季平均气温为-8.5℃。

## 四、水文

场区大气降水稀少且蒸发量大，水资源主要依靠祁连山冰雪融化径流汇集而成的地表水、地下水和露头泉水，其分布与地表径流有关。饮马场区位于疏勒河中游径流散失区，水资源比较丰富。

**（一）地表水文**

场区属疏勒河流域昌马灌区。疏勒河古道东西贯通全场，为场区农业灌溉的主要水源。其余河流有皇渠河、清水河、枯沟河、道水河、北石河 5 条。

**（二）地下水文**

地下水主要来源于南部河流和渠系的渗漏，使地表水和地下水相互转化。地下潜水的水位、水质、流向变化与地形、地貌和径流排泄等条件有关。场区地下水有两个含水层，深层在砾石层中，为承压水，浅层在细土层中，受下部层压水顶托渗漏形成，由南向北，含水层深度由 60～100 米逐渐减至 10～20 米，富水性由 50～100 升/秒逐降至 10～20 升/秒。渗透系数每昼夜 10～35 米，深层和浅层水流向一致，总的运动趋势是由南向北。

据农场实地勘测资料记载：十一队西南，疏勒河谷地北岸，312 国道以南，七墩井以西，地下水浅水表层埋深为 10～15 米，是场区埋藏最深处；十一队西北至桥湾戈壁，十三队、十四队、十五队、二十队耕地以北至场界，因受北山台地影响，地下水浅水层埋深 5～7 米。场区其余地段地下水浅表层深埋均为 0.5～2.5 米，春秋两季泛潮，水位年变幅 0.5～1 米。疏勒河、清水河，皇渠梁一线，因有切深渠道排泄，地下水埋藏较深，泉群区最浅。由于地表水利用率提高，补给渗漏减少，排碱洗盐农排横沟的配套等原因，地下水的蕴藏和埋深都曾出现逐年下降趋势。20 世纪初，大片沼泽和泉群基本干涸，除少数地段季节性泉水溢出地表汇成泉沟径流，多数消耗于蒸发和植物的蒸腾。

场区地下水位观测始于 1952 年秋，首先在北片设井观测，1954 年 5 月增设南片柳条湖东、西观测井。至 1966 年 6 月，全场设观测井 18 眼，各个地形部位均有观测设置。

## 五、土壤

饮马农场场区土壤成土母质，为第四纪洪积、湖积和近代风积物，粒径分布规律较明显，北部比南部细，上部比下部细。在生物、气候、地形、水文等多种因素和人类活动等作用下，土壤发展为多种类型。

场区土壤调查始于 1950—1952 年，甘肃省农林厅国营农场勘察团（队）于 1952 年完成《饮马国营机械农场初查报告》，1953 年 10 月完成《饮马场国营机械农场第二次勘察报告》，1954 年 8 月完成《饮马场国营机械农场详查报告》。上述调查着重研究了土壤的类型、成因、特性、数量、分布情况和盐碱土的水盐动态规律，并提出了相应的改良措施和综合治理办法，为土地资源的开发利用提供了基础资料。

1964 年，农建十一师勘测设计大队对场区土壤进行了普查；1965 年，甘肃省劳改局勘测队根据农场改扩建规划，对场区土壤分片先后进行了补课详查。

1980 年，依据全国农业自然资源调查、农业区划及第二次土壤普查的要求，甘肃省农垦局勘测设计大队采用卫星遥感资料、航拍照片、地形图和实地考察相结合的方法，对场区土壤性状、特征、盐分变化、熟化程度、养分状况和障碍因素等又进行了新的普查。这次普查面积 21058 公顷，其中耕地面积 4138.12 公顷，挖土壤剖面 183 个，采集土壤样本 789 个、农化样本 168 个，分类做到土属。化验项目有总盐、电导率、pH、有机质等 12 项内容。采集地下水样 47 个，测定土壤容重 37 个，于 1983 年 3 月完成《饮马农场土壤普查报告（初稿）》。1989 年，甘肃省农垦勘测设计院又对场区土壤进行了最新普查，于 12 月完成《饮马农场土地利用现状调查报告》。[①] 潮土（土类）理化性状数理统计见表 1-2-1。

表 1-2-1 潮土（土类）理化性状数理统计

| 理化性特征数 | 有机质（%） | 全氮（%） | 全磷（%） | 全钾（%） | 碱解氮（%） | 速效磷（%） | 速效钾（ppm） | pH | 碳酸钙（%） |
|---|---|---|---|---|---|---|---|---|---|
| 样本数 M | 259 | 259 | 218 | 188 | 238 | 258 | 257 | 257 | |
| 平均值 X | 1.49 | 0.074 | 0.062 | 2.45 | 62 | 7 | 198 | 8.3 | 12.1 |
| 标准数 SX | 0.07 | 0.003 | 0.001 | 0.05 | 3 | 1 | 12 | 0.002 | |
| 变异系数 CX | 76.1 | 65.2 | 23.8 | 27.9 | 74.6 | 229 | 97.2 | 3.8 | |
| 置性区间 | 1.1~2.59 | 0.048~0.220 | 0.041~0.076 | 1.78~3.12 | 46~108 | 16~23 | 188~387 | 8.2~8.4 | 7~18 |

**（一）土壤类型**

1. **潮土** 面积 62868 亩，占场区土地总面积的 20.2%，为场区主要耕作土壤。潮土低温、阴湿，有机质分解缓慢，且含量较高，速效养分则低。剖面上部有明显的耕灌层、熟化层和犁底层，有炭渣、砖屑等侵入体。剖面中、下部有明显的氧化还原层，可见大量绣纹、锈斑。土壤质地变化很大，同一剖面中可能出现沙土到重壤的不同质地间层排列。

（1）潮土（亚类）。面积 21815.2 亩，占土地总面积 7%，占本土类的 34.7%，集中分布于疏勒河以南的一、三、五、八队规划区，疏勒河北呈零星分布。依地下水位高低分为两个土属。

①潮土（中位潮土）土属。地下水埋深 1.0~1.5 米，剖面通层潮润。主要分布在疏勒河以南的一、三、五、八队规划区及排渠淤塞排水不良地段，面积 6709 亩。该土壤以前受地下水影响较重，多为高位潮土（俗称二潮土），后经排水系统的健全和疏通，形成潮土。

---

① 资料来源：《饮马农场土壤普查报告（初稿）》和《饮马农场土地利用现状调查报告》。

②下潮土（地位潮土）土属。分布在靠近自然排水沟和排水畅通地段，如酒花三队、一、三、十八队等。面积 19336 亩，地下水埋深 1.5～2.0 米。

（2）盐化潮土（亚类）。面积 41744.4 亩，占土地总面积的 13.38％，占本土类 66.4％，集中分布于九、十、十一、十五、十九、二十队规划区。盐化潮土所处地形部位较低，地下水埋深 1～2 米，土壤返潮、返盐。由于土壤母质富盐性，地下水矿化度较高，当排水不畅或地下水升高时，土壤产生强烈盐化过程。另有部分盐化潮土从盐土开垦而来，因洗盐不彻底，盐分在剖面上下移动，危害农作物。土壤含盐和土体过于潮湿，是盐化潮土的主要缺点。

（3）盐化潮土（中位盐化潮土）土属。盐化潮土地下水位埋深 1～1.5 米。据地下水矿化度、气候条件及土壤理化性质，土壤返盐的地下水临界深度为 1.4 米，而该土属地下水位多在临界深度以上，造成严重返盐，通透性不良，俗有"潮期水汪汪，潮后白茫茫"之说。据土壤质地和特殊土层，本土属可划分为以下几种：

①壤质盐化潮土。主要分布在七队、九队、十队规划区，一队、十五队规划区呈零量分布，面积 8749 亩。土体含盐量一般 1％左右，盐渍化是该土种的主要障碍因素。

②底黏盐化潮土。分布于八队、十三队、二十队规划区，面积 1994 亩。多处于地形低洼地段，由草甸沼泽土经开垦熟化而成。

③夹黏盐化潮土。分布在十三队规划区，面积 1944 亩。表层轻壤，剖面中部夹有 10～30 厘米黏土层。结构以块状为主，由于有黏土层的存在，土壤不易彻底脱盐。

④夹沙盐化潮土。分布于十五队二斗五农，面积 810 亩。剖面耕层以下有约 40 厘米的沙土层，土色以棕为主，下部为壤土层。因地下水位高，严重返盐，春季返潮期地下水位 0.5 米左右，低水位期 1.5 米，表层 30 厘米含盐 1.84％。

⑤漏沙盐化潮土。分布于四支二斗八农和五队南部，为古河道河曲处，面积 360 亩。

（4）盐化下潮土（低位潮土）土属。面积 13650.4 亩，占本土类的 32.7％。地下水埋深 1.5～2 米，处于强烈返盐临界深度以下，返潮较轻，便于改良。耕层棕灰或灰棕色，碎块结构，以壤质为主。

①壤质盐化下潮土。主要分布于三支渠和四支渠，十、十五队呈零星分布，面积 7218 亩。土层深厚，质地适中，多为壤质，结构良好，以块、碎块状为主。

②底黏盐化下潮土。集中分布于十一、十二、十三队规划区，十队和四支五农有小面积分布，面积 6602 亩。

③夹黏盐化下潮土。分布于十一、十二队规划区地形部位较高处，面积 2325 亩。剖面中部夹有 10～40 厘米黏土层，渗水缓慢，影响土壤彻底脱盐。

④黏质盐化下潮土。分布于十一队三斗一农，由龟裂盐土开垦熟化而成，面积378亩。土体通层黏重，多为平茬结构、层状和鳞片状，通透性能不良，通层紧实。

2. **沼泽土**　沼泽土常年或季节性积水，微生物活动弱，是受地形、水文、地质条件影响的地域性土壤。分布于沼泽泉眼附近，面积12067亩，占土地总面积的3.96%。根据草甸和泥炭化过程，可将沼泽土分为草甸沼泽土和泥炭沼泽土两个亚类。

（1）草甸沼泽土（亚类）。集中分布于场区南部、古河道低洼处和人为排水泉眼逐渐干涸地带，面积10691.3亩，占本土类的88.6%。本土类在形成发育沼泽的过程中，又附加了草甸化过程，地下水变化为0.5～1米，矿化度1克/升。生长喜湿性莎草科、禾本科植物，覆盖度60%～100%，形成密布草丘，草丘间距30～40厘米，高20厘米左右。土壤有机质的积累过程较弱，草根盘结层薄或不太明显，腐殖质层厚10～40厘米，含有机质3.26%～15%。本土属在形成过程中，附加有盐化过程。土层一般含盐0.7～0.9%，以硫酸盐为主，草丘和地形较高处有明显盐霜或盐结皮。表层20厘米为草根层灰棕色土壤，以下为浅灰色或灰白色潜育层。

（2）泥炭沼泽土（亚类）。分布面积小，位于场区南部，常与稍高部位的草甸沼泽土伴存。地下水位高于40厘米，表层为草根盘结层，其下为泥炭层，底部为潜育层。泥炭层厚度为30～120厘米，土壤渗透性极差。根据盐分的含量，本亚类只有一个土属，即盐化泥炭沼泽土。盐化泥炭沼泽土（土属）面积1375.7亩，占本土类的114%，零星与盐化草甸沼泽土复区分布。植物为莎草科和禾本科芦草等，覆盖度一般为50%～90%。地面积水随枯水季节而变干，地表形成盐霜，一般总盐含量为0.9%。

3. **草甸土**　面积1698亩，占土地总面积的0.5%，分布于十三队疏勒河岸，十七队三支一斗、二斗。草甸土是在比较稳定的地下水毛管上下和侧流运行作用下形成的土壤，随着地下水位的不断下降，侧流运行作用减弱，本土类已向荒漠化发展。场区草甸土只有一个亚类，即荒漠化草甸土土属。

荒漠化草甸土（土属）所处地形部位较高且平坦，有小堆风积沙分布，地表疏松，有白色盐霜或较薄盐结皮。植被以野香、芦草、白刺等为主，株高一般为80厘米，覆盖度10%左右，局部有混生骆驼刺、红柳等耐旱植物。

4. **盐土**　面积220515亩，占土地总面积的70.7%，面积大，分布广，是场区土壤的主要土类。

盐土的盐分表聚过程强烈，盐类高度聚集于表层，本区盐土含盐量较高，变幅较大，表层（指30厘米以上，后同）平均含盐9.2%，变幅2.0%～13.2%。

（1）草甸盐土（亚类）。面积99478亩，分布于地形较低、地下水位相对较高地带，常与耕地呈插花分布，弃耕农田多形成草甸盐土。

（2）典型盐土（亚类）。集中分布于场区北片和耕地中地形略高的地段，部分区域地表起伏较大，面积 4858 亩，占土地总面积的 15.57%，本土类的 22.02%，亦称旱盐土，是干旱、极干旱气候条件下，由强烈蒸腾积盐过程而形成的盐土。地下水埋深 2～5 米，矿化度 2～10 克/升。植被以耐旱盐生类型为主，覆盖度 10%～20%，表层聚盐强烈，有不同厚度的盐上疏松结皮层。

5. **灰棕漠土和风沙土**　面积 27328 亩，占土地总面积的 8.76%，分布于场区西北部之北戈壁边缘和七墩滩，地面有沙丘，其间为光板地。灰棕漠土是荒漠气候条件下发育形成的地带性土壤，成土母质主要为洪积冲积物。上层厚 1～2 米，植被多为根深耐旱肉质灌木或半灌木类型，覆盖度 5%～15%。地表常有小砾石形成暗色砾幂，其下为 1～3 厘米的浅灰色蜂窝状结皮，再下有一层厚 5～10 厘米的红灰棕或浅灰棕色紧实层。土壤剖面由表土层、心土层和母质层组成。

6. **其他土类**　面积 22871 亩，占土地总面积的 7.33%，包括流动沙丘、砾石戈壁、河流水面等类型。其中流动沙丘面积 18722 亩、砾石戈壁 1494 亩、河流水面 2655 亩。

**（二）土壤肥力**

总体上，农场的土壤质量不是很好，土壤有机质含量偏低，对农业生产有一定的影响，土地改良和提高土地质量的任务依然很艰巨。

## 六、植被

农场场区植被受水热条件的影响，其类型、分布与气候、地形、土壤密切相关，自然植被在本区同样具有明显的特性和规律，天然植被主要是落叶旱生盐（含耐盐）生植物群落。场区土壤的形成过程是荒漠化、盐化过程，地势低平，地下水位高的地段是沼泽化、草甸化，天然植被亦具荒漠、草甸、沼泽等类型。

开发前的亘古荒原——饮马滩

**（一）植物所属的区系**

场区的植被类型和植物种类都比较简单，分布规律与土壤一致，与土壤关系密切，在不同植被类型下发育成相应的植被类型。场区天然植被物种约 250 种，分属 32 个科，为多年生木本和草本。由于气候和荒漠化的原因，一些一年生或某些荒漠占优势的短命植物在场区已完全绝迹。场区内的植被按照野生植物的生长环境、水热匹配、土壤盐分含量和风蚀情况可分为以下几种：

1. **流沙植物**　此类植物根不发达，抗旱力特强，分布于强度风蚀之流沙地，具有固定沙丘的作用。主要有麻黄、沙拐枣、花秧子、红柳、泡泡刺等。

2. **干生植物**　此类植物大都分布在地下水位很低（4 米以下）、土壤层干燥地形起伏不平及风蚀区。主要有骆驼刺、白刺、苦参、芦草、砂冰草及两种马齿苋科植物。

3. **中生植物**　此类植物分布于盐结皮大于 10 厘米、地下水埋深 1.5 米左右的土壤湿润区。主要有芨芨草、冰草、野茴香、罗布麻、胖羊子草、小蓟、苦马豆等。

4. **盐生植物**　此类植物分布于盐分很重的土壤。主要有碱珠子、碱蓬等。

5. **盐沼植物**　此类植物分布于季节性沼泽中，土壤上层为有机质，下层为炭化层，土壤浸渍中，干涸后盐分含量加重。主要有牛毛草、棱草、三棱草、水麦冬、金戴戴、胡葱、海乳草等。

**（二）植物类型分布**

近代，由于场区河道湖人为引水，河面干涸，最初转化为水草丰美的草原，植被以中生植物为主。其后，随着地下水位的下降和土壤变干，草原植被逐渐荒漠化，取而代之的是荒漠植被。场区植被在十分严酷的气候条件和土壤等因素的综合作用下，组成简单，类型单调，地域特点明显。

1. **植被的分布类型**　因地形差异、地下水变化、土壤含盐量高低、人为活动等因素的影响，场区植被可分四大类八个亚型：

（1）栽培类型。分布在场区的农业规划区内，由栽培农作物和田间杂草组成。

（2）沼泽类型。小面积分布在露头泉眼、低势地洼长期积水处，农排深沟处也有生长。湿生的禾本科、莎草科、灯心草科植物群落是此类型植被的主要组成种类，以芦章、苔草、早熟禾、蒲草、牛毛草、莎草、灯心草、鱼腥草和沼针蓝为主。除芦苇、蒲草生长较高，一般为 1～1.5 米外，其余都比较低矮，只有 3～10 厘米，覆盖度 70%～90%。近年来，由于侧渗补给水源减少，地下水位下降，不少泉眼干涸，植被也随之衰退，有的甚至消失。

（3）草甸类型。多分布在地势低洼处、渠系两侧和河漫滩地，为场区最大的植被类型。在地下水位较高的地区，主要生长着禾本科植物，而在地下水位较低或地势较高地段，半灌木所组成的植物群落占优势。

此类型分盐生草甸植被和荒漠化盐生草甸植被两个亚型。

（4）荒漠类型。分布于场区西部伸进瓜州部分及北戈壁前缘，有 4 个亚型：盐生荒漠型、土质荒漠型、沙质荒漠型、砾质荒漠型。

**2. 植物的生态特点** 调查记录显示，场区天然植被物种约 250 种，分属于 32 个科。

（1）流沙植物。植物叶面缩小，甚至完全退化或成小片的膜状，以绿色的茎、枝进行光合作用，以减少蒸腾面积。根部发达，抗旱力特强，分布于强度区蚀之流沙地，具有固定沙丘的作用。属此类生态的植物有麻黄、沙拐枣、半花朵子、砂承、花秩子（豆科）、红柳，泡泡刺（蒺藜科，俗名托羊刺）等。

（2）干生植物。叶片有弱化现象，部分枝进化成刺，亦有叶片被盖茸毛及蜡质，根部和地下茎特别发达，入土极深，根外有较厚的木栓层，以适应干旱的环境。

（3）中生盐生植物。形态类似中生植物，部分叶片退化（野茴香），植株比较高大，草本或木本，根部入土 50 厘米以上，分布于盐结皮大于 10 厘米处。地下水埋深 1.5 米左右的土壤湿润区主要有芨芨草、冰草、野茴香、罗布麻、苦马豆等。

（4）盐沼植物。植株矮小密丛生长，部分叶片弱化；茎或根内有柔膜组成的气腔发育，以便于自大气中吸收氧气；根毛消失，根在土壤中发育致密。分布于季节性沼泽中，土壤上层为有机质，下层为炭化层，土壤浸渍期间盐分含量不大，属此种生态的植物有牛毛草、棱草、甘草、水麦冬（俗称猪尾巴鞭子）、金戴戴、胡葱、海乳草（樱草科，俗名催生草），场区河南沼泽有少量胡黄连生长。

（5）水生植物。分布于水泉附近，终年积水沼泽或流水溪中。由于土壤长期受水浸渍，造成下层通气不良，产生潜水灰化层，多发生铁质还原现象及石灰结核现象。因为盐类以水条件为转移，在干燥的季节，表层含盐量加大，干涸后盐分含量加重。在场区主要有芦苇、水葱、三棱草、三叶藻等。


## 七、野生动物

据有关资料记载，随着水文条件的变化，场区的野生动物在几十年间有的基本绝迹，有的逐渐变异，大体有以下种类：

**1. 兽类** 截至 2015 年，农场境内野生兽类有 20 余种，包括中亚兔、大耳刺猬、地老鼠、黄鼬（黄鼠狼）、狼、狐狸、斑猫、野驴、黄羊、北山羊、青羊、石羊、盘羊（大头羊）等。

**2. 禽类** 调查资料显示，场区在 20 世纪 50 年代初有各种禽类 200 余种，后许多已消失，现在常见的有野鸳鸯、凤头鹧、苍鹭、大白鹭、黑鹳、灰雁、斑头雁（麻鸭）、白天鹅、赤麻鸭、针尾鸭（水鸭子）、绿翅鸭、斑嘴鸭、赤膀鸭、赤颈鸭、琵嘴鸭、红头潜鸭、野鹰（鸢）、麻鹰、红老鹰、金雕、鱼鹰、鸡鹰、黄爪隼、红隼、石鸡（嘎达鸡）、雉鸡、黑翅长脚鹬、红嘴鸥、岩鸽、杜鹃、猫头鹰、灰沙燕、红尾伯劳、喜鹊、黑尾地鸦、红嘴山鸦、沙鸡、黑顶麻雀等。

**3. 其他动物** 有花背蟾蜍（癞蛤蟆）、叶城沙蜥、变色沙蜥、隐耳漠虎、西域沙虎、密点麻蜥、虫纹麻蜥、沙莽、菜花蛇、黑脊蛇等。

**4. 昆虫** 场区位于世界动物地理古北区和东洋区的交汇处，是农业气候上西北干旱区与青藏高寒区的连接带。气候差异形成了不同的植物相，导致昆虫种群分布的明显差异，昆虫种群亦随生态条件、农林种子的引进而变化。

据统计，场区昆虫种群数量超过 500 种，其中以鳞翅目夜蛾科、尺蛾科、螟蛾科，鞘翅目瓢科、步甲科、虎甲科昆虫种群最多，脉翅目姬椿科、花椿科，膜翅目茎蜂科、蛛蜂科、胡蜂科，蜻蜓目蜻科、蜓种昆虫种群次之，另有蜘蛛目、革翅目、螳螂目等科、种。危害人类健康的害虫除蝇、蚊、臭虫、跳蚤、虱子外，场区还有小咬、鸡瘟子、草瘟子等分布，且泛滥成灾。

**5. 鱼类** 场区水域野生鱼种有 2 目 3 科 10 种，包括短尾高原鳅、重嘴唇高原鳅、棱形高原鳅、酒泉高原鳅、背斑高原鳅（泥鳅）、大鳍鼓鳔鳅（狗鱼）、花斑裸鲤（花鱼）、鲫鱼、麦穗鱼和波氏栉虾虎鱼等。

# 第二节 自然资源

## 一、土地资源

20 世纪 50 年代初，甘肃省农林厅国营机械化农场勘查团（队）经过一段时间的调查，至 1954 年 6 月编写完成了《饮马农场机械农场详查报告》。1963 年，甘肃省农垦局对所属蘑菇滩农场进行了规划补课，编定了后经甘肃省人委批准的《蘑菇滩农场建场计划任务书》和《审核意见书》。

1983 年 3 月，农场配合甘肃省农垦局勘测设计大队，对场区土壤盐分变化、熟化程度、养分状况、障碍因素等进行了普查和研究，形成《饮马农场土壤普查报告（初稿）》。

1989 年年初，甘肃省农垦勘测设计院对场区土地利用现状进行了再次详查，并进行实地调绘，于 9 月底完成了调查、测绘工作，其他统计、汇总和编写报告等工作于 11 月结束，完成调查面积 311906.7 亩（包括外单位占用 1029.5 亩）。其成果有：《饮马农场

1/10000土地利用现状图》1份；《面积统计表》1份；《误差统计表》1份；《土地利用现状详查报告》1份。

设计规划经过多次修改，日臻完善，包括总体规划和具体规划两部分。主要内容是：①确定了以发展农业为主，适当发展林牧业，逐步建成现代化农业企业，并示范周边农村的指导思想；②根据场区的分布、地形特点、土地关系及生产发展的能力，确定了生产规模和管理模式；③制定了生产任务的总体指标和定额，并明确了按年度分期分批实施的意见；④规划了对水分、土地利用等建设的总体布局，提出了全面落实各项措施和完成各项工作任务的要求；⑤对非工作重点之一的道路、林业建设等，提出了具体贯彻意见和要求；⑥为完成各项建设任务，明确了连队建设的规模、管理范围和任务；⑦文教卫生、商业网点、小城镇建设等，也相应被列入了规划；⑧科学利用土地和水资源，节约办一切事业的思想，在规划中明确提了出来。

规划是指导各项工作的方向和准绳。如近50年来在规划指导下对249983.90亩土地的开发和利用情况是：

1. **耕地**  现状面积94987.89亩，占土地面积的38.0%。现有耕地中，有一类地25530.79亩，占耕地面积的26.8%，单位产量466公斤；二类地28186亩，占耕地面积的29.7%，单位产量346公斤；三类地20314亩，占耕地面积的21.4%，单位产量258公斤；四类地20957.1亩，占耕地面积的22.1%，单位产量131.7公斤。

2. **园地**  总面积2016亩，其中啤酒花1801亩。

3. **林地**  现状面积11663亩，占总土地面积的4.67%。其中防护林11593亩、苗圃70亩。

4. **牧草地**  现状面积64283.2亩，占总土地面积的25.71%。主要为芦苇、冰草等禾本科植物，草质较好，产量依据降水、土壤、地下水埋深而定。

5. **居民点及工业用地**  现状面积4176.5亩，占总土地面积的1.67%。其中场部小城镇建设用地658.1亩，生产队居民点占地3304.6亩，独立工业用地18.8亩，场办工业用地195亩。

6. **交通用地**  现状面积3332.8亩，占总土地面积的1.33%。其中312国道占地479.8亩，场区主干道、农田机耕道和渠间道路占地2853亩。

7. **水域用地**  现状面积21149.6亩，占总土地面积的8.46%。其中天然河流面积3291亩，坑塘水面积15亩，灌排渠沟占用17613.6亩。外单位占用230亩。

8. **未利用土地**  共有41389.2亩，占总土地面积的16.56%。分为荒草地、重盐碱地、沙地、裸土地、裸岩石砾地5类。其中荒草地1386.15亩，其余为重盐碱地、半固定沙丘、流动沙地、平沙地等。

另外，饮马水泥厂在玉门镇官庄南戈壁土地总面积 387.86 亩，其中工业用地 95.37 亩、办公用地 14.38 亩、住宅用地 19.49 亩、林地与荒地 258.62 亩。2000 年 12 月，由甘肃省政府核发国有土地使用证（甘国用〔2000〕字第 0138 号），为无限年期，使用权类型为划拨方式。

2009 年，在亚盛实业（集团）股份有限公司进行股份增发时，将饮马农场土地 219872.91 亩纳入甘肃亚盛实业（集团）股份有限公司，剩余土地留于饮马农场。2012 年，原甘肃省国有饮马农场的绝大部分土地资产剥离后入组甘肃亚盛实业（集团）股份有限公司，成立了甘肃亚盛实业（集团）股份有限公司饮马分公司，并由亚盛饮马分公司负责经营管理原饮马农场的土地资源。现饮马分公司土地使用证证载面积为 308451.65 亩，其中玉门片区土地使用证证载面积 249929.45 亩，瓜州片区土地使用证证载面积 58522.2 亩。

## 二、水资源

场区大气降水稀少且蒸发量大，水资源主要依靠祁连山冰雪融化径流汇集而成的地表水、地下水和露头泉水，其分布与地表径流有关。祁连山的亘古冰川是场区水资源的源头。据中国科学院兰州冰川冻土研究所的勘察资料记载，疏勒河的水系共有冰川 548 条，占祁连山冰川总数的 56.2%，冰储量 82.09 万平方千米，占总储量的 70.2%，素有固体冰库之美称，场境位于疏勒河中游经流散区，故水资源比较丰富。

**（一）地表水资源**

场区属疏勒河流域昌马灌区，疏勒河的水流为场区农业灌溉主要水源。其余还有流经场境的皇渠河等几条河流，以及部分地表水渗漏涌出的露头泉水为补充水源。

**（二）地下水资源**

昌马河冲积扇地下水的形成受地形、地貌和径流条件限制，自南向北划分为 3 个潜水带。

**1. 山区水资源形成带**　南部祁连山降水量充沛，且有冰川分布，融水一部分形成河流，另一部分则渗入地下补给基岩裂隙和层间。基岩裂隙水和层间水受地形影响，绝大部分在流出山区前又还原于河流中。

**2. 山前地表水渗漏补给带**　昌马盆地河床上游为砾石层河谷，狭窄而深，水流湍急，至沙沟、山神庙以下逐渐开阔。河床为大卵石夹砂，冲刷变化极大。每遇水位升涨则满溢

疏勒河下游

分流，主流改道，极不稳定。山前倾斜平原的河道经过大厚度的卵砾石洪积扇面时，产生强烈渗漏，形成地下水的主要补给源。

3. **地下水溢出排泄带** 由山前倾斜平原渗入的地下水，在向北运动的过程中，承压水主流经过地质组织较松软地带，以泉的形式沿洪积扇扇缘溢出地表，形成泉水河和沼泽，或蒸发，或排泄。

# 第三节　自然灾害

## 一、气象灾害

场区对农业生产构成危害的灾害性天气主要有大风、沙尘暴、寒潮、霜冻、干热风、板结雨、低温和干旱等。

### （一）干旱灾害

尽管场区有较好的灌溉条件，但干旱仍是主要灾害性天气之一。区内历史上多有干旱记载，民间亦有"三年一小旱，十年一大旱"的说法。由于干旱，昌马河水量锐减，农作物生长期的用水矛盾就会突出，以水定垦是场区农业发展的规律。干旱常在农作物播种时发生，严重的年份会造成部分禾苗绝收。20世纪80年代以后，干旱每年都不同程度发生，特别是在5—6月苗灌期尤为突出。此时地表温度高，蒸发量大，湿度小，作物生长急需灌溉。农场从2015年开始实施滴灌，在节约了水资源的同时，还有效确保了农作物的用水需求。

**（二）洪涝灾害**

场区因年降水量小，发生洪涝灾害的可能性较小。降水量较大的时间通常为每年的6—8月。在近 10～20 年中，亦有发生集中性降雨冲坏道路、桥梁和农田的现象。

**（三）低温（霜冻）灾害**

低温灾害主要是指春季气温偏低（春寒），或在天气回暖后由于气候反常，又出现低温（倒春寒），导致已播在地里的种子不能正常萌发，影响出苗率。据资料记载，1961—1982 年，有 7 年出现过持续低温天气，平均 10 年三遇。近 30 年间，由于全球气候变暖的原因，虽然出现过倒春寒的现象，但对农作物的影响不是很大。民间亦有"四月八、黑霜冻"的谚语。

**（四）干热风灾害**

干热风是一种高温低湿并伴有一定强度偏东风的天气过程，是影响和危害场区农作物高产、稳产的主要气象灾害之一。日最高气温大于 30℃，日均相对湿度小于 30％，东风风速大于 3 米/秒，即为干热风。根据多年的气象资料，从 6 月上旬到 7 月中下旬为干热风危害的关键时段。据玉门市（玉门镇）气象站地区性干热风概率统计，无干热风年份占 64％，轻年份占 20％，重年份占 16％。场区较上述比例偏高。干热风的表现特点是温度高、蒸发量大、湿度小。

**（五）异常雷电灾害雨土灾害**

场区发生异常雷电灾害、雨土灾害的可能性较小。

**（六）沙尘暴灾害**

沙尘暴是指大风将地面沙尘刮起，使能见度减少到 1000 米以内的天气现象，俗称"黑风"或"黄风"。沙尘源、强风、不稳定的大气层结构是强沙尘暴形成的三个条件。场区沙尘暴日数平均为 12 天，最多年份可达 29 天，一年四季都有出现，尤以春季较多。沙尘暴过后常有沙尘填塞渠道，农田有机质损失惨重。有资料表明，我国北方生态环境的恶化、沙漠化土地的不扩展、沙漠化程度的不断加重，是沙尘暴频发的主要原因。据统计，在 20 世纪 60 年代发生沙尘暴天气年均为 8 次，90 年代发生数为 23 次，2000 年发生了 18 次。近 20 年间，平均每年发生 2～3 次，有逐渐减缓的趋势。

**（七）大风灾害**

大风灾害是指瞬间风速大于 17.0 米/秒或大于 8 级以上的大风。场区大风一年四季均有出现，一般春季较多，秋季较少。年平均大风日数为 54.6 天，最多时达 70 天，多以西风为主。大风常造成禾苗被压，流沙掩埋渠道，吹折农作物枝茎、籽粒，造成大面积减产，或因风蚀刮去表土，造成肥料水分损失，增加干旱威胁。

**（八）冰雹灾害**

场区年平均冰雹不足 1 次，多发生在春末或夏季的强对流、雷阵雨中，一般不会造成大的损失。通常冰雹落地时仅有黄豆粒大，时间很短。也有超过鸡蛋大的冰雹，时间超过 10 分钟，落地一层，造成惨重损失，但概率很低。

**（九）暴雨灾害**

在场区发生的概率很低。

**（十）霜冻灾害**

霜冻是指春、秋两季，北方强冷空气南下，气温急剧下降引起植物遭受冻害或死亡的天气过程。春冻害危害植物全苗、壮苗；秋霜冻使作物不能正常成熟，产量大幅度下降。根据场区实地观测和试验资料，以地面温度小于或等于 2℃时出现霜冻，－2～5℃对农作物有明显冻害，低于－5℃时，不仅农作物受损严重，麦类作物也将遭受灾害。

## 二、地质灾害

**（一）地震灾害**

场区位于祁连山断裂带北缘，接近地球北纬 40°地震线，历史上多有地震发生。根据资料记载，场区地域受主震地质结构的影响，其中以祁连北麓断裂带（旱峡—古浪），北祁连断裂带（昌马—西水峡口）影响最大。国家地震局把场区地域划分为Ⅶ度地震度区。甘肃省农林厅国营农场勘察队亦在《发展疏勒河流域农林牧业初步意见》中，将地震的发生和预防列为农场生产建设的重要自然灾害之一。为了加强对地震活动的预测、预报和监测，1954 年，甘肃省地震局在玉门创建了地震台站，1977 年又在安西县（现改为瓜州县）设立了地震台站，拥有测震、地电、水化学、地磁、地应力、地形变、重力以及工程强震 8 个观测项目，初步形成了地震监测网。之后又在地震带上铺设了电信有线传输和小型无线遥测地震台网，使地震观测覆盖了场区。农场的房屋及水电观测设施设计都参考了防震技术参数，以减少建筑物因震诱发倒塌的可能性，尽量降低不应有的损失。

**（二）地壳升降灾害**

地壳升降运动又称升降运动，是地壳演化过程中表现得较为缓慢的一种运动形式。地壳的升降运动会对地壳表层沉积岩的形成有很大影响，不仅控制了沉积岩物质成分的来源和性质，同时也影响沉积岩的厚度和空间分布。地壳升降灾害在农场发生较少，有记载的也较少。

**（三）滑坡灾害**

滑坡灾害是指岩体或土体在重力作用下整体顺坡下滑造成的灾害。与崩塌相比，二者都是斜坡失稳现象，并具有类似的形成条件和分布规律，但它们的形成过程和形态特征又有显著的区别。主要差异是：崩塌体完全脱离母体，发生的垂直位移量远大于水平位移量；而滑坡体则很少完全脱离母体，总有一部分残留并有序排列在滑床上，而且其水平位移一般大于垂直位移量。崩塌形成的碎屑物零乱无序，而滑坡体在一定程度上保存了原有岩层土体层序和结构，其表面出现不同方向的裂缝。农场的危害性滑坡现象较少，个别渠系、农田埂子、机耕道路边有滑坡现象。

**（四）泥石流灾害**

场区地处昌马冲积扇原下游，地势平坦，南面的祁连山和北面的马鬃山距离场区较远，加之场区属于沙漠干旱气候，降水量偏少，自建场以来，未发生过造成损失的泥石流灾害。

## 三、生物灾害

**（一）虫灾**

农场自 1956 年建场以来，种植的农作物未发生过大面积虫灾现象，在农作物上发生病虫害较多是蚜虫、红蜘蛛、地老虎、金针虫等，但都是以预防为主。

**（二）鼠害**

农场自建场以来未发生过鼠灾。

**（三）外来物种侵害**

农场自建场以来未发生过外来物种侵害现象。

## 四、复合性灾害

**（一）沙漠化**

农场位于马鬃山和祁连山夹峙的走廊平原绿洲，外围有大量戈壁荒漠和少量沙漠，农场区域四周除西面外，均有村庄、树林、田野，环境相对较好。同时，农场自建场以来，一贯注重植树造林工作，绿化相对较好，未出现沙漠化灾害导致农作物严重受灾的现象。

**（二）土壤盐碱化**

场区虽然降水较少，但在每年的 4—5 月，会有较大降雨（雪）量。尤其是农作物出土阶段，若遇大于 4 毫米的降水，可使土壤板结，降低出苗率，形成不同程度的灾害，影响当年收成。

# 第四节　环境状况

## 一、环境质量（大气环境质量、水环境质量）

农场地处甘肃河西走廊西段，降水量少，空气干燥。20 世纪 70 年代以前，由于植树不是很多，道路、条田的树木未成行，大风及沙尘天气发生频率较高，对大气环境质量造成一定影响。20 世纪 80 年代至今，农场历届领导都十分重视植树造林和环境保护，农场的大风天气和沙尘天气逐渐减少，大气环境质量较好。

农场的主要水源为祁连山的雪水和地下水，农场主要从事农业生产，场区周围工业企业少，水污染较少，水环境质量较好。

## 二、环境污染

大气环境污染主要有：①工业废气直接排放于大气中。②生活用锅炉的废气。农场在场区周围及各农业队未建立工业，在场部居住楼房的职工使用的锅炉都是经过玉门市相关部门检测达标的，无明显的大气污染。

场区职工的生活用水经排污管线排至场区北面的排碱渠，无明显的水污染和固体废弃物污染。

中国农垦农场志

# 第二编

# 人口变迁

中国农垦农场志

据资料记载，1950 年 6 月，中共中央西北局、中共甘肃省委、甘肃省政府共同做出了"开发疏勒河中游地区，建立国营农场"的重要决定。在此后的十余年间，中央、省地县相关部门的专家和技术人员亲临实地，进行了无数次的调查、考察、勘探设计。1956 年 4 月，"甘肃省地方国营饮马场第一农场"正式建立。之后，各项建设工程全面启动，大批建设者从祖国的四面八方来到饮马荒原，开始了轰轰烈烈的开荒造田、改造大自然、建设新农场的伟大历史壮举。至 1963 年 10 月，有全国 26 个省（自治区）445 个县（区）的上千名知识分子、青年学生、复转军人、志愿者，响应党的号召，一批接一批地来到饮马农场，投入新农场的开发建设。

# 第一章　人口流源

农场户籍人口源于国营农场的建立，其配置是通过计划实现的。全国各地不同阶层、不同行业、不同文化程度的人来到农场，形成了农垦特殊群体，对农场的发展和建设起到了积极保障作用。

1956年3月，经公安部批准，撤销甘肃省公安厅第三劳动改造管教队建制，其建制全部搬迁到玉门境内的饮马荒原北片，以此创建了"甘肃省地方国营饮马场第一农场"。这是场区有人口统计资料记载的开始。当年4月，迁入人口3741人，其中公安干警264人（管教、专业技术干部123人，公安部队141人），工人105人，在押犯人3372人。当时无家属子女迁入。

## 第一节　蘑菇滩农场人口流源

### 一、安置下放干部

1958年4月，玉门县筹建的北湖农场、蘑菇滩农场变为下放干部农场。北湖农场接收安置高台、玉门县各机关下放干部477人；蘑菇滩农场接收安置兰州市及中央驻兰68个企事业单位下放干部423名。这部分人在1～2年后绝大多数调回原单位或另行分配工作，少数留在农场任职。

### 二、安置监督劳动、劳动教养人员

自1958年4月开始，北湖农场接收高台、玉门县机关及银行系统监督劳动、劳动教养人员40名；蘑菇滩农场接收兰州市及中央驻兰单位监督劳动、劳动教养人员98名（实际人数为120名）。1960年10月2日，中共玉门市委、市人委决定：将市属赤金农场劳动教养人员827人（不包括调迁途中死亡5人，不明去向25人）及其亲属56人调迁蘑菇滩农场。

### 三、安置河南支建青年

1960 年 3 月，由甘肃省农垦局分配蘑菇滩农场接收安置河南支建青年 524 名。1960 年 3 月 17 日，又分配安置河南支建青年 499 名。1969 年 10 月，调入场区农建十一团职工中的河南支建青年 89 名。其中，1965 年 3 月 15 日，由甘南电尕寺农场调入原五大坪农场的 52 人；1965 年 3 月 26 日，由陇东玄峰山农场调入原五大坪农场的 37 人。1960 年 10 月 20 日，中共玉门市委、市人委决定将 391 名（其中包括 21 名家属及子女）蘑菇滩农场河南支建青年调往赤金农场，占接收安置人数的 38.22％。

### 四、安置上海移民

1958 年，国家决定自上海向甘肃移民，其中农业生产安置 23000 人。当年，甘肃省指令性分配饮马（劳改）农场安置 720 人。因移民与劳改农场性质相悖，管理困难，饮马农场只能单独设立专人管理，将这批人员安置在六站（今十二队）。1960 年 10 月，劳改系统归农垦管理后，中共玉门市委、市人委决定将上海移民 370 人交蘑菇滩农场安置，另有 350 人迁往昌马公社。1962 年 2 月，中共甘肃省委批准撤销肃南大河农场，经甘肃省农垦局研究决定，将该场上海移民 120 人迁入蘑菇滩农场安置。自此，蘑菇滩农场共接收安置上海移民 490 人。因其他原因，1963 年 10 月 31 日，甘肃省农垦局统计人数情况时尚有 154 人。从 1978 年开始，陆续返回上海 74 人。到 1995 年，农场实际有上海移民及子女 36 人。

### 五、安置"盲流"人员

1960 年，由于国家正逢"三年困难时期"，许多省份的大批青年、工人、学生因生活所迫，在全国各地盲目流动，当时把这种现象称为"盲流"。1960—1961 年，从河南、陕西、山东、河北、四川、山西等地流动到玉门镇的"盲流"人员，由当地公安机关、民政部门强制或半强制性收容后，统一交给农场安置。

### 六、玉门市奶牛场并入

1959 年 7 月，中共玉门市委决定将市属奶牛场并入蘑菇滩农场，随迁人口 67 人。

## 七、其他人口流源

1958 年 3 月，蘑菇滩农场招收在农场规划区内有拖拉机驾驶技术的退伍军人 12 名；接收由省、专区、市（县）任命和配备的管理人员、技术干部 30 名，由省劳动部门分配的复员转业军人 23 名、复员士兵 13 名。

## 第二节　军垦时期人口流源

军垦时期，农场人口以城市支建知识青年、复员转业军人为主，人数增长较快，规模较大，是有史以来农场人口发展的最高峰。

### 一、蘑菇滩农场移交人口

1963 年 11 月 22 日，蘑菇滩农场移交农建十一师，改编为农业二团。在人口移交资料中显示，当时实有人口 687 人，其中职工 437 人、家属 19 人、未成年子女 231 人。职工中有干部 30 人、工人 407 人；有男性 290 人、女性 147 人。

### 二、从相关省区调入人口

1964 年，由农建十一师分配，从有关省区调入管理人员、技术干部、职工及随迁家属共 187 人，接收国家分配的大中专毕业生 22 人，接收转业干部 11 人，自天津市调入建筑技工 8 人，总数达到 228 人。

### 三、接收城市知识青年

1964 年年初，农建十一师按照国家分配计划，自天津、西安及省内部分城市以招募"军垦战士"的形式招收城市知识青年。1964 年 4 月，接收安置城市知识青年 1229 人。1964 年 7 月，首批天津知识青年 698 人迁入；1965 年 7 月，又接收天津知识青年 431 人；1966 年 8 月，接收天津知识青年 154 人。至此，天津知识青年总人数达到 1283 人。

1969 年 10 月，农建十一师第十一团奉命迁入，总人口中有北京知识青年 149 人、兰州知识青年 284 人、定西福利院知识青年 96 人。经农建十一师军管会决定并报上级批准，从农建十一师一、二、六、七团调入建制连队 10 个，总人口 1715 人。其中天津、山东、西安等地城市知识青年 1372 人。截至 1979 年，农场共接收安置城市知识青年 5298 人。

### 四、安置复员转业军人

自 1964 年军垦开始，第二团共接收安置复员转业军人 1128 人。

### 五、其他迁入人口

1964 年后，随着大批复转军人的迁入，有相当一部分复转军人的配偶、子女及其直系亲属也相继迁来农场。当时农场正处于大规模开荒建场时期，政策规定不允许复转军人及职工的家属、子女、亲属迁入农场。但现实情况是仍有少数家属自流来到农场，农场只能根据情况就地安置。据统计，1968 年前，仅团直属单位就迁入 198 人（大部分进行了安置）。

早期各地支边青年和复转军人来饮马农场参加开发建设

由于情况不断发生变化，1969 年 5 月，兰州军区生产建设兵团做出规定："兵团职工长期分居两地的爱人和子女，及他们个别确实无人赡养的父母，经职工本人申请，所在单位审核后报师部批准后方可迁入"。这项政策解决了兵团职工的许多实际问题。1973 年，为解决大龄兵团职工比较突出的婚姻问题，兰州军区生产建设兵团与甘肃省有关部门协商规定，允许符合政策的大龄军垦职工的配偶迁入农场，并予以招工。统计资料显示，至1975年12月，批准迁入人数314人，1979年迁入1327人。之后陆续还有迁入，不过人数逐渐少了。

开荒造田

修渠引水

苦干实干

讲历史　讲传统　鼓干劲

## 第三节　恢复农垦后的人口流源

恢复农垦管理体制后，受知识青年"回城风"影响，场区人口锐减，劳动力相对不足。1983年，甘肃省农垦总公司根据国家有关规定，将农场人口纳入计划管理，促成了农场人口新的变化。

### 一、人口自然增长

军垦初期，因受生产、生活等各方面条件制约，规定严禁适龄军垦战士谈恋爱和结婚，发现有这种情况的，轻者批判、调离，重者给予行政处分。"文化大革命"后，此项规定自行废除。进入 20 世纪 70 年代，农场迎来生育高峰，人口自然增长率急剧上升。此后，因严格执行国家计划生育政策，逐步控制了人口增长，农场人口进入有计划发展时期。

## 二、职工亲属迁入

1978 年，甘肃省农垦局发文规定，职工家属与子女赡养的父母亲和由其抚养长大的亲戚或子女，在农垦工作过相当时间的临时工、合同工，经本人申请，逐级上报审批后可以迁入。根据上述规定，农场相继接收迁入人口 1741 人，其中绝大多数由农村迁入。1983 年，根据国家有关规定，职工子女的工作安排纳入计划管理，可以公开招工，实行劳动合同制。之后亦有部分职工亲属、移民子弟和其他人员被招收为合同制工人。截至1995 年年底，共招收合同制工人 1303 人。

## 三、移民迁入

### （一）"两西"移民

饮马农场于 1985—1992 年迁入甘肃永靖、会宁、定西、永登等县移民 424 户，共1906 人。后按甘肃省"两西"建设和扶贫办的指令，迁来移民 5 批、374 户，共 1630 人。迁入情况如下：

第一批，1985 年 10 月迁入 116 户、494 人。其中会宁 109 户、457 人，榆中 5 户、28人，永登 2 户、9 人。

第二批，1986 年 2 月迁入 34 户、180 人。其中，会宁 31 户、168 人，永登 3 户、12 人。

第三批，1987 年 7 月迁入 22 户、111 人。其中，会宁 14 户、72 人，榆中 8 户、39 人。

第四批，1989 年 5 月迁入 63 户、301 人。其中，会宁 9 户、39 人，榆中 2 户、7 人，永靖 50 户、243 人，甘谷 1 户、6 人，通渭 1 户、6 人。

第五批，1989 年 7 月迁入 26 户、136 人。其中，会宁 22 户、118 人，榆中 2 户、9 人，永登 1 户、5 人，永靖 1 户、4 人。

另有不是随集体迁移，自行投亲靠友迁来的散户 114 户、414 人。

以上移民分别安置在一至八分场和场部中心社区，及农场十九区（二分场）、十五区（三分场）、二十区（三分场）、十二区（五分场）、十一区（五分场）、七区（六分场）。

**（二）"疏勒河项目"移民**

1999 年之前，"疏勒河项目"移民在农场共 273 户、875 人；1999 年 12 月，又迁入移民 49 户、276 人。2006 年，按照项目计划，在饮马农场新建两个整村插花移民村，安置移民 380 户、2391 人。其中，1 号行政村安置临潭县移民 200 户、1192 人；2006 年 5 月 14 日，在 2 号行政村安置武都区移民 180 户、1199 人；2006 年 7 月 15 日，安置武都区移民 180 户、1199 人。移民安置后，分布在分公司（农场）的人员共 191 户、747 人（不包含酒花公司、水泥厂、麦芽厂等单位）。截至 2020 年，农场安置移民中现仍居住在农场且有户口的有 273 户、875 人，迁出的有 151 户、1031 人。

## 四、其他人口迁入

迁入的其他人口主要是兵团职工的家属、子女等，以及后来由上级组织陆续分配来的大中专毕业生。

# 第二章　人口规模

## 一、各历史时期人口变化情况

1. **建场初期**（1956—1960 年）　1956—1958 年，经过三年建设，饮马农场、北湖农场、蘑菇滩农场已初具规模。这个时期，由于开荒建场的需要，人口数量增加很快。据《酒泉座谈会纪要》记载，1960 年 12 月，饮马农场总人口 4593 人，蘑菇滩农场总人口 1824 人，而且人口还有大幅度上升的趋势。

2. **三年调整时期**（1961—1963 年）　1960—1962 年，饮马农场实行"移工就食"政策后，场区人口呈明显下降趋势。据统计，1961 年 12 月，场区人口数 3850 人，比 1960 年减少了 2568 人。到 1963 年中期，场区人口才逐渐有所增加。

3. **农建十一师成立后**（1964—1969 年）　农建十一师成立后，开始大批招收城市知识青年和复转军人参加军垦建设，出现了人口突增现象。1964 年，场区人口增至 3358 人。1969 年 10 月，第十一团和第一、二、六、七团 10 个建制连奉命迁入，新增人口 3741 人。

4. **兰州军区生产建设兵团和酒泉地区管理时期**（1970—1978 年）　1970 年，场区总人口达到 7813 人，出现了第二次人口增长高峰。之后，人口逐年增加，到 1978 年达到 8581 人。后来，随着知识青年大量回城，场区人口又呈现出下降的趋势。

## 二、1958—2020 年各农场人口数据统计

1956—1957 年，饮马劳改农场、蘑菇滩农场、北湖农场等相继成立，由于当时的建制还不完善，这时期各农场的人口数据没有资料可查。

1958 年，饮马劳改农场（正式户口）人口总数 4312 人、2156 户，集体户人数不详；北湖农场（正式户口）人口数 551 人、218 户，另有集体户人口 4312 人、2249 户，合计总人口 4863 人、2467 户；蘑菇滩农场（正式户口）人口数 561 人、232 户，另有集体户人口 4863 人、2246 户，合计总人口 5424 人、2478 户。

1959 年，蘑菇滩农场（正式户口）人口数 1842 人、618 户，另有集体户人口 5424 人、2246 户，合计总人口 7266 人，2864 户。

1960 年，蘑菇滩农场（正式户口）人口数 525 人、132 户，另有集体户人口 7266 人、2987 户，合计总人口 7791 人、3119 户。

1962 年，饮马劳改农场（正式户口）人口数 7798 人、2745 户，集体户人口不详。

1963 年，饮马劳改农场（正式户口）人口数 695 人、208 户，另有集体户人口 7788 人、2597 户，合计总人口 8483 人、2805 户。

1964 年，农业二团（正式户口）人口数 2700 人、987 户，另有集体户人口 9144 人、2393 户，合计总人口 11844 人、3380 户。

1965 年，农业二团（正式户口）人口数 3824 人、2408 户，另有集体户人口 11844 人、3948 户，合计总人口 15668 人、6356 户。

1970 年，农业三团（正式户口）人口数 4702 人、2089 户，另有集体户人口 14993 人、5143 户，合计总人口 19695 人、7232 户；农业四团（正式户口）人口数 3471 人、1089 户，另有集体户人口 19955 人、4255 户，合计总人口 23426 人、5344 户。

1971 年，第三、四团（正式户口）总人口数 7843 人、1960 户，另有集体户人口 23426 人、5856 户，合计总人口 31269 人、7816 户。

1974 年，第三、四团（正式户口）总人口数 8383 人、2794 户，另有集体户人口 31269 人、7817 户，合计总人口 39652 人、10611 户。

1975 年，饮马农场（正式户口）人口数 8282 人、2760 户，另有集体户人口 39652 人、9913 户，合计总人口 47934 人、12673 户。

1978 年，饮马农场（正式户口）人口数 8766 人、1138 户，另有集体户人口 47934 人、7239 户，合计总人口 56700 人、8377 户。

1979 年，饮马农场（正式户口）人口数 7474 人、1107 户，另有集体户人口 56700 人、8377 户，合计总人口 64174 人、9484 户。

1982 年，饮马农场（正式户口）人口数 6893 人、1701 户，集体户人数不详。

1985 年，饮马农场（正式户口）人口数 5109 人、1381 户，另有集体户人口 64174 人、9484 户，合计总人口 69283 人、10865 户。

1990 年，饮马农场（正式户口）人口数 5114 人、1288 户，另有集体户人口 69283 人、10865 户，合计总人口 74397 人、12153 户。

1995 年饮马农场（正式户口）人口数 5408 人，集体户人口数不详。

2000 年，饮马农场（正式户口）人口数 5113 人、1761 户，另有集体户人口 74397

人、12147 户，合计总人口 79510 人、13908 户。

2001 年，饮马农场（正式户口）人数 5206 人、1735 户，集体户人数不详。

2005 年，饮马农场（正式户口）人口数 7537 人、1920 户，另有集体户人口 79510 人、19877 户，合计总人口 87047 人、21797 户。

2010 年，饮马农场（正式户口）人口数 4084 人、1509 户，另有集体户人口 87047 人、15828 户，合计总人口 91131 人、17337 户。

2020 年，饮马农场（正式户口）人口数 2175 人、931 户，另有集体户人口 91224 人、22806 户，合计总人口 93399 人、23737 户。

20 世纪 70 年代饮马农场成立民兵团（大会场景）

加强军事训练（射击）

农场召开慰问支边知识青年大会

# 第三章　人口构成

## 第一节　年龄构成

建场初期，场区人口除少数下放干部年龄较大外，其他多为年轻人，后河南支建青年的陆续进入，使人口年龄构成更趋年轻化。军垦时期，城市知识青年和复转军人比例最大，场区人口平均年龄 18.2 岁。进入 20 世纪 70 年代，随着人口自然增长高峰的到来，年龄构成中，0～15 周岁少年儿童系数增高，60 周岁以上老龄人口极少，年龄构成仍保持年轻型。80 年代以后，农场人口发展平稳。由于贯彻国家计划生育政策，少年儿童系数缓慢增长，老龄系数开始上升，老少比例和年龄中位数逐渐提高，年龄构成由年轻型向壮年型转变。90 年代后，场区人口老龄化现象较为突出，最初的垦荒者大多都到了退休年龄，许多人陆续离退休。

据 2002 年统计年报记载，当年年底，农场职工总数 2784 人，其中离退休职工957 人，占职工总数的 34.38%；60 岁以上老龄人口为 803 人。2020 年第七次人口普查资料统计，农场总人口中，60 岁以上老龄人口为 683 人，占总人口的 31.4%；职工人数为358 人，其中有退休职工 39 人。

场区 1970 年、1982 年、1990 年、2000 年、2010 年及 2020 年人口年龄统计见表 2-3-1 至表 2-3-6。

表 2-3-1　1970 年人口年龄构成统计

| 类别 | 年龄组（岁） | 人数（人） | 构成比例（%） |
| --- | --- | --- | --- |
| 儿童组 | 0～4 | 1796 | 22.99 |
|  | 5～9 | 266 | 3.41 |
|  | 10～15 | 265 | 3.39 |
| 青壮年 | 16～25 | 2850 | 36.48 |
|  | 26～30 | 1387 | 17.75 |
|  | 31～35 | 569 | 7.28 |

（续）

| 类别 | 年龄组（岁） | 人数（人） | 构成比例（%） |
|---|---|---|---|
| 青壮年 | 36～40 | 404 | 5.17 |
|  | 41～50 | 205 | 2.63 |
|  | 51～59 | 70 | 0.90 |
| 老年 | 60～69 | 0 | 0 |
|  | 70 以上 | 0 | 0 |
| 人口合计 |  | 7812 | 100 |
| 年龄中位数 | 20.08 |  |  |

表 2－3－2　1982 年全国第三次人口普查年龄构成

| 类别 | 年龄组（岁） | 人数（人） | 构成比例（%） |
|---|---|---|---|
| 儿童组 | 0～5 | 792 | 11.48 |
|  | 6～14 | 652 | 9.45 |
| 青壮年 | 15～19 | 806 | 11.68 |
|  | 20～24 | 1214 | 17.60 |
|  | 25～29 | 815 | 11.81 |
|  | 30～34 | 994 | 14.41 |
|  | 35～39 | 734 | 10.64 |
|  | 40～44 | 294 | 4.26 |
|  | 45～49 | 202 | 2.93 |
|  | 50～54 | 158 | 2.29 |
|  | 55～59 | 120 | 1.74 |
| 老年 | 60～64 | 74 | 1.07 |
|  | 65～69 | 38 | 0.55 |
|  | 70 以上 | 6 | 0.09 |
| 人口合计 |  | 6899 | 100 |
| 年龄中位数 | 19.80 |  |  |

表 2－3－3　1990 年全国第四次人口普查年龄构成

| 类别 | 年龄组（岁） | 人数（人） | 构成比例（%） |
|---|---|---|---|
| 儿童组 | 0～4 | 349 | 7.41 |
|  | 5～9 | 282 | 5.99 |
|  | 10～14 | 369 | 7.84 |

（续）

| 类别 | 年龄组（岁） | 人数（人） | 构成比例（%） |
|---|---|---|---|
| 青壮年 | 15～19 | 632 | 13.42 |
| | 20～24 | 706 | 14.99 |
| | 25～29 | 362 | 7.69 |
| | 30～34 | 273 | 5.80 |
| | 35～39 | 344 | 7.31 |
| | 40～44 | 456 | 9.68 |
| | 45～49 | 402 | 8.54 |
| | 50～54 | 322 | 6.84 |
| | 55～59 | 102 | 2.17 |
| 老年 | 60～64 | 44 | 0.93 |
| | 65～69 | 28 | 0.59 |
| | 70～74 | 22 | 0.47 |
| | 75～79 | 13 | 0.27 |
| | 80 以上 | 3 | 0.06 |
| 人口合计 | | 4709 | 100 |
| 老少比 | | 1∶11 | |

注：最高年龄 84 岁。

表 2－3－4　2000 年全国第五次人口普查年龄构成

| 类别 | 年龄组（岁） | 人数（人） | 构成比例（%） |
|---|---|---|---|
| 儿童组 | 0～4 | 298 | 6.0 |
| | 5～9 | 381 | 7.7 |
| | 10～14 | 544 | 11.0 |
| 青壮年 | 15～19 | 221 | 4.4 |
| | 20～24 | 239 | 4.8 |
| | 25～29 | 610 | 12.3 |
| | 30～34 | 806 | 16.2 |
| | 35～39 | 485 | 9.8 |
| | 40～44 | 252 | 5.1 |
| | 45～49 | 296 | 6.0 |
| | 50～54 | 367 | 7.4 |
| | 55～59 | 312 | 6.3 |
| | 60～64 | 259 | 5.2 |
| | 65～69 | 66 | 1.3 |
| 老年 | 70～74 | 32 | 0.6 |
| | 75～79 | 17 | 0.3 |
| | 80 以上 | 21 | 0.4 |
| 人口合计 | | 5206 | 100 |

表 2-3-5　2010 年第六次人口普查年龄构成统计

| 类别 | 年龄（岁） | 人数（人） | 比例（%） |
|---|---|---|---|
| 儿童组 | 0～4 | 236 | 5.78 |
|  | 5～9 | 173 | 4.24 |
|  | 10～14 | 309 | 7.57 |
| 青年组 | 15～19 | 519 | 12.71 |
|  | 20～24 | 725 | 17.75 |
|  | 25～29 | 296 | 7.25 |
|  | 30～34 | 215 | 5.27 |
|  | 35～39 | 305 | 7.47 |
|  | 40～44 | 413 | 10.11 |
|  | 45～49 | 328 | 8.03 |
|  | 50～54 | 257 | 6.29 |
|  | 55～59 | 89 | 2.18 |
| 老年组 | 60～64 | 76 | 1.86 |
|  | 65～69 | 53 | 1.30 |
|  | 70～74 | 45 | 1.10 |
|  | 75～79 | 38 | 0.93 |
|  | 80 以上 | 7 | 0.17 |
| 合计 |  | 4084 |  |

表 2-3-6　2020 年人口年龄统计

| 类别 | 年龄（岁） | 人数（人） | 比例（%） |
|---|---|---|---|
| 儿童组 | 0～4 | 105 | 4.8 |
|  | 5～9 | 101 | 4.6 |
|  | 10～14 | 95 | 4.4 |
| 青年组 | 15～19 | 37 | 1.7 |
|  | 20～24 | 59 | 2.7 |
|  | 25～29 | 103 | 4.7 |
|  | 30～34 | 125 | 5.7 |
|  | 35～39 | 70 | 3.2 |
|  | 40～44 | 89 | 4.1 |
|  | 45～49 | 287 | 13.2 |
|  | 50～54 | 421 | 19.4 |
|  | 55～59 | 0 | 0 |
| 老年组 | 60～64 | 243 | 11.2 |
|  | 65～69 | 0 | 0 |
|  | 70～74 | 119 | 5.5 |
|  | 75 以上 | 321 | 14.8 |
| 合计 |  | 2175 | 100 |

## 第二节　性别构成

　　建场初期，受生产和生活条件制约，农场不允许携带家属，人口迁入以男性为主。据档案资料记载，当时饮马一场仅有 2 名女性职工。1958 年，甘肃省劳改局允许干警家属迁入。至 1992 年，共迁入 227 户、518 人，其中女性 286 人。蘑菇滩农场以安置下放干部为主，在安置的 1047 人中，女性有 12 人。

　　1959 年 3 月，河南支建青年 524 人进入蘑菇滩农场，其中男性 327 人，女性 197 人，男女性别比例为 165.9：100；上海移民因是全家搬迁，性别比例基本合理。截至 1963 年移交农建十一师时，蘑菇滩农场有女性 281 人，男女性别比例为 244.4：100。

　　军垦时期，由于大批城市知识青年投身农垦，女性比例有所上升。据调查资料记载，第一批到达第二团的城市知识青年共有 1229 人，其中男性 858 人，女性 371 人，男女性别比例为 231：100；天津知青进入农场后，比例趋于合理，抽查数据为 137：100。进入 20 世纪 70 年代，适龄女青年多倾向于选择城镇青年作为伴侣，因此造成了男女比例失调的现象，大龄军垦战士的婚姻问题成了"老大难"。至 1979 年，场区人口男女性别比例为 125.35：100，后上升为 234.4：100。

　　农场 1970 年、1982—2004 年部分年份、2010 年农场各分区人口情况见表 2 - 3 - 7 至表 2 - 3 - 9。

表 2 - 3 - 7　1970 年人口性别构成

| 单位 | 总人口（人） | 性别（人） | | 性别比例（%） | |
|---|---|---|---|---|---|
| | | 男 | 女 | 男 | 女 |
| 第三团 | 4072 | 2329 | 1743 | 57.20 | 42.80 |
| 第四团 | 3471 | 2017 | 1454 | 8.11 | 41.89 |
| 合计 | 7543 | 4346 | 3197 | 100 | 100 |

表 2 - 3 - 8　1982—2004 年部分年份人口性别构成

| 年份 | 总人口（人） | 性别（人） | | 性别比例（%） | |
|---|---|---|---|---|---|
| | | 男 | 女 | 男 | 女 |
| 1982 | 6893 | 3508 | 3385 | 50.89 | 49.11 |
| 1983 | 6661 | 3391 | 3270 | 50.90 | 49.10 |
| 1985 | 5109 | 2603 | 2506 | 50.95 | 49.05 |
| 1990 | 5114 | 2633 | 2481 | 51.49 | 48.51 |
| 1995 | 5408 | 2830 | 2578 | 52.33 | 47.68 |
| 2000 | 5113 | 2692 | 2421 | 52.65 | 47.35 |
| 2004 | 5673 | 2972 | 2701 | 52.38 | 47.62 |

表 2 - 3 - 9　2010 年农场各分区人口情况

| 区域 | 户数（户） | 男（人） | 女（人） | 人口总数（人） |
|---|---|---|---|---|
| 一区 | 53 | 91 | 84 | 175 |
| | 22 | 21 | 23 | 44 |
| 二区 | 111 | 160 | 117 | 277 |
| | 22 | 25 | 18 | 43 |
| 三区 | 59 | 62 | 60 | 122 |
| | 10 | 12 | 13 | 25 |
| 四区 | 95 | 124 | 116 | 240 |
| | 0 | 0 | 0 | 0 |
| 五区 | 101 | 142 | 131 | 273 |
| | 7 | 9 | 11 | 20 |
| 七区 | 36 | 52 | 59 | 111 |
| | 3 | 1 | 3 | 4 |
| 九区 | 36 | 64 | 55 | 119 |
| | 14 | 17 | 15 | 32 |
| 十区 | 39 | 72 | 49 | 121 |
| | 8 | 17 | 9 | 26 |
| 十一区 | 75 | 115 | 110 | 225 |
| | 7 | 8 | 8 | 16 |
| 十二区 | 38 | 60 | 53 | 113 |
| | 13 | 21 | 21 | 42 |
| 十三区 | 56 | 78 | 70 | 148 |
| | 10 | 10 | 10 | 20 |
| 十四区 | 61 | 91 | 74 | 165 |
| | 8 | 3 | 12 | 15 |
| 十五区 | 56 | 82 | 70 | 152 |
| | 4 | 8 | 8 | 16 |
| 十八区 | 62 | 90 | 76 | 166 |
| | 8 | 8 | 7 | 15 |
| 十九区 | 42 | 64 | 48 | 112 |
| | 9 | 11 | 15 | 26 |
| 二十区 | 18 | 28 | 28 | 56 |
| | 9 | 12 | 9 | 21 |
| 东一区 | 142 | 182 | 158 | 340 |
| | 17 | 16 | 16 | 32 |
| 东二区 | 104 | 135 | 116 | 251 |
| | 16 | 19 | 17 | 36 |
| 西一区（一） | 48 | 118 | 110 | 228 |
| | 9 | 17 | 13 | 30 |

（续）

| 区域 | 户数（户） | 男（人） | 女（人） | 人口总数（人） |
|---|---|---|---|---|
| 西一区（二） | 64 | 86 | 73 | 159 |
| | 0 | 0 | 0 | 0 |
| 西二区（一） | 106 | 127 | 122 | 249 |
| | 18 | 24 | 24 | 48 |
| 西二区（二） | 107 | 141 | 141 | 282 |
| | 0 | 0 | 0 | 0 |
| 合计 | 1509 | 2164 | 1920 | 4084 |
| | 214 | 259 | 252 | 511 |

说明：阴影部分数据为暂住人口数，只作参考，不计入合计人口数。

2020年6月农场各分场人口分布情况为：农业一分场170户、344人，其中二区107户、213人，十八区63户、131人；农业二分场49户、130人，全部为十九区人口；农业三分场103户、268人，其中十五区58户、152人，二十区45户、116人；农业七分场102户、269人，其中一区54户、165人，三区48户、104人；场部507户、1315人，其中东区220户、507人，西区287户、808人。

# 第三节 民族构成

饮马农场位于玉门市西部，这里自古以来就是一个多民族聚居之地。20世纪50年代初农场开发建设伊始，随着生产建设的大规模展开，大批人口不断迁入，人口结构发生了明显变化，少数民族人口也随之多了起来。

据有关资料记载，1958年，蘑菇滩（含北湖）农场人口大部分是汉族，还有回族、满族、藏族、蒙古族4个少数民族，人数不详。1964年后，在原有4个少数民族的同时，又新增了朝鲜族、壮族两个少数民族。

1970年，农场人口中有6个少数民族，共257人，占总人口的3.28%。其中，回族157人、满族57人、蒙古族26人、藏族8人、壮族6人、朝鲜族3人。

1982年，农场人口中有6个少数民族，共241人，占总人口的2.96%，包括回族、满族、蒙古族、维吾尔族、壮族、朝鲜族。

1990年，农场人口中有10个少数民族，共688人，占总人口的13.45%。其中，回族633人、满族16人、东乡族13人、蒙古族7人、土族5人、藏族4人、苗族4人、土家族3人、壮族2人、维吾尔族1人。

2000年，农场人口中有5个少数民族，共565人，占总人口的11.05%，包括回族、满族、东乡族、藏族、蒙古族。

2010年12月，农场人口中有6个少数民族，共462人，占总人口的6.38%。其中，回族342人、藏族62人、东乡族33人、土族17人、满族7人、彝族1人。

2020年12月，农场人口中有8个少数民族，共337人，占总人口的15.5%。其中，回族308人，藏族5人，东乡族17人，土族2人，满族2人，水族1人，彝族1人，苗族1人。

## 第四节 文化构成

农场建设初期，根据需要，一批又一批的高学历工程技术人员和专业干部陆续进入农场，使场区人口总体文化程度有了明显提高。1958年12月，蘑菇滩、北湖两个农场合并时总人口为1087人，其中具有高中（含中专）文化程度的有941人，大学学历的有119人，不识字或识字很少的有27人。具体来看，支建青年文化程度普遍较低，在1023名支建青年人，最高文化程度是初中，且只有36人；上海移民的文化程度普遍较高，大多受过中等以上文化教育，其中有近20%的人受过高等教育。

军垦以后，根据开发建设的需求，各类专业技术人员不断迁入农场，使农场的人口文化程度有了明显提升。据第二团1964年人口资料统计，在总人口中，具有初中文化程度的占72%；在135名管理人员中，大学文化程度的有28人，中专（含高中）文化程度的有34人。

20世纪70年代后，随着大龄军垦战士婚姻问题的解决、部分职工亲属的移入，以及知识青年的大量返城，特别是1986年会宁、永靖等贫困干旱山区移民的迁入，又拉大了职工队伍的整体文化结构。

20世纪90年代后，人口受教育程度得到了国家的高度重视，青少年九年义务教育普及率达到了98.13%，接受中等以上教育普及率达到67.42%。据统计，1990—2005年，农场人口中被大学录取的有168人，取得学士学位的有69人，被中专录取的有214人，通过成人自学考试、农场委培、进修和职业培训取得大专以上学历的有68人。

1999年后，通过甘肃省农垦总公司分配和农场自主招聘，243名大中专毕业生来场工作。2000年后，中等以上教育的普及率达到67.42%。2004年，通过人才市场招聘短缺急需专业技术人才60余名。2016—2020年，分公司（农场）从社会招聘大中专院校毕业生36名。

农场1982年、1990年、1995年、2000年、2010年及2020年人口受教育程度统计见

表 2 - 3 - 10 至表 2 - 3 - 15。

表 2 - 3 - 10　1982 年第三次全国人口普查农场人口受教育程度统计

| 受教育程度 | 人数（人） | 占比（%） |
|---|---|---|
| 大学毕业 | 21 | 0.31 |
| 大学肄业或在校 | 11 | 0.16 |
| 高中 | 340 | 4.93 |
| 中专 | 194 | 2.81 |
| 初中 | 1721 | 24.97 |
| 小学 | 3008 | 43.64 |
| 文盲（成人） | 806 | 11.69 |
| 文盲（15 岁以下） | 792 | 11.49 |
| 合计 | 6893 | 100 |

表 2 - 3 - 11　1990 年第四次人口普查农场人口受教育程度统计

| 受教育程度 | 人数（人） | 占比（%） | 备注 |
|---|---|---|---|
| 大学本科 | 3 | 0.06 | |
| 大学专科 | 40 | 0.85 | |
| 中专 | 75 | 1.59 | |
| 高中 | 491 | 10.43 | |
| 初中 | 1339 | 28.44 | |
| 小学 | 1410 | 29.94 | |
| 文盲 | 1351 | 28.69 | 其中 15 岁以上 824 人，14 岁以下 527 人 |
| 合计 | 4709 | 100 | |

表 2 - 3 - 12　1995 年农场人口受教育程度统计

| 受教育程度 | 男（人） | 女（人） | 合计（人） | 占比（%） |
|---|---|---|---|---|
| 大学 | 38 | 14 | 52 | 0.96 |
| 中专 | 43 | 24 | 67 | 1.23 |
| 高中 | 347 | 187 | 534 | 9.87 |
| 初中 | 1108 | 608 | 1716 | 31.73 |
| 高小 | 549 | 459 | 1008 | 18.63 |
| 初小 | 484 | 262 | 746 | 13.79 |
| 文盲 | 114 | 211 | 325 | 6.0 |
| 0～5 周岁 | 49 | 89 | 138 | 2.55 |
| 6～12 岁 | 100 | 334 | 434 | 13.57 |
| 12～15 岁 | 56 | 32 | 88 | 1.62 |
| 总人数 | 2888 | 2220 | 5108 | 100 |

表 2 - 3 - 13　2000 年农场人口受教育程度统计

| 文化程度 | 人数（人） | 占比（%） |
| --- | --- | --- |
| 大专及以上 | 108 | 2.23 |
| 高中或中专 | 542 | 11.18 |
| 初中 | 1527 | 31.51 |
| 小学 | 1795 | 37.03 |
| 参加扫盲 | 30 | 0.62 |
| 文盲 | 845 | 17.43 |
| 合计 | 4847 | 100 |

表 2 - 3 - 14　2010 年农场人口受教育程度统计

| 文化程度 | 人数（人） | 占比（%） |
| --- | --- | --- |
| 文盲 | 274 | 6.76 |
| 小学 | 1453 | 35.83 |
| 初中 | 1219 | 30.06 |
| 高中 | 562 | 13.86 |
| 中专 | 285 | 7.03 |
| 大专 | 167 | 4.12 |
| 本科 | 95 | 2.34 |
| 总人数 | 4055 | 100 |

表 2 - 3 - 15　2020 年农场人口受教育程度统计

| 文化程度 | 人数（人） | 占比（%） |
| --- | --- | --- |
| 硕士研究生 | 1 | 0.05 |
| 大学本科 | 37 | 1.74 |
| 大学专科 | 83 | 3.91 |
| 高中 | 147 | 6.92 |
| 初中 | 626 | 29.49 |
| 小学 | 911 | 42.91 |
| 文盲 | 249 | 11.73 |
| 学前教育（儿童） | 69 | 3.25 |
| 合计 | 2123 | 100 |

# 第五节　职业构成

场区人口的职业构成依据农场的生产内容、产业结构和行业设置而定。在开荒建场、生产建设、经济发展的各个不同阶段，构成情况各异。

创业初期，农场未形成自身的行业特点，职业构成较为单纯，统分为农业工人和管理人员两大类，由农业、农机、林业、畜牧、基建（水利和房建）、副业工人和行政、技术、后勤管理人员组成。饮马（劳改）农场因其特殊的性质，除劳改罪犯外，还有警戒看押部队、管教干警等职业人员。因农场自成体系，远离城镇，对外协作困难，被动形成一个"小而全"的社会。

干部职工在田间地头学习交谈　　　　　　　　　　　　　荒滩上种出了蔬菜

随着农场的逐步发展和体制的不断完善，新的职业构成不断呈现。1964—1974年，根据军垦管理体制的特点，增加了工业、采矿、商业、医疗卫生、中小学教育、公检法等新的职业群。1983年后，随着企业改革的不断深化、产业结构的调整和行业部门的配置，职业构成趋向市场化和社会化，二、三产业构成比例明显增高。据历年人口统计资料记载，农场职工的职业由生产工人、技术人员、管理人员、服务人员和其他人员构成。

在生产工人中，依农场生产建设的内容设置，由最初的简单分工向专业化转变，工种逐渐增多，专业化程度增高。据1983年职工人数分类统计，生产工人由10个工种组成，其中，农业工人占34.18%，酒花工人占2.91%，机务工人占13.45%，园林工人占4.83%，畜牧工人占7.27%，副业工人占7.82%，工业工人占8.24%，基建工人占2.27%，汽车运输工人占1.89%，其他工人占17.14%。

农场职工人数所占比例随建场时间而变化。创业时期，职工人数占农场人口中的绝大多数。以蘑菇滩农场为例，职工人数占农场总人口的98.7%。随着农场的发展，非职工人数快速增加，其构成以职工配偶、子女以及供养亲属为主。1995年，农场总人口5408人，年底统计职工人数为2226人，占总人口的41.16%。1998年，农场总人口6661人，年底统计职工人数为3407人，占总人口的51.14%。职工与非职工人数随年龄的变化而变化，就业、升学、调出、离退休、死亡、出生是其变化的主要因素。

1998年后，农场职工的岗位分布大体如下：生产工人占73%～76%，技术人员占1.4%，财会统计占3%，管理干部占7%～8%，服务人员占4%～6%，商业人员占

2.6％，教育、卫生和政法人员占5％～6％。在生产工人中，由于职工家庭农场责任制的推行，农、林、牧业承包人数基本稳定。而随着场办工业的发展，工业工人比重增多，这标志着农场产业的发展，也标志着由于产业结构调整带来的人口流向。随着改革开放的不断深化，第三产业人口快速增加，约占农场人口总数的5％。

20世纪80年代初，农场开始迁来大批移民，有效补充了各岗位人员的数量。但大多数移民的文化程度较低，使人员的职业结构出现了明显差异。为了改变这种现象，90年代后，国家开始重视提高人口的受教育程度，农场也加大了对青少年九年义务教育的普及力度。1999年，甘肃省农垦总公司给农场分配了大中专毕业生243人，明显提高了农场人口的文化层次。

2000—2020年，为进一步提高职工的职业技术水平和文化程度，农场大力提倡并鼓励职工钻研农业科技技术，以适应不同的工作岗位。上级也给予了多方面的支持，先后给农场分配了大中专毕业生68人，加强了农场的技术力量。

2020年，农场的社会性服务人员，从职业结构的层面分析，主要是中小学教师和学校管理人员，以及职工医院、卫生室的医护人员，商店及基层网点的营业人员，还有就是派出所、法庭的政法人员。

1970—2020年部分年份农场人员职业构成见表2-3-16，生产工人及工种构成见表2-3-17，1974—2015年农场社会性服务人员职业构成见表2-3-18。

表 2-3-16　1970—2000年部分年份农场人员职业构成统计

| 职业 | | 年份 | | | | | | | | |
|---|---|---|---|---|---|---|---|---|---|---|
| | | 1970 | 1980 | 1990 | 1995 | 2000 | 2005 | 2010 | 2015 | 2020 |
| 农业工人 | 人数（人） | 2983 | 2113 | 1238 | 1456 | 1385 | 267 | 230 | 206 | 107 |
| | 占比（％） | 57.11 | 55.67 | 55.76 | 57.59 | 54.33 | 51.05 | 52.51 | 52.55 | 46.32 |
| 管理人员 | 人数（人） | 418 | 204 | 192 | 226 | 206 | 124 | 120 | 103 | 86 |
| | 占比（％） | 8.0 | 5.38 | 8.65 | 8.94 | 8.08 | 23.71 | 27.40 | 26.28 | 37.23 |
| 行政性人员 | 人数（人） | 390 | 535 | 0 | 78 | 91 | 36 | 27 | 34 | 11 |
| | 占比（％） | 7.47 | 14.1 | 0 | 3.08 | 3.57 | 6.88 | 6.16 | 8.67 | 4.76 |
| 社会性服务人员 | 人数（人） | 271 | 315 | 228 | 145 | 118 | 96 | 61 | 49 | 27 |
| | 占比（％） | 5.19 | 8.3 | 10.27 | 5.74 | 4.63 | 18.36 | 13.93 | 12.50 | 11.69 |
| 工矿工人 | 人数（人） | 883 | 493 | 489 | 526 | 624 | 0 | 0 | 0 | 0 |
| | 占比（％） | 16.9 | 12.99 | 22.02 | 20.81 | 24.48 | 0 | 0 | 0 | 0 |
| 技术人员 | 人数（人） | 73 | 53 | 50 | 97 | 108 | 0 | 0 | 0 | 0 |
| | 占比（％） | 1.4 | 1.39 | 2.26 | 3.84 | 4.24 | 0 | 0 | 0 | 0 |
| 其他人员 | 人数（人） | 205 | 0 | 0 | 0 | 17 | 0 | 0 | 0 | 0 |
| | 占比（％） | 3.93 | 0 | 0 | 0 | 0.67 | 0 | 0 | 0 | 0 |
| 职工总数（人） | | 5223 | 3713 | 2197 | 2528 | 2549 | 523 | 438 | 392 | 231 |

说明：2005—2020年职工人数只统计公司在职职工数，不包括退休人员。

表 2 - 3 - 17　1970—2020 年部分年份农场生产工人及工种构成统计

| 职业 | | 年份 | | | | | | | | | |
|------|------|------|------|------|------|------|------|------|------|------|------|
| | | 1970 | 1980 | 1985 | 1990 | 1995 | 2000 | 2005 | 2010 | 2015 | 2020 |
| 农业工人 | 人数（人） | 1972 | 1376 | 1139 | 965 | 1082 | 1075 | 769 | 628 | 425 | 352 |
| | 占比（%） | 51.01 | 48.99 | 56.30 | 55.88 | 50.82 | 50.73 | 66.87 | 94.58 | 94.65 | 94.88 |
| 农机工人 | 人数（人） | 425 | 348 | 267 | 163 | 133 | 81 | 169 | 36 | 24 | 19 |
| | 占比（%） | 10.99 | 12.39 | 13.20 | 9.44 | 6.25 | 3.82 | 14.70 | 5.42 | 5.35 | 5.12 |
| 园林工人 | 人数（人） | 231 | 145 | 46 | 78 | 374 | 310 | 0 | 0 | 0 | 0 |
| | 占比（%） | 5.98 | 5.16 | 2.27 | 4.52 | 17.57 | 14.63 | 0 | 0 | 0 | 0 |
| 畜牧工人 | 人数（人） | 355 | 244 | 67 | 32 | 53 | 0 | 0 | 0 | 0 | 0 |
| | 占比（%） | 9.18 | 8.69 | 3.31 | 1.85 | 2.49 | 0 | 0 | 0 | 0 | 0 |
| 副业工人 | 人数（人） | 251 | 174 | 62 | 0 | 0 | 0 | 0 | 0 | 0 | 0 |
| | 占比（%） | 6.49 | 6.19 | 3.07 | 0 | 0 | 0 | 0 | 0 | 0 | 0 |
| 场办工业工人 | 人数（人） | 309 | 221 | 121 | 366 | 353 | 624 | 212 | 0 | 0 | 0 |
| | 占比（%） | 7.99 | 7.87 | 5.98 | 21.19 | 16.58 | 29.45 | 18.43 | 0 | 0 | 0 |
| 基建工人 | 人数（人） | 154 | 98 | 187 | 94 | 62 | 29 | 0 | 0 | 0 | 0 |
| | 占比（%） | 3.98 | 3.49 | 9.24 | 5.44 | 2.91 | 1.37 | 0 | 0 | 0 | 0 |
| 汽车运输工人 | 人数（人） | 42 | 0 | 21 | 29 | 8 | 0 | 0 | 0 | 0 | 0 |
| | 占比（%） | 1.09 | 0 | 1.04 | 1.68 | 0.37 | 0 | 0 | 0 | 0 | 0 |
| 其他工人 | 人数（人） | 127 | 203 | 113 | 0 | 64 | 0 | 0 | 0 | 0 | 0 |
| | 占比（%） | 3.29 | 7.22 | 5.59 | 0 | 3.01 | 0 | 0 | 0 | 0 | 0 |
| 职工总数（人） | | 3866 | 2809 | 2023 | 1727 | 2129 | 2119 | 1150 | 664 | 449 | 371 |

表 2 - 3 - 18　1974—2015 年部分年份农场社会性服务人员职业构成统计表

单位：人

| 年份 | 合计 | 中、小学教师 | 医护人员 | 商业人员 | 政法人员 |
|------|------|------|------|------|------|
| 1974 | 161 | 85 | 49 | 12 | 15 |
| 1980 | 343 | 184 | 125 | 22 | 12 |
| 1982 | 325 | 196 | 96 | 23 | 10 |
| 1985 | 239 | 150 | 55 | 26 | 8 |
| 1987 | 208 | 119 | 57 | 24 | 8 |
| 1990 | 208 | 124 | 53 | 21 | 10 |
| 1991 | 216 | 126 | 52 | 28 | 10 |
| 1992 | 180 | 87 | 61 | 22 | 10 |
| 1993 | 162 | 71 | 42 | 39 | 10 |
| 1994 | 182 | 69 | 39 | 64 | 10 |
| 1995 | 180 | 67 | 38 | 65 | 10 |
| 2000 | 76 | 46 | 18 | 8 | 4 |
| 2005 | 137 | 38 | 21 | 15 | 63 |
| 2010 | 136 | 29 | 16 | 21 | 70 |
| 2015 | 158 | 15 | 23 | 31 | 89 |

注：1995 年后的统计数以职工人数为准，未包括私有经济和自谋职业人员数。2007 年学校转交地方管理，2018 年 12 月医院转交地方，农场再不管理。

# 第六节　劳动力与非劳动力

　　军垦时期，农场人口数量增长很快，主要以城市知识青年和复转军人为主体，但非劳动力和非劳动年龄人口比例较小。20世纪70年代后，随着职工婚育和年龄的增长，非劳动力和非劳动年龄人口比例开始逐年上升，主要是0～15周岁这个年龄段的非劳动年龄人口增长较快。1970—2000年部分年份劳动年龄和非劳动年龄人口统计见表2-3-19。

表 2-3-19　1970—2000 年部分年份劳动年龄人口统计表

| 年份 | 人口总数 | 劳动年龄人口 | | 非劳动年龄人口 | | | |
| | | 15～60 岁 | | 1～14 岁 | | 60 岁以上 | |
| | | 人数（人） | 占比（%） | 人数（人） | 占比（%） | 人数（人） | 占比（%） |
| 1970 | 7808 | 5301 | 67.89 | 2507 | 32.11 | 0 | 0 |
| 1975 | 8282 | 4616 | 55.73 | | | | |
| 1980 | 5793 | 3795 | 65.51 | | | | |
| 1990 | 5114 | 4048 | 9.16 | 964 | 18.85 | 102 | 1.99 |
| 1995 | 5408 | 3278 | 60.61 | 1549 | 28.64 | 581 | 10.75 |
| 2000 | 5113 | 2994 | 58.56 | 1226 | 3.97 | 893 | 17.47 |
| 2010 | 4084 | 3147 | 77.06 | 718 | 17.58 | 219 | 5.36 |
| 2020 | 2175 | 1191 | 54.76 | 301 | 13.84 | 683 | 31.40 |

说明：因当时统计资料不全，1975、1980 年的几项数字无法查到。

# 第七节　残　疾　人

　　建场初期，场区人口中因公致残、因病致残、生育致残和事故致残的人数不多。据农二团当时的人口统计资料记载：1965 年，有残疾人 5 人；1978 年，有残疾人 38 人；1987 年，有残疾人 31 人。

　　农场1987年及2000年各类残疾人数据统计见表2-3-20和表2-3-21。

表 2-3-20　1987 年各类残疾人数据统计

| 残疾类别 | 残疾人数（人） | | | 占残疾人数比重（%） | | |
| | 合计 | 男 | 女 | 合计 | 男 | 女 |
| 视力残疾 | 5 | 4 | 1 | 16.13 | 12.90 | 3.23 |
| 听力语言残疾 | 2 | 0 | 2 | 6.45 | | 6.45 |

（续）

| 残疾类别 | 残疾人数（人） | | | 占残疾人数比重（%） | | |
|---|---|---|---|---|---|---|
| | 合计 | 男 | 女 | 合计 | 男 | 女 |
| 智力残疾 | 4 | 1 | 3 | 12.91 | 3.23 | 9.68 |
| 肢体残疾 | 18 | 13 | 5 | 58.06 | 41.93 | 16.13 |
| 精神残疾 | 2 | 0 | 2 | 6.45 | | 6.45 |
| 总计 | 31 | 18 | 13 | 100 | 58.06 | 41.94 |

表 2 - 3 - 21　2000 年各类残疾人数据统计

| 残疾类别 | 残疾人数（人） | | | 占残疾人数比重（%） | | |
|---|---|---|---|---|---|---|
| | 合计 | 男 | 女 | 合计 | 男 | 女 |
| 视力残疾 | 3 | 2 | 1 | 12 | 8 | 4 |
| 听力语言残疾 | 5 | 3 | 2 | 20 | 12 | 8 |
| 智力残疾 | 3 | 3 | 0 | 12 | 12 | |
| 肢体残疾 | 9 | 7 | 2 | 36 | 28 | |
| 精神残疾 | 3 | 1 | 2 | 12 | 4 | 8 |
| 多重残疾 | 2 | 2 | 0 | 8 | 8 | |
| 总计 | 25 | 18 | 7 | 100 | 72 | 28 |

2005 年，农场总人口 7537 人，有残疾人 54 人，占总人口的 0.72%；其中男性 30 人，占残疾人口的 55.6%，女性 24 人，占残疾人口的 4.44%。残疾人口中因公负伤致残的 9 人，疾病致残的 16 人，生育致残的 10 人，事故致残的 19 人。残疾人口中有精神残疾的 3 人，视力残疾的 8 人，身体残疾的 2 人，听力残疾的 4 人，语言残疾的 1 人，肢体残疾的 23 人，智力残疾的 13 人。属一级残疾的 8 人，二级残疾的 14 人，三级残疾的 18 人，四级残疾的 14 人。

2010 年，农场总人口 4084 人，有残疾人 29 人，占总人口的 0.71%。其中，男性 17 人，占残疾人口的 58.6%，女性 12 人，占残疾人口的 41.4%。残疾人口中，视力残疾的 2 人，听力和语言残疾的 4 人，智力残疾的 6 人，肢体残疾的 13 人，精神残疾 4 人。

2020 年，农场总人口 2175 人，有残疾人 76 人，占总人口的 3.49%。其中，肢体残疾 36 人，精神残疾 6 人，视力残疾 12 人，听力残疾 9 人，智力残疾 10 人，多重残疾 3 人。

# 第八节　姓　氏

从建场初期到 20 世纪 70 年代，随着农场人口的不断增加，人口姓氏也发生了明显变化。据有关资料记载，2005 年前，农场人口中共有姓氏 268 个，其中单姓 262 个、复姓 4 个、维吾尔族姓氏 1 个、蒙古族姓氏 1 个。习惯上，职工子女一般都随父姓，随母姓者极少。

历经十多年的人口数量变化，农场人口的姓氏也随之发生变化。据资料统计，截至 2020 年 12 月，场区人口共有姓氏 216 个，全为单姓。

# 第四章 人口变动

## 第一节 出生、死亡

人口的出生和死亡是自然规律。农场初建时期，因自然条件和生活条件都很差，再加各种严格的禁令和规定，人口的出生率比较低，死亡率处于正常状态。20世纪60年代后期，由于人口的突增，农场人口出生数出现了高峰。

### 一、人口出生情况

据资料记载，1971年农场人口出生率为5.015‰，系历史最高年份。随后，由于大批知青返城、许多已婚女青年迁出及国家实行计划生育政策，人口出生率开始逐年下降。据统计，1972年人口出生率为3.035‰，1973年为2.6‰，1974年为1.6‰，1975年为0.93‰，之后逐渐趋于稳定。20世纪80年代后至2017年，人口出生率基本控制在0.4‰左右。

### 二、人口死亡情况

军垦时期（1964—1974年），农场迁入的人口大部分是青壮年劳动力，人口死亡率很低。资料显示，1964年，第二团死亡1人，1965年死亡3人，1966年死亡2人，1967年死亡3人，1968年死亡11人，1969年死亡4人，1970年死亡6人。死亡人口除极少属于工伤事故外，其他均为因病或不同原因的正常死亡。1971—2004年的人口出生、死亡、自然增长统计见表2-4-1，2005—2020年部分年份人口出生、死亡、自然增长统计见表2-4-2。

表2-4-1 1971—2004年人口出生、死亡、自然增长数统计

| 年份 | 出生 | | 死亡 | | 自然增长率 | |
|---|---|---|---|---|---|---|
| | 人数 | 占比（％） | 人数 | 占比（％） | 净增人口 | 占比（％） |
| 1971 | 386 | 5.01 | 0 | 0 | 386 | 0.50 |

（续）

| 年份 | 出生 | | 死亡 | | 自然增长率 | |
|---|---|---|---|---|---|---|
| | 人数 | 占比（%） | 人数 | 占比（%） | 净增人口 | 占比（%） |
| 1972 | 271 | 3. 35 | 0 | 0 | 271 | 0. 33 |
| 1973 | 214 | 0. 26 | 14 | 0. 16 | 200 | 0. 02 |
| 1974 | 135 | 1. 60 | 7 | 0. 08 | 128 | 0. 16 |
| 1975 | 80 | 0. 95 | 19 | 0. 23 | 61 | 0. 07 |
| 1976 | 276 | 3. 27 | 9 | 0. 11 | 267 | 0. 31 |
| 1977 | 297 | 3. 47 | 0 | 0 | 297 | 3. 47 |
| 1978 | 232 | 2. 70 | 13 | 9. 15 | 219 | 2. 55 |
| 1979 | 257 | 3. 35 | 22 | 0. 28 | 235 | 3. 06 |
| 1980 | 109 | 1. 49 | 13 | 0. 17 | 96 | 1. 31 |
| 1981 | 119 | 1. 65 | 20 | 0. 27 | 99 | 1. 37 |
| 1982 | 67 | 0. 96 | 18 | 0. 25 | 49 | 0. 70 |
| 1983 | 43 | 0. 65 | 11 | 0. 16 | 32 | 0. 48 |
| 1984 | 59 | 0. 96 | 17 | 0. 27 | 42 | 0. 68 |
| 1985 | 30 | 0. 58 | 6 | 0. 11 | 24 | 0. 46 |
| 1986 | 29 | 0. 53 | 12 | 0. 22 | 17 | 0. 31 |
| 1987 | 40 | 0. 77 | 15 | 0. 29 | 25 | 0. 48 |
| 1988 | 35 | 0. 71 | 12 | 0. 24 | 23 | 0. 46 |
| 1989 | 63 | 1. 23 | 14 | 0. 27 | 49 | 0. 96 |
| 1990 | 102 | 1. 99 | 20 | 0. 39 | 82 | 1. 60 |
| 1991 | 40 | 0. 79 | 13 | 0. 25 | 27 | 0. 53 |
| 1992 | 38 | 0. 75 | 14 | 0. 27 | 24 | 0. 47 |
| 1993 | 81 | 0. 58 | 18 | 0. 35 | 63 | 1. 23 |
| 1994 | 48 | 0. 91 | 17 | 0. 32 | 31 | 0. 58 |
| 1995 | 33 | 0. 64 | 25 | 0. 48 | 8 | 0. 15 |
| 1996 | 49 | 1. 11 | 14 | 0. 30 | 35 | 0. 75 |
| 1997 | 45 | 0. 92 | 29 | 0. 59 | 16 | 0. 33 |
| 1998 | 35 | 0. 72 | 21 | 0. 43 | 14 | 0. 29 |
| 1999 | 48 | 0. 91 | 20 | 0. 39 | 16 | 0. 33 |
| 2000 | 53 | 0. 85 | 23 | 0. 45 | 20 | 0. 35 |
| 2001 | 25 | 0. 44 | 22 | 0. 39 | 3 | 0. 05 |
| 2002 | 28 | 0. 50 | 21 | 0. 37 | 7 | 0. 12 |
| 2003 | 37 | 0. 66 | 18 | 0. 32 | 19 | 0. 33 |
| 2004 | 23 | 0. 41 | 12 | 0. 21 | 11 | 0. 19 |

表 2 - 4 - 2　2005—2020 年部分年份人口出生、死亡、自然增长数统计

| 年份 | 出生 | | 死亡 | | 自然增长率 | |
|---|---|---|---|---|---|---|
| | 人数（人） | 占比（%） | 人数（人） | 占比（%） | 净增人口（人） | 占比（%） |
| 2005 | 0 | 0 | 1 | 0.7 | 0 | 0 |
| 2007 | 2 | 0.6 | 3 | 2 | 0 | 0 |
| 2008 | 3 | 1 | 0 | 0 | 3 | 1.47 |
| 2009 | 2 | 0.6 | 2 | 1.3 | 0 | 0 |
| 2010 | 5 | 1.6 | 2 | 1.3 | 3 | 1.47 |
| 2011 | 4 | 1.3 | 2 | 1.3 | 2 | 0.98 |
| 2012 | 12 | 3.9 | 4 | 2.6 | 8 | 3.94 |
| 2013 | 9 | 2.9 | 4 | 2.6 | 5 | 2.46 |
| 2014 | 15 | 4.9 | 20 | 13.1 | 0 | 0 |
| 2015 | 7 | 2.3 | 28 | 18.3 | 0 | 0 |
| 2016 | 27 | 8.7 | 30 | 19.6 | 0 | 0 |
| 2017 | 35 | 11.3 | 18 | 11.8 | 17 | 8.37 |
| 2018 | 4 | 1.3 | 12 | 7.8 | 0 | 0 |
| 2020 | 17 | 5.5 | 22 | 14.4 | 0 | 0 |

1. 统计表中的数据以每年年底户籍报表数据为准，2006 年数据缺失。

2. 2005 年的数据为底册数据，没有出生人口，只有 1 人死亡；2019 年，农场人口户籍管理移交黄闸湾派出所，农场不再统计数据；2020 年数据来自派出所。

## 第二节　迁移变动

饮马农场在历史上曾出现过两次人口大减员，第一次出现在 1959—1961 年。面对这种局面，农场按照政策规定，大量安排人口向外迁移，到他地谋生，当时将这种办法称为"移工就食"。

第二次人口大减员出现在知识青年返城时期。资料显示，农场大批知识青年从 1969 年开始陆续返城，到 1980 年前后，"返城现象"达到高峰。据统计，1980 年前农场有知识青年 7298 人，大批知识青年返城后仅剩 216 人，约有 97.5% 的知青回了城。

从 20 世纪 80 年代后期到 2020 年，农场人口迁移变动的主要原因是外出打工和临时性迁入、迁出。据统计，2020 年，农场外出人员共 1597 人，占户籍人口总数的 65.7%。其中，18 岁以下 148 人，18～60 岁 1089 人，60 岁以上 360 人；在玉门市区其他乡镇街道务工的有 517 人，在省内务工的有 243 人（嘉峪关 81 人），在省外务工人员的分布情况为：新疆 75 人、山东 23 人、北京 45 人、河北 19 人、河南 13 人、江苏 15 人、四川 20 人、天津 16 人、陕西 11 人、内蒙古 10 人、上海 10 人、山西 15 人，其余人员大多分散在全国其他的省市。

# 第五章　户籍管理与人口普查

## 第一节　人口管理

### 一、户籍管理

1970年，当地公安部门规定，把农垦人员定为"吃自产粮"的农业人口，其户口不属城镇户口。1999年8月，经甘肃省政府第40次常务会议批准，甘肃省公安厅下发《关于解决农垦系统职工家属户口问题的通知》（甘公治〔1999〕125号），对1997年9月30日以前参加农垦建设的"在册职工（含离退休人员）及其家属子女，甄别认定后可登记为城镇居民户口，力争在2000年5月30日前解决完毕。"自2001年1月1日，除政策性移民外，农场职工及其家属子女的户口均纳入城镇居民户籍管理范围。

### 二、计划生育

20世纪70年代初，国家颁布计划生育政策，要求各地认真贯彻执行。当时作为一项国策，要求是非常严格的。饮马农场按照上级文件精神，成立了专门的机构，配备了专门人员，认真开展这项工作。同时，上级组织明文规定，要求各单位主要领导作为计划生育工作的责任人，负全面责任。要求把计划生育工作纳入各级领导工作的重要议事日程。农场主要领导和下属单位负责人必须签订责任书，规定责任到人，并把计划生育工作纳入各单位年度考核的指标之内，实行"一票否决制"。

这时期，农场重点抓了三方面工作：一是加强领导，对本单位的计划生育工作常抓不懈，并定期检查，层层抓落实，发现问题及时纠正；二是责任到人，一级抓一级，做到领导对场区的计划生育工作底子清、数据准、措施严、奖罚分明；三是加强宣传，让作为"国策"的计生政策家喻户晓，让广大居民深刻认识计划生育政策的具体规定和重大意义，并要求居民自觉遵守，不超生，不违反政策，保证计划生育工作的顺利进行。

据资料记载，在20世纪70—80年代的计划生育工作执行中，农场制定出台了可行的优惠政策和奖罚条例。对终身只生一个孩子的夫妇，其奖励包括：一次性发放 300 元奖金或连续发放 10 年的抚育费（每年 30 元）；在农场内部实行"三免"（一是免费新婚健康检查服务，二是免费孕前优生健康检查，三是免费唐氏综合征检查服务）。

由于领导得力，政策落实到位，自 1982 年实行计划生育政策以来，农场人口增长数基本处于稳定状态，人口增长率一直保持在 4％的比例。2000 年后，农场人口数量开始呈缓慢下降态势。2005—2019 年的统计数据显示，农场平均每年净增人口 0.39％。

2016 年 1 月，国家对计划生育工作颁布了新的政策规定，农场严格按照新政策贯彻执行。

## 第二节　人口普查

场区人口普查工作根据全国统一安排共进行过六次：

1. 1964 年 6 月第二次人口普查　农建十一师第二团总户数为 2267 户，总人口 2700 人。其中，男性 1276 人，女性 1424 人；具有大学文化的 76 人，高中文化 284 人，初中文化 2200 人，小学文化 103 人，文盲、半文盲 37 人。

2. 1982 年 7 月第三次人口普查　场区总户数为 1701 户，总人口 6893 人。其中，男性 3486 人，女性 3407 人；具有大学文化程度（包括肄业、在校生）的 322 人，高中文化的 534 人，初中文化的 1721 人，小学文化的 3664 人，文盲、半文盲 652 人。人口中包含 7 个民族，其中汉族 6682 人，占总人数的 96.94％；其他少数民族人口 211 人，占总人口的 3.06％。

3. 1990 年 7 月第四次人口普查　农场总户数为 1233 户，总人口 5114 人。其中，男性 2867 人，女性 2247 人；具有大学本科文化的 3 人，大学专科的 49 人，中专文化的 75 人，高中文化的 491 人，初中文化的 1339 人，小学文化的 2222 人，不识字或识字很少 12 周岁以上人口 935 人。人口中有少数民族人口 693 人，占总人口的 14.71％。

4. 2001 年 3 月第五次人口普查　农场有 1755 个家庭户，13 个集体户，人口总数为 5206 人。其中，男性 2962 人，女性 2244 人；户籍人口中外出不满半年者 111 人，外出半年以上者 1866 人；出生人口 51 人（男 31 人、女 20 人），死亡人口 24 人（男 14 人、女 10 人）；1～5 周岁人口 353 人，6～14 周岁人口 837 人，15～64 周岁人口 3886 人，65 周岁以上人口 130 人。

5. 2010 年 11 月第六次人口普查　农场总户数 1509 户，人口 4084 人。其中，男性 2164 人，占总数的 52.99％，女性 1920 人，占总数的 47.01％，男女性别比例为 112.7：

100；0～14 岁人口 718 人，15～59 岁人口 3147 人，60～79 岁人口 212 人，80 岁以上人口 7 人；死亡人口 2 人。

**6.2020 年第七次人口普查**　农场总户数为 931 户，人口 2175 人。其中，男性 1154 人，占总数的 53.06%，女性 1021 人，占总数的 46.94%，男女比例为 113∶100；0～14 岁人口 301 人，15～59 岁人口 1191 人，60～79 岁人口 447 人，80 岁以上人口 236 人；死亡人口 22 人，包括男性 14 人、女性 8 人。

## 第三节　颁发居民身份证

1987 年 3 月，根据《中华人民共和国居民身份证条例》和《实施细则》的规定，按照玉门市颁发居民身份证领导小组〔1987〕02 号《通知》要求，农场成立了专门机构，抽调了专门人员，于 3 月 3 日正式开展工作。经过认真详细的调查，饮马农场当时符合发证条件的公民有 3867 人，履行手续后实发居民身份证 3558 人，占应发证人数的 92%。此项工作于 9 月 30 日结束。

1997 年年初，公安部门下发通知，开始换发二代居民身份证，农场按照上级组织通知安排，成立专门机构，抽调工作人员，走访调查，核对人数，认真开展此项工作。截至 2005 年 12 月，场区符合发证条件的公民有 4201 人，后实发身份证 3859 人，占应发证人数的 91.86%。2005 年后，这项工作由饮马派出所负责。农场人口中凡符合换发、补发条件的居民，均由饮马农场保卫部核实后予以发证。2019 年，接上级通知，饮马保卫部体制撤销，业务移交黄闸湾派出所管理，发放居民身份证的工作也随之移交。

# 第三编

# 基本建设

中国农垦农场志丛

1956—2020 年的 64 年间，饮马农场场区完成了大量的综合工程设计和施工，包括开荒造田，营造林网，兴修水利、房屋、道路、桥涵、电力等基础设施，以及工业项目、文化、教育、卫生、商业等公用设施建设，取得了有目共睹的显著成就。进入 20 世纪 90 年代，农场开始运用新的科技手段，加大发展力度，本着因地制宜、优化资源配置的原则，对土地利用、产业结构、小城镇建设等实行了新的规划、调整和改造，资源配置更趋科学与合理。

　　在 2000—2020 年的 20 年时间内，农场积极争取，实施了国家农业综合开发项目，如日元贷款风沙治理项目、甘肃省河西走廊疏勒河农业灌溉暨移民安置综合开发项目、人畜安全饮水项目、财政扶贫资金补助项目、危房改造项目、"村村通"柏油路建设项目、敦煌生态项目、高效节水项目、退耕还林（还草）项目以及高标准农田建设项目和棚户区改造（危房改造）项目，促进了农场农业基础设施的改造和提升。在"十三五"建设时期，农场自筹资金完成了"环境整治三年行动""林网改造三年实施方案""中低产田三年规划"等重大举措，对环境进行了综合治理，新建并补植补造了营区和农田林网，还建设了大条田，安装、配套了高效节水设施，铺设了通村柏油路，场区建设了休闲公园，使职工群众的生产、生活条件和环境状况得到了极大改善。

# 第一章 勘探设计

勘探设计是基本建设的前提。在对场区自然资源进行调查勘测的基础上，经综合分析评价和可行性论证，勘查团队明确提出土地利用、土地改良、工程建设和生态环境保护等需要解决的问题与相应的措施，为制定建场基本建设规划、投资额等提供了科学依据。农场的勘测设计规划大体经历了五个阶段：

苏联专家在农场考察

实地勘测，制定规划

## 一、第一阶段（1950—1962 年）

根据政务院农业部《国营机械农场建场程序暂行办法》的规定，1950 年 8 月，组成国营机械农场勘查团（队），至 1954 年 8 月，编制完成了《饮马农场机械农场详查报告》。在这一阶段，虽经完成了勘测、规划、设计程序等相关工作，但由于缺少必要的物质、技术条件和资金支持，且没有结合实际情况，单纯强调开荒速度和播种面积，使生产建设受到了很大程度的影响和制约。

## 二、第二阶段（1963—1976 年）

1963 年，国民经济实行"调整、巩固、充实、提高"方针，农垦部对《国营机械农场程序暂行办法》做了修改，制定了《国营农场建场程序规定》。要求凡是未经规划，或虽经规划但经营方针、生产任务、经营规模等方面已有变化的农场，必须进行规划补课。为此，甘肃省农垦局对所属蘑菇滩农场进行了规划补课。于 1963 年 10 月 6 日编制完成《蘑菇滩农场建场计划任务书》和《审核意见书》。1965 年 4 月经甘肃省人委批准，甘肃省劳改局对所属饮马（劳改）农场进行了改、扩建规划（补课），1967 年 5 月编制完成《农业生产基本建设规划》。但因受"文化大革命"的影响，该规划未能有效实施。

### 三、第三阶段（1977—1990 年）

1977 年 12 月，国务院召开全国国营农场工作会议，提出"国营农场一定要把大搞农田基本建设当作一项伟大的社会主义事业来办。农田基本建设要全面规划，综合治理，因地制宜地确定主攻方向。要搞好勘测设计，分期施工，施工一处，配套一处，受益一处，避免盲目施工，造成浪费。"

1978 年 12 月，党的十一届三中全会召开，为适应农垦事业改革和发展的需要，恢复和加强了农垦勘探规划设计队伍。国家农垦总局于 1979 年 3 月制定并颁发了《关于农垦基本建设程序的若干规定》。1981 年，农垦部召开农垦规划设计工作座谈会。1983 年 3 月，农场配合农垦局勘测设计大队，对场区土壤盐分变化、热化程度、养分状况、障碍因素等进行了普查和研究，形成了《饮马农场土壤普查报告（初稿）》。

1989 年，甘肃省农垦勘测设计院对场区土地利用现状进行了再次详查，勘测采用中心放大航片（比例尺 1：1.43 万）实地调绘，配合使用 1978 年版 1/5 万、1967 年版 1/1 万地形图。外业工作于 9 月完成，内业工作包括转绘、量算、统计、汇总和编写报告等，于 11 月结束，完成调查面积 311906.7 亩（包括外单位占用 1029.5 亩）。其成果有《饮马农场 1/1 万土地利用现状图》1 份、《面积统计表》1 份、《误差统计表》1 份、《土地利用现状详查报告》1 份。同时，多次修改设计规划，使其日臻完善。

### 四、第四阶段（1991—2005 年）

从 1991 年开始，农场利用市场手段，自行勘测规划了啤酒原料基地建设，并兴建了啤酒原料深加工企业。对水泥厂进行了三次大的技术改造，与酒泉祁峰建化公司合资组建了西部水泥公司，加快了各项建设发展。

规划是指导各项工作的方向和准绳。前 50 年（1956—2005 年），在规划指导下，农场对 30 万亩土地进行了开发和利用。主要内容如下：

1. **耕地**　现状面积占农场总面积的 21.94%。现有耕地中，一类地 1026.8 公顷（15402 亩），单位产量 466 公斤；二类地 1212.4 公顷（18186 亩），单位产量 346 公斤；三类地 687.6 公顷（10314 亩），单位产量 258 公斤；四类地 730.47 公顷（10957.1 亩），单位产量 131.7 公斤。

2. **园地**　现状面积 189.53 公顷（2843 亩），占总土地面积的 1.13%，其中，啤酒花 175.2 公顷（2628 亩）。2005 年后，由于果园树木退化，逐年被砍伐。

3. **林地**　现状面积 774.19 公顷（11613 亩），占总土地面积的 4.64%。其中，防护林 505.46 公顷（7582 亩）、灌木 267.4 公顷（4011 亩）、苗圃 1.33 公顷（20 亩）。

4. **牧草地**　现状面积 4285.54 公顷（64283.2 亩），占总土地面积的 25.71%。主要为芦苇、冰草等禾本科植物，草质较好，产量依据降水、土壤、地下水埋深而定。

5. **居民点及工业用地**　现状面积 272.33 公顷（4085 亩），占总土地面积的 1.63%。其中，场部小城镇建设用地 43.87 公顷（658.1 亩）、生产队居民点占地 214.21 公顷（3213.1 亩，外单位占用 91.5 亩）、独立工业用地 1.25 公顷（18.8 亩）、场办工业用地 13 公顷（195 亩）。

6. **交通用地**　现状面积 222.18 公顷（3323.8 亩），占总土地面积的 1.33%。其中，312 国道占地 31.98 公顷（479.8 亩），场区主干道、农田机耕道和渠间道路占地 190.2 公顷（2853 亩）。

7. **水域用地**　现状面积 1394.64 公顷（20919.6 亩），占总土地面积的 8.37%。其中，天然河流面积 219.4 公顷（3291 亩）、坑塘水面积 1 公顷（15 亩）、灌排渠沟占用 1174.24 公顷（17613.6 亩，外单位占用 230 亩）。

8. **未利用土地**　共计 2759.28 公顷（41389.2 亩），占总土地面积的 16.55%，分为荒草地、重盐碱地、沙地、裸土地、裸岩石砾地 5 类。其中，荒草地 92.41 公顷（1386.15 亩），其余为重盐碱地、半固定沙丘、流动沙地、平沙地等。

9. **工业用地**　饮马水泥厂在玉门镇官庄南戈壁的土地总面积 387.86 亩，其中工业用地 95.37 亩、办公用地 14.38 亩、住宅用地 19.49 亩、林地与荒地 258.62 亩，2000 年 12 月，由甘肃省政府核发国有土地使用证（甘国用〔2000〕字第 0138 号），为无限年期，使用权类型为划拨方式。2002 年，经甘肃省国土资源厅批准，将饮马麦芽厂 29564.5 平方米（44.35 亩）土地授权甘肃省农垦总公司经营管理。

## 五、第五阶段（2006—2020 年）

**1. 土地利用总体规划勘测设计**　2009 年，根据《国土资源部办公厅关于印发市县乡级土地利用总体规划编制指导意见的通知》（国土资厅发〔2009〕51 号）文件要求，由玉门市对全场土地利用总体规划进行了修编，形成了《玉门市国有饮马农场土地利用总体规划（2010—2020）》。该规划于 2011 年 8 月进行了评审。在规划中，全场耕地面积 5000.33 公顷（合 75004.95 亩）；总建设用地面积 207.17 公顷（3107.55 亩），其中居民点用地面积 115.42 公顷（1731.3 亩），交通水利用地 91.75 公顷（1376.25 亩）；实际总面积 535.447 公顷（8031.705 亩），其中居民点用地面积 299.367 公顷（4490.5 亩），交通水利用地 236.08 公顷（3541.22 亩）。

**2. "十四五"期间高标准农田建设项目勘测设计**　2020 年，甘肃省农垦集团公司委托兰州昌佳数码测绘有限公司对饮马农场"十四五"高标准农田建设项目进行了规划设计，规划实施高标准农田建设面积 4.93 万亩，并将在今后的五年中逐步实施。

**3. 国土资源"三调"勘测**　2019 年，按照全国土地第三次调查通知要求，由甘肃省农垦集团公司委托第三方勘测设计院对农场权属范围内土地进行调查，于 2021 年 8 月结束。

# 第二章 基本建设投资与基本建设队伍

## 第一节 基本建设投资

### 一、国家财政资金投资项目投资

2000—2020 年，饮马农场的基础设施建设项目建设总投资达 43507.57 万元，其中农场争取实施的项目总投资 29830.89 万元。在实施的项目中，中央财政资金 15379.14 万元，省级配套资金 3070.16 万元，农场配套资金 9640.61 万元，贷款 1740.98 万元。这些资金用于兴修农田水利基础设施、改造中低产田、发展特色产业等，极大地改善了农场的基础设施条件，促进了农场现代农业的发展。主要项目建设投资情况为：

（1）国家农业综合开发项目实施 18 年（2000—2018 年），实施项目 20 个，总投资 8206.48 万元。其中，农业综合开发项目总投资 7811.48 万元（中央财政资金 4747 万元，省级配套资金 1260.8 万元，企业自筹 1803.68 万元）；农业综合开发项目专项项目 2000 亩优质枸杞示范基地建设项目总投资 247.2 万元（中央财政资金 140 万元，省级配套资金 56 万元，饮马农场自筹资金 51.2 万元）；农业综合开发产业化项目 700 亩优质枸杞基地建设项目投资 147.8 万元（省级财政 50 万元，农场自筹资金 97.8 万元）。

（2）日元贷款风沙治理项目实施 5 年，总投资 2009.2 万元，申请日元贷款总金额 1577.7 万元，自筹资金 431.5 万元。

（3）日元滴灌项目投资 239.79 万元，其中申请日元贷款 163.28 万元，水利厅补助资金 44.3 万元，其余 32.21 万元为企业配套资金。

（4）贫困农场扶贫开发项目实施 5 年，项目总投资 831.4 万元，其中申请财政扶贫专项资金 690 万元，农场自筹资金 141.4 万元。

（5）高效节水项目总投资 11076 万元，其中农场实施高效节水投资 2544.93 万元（中央财政资金 1252.35 万元，省级配套资金 662.65 万元，自筹资金 629.93 万元）。

（6）高产优质苜蓿示范基地建设项目总投资 191.12 万元，其中财政资金 180 万元，自筹资金 11.12 万元。

（7）疏勒河移民安置项目总投资 2915.61 万元，主要由疏勒河移民安置项目甘肃农垦指挥部负责实施，农场协助工作。

（8）敦煌生态项目总投资 2230 万元，主要由敦煌生态项目甘肃农垦敦煌生态项目办负责实施。

（9）人畜安全饮水工程总投资 365.39 万元，其中财政资金 105 万元，自筹 260.39 万元。

（10）危房改造（棚户区改造）项目总投资 7583.83 万元，其中主体工程总投资 5405.81 万元（中央财政资金1237.5 万元，省级财政资金825 万元，自筹资金3343.31 万元），配套工程总投资 2178.02 万元（中央财政资金2177.14 万元，自筹资金0.88 万元）。

（11）棚户区改造项目总投资 818.77 万元，其中财政补助资金 244 万元，棚改住户自筹资金 356.51 万元，企业自筹资金 218.26 万元。

（12）截至 2021 年 12 月，高标准农田建设项目总投资 1546.82 万元，其中中央财政资金 1121.39 万元，省级财政资金 171.41 万元，自筹 254.02 万元。

（13）占补平衡项目总投资 215 万元，全部为财政投资。

（14）退耕还林工程总投资 4073.16 万元，其中中央投资 2070.76 万元（种苗造林费 530.44 万元，退耕还林补助 1540.32 万元），退耕户自筹资金（包括投工投劳）2002.4 万元。

（15）退耕还草项目总投资 1000 万元，全部为国家财政资金，其中生产性物资费用 150 万元（仅用于购买牧草种子），补助资金 850 万元。

（16）2010 年饮马农场粮食生产基础能力建设项目总投资 205 万元，其中申请中央财政资金 199 万元，企业自筹资金 6 万元。

## 二、自筹资金建设项目投资

农场在发展现代农业的同时，还利用自筹资金大力发展水泥建材、农产品加工业，包括 2001 年的饮马西部水泥有限公司建设项目，2015 年的甘肃农垦饮马牧业公司建设项目及 2018—2020 年的农业基础设施建设项目等。

### 1. 水泥建材项目

（1）甘肃农垦饮马水泥厂建设。1985 年 6 月，农场利用区内石灰石资源丰厚、电力资源充裕的优势，投资建设年产 4.2 万吨的水泥厂（饮马水泥厂）。该厂建筑面积 13000 平方米，于 1988 年 4 月 9 日建成投产，设计年生产能力 4.2 万吨，固定资产总投资

536 万元。投产当年生产水泥 13524 吨，销售 12084 吨，实现产值 99.8093 万元。

1993—1995 年，先后投入资金 85.3517 万元，改造水泥生产工艺，经过一期改造，机械动力总能力达到 2439.3 千瓦，主体设备生产能力达 6 万吨，水泥出厂合格率和富裕标号合格率均达到 100%。

1999 年，水泥厂按照国家和甘肃省政府关于建材工业发展实行"控制总量，调整结构，淘汰落后"和实施新的量化指标的要求，进行了第二次扩建技改，采用新技术、新工艺、新设备，降低能耗和成本，以达到优质、高产、节能和进一步改善环境的目的，提高市场竞争力。

（2）30 万吨干法水泥建设项目。2001 年 6 月，农场与酒泉祁峰建化有限公司按照"资源共享，平等互利，总体布局，分步实施"的原则，在玉门市玉门东镇合资建设日产 1000 吨的新型干法水泥熟料生产线技改项目，并以股份制形式组建甘肃西部水泥有限责任公司。项目总投资 1.168 亿元，饮马农场（含嘉峪关水泥厂）出资 49%，酒泉祁峰建化出资 51%，由酒泉祁峰建化控股，2005 年 10 月竣工投产。2012 年，在甘肃省农垦集团企业改制中，成立了甘肃农垦西部水泥集团公司，将饮马水泥厂、饮马西部水泥厂和嘉峪关天石水泥厂全部纳入西部水泥集团公司，产权归甘肃农垦西部水泥集团公司。

**2. 农产品加工项目** 1992 年 8 月 22 日，重庆啤酒集团建议与饮马农场组成松散的联合体，筹建制麦企业，增加啤酒大麦的附加值，并表达了"继续合作一百年"的愿望。在市场调查、论证的基础上，于 9 月提出"建设 5000 吨/年麦芽生产线项目"的报告，1993 年 10 月竣工投产。1994 年加工麦芽 2494 吨，产值 99.76 万元，实现利润 12.7514 万元。当年底，农场对麦芽厂实行股份制改造，以饮马实业公司、饮马水泥厂、饮马工贸公司、饮马加油站为股东（发起人），并向职工定向募集入股，筹集资金 600 万元，其中职工以认缴方式筹资 392 万元，占 65.33%，农场法人以企业结余的福利基金、奖励基金以及应付家庭农场产品款等筹资 208 万元，占 34.67%，全部股本所形成的资产用于啤酒原料股份有限公司麦芽厂的再建工程。1995 年 6 月 1 日，麦芽厂二期工程年产 1.0 万吨麦芽生产线竣工投产。1998 年 1 月，企业通过扩股 600 万元的形式，新建年产 1.5 万吨的第三条生产线，于 11 月 6 日竣工投产。

2000 年，农场与新疆绿嘉酒花公司合资，建成年产 3000 吨的颗粒酒花生产线，改变了只从事原料生产的传统格局，提高了农产品的市场竞争能力。2005 年，由于啤酒大麦市场情况较好，在玉门新市区川北镇建立了第四车间麦芽生产线。

**3. 畜牧业发展项目**

（1）饮马养殖场项目建设（羊只饲养）。农场为发展"种养结合"农业经济，于

2002 年 9 月投资 300 多万元建设肉羊养殖场,新建羊舍 10 栋、办公室 1 栋,并配套了上水官网、围墙、道路等。同时,引进波德代、道赛特、杜泊、小尾寒羊等优质品种羊 269 只,成立了二级单位优质肉羊养殖场。至 2006 年,因企业亏损严重,撤销了该单位,解散了该企业。

(2)万头肉牛养殖项目建设(甘肃农垦饮马牧业公司建设项目)。2014 年,甘肃农垦为打造畜牧业板块,决定在金昌、张掖和酒泉农垦新建奶牛养殖场,饮马被列入其中。经过市场调研,最后决定只在金昌八一农场建设奶牛养殖场,在张掖农场和饮马农场建设肉牛场。同年年底,饮马农场开始申报万头肉牛养殖场项目。项目工程于 2015 年 5 月开工建设,至 12 月,完成了牛舍、饲喂中心、办公室、围墙、道路、上下水及供电设施等基础设施建设,项目总投资 7556.2 万元。2016 年 1 月 17 日,第一批 950 头澳大利亚黑安格斯种牛进场,养殖场正式投入生产。

清除淤泥,开浚河道

**4. 农业基础设施建设项目** 2018—2020 年,农场自筹资金 1283.3 万元,对场区各生产单位农业基础设施进行改造,具体情况如下:

2018 年,自筹资金 218.74 万元,完成排渠清淤 51.976 公里,其中农排清淤 34.171 公里,斗排清淤 17.805 公里。铺筑田间道路 9.913 公里,新建库房 1400 平方米。

2019 年,自筹资金 465.6 万元,完成衬砌斗渠 5 条,总长 7.16 公里,清挖排渠 48.62 公里。其中,清挖斗排排碱渠 9 条,总长 20.65 公里;清挖农排排碱渠 25 条,总长 27.97 公里。铺筑田间道路 6 条,总长 13.75 公里。

2020 年,投资 246.4 万元完成渠道衬砌 4.2 公里,清挖排渠 34.73 公里。其中斗排

11.31 公里，农排 23.42 公里。

## 第二节 基本建设队伍

农场的基本建设队伍，是根据建设任务、建设规模设置的，其建制又随着建设门类、建设重点的变化而发生变化。建场初期，农场的任务是按照《建场计划任务书》的设计规划和投资额度进行基本建设，主要包括兴修水利、开荒造田、植树造林和建造房屋等。农场设置有开荒、水利、园林、房建等专业化队伍，所有行政建制和职能部门都为完成基本建设任务而服务。随着农场事业的扩大和建设的需要，设立了基建科，配备了专业技术干部。基建科负责全场的基本建设管理工作。

2002 年 12 月，农场基建科和农场财务科合并，成立了计划财务项目信息部。2008 年 1 月，公司将项目管理工作从财务部门分离，设立了项目部。项目部管理人员从原先的 2 名发展到 2020 年的 4 名，全部为大学本科学历，其中高级工程师 1 名，高级农艺师 1 名，技术员 2 名，项目管理技术力量得到加强。原农场下设的二级企业饮马农场建筑公司负责承担农场基本建设任务，独立核算，自负盈亏。

2008 年 12 月，分公司将农场建筑公司资产作价后竞价拍卖，公司职工杨恒平竞标购买。自此，农场建筑公司改制为私人经营，原农场建筑公司 30 余名职工由农场分流到酒花公司和农业生产队承包土地。2010 年，因建筑公司经营不善，自行解散。分公司（农场）项目及基本建设任务面向社会招标，由地方施工企业承担，项目部负责进行全面管理。

# 第三章　基本建设成果

## 第一节　水利建设

农场建设，水利先行。从建场至今，仅大型水利工程就有几十个，如疏勒河及昌马灌溉工程、疏勒河及拱水坝工程、清水及拉水坝工程、大型排水工程、井灌工程、提灌工程等。有的工程量非常大，如昌马河灌溉工程，1958—2005年，完成输水干渠两条，全长42.97公里；支渠9条，全长66.64公里；斗渠52条，全长83.47公里。建成后水流量2.63立方米/秒，灌溉面积5.54万亩，保灌面积5.13万亩，年引流量2000万～2600万/立方米。截至2005年，水利建设共投资1695.8505万元（不含农业综合开发、日元风沙治理和疏勒河项目水利投资），占基本建设总投资的18.22%。其中国家、省或主管部门财政拨款719.1085万元，自筹资金976.7420万元，分别占水利建设总投资的42.41%和57.59%。

2000年后，农场积极争取国家农业综合开发项目、日元贷款风沙治理项目、财政扶贫资金项目、高效节水项目、高产优质苜蓿示范基地建设项目、疏勒河移民安置项目、敦煌生态项目等国家财政资金项目，充分利用国家财政项目资金兴修农田水利基础设施，同时，农场利用税费改革补助资金和企业自筹资金，加大农田基础设施改造力度。农田用灌溉支渠及以上骨干渠道全部由甘肃省疏勒河水资源管理局负责建设，斗渠及斗渠以下灌溉渠道由各个项目完成改造。至2020年，农场支渠及以上灌溉骨干渠道全部硬化，硬化率100%、斗渠硬化率80%以上，农渠硬化率40%左右。另外，从2018年开始，企业自筹资金，对农场各级排渠分年度进行清淤。2018—2020年完成排渠清淤140公里，排渠清淤率达80%。2019年，疏勒河水资源管理局对农场北干渠原农业17队（现为农业一分场）至场部大门口段进行U形渠道改造，长度2.475公里；改造总干二支渠黑沙窝段2.081公里。通过项目实施，改善了农场农田排灌系统条件，为农场农业增产、职工增收、企业增效打下了坚实的基础。

2000—2020年，各类财政项目投资共计43507.57万元，其中农业综合开发项目投资8206.48万元，日元贷款风沙治理项目投资2009.2万元，日元滴灌项目投资239.79万元，财政扶贫资金项目投资 831.4 万元，高效节水项目投资 11076 万元，高产优质苜蓿示范基地建设项目投资 191.12 万元，疏勒河移民安置项目投资 2915.61 万元，敦煌生态项目投资 2230 万元，人畜安全饮水工程投资 365.39 万元，危房改造（棚户区改造）项目投资 7583.83 万元，棚户区改造项目投资 818.77 万元，高标准农田建设项目投资 1546.82 万元，占补平衡项目投资 215.0 万元，退耕还林工程投资 4073.16 万元，退耕还草项目投资 1000 万元，饮马农场粮食生产基础能力建设项目投资 205 万元。2006—2020 年，农场自筹资金 9640.61 万元，用于农田水利设施建设。其间，共硬化衬砌渠道 261.07 公里，完成滴灌设施铺设 81982 亩，铺设田间砂石路 207.41 公里，清挖排碱渠 376.142 公里，修筑桥涵 3425 座，改良中低产田 62361 亩。

农场属玉门市昌马灌区下游，昌马灌区北干下游末端饮马辖区内。干渠共 3 条，总长 25 公里。支渠共有 7 条，总长 35.8 公里。斗渠总长 135.5 公里，毛渠（农渠）总长约 185 公里。

农场场区内的干支渠均由甘肃省疏勒河流域水资源管理局下属的昌马灌区管理处负责建设，但饮马场区内的干支渠由昌马灌区管理处委托饮马农场进行使用和管理。

## 第二节　农田建设

### 一、开荒造田

据档案资料记载，1956—1966 年，农场累计完成开荒造田面积 148703 亩，实有开荒造田面积 67143 亩；1964—1966 年，累计完成开荒造田面积 33444 亩，种植面积 14320 亩，占 42.81%；1969 年累计完成开荒造田面积 44090 亩，种植面积为 20347 亩，占 46.14%；1970 年播种面积 59878 亩，占开荒面积的 58.47%；1975—1979 年，完成开荒造田面积 3280 亩，弃耕 1978 亩，重复开荒 4629 亩，耕地面积较 1970 年减少 8881 亩。1985 年建立职工家庭农场时，农场耕地锐减至 33139 亩，是 1970 年播种面积的 55.34%。自 1989 年开始，农场每年都要收复一部分弃耕地，至 1995 年共收复弃耕地 19772.5 亩，耕地面积逐步扩大。"九五"期间，累计收复弃耕地 24288 亩。至 2000 年，耕地面积达到 61728 亩。截至 2005 年，农场实有耕地面积 59487.1 亩。

2010 年，农场出台了《关于收复弃耕地暂行管理办法》，之后部分农场职工和社会人士在农场开荒造田。截至 2020 年年底，新开耕地 20260 亩，农场耕地面积从 2010 年的 50806 亩增加到 80690 亩。

## 二、历年开荒造田投资情况

20 世纪 50 年代至 60 年代初，开荒造田的成本还不是太高，以 1965 年为例，当年亩耕地实际成本 58.67 元，其中直接费用 55.37 元（包括人工、材料等费用），间接费用 3.3 元。到 20 世纪 80 年代末，亩投资最高达到 250 元。1998—1999 年，复垦或新开荒地投资为 150～160 元/亩。2002 年，农场开荒造田总投资 898.0624 万元，占基本建设总投资的 5.87%。2010—2020 年，开发性家庭农场开荒亩投资 420～460 元/亩，总投资达 900 万元。同时，投资情况还会根据耕地面积的增减而发生相应变化，具体年份和数据见表 3-3-1。

冬季开荒造田

表 3-3-1　历年开荒造田面积增减变化情况

| 完成单位 | 完成时间 | 年度完成面积（亩） | 累计完成面积（亩） | 实有耕地面积（亩） | 减少面积 | | | | 所占比例（%） |
|---|---|---|---|---|---|---|---|---|---|
| | | | | | 弃耕（亩） | 核减（亩） | 基建占用（亩） | 重复（亩） | |
| 饮马（劳改）农场 | 1956—1969 年 | | 115259 | 55369.48 | 31910.85 | 8036 | | 19942.67 | 51.96 |
| 蘑菇滩农场 | 1958—1963 年 | | 29458 | 7379 | 1493 | 19379 | | 1193 | 74.9 |
| 第二团 | 1964—1969 年 | | 44090 | 20347 | 21710 | | 2033 | | 53.85 |
| 第三团 | 1970—1974 年 | | 20347 | 18920 | 1427 | | | | 7.13 |
| 第四团 | 1970—1974 年 | | 55369.48 | 35404 | 19965.48 | | | | 36.05 |
| 饮马农场 | 1975—1979 年 | 3280 | 57604 | 50997 | 1978 | | | 4629 | 11.46 |
| 饮马农场 | 1983 年 | 4535 | 55532 | 46266 | 9266 | | | | 20.02 |
| 饮马农场 | 1984 年 | 3709 | 49975 | 47187 | 2788 | | | | 5.91 |
| 饮马农场 | 1985 年 | | 49975 | 43902 | 6073 | | | | 13.83 |
| 饮马农场 | 1986 年 | 30 | 43932 | 36938 | 6994 | | | | 18.93 |

（续）

| 完成单位 | 完成时间 | 年度完成面积（亩） | 累计完成面积（亩） | 实有耕地面积（亩） | 减少面积 | | | | |
|---|---|---|---|---|---|---|---|---|---|
| | | | | | 弃耕（亩） | 核减（亩） | 基建占用（亩） | 重复（亩） | 所占比例（%） |
| 饮马农场 | 1987 年 | | 36938 | 36769 | 169 | | | | 0.46 |
| 饮马农场 | 1988 年 | | 36769 | 36310 | 459 | | | | 1.26 |
| 饮马农场 | 1989 年 | 1162 | 37472 | 37472 | | | | | |
| 饮马农场 | 1990 年 | 1283 | 38755 | 38755 | | | | | |
| 饮马农场 | 1991 年 | 1422 | 40177 | 40177 | | | | | |
| 饮马农场 | 1992 年 | 1622 | 41799 | 41799 | | | | | |
| 饮马农场 | 1993 年 | 250 | 42049 | 42049 | | | | | |
| 饮马农场 | 1994 年 | 2937.5 | 44986.5 | 44986.5 | | | | | |
| 饮马农场 | 1995 年 | 2822 | 47808.5 | 47808.5 | | | | | |
| 饮马农场 | 1996 年 | 12049 | 59857.5 | 48003.6 | | | | | |
| 饮马农场 | 1997 年 | 11694 | 71551.5 | 52420.6 | | | | | |
| 饮马农场 | 1998 年 | 100 | 71651.5 | 61621 | | | | | |
| 饮马农场 | 1999 年 | 245 | 71896.5 | 62000 | | | | | |
| 饮马农场 | 2000 年 | 200 | 72096.5 | 61728 | | | | | |
| 饮马农场 | 2001 年 | | | 60981 | | 547 | 200 | | |
| 饮马农场 | 2002 年 | | | 57668 | 3313 | | | | |
| 饮马农场 | 2003 年 | | | 54204 | 3464 | | | | |
| 饮马农场 | 2004 年 | 3939 | | 58143 | | | | | |

注：2001—2004 年，为对弃耕地实行科学改良，增加牧草播种面积，2004 年恢复到 58143 亩。

## 三、重复开荒与弃耕地收复

军垦时期，弃耕近期很难改造的低产田、重盐碱地，共减少耕地面积 42741 亩。1983—1986 年，因推进家庭农场，减少耕地面积 24218 亩。从 1989 年起，农场根据实际情况，选择条件较好的弃耕地和连片荒地进行复垦。至 1995 年，年新增耕地面积 11498.5 亩，除新开 170 亩荒地外，其余均为复垦面积。1995 年农场耕地面积为 55024.5 亩，占土地总面积的 17.6%；种植业面积恢复到 37785.9 亩，耕地实际利用率达到 87.46%。

打一场粮食增产翻身仗

2010年，农场制定出台了《关于收复弃耕地暂行管理办法》，鼓励个人收复弃耕地，共收复20260亩。至2020年12月，种植面积从2010年的50806亩发展到2020年年底的80690亩。

## 四、家庭农场土地开发

2005年年底，农场耕地面积56725.5亩，其中基本农田52277.55亩，一般农田4447.95亩，耕地面积占农场农业用地的33.36%。为充分保护和利用农场现有土地资源，2010年，农场制定出台了《关于收复弃耕地暂行管理办法》，允许和鼓励家庭农场和社会其他人员以个人投资的方式在场区内收复弃耕地。新复垦的土地使用权归个人所有，并签订土地租赁合同，使用期为20年。前5年不收土地租赁费，从第6年开始按照50元/亩收取土地租赁费，之后年递增10元，至150元/亩封顶。

2010—2015年，家庭农场和个人先后在农场开垦收复弃耕地20260亩，主要分布在农业七分场（原农业三队和五队以南荒草地）、农业一分场和二分场（原农业十八队、十九队和二十队周边）。2014年后，因受农产品市场价格下滑影响，部分外来土地租赁户主动弃耕本人复垦的土地，造成少部分开发土地重新撂荒。

## 五、"占补平衡"项目土地开发

2005—2007年，国家新建"嘉安高速"公路（G30高速，东至嘉峪关市，西至瓜州县，即原安西县），占用农场原农业二队、三队、十四队、十三队、十二队和十一队耕地76.3公顷。按照国家关于耕地"占补平衡"占一补一的要求，2008年3月，由玉门市国土资源局负责在农场实施耕地"占补平衡"项目。项目总投资215万元，开垦规模为76.32公顷，在农场原农业三队南滩开垦。2008年9月项目工程竣工验收后，将新开垦的土地移交农场负责管理。但因开垦的土地盐碱大，无人愿意种植。2012年年初，农场按照收复弃耕地的有关规定，将其租赁给外来人员吕占福耕种。

## 六、国土部门实施高标准农田建设项目

2012年5月，根据国土资源部、财政部《国土资源部、财政部关于加快编制和实施土地整治规划大力推进高标准基本农田建设的通知》（国土资发〔2012〕63号），甘肃省

国土资源厅、甘肃省财政厅《转发国土资源部、财政部关于加快编制和实施土地整治规划大力推进高标准基本农田建设的通知》（甘国土资发〔2012〕100 号）以及有关文件精神，结合饮马农场实际，组织专门人员编制了《甘肃省国有饮马农场高标准农田建设项目实施方案（2012—2015 年）》。

2014 年下半年，高标准农田建设项目予以批复实施，2015 年竣工验收。该项目由甘肃省国土资源厅农垦国土资源局负责实施，甘肃武威九龙建筑工程公司负责承建。项目总投资 500 万元，总建设规模 285.84 平方米（4287.6 亩），位于农场农业三分场（原十五队）北干五支二斗、三斗，具体为五支二斗 3 - 9 农、五支三斗 1 - 2 农，增加耕地 8.04 万平方米，新增耕地率为 2.81%。项目工程竣工验收后，新增耕地移交农场管理。

## 第三节　农电、道路、通信建设

### 一、农电线路建设

1971 年，兰州军区生产建设兵团第一师自 803 电厂出线，架设了 803 厂至川北镇 35 千伏输电线路，线路长度 33.5 公里，共投资 273.5 万元。1973 年，完成川北镇变电所至场区的 10 千伏高压线路架设，线路长度 45 公里，总投资 45 万元，结束了场区无电或靠柴油发电机发电的历史。

1986 年，农场自川北镇农垦变电站出线，架设至饮马水泥厂 10 千伏高压线路 8 公里，变压器容量 1600 千伏安，共投资 337.499 万元。此后，随着农场经济的发展和国家电网的改造，截至 1998 年，农场实有农电线路 146.6 公里（其中 10 千伏安线路 103.538 公里，0.4 千伏安线路 41.2 公里），各种变压器 119 台（不含水泥厂）。

农场 10 千伏安农电线路大部分为 20 世纪 70 年代架设，到 1998 年，大部线路已老化，且导线截面小，线路损耗高（1998 年达到 35% 左右），因此，农场自 10 月开始实行了电网改造。2001 年 4 月，国债资金农电线路改造工作启动，截至 2002 年，共改造输电线路 60 公里（川北镇变电站—农场十一队—农场十八队—林场）、输变电设备 51 台，新架农电线路 20 公里，新增变电设备 27 台，总投资 712 万元。按照甘肃省计委、甘肃省电力公司农电线路改造协调会议精神，农场电力资产划拨电力部门管理。

1998 年，农场供电所交由甘肃省农垦电力局供电，饮马农场供电所归甘肃省农垦电力局管理，主要用 330 千伏输电线路向农场供电所供电，经供电所变压后以 10 千伏电压辐射全农场营区和农业机井。2005—2007 年，完成全农场农网改造工程。2015 年，在电力系统改制中，按照"属地管理"的原则，甘肃省农垦电力局移交嘉峪关电业局管理，饮马供电所归口玉门市黄闸湾供电所代管，撤销了饮马供电所。

**1. 配套电力设施**　农场的 35 千伏安输电线路有 3 条，共 144 公里。有配套变台及用电设备 196 台套，其中，饮东线输电线路 57 公里（配套变台设备 95 台/套），饮西线输电线路 41 公里（配套变台设备 47 台/套），饮北线输电线路 46 公里（配套变台设备 54 台/套）。共有配套、农电机井 114 台/套，提灌 4 台/套，其他为生活用电、小型加工业和动力用电所需变台设备。

**2. 农电设备更新发展**　2005—2013 年，农场农电设备均为老旧式。2014 年，农场争取玉门市规模化高效节水示范区项目 7000 亩滴灌建设任务和 2014 年中央财政小型农田水利 4000 亩高效节水滴灌建设任务。为配合项目建设，农场将 14 眼机井作为滴灌项目地下水源用井，并由水电公司同农垦电力局协调，将原农场 138 台/套 30～50 千瓦的小型变压器全部更新为 100 千瓦的新式变压器。

2014 年，将 14 台套 30 千瓦的变台设备更换为 80 千瓦的新变台。2015 年更新 9 台套，2016 年更新 32 台套，2017 年更新 60 台套，共更新 127 台套（2015 年以后全部更新为 100 千瓦的新式变台）。2016 年，通过水电公司同电力局协商，利用"村村通"农网改造项目，在农业二分场新建 1.36 公里的低压输电线路一条。2017 年，对农业四分场蓄水池进行投资，新建 200 千瓦变台配套设备 1 套，共计投资 28.21 万元。2018 年，对农业五分场蓄水池进行投资，新建 760 米输电线路和 400 千瓦箱式变压器一套，共计投资 86.4 万元。2019 年，在农业三分场新打机井处安装 100 千瓦新变台一套，投资约 5.5 万元。

## 二、道路建设

**1. 场内主干道路建设**　1964 年，由农建十一师重新规划设计场内主干道路，公里投资 3400 元，至 1971 年完成 28.2 公里，共投资 95880 元，为场区道路建设奠定了基础。机耕路随开荒造田、水利建设和林网规划同时进行，公里投资 125 元，共完成 178.4 公里（北片 110.4 公里、南片 68 公里），总投资 22300 元。

1985—2005 年，农场利用专项基金，采取以工补亏、义务劳动等办法，按照"谁受益，谁养护，农场给予适当补贴"的原则，不断提高道路质量，先后对国道至二队、二队至三队、十七队至十八队、场部至二十队主干道进行了改造，新建了通往林场的道路。采取请地方公路部门帮助并支付原材料费的办法，铺设了场部与国道相衔接的环形路，十一

农场通了柏油路

队、十七队居民点连接国道的部分道路，路基质量均为沥青路面。同时，采取农场补贴水泥、车辆油资，受益单位解决砂石料等办法，铺设了十二队、十三队、十四队、十七队居民点与国道衔接的营区主干道，质量为水泥制块，全长 2.3 公里，符合国家 Ⅱ 级公路标准。1995 年，水泥厂投资铺设了厂区衔接玉（门）布（隆吉）公路官庄段的厂内公路干线，全长 2.1 公里，为双车道水泥制块，质量符合国家 Ⅱ 级公路标准。

**2. 场区柏油路建设**

（1）场部柏油路。农场场部主要道路为 1989 年 7 月铺设的混凝土道路。2007 年，在国家修筑"嘉安"高速公路期间，施工单位北京武警交通部队及甘肃五环交通工程建设公司在农场租用房屋和临时用地，经与施工单位协商，由两家施工单位对场区主要道路进行了铺油，铺筑场部柏油路 2.1 公里。2019 年，由玉门市交通局投资 60 万元，在场部西五支渠外至四合院处铺设柏油路 1.2 公里。2020 年 10 月，由玉门市交通局投资 50 万元，在场部北面三期和四期公园新修了柏油路。

（2）通队柏油路。2010—2020 年，借助国家实施"村村通"工程项目，农场积极与玉门市交通局协商，由国家投资，玉门市交通局负责施工，在农场实施场部通向各农业队道路改建工程，共铺筑柏油路 67.94 公里。其中，2012 年完成通向原农业一队、二队及三队"村村通"柏油路铺筑 3 条 22.2 公里；2013 年完成场大门口至疏勒河边、原农业十七队路口至酒花二队"村村通"柏油路铺筑 1.1 公里；2015 年完成通往原农业一队的道路 2.2 公里、通往原农业七队的道路 1.4 公里、通往原农业三队的道路 3.6公里；2016 年完成原移民队至 312 国道（原三团路口）的道路 6.4 公里；2018 年完成国道 312 线路口通往原农业十五队和二十队道路拓宽改造 9.65 公里；2019 年完成场部通往原农业十四队的道路 5.5 公里；2020 年完成场部通往原农业十七队和原十四队一斗的道路 6.8 公里。

（3）砂石路铺设。2000 年后，农场借助国家农业综合开发、扶贫项目、日元贷款风沙治理项目、高产优质苜蓿示范建设项目等农业项目，逐年对各项目区田间道路和生产道路进行了铺砂，总里程达到 207.41 公里。2018—2020 年，农场自筹资金 371.3 万元，对非项目区 81.35 公里田间道路铺设黄沙，基本达到主要生产道路沙化全覆盖。

### 三、桥梁、涵管建设

1. **疏勒河大桥**　1958 年，为衔接兰新公路，由北湖、蘑菇滩农场投资，先后在疏勒河修建公路桥各 1 座。这两座公路桥的基础由条石砌成，以圆木铺设，桥宽 6 米，跨度分别为 12 米、15 米，木桩柴草护坡，分别投资 5000 元、5700 元，被称为北湖疏勒河桥和蘑菇滩疏勒河桥，能保证 4 吨以下车辆的通行。由于建筑材料因陋就简，河水冲刷过急，虽经多次加固，每逢洪水过后都要对其进行维修。1960 年，甘肃省农垦局投资 8000 元，于灰槽子段重修蘑菇滩疏勒河大桥，桥宽 6 米，跨度 18 米，由饮马（劳改）农场设计、施工，可保证 5 吨载重车辆通行。

2. **农二团大桥**　军垦后，1965 年，由农建十一师投资，在蘑菇滩疏勒河大桥东 200 米处新建疏勒河大桥——农二团大桥。新桥设计抬高 5 米，和规划的干线公路基本取直，与兰新公路呈 T 形。桥宽 6 米，净跨度 20.3 米，质量为钢筋混凝土，设有片石砼护坡、桥面护栏，与兰新公路衔接。

3. **二队疏勒河桥**　在二队疏勒河东坑段建成的疏勒河大桥即二队疏勒河桥。该桥结构为钢筋微板组合梁式，双孔，单净跨 16 米，总跨度 32 米，桥面净宽 7 米，设计高程以临时高程点控制。1986 年，该桥竣工。

4. **北干渠公路桥**　1986 年以后，由农场投资改、新建公路桥 7 座，与公路干道配套。2001 年，根据世界银行疏勒河项目北干渠设计，对部分桥梁（4 座）做了改建。1975—1995 年，改、扩、新建公路桥涵 191 座。

5. **重建疏勒河三团大桥**（原农二团大桥）　由于原桥修建年代久远，加之 2005—2007 年嘉安高速公路建设后，大型车辆频繁通行，拱桥主拱出现了大量裂缝，成为危桥，农场多次与玉门市交通运输局协调，于 2019 年 4 月 8 日根据《玉门市交通运输局关于玉门市黄闸湾镇西沟桥、饮马农场饮马一号桥危桥改造工程一阶段施工图设计文件的批复》（玉交审批〔2019〕2 号）文件批复，对疏勒河三团大桥进行拆除新建。工程由玉门市交通运输局招标承建，大桥上部结构采用 2～16 米预应力混凝土简支空心板梁，下部结构为柱式桥台、柱式桥墩，基础为钻孔灌注桩。桥梁全长 37.52 米，桥面全宽为 8 米。该大桥于 2019 年 6 月开工，10 月 10 日竣工通车，工程建设总投资 204.97 万元。

**6. 重建疏勒河四队大桥**　疏勒河四队大桥原为简易铁桥，由于原桥修建年代久远，成为危桥。经与玉门市交通运输局协调，农场按照 2020 年 4 月 9 日《玉门市交通运输局关于玉门市赤花二桥等六项危桥改造工程一阶段施工图设计文件的批复》（玉交审批〔2020〕3 号）文件批复，对该桥进行拆除新建。工程由玉门市交通运输局招标承建，大桥上部结构采用 1～16 米正交预应力混凝土简支空心板梁，下部结构为柱式台、钻孔灌注桩基础。桥梁全长 22.02 米，桥面全宽为 7 米。该大桥于 2020 年 5 月 15 日开工，9 月 30 日竣工通车，工程建设总投资 104.19 万元。

### 四、通信设施建设

**1. 军垦后的通信**　第二团装备有 15 瓦无线收发报机 2 部。至 1975 年 2 月，第三团架设空杆线路 57.7 公里，装备有 30 门磁石交换机 2 部，总计投资 86655.36 元；第四团架空杆线路 69.5 杆公里，装备有 30 门磁石交换机 2 部，总投资 117913 元，其中有 21580 元用于旧线路改造。两场合并后，1978 年，农场总机新装 HJ26－L100 门磁石交换机 1 部。场内电话线路在规定时间替代有线广播。

1984 年，玉门镇邮电支局通信线路由铁线更新为铜包钢线，开通环路载波，通信质量大大提高。1986 年，农场机关和场直属单位改手摇式电话机为数字拨号，降低了总机的劳动强度并节约了时间。1992 年，随着兰（州）乌（鲁木齐）光缆的开通，农场实现了外线直拨。

保证电话线路畅通

随着农场经济和通信技术的发展，1993 年，农场购置了部分对讲机，进入无线通信阶段。农场主要领导、各生产队，以及供销、生产、工业单位均配有对讲机，主要用于生产调度、情况汇报、信息传递等。1995 年，企业和职工共同筹资 754948.60 元，购置洛阳产 H－J－004RM 程控交换机 1 部，有中继线 30 条，装机容量 512 门，通信建设有了新的进步。程控交换机于 1996 年 6 月 23 日并网开通，一次装机 256 门。1999 年，根据信息产业部的政策规定，农场将所属程控设备移交玉门电信经营（设备补偿 5 万元），随后，玉门移动、玉门联通相继进入农场市场，通信建设快速发展。截至 2005 年，程控、移动电话入户率达到 94.6％。

2. **电视、电话**　20 世纪 80 年代，农场一直采用自建基站和报话机进行通信，机关大楼各办公室架设有线电话（程控座机电话），内设插转台，由专人进行转接；内设电视台，仅能收看中央电视台和甘肃电视台等几个频道。2000 年之后，随着移动电话（手机）的普遍使用，农场的通信方式逐渐步入无线通信阶段，开始使用数字电视，农场电视台、电话插转台停用。

2002 年后，玉门电视台在农场设立了中国广播电视业务室，中国移动、中国联通和中国电信玉门分公司在场区分别架设了移动、联通等通讯塔，后中国广电部门也相继在农场建立了自己的基站和业务室开展业务。

3. **邮政通信**　20 世纪 70 年代初，玉门市邮政局在农场设立"饮马农场邮电局"，负责农场邮政业务。2010 年邮电局改制，扩展银行业务，更名为"玉门市饮马农场邮政储蓄所"，代办银行和邮政业务，人员及业务属玉门市邮政局管理。

# 第四章　项目与项目实施

## 第一节　农业综合开发项目

### 一、荒地复垦和风沙治理项目

依据国家产业政策和世界银行疏勒河项目工程的总体规划，农场的建设项目内容是："九五"期间复垦宜农荒地 2.5 万亩，并配套营造治沙防护林，其中建设啤酒大麦基地 2.1 万亩、啤酒花园 0.1 万亩，营造防风林 0.2 万亩、经济林 0.1 万亩。项目总投资2000 万元，其中固定资产投资 1400 万元，流动资金投资 600 万元。资金来源为企业自筹800 万元，占总投资的 40%；申请农业开发综合治理专项资金 1200 万元，占总投资的 60%。

1997 年完成荒地复垦 12048.5 亩，加其他配套项目建设及设备购置，共投入资金 811.8 万元，其中固定资产投入 535.8 万元，流动资金投入 276 万元。资金来源为农场自筹 361.8 万元，申请玉门市农业发展银行专项贷款 300 万元，由农业银行玉门市支行贷款垫付 150 万元。

1998 年完成土地复垦面积 9060 亩，加其他配套项目建设及设备购置，共投入资金 979.8 万元，其中固定资产投入 627.8 万元，流动资金投入 352 万元。资金来源为企业自筹 379.8 万元，申请防风治沙专项贷款 600 万元。

1999 年完成土地复垦面积 3400 亩，加其他的项目建设及设备购置，共投入资金 500 万元，其中固定资产投入 380 万元，流动资金投入 120 万元。资金为企业自筹。

1998 年开始实施营造防风治沙林项目。在沙源区开垦荒地 8000 亩，营造农田防护林 3350 亩、经济林 650 亩和基本农田 4000 亩。项目总投资 934 万元，其中企业自筹 434 万元，占总投资的 46%；治沙贴息贷款 500 万元（1998 年贷款 300 万元，1999 年贷款 200 万元），占总投资的 54%。项目分三年完成，2000 年通过验收。

### 二、农业综合开发项目

农场从 2000 年开始向甘肃省财政厅申请实施农业综合开发项目，项目共实施 18 年，于 2018 年结束。每年根据甘肃省农业综合开发项目办公室下达的任务，实施的任务和投资不等。2012 年实施农业综合开发产业化项目 1 个，为 2011 年度省级农业综合开发产业化经营财政补助枸杞种植基地新建项目。

2000—2018 年，共完成建设面积 95127 亩，其中 2000—2013 年实施中低产田改造 70430 亩，2014—2018 年实施高标准农田建设 24697 亩。项目建设总投资 7811.48 万元，其中中央财政资金 4747 万元，省级财政资金 1260.8 万元，企业自筹资金 1803.68 万元（现金配套和投劳折资）。项目累计修复机井 86 眼，架设输电线路 5 公里，排渠清淤 202.136 公里，衬砌斗、农渠 216.3 公里，改良土壤 77927 亩，修筑机耕道路 174.847 公里，新打晒场 4000 平方米，购置仪器设备 24 台（套），新建林带 4758 亩，购置农机具 50 台（套），新建库房 1000 平方米，技术培训 12800 人次，示范推广 25869 亩。

### 三、农业综合开发产业化项目

2012 年实施农业综合开发产业化项目 1 个，为 2011 年度省级农业综合开发产业化经营财政补助枸杞种植基地新建项目。项目总投资 147.8 万元，其中省级财政 50.0 万元，农场自筹资金 97.8 万元。项目建设内容为新建枸杞种植基地面积 700 亩，主项目区在农场二分场（原农业二队）。项目完成的主要内容为平整土地 700 亩，深松耕 700 亩，定植坑开挖 700 亩，枸杞苗木采购 16.17 万株，购置设备 178 台（套）。项目从 2012 年 4 月开始，于 7 月 14 日完工。

## 第二节　世行疏勒河项目

世界银行疏勒河项目主要利用河西走廊疏勒河流域土地资源，解决甘肃省河东干旱地区贫困人员生活困难问题，从甘肃东南部的武都、甘南、陇南、临夏等地迁移移民至疏勒河流域的玉门、瓜州、敦煌等地，开荒造田，安置移民。该项目于 1998 年启动，2007 年结束。为便于协调管理，甘肃省农垦集团公司成立了疏勒河项目农垦指挥部（指挥部设在玉门市），主要负责该项目在农垦团场饮马、黄花、建筑公司、小宛、敦煌和西湖农场等单位的项目实施工作。在利用世界银行贷款的疏勒河项目中，饮马农场新增灌溉面积 45345 亩，接收安置移民 1.3 万人。

项目主要内容是开荒造田和移民安置。1998—1999 年完成了项目区规划勘界工作。按照《关于疏勒河项目有关问题的会议纪要》（甘政办纪〔2004〕11 号）的决定，在场区内设一个移民乡，即七墩滩乡，及四个移民队，该乡占用饮马农场土地 9.77 万亩（其中安西片 6 万亩，其余在玉门片内）。根据项目移民计划，农场项目区共安置甘肃省东部 2 个项目迁出县（临潭县和武都县）的移民 429 户、2667 人。移民点建设总投资 237.81 万元，主要建设项目有村委会、村诊所，村小学等，并完善了供电线路设施建设、供水设施建设、道路建设、插花移民点建设等。该项目于 2007 年全面结束，2009 年完成了 2 个移民村向玉门市的移交工作。项目建设由农垦指挥部负责具体实施，总投资 2915.61 万元，农场项目部配合协助完成了项目实施工作。

## 第三节　退耕还林、还草项目

按照国家退耕还林政策，经甘肃省财政厅、林业厅批准，农场从 2003 年开始实施退耕还林项目，2018 年开始实施新一轮退耕还林、还草项目，实施情况如下：

### 一、退耕还林工程

2003 年，农垦列入全省退耕还林序列，年度任务为 5 万亩，其中退耕造林 2 万亩、荒山荒坡及沙荒造林 3 万亩。农场在 2003 年退耕还林项目工程的规模为 3000 亩（退耕还林 1000 亩、沙荒造林 2000 亩），当年实际完成退耕还林 1006 亩、沙荒地造林 2002.9 亩，完成计划的 103％。2004 年，项目通过验收，成活率平均为 72.6％。为保证项目的顺利实施，2004 年，农场实行全面禁牧，并成立了林业管护队，加强对幼成林的管护工作。2009 年 12 月，林业管护队撤销，护林任务移交各农业生产队负责。

### 二、新一轮退耕还林工程

2018 年，根据《关于启动实施新一轮退耕还林还草建设任务的通知》（甘发改西部〔2014〕1214 号）、《关于下达新一轮退耕还林还草工程 2018 年建设任务的通知》（甘发改西部〔2018〕95 号）和《酒泉市林业局关于下达 2018 年新一轮退耕还林工作经费的通知》（酒市林计函〔2018〕20 号），经分公司向玉门市林业局申请，争取到玉门市 2018 年新一轮退耕还林工程 25639.4 亩，工程主管单位为玉门市林业局，饮马分公司为项目实施单位。经过 3 年建设，种植林带 25639.4 亩，树种为沙枣、杨树和圆冠榆。项目总投资 4056.16 万元，其中种苗造林费 513.44 万元，退耕还林补助 1540.32 万元，退耕户自筹资金（包括投工投劳）2002.4 万元。资金来源为中央投资 2053.76 万元，占 51%；退耕户自筹资金（包括投工投劳）2002.4 万元，占 49%。

### 三、退耕还草项目

按照《关于转发下达新一轮退耕还林还草工程 2018 年建设任务的通知》（甘垦集团规〔2018〕9 号）转发《关于下达新一轮退耕还林还草工程 2018 年建设任务的通知》（甘发改西部〔2018〕95 号）文件，2018 年下达农场新一轮退耕还草项目总规模 1 万亩，项目区分布在农场农业二队、农业三队和农业七队严重沙化耕地（非基本农田）内。项目总投资 1000 万元，全部为国家财政资金，其中生产性物资费用 150 万元（仅用于购买牧草种子），补助资金 850 万元。2020 年年底，农场按照 850 元/亩的补贴标准向自验合格的 9929 亩种植户发放了补助资金 843.97 万元，对验收不合格的，农场督促其完成补植补造后再行兑现剩余资金。

退耕还林　加快农业经济发展

## 第四节　日元贷款节水灌溉风沙治理项目

### 一、日元贷款节水灌溉项目

日元贷款节水灌溉项目在场区的首个任务是实施 1670 亩的酒花滴灌工程。该工程计划投资 1786041.78 元，亩均投资 1069.48 元，2004 年完成 4 个单项工程，占项目投资的 28.29%。按照方案和设计要求，农场自 2004 年 5 月 8 日放线，6 月 3 日全部完成干支管

35270 米的管线沟槽开挖、管材安装和土方回填，同时完成了全部混凝土镇墩的浇注及 6 座泵房共计 72 平方米的建设。

日元贷款治沙项目实施现场

## 二、日元贷款风沙区生态环境综合治理项目

该项目是利用日本国际协力银行日元贷款进行的生态环境综合治理项目，项目区设在甘肃省重点风沙区——河西走廊地区，饮马农场为项目区之一。通过营造生态公益林、种栽植经济作物、封沙（滩）育林（草）、工程治沙、配套设施工程建设等一系列工程项目，可减轻风沙的危害、遏制风沙的蔓延，对缓减全球生态环境压力有极其重要的作用。饮马项目区主体工程为：营造生态公益林 377.7 公顷、经济林草 470 公顷、封沙（滩）育林（草）816.4 公顷，完成渠道工程 26.23 公里、道路工程 10.6 公里。该项目于 2004 年开始实施，2008 年完成。

该项目于 2004 年开始实施，实施期限为 2004—2009 年。项目可研报告规划中，主体建设工程计划总任务 1428 公顷，其中生态公益林 418 公顷（包括乔木林 200 公顷、灌木林 218 公顷），经济林草 470 公顷（包括啤酒花 100 公顷、紫花苜蓿 370 公顷），封沙（滩）育林（草）540 公顷。配套工程中，修建支渠 6 公里、斗渠 6.5 公里、滴灌 10 公顷、机耕路 6.5 公里，购置农用机械 8 台（套）、越野车 1 辆、办公设备 16 台，土建工程 120.0 平方米。在环境监测及培训中、购置仪器设备 5 台。

调整变更任务后，营造林及作物种植工程计划建设规模变更为：总任务 1943.4 公顷，其中生态公益林 328.4 公顷（包括乔木林 119.1 公顷、灌木林 209.3 公顷），经济林草 467.2 公顷（包括啤酒花 125.2 公顷，紫花苜蓿 342.0 公顷），封沙（滩）育林（草）1147.8 公顷。配套工程中，修建支渠 16 公里、斗渠 11.6 公里、滴灌 25.0 公顷、机耕路 10.5 公里，购置农用机械 9 台（套）、越野车 1 辆、办公设备 16 台，土建工程 150.0 平方米。在环境监测及培训中，购置仪器设备 5 台。

2004—2009 年，实际完成总投资 2200.3 万元，完成计划总投资 108.4%。其中，营造林及作物种植工程投资 1424.5 万元，完成计划投资的 132.6%，包括生态公益林投资 197.1 万元，完成计划投资的 88.8%；经济林草投资 966.3 万元，完成计划投资的 113.4%；封沙（滩）育林（草）投资 261.1 万元，完成计划投资的 142.3%；配套工程建设投资 534.4 万元，完成计划投资的 99%；环境监测及培训投资 50 万元，完成计划投资的 103.7%；其他费用 148 万元，完成计划投资的 100%；建设期还贷利息 43.1 万元，完成计划投资的 100%。

计划任务年度分配内容见表 3-4-1。

表 3-4-1　计划任务年度分配内容

| 年份 | 主体工程（公顷） | | | | | | 配套工程 | | | | |
|---|---|---|---|---|---|---|---|---|---|---|---|
| | 乔木林 | 灌木林 | 啤酒花 | 紫花苜蓿 | 封育 | 合计 | 支渠（公里） | 斗渠（公里） | 滴灌（公顷） | 机耕路（公里） | 管护房（平方米） |
| 2004 | 34.6 | 38.2 | 24.1 | 55.6 | | 152.5 | | | | | |
| 2005 | 26.5 | 104.6 | 10.0 | 100.0 | 266.7 | 507.8 | 3.0 | | 25.0 | 1.6 | |
| 2006 | 10.9 | 66.5 | 34.1 | 104.0 | 273.3 | 488.8 | 3.0 | 3.3 | | 4.9 | 60.0 |
| 2007 | 10.7 | | 43.9 | 82.4 | 276.4 | 413.4 | 10.0 | 8.3 | | 4.0 | 60.0 |
| 2008 | | | 13.1 | | | 13.1 | | | | | |
| 2009 | 36.4 | | | | 331.4 | 367.8 | | | | | 30.0 |
| 合计 | 119.1 | 209.3 | 125.2 | 342.0 | 1147.8 | 1943.4 | 16 | 11.6 | 25.0 | 10.5 | 150.0 |

项目保障工程建设的主要措施有：

1. **加强组织领导，形成合力，确保项目建设任务的顺利完成**　为了保障日元贷款风沙治理项目建设任务顺利完成，农场成立了日元贷款风沙治理项目建设领导小组，由场长任组长，主管副场长任副组长，农场相关部门、单位的主要负责人及专业技术人员、职工代表为成员，办公室设在农场项目部，全权负责日元贷款风沙治理项目的实施、自查，并配合上级复查、验收抽查等各项工作。在项目的实施中，农场项目主管及农业生产的副场长分工明确、各负其责，在具体的实施中亲自参与项目建设，及时指导和帮助解决项目实施中的突出问题，切实把项目扎实有效地做好。在农场 2004—2007 年各项工程建设中，干部群众共投入劳动力 170532 个工日，投工投劳折资 341 万元。

**2. 多形式宣传，充分调动广大干部群众参与项目建设的积极性**　在项目实施中，农场充分利用广播、《饮马简报》、标语等，对项目进行广泛宣传，让大家了解项目实施可有效控制农场土地沙漠化，治理沙化草场，减少风沙危害，降低河西地区沙尘暴的发生频率与强度，充分调动广大干部群众参与项目建设的积极性。针对风沙治理项目工作的实际，农场还制定了相关政策规定，切实有效地把项目工程建设实施好、落实好。

**3. 科学规划，集中培训，提高实施操作能力**　农场根据实际情况，组织相关部室农业、林业、规划、计划方面的技术骨干，认真研究甘肃省项目办下达的计划，进行现场实地勘察，为乔木林、灌木林、啤酒花、紫花苜蓿、封育、渠道、机耕路等工程编制了详细的实施方案，对农场实施好项目工程起到了积极的作用。根据甘肃省项目办和农垦集团公司项目办下达的计划任务，农场结合自身实际，严格按照要求进行了地点选择和任务落实，委托甘肃省农业工程规划院进行了项目工程建设图的绘制，扎实有效地完成实施方案及作业设计的编制，并上报甘肃省农垦集团公司项目办进行审查、批复。在项目的培训中，农场共举办培训班 15 次，组织干部群众培训学习了《生态公益林（乔木林、灌木林）的栽植及管护技术要点》《啤酒花高产优质栽培技术》和《紫花苜蓿高产优质栽培技术》《封沙（滩）育林（草）管护技术要点》《啤酒花滴灌的使用方法及维护、管护的技术要点》《渠道、机耕路等配套工程的管护技术要点》等，受训人员超过 1850 人次。通过培训，职工较好地了解了风沙治理知识，基本掌握了造林种草技术，提高了项目实施操作能力，保证了项目的实施质量和效果。

**4. 严格按照计划实施，确保完成任务不减少**

（1）饮马农场在实施年度项目工程时，严格按照甘肃省项目办下达的任务计划执行，没有出现减少任务量和工程量的情况。

（2）在项目工程施工中，饮马农场制定了多项规章制度，加强对项目实施的管理，充分调动广大干部职工的积极性，在工程的管护等方面起到了积极作用。

**5. 项目建设资金管理和使用严格执行"三专"管理制度，确保项目资金使用的合法性和合理性**　根据项目要求，农场设立了项目账户，保证了资金的专款专用，并设项目专职会计 1 名，具体负责各项财务报表的制作、建账及报账等工作。同时，对资金的来源、使用、成本控制、利益分配等做出详细的计划、安排及具体报告，如实提供完整的财务账目、凭证、报表和相关资料。在项目资金审计和监督方面，农场审计部门分阶段对项目资金使用情况进行定期监督检查，发现问题及时提出解决办法，保证各项资金使用的合法、合理。在甘肃省审计厅外资处对农场项目资金管理的审计中，没有出现违规违纪的情况。

**6. 完善采购体系，提高物资采购质量** 日元贷款风沙治理项目《可行性研究报告》《实施指南》及《实施管理试行办法》规定，项目建设所需设备和物资由各级项目办负责采购。根据甘肃省项目办和农垦集团公司项目办指示，部分农场项目办承担部分物资的采购任务。按照上级项目办要求，为使采购的项目物资达到"优质低价"，招标投标"公开、公平、公正和诚实信用"，农场项目办严格工作程序，禁止违法违规和各种腐败或欺诈行为，确保招投标工作质量。农场成立了"饮马农场日元贷款风沙治理项目物资采购评标小组"，组长由农场法人代表担任，副组长由农场财务主管、农林牧生产主管及项目办主任担任，成员由项目办、计划财务部、供销部、农林牧生产部、农机服务中心及职工代表组成。

根据甘肃省项目办下达农场的 2004—2007 年建设任务及物资采购计划，结合《关于印发〈日元贷款甘肃重点风沙区生态环境综合治理项目实施管理试行办法〉的通知》的文件精神。农场对任务和资金进行了详细分解、布置和安排，按照季节性、时效性强的特点和先易后难、稳步推进的原则，做出了项目采购计划，严格按照"公平、公正、公开"和诚实信用的原则采购物资。项目物资采购是实施项目计划的重要组成部分。

**7. 建立健全管护运行机制，发挥项目建设的效益** 饮马农场在 2004 年 1 月成立了专职护林队，专门负责生态公益林的管护、浇水、施肥、松土、除草等；啤酒花的管护由专职啤酒花队负责；紫花苜蓿的管护由 3 个农业队负责。同时，农场建立了管护制度，落实了管护措施及管护责任人。2004 年 4 月 15 日，农场执行了禁牧制度，在全场辖区内全面禁牧，使新老林带、草地植被长势和覆盖度有了很大提高，对巩固日元贷款风沙治理项目建设成果起到了有力的保障作用。

**8. 项目效益** 日元贷款风沙治理项目的顺利实施，推动了农场经济结构的调整，促进了生态环境的好转，拉动了区域经济的增长，增加了林地面积，提高了森林覆盖率，林地面积净增 1220.5 公顷，森林覆盖率提高了 1.2 个百分点，土壤植被覆盖面积增加 1562.5 公顷。此外，还带动了农业经济结构的调整，增加了职工收入。项目区实施总面积 1562.5 公顷，调整农业结构 454.1 公顷，112.1 公顷啤酒花正常年可产生经济效益 2100 多万元，141.3 公顷林草套作和 342.0 公顷紫花苜蓿可在正常年收获干草 5554 余吨，圈养羊 3000 多只，带动了农场啤酒原料产业、草产业和畜牧业的发展。通过实施该项目，农场根据不同区域的立地条件、土壤结构、栽培模式，探索出了符合本地实际的生态治理模式，在生态优先的原则下，经济效益和社会效益都得以有效实现。

# 第五节 贫困农场扶贫开发项目

"十二五"期间，在农垦集团公司的支持下，饮马农场实施扶贫开发项目5个，累计投资达831.4万元。其中，申请财政扶贫专项资金690万元，农场自筹资金141.4万元。具体情况如下：

## 一、2011年中低产田改造项目

2011年实施中低产田改造项目1400亩，项目总投资170万元，其中财政扶贫资金150万元，农场自筹20万元。项目区为二分场（原十九队）四支三斗，通过实施配套工程，改造中低产田1400亩，改造修复机耕路5.9公里，衬砌斗渠8.2公里，配套渠系建筑物93座。项目的实施夯实了农业生产基础，有效地改善了项目区农业生产条件。

## 二、2012年仓储设施改造项目

2012年实施仓储设施改造项目。项目总投资121.3万元，其中财政扶贫资金110万元，农场自筹资金11.3万元。在原农场供销公司新建仓容2600吨、总建筑面积603.25平方米的仓库1栋，改造仓容1500吨、总建筑面积400平方米的散装平房仓1栋。项目于2012年12月改造实施完成后投入使用，有效改善了农场农资及农产品仓储条件。

## 三、2013年人畜饮水工程项目

2013年实施财政扶贫资金人畜饮水工程。项目总投资162.3万元，其中财政扶贫资金130万元，农场自筹资金32.3万元。该项目在饮马农场8个片区实施，新打机井2眼，修复配套机井6眼，新建水塔2座，维修水塔2座，铺设输水管线15.5公里，配套附属建筑21座，于2013年年底完成并投入使用，初步解决和改善了饮马农场8个片区988户、3345人及12440只（头）大小牲畜饮水安全的问题。

### 四、2014 年农田水利基础设施建设项目

2014 年实施农田水利基础设施建设。项目总投资 188.8 万元，其中财政扶贫资金 150 万元，农场自筹资金 38.8 万元。项目区位于原十五队五支二斗。通过项目实施，共衬砌农渠 8.8 公里，疏浚排渠 8 公里，配套渠系建筑物 16 座，有效改善了项目区水利基础设施条件，提高了农业综合生产能力，推动了项目区食葵等经济作物种植的快速发展，达到了农业增效、职工增收的目的。

### 五、2015 年中低产田改造项目

2015 年实施中低产田改造项目。项目总投资 189 万元，其中中央财政投资 150 万元，农场自筹资金 39 万元。项目区位于原农业三队五支一斗。通过改良土壤及建设配套工程，改造中低产田 1500 亩，衬砌斗渠 4.3 公里，配套渠系建筑物 13 座，整修机耕路 3 公里，有效改善了项目区农业生产基础条件，推动项目区农业种植结构调整和高效特色种植业的发展，对增加职工收入起到积极的促进作用。

## 第六节　危房改造（棚户区改造）项目

饮马农场危房改造（棚户区改造）项目分为危房改造和棚户区改造两个项目实施。

### 一、危房改造项目

该项目从 2011 年开始实施，至 2015 年结束。国家规定的危房改造补助标准为：每户补助危房改造资金 1.5 万元，配套基础设施建设资金每户 1 万元（2014 年 1.62 万元，2015 年对 2014 年危房改造配套项目增加补助 1 万元）。项目总投资 7583.83 万元，主体工程总投资 5405.81 万元（中央财政资金 1237.5 万元，省级财政资金 825 万元，自筹资金 3343.31 万元），配套工程总投资 2178.02 万元（中央财政资金 2177.14 万元，自筹资金 0.88 万元）。其间共完成危房改造 1375 户，其中新建 170 户，危房改造 1205 户。

20世纪60—70年代职工居住的破旧房屋　　　　　　　　今日农场职工的新居

**（一）2011年危房改造项目**

根据项目批复，农场完成改造总任务为432户，其中，新建170户，维修改造262户，完成项目计划任务的100％。

1. **新建多层住宅楼工程**　在玉门饮马花园小区新建六层砖混结构楼房3栋，总户数为102户、102套（饮马小区为农场2009—2010年自建，危房改造期间将102套纳入农场危房改造项目）。

2. **新建平房**　在农场农业一队新建砖木结构平房9套，在农业五队新建8套，在农业六队新建19套，在农业七队新建13套，在农业二队新建11套，在场部东一区新建4套，在回民队新建4套。总户数68户，新建68套。

3. **危房改造工程**　在农场东一区改造住房113套，农业四队改造住房36套，农业三队改造住房36套，场部西一区改造住房26套，场部西二区改造住房51套。总户数262户，改造262套。

项目建设总投资额3107.8万元，其中中央财政388.8万元，省级财政259.2万元，农场及职工自筹配套2459.8万元；配套资金财政投资225万元。项目资金为报账制，财政资金到账873万元（主体工程到账648万元；配套工程到账225万元），农场配套资金到位2459.8万元，完成计划投资的100.0％。

**（二）2013年项目计划及完成建设情况**

根据项目批复，农场实际完成改造426户，全部为危旧房改造。其中，修造厂83户，木工排31户，老学校51户，场部西122户，四合院45户，医院西22户，十四队36户，十五队36户。

项目建设总投资额2058.1万元，其中建筑工程投资1137.8万元，设备及工器具采购投资22.32万元，安装工程投资498.09万元，其他费用399.89万元。资金来源为：中央财政资金 981.0 万元，其中危改 383.4 万元，基础基础设施配套资金 597.6 万元（2013 年 447.3 万元，比 2011 年增加 150.3 万元）；省级财政补助资金 255.6 万元；职工自筹 821.5 万元。

**（三）2014 年项目计划及完成建设情况**

项目建设总投资额 1675.05 万元，其中建筑工程投资 1313.38 万元，设备及工器具采购投资 54.01 万元，安装工程投资 199.17 万元，其他费用 108.49 万元。资金来源为：中央财政资金 465.3 万元，省级财政补助资金 310.2 万元，项目配套设施财政资金投资 837.54 万元，职工及企业自筹 62.01 万元（其中，企业自筹 15.5 万元，职工自筹 46.51 万元）。

完成危房改造总任务为 517 户，改造面积 38775 平方米，全部为危旧房改造。其中，十二队 88 户，十三队 114 户，十五队 60 户，十七队 115 户，十八队 84 户，十九队 56 户。改造道路 19553 平方米，改造室外给排水管道 14100 米，改造室外电气线路 7020 米，室外绿化面积 10001 平方米。

**（四）2014 年增加危房改造配套工程项目**

项目实际安装室外电力线路 16152 米，平整室外林地 2982 平方米，栽植新疆杨树 198 株；C25 混凝土硬化道路 15227 平方米，道路铺设砂石料 21920 平方米；安装给水管线 5585 米，新建阀门井 9 个，安装排水管线 11057 米，新建检查井 49 座。项目实际投资额 523.5 万元。

## 二、棚户区改造项目

为彻底解决群众住房问题，改善居住环境，农场争取到了甘肃省 2020 年第一批保障性安居工程 61 套。项目经《甘肃省保障性安居工程及住房公积金领导小组关于印发 2020 年第一批城镇保障性安居工程建设任务分解计划的通知》（甘建保金〔2020〕1 号）批准实施，按照《甘肃农垦危房改造建设项目管理办法》，项目工程当年批复，要求当年完成建设任务。

**（一）建设规模**

新建职工住宅 61 户（套），总建筑面积 3429.01 平方米。根据农场实际，项目区分为 3 个片区实施。其中，饮马农场八队（一区）新建住户用房 24 户（套），总建筑面积 1371.75 平方米；饮马农场八队（二区）新建住户用房 10 户（套），总建筑面积 525.28 平方米；饮马农场场部（三区）新建住户用房 27 户，总建筑面积 1531.98 平方米。

**（二）项目总投资及资金来源**

1. **项目总投资**　项目批复总投资 1026.15 万元，其中主体工程建设总投资 732.87 万元，配套工程建设总投资 293.28 万元。项目工程经公共资源交易中心招标，实际总投资为 818.77 万元。

2. **资金来源**　项目总投资 818.77 万元，其中财政补助资金 244 万元（主体工程 91.5 万元，户均 15000 元；配套工程 152.5 万元，户均 25000 元），棚改住户自筹资金 356.51 万元，企业自筹资金 218.26 万元。

**（三）建设方案及收费标准**

1. **建设方案**　项目区根据群众需要，设计建筑面积各不相同。项目总建设任务 61 户，总建筑面积 3429.01 平方米，分三个片区建设。农业八队（一区）共 24 户，总建筑面积 1371.75 平方米，其中，56.56 平方米/户共 12 户，43.12 平方米/户共 9 户，101.65 平方米/户共 3 户。农业八队（二区）共 10 户，总建筑面积 525.28 平方米，其中，56.56 平方米/户共 7 户，43.12 平方米/户共 3 户。场部（三区）共 27 户，总建筑面积 1531.98 平方米，全部为 56.74 平方米/户。

2. **收费标准**　根据招标报价，主体住房造价 1450 元/平方米，围墙 660 元/米，大门 5000 元/樘。建筑面积为 43.12 平方米的 12 户住户每户总投资 77285 元，其中自筹资金 37285 元；建筑面积为 56.56 平方米的 19 户住户每户总投资 98074 元，其中自筹资金 58074 元；建筑面积为 101.65 平方米的 3 户住户每户总投资 179453 元，其中自筹资金 139453 元；建筑面积为 56.74 平方米的 27 户住户每户总投资 99107 元，其中自筹资金 59107 元。其余费用由农场承担（项目前期设计、勘测、招投标、工程监理等），共计 218.26 万元。

项目工程于 2020 年 8 月 18 日开工建设，至 2020 年，已完成项目房屋主体工程施工，配套工程将于 2021 年 5 月底前完成。项目总体建设计划于 2021 年 6 月底前全部完成并交付使用。

# 第七节　高标准农田改造项目

从 2019 年开始，甘肃省农业农村厅开始逐年向农垦下达高标准农田建设项目实施任务。饮马农场从 2020 年开始实施高标准农田建设项目，按照项目计划，到 2030 年，将实施高标准农田建设项目 8.61 万亩。

根据甘肃省农业农村厅《关于下达 2020 年高标准农田建设任务的通知》（甘农田发

〔2019〕12号）要求，农场2020年实施高标准农田建设项目5000亩，项目总投资722.4万元，其中中央财政资金546.7万元，省级财政资金67.2万元，企业自筹108.5万元（自筹资金及投劳折资）。项目区分三片，分别为十四队片、农业三队片和农业八队片。其中，三队片建设规模93.63公顷（合1404.45亩），十队片建设规模126.92公顷（合1903.85亩），十四队片建设规模112.78公顷（合1691.70亩）。

## 一、建设内容

项目区建设内容包括土地平整工程、土壤改良工程、灌溉与排水工程、田间道路工程、农田输配电工程和科技推广措施六项。主要建设内容为：衬砌渠道8.866公里（斗渠5.565公里，农渠3.301公里），排渠清淤4.452公里，修筑机耕道路2.902公里，土地平整2804亩，土壤改良800亩，增施有机肥2400立方米，实施高效节水滴灌5000亩；架设输配电线路150米；科技培训人员1000人次，其中现场培训688人次，集中培训312人次。

2020年高标准农田建设情况见表3-4-2。

表3-4-2　2020年高标准农田建设情况

| 位置 | 建设面积（亩） | 土地平整（亩） | 土壤改良（亩） | 衬砌渠道（千米） | 增施有机肥（立方米） | 排渠清淤（千米） | 修筑机耕道（千米） | 高效节水滴灌（亩） | 输电线路（米） | 培训人员（人次） |
|---|---|---|---|---|---|---|---|---|---|---|
| 饮马农场十四队、农业三队和农业八队 | 5000 | 2804 | 800 | 8.866 | 2400 | 4.452 | 2.902 | 5000 | 150 | 1000 |

## 二、项目投资

项目概算投资722.40万元，亩均投资1444.81元。其中建筑工程612.22万元，机电设备及安装工程46.19万元，金属结构设备及安装工程13.87万元，施工临时工程10.08万元，独立费用40.04万元。

## 三、项目效益

土壤改良、修建田间道路、完善灌排设施等工程建设能够明显改善田间配套基础设施，提高耕地质量和粮食产能，社会效益显著。

1. **提高耕地质量，增加农民职工收入**　该项目是改善农业生产和农民生活条件、解决农民增收问题的一项重要措施。项目的实施可提高当地农场农业生产技术水平、土地利用水平和生产效率，增加职工收入，带动农村农场经济发展。

2. **优化土地利用结构，提高土地利用率**　通过项目实施，对项目区田间道路、灌溉设施进行合理布局和工程建设，极大改善了项目区的农业生产条件，增加了有效耕地面积，提高了土地垦殖率和土地利用率，提高了群众种植的积极性。

3. **调整产业结构，推进农村社会农场稳定发展**　项目建成后，形成了完善的农田灌排、田间道路和林网生态系统，有利于产业结构的调整，提高了农业生产效益。同时，可为区内富余劳动力提供就业机会，对稳定农村社会起到了积极的作用。

平整条田

渠道衬砌中

项目标识牌

衬砌后的渠道

## 第八节　高效节水项目

农场实施高效节水最早是从 2004 年的日元贷款风沙治理项目开始的。项目实施高效节水啤酒花滴灌 2045 亩，但使用不到 3 年就停止了使用。2014 年，由于受水资源的制约，农场认识到了节水灌溉是未来农业发展的必由之路，开始大面积申报和实施高效节水项目。截至 2020 年 2 月，农场共实施高效节水工程 13 项，完成高效节水面积 81982 亩，总投资 11076 万元，基本实现了滴灌高效节水在饮马农场耕地面积的全覆盖，为农场今后的可持续发展和高效节水农业的发展奠定了坚实基础。

### 一、2014 年高效节水项目

根据甘肃省水利厅《关于抓紧报送 2014 年中央财政小型农田水利工程项目和中央财政统筹从土地出让收益中计提农田水利建设资金项目建设方案等申报材料的通知》（甘水农水发〔2014〕364 号）和《酒泉市水务局、酒泉市财政局关于规模化高效节水灌溉示范区项目 2014 年建设方案的批复》（酒水发〔2014〕332 号）文件批复，项目建设规模为实施高效节水滴灌 7000 亩，总投资 1216.03 万元。

1. **项目建设任务**　根据批复，实施地表水滴灌 7000 亩。其中，农业一队三支三斗 1588 亩，农业二队四支四斗 2164 亩，农业三队五支二斗 3248 亩。具体工程量为新建检排井 395 座、加压泵及过滤器各 7 套、多功能出水栓 355 套，铺设管道 8.21 万米，土方开挖 20.45 万立方米。实际实施面积 7010 亩，其中农业一队 2000 亩，二队 1190 亩，三队 3820 亩。实施内容与批复的项目计划内容基本相符，完成计划任务的 100%。

2. **项目投资**　根据项目批复，该项目计划投资 1216.03 万元，资金来源为申请中央补助资金 500 万元，省级财政补助资金 200 万元，受益单位（饮马农场）投劳折资及农场自筹 516.03 万元。其中，建筑工程投资 1097.76 万元，设备及安装工程投资 20.68 万元，临时工程投资 16.78 万元，独立费用投资 80.81 万元（包括建设管理费、设计费等）。

实际投资为 1015.8 万元，其中中央补助资金 500 万元，省级财政补助 200 万元，建设单位饮马农场自筹资金 315.8 万元（投劳折资 98.02 万元，自筹资金 217.78 万元）。实际完成项目计划总投资的 83.53%，节约资金 200.22 万元。

3. **项目效益**　项目实施后，年增产 98.95 万元，节省人工费用 42.0 万元，年增节地效益 1.98 万元，节水效益 20.06 万元，年可省肥 10.5 万元，总经济净效益 173.49 万元。节约的水量可用来改善生态环境，具有显著的经济效益、社会效益和生态效益。

## 二、2015 年高效节水项目

根据酒泉市水务局《关于审查 2014 年中央财政小型农田水利（第六批重点县）2015 年度项目建设方案的通知》（酒水发〔2014〕149 号）和《玉门市高效节水灌溉项目三年建设方案（2014—2016 年）》以及《酒泉市水务局、酒泉市财政局关于印发 2014 年中央财政小型农田水利（第六批重点县）2015 年项目建设方案批复意见的通知》（酒水发〔2015〕22 号），农场 2015 年高效节水灌溉项目建设任务为地表水滴灌 4000 亩。

1. **项目建设任务**　根据批复，实施地表水滴灌 4000 亩，其中农业一队三支三斗 1590 亩，农业二队四支二斗 2410 亩。具体工程量为：新建检查井 13 座、排水井 20 座、首部管理房 6 座（120 平方米），安装离心＋碟片过滤器 6 套，铺设 PVC 管道 31.18 公里，铺设 PE 管 40.61 公里、滴灌带 390.28 万米。项目实际完成面积 4000 亩，其中，农业一队 1590 亩，农业二队 2410 亩，实施内容与批复的项目计划内容相符，完成计划任务的 100%。

检查滴灌设备

2. **项目投资**　根据项目批复，该项目计划总投资 694.88 万元，资金来源为申请中央补助资金 200 万元，省级财政补助资金 200 万元，受益单位（饮马农场）投劳折资及农场自筹 294.88 万元。其中，建筑工程投资 40.7 万元，设备及安装工程投资 599.07 万元，临时工程投资 9.6 万元，独立费用投资 45.51 万元（包括建设管理费、设计费等）。

实际到位资金 663.77 万元，其中中央补助资金 200 万元，省级财政补助 200 万元，建设单位饮马农场自筹资金 182.15 万元，投劳折资 81.62 万元。

3.**项目效益**　项目实施后，新增节水能力 104.23 万立方米，新增高效节水灌溉面积 0.4 万亩，新增粮食生产能力 0.11 万吨，新增经济作物产值 132.08 万元，使项目区 0.4893 万人口受益。节约的水量可用来改善生态环境，具有显著的经济效益、社会效益和生态效益。

高效节水地下管网

蓄水池首部系统

### 三、2015 年中央财政农田水利设施建设（河西走廊高效节水灌溉）项目

1.**建设任务**　根据《酒泉市水务局、酒泉市财政局关于印发国有饮马农场 2015 年中央财政农田水利设施建设（河西走廊高效节水灌溉）项目 2015 年度建设方案批复意见的通知》（酒水发〔2015〕361 号），饮马农场 2015 年中央财政农田水利设施建设（河西走廊高效节水灌溉）项目实施滴灌 5500 亩，在饮马农场农业三队（老原十二队）实施。主要内容为：计划新建管理房 6 座，建筑面积 120 平方米，修建各类阀井 117 座。项目实际完成面积 5500 亩，实施内容与批复的项目计划投资相符，完成计划任务的 100％。

2.**项目投资**　根据项目批复，该项目计划总投资 772.13 万元，资金采取中央补助和地方投入方式筹措，中央补助资金 405.35 万元，省级财政补助 199.65 万元，县级财政及地方群众投劳折资 167.13 万元。实际投资 608.79 万元，其中中央补助资金 405.35 万元，省级财政补助 199.65 万元，建设单位饮马农场投劳折资和自筹资金 3.79 万元。

3.**项目效益**　项目的实施解决和改善了农场农业三队 5500 亩耕地农业灌溉用水紧张的问题。项目实施后，新增节水能力 124.74 万立方米/年，新增高效节水灌溉面积 0.55 万亩，新增粮食生产能力 0.022 万吨，新增经济作物产值 177.07 万元。节约的水量可用来改善生态环境，具有显著的经济效益、社会效益和生态效益。

#### 四、饮马农场 2016 年高效节水项目

1. **建设任务**　根据酒泉市水务局、酒泉市财政局《关于印发国有饮马农场 2016 年高效节水灌溉项目建设方案批复意见的通知》（酒水发〔2016〕347 号）文件批复，饮马农场 2016 年高效节水灌溉项目建设地下水滴灌 2100 亩。其中，农业二队四支 2 斗 11 农 2－29 机井和 3 斗 11 农机井控制面积为 295 亩，农业二队四支 3 斗 1－12、2－14、2－19、2－15 号机井控制面积 1805 亩。新建检查、排水井 64 座，管理房 2 座，建筑面积 48 平方米的潜水泵 2 套，过滤器（离心＋叠片过滤器）2 套；铺设管道 22.44 公里，管道土方开挖回填 5 万立方米。

2. **项目投资**　根据项目计划，2016 年高效节水灌溉项目总投资 256.56 万元，资金来源为申请中央补助资金为 147 万元，省级财政补助 63 万元，饮马农场自筹和投劳折资 46.56 万元。实际投资情况为：2016 年高效节水灌溉项目总投资 217.96 万元，资金来源为申请中央补助资金为 147 万元，省级财政补助 63 万元，受益单位（饮马农场）投劳折资 7.96 万元。

3. **项目效益**　通过实施灌区节水改造，对农业种植结构进行优化，全面改造骨干渠道的输水能力，改善田间灌水技术，使灌溉定额降低，提高了灌溉输水效率，灌溉用水量得以下降，从而减少地下水开采量。同时，促进水资源向高效方向转移，促进产业结构调整，包括节水灌溉在内的一系列节水技术的提高和推广，从而有效保障生态环境用水。该项目经济、社会、生态效益显著，项目实施后，年平均每亩省肥 15 元，0.21 万亩地年可省肥 3.15 万元。可产生直接经济效益 56.77 万元。

#### 五、2015 年玉门水务局高效节水项目

2015 年，在农场的大力争取下，玉门市 6800 亩高效节水项目在饮马农场实施。项目建设规模为 6800 亩，为地下水滴灌。项目建设由玉门市水务局具体负责。

#### 六、甘肃省利用中央财政统借统还以色列政府贷款实施农田水利建设项目

经与玉门市水务局争取，农场于 2016 年实施甘肃省利用中央财政统借统还以色列政府贷款实施农田水利建设项目高效节水灌溉 7219 亩，项目区分布在农场五队、七队、老

一队和老三队，分两年实施。项目建设由玉门市水务局具体负责。

## 七、敦煌生态项目

2016 年实施敦煌生态项目高效节水 6600 亩。项目建设由敦煌生态农垦指挥部具体负责。

## 八、玉门市 2017 年中央农田水利设施高效节水补贴项目

2017 年，实施玉门市 2017 年中央农田水利设施高效节水补贴项目 15000 亩。项目建设由玉门市水务局具体负责实施，总投资 1303.58 万元。其中，地表水灌溉 2765 亩，修建地表水沉淀蓄水池一座，投资 254.3 万元；地下水滴灌面积 12235 亩，投资 1049.28 万元。

## 九、2018 年，实施玉门市 2018 年高效节水灌溉项目 15659 亩

2018 年，实施玉门市 2018 年高效节水灌溉项目 15659 亩，总投资 1977.53 万元。其中，地表水滴灌面积 7383 亩，修建蓄水沉沙池一座，投资 1383.61 万元；建设管灌面积 8276 亩，投资 593.92 元。

## 十、敦煌规划项目

2018—2019 年实施敦煌水资源合理利用与生态保护综合规划昌马罐区节水改造 2013 年度田间工程。项目建设面积 2855 亩，项目区位于老原三队（现七分场），总投资 268 万元。

## 十一、敦煌水资源合理利用与生态保护综合规划昌马罐区节水改造

2019 年，实施敦煌水资源合理利用与生态保护综合规划昌马罐区节水改造田间工程地下水滴灌 2204 亩，总投资 340 万元，项目区位于农业一队和农业七队。

## 十二、高标准农田项目实施的高效节水工程

根据高标准农田建设项目要求，高效节水是高标准农田建设项目中必须实施的措施。

2020年，农场实施高效节水5000亩，主要分布在农业二队东沙坑，农业七队酒花二队四斗，农业三队西沙坑、农业四队原十四队自然渠条田，农业八队老十队六斗、七斗、八斗和九斗；改造提升6800亩高效节水，项目区分布在农业五队（原十一队、十二队）。

## 十三、敦煌生态节水项目

该项目开始于2007年，2013年在农垦实施。为便于管理和协调配合，2013年，甘肃省农垦集团公司成立了甘肃农垦《敦煌规划》疏勒河项目办公室。项目办公室设在玉门市，主要负责该项目在农垦团场饮马、黄花、建筑公司、小宛、敦煌和西湖农场等单位的项目实施工作。

项目实施的主要目的是节约和充分利用疏勒河水资源，将节约的水资源引入下游敦煌地区，用于改善敦煌生态环境。主要实施内容是衬砌干、支渠道和实施高效节水滴灌工程。

2013年4月—2020年10月，在国有饮马农场实施了"敦煌水资源合理利用与生态保护综合规划昌马灌区2013年田间工程节水改造（3）""敦煌水资源合理利用与生态保护综合规划昌马灌区2014年田间工程节水改造（3）""敦煌水资源合理利用与生态保护综合规划昌马灌区2014年田间工程节水改造（2）""敦煌水资源合理利用与生态保护综合规划昌马灌区2014年田间工程节水改造（6）"4个田间工程节水改造项目。投入项目建设的施工单位有3个，中标承建的施工标段共6个，完成的主要工程量为：新修支渠（北干四支渠）1条，长度1.6公里，新修斗渠31条，长度42.5公里；新建斗渠节制分水闸275套；新建斗渠车桥（涵管桥）65座；北干三支、四支、六支、七支、西二支、西三支渠部分渠段。此外，北干三支一斗渠等得到了很好的改造，同时完成高效节水滴灌工程建设面积11659亩。

该项目建设由农垦项目办负责具体实施，农场项目部只作为建设单位进行协调和配合。该项目工程总投资2230万元。

# 第九节　其他项目

## 一、人畜安全饮水项目

饮马农场人畜安全饮水工程从 2007 开始实施，2014 年结束。全面解决了农场场部及各基层单位的人畜安全饮水问题。2019 年，由玉门市水务局人饮办公室对全场人饮工程进行了升级改造。

2007 年人畜安全饮水项目总投资 135 万元，其中，中央预算内专项资金 92 万元，甘肃省水利资金 13 万元，农场配套资金 30 万元。项目工程内容：新打机井 7 眼，维修改造机井 5 眼；新建塔高 9.8 米、容积 30 立方米的水塔 4 座，维修改造 30 立方米的水塔 8 座；建 15 平方米的管理房 7 座、阀门井 10 座；安装 150QJQ10 - 100/14 型深井潜水泵 7 台、自动上水设备 12 套；埋设管道 12.06 公里。项目区共涉及 12 个连队、3198 人。其中，十一队 337 人，十二队 232 人，老八队 46 人，老五队 52 人，酒花二队124 人，一队 312 人，十七队 462 人，十九队 274 人，二十队 247 人，十五队 168 人，十三队 322 人，十八队 622 人。

2008 年，农场自费实施了三团上下水改造工程，解决了三团 137 户职工群众的上下水问题，总投资 15 万元左右（农场提供管材，连队职工自建）。

2009 年，农场自筹经费解决的人畜饮水工程有：①老三队、老七队、十五队（新居民点）、十七队人畜饮水工程。其中老三队人口 60 户，老七队 35 户，十五队（新居民点）51 户，十七队 110 户，总投资 15 万元左右（农场提供管材，连队职工自行修建）。②自费解决了场部及老学校、四合院、修造厂等居民点 678 户人口的上水管线改造工程及部分下水道改造工程，工程总投资 31 万元。

2014 年，农场投资 38.39 万元，按照《甘肃省水利厅人畜安全饮水项目》的规定，解决了回民队 58 户、500 人的人畜饮水安全问题；投资 162 万元，按照《甘肃省财政扶贫资金人畜饮水项目》规定，解决了 2007 年农场人畜饮水项目实施以来的遗留问题，即场部、老三团、老三队、十四队、老七队、十五队和四合院等居民点未解决的人畜饮水及其他问题。新打机井 2 眼，新建水塔 2 座，配套潜水泵 2 台，安装消毒设备 2 台，配电系统 2 套，维修机井 6 眼，维修水塔 2 座，新建机井房 3 座，更换供水管线 15.5 公里，新建管道检查井 18 座。

2019 年，农场和饮马街道办共同争取，由玉门市水务局人饮办公室对全场人饮工程进行了再次改造。这次改造共设集中供水站 2 处，东片连队由老三队（七分场）机井供水，西片连队由老七队（六分场）机井供水，新打 120 米以上机井 2 眼，同时按照 2 个供水系统对各居民点供水管网进行了串联，修建供水站 2 处，实现了集中统一供水，水质有了很大改善。

## 二、高产优质苜蓿示范项目

根据《关于下达 2018 年中央财政农业生产发展资金高产优质苜蓿示范基地建设项目实施方案的通知》（甘农牧财发〔2018〕75 号）文件，农场争取高产优质苜蓿示范项目 3000 亩。

1. **建设内容和规模**　建设"WL363"优质苜蓿人工草地 3000 亩，采购"WL363"苜蓿种子 1500 公斤，并对 3000 亩基地土壤实施改良：①种植苜蓿基地 3000 亩；②配套建设灌溉渠系 1850 米，排渠清淤 4020 米，铺筑田间道路 3950 米；③购置撒粪机 1 台；④新建储草设施彩钢棚 2000 平方米；⑤建设苜蓿示范区展示牌 1 块，完成科技培训 150 人次。

2. **投资概算及资金筹措**　项目建设概算总投资 216 万元，实际总投资额为 191.12 万元，申请财政补助资金 180 万元。其中，苜蓿种子购置费 7.5 万元，储草棚建设投资 62.13 万元，田间工程、灌溉渠系及排碱渠清淤建设投资 86.8 万元，农机设备购置费 30.5 万元，宣传培训费 1.19 万元，实施方案编制费 3 万元。

3. **项目效益**　通过项目建设，可为当地奶牛养殖企业提供高质量的苜蓿草产品。一是解决了奶牛养殖企业缺乏优质饲草的问题。二是通过饲喂优质苜蓿，提高了牛奶的品质。三是通过项目实施，增加了项目区职工群众的收入。四是农场新增种植苜蓿草面积 3000 亩，有助于项目承担单位经济效益的提高。项目完成后，按亩产青干草 800 公斤计算，可生产苜蓿青干草 240 万公斤，按 1.5 元/公斤计，可实现销售收入 360 万元。五是增加了植被盖度，改善了项目区的生态环境。

## 三、饮马农场粮食生产基础能力建设项目

根据《关于报送 2009 年新增农资综合补贴集中用于粮食基础能力建设情况的通知》（财办建〔2010〕45 号）文件精神，饮马农场于 2010 年申报并成功实施了"甘肃省国有饮马农场粮食生产基础能力建设项目"。该项目于 2009 年立项，属 2009 年新增农资综合

补贴集中用于粮食基础能力建设项目实施单位。项目区位于原农场十一队、十二队，建设期为1年，于2010年实施，年底完成建设任务。

**1. 建设任务**

（1）新增粮田灌溉面积3000亩。

（2）配套工程为衬砌渠道14.6公里。其中，原十一队7.4公里，原十二队7.2公里。修筑渠系建筑物18座。其中，分水闸9座，农涵8座，8米平板桥1座。

**2. 项目投资** 项目总投资205万元。其中，申请中央财政资金199万元，企业自筹资金6万元。主要投资内容为：水利措施衬砌渠道投资199万元，工程监理费4万元，可研编制费2万元。

**3. 预期效益** 项目建成后，正常年可改善灌溉面积3000亩，年节约灌溉用水27.4万立方米；扩大优质农产品3000亩，农产品优质率达到95％以上；新增粮食产量22.5万公斤，新增产值40.5万元；项目区职工农业收入总额增加40.5万元。

中国农垦农场志丛

# 第四编

# 第一产业

中国农垦农场志丛

建场之初，创业的主要目的就是在戈壁荒滩上垦荒造田，发展粮食生产，建立一个现代化的农业企业，以改变落后的生产方式，带动周边农村尽快走向农业现代化，让人们过上富裕幸福的生活。当时这只是一个计划、一份蓝图、一个远大的理想、通过几代"饮马人"60多年的付出和努力，终在20世纪末将蓝图变成了现实——建成了现代化的国营农场。如今的饮马农场，农业生产全程基本实现了机械化，经营上完成了向产业化的过渡，规模生产和农产品基地建设已跨入了商品生产的先进行列，现代农业建设迈出新步伐。先进的生产方式和现代化的企业管理制度，为企业和社会创造了巨大的物质财富。

# 第一章　农业的经济地位

## 第一节　农业的发展过程与速度

饮马农场的建设与发展，是从低级走向高级，由粗放走向集约，由"数量型"向"质量型""效益型"发展的艰难演变过程，其发展大体经历了四个阶段：

### 一、建场初期（1956—1963 年）

从建场之初到 1963 年，是农场艰苦创业、摸索前进的时期。那时，农场的生产建设刚刚起步，困难重重。但这一切并没有难倒"饮马人"，在继承传统农业方式的基础上，农场借鉴学习苏联的经验，广泛进行适应性、多样性生产实验，积累经验，快速建立了机械化大农业体系。当时的主要任务一是大力开发利用土地资源，解决国家农产品短缺的矛盾，保证增加有效供给；二是着力开发西部，屯垦戍边，发展经济，做出试验示范，带动周边农村的经济全面发展。

在国家的计划指导下，根据疏勒河流域开发规划和《建场计划任务书》的要求，重点抓开荒造田、兴修水利两项工作。在科研部门和大专院校专家学者的精心指导帮助下，建设大军意气风发，干劲倍增，在实干中"边开荒、边生产、边建设"，不断积累经验，在艰难探索中一步步前行。同时，农垦主管部门对农场的生产建设给予了大力支持，帮助农场从苏联和一些东欧国家引进了一批牲畜良种和农业机械，并聘请苏联专家进行现场指导，解决了不少难题，加快了农场的生产建设速度。

### 二、屯垦开荒时期（1964—1979 年）

1964 年，农场体制改为"军垦模式"。按照"主力开发新荒区"的决定，场区被列为开发重点，国家拨出大量资金，加强农业基本建设，以改善生产条件，农场经济迅速得到恢复和发展。

期内，农场采用灌排相结合的工程措施，建成干、支、斗、农、毛灌排渠系，配套面积达到 10 万亩，并在生产实践中积累了渠道建设、渠道防护的成功经验。随着对场区盐土分类、分型认识的突破，暗排、竖井等洗盐工程措施已被广泛采用。按照"盐从水来，又随水去"的水盐运动规律，盐改工作在工程措施的基础上，综合运用化学措施、生物措施和耕作技术措施，为大面积盐土改良提供了科学方法。与此同时，结合生产实践，勘测设计部门还对原建场规划进行了认真"补课"，完成了新的改建、扩建规划设计，直到 1975 年"两团"合并，成立饮马农场。

这时期，场区田、渠、林、路规划建设已基本定型，耕地面积达到 6.1 万亩。农业生产由全面学习新疆兵团经验，转向结合场区实际进行总结提高，由试验单项技术到逐步配套，并根据农场的特点开展自己的研究工作，为农场进一步发展奠定了坚实基础。同时，在农业机械、电气装备水平等方面也有了显著提高。与 1963 年相比，1975 年，拖拉机、联合收割机和配套农机具保有量分别增加了 2.15 倍、5.25 倍和 2.5 倍，原有苏联和东欧国家的进口机型已基本被淘汰，国产化机型的使用率达到 87％以上。耕、耙、播、扶埂生产基本实现了机械化，收获机械化水平超过 53％。此外，1973 年，川北镇至场区 10 千伏农电开通，结束了农场靠柴油机发电的历史，机井、提灌站和晒场机械得以快速发展。

农场组建机械化生产队，始于 1966 年。当时组织大机群大规模分片区集中作业，开创了机械垦荒的先河。在农机技术管理方面，制定了《机务工作规章》及作业定额和油物料消耗定额，进一步提高了管理水平。同时，在大面积农田推广使用农业航空技术，用飞机喷洒农药，达到防治病虫害和草害的目的，效果比较理想。在良种繁育方面，按照农垦部规定的种子繁育操作规程，建立了正规的体系，经过 7 年的杂交选育和 5 代稳定，培育出春小麦"115 - 2"5 个优良品种，经有关部门的品系技术鉴定，品质很好，成为农场的当家品种。在养殖业方面，推广糖化饲料和发酵饲料，改进了人工授精技术，取得了很好的效益。此外，农场还在农业灌溉技术和绿肥种植技术方面做了很大努力，采取了有效措施，有了新的突破。

1964—1966 年上半年，国家农业政策有了新的调整，农业基本建设投资有所增加，农场经济得到迅速恢复和发展。三年时间内，农业平均增长率达到 15.3％（带有恢复性质）。在"文化大革命"中，农业生产受到了一定影响，不过在广大干部和农场职工的共同努力下，农场的生产规模依然在低产亏损中缓慢增长。

### 三、改革与发展时期（1980—2010 年）

党的十一届三中全会后，农场认真总结经验教训，以盐土改良为突破点，充分发挥资源优势，取得了良好成效。在这一时期，农场大体做了以下几方面的工作：

（1）运用工程措施、化学措施和生物措施，制度性坚持农田基本建设，平整土地，改造条田，秸秆还田与绿肥并用，改善了土壤理化性状，使 80％的耕地含盐量降到轻盐化标准。

（2）农业生产机械化水平的逐步提高，为采用先进的农业技术和专业化生产创造了有利条件，使粮食总产、单产，以及劳动生产率和经济效益都有所提高。以粮食种植为例，1983 年平均亩产 104 公斤；1987 年亩均达到 214.5 公斤，增长 206.25％；1993 年亩均达到 391 公斤，增长 375.96％。1983—2005 年，粮食亩产年均增长率为 14.2％，产值年均递增率为 19.42％。1983 年以前，农场在 5 万亩耕地上用 90％以上的面积种粮，总产徘徊在 5000 吨左右；"八五"期间，仅用 2.4 万亩土地种粮，总产已超过 1 万吨，是过去的 4 倍。

（3）农垦体制的改革，特别是家庭农场承包责任制和"大农场套小农场双层经营体制"的建立，极大地调动了农业职工的生产积极性，为农场经济注入了活力，开辟了在家庭经营基础上提高农业整体规模效益的新途径。

（4）在农场种植业结构调整中，1981 年，农场首先引进了啤酒花、黄花、红花的种植，随后又引进了籽瓜、水飞蓟和啤酒大麦种植，并不断选择、扩大适宜种植和经济效益较好的作物进行种植，以求达到最好的效果。1984 年，农、经、草种植比例调整为 25：61：12，当年完成产值 3100.3 万元，占农场总产值的 87％，较 1983 年增长 51％，一举扭亏为盈。

（5）从"七五"计划开始，农场主动接受市场调节和引导，认准国内外啤酒产业的大市场、大前景，致力于啤酒原料基地建设，形成了体现大农业优势，推进具有自身特色的啤酒大麦及啤酒花专业化、规模化发展格局，进入了"围绕市场转，跟着加工走"的良性循环运行轨道。至"九五"计划末，用于基地建设投资的资金达 3082.42 万元，形成了年产优质啤酒大麦 1.8 万吨、啤酒花 450 吨（压缩花）的生产规模。

（6）在良种繁育和秸秆还田技术方面有了很大发展。在建立种子生产专业化新体系的同时，实施以场为单位的统一供种，统一精选、包衣，统一配方施肥和化学除草的新举措，使作物种类及品种的实用技术都有了很大发展，应用面积达到 100％。1986 年后大力推广地膜铺盖技术，基本实现了铺膜机械化。同时，自行设计、制造的铺膜机及打瓜机批量生产，给生产带来了很大方便。2002年，农场的科技贡献率达到46%。

（7）1993年，农场以股份制形式组建了啤酒原料公司，建成了三条啤酒麦芽生产线，改变了原先只从事原料生产的传统农业格局，大大提高了农产品的市场竞争能力。2002年，农场已形成年生产优质啤酒麦芽3万吨、颗粒酒花3000吨的能力。

（8）自2002年开始，实现了真正意义上的"两费自理"（生活费、生产资料费自理）和"四到户"（土地承包到户、核算到户、风险到户、盈亏到户）目标。2003年，自费率达到100%。实行"两费自理"前，由于农场仅以发展啤酒原料种植业为主，种植品种单一，加之当时啤酒原料市场疲软、收复弃耕地的面积较大，农业生产效益低下。面对这种困局，农场大力调整农业种植品种，逐步压缩啤酒大麦种植面积，逐步引种推广种植孜然、茴香、食葵等经济作物，改变了以种植啤酒大麦、啤酒花为主的农作物种植格局，扭转了农业徘徊不前的局面，生产效益有了明显提高。

（9）农场启动了优质肉羊良种繁育基地工程、国家农业综合开发、日元风沙治理和退耕还林工程，大大提高了农业的整体经济效益。

**四、建设现代农业时期**（2011—2020年）

"十二五"期间，（农场）公司重视发展高产优质高效农业，减少千元田面积，发展双千元田，创建万元田。以甘肃省农垦集团公司提出的"三大一化"（大条田、大农机、大产业、水肥一体化）为抓手，发展现代农业，大力引种订单经济作物，在农业生产上推行大条田建设、大条田区域化轮作倒茬，着力发展双千元田。同时，引进枸杞种植，发展万元田，并大力调整种植结构，发挥特色（香料、食葵、枸杞）种植优势，使种植业产值显著增加。"十三五"期间，公司按照"继承、巩固、创新、提升"的工作总基调，大力加强农业基础设施建设，着力推行"三大一化"（大条田、大农机、大产业、水肥一体化技术应用）和"三统一化"（土地、农产品、生产资料统一经营和由项目化团队统一经营土地）经营模式，高度重视提升农业科技在农业发展中的支撑作用，主导农作物提质增效明显，企业经营效益显著提高，农业步入了高质量发展阶段。

1. **积极发展高效农业**　经过不断调整种植结构，至2014年，千元田、双千元田种植面积达到6.06万亩，占96.6%。其中双千元田面积达到3.8万亩，占60.6%；万元田枸杞种植1030亩，占1.64%。2015年，千元田面积占9.1%；双千元田面积占75.2%；万元田种植面积达到9982亩，占15.2%。

**2. 加快"三大一化"现代农业建设进程** 一是按照50亩以上的标准建设"大条田"，并建立了主导农作物种植示范园区。至2017年，200亩以上的大条田达到33个，面积1.03万亩。至2020年，建成50亩以上的条田66500亩，占种植面积的97％；200亩以上的条田面积4.5万亩，占种植面积的66％；300亩以上的条田面积1.8万亩，占种植面积的26％。二是加快大农机应用步伐，提高生产效率。为适应现代农业发展需要，分公司成立了农机合作社，引进了大批新型大型农机具，如大马力拖拉机、大型铺膜机、激光平地机、食葵收割机、青贮玉米收割机等。其间，农场职工经营的链轨式拖拉机等落后农业机械全部淘汰，被新型的大马力轮式拖拉机替代，促进了农业机械的更新换代，加快了现代农业建设步伐，机械化作业率达到95％，实现了除枸杞和洋葱以外其他主导作物生产和收获的全程机械化，加快了农业现代化发展进程。三是注重主导作物培育。经引种推广，"十二五"期间逐步形成了"三大一特"农业种植格局（"三大"即瓜籽——食葵、白瓜籽；辛香料——孜然、茴香；牧草——苜蓿、青贮玉米。"一特"即以枸杞为主导种植作物），促进了"订单农业"的发展。"十三五"时期，分公司总结了适宜分公司发展的营销模式，大力发展订单农业，形成了以"瓜（食葵、白瓜籽）、果（枸杞）、草（苜蓿草、青贮玉米、燕麦草）、香（孜然、茴香）、粮（小麦）"为种植主导作物的格局，主导作物种植面积达到80％～90％，订单农业达到80％左右。2020年，公司农业生产主导作物种植面积占总面积的84％。四是全面应用高效节水技术。从2015年开始建设高效节水项目，到2020年实现高效节水项目建设"全覆盖"。在全面推广"膜下滴灌水肥一体化技术应用"措施的同时，对部分脱盐碱明显的地块连片实施"干播湿出技术"应用，提高了土地利用率5％以上，节水50％左右，增产5％～15％。

**3. 企业统一经营迈出新步伐** 原农场优质资产剥离入组亚盛实业（集团）股份有限公司后，成立了饮马分公司，为改变之前单纯依赖收取土地租金维持企业发展的现状，逐步推行以土地、生产资料（水电、农机）、农产品为主的"三统一"经营模式，分公司与农业分场两级项目化管理团队土地统一经营。从2013年开始，分公司对职工退出的土地进行调整规划，同时逐步把职工退休后退出的耕地按"统一调整、统一规划、统一置换"的原则，改造成集中连片的大条田，由分公司和分场统一经营，公司统一经营土地面积从2013年的700亩增加到2020年的1.44万亩，为公司今后大规模推行大条田耕种，实行土地、农产品统一经营奠定了有力基础。其中，2014年2244亩，2015年2166亩，2016年3738亩，2017年5354亩，2018年8100亩，2019年10451亩，2020年达到14400亩，年均增速63％。经过逐步完善，主要经济作物除枸杞、洋葱外，基本实现了农产品统购统销、生产资料统购统销全覆盖。据统计，2020年分公司销售化肥、地膜等农业生产资料

6770 吨，统购统销农产品 40000 吨，实现经营利润 700 多万元。

4. **标准化栽培技术全面推广** 分公司高度重视农业良种良法的应用，修订完善了《亚盛饮马分公司农作物标准化栽培技术规程》《亚盛饮马分公司漫灌、滴灌条件下标准化栽培技术》指导意见，按照"农牧结合、农机与农艺结合、滴灌与种植模式结合"的原则，充分发挥农业高产示范园区的示范带动作用，推行各项新技术（新品种、新技术、新模式）措施在生产中的集成应用，科技应用水平进一步提高，科技实力在发展现代农业生产中的支撑作用进一步得到发挥。

5. **杂交品种全面应用** 随着分公司经济作物的引种、扩种，食葵、玉米、白瓜籽等杂交种，进口苜蓿、燕麦种子、小麦良种应用的全面普及，以及实行统一供种、产品统一收购，农产品产量和质量明显提升，食葵、白瓜籽、茴香、小麦产品取得国家绿色食品认证，苜蓿取得国家绿色生产资料认证。

6. **建立农牧业循环发展模式** 针对耕地有机质下降、土壤板结、面源污染严重的现状，加快中低产田改良，逐步建立农牧结合循环农业发展模式，大力发展牧草种植业，牢固树立"以农养牧，用养结合，以牧促农，循环发展"的思想意识，打造农、牧、草协调发展的新格局。2020 年增施有机肥 1000 吨、散装牛羊粪 1.7 万立方米，利用机械和人工配合捡拾地膜面积 28000 亩，主要农田排水系统清挖"全覆盖"。

7. **着力实施退耕还林还草项目，助力农业持续发展** 从 2003 年开始，农场（分公司）借助国家实施退耕还林还草项目的有利时机，在不宜耕种的土地中种草种树，有效改善了生态环境，提高了农业生产效益。

## 第二节 农业的经济地位与作用

### 一、农业经济收入

1. **农业产值在农场经济中的比重** 1963 年以前，农场没有独立的工、商部门。据资料记载，当时的农业产值占工农业总产值的 96% 左右。军垦时期，随着采矿业、建筑业、运输业和内部商业的设置，农业产值所占份额相对减少，1975 年为 58.52%。由于自然环境和历史原因，农场的农业经济结构长期以来以粮食种植业为主，后来片面强调"以粮为纲"，对多种经营和农业以外的其他产业限制过多，使农业经济涉及的范围越来越小，因而造成农业结构单一，内部比例失调，直接影响了农场经济的全面发展。

1978 年党的十一届三中全会后，按照"农工商综合经营，产供销一体化"的发展要求，农场改变了在计划经济条件下长期形成的单一经营农业的状况，按照"稳定提高第一产业，加快发展第二产业，大力兴办第三产业"的工作思路，调整产业结构，促进了二、三产业的发展。截至 2005 年，农业产值在农场经济中的比重已从 1978 年的 67.9％下降到 45.6％。虽然农业产值所占的比重逐年缩小，但农业绝对值却在稳步增长。1983 年农业总产值为 269.06 万元，1985 年达到 699.19 万元，1990 年达到 1140.8 万元，1995 年为 1447.28 万元，2000 年为 2456 万元，2002 年达到 3433 万元，2004 年达到 5321 万元。随着经营体制的不断深化改革，到 2009 年，农场所属工业企业全部从农场剥离，农场成为一个纯农业生产企业，农业产值得到了显著提高，2020 年产值达到 17263.6 万元。

农业产值在农场工农业总产值中所占比重，1983 年为 59.64％，1984 年为 53.83％，1985 年为 59％，1989 年为 83.51％，1990 年为 84.55％，1995 年为 31.69％，1996 年为 62.74％，2000 年为 38.53％，2002 年为 45.6％，2004 年为 63.26％，2008 年所占比重为 39.73％。因饮马水泥厂、西部水泥公司、啤酒花加工厂从农场剥离，2008 年后农场不再有工业及加工业，集中精力发展农业，同时围绕农业发展商贸物流业。据统计，2009 年产值为 73.36％，2015 年为 69.05％，2020 年达到 57.57％。农场始终把发展农业、加强农业的基础地位放在各项经济工作的首位，在领导精力、政策落实、资金和物资投入等方面都向农业倾斜，保持了农业发展的长盛不衰，大大促进了农场经济的协调发展。

回顾过去，农业总产值年平均增长速度，1958—1960 年为 32.7％，1961—1963 年为 19％，1964—1969 年为 9.3％，1970—1974 年为 1.43％，1975—1983 年为 9.73％，1984—1995 年为 21.56％。1996—2004 年，因受农产品价格下跌和大面积复垦、开荒等因素影响，增长速度放缓，为 6.2％，属外延性增长。2000 年以后，随着农垦体制的改革和农场加工单位的分离，农业收入成为农场收入的重要支柱，并逐步发展商贸物流业，以提高农场的经营收入。在 2001—2020 年的 20 年间，农业总产值增加了 3.6 倍，增长 259.66％，年均增长速度为 6.66％。

种植业是农场农业生产的主要经营对象，其产值由 2001 年的 5161.37 万元增加到 2020 年的 15384.6 万元，20 年增加 2.98 倍，平均年增速 6.26％。所占农业生产总值份额 2001 年占 96.54％，2005 年占 72.17％，2001—2003 年平均占 81.87％，平均年增速 0.21％。2004—2005 年，由于啤酒大麦、孜然主导农产品市场疲软，平均增长率为－2.28％。2006—2010 年，农场调整种植结构，压缩啤酒大麦、孜然的种植面积，扩种食葵、茴香，平均占比 68.62％，平均年增速 6.65％。2011—2015 年，平均占比（据亚盛股份公司口径统计）61.8%，平均年增速10.15%。其间，公司加快和扩大发展"农资农产品及土地"统一经营范围，逐步实现全覆盖，商贸物流业得到发展，增加了总体收入，但主导作物枸杞、食葵出现市场疲软及销售难的状况，致使种植业收入增长放缓。后来，公司通过培育，结合本地优势，确定了以瓜、果、草、香、粮为农业生产种植的主导作物，2016—2020年平均占56.6%，平均年增速6.82%；2020年占比89.12%。

**2. 农业的经济效益**　在创业以来的相当长的一段时期内，由于土壤盐碱大、有机质含量低和生产管理水平低等因素，单产上不去，再加上计划经济的束缚，以及国家对粮油的迫切需要，亏本的农业生产持续了多年。1979年前，春小麦的市场牌价为0.27元/千克，而生产成本1970年为0.92元/千克、1972年为1.22元/千克、1979年为0.68元/千克，高于产值的数倍，从而使农业生产长期处于亏损状态。据统计资料记载，1970年农业生产净亏262万元，1975年净亏263万元，1980年净亏189.86万元，1983年净亏92.89万元。

随着农垦改革的不断深化，特别是家庭农场承包责任制的逐步推行，同时大力开发、引进、推广新科技成果，不断调整产业结构，农业经济效益开始不断上升。在扭亏为盈的1984年，春小麦生产成本为0.48元/千克、油料为1.3元/千克、黑瓜籽为2.42元/千克、水飞蓟为2.12元/千克，啤酒花（吨）成本为3607.68元。1970年劳均农业产值为311.31元，1975年为565.04元，1983年为1865.23元，1995年为29538元。与1983年相比，1995年劳均农业产值增长15.83倍，年均增长1.32倍。以粮食生产为例，1983年亩产值78.77元，1995年增加到368.37元，2002年为622.48元，2004年达到700元。

因受产品市场滞销因素的影响，部分作物因灾情而减产、减收，再加上市场需求疲软等原因，在2001—2020年的20年间，种植业产值15年呈正增长，5年负增长。2000年后，在主栽作物建立了高产示范区，带动农业生产标准化栽培技术的应用；千元田、双千元田、万元田建设带动了基地发展。产出效益受产量、市场价格变动的影响，虽有变化，但整体效益却在逐年提高。这时期主导作物种植面积达到55239亩，占种植面积的84.9%，产值占农业产值的75.8%。从发展情况来看，由于枸杞市场较好，加之新开发的家庭农场面积较大，枸杞产业呈现出快速发展趋势，2016年枸杞种植面积达到19174亩。

据生产部门统计，按承包土地人数测算，2020年人均承包面积115亩，人均产值27.35万元，人均效益6.35万元，平均亩产值2364.9元，亩均成本1814.97元，亩均利润549.9元。主要作物中，食葵亩均收入1467元，亩均利润167元；茴香亩均收入1274元，亩均利润373.8元；白瓜籽亩均收入2029元，亩均利润728.9元；苜蓿草亩均收入 1418 元，亩均利润 317.6 元；小麦亩均收入 1467 元，亩均利润 167 元；枸杞亩均收入 3241 元，亩均利润 340.6 元；洋葱亩均收入 7751 元，亩均利润 3136 元；青贮玉米亩均收入 1578 元，亩均利润 177.5 元。

**3. 农业的商品化程度**　从建场初期到 1969 年，农业缺乏生产基础，农产品主要满足农场自身的粮、油、肉、菜需求，只有少部分畜产品，如皮张、羊毛、牛奶等，按计划调拨。1970 年后，部分农产品形成商品，如种畜、役畜和少量粮食，由兵团或农垦系统内部计划调拨，但所占份额极小，商品率为 3.9％～12％。据统计，1970 年上交粮食 11.27 万公斤，1974 年上交 43.16 万公斤，1978 年上交 80 万公斤。

20 世纪 80 年代初，随着河西商品粮基地的建立，明确了国有农场在基地建设中的地位和作用，农业的商品化程度有了突破性进展。1984—1992 年，农场累计生产黑瓜籽 7186.31 吨、啤酒花 1956.8 吨、水飞蓟 531.1 吨、黄花 23.23 吨、甜菜 3411.39 吨、水果 1323.63 吨、羊毛 57.91 吨、牛奶 231.05 吨，并全部作为商品投放市场。累计生产粮食 39492.5 吨、肉蛋 182.12 吨，商品率为 86％。1993—2005 年，商品率为 100％。

随着种植作物的变化，商品化形式也随之发生了变化。2000 年后，农场大力发展特色经济作物种植，以市场调节结构，以产业带动基地发展，重视发挥自身优势，稳步发展订单农业生产。为抵御市场风险、提高职工经济收入、增加企业效益、辐射带动周边农村发展的目的，2001 年粮食作物种植（啤酒大麦为主）占 85％，苜蓿占 0.8％，并实行订单生产，产品统购统销。2002 年，农业实行"两费自理"后，粮食作物面积占 45％，苜蓿面积占 18.9％，并全部实行统购统销，其他经济作物基本由种植户面向市场自行销售。2014 年后，农场确立了"三大一特"主导作物种植结构，除枸杞外，主导作物产品由公司统购统销，逐步实现农产品统购统销全覆盖。2015 年，食葵订单面积为 14618 亩，订单青贮玉米 3060 亩，销售各类化肥 3121.25 吨、地膜 101.975 吨、食葵种子 4278.46 万粒、青贮玉米种 9.5 吨，农产品统一销售的面积达到 33987 亩。至 2020 年，除枸杞外，主导农产品基本实现统购统销全覆盖，统销农产品 40000 吨，产品统一经营面积 5.5 万亩，占总面积的 78.6％。

## 二、农业的经济结构

**1. 农林牧各业的比重**　1979 年后，农场在抓好农业基础建设的同时，克服农业结构单一的不足，不断调整和优化产业结构，走出了一条种、养、加一条龙，产、供、销一体化的路子，使农场的生产要素得到合理配置，资源得到合理利用，抵御自然和市场风险的能力显著增强。同时，形成了多元化的产业结构，可在农场内部进行行业间的利益调节，通过各产业间的互补，促进了农、林、牧各业的全面发展，继而形成了经济的良性循环。

党的十五大以后，农场在发展壮大国有经济的同时，通过租赁、拍卖、转让等方式，积极推行以"两费自理""四到户"为核心的农业改革，并鼓励职工发展自营经济和庭院经济，收到了很好的效益。林业生产方面，按照"谁受益、谁管护"的原则，由生产队统一经营，不再计算产值；林果业由家庭林场分户承包，上交土地租金，实行"两费自理，盈亏自负"；畜群全部拍卖，改由家庭农场经营。据生产部门统计，"九五"期间，林、牧业在农业总产值中的比重分别占到 4.16%、5.81%。此后至 2020 年的较长时期内，种植业产比值持续保持在 90%以上。

各农场 1958—1963 年农、林、牧比重见表 4-1-1，各团场 1970—1974 年农、林、牧比重见表 4-1-2，饮马农场 1975—2020 年农、林、牧比重见表 4-1-3。

表 4-1-1　各农场 1958—1963 年农、林、牧比重

| 年份 | 农场名称 | 农业总产值（万元） | 种植业 | | 林果业 | | 畜牧业 | |
|---|---|---|---|---|---|---|---|---|
| | | | 产值（万元） | 比重（%） | 产值（万元） | 比重（%） | 产值（万元） | 比重（%） |
| 1958 | 饮马第一农场 | 36.5789 | 12.6613 | 34.61 | 11.65 | 31.85 | 12.2676 | 33.54 |
| | 蘑菇滩农场 | 2.0201 | 2.0201 | 100.00 | 0 | 0 | 0 | 0 |
| | 合计 | **38.5990** | **14.6814** | **38.03** | **11.65** | **30.19** | **12.2676** | **31.78** |
| 1959 | 饮马第一农场 | 58.8950 | 31.2912 | 53.13 | 15.00 | 25.47 | 12.6038 | 21.40 |
| | 蘑菇滩农场 | 18.1256 | 6.0174 | 33.20 | 0.52 | 2.87 | 11.5882 | 63.93 |
| | 合计 | **77.0206** | **37.3086** | **48.44** | **15.52** | **20.15** | **24.192** | **31.41** |
| 1960 | 饮马第一农场 | 58.0437 | 26.3082 | 45.33 | 15.36 | 26.46 | 16.3755 | 28.21 |
| | 蘑菇滩农场 | 44.5321 | 5.5524 | 12.47 | 3.53 | 7.92 | 35.4497 | 79.61 |
| | 合计 | **102.5758** | **31.8606** | **31.06** | **18.89** | **18.41** | **51.8252** | **50.53** |
| 1961 | 饮马第一农场 | 26.2419 | 17.9474 | 68.39 | 3.25 | 12.39 | 5.0445 | 19.22 |
| | 蘑菇滩农场 | 31.1914 | 11.5917 | 37.17 | 4.38 | 14.04 | 15.2197 | 48.79 |
| | 合计 | **57.4333** | **29.5391** | **51.44** | **7.63** | **13.28** | **20.2642** | **35.28** |
| 1962 | 饮马第一农场 | 23.0369 | 17.5384 | 76.13 | 1.73 | 7.51 | 3.7685 | 16.36 |
| | 蘑菇滩农场 | 46.4254 | 7.6708 | 16.52 | 12.45 | 26.82 | 26.3046 | 56.66 |
| | 合计 | **69.4623** | **25.2092** | **36.29** | **14.18** | **20.42** | **30.0731** | **43.29** |
| 1963 | 饮马第一农场 | 21.3500 | 16.5000 | 77.28 | 2.10 | 9.84 | 2.7500 | 12.88 |
| | 蘑菇滩农场 | 40.7872 | 13.9250 | 34.14 | 5.8956 | 14.45 | 20.9666 | 51.41 |
| | 合计 | **62.1372** | **30.4250** | **48.96** | **7.9956** | **12.87** | **23.7166** | **38.17** |

注：1964—1969 年资料断档，无相应数据。

表 4 - 1 - 2　各团场 1970—1974 年农、林、牧比重

| 年份 | 农场名称 | 农业总产值（万元） | 种植业 | | 林果业 | | 畜牧业 | |
|---|---|---|---|---|---|---|---|---|
| | | | 产值（万元） | 比重（%） | 产值（万元） | 比重（%） | 产值（万元） | 比重（%） |
| 1970 | 四团 | 76.6256 | 40.7 | 53.12 | 0.1856 | 0.24 | 35.74 | 46.64 |
| | 三团 | 88.4471 | 44 | 49.75 | 0.2471 | 0.28 | 44.20 | 49.97 |
| | 合计 | **165.0727** | **84.7** | **51.31** | **0.4327** | **0.26** | **79.94** | **48.43** |
| 1971 | 四团 | 108.0026 | 49.12 | 45.48 | 0.8826 | 0.82 | 58.00 | 53.70 |
| | 三团 | 65.8469 | 28.4769 | 43.25 | 0.3700 | 0.56 | 37.00 | 56.19 |
| | 合计 | **173.8495** | **77.5969** | **44.63** | **1.2526** | **0.72** | **95.00** | **54.65** |
| 1972 | 四团 | 50.196 | 39.5399 | 78.77 | 0.4063 | 0.81 | 10.2498 | 20.42 |
| | 三团 | 30.6461 | 23.7358 | 77.45 | 0.8082 | 2.64 | 6.1021 | 19.91 |
| | 合计 | **80.8421** | **63.2757** | **78.27** | **1.2145** | **1.50** | **16.3519** | **20.23** |
| 1973 | 四团 | 82.5022 | 73.0092 | 88.49 | 0.7915 | 0.96 | 8.7015 | 10.55 |
| | 三团 | 43.6132 | 36.105 | 82.79 | 0.7170 | 1.64 | 6.7912 | 15.57 |
| | 合计 | **126.1154** | **109.1142** | **86.52** | **1.5085** | **1.20** | **15.4927** | **12.28** |
| 1974 | 四团 | 82.7770 | 71.5655 | 86.46 | 0.3593 | 0.43 | 10.8522 | 13.11 |
| | 三团 | 39.9749 | 33.209 | 83.07 | 0.4354 | 1.09 | 6.3305 | 15.84 |
| | 合计 | **122.7519** | **104.7745** | **85.35** | **0.7947** | **0.65** | **17.1827** | **14.00** |

注：这时期体制发生变化、农场交由军垦管理、故出现三团、四团名称。

表 4 - 1 - 3　饮马农场 1975—2020 年农、林、牧比重

| 年份 | 农业总产值（万元） | 种植业 | | 林果业 | | 畜牧业 | |
|---|---|---|---|---|---|---|---|
| | | 产值（万元） | 比重（%） | 产值（万元） | 比重（%） | 产值（万元） | 比重（%） |
| 1975 | 109.51 | 88.57 | 80.88 | 1.28 | 1.17 | 19.66 | 17.95 |
| 1976 | 155.46 | 137.23 | 88.27 | 1.25 | 0.81 | 16.98 | 10.92 |
| 1977 | 159.26 | 138.99 | 87.27 | 1.96 | 1.23 | 18.31 | 11.50 |
| 1978 | 179.7 | 157.1 | 87.42 | 4.68 | 2.61 | 17.92 | 9.97 |
| 1979 | 153.29 | 141.22 | 92.13 | 1.57 | 1.02 | 10.5 | 6.85 |
| 1980 | 156.86 | 148.17 | 94.46 | 1.41 | 0.90 | 7.28 | 4.64 |
| 1981 | 181.19 | 162.19 | 89.51 | 5.01 | 2.77 | 13.99 | 7.72 |
| 1982 | 228.98 | 204.1 | 89.13 | 7.76 | 3.39 | 17.12 | 7.48 |
| 1983 | 267.04 | 237.57 | 88.97 | 4.71 | 1.76 | 24.76 | 9.27 |
| 1984 | 352.48 | 310.3 | 88.03 | 30.21 | 8.57 | 11.97 | 3.40 |
| 1985 | 691.54 | 607.61 | 87.86 | 37.66 | 5.45 | 46.27 | 6.69 |
| 1986 | 614.66 | 511.22 | 83.17 | 47.06 | 7.65 | 56.38 | 9.17 |
| 1987 | 825.95 | 756.08 | 91.54 | 28.6 | 3.46 | 41.27 | 5.00 |
| 1988 | 1105.15 | 1026.93 | 92.92 | 17.53 | 1.59 | 60.69 | 5.49 |

（续）

| 年份 | 农业总产值（万元） | 种植业 | | 林果业 | | 畜牧业 | |
|---|---|---|---|---|---|---|---|
| | | 产值（万元） | 比重（%） | 产值（万元） | 比重（%） | 产值（万元） | 比重（%） |
| 1989 | 1066.16 | 998.53 | 93.66 | 15.06 | 1.41 | 52.57 | 4.93 |
| 1990 | 1140.08 | 1072.1 | 94.04 | 14.23 | 1.25 | 53.75 | 4.71 |
| 1991 | 1093.61 | 1030 | 94.18 | 23.13 | 2.12 | 40.48 | 3.7 |
| 1992 | 1132.67 | 1075.9 | 94.99 | 14.03 | 1.24 | 42.74 | 3.77 |
| 1993 | 1309.44 | 1267.59 | 96.8 | 14.22 | 1.09 | 27.63 | 2.11 |
| 1994 | 1402.28 | 1379.85 | 98.4 | 10.64 | 0.76 | 11.79 | 0.84 |
| 1995 | 1447.28 | 1391.92 | 96.18 | 16.23 | 1.12 | 39.13 | 2.7 |
| 1996 | 1637.34 | 1452.51 | 88.71 | 25.72 | 1.57 | 159.11 | 9.72 |
| 1997 | 1964.52 | 1843.34 | 93.83 | 33.92 | 1.73 | 87.26 | 4.44 |
| 1998 | 2250 | 2189 | 97.29 | 9 | 0.4 | 52 | 2.31 |
| 1999 | 2345.4 | 2275 | 97.00 | 15.4 | 0.66 | 55 | 2.34 |
| 2000 | 4800 | 4600 | 95.83 | 80.4 | 1.68 | 119.6 | 2.49 |
| 2001 | 5321.27 | 5161.37 | 97.01 | 86.6 | 1.63 | 73.3 | 1.38 |
| 2002 | 5378 | 5100 | 94.83 | 28 | 0.52 | 250 | 4.65 |
| 2003 | 5619 | 5305 | 94.41 | 34 | 0.61 | 280 | 4.98 |
| 2004 | 5611 | 5268 | 93.89 | 35 | 0.62 | 308 | 5.49 |
| 2005 | 5605 | 5200 | 92.77 | 23 | 0.41 | 382 | 6.82 |
| 2006 | 5285 | 4900 | 92.71 | 21 | 0.40 | 364 | 6.89 |
| 2007 | 5612.4 | 5233.4 | 93.25 | 20 | 0.36 | 359 | 6.39 |
| 2008 | 6317.3 | 5938.3 | 94.00 | 12 | 0.19 | 367 | 5.81 |
| 2009 | 6477.6 | 5992.6 | 92.51 | 10 | 0.16 | 475 | 7.33 |
| 2010 | 7557.77 | 7060.4 | 93.42 | 8.5 | 0.11 | 488.87 | 6.47 |
| 2011 | 7016.31 | 6488.7 | 92.48 | 1.37 | 0.02 | 526.24 | 7.50 |
| 2012 | 7498.5 | 6988.5 | 93.20 | — | — | 510 | 6.80 |
| 2013 | 9279 | 8694 | 93.70 | — | — | 585 | 6.30 |
| 2014 | 10403.9 | 9581.9 | 92.10 | — | — | 822 | 7.90 |
| 2015 | 12024.42 | 11167.1 | 92.87 | — | — | 857.32 | 7.13 |
| 2016 | 12768.8 | 11952.7 | 93.61 | — | — | 816.1 | 6.39 |
| 2017 | 12962.5 | 12072.5 | 93.13 | — | — | 890 | 6.87 |
| 2018 | 13773.9 | 12722.9 | 92.37 | — | — | 1051 | 7.63 |
| 2019 | 14476.15 | 12875.15 | 88.94 | — | — | 1601 | 11.06 |
| 2020 | 17263.6 | 15384.6 | 89.12 | — | — | 1879 | 10.88 |

## 2. 种植业结构的变化

（1）1965—1995 年种植业结构。1965 年，粮食类占 88.9%，经济作物类占 5.4%，其他类占5.7%。1970年，粮食类占82.95%，经济作物类占8.05%，其他类占9.00%。1975年，粮食类占86.20%，经济作物类占6.39%，其他类占7.41%。1980年，粮食类占88.02%，经济作物类占6.68%，其他类占5.30%。1985年，粮食类占52.25%，经济作物类占37.39%，其他类占10.36%。1990年，粮食类占71.68%，（其中啤酒大麦占58.93%），经济作物类占28.32%。1995年，粮食类占85.35%（其中啤酒大麦占76.45%），经济作物类占4.65%。

（2）1996—2000年种植业结构。作物播种面积为40000～60000亩，年平均播种面积56146亩。粮食作物以啤酒大麦为主，年平均种植51149亩，占总种植面积的91.1%；经济作物以啤酒花为主，有少量的甜菜、籽瓜，年平均种植4196.6亩，占总种植面积的7.5%。

2000年，种植总面积为60884亩。其中粮食类面积58496亩，占96.08%（全部为啤酒大麦）；经济作物类面积1908亩，占3.01%；牧草面积480亩，占0.79%。

20世纪60—70年代人力收割小麦　　　　　　　　家庭农场小麦丰收

（3）2001年—2010年种植业结构。作物播种面积为50000～60000亩，年平均播种面积为53892.56亩。粮食作物以啤酒大麦为主，年平均种植27277亩，占总种植面积的50.61%；经济作物以茴香、孜然、食葵为主，还有少量的油葵、洋葱、甜菜、枸杞、甘草，年平均种植18606.5亩，占总种植面积的34.53%；牧草以紫花苜蓿为主，年平均种植8009.06亩，占总种植面积的14.86%。

2002年农业生产经营实行"两费自理"后，随着啤酒原料市场变化，产品滞销，在农业上积极探索种植结构调整，以顺应市场变化，开始引种孜然、茴香、油葵等经济作物，种植结构发生了重大变化。据统计，当年种植总面积53823亩，其中粮食（全部为啤酒大麦）面积24556亩，占比45.62%；经济作物面积19238亩，占比35.74%；牧草面积10029亩，占比为18.63%。

2003年，继续加大种植结构调整力度，扩种经济作物面积，种植门类达27个，其中甘草、板蓝根、苜蓿、大茴香种植面积较大，具有广阔的市场前景。同时，还种植了马铃薯、棉花、水飞蓟、制种玉米等，粮食、经、草比例为 47.9：33.9：18.2。2005 年，粮食作物占 60.21%（全部为啤酒大麦），经济作物占 26.04%（其中苜蓿占 13.8%），牧草作物占 13.75%。在之后的几年里，由于啤酒花种植业的分离，葵花、茴香等作物产业发展趋于成熟，经济作物面积稳步扩大，结构调整相对稳定。至 2010 年，粮食（啤酒大麦）占 39.7%，小麦占 60.3%，粮、经、草比例分别为 29.6%、56.9%、13.5%。

（4）2011—2020 年种植业结构。这十年间，作物播种面积为 50000～80000 亩，年平均播种面积 62009.1 亩。其中粮食作物以小麦为主，年平均种植 6581.03 亩，占总种植面积的 10.45%；经济作物以食葵、茴香、白瓜籽、枸杞、孜然为主，有少量的油葵、洋葱、哈密瓜，年平均种植 41412.81 亩，占总种植面积的 65.73%；牧草以苜蓿、青贮玉米为主，年平均种植 14015.26 亩，占总种植面积的 22.24%。其中，2015 年粮（全为小麦）、经、草占比分别为 9.6%、65%、25.4%。2010—2015 年平均粮、经、草占比分别为 15%、72%、13%。为减轻轮作倒茬的压力，农场稳定小麦种植面积，引种扩大白瓜籽、青贮玉米种植面积，扩大苜蓿面积，并确定了以"瓜果草香粮"为主导作物的种植格局。2016—2020 年平均粮、经、草占比分别为 9.1%、62.5%、28.4%，其中 2016 年粮（全为小麦）、经、草占比分别为 6.1%、69.9%、24%。

各农场 1956—1962 年作物播种面积见表 4-1-4，饮马农场 1969—2020 年作物播种面积见表 4-1-5。

表 4-1-4　各农场 1956—1962 年作物播种面积

| 年份 | 农场名称 | 种植面积（亩） | | | | 种植比例（%） | | |
| --- | --- | --- | --- | --- | --- | --- | --- | --- |
| | | 总播面积 | 粮食作物 | 经济作物 | 牧草作物 | 粮食作物 | 经济作物 | 牧草作物 |
| 1956 | 饮马第一农场 | 2458 | 2101 | 122 | 235 | 85.48 | 4.96 | 9.56 |
| 1957 | 饮马第一农场 | 7394 | 6580 | 588 | 226 | 88.99 | 7.95 | 3.06 |
| 1958 | 饮马第一农场 | 30250 | 22757 | 7493 | 0 | 75.23 | 24.77 | |
| | 蘑菇滩农场 | 3598 | 2052 | 1546 | 0 | 57.03 | 42.97 | |
| 1959 | 饮马第一农场 | 31210 | 23277 | 7933 | 0 | 74.58 | 25.42 | |
| | 蘑菇滩 | 6316 | 5307 | 1009 | 0 | 84.02 | 15.98 | |
| 1960 | 饮马第一农场 | 56627 | 36424 | 20203 | 0 | 64.32 | 35.68 | |
| | 蘑菇滩 | 16774 | 12625 | 4149 | 0 | 75.27 | 24.73 | |
| 1961 | 饮马第一农场 | 17585 | 13808 | 3777 | 0 | 78.52 | 21.48 | |
| | 蘑菇滩 | 6021 | 5105 | 916 | 0 | 84.79 | 15.21 | |
| 1962 | 饮马第一农场 | 16503 | 13353 | 3150 | 0 | 80.91 | 19.09 | |
| | 蘑菇滩 | 4837 | 4415 | 422 | 0 | 91.28 | 8.72 | |

注：1963 资料缺失断档，1968 年没有留下资料。

表 4 - 1 - 5　饮马农场 1969—2020 年作物播种面积

| 年份 | 种植面积（亩） | | | | 种植比例（%） | | |
|---|---|---|---|---|---|---|---|
| | 总播面积 | 粮食作物 | 经济作物 | 牧草作物 | 粮食作物 | 经济作物 | 牧草作物 |
| 1969 | 57510 | 50535 | 6585 | 390 | 87.87 | 11.45 | 0.68 |
| 1970 | 62531 | 51867 | 5037 | 5627 | 82.95 | 8.05 | 9.00 |
| 1971 | 59122 | 44128 | 3653 | 11341 | 74.64 | 6.18 | 19.18 |
| 1972 | 54188 | 40834 | 4315 | 9039 | 75.36 | 7.96 | 16.68 |
| 1973 | 54476 | 44497 | 4670 | 5309 | 81.68 | 8.57 | 9.75 |
| 1974 | 52301 | 42914 | 4751 | 4636 | 82.05 | 9.08 | 8.87 |
| 1975 | 51248 | 44177 | 3272 | 3799 | 86.20 | 6.39 | 7.41 |
| 1976 | 53432 | 46001 | 4339 | 3092 | 86.09 | 8.12 | 5.79 |
| 1977 | 49306 | 44713 | 3280 | 1313 | 90.69 | 6.65 | 2.66 |
| 1978 | 52047 | 46263 | 3807 | 1977 | 88.89 | 7.31 | 3.80 |
| 1979 | 52400 | 46611 | 3688 | 2101 | 88.95 | 7.04 | 4.01 |
| 1980 | 52675 | 46362 | 3521 | 2792 | 88.02 | 6.68 | 5.30 |
| 1981 | 52830 | 43440 | 5715 | 3675 | 82.23 | 10.82 | 6.95 |
| 1982 | 51169 | 43851 | 4785 | 2533 | 85.70 | 9.35 | 4.95 |
| 1983 | 54459 | 39254 | 6591 | 8614 | 72.08 | 12.10 | 15.82 |
| 1984 | 57368 | 31133 | 12941 | 13294 | 54.27 | 22.56 | 23.17 |
| 1985 | 33139 | 17315 | 12390 | 3434 | 52.25 | 37.39 | 10.36 |
| 1986 | 29094 | 18756 | 10254 | 84 | 64.47 | 35.24 | 0.29 |
| 1987 | 27936 | 17011 | 10267 | 658 | 60.89 | 36.75 | 2.36 |
| 1988 | 27845 | 15323 | 12522 | 0 | 55.03 | 44.97 | 0 |
| 1989 | 28519 | 16189 | 12330 | 0 | 56.77 | 43.23 | 0 |
| 1990 | 30669 | 21985 | 8684 | 0 | 71.68 | 28.32 | 0 |
| 1991 | 32020 | 20296 | 11637 | 87 | 63.39 | 36.34 | 0.27 |
| 1992 | 34304 | 18935 | 15369 | 0 | 55.20 | 44.80 | 0 |
| 1993 | 36051 | 23775 | 6732 | 5544 | 65.95 | 18.67 | 15.38 |
| 1994 | 35669 | 29516 | 5440 | 713 | 82.75 | 15.25 | 2.00 |
| 1995 | 37493 | 32001 | 5492 | 0 | 85.35 | 14.65 | 0 |
| 1996 | 42866 | 39534 | 3332 | 0 | 92.23 | 7.77 | 0 |
| 1997 | 53393 | 49532 | 3861 | 0 | 92.77 | 7.23 | 0 |
| 1998 | 58984 | 52055 | 6929 | 0 | 88.25 | 11.75 | 0 |
| 1999 | 60269 | 56228 | 4041 | 0 | 93.30 | 6.70 | 0 |
| 2000 | 60884 | 58496 | 1908 | 480 | 96.08 | 3.13 | 0.79 |
| 2001 | 63153 | 53745 | 1908 | 7500 | 85.11 | 3.01 | 11.88 |
| 2002 | 53823 | 24556 | 19238 | 10029 | 45.62 | 35.74 | 18.64 |
| 2003 | 52552 | 25160 | 17836 | 9556 | 47.88 | 33.94 | 18.18 |
| 2004 | 53442 | 24757 | 17226 | 11459 | 46.33 | 32.23 | 21.44 |
| 2005 | 53583 | 32261 | 13952 | 7370 | 60.21 | 26.04 | 13.75 |

（续）

| 年份 | 种植面积（亩） | | | | 种植比例（%） | | |
|------|------|------|------|------|------|------|------|
| | 总播面积 | 粮食作物 | 经济作物 | 牧草作物 | 粮食作物 | 经济作物 | 牧草作物 |
| 2006 | 52355 | 32775 | 11989 | 7591 | 62.60 | 22.90 | 14.50 |
| 2007 | 53085 | 20808 | 24815 | 7462 | 39.20 | 46.75 | 14.05 |
| 2008 | 53248 | 23147 | 23495 | 6606 | 43.47 | 44.12 | 12.41 |
| 2009 | 53195 | 20613 | 26853 | 5729 | 38.75 | 50.48 | 10.77 |
| 2010 | 50492 | 14950 | 28753 | 6789 | 29.61 | 56.95 | 13.44 |
| 2011 | 50866 | 6138 | 40563 | 4165 | 12.07 | 79.74 | 8.19 |
| 2012 | 52972 | 5967 | 43930 | 3075 | 11.26 | 82.93 | 5.81 |
| 2013 | 55799 | 6477 | 43814 | 5509 | 11.61 | 78.52 | 9.87 |
| 2014 | 60672 | 9603 | 41803 | 9266 | 15.83 | 68.90 | 15.27 |
| 2015 | 65053 | 6250 | 42279 | 16524 | 9.61 | 64.99 | 25.40 |
| 2016 | 68150 | 4149 | 47623 | 16378 | 6.09 | 69.88 | 24.03 |
| 2017 | 70455 | 6085 | 49756 | 14614 | 8.64 | 70.62 | 20.74 |
| 2018 | 68445 | 9864 | 40909 | 17672 | 14.41 | 59.77 | 25.82 |
| 2019 | 69542 | 6368 | 36102 | 27072 | 9.16 | 51.91 | 38.93 |
| 2020 | 68136 | 4910 | 37349 | 25878 | 7.20 | 54.82 | 37.98 |

注：建场自1981年，经济作物播种面积根据指令性计划种植，种植品种为油料和蔬菜，以解决职工对粮、油、肉等的需求。

# 第二章　土壤改良

## 第一节　盐土改良的历史发展

### 一、盐改的实践与研究

合理利用农业资源和保护生态环境，是遵循自然规律，正确指导农业生产的基础和前提。场区土壤盐碱化沼泽极为明显，以盐、碱土为主，占可垦宜农荒地的 75.1%，耕层平均总盐 9.2%，变幅 2.0%～13.2%，大部分为氯化物硫酸盐盐土。土壤的主要障碍因素是盐碱、湿冷和瘠薄，而土壤改良的目的在于消除或削弱障碍因素，创造土壤对农业生产的适宜性、长效性和高效性。

1956 年 3 月，农场首先开挖了间距 500 米、深度 1.4 米的农排沟 5 条，设置了规格为 2.5 亩/块的洗盐格田，采用大水漫灌的方法，冲洗 2～3 次即认为已脱盐。当年完成播种面积 2039 亩，出苗面积 200 亩，保苗面积 163 亩，收获粮食 4549 公斤，亩产 27.9 公斤。据资料记载，所垦荒地洗盐前地下水埋深 1～1.25 米，洗盐后抬升为 0.8～1 米，耕层普遍含盐 5%～10%。由于对水盐运动规律缺乏认识，未达到盐改效果。

1957 年 2 月，应农场邀请，库尔巴托夫率苏联专家组抵场，在土壤调查的基础上提出"建立排水网洗盐"的措施，即开始定额、分次洗盐试验。按照苏联专家组的建议，改三级渠系五区轮作制为五级渠系九区轮作制，斗排间距设置为 1500～2000 米，农排间距由 500 米缩至 170～320 米，开挖干排 1 条、支排 3 条、斗排 13 条、农排 96 条，洗盐格田为 1.5 亩/块。当年，播种面积 7383 亩，保苗面积 3936 亩，占 53.24%，亩产 48.5 公斤，盐改初见成效。

1958 年 4 月，西北农科院土肥所李国祯教授等 6 人，张掖专署农林局、水利局各 1 人组成河西盐渍土改良工作组，选择具有代表性的饮马一场、北湖农场为试验点，召集河西 10 个农场的 11 名技术干部，与苏联专家组共同进行盐改攻关。这次盐改攻关重点进行了苗耙、排水毛沟宽度、冲洗定额、排水沟间距、作物耐盐极限测定等试验和示范，并对玉门县群众性盐改工作做了全面调查。据试验报告记述，农排沟间距以 250～300 米、洗盐格田以 0.5~0.7 亩设置为宜，保证格田全面均匀上水是洗盐的基本要求，其高差不超过 5~7 厘米。盐改工作组还对各场技术人员进行了水文观测、土壤剖面布置、盐分速测等方面的技术培训。

盐改与生产实践相结合，增强了农场依靠科技改良土壤的信心。由此，农场成立了盐改领导小组，添置了仪器设备，改革传统洗盐方法，取得了较好的效果。蘑菇滩农场建场当年便开挖斗排 6 条、农排 12 条，基本做到了灌排畅通。1959 年，两场重点抓洗盐格田改小和平田整地工作，保苗面积提高到播种面积的 76%。

### 二、盐改的挫折与突破

盐改是一项长期而复杂的系统工程。

1960 年，甘肃省农垦局要求饮马（劳改）农场、蘑菇滩农场播种面积应达到 68000 亩和 35125 亩，粮食亩产应达到 550 公斤。受当时的"浮夸风"影响，这个指标显然有点不切合实际。5 月，因两个农场的领导均没有按指标完成任务而被免职，后由玉门市公安局 1 名局长、市农业局 1 名副局长带领工作组分别进驻两个农场主持工作。当年，饮马（劳改）农场完成播种面积 56627 亩，是指令性计划的 83.27%；收获面积 19182 亩，占播种面积的 33.87%，粮食亩产 28 公斤，较 1959 年下降 60.86%。蘑菇滩农场完成播种面积 16714 亩，占播种面积的 31.52%，粮食亩产 12 公斤，较 1959 年下降 45.28%。

虽然当时的"浮夸风"给工作带来很大的不利因素，但从事这项工作的科技工作者还是排除各种干扰，坚持盐土的改良与实验。1960 年 10 月，甘肃省农垦局饮马场盐改工作组完成了《盐土冲洗改良试验报告》。在一站、三站盐土荒地上，盐改工作组经反复试验和示范，得出以下结论：①冲洗时间以七八月为最佳，总脱盐率在 50% 以上，最高可达 70%。其中氯化物为 55%~70%，硫酸盐为 40%，碳酸根离子必须加石膏才能奏效，亩施入 50 公斤石膏后脱盐率可达 40%~60%；②盐土耕与不耕，无明显差异；③冲洗次数不应超过 4 次，防止地下水位抬高。上述报告，为农场大面积盐土改良提供了新的方法。

1961 年春，西北局兰州会议做出了"国营农场应量力耕种"的决定。当年，饮马、蘑菇滩两个农场根据实际情况压缩了种植面积，对未经改良或脱盐效果不明显的"耕地"，不再安排播种计划。后经甘肃省农垦局复查核准，退耕幅度分别为 58.9% 和 64.1%。由于择脱盐土地而种，保苗面积、单位面积产量都有大幅度提高，亩成本和亏损额亦相对下降。1962 年，饮马（劳改）农场种植面积 16503 亩，收获面积 11864 亩，占播种面积的 71.88％，粮食亩产达 69.85 公斤，较 1960 年增长 2.49 倍。1963 年，种植面积 15193 亩，收获面积 12461 亩，占播种面积的 82％，粮食亩产达到 113.68 公斤，较 1962 年增长 62.75％。除满足自给外，当年向国家上交商品粮 283.72 吨。1960—1963 年，农场科研人员在退耕土地上进行了"新垦荒地适宜种植技术研究"和"盐土改良主要方法及利用效果"的课题攻关，取得了局部经验。

饮马农场的盐改工作取得初步成效后，受到了专家学者的认同和重视，也给予了农场很大帮助。1962 年 6 月，中国水利学会西北地区预防和改良盐碱地学术研讨会在新疆召开，甘肃师范大学刘文生教授的论文《甘肃河西疏勒河中游地区的盐渍土及其改良问题》受到与会学者的普遍赞同。这篇论文是作者亲临玉门、安西（今瓜州）两地，经实地调查，在饮马场区四站、五站采集大量土壤标本，收集水文资料和盐改措施而撰写的，详尽论述了盐渍土发生、形成及改良利用的途径。论文提到：排水洗盐是盐土改良的基本措施和方法，为防止盐分上升到土壤耕层，必须严格控制地下水位，通过排水措施把地下水控制在临界深度以下。论文第一个提出须施用石膏对碱化盐土进行改良，把土壤中的钠离子代换出来。随后，刘文生教授又发表了论文《甘肃黑碱土的形成及防治意见》，以场区黑碱土分析资料为依据，提出了盐土改良必须在水利工程改良的基础上，辅以化学改良和农业技术改良的措施。刘文生教授的理论对农场盐改工作的突破具有指导意义。

1964 年，场区盐改借鉴新疆兵团的成功经验，围绕排灌渠配套、条田林网化建设、平田整地和培肥地力进行。为解决盐改工作中出现的难题，农建十一师组建了师农科所，把长期观测水盐运动动态和青白土的改良作为重点，团、连建立了军垦科技网。1968 年，第二团播种面积达 25983 亩，是 1964 年的 4.75 倍，平均粮食亩产 116.5 公斤，较 1963 年增长 90.2％。饮马（劳改）农场的盐改工作亦不断完善，1966 年 8 月，由甘肃省劳改局勘察队进行新的改建、扩建规划设计，于 1967 年 6 月形成完整资料 186 份，设立抽样观测点 382 个、地下水位观测井 21 个。

按照土壤水盐变化规律，水改是最基础的措施之一，提高洗盐压减灌水质量是主要途径。从 20 世纪 90 年代起，农场全面推行小畦灌溉、开沟灌溉冬水、沟植沟灌、灌溉等模式弧形埂，新开发的土地采用夏季和冬灌两次灌溉。"两费自理"后，针对经济作物需要，开始推广激光平地机平地，根据地形分段平整及改块灌成为洗盐压碱的主要模式。

2016 年以后，公司实施农牧结合循环农业模式，提倡发展畜牧养殖业，提升耕地质量，清挖疏通排渠、轮作倒茬、用激光平地机平整土地、配方施肥、磷酸一铵酸性肥料应用、有机肥应用、残膜捡拾、退耕还草、机耕作业成为改良培肥土壤的主要手段。

### 三、盐改制度的建立与发展

20 世纪 60 年代中期，由于"文化大革命"的影响，农场的正常工作受到极大干扰，管理体制被打乱，机构陷于瘫痪，科技人员被下放劳动或被迫改行，行之有效的规章制度被废止，生产力受到极大破坏。面对这种局面，农场的盐改工作再次受阻，许多条田因土地不平、排渠淤塞、耕地次生盐渍化而弃耕、撂荒。据统计，1970 年播种面积为59878 亩，1975 年减至 49053 亩，减少 18％。

1976 年 10 月，农垦管理体制和科研机构逐步得到恢复，生产建设开始复苏。1975—1978 年，酒泉地区农垦局农科所承担了甘肃省科委"内陆河流域大面积盐碱土改良示范"的课题研究，示范地点选择在场区盐碱危害较为严重的原十五队条田，面积 3002 亩，其中耕地 1693 亩，荒地区 1309 亩。由于明沟排盐占地多、易淤塞，过于分割土地会妨碍机械作业，特实施暗管洗盐排水。暗管材料为自制水泥花管，埋设 37 条，总长度 9476 米，每条暗管控制面积在 82 亩。实测显示，灌水洗盐造成地下水位急剧上升，埋管区七天内水位降至埋管深度以下，而区外 44 天水位仍高于埋管深度线。每条暗管在灌溉期昼夜排盐量为 613 公斤，全年排盐量 12.25 吨，亩排盐量 299 公斤，荒地排盐量 442 公斤。该课题于 1978 年 11 月 6 日由甘肃省科委委托酒泉地区科委通过验收，1981 年获甘肃省科委科技进步二等奖。

1978 年，农场盐改项目进入了规范、有序的实施阶段。自 1979 年开始，每年清挖排水明沟 38.49 公里，制度性坚持每 5 年轮回清淤一次。1986 年，农场购进大型挖掘机一台，实现了机械清淤并缩短了轮回清淤的周期，竖井排灌和暗管排水技术有了较快发展，场区地下水位由原来的 0.5～1 米降至 1.8～2.2 米，扼制了产生次生盐渍化的条件。同时，高标准衬砌灌溉渠系，使水的利用率由 53％提高到 78％以上，年减少渗漏500 万立方米以上，降低了因地下水位增高而导致土壤盐渍化发生的可能性。制度性坚持复平土地，从根本上解决了"大平小不平"的状况，年机械粗平面积不低于播种面积的 50％，细平面积则保证在粗平面积的 30％以上，保证土地的均匀上水，给冲洗排盐创造了有利条件，使盐改工作进入良性循环状态。埋设暗管后的产量变化见表 4－2－1。

表 4 - 2 - 1　埋设暗管后其产量变化情况

| 年份 | 1975 | 1976 | 1977 | 1978 |
|---|---|---|---|---|
| 粮食播种面积（亩） | 2733 | 2579 | 2733 | 2950 |
| 平均亩产（公斤） | 87.5 | 162 | 137.5 | 170.5 |

饮马农场于 20 世纪 80—90 年代多次参与完成省地安排的盐改项目实施，其中包括 1984 年甘肃省农垦勘察大队、酒泉农垦分公司勘察设计队主持的"玉门垦区盐碱土改良规划"项目，1987—1990 年由甘肃省农委下达省农垦勘察设计院主持的"河西垦区 5 万亩盐渍化低产田改良"项目（饮马承担 1 万亩），1990—1992 年甘肃省农垦总公司下达、甘肃省农垦勘察设计院主持的"三万亩低产田改良"示范课题［饮马农场低产田改良面积（1990—1992 年）0.5 万亩］，1994 年甘肃省农垦农业研究院主持的"盐碱地改良"等项目。这些项目通过调查现状、成因分析、划区改良、因地施策，将工程、生物、农业、化学改良措施综合应用，积累了大量科学依据，取得了较好的效果，为农业生产发展提供了宝贵的可行性资料。

2000 年后，农场与科研院所开展了多次盐碱低产改良项目，利用地下水位变化监测、科学灌溉，通过平田整地、拉沙改土、改变灌溉方向（降低坡降）、缩短灌水距离、清挖排渠、种植禾本科作物秸秆还田、种植苜蓿、种植枸杞、深翻晒垡、增施有机肥和磷肥、开沟灌溉、早秋灌溉洗盐压碱、二次冬灌等措施，改良盐碱低产田，取得了一定成效。

2010 年后，农场每年有针对性地按计划实施 3000～5000 亩的盐碱低产田改良，解决次生盐碱明显、地力退化的问题。尤其是在"十三五"期间，农场加大低产田改良力度，2018 年 3 月制定了《亚盛饮马分公司中低产田改良改造（2018—2023 年）实施方案》，以清挖排渠、机耕道修筑、增施有机肥、条田改建、（林带、渠系）设施配套、平田整地、小块洗盐压碱、小块改大块地、轮作倒茬（种植苜蓿、枸杞）、秸秆还田、深翻晒垡、建设标准化大条田为主要内容，5 年间清挖排渠 340 多公里，累计安排改良低产盐碱地面积 2 万多亩次。建成 200～300 亩的大条田 4.5 万亩，占种植面积的 66%；300 亩以上的大条田 1.8 万亩，占种植面积的 26%。

## 第二节　盐土改良的主要措施

盐碱土壤改良是场区建厂至今最重要的农业生产基础措施，通过抑控盐碱上返，不仅可提高当年的作物产量，还能持续提高农作物产量，以利增加经济收入。在做法上，针对不同的土壤，采取不同措施，消除或减轻制约产量的土壤障碍因子，以提高地力等级，改善生产条件。场区属于盐碱聚集地带，多年的实践证明，盐土改良是一项难度较大的系统工程，而且是一项持续重复进行治理的工作，必须持之以恒，遵循水盐运动规律，以流域或小区域为单元，针对"盐随水来、水去盐散"的实际，综合利用水利、工程、农业、生物和化学等改良措施，以达到最佳的改良效果。

## 一、排水洗盐

具体包括明沟排水、暗管排水、竖井排水等方法，其目的是降低和控制地下水位，并将洗盐水排泄到规划的地区。场区排水网络设置以明沟排水为主，有干、支、斗、农（末级固定排沟）、毛（临时排沟）五级，依土壤质地、地形、盐土特性等，设计成浅排、多级浅排和深沟排多种形式。竖井排灌既可弥补灌溉水量的不足，又可降低和淡化表层地下水。农场于1965年开始打井，1978年以后才大力推广。暗管排水技术仅在部分条田设置，控制面积在3002亩。2000年以后，逐步调整种植结构，以茴香为主的经济作物面积逐步扩大，压缩了禾本科粮食作物面积，由于灌水减少，部分土地次生盐碱明显，保苗困难，出现碱包面积增加、土壤板结的现象。"十三五"期间，农场投入大量资金，逐年对原有排渠进行全面清挖，总长度340多公里，改善了排水条件，减低了土壤的盐碱含量，取得了一定成效。

## 二、有利于洗盐的土壤改良措施

1. **平田整地**　20世纪80—90年代，主要通过链轨车推平大的碱包，用牵引的刮土机结合人工平地实现土地顺坡降平整。经过多年的努力，截至2000年，农场84％的耕地基本实现了平整要求，绝大多数土地达到了淡水洗盐的标准。2000年后逐步更新，换大功率轮式拖拉机，应用激光平地机，职工平田整地的积极性有所增加，认识有了转变。对长期以来大坡降、次生盐碱明显不适宜种植经济作物的大块地，开始用铲车、激光平地机、悬挂刮土机进行分段平整，完成分段水平平整，部分地由南北向变为东西灌溉方向，降低坡降，实行块灌或弧形埂灌溉，提高了灌水质量，田间洗盐压减效果明显提高，生产水平亦随之提高。

2. **洗盐**　洗盐就是利用"盐随水来、盐随水去"的水盐移动规律进行灌溉，将土壤中的可溶性盐类冲洗排出土体。据资料记载，一般轻盐土（1米土层平均总盐1.5％～3.0％）需冲洗4～7次，冲洗定额450～850立方米/亩；中盐土（1米土层平均总盐

3.0%～6.0%）需冲洗 7～14 次，冲洗定额 850～1650 立方米/亩。在排水畅通、土地平整的条件下，从末级排沟排走的盐量占 1 米土层脱盐率的百分比为：多级浅排 57.6%，最高；砂壤土全浅排 48.9%，次之；粘壤土全浅排 41.9%，再次之；粘壤土深排 31.4%，最低。洗盐效果的好坏，取决于排沟的合理配套、土地平整度与灌溉技术，其中，沟灌较块灌先进。

2010 年以后，农场大部分耕地种植经济作物后减少了灌水，次生盐碱发生明显。针对这一问题，在学习其他团场经验的基础上，农场进一步总结经验，采取了相应的措施，利用激光平地机将坡降大的地块平整成面积比较大的条田，同时逐步推行块灌或弧形埂灌溉，进行洗盐压减，达到小面积水平平整的效果，再行深翻晒垡，彻底消除田间盐碱斑块。

**3. 秸秆还田**  从农场建立之初到 20 世纪 70 年代初期，作物秸秆大部分在翻地前被焚烧浪费。70 年代后期，随着联合收割机的引进，用附带的粉碎机粉碎抛撒秸秆，未带粉碎装置的收割机实行高茬收割，将其深翻入土中。这项制度在 80～90 年代末普遍采用，效果很好。2000 年后，在经济作物种植面积不断增加的情况下，将麦草回收打包当饲草，田间麦草秸秆还田逐渐减少。3～5 年连续试验资料显示，秸秆还田极大地改善了土壤物理性状，起到了培肥改土的作用。在有机肥投入不足的情况下，大小麦实现秸秆粉碎还田，土壤容重可降低 1.2% 左右，孔隙度增加 2.1%，含水率提高 1.5%，有机质增加 5.5%，脱盐年均递减 17.6%，田间出苗率提高 15%～20%，至今仍然是提倡坚持的常规措施之一。

**4. 轮作倒茬**  种植麦类作物、苜蓿与经济作物两区或三区轮作倒茬，绝大部分是经济作物之间轮作倒茬，连作迎茬较多，绝大部分秋作物收获后没有晒垡的时间。由于粮食作物效益不佳，但经济作物间倒茬效果较差，一些中低产田采取种植小麦→苜蓿（5～8 年）→经济作物（食葵、茴香、孜然、白瓜籽、青贮玉米等）的方式进行轮作。常见的套种模式是茴香套种孜然、油葵，也有小面积的食葵套种孜然。

**5. 掺沙及灌淤**  掺沙是改变表土毛细管孔径、切断土壤毛细管作用、减少土面蒸发、防止土壤下层盐分向耕层聚积的有效措施之一。灌淤则是利用昌马水库洪水或浑水灌地，形成新的不同土质覆盖层，改善土壤的物理性状，增强土地的宜农性。

**6. 改良耕作措施**  深耕暴晒（限于麦类作物）、中耕除草、轮作改土、冬灌洗盐、灌溉、麦类作物苗期耙碱等新技术，可促进土壤盐分排除，减少土面蒸腾，防止盐碱上升，改善土壤物理性状。例如深翻暴晒，土壤越干，盐分越聚集于土壤表层，利于泡田淋溶盐分，洗盐易透，可提高洗盐效果，亦利于土壤熟化。

**7. 多增施有机肥料、过磷酸钙，抑制和减轻有害盐类对农作物的毒害作用**　重视有机肥的肥源开辟和施用：一是农牧结合，努力提高载畜量，增加有机肥供给；二是广开肥源，用草垡子、草炭、风化煤、客土和秸秆高温堆肥；三是在地头、地边搞"肥料田"等。军垦时期，按耕地面积配备专职积肥员，大的连队有专职积肥班，并发动职工"上工一筐粪，下班一捆草"，排、班、组和个人都分配了积肥数量，其指标列入评比、定级和升迁的考核标准。1975—1977 年，中共酒泉地委曾指令属地企事业单位无偿从马鬃山、石包城、鱼儿红为农场拉运羊粪。由于农场耕地面积大，有机肥源有限，农业大田有机肥料以秸秆还田和翻压绿肥为主，有限肥料仅用于啤酒花、籽瓜等经济作物。生产上长期坚持每年每亩啤酒花不少于 3 立方米、籽瓜不少于 150 公斤优质羊粪做基肥使用。

"十三五"时期，推广酸性肥料磷酸一铵替代碱性肥料磷酸二铵。2018—2020 年，分公司在农业生产方面重视耕地质量保护，在农业生产措施中规定，大田作物除苜蓿外，每亩不少于 40 公斤商品有机肥或 2 立方米经腐熟的农家肥（牛粪、羊粪）做基肥培肥地力。据 2018—2020 年统计资料记载，有机肥应用面积 66581 亩，相当于大田 3 年普遍使用一次有机肥。其中 3 年累计使用商品颗粒有机肥（有机质含量 35％～40％）2043.38 吨，应用面积 51067 亩；农家肥（牛羊粪为主）31242 立方米（折合 21869 吨），应用面积 15514 亩。

种植绿肥种类主要有草木樨、紫花苜蓿、箭舌豌豆和毛苕子等。20 世纪 80 年代的主要改良配肥措施有混种或套种、小麦与草木樨混播或生长前期撒播。麦类作物收获后，草木樨继续灌水，促其生长，秋季将草翻耕于土壤中，培肥地力，以提高盐碱改良效果。此外，还可在复种即麦收后再播种箭舌豌豆等。至 1982 年，农场仍坚持种植绿肥工作，要求各生产队种植一定面积的绿肥。2000 年后，持续扩大苜蓿种植，对改良中低产田发挥了较好的作用。2010 年以后，在家庭农场新开发的盐碱地上种植枸杞，对维持改良和生产发展起到显著作用。至 2020 年，绿肥种植面积达 22896 亩，占种植总面积的 33.6％。

**8. 控制盐碱上返**　竖井排灌，利用机井灌溉，降低地下水位，控制盐碱上返。

2002 年农场实行"两费自理"改革后，家庭农场自主调整种植结构，改种经济作物，并开始采用覆膜技术，导致土壤中累积了大量残膜，严重影响了农作物的出苗率和产量。从 2017 年开始，农场投入大量的人力和物力清除土壤中的残膜，先后投入 49 万元，从新疆购置了 4JMS-2.0 残地膜回收与秸秆还田联合作业机 2 台、4MP-3.5 链耙式播前残膜回收机 1 台。同时，组织农场管理人员和职工用机械耧耙结合人工辅助捡拾地膜，清洁了田园，净化了土壤。

### 三、利用生物治盐的举措

生物治盐除植树造林外，种植多年生的紫花苜蓿、箭舌豌豆、毛苕子、草木栖等也有较好的效果。此外，大面积实施秸秆还田也是非常需要的。据 1990 年 11 个生产队的土壤普查报告记载，5 年间，农场土壤有机质含量平均增长 0.7%，土壤容重降低 9.6%，总空隙度提高 10.3%，结合栽培技术的改进，粮食亩产年递增率为 14.2%，其中，生物治盐起了一定的作用。

### 四、改良镁质碱化土（青白土）的措施

为解决镁质碱化土对农作物的危害，经反复研究试验，农场具体采取了以下办法：

（1）施用钙盐改良剂增加钙质，降低镁钙当量比值，改善土壤胶体组成，改善土壤物理性状。钙盐改良剂有石膏、过磷酸钙。

（2）施用酸性改良剂，降低土壤 pH。

（3）结合排水洗盐措施，将有毒盐类排出土体。

（4）种植抗碱性强的草木栖，改良和培肥地力。

在未进行土质改造之前，盐碱危害始终是饮马农场农业生产发展的主要障碍因素。多年来，农场在盐改方面做了大量工作，特别是从 20 世纪 80 年代中后期开始，农场在吸取过去经验教训的基础上，加大资金投入，加强技术力量，强化措施落实，完善基础设施配套，采取完善配套的综合改良技术措施，实施了卓有成效的盐改项目，带动农场农业生产水平的提高。粮食亩产由 1986 年的 161.5 公斤提高到 1993 年的 390.7 公斤，增长229.2%，年均增产 32.74 公斤，年均增长率为 20.27%。1978—1989 年，由甘肃省农委下达，甘肃省农垦总公司、农垦勘察设计院主持实施了"河西垦区 5 万亩盐渍化低产田改良"项目，由河西 6 个国营农场参与完成，饮马农场的项目区面积达 1 万亩。通过改良，土壤耕层盐分由试验前的 0.724% 下降到 0.481%，脱盐率达 33.6%。粮食平均亩产由试验前的每亩 122.7 公斤提高到 208.2 公斤，亩增产 85.5 公斤，增产率 69.7%，年均增产23.2%。"3 万亩低产田改良（1990—1992 年）"项目由农垦总公司下达，河西 5 个国营农场参与完成，饮马农场的项目区有 0.5 万亩。通过改良，项目区耕层盐分由试验前的1.141% 下降到 0.669%，下降 0.472%，脱盐率 41.4%。产量由试验前的每亩 173.6 公斤提高 309 公斤，亩增产 135.4 公斤，增产率达 77.995%，年均增产 25.998%。其中，部

分镁质性盐土中的盐分由 0.806% 下降到 0.164%，下降 0.642%，脱盐率 68.24%。$mg^{++}/ca^{++}$ 平均比值由 4.72 下降到 2.52，下降 2.2，产量从 170 公斤提高到 393.8 公斤，增产率 133.51%，年均增产 44.5%。

盐改项目实施效果见表 4-2-2。

表 4-2-2　盐改项目实施效果

| 年份 | 粮食亩产（公斤） | 较上年增产（%） |
| --- | --- | --- |
| 1986 | 161.5 | — |
| 1987 | 241.5 | 49.54 |
| 1988 | 262 | 8.49 |
| 1989 | 248.4 | -5.19 |
| 1990 | 265.5 | 6.88 |
| 1991 | 300.8 | 13.30 |
| 1992 | 352.6 | 17.22 |
| 1993 | 390.7 | 10.81 |
| 年均增产 | 32.74 | 14.43 |
| 亩增产 | 229.2 | 141.92 |

青白土在场区土壤中占比较大，长期以来产量较低，造成投资投劳无效，垦而复弃，难以有效进行农业利用。为了解决这个难题，农场在青白土改良利用方面下了很大功夫。1974—1979 年，在酒泉地区农垦局农科所主持下，在其他单位的大力协助下，农场开展了一系列科学实验研究工作，《青白土和青白型土壤改良研究报告（盐碱土改良研究）》总结出了不同类型青白土的改良方法，为以后青白土与青白型土壤的科学改良、提高耕地利用率、低产变高产，以及继续开垦扩大耕地面积提供了翔实的依据和有效途径。

青白土是一种镁盐土。镁盐基与土壤中的盐酸、硫酸、碳酸化合，就产生出了各种镁盐、氯化镁、碳酸镁等会对植物发生毒害作用的成分。缺钙富镁是造成钙镁比值过高的主要原因。当镁钙比值大于 2 时，在盐分正常的情况下，作物仍然不能生长发育，增施化肥后，产量不增反减。当钙镁比值大于 4 时，春小麦的种子根一伸出即表现抑制，分枝、根毛少。当钙镁比值大于 10 时，春小麦根系呈畸形膨大（俗称鸡爪根），不能伸长，显绣色，无次生根毛，不能吸水，子叶暗绿而卷缩，含水较低的种子胚乳耗尽后，代之一包水，外观上好像饱满的种子，头水后即开始死亡。当钙镁比值大于 15 时，作物和树木生长困难，勉强生根者，1~2 厘米长时随即死亡。农场通过大量试验，以增施有机肥、过磷酸钙、石膏、种植绿肥（草木樨）、拉沙混土、干燥土壤为主要措施，改良土壤，使镁钙比值发生"易势"。"只有不良的耕作技术，没有不良的土壤"，经成功改良利用的青白土壤，具有较好的保水保肥性能，作物长势良好，可以成为农业生产中的中、高产田。

### 五、改良冷湿土壤的措施

场区地下水位高，易造成土壤湿冷，使某些微量元素缺乏，从而影响农作物生长。针对这种情况，农场采取的主要改良措施有：①竖井、明沟和暗管排水，排出土壤中过多的水分，降低地下水位，改善通气条件；②深翻晒土，以散湿和提高土壤温度，促进土壤养分转化；③地膜种植作物进行机械化中耕除草，起到松土保墒、提高地温的作用；④改进灌水方式，坚持平整土地，大块改小块，实现灌水均匀，有效压碱。

### 六、改良风沙土的措施

1. **植树造林**　在风口和沙线上栽植防风固沙基干林带，在风沙边缘营造防风固沙林，在受风沙危害的绿洲中营造防护林网。

2. **封滩育草**　积极保护原有植被，禁止过度放牧和对红柳丛的砍伐，干旱严重时适当引水育草。

3. **引洪漫淤**　对于已开垦利用的风沙土，通过引洪漫淤补充细土及养分。

## 第三节　土地资源利用的制度建设

### 一、建立土壤资源利用档案

自1956年起，农场共进行过24次土地重点调查和土壤专题调查，其中大的调查活动有8次，延续更新调查6次，并依据调查资料，以条田（地块）为单元，建立起土地资源档案。20世纪70年代以前的调查主要围绕土壤分类、理化性状、利用状况等内容进行，重点是解决治理盐碱危害和地下水位过高的问题。80年代后的土壤调查增加了土壤盐分变化、熟化程度、养分状况、障碍因素等内容。

农化样的采集、容重的测定都在耕地中进行。土壤分类做到土属，化验项目包括总盐、电导率、4个阴离子和2个阳离子、pH、有机质、全氮、全磷、全钾、碱解氮、速效磷、速效钾以及地下水样等。

农场土壤调查档案面积315870亩。有土壤普查报告7份，有土壤图、有机质图、全氮图、速效磷图、速效钾图、盐分图、改良利用分区图等。土地档案的建立，为有效指导生产建设和土地合理利用提供了科学的依据。

## 二、进行土地资源利用的总体规划

根据政务院农业部《国营机械农场建场程序暂行办法》的规定，1950 年 8 月组成国营机械农场勘查团（队），1954 年 8 月，由甘肃省农林厅国营农场勘察队编制完成了《饮马农场机械农场详查报告》，这是农场第一份土地资源利用总体规划。1965 年，甘肃省劳改局勘察队进行农场扩建土壤调查，完成《饮马场机械农场勘查报告》和《发展疏勒河流域农、林、牧初步意见》规划。同年，场区南片依据河西军垦农业建设总体部署，修改和制定《农业二团土地资源利用规划》，由农建第十一师勘测设计大队完成。这两次都是开荒前的土壤调查。

1981 年，在甘肃省农垦总公司和甘肃省国土办的指导下，农场配合甘肃省农垦局勘察设计大队，以《全国第二次土壤普查暂行规程》为依据，于 1982 年 2 月完成饮马农场土壤普查报告，挖土壤剖面 183 个，采集土壤样本 798 个，化验项目有总盐分、电导率、4 个阴离子和 2 个阳离子、pH、有机质、全氮、全磷、全钾、解碱氮、速效磷、速效钾。绘制了土壤图、有机质图、全氮图、速效磷图、速效钾图、盐分图、改良利用分区图，并对土壤生产障碍因素进行调查分析，普查面积 315870 亩。其中，耕地 49621 亩，林地 2674 亩，园地 922 亩，草地 128432 亩，水域 2900 亩，居民点用地 5371 亩，交通用地 4163 万亩，未利用地 121787 亩。

1989 年，甘肃省农垦勘测设计院对场区土地利用现状再次进行了详查，完成调查面积 311906.7 亩（包括外单位占用 1029.5 亩），其中耕地 54859.1 亩。其成果有《饮马农场1/1万土地利用现状图》1 份、《面积统计表》1 份、《误差统计表》1 份、《土地利用现状详查报告》1 份。

随着农场经济和社会发展的变化，土地资源利用也相应发生了变化。"八五"期间，农场根据土壤盐分变化、土壤熟化程度、土壤养分变化和障碍因素的现状，以及"世界银行疏勒河项目工程"的要求，完成了新的《饮马农场土地资源利用规划》。规划突出了资源优化配置、移民安置和啤酒原料基地建设，坚持土地资源利用"宜农则农，宜林则林，宜牧则牧"的基本原则，使土地得到了合理有效的利用。

2009 年，根据《国土资源部办公厅关于印发市县乡级土地利用总体规划编制指导意见的通知》（国土资厅发〔2009〕51 号）文件要求，由玉门市政府对全场土地利用总体规划进行了修编，形成《玉门市国有饮马农场土地利用总体规划（2010—2020）》。规划于

2011年8月进行了评审。规划中，全场耕地75004.95亩，建设用地总建设用地面积3107.55亩。其中，居民点用地面积1731.3亩，交通水利用地1376.25亩。

2014年，农场按照上级土地管理部门划定的基本农田，建立了基本农田档案。农场土管所配合上级土地管理部门，制度性地坚持土地依法管理，建立耕地管理档案，延续至今。

### 三、进行土地资源动态监控

1. **土地调查工作**　建场之后，生产部门便建立了土地资源监控系统，由专人负责土地资源的调查，并按主次随时随地观察变化情况，记载入档。常规管理一般按年度进行，列入生产和基本建设计划，特殊情况对症施策，原则上按土地资源利用规划，确定其利用方向、规模、格局、措施和前景。1986年后，随着国家土地法规体系的完善和健全，土地资源动态监控已纳入法制化轨道。农场划定了基本农田保护区，以经济手段来调整主体的用地行为，增加农业投入，改造中低产田，提高现有农用地的生产率；增强全社会的环保意识，防治土地污染等。1965—1997年，甘肃省劳改局勘测队完成了场区北片土地资源利用的改建、扩建规划设计。

2008年和2018年，农场按照国家第一次、第二次农业污染源普查工作要求，以土地为主要调查对象，完成了农场污染源普查。1996年、2006年、2016年，农场按照国家农业普查要求，完成了3次农业普查，以土地为主要调查对象，为宏观管理提供了依据。

按照国家统一部署，农场共开展了3次土地调查工作，第一次是1984—1985年年底，第二次是2007年7月1日—2009年6月。调查总面积308451.65亩（其中政府征用71127.29亩，被单位、个人、农民等占用5813亩），实际使用面积231510.96亩。其中，耕地面积94618亩，林地28202.39亩，园地5.49亩，草地6282.9亩，农用设施用地24943.78亩，其他农用地16306.24亩，建设用地18833.81亩，未利用土地42318.35亩。

第三次土地调查是2017年1月—2019年12月进行的。按照国家统一标准，在第二次普查结果的基础上，利用遥感测绘、地理信息、互联网等技术查清土地所有权和使用权状况，查得农场土地总面积231511.35亩，其中，耕地94618.31亩，林地28202.39亩，园地5.49亩，草地6282.95亩，设施农用地24943.78亩，其他农用地16306.24亩，建设用地18833.84亩（包括住宅用地17848.94亩，其他用地984.90亩），未利用地42318.35亩（包括河流水面1027.79亩，其他草地25524.24亩，盐碱地及其他15766.32亩）。预计可垦荒地面积2.9万亩。其中，玉门片土地使用证证载面积249929.45亩，经与玉门市自然资源局和三调协调对接，现纳入三调工作权属面积 202857.2 亩，未纳入 47072.25 亩。未纳入土地中，有高速公路及 312 国道用地面积 3552.29 亩，饮马农场职工住宅及文教卫生用地 16747.36 亩，其他 26772.6 亩〔含玉门市六墩乡安和村昌盛村占地 9500 亩，312 国道南六墩乡村占地 7575.1 亩，应纳入而未纳入三调工作权属的面积为 9697.5 亩（饮马与玉门市柳河乡村交接地带约 5000 亩，其他边角地 4697.5 亩）〕。瓜州片土地使用证记载面积 58522.2 亩，经与瓜州县自然资源局对接，现纳入三调工作权属图斑面积的 50501.55 亩，未纳入 8020.65 亩。纳入三调工作权属图斑面积 50501.55 亩已按国家移民政策，以行政区域代码证号划归瓜州县七墩乡所有。

**2. 未划入（被侵占）调查土地面积情况**

（1）瓜州七墩乡在农场西南玉门与瓜州交接地带，1998—2007 年，依照国家移民政策占农场面积 5.05 万亩。

（2）按照国家移民政策，2007—2010 年，玉门市六墩乡在农场西南玉门与瓜州交接地带占地 0.7575 万亩。

（3）2007—2010 年，玉门市六墩乡按照国家移民政策，在农场安置昌盛村和安和村 2 个移民插花村，占地面积 0.95 万亩。

（4）2009 年，政府征用划拨电力局和莫高啤酒原料股份公司饮马分公司土地面积 0.2813 万亩。2005—2008 年，高速公路征地面积 3368.29 亩，312 国道占地 184 亩。

（5）2014 年，甘肃农垦饮马牧业占用农场土地面积 1200 亩，其养殖、办公地建设在饮马分公司土地界内，未办理土地证。

（6）2013—2018 年，农民非法侵占农场南滩和玉门市二道沟村交接地带土地约 0.3 万亩，分公司已进行了现场测绘，正在和土地局协商办理相关事宜。

### 四、土地利用的制度化管理

**（一）土地属性的划分**

土地是农场生存发展最重要的自然资源。多年来，农场始终重视保护与利用相结合，一系列生产经营活动都围绕土地展开，以促进农场的经济发展。

农场的国有土地受甘肃农垦土地管理部门和玉门市自然资源局双重管理，土地使用严格按照法定审批程序依法使用。

按照经营管理体制的变迁，农场的土地管理方式大体可划分 3 个阶段：

**1. 第一阶段：建场初至 1984 年**　这一时期，农场土地按照统一规划、统一开发利用、统一计划种植、统一集中的原则进行管理，土地的开发和利用由农场决定，个人无权进行开垦，也无权在农场的土地上修建房屋及圈舍。

2. **第二阶段：1985—2001 年**　农场从 1985 年起实行家庭农场联产承包责任制，农场下发了《关于印发〈国营饮马农场 1985 年经济责任制办法〉的通知》（甘饮场发〔1985〕31 号），实行"大农场套小农场"的统分结合的双层经营模式。农场把耕地按户分配给职工承包经营，土地所有权属于国家，经营权属于家庭农场，以签订《土地承包合同》的方式进行管理，明确双方对土地保护和使用的权利及义务。

3. **第三阶段：2002—2020 年**　2002 年"两费自理"改革后，农场依然沿用家庭农场联产承包责任制，但管理的方式在不断改变。2002 年至今，农场先后对《饮马农场（亚盛饮马分公司）土地承包经营及收费管理办法》进行了 19 次修订，逐步完善了土地承包管理制度。

2002 年制定了《关于饮马农场关于推行农业承包"两费自理（生活费、生产资料费用）"改革的决定》（甘饮场发〔2002〕1 号）；2006 年下发《关于饮马农场推行农业承包"三费自理（生活费、生产资料费用、上缴养老统筹金）"的决定》（甘饮场发〔2006〕1 号），给每位职工划分 6～10 亩养老田（根据土地类别划分）；2011 年，根据文件《关于饮马农场土地承包及收费管理办法》（甘饮司发〔2011〕1 号），为解决职工医保费用问题，给每位职工划分 2 亩地的医保田；至 2015 年，为了明确各类土地概念和用途，分公司根据土地管理主体的不同，将经营土地面积 67668 亩划分为 8 种类型，分别为承包田29565 亩（职均 75.4 亩），租赁田 15121 亩（人均 175.8 亩），职工养老统筹田 2733 亩，医保田 758 亩，小块地 1918 亩，移民口粮地 689 亩，统一经营田（农业队种植）2664 亩，开发性家庭农场土地 14220 亩。

在 2019 年下发的《亚盛饮马分公司（农场）土地承包经营及收费管理办法》（亚饮司发〔2019〕1 号）中，详细说明了各类耕地的用途和收费标准：

（1）承包田。承包田即由职工承包经营的土地。2005 年定额为 30 亩，2005 年后调整为 60 亩。

（2）租赁田。租赁田即职工、临时工和社会其他人员租赁经营的土地。

（3）统一经营田。统一经营田（项目化团队经营）是指职工因退休、死亡（非正常退休）、提干而退出的土地，由分公司委托（农场）项目化团队统一经营。

（4）开发性家庭农场土地。开发性家庭农场土地是指 2011 年以后通过陆续收复弃耕地开发的土地，由外来人员、农场职工及其他人员自愿申请开发。

（5）小块地。小块地是指除承包田或租赁田合同范围内的面积和开发性家庭农场收复弃耕地面积外，其他零星开垦耕种的土地。

（6）职工养老统筹田。职工养老统筹田用于解决职工养老问题，为企业划拨的土地，不收取任何费用，用于职工缴纳企业部分上缴给社保部门的养老金，确保职工老有所养。2006年，职工每人划分养老统筹田6～10亩（根据土地类别确定亩数）。

（7）医保田。企业划拨一定的耕地面积，不收取任何费用，用于参加城镇职工医疗保险的职工缴纳企业部分上缴给医保部门的医保金。职工人均划分医保田2亩。

（8）移民口粮田。根据甘肃省有关移民政策规定，给"两西"移民每人划分口粮田3亩，给"疏勒河项目"移民每人划分2亩口粮田，每户1亩菜地。

截至2020年，分公司（农场）各类土地的面积为：承包田18999亩，租赁田18975亩，统一经营田10266.36亩，小块地6550亩，开发性家庭农场土地17581亩，养老统筹田1935.45亩，医保田548亩，移民口粮田1155亩。

**（二）土地管理制度**

为了加强土地管理，农场制定了《饮马农场个人小块地管理办法》（甘饮场发〔2001〕55号文件）、《关于加强土地管理、清理整顿用地秩序、规范用地手续的通知》（甘饮场发〔2002〕40号）、《饮马农场个人用地管理暂行办法》（甘饮场发〔2003〕42号）。文件规定，饮马农场场界内的一切土地属于国家所有，饮马农场拥有土地使用权和经营权。同时，规范宅基地、个人用地、新开荒地的各项管理范围及程序，明确场部、连队各类个人用地收费标准。

为鼓励职工收复弃耕地，扩大种植面积，2010年，农场制定下发了《亚盛饮马分公司收复弃耕地（暂行）管理办法》（甘饮场发〔2010〕87号）。据统计，2011—2012年，各农业队累计完成收复弃耕地面积15261.59亩。分公司与土地收复者签订《亚盛饮马分公司收复弃耕地合同》，合同规定，个人收复的弃耕地经营期限为20年，期满后可优先让开发者继续租赁。租金从第5年30元/亩（不含其他管理费）起步，到期达到150元/亩。至2015年，分公司移交各生产队收复弃耕地合同管理面积为15955亩，签订合同61份。

针对废旧农膜污染环境及土地资源的问题，为更好地保护和利用耕地，分公司下发了《关于开展清理农田废旧农膜行动的通知》（甘亚饮司发〔2015〕（43号），要求各分场当年农田废旧农膜回收清田面积达到80%，禁止生产、销售、使用厚度小于0.008毫米的农膜，推广使用厚度大于0.01毫米、耐候期大于12个月的符合国家质量技术指标的农膜。以后，公司每年将地膜捡拾作为保护耕地质量的常规技术措施持续抓落实，要求达到"双80"标准（当年残膜捡拾达到80%，往年田间残膜捡拾达到80%）。

为提高企业统一经营田管理水平，2015 年，分公司相继制定下发了《关于亚盛饮马分公司统一经营田管理办法》（甘亚饮司发〔2015〕114 号）、《关于 2018 年〈亚盛饮马分公司统一经营田管理办法〉的实施意见》（甘亚饮司发〔2017〕137 号）、《关于亚盛饮马分公司统一经营田管理办法（修订）》（甘亚饮司发〔2018〕108 号），新成立产业部，作为企业统一经营田的专业管理部门，并建立了"1＋8"（即 1 个产业部和 8 个专业化管理团队）经营管理体系。2019 年，制定下发《亚盛饮马分公司项目化管理团队统一经营土地管理办法（试行）》（甘亚饮司发〔2019〕125 号），规定将滴灌区域内的土地集中连片，整条田种植的一、二类土地纳入项目化团队管理，公司统一经营田实行"分公司＋项目化团队"的两层经营体制。产业部为统一经营田的职能管理部门，统一经营田的财务管理实行"专户核算，独立运行"的管理办法。

2015 年，制定了《亚盛饮马分公司土地管理办法》（甘亚饮司发〔2015〕130 号），依法依规规范土地各项管理。各基层单位是土地管理的主体单位，承担单位一切保护和合理利用土地的责任；制定农业生产用地管理、建设用地管理、耕地质量保护的相关制度。

2016 年，下发《关于〈关于饮马分公司小块地管理办法〉的通知》（甘亚饮司发〔2016〕86 号）。

2017 年，下发《关于〈饮马分公司小块地管理办法〉的补充修订意见》（甘亚饮司发〔2017〕135 号）。

2018 年，修订完善了《亚盛饮马农场土地管理办法补充条款的通知》（甘亚饮司发〔2018〕160 号）。明确分公司国土资源所是分公司土地管理的主管部门，受农垦国土资源管理局和当地政府土地资源局的双重领导。各基层单位是土地管理的责任主体，单位负责人是第一责任人，承担单位一切保护和合理利用土地的责任，制定农业生产用地管理、建设用地管理、耕地质量保护方面的相关制度，履行自己的职责。

2019—2020 年，针对公司范围内进入退耕还林的 20692.55 亩土地、退耕还草项目的 4363.8 亩土地，制定了《亚盛饮马分公司三年（2018—2020 年）退耕还草项目实施方案》（甘亚饮司发〔2018〕136 号）及《亚盛饮马分公司退耕还林项目管理办法》（甘亚饮司发〔2018〕182 号），规范了项目土地的收费标准及后续管理工作。

## 五、建立基本农田保护制度

基本农田是指县级以上人民政府土地行政主管部门根据上一级人民政府制定的基本农田保护区划报上一级人民政府批准，按照土地利用总体规划确定的、不得占用的耕地。

20 世纪 90 年代末，随着《甘肃省基本农田保护条例》的实施，农场配合上级土地管理部门对基本农田保护区进行划定，将基本农田保护工作纳入考核目标，实行一票否决制和过错追责制，同时建立基本农田保护档案，制定土地利用总体规划。进一步完善《基本农田保护区用途管理制度》《占用基本农田严格审批与占补平衡制度》《基本农田质量保护管理制度》《基本农田环境保护制度》《基本农田监督检查制度》等制度，并督促贯彻执行。

按照国家耕地质量等级要求，根据耕地种植条件和耕地质量情况，农场耕地总面积 74139.1 亩，其中基本农田面积 60939.1 亩，一般农田面积 13200 亩。2010 年后，随着占补平衡项目的实施，土地被不断开发利用，据 2014 年统计资料记载，农场耕地总面积 106725 亩，划定基本农田面积 65414 亩（含酒花队 2690 亩），一般农田面积 41311 亩。自此，把基本农田管理纳入了法治化管理。根据甘肃省国土资源厅及农垦国土局《关于开展土地分割登记工作的通知》（甘饮司发〔2014〕021 号）文件精神，规定农场将独立核算的法人单位用地划入职工住宅用地进行分割登记，并颁发"国有土地使用证"，确认其使用权。国有土地使用权确认后，受法律保护，任何单位和个人不得侵犯。

## 六、土地确权管理

甘肃亚盛实业（集团）股份有限公司《关于作好土地确权登记发证有关工作的通知》（〔2016〕110 号）规定，成立亚盛饮马分公司土地确权工作领导小组，其确权内容如下：

（1）饮马农场土地范围位于玉门市和瓜州（原安西县）县 2 个行政区划内。土地使用确权登记发证时按照 2 宗地进行登记发证，证载总面积 308451.65 亩。其中，玉门片土地使用证证载面积 249929.45 亩，瓜州片土地使用证记载面积 58522.2 亩。土地使用期间，因部分地被征用，当时的土地总面积为 305638.345 亩。

（2）在亚盛股份公司增发时，对农场土地进行重新登记，将农场土地中的 219872.91 亩纳入亚盛实业集团股份有限公司使用，剩余面积留予原饮马农场使用，但剩余土地未重新发证。1998—2007 年，根据国家移民政策，首先在农场原十一队西地界内安排了六墩乡和七墩乡移民村，占用农场土地约 36000 亩（具体面积经过实际丈量）；2007 年又安排疏勒河插花移民村 2 个（六墩乡安合村和昌盛村），占用农场十五队及二十队土地 9950 亩。这些土地一直没有从农场土地证中划拨出去。

（3）周边农村非法侵占农场土地情况。前些年，在农场南滩地界内，部分农场土地被周边农村（柳河乡二道沟村、官庄村）村民非法抢占开发，面积约 3000 亩（具体面积经过实际丈量），这部分土地收回较为困难。对于亚盛增发时留给农场使用的土地27243.235 亩（总面积 85765.435 亩，其中，瓜州片土地 58522.2 亩，玉门片27243.235 亩），没有颁发新的土地使用证，造成证件使用不统一，土地证面积不一致。

啤酒大麦

# 第三章　种　植　业

## 第一节　轮作等主要作业

### 一、轮作推广技术

轮作是促进农业增产的古老方法之一。根据场区自然地理等实际情况，经过反复试验，农场总结出了适合自己的农作物轮作（倒茬）品种以及耕作、种植的最佳方式和办法。20世纪70年代后，除坚持实行轮作制度外，开始探索适宜农场实际的轮作形式，既有计划地安排粮、油、蔬菜和饲料的种植，又根据实际情况引种了箭舌豌豆、毛笤子等绿肥品种，并重视将季节性绿肥种植纳入轮作体系，年安排草田轮作面积占耕地总面积的9.6%～17%。据1983年土壤调查资料显示，轮作区耕层土壤有机质含量较1969年增加0.24%，容重从每立方米1.3克降到1.23克。两个轮作周期（8年）的粮食平均亩产为216.7公斤，比实际轮作前9年平均亩产增长51.22%。

20世纪80年代后，随着农场经济体制改革的深化和种植业结构的不断变化，轮作制度有了新发展。总的发展趋势是：轮作周期由长变短，经济作物在轮作中的比例提高，占一季农时的绿肥面积逐年减少，秸秆直接还田面积不断增加，粉碎抛撒技术更加趋于成熟等。轮作中安排的牧草和绿肥多采用间、套、混播形式，不影响当年的种植计划和总产指标的落实。间、套、混播是一种养用结合、寓养于用、效益又高的改土措施，具有明显的经济效益和生态效益，一度在农垦系统内推广。

农场还注重在轮作中推广应用新的科学技术，例如采用地膜覆盖技术后，解决了土壤"冷、板、瘦"的问题；麦茬地轮作籽瓜，促使瓜苗早发，瓜多、籽多、板大，瓜茬种植啤酒大麦，由于瓜茬麦后劲足，实现了大面积平衡增产。中低产田和复垦、开荒地则采用4区轮作，其方式为：春小麦套种草木栖—二年生草木栖—啤酒大麦；水飞蓟、油葵—籽瓜。轮作单元不变，4年为一个周期，效果较好。

从20世纪90年代开始，农场大面积连续种植啤酒大麦，重视深翻晒垡、平整土地，进行灌水技术的改革，在熟化、改良、配肥土壤和洗盐压碱等方面都取得了显著成效，为后来调整农业种植结构，大面积种植经济作物打下了坚实的基础。1995年粮食平均单产达到382.12公斤，较1990年增长40.02%，较1983年增长3.67倍，年均增长21.82公斤。1995年后，啤酒大麦占种植面积的85.35%，对于小麦、籽瓜等的种植，安排3～4年为一个轮作期，有利于提高产量。

从2002年开始扩种香料（孜然、茴香）及油葵等经济作物，粮食面积占种植面积的40.66%，方式为孜然套种茴香与大小麦、牧草进行3～5年的轮作。由于轮作制度的合理利用，到2007年，粮食平均产量达到463公斤，较1995年增加80.8公斤，年增长6.7公斤。2010年后，苜蓿、枸杞等多年生作物占种植面积的30%～40%，大田生产以茴香、食葵、小麦、牧草（苜蓿、青贮玉米、燕麦）等经济作物为主，进行3～5年的轮作。

2016年后，随着大条田建设成型，农场的种植结构更趋合理优化，再加上经济作物膜下滴灌技术全面推广应用，到2020年，农场着手发展以食葵、白瓜籽、茴香、小麦、牧草（苜蓿、青贮玉米、燕麦）为主的大田生产主导作物，因地制宜，按条田区域化进行1～2年的轮作，促使各类经济作物产量和品质均有不同程度的提高，具体情况如下：

1. **浅耕发展为深耕**　建场初期，因农业机械化水平较低，农业生产多采用旧式农具和传统耕作方法。1958年秋，农场对旧式犁进行了综合性技术改造，积极推广伏耕深翻技术，当年伏耕深翻面积达到耕地面积的73%。伏耕深翻使土壤绵软，耕层厚，利于晒垡淋盐和来年早播。如饮马四站3号地，1957年春小麦亩产70公斤，1958年实行伏耕秋翻后，1959年亩产达到134公斤，增长91%；蘑菇滩农场皇渠梁2号地，前茬亩产48公斤，1959年达到114公斤，增长237%。在总结增产经验时，两场都将伏耕深翻作为重要增产措施之一。

2. **多耕发展为少耕**　建场中期，农场耕作方法为"两犁两耙"或"三犁三耙"。随着土壤熟化和耕作年限的增加，长期用犁铧同层耕翻或强翻，使土壤团粒结构遭受破坏，有机质含量下降，保墒抗旱能力减弱，形成的坚硬犁底层影响土壤的蓄水能力和作物根系的发育，加之地表裸露，加剧了土壤的风蚀作用。同时，机具作业次数多，不仅耗能多，提高了作业成本，还常因机车保有量不足贻误农时，影响整地数量和质量。1962年夏收时期，农场开始田间试验，首先在脱盐和含盐量较低的耕地上进行。试验报告显示，麦茬地仍采用伏翻晒垡、入秋灌水洗盐的办法，待地表泛白时，用圆盘耙切割，重耙一次或轻耙两次，入冬以后镇压保墒。翌年播种前用盘耙切割，俗称"放墒"，以降低土壤含水率，收耙后视墒情播种。豆茬地收获后不再深翻，重耙灭茬后即灌水洗盐，翌年播种小麦。试验表明，"一翻两耙"较"两犁两耙"或"三犁三耙"的做法，出苗、长势皆优，碱斑少于传统平翻，节约成本 32%～48%，缓解了机车农具不足的矛盾，保证了农时的农艺要求。豆茬地灭茬洗盐较传统深翻增产 14.2～17%，土壤团粒结构和有效养分增加，组织紧密，能防止春季泛浆陷车，亦对春小麦灌浆后倒伏有抑制作用。

又是一个丰收年

康拜因机械收割小麦

20 世纪 70 年代后，随着先进耕作技术的推广，少耕技术趋于成熟。1972 年，农场确立了粮食作物以深松土为重点的"一翻两耙"耕作制度，即前茬收获后伏翻晒地，秋冬灌前扎实落实好平田整地措施，灌后适时"打干耱"，镇压保墒到下年度春播。对春施基肥的农田，待土壤化冻 6 厘米左右开始整地，尽量做到随整随播，干耱地直接耙一遍，冬水地应对角耙，耙后带木耢子，达到"细、平、松、保墒"的标准。这一系列的有效措施保持到 90 年代，仍然非常有效。2016—2020 年，分公司（农场）总结经验、发挥长项，更为重视轮作制度等技术措施的实施及完善，制定了更加切合实际的制度，确保生产的稳步发展，作物产量有效提高。

**3. 从单项措施改进到建立农作物耕作体系**　20 世纪 80 年代中期，农场在建立农作物模式化栽培技术规范的同时，对耕作制度进行了全面修订，提出"以深耕深松为基础，以合理轮作为前提，以培肥地力为核心，以机具配套为保证"的耕作原则，并结合不同作物的种植要求、技术条件和实践经验，形成了各具特点的耕作制度。

新的耕作技术以栽培技术成果和大面积高产经验为依据，以影响作物生长的主要限制因子为内涵条件，采纳家庭农场的成功经验，按照作物生长规律和农时活动顺序链，由单项技术组装配套而成。新的耕作制度强调耕、松、耙相结合，在耙茬基础上加入了深松、浅松环节，打破了犁底层，进一步协调了土壤中水、肥、气、热的关系，并且对高产、中产和低产的耕作需求做了专项规定。1988 年，新的耕作制度全面实施，当年粮食作物平均亩产 268.5 公斤，较 1987 年净增 29.9 公斤，增长率 12.5％；1989 年，在遭受中期阴雨、大风和灌浆期连续 14 天干热风的自然条件下，粮食平均亩产仍然达到 255 公斤；1991 年，平均亩产达到 304.4 公斤。由于坚持了新的耕作体系，1988—1991 年粮食连续增产，投入与得益率比为 1.98∶3.42。

**4. 传统农业模式的转变和集成技术的推广应用**  20 世纪 90 年代初，农场开始大力推行模式化栽培技术，并推广新品种种子包衣技术及合理密植、配方施肥等，改进灌溉、施肥方法，进行多项耕作措施的限时量化落实，提倡"高产田稳中求高，低产田快中求效，下大气力向中低产田夺粮"的方式，建立新型科学耕作制度，耕地质量明显提升，粮食产量快速提高。特别是 2015 年以来，实施了膜下滴灌水肥一体化技术应用，传统模式得以颠覆性转变，农场多年的传统农业模式向"三大一化"现代农业格局迈进，一批节本增效的新技术、新措施在生产中得以集成应用。

## 二、几种不同的耕作方式

不同历史时期，场区土壤耕作呈不同特点，其主要耕作方式大体如下：

1. **秋沙地**  前茬收获后深翻晒垡，8 月下旬至 9 月中旬灌水洗盐，待地表泛白时重耙切割耧平，俗称"打干煞"，保墒越冬至翌年春播，是农场大田主要耕作方法。20 世纪 70 年代以前，由于场区地下水位高，播种前 3～5 天空犁 1 次放墒，结合空犁施入基肥，视墒情决定镇压或耢耱。70 年代初，对地下水位较低的耕地不再空倒放墒，直接整地播种，但对地下水位较高或易陷车的潮地、二潮地，仍采用这一耕作方式。

2. **冬水地**  曾是面积最大的一种耕作方式，适用于中、重度盐碱地。一般在 10 月下旬至 11 月上旬泡冬水，灌前秋作物的玉米，平整灭茬，小秋作物胡麻、糜谷和复种的绿肥，一般不灭茬，未进行复种的麦田伏翻晒地，冬灌前平整灌水，灌足泡透。此外，冬水刹碱是传统盐改措施之一，以日消夜冻效果最佳。由于冬灌可缓解机车不足和劳动力紧张的矛盾，洗盐保苗效果好且方法简便，至 20 世纪 70 年代中期仍被广泛采用。由于冬水地土性凉，加剧了土壤湿冷程度的性状，增加了下年度播种的难度，逐渐被秋沙地所代替。但受晚秋作物（籽瓜、水飞蓟、甜菜）整地的限制，到 80 年代后，冬水地仍占耕地面积的 6％～10％。

3. **春水地**  限于晚秋作物整地或水情紧张的情况。耕地翻晒越冬，翌年春灌，水后重耙切割耧平播种。春水浇灌的好坏是保苗的关键，灌深灌透并及时整地，可使土壤有足够的底墒，其缺点是耕层土壤僵硬板结，土块多且湿冷，地温提升缓慢。

**4. 热水地**　用于杂草丛生的复垦地和农田，有一定的盐改作用。方法是利用"三热"（天热、地热、水热）将杂草（野燕麦、芦苇）种子诱发泡烂。泡热水要抢在伏天进行，前茬后连续深灌 2~3 次水，泡茬 7~10 天，有的长达半月，待水渗干后翻地，其他同秋沙地。随着化学除草剂的推广和应用，受水资源和单位成本的限制，这种方法在 20 世纪 70 年代后不再使用。90 年代后，采用在芦苇危害严重的农田推广"草甘膦"灭草措施，已不是原来意义上的泡热水。

**5. 其他耕作方法**　以秋后是否耕翻土地区别，有茬板地、砂田等。茬板地指秋后不犁地、留茬越冬，来年春灌、整地、播种。砂田仅用于菜地、瓜地，在施行平翻耕法后辅上砂石，目的在于提高地温，在施行免耕的砂田上，铺一次砂可维持多年。大体做法有：①深松犁地，即对部分土壤质地差、板结严重的耕地，引进深松犁，在不破坏土壤结构的情况下，深松 40 厘米以上，打破犁底层，改善土壤的通透性；②旋耕整地，应用旋耕机可以灭茬碎土，达到整地的目的；③镇压整地，对于土壤较为疏松的土地，耙地后通过镇压，可控制播种深度，利于提高田间出苗率。2015 年后，引进了联合整地机，实现耙地镇压一次完成。

### 三、种植与播种方式

#### （一）种植方式

**1. 间作**　为提高土地产出率，减少土地休闲或因风灾、晚霜冻造成的损失，农场曾大力推广粮豆间作、粮菜间作、果粮和果菜间作种植，种植面积依据农垦主管部门生产计划、自然灾害程度而变化。以 4 支 4 农 420 亩果园定植为例，1988 年建园定植苹果梨，为弥补果树生产周期长所造成的经济损失，1988—1990 年间作春小麦、籽瓜、啤酒大麦，粮食总产达到 484.5 吨，产值 77 万元，取得了较好的经济效益。

**2. 套种**　套种有粮豆套种、粮油套种、粮菜套种和粮草套种等形式，其中以粮草套种为主。大、小麦浇三水前撒播种毛苕子、箭舌豌豆，最高年份占粮作面积的 22%。啤酒花新花定植当年生长量小，为保证酒花工人收益不减，新花地套种甜菜，增加了土地产出率。2002 年后，职工大多采用茴香套孜然、玉米套茴香等间作方式，效果较好。

**3. 复种**　以前麦收后小面积复种荞麦、油菜、胡麻等小秋作物，后逐步发展为大面积复种绿肥，入冬前翻压，以培肥地力。但受区域气象因素的制约，作物复种发展空间很小。

**4. 混播**　主要为培肥地力而混播绿肥、牧草，并纳入轮作制度。饲料地亦采用青稞、豌豆混播的方式。1978年，十五队油菜、草木樨混播，当年翻压的成功经验，曾在河西垦区宣传推广。1982年实施"两西"生物治碱混播绿肥项目，当年混播面积15500亩，其中混播草木樨8530亩、毛笤子6970亩；1984年混播面积23963亩；1990年混播面积1200亩。该项目在培肥地力、盐土改良和农业的持续发展方面均取得较好的效益。

**5. 带状种植**　带状种植是在20世纪70年代末发展起来的新型种植方式，选择高秆与矮秆、喜阳与喜阴、早熟与晚熟作物品种搭配种植。由于带状种植能有效利用土、肥、光、热资源，可提高作物品质和产量，已成为河西走廊农业生产的主要推广模式。农场的带状种植始于1978年，作物搭配有春小麦-玉米或甜菜，由于农机具无法配套，于1980年终止。到90年代初，带状种植技术已趋于成熟，种植方式采用等距行和宽窄行两种，作物搭配为啤酒大麦-籽瓜或甜菜、地膜大麦-甜菜或玉米，以高水肥、高密度、高管理、高投入为基础。

**6. 干播湿出**　干播湿出是滴灌技术的一部分，主要是指在前一年作物收获后，深翻犁地，不灌溉冬水，春季整地铺膜播种后及时滴灌底墒水，这样有利于节本，提高田间出苗率。

**（二）区划种植**

区划是农场种植的主要模式，20世纪80年代后，随着种植业结构的调整，区划种植的特点更加明显。后种植业开始引进黄花、红花和啤酒花种植，其中，黄花、啤酒花为长线作物，农场按规划集中区划种植，其他农作物仍按渠系、条田、品种轮作倒茬。1985年兴办职工家庭农场后，除啤酒花、果园、百号外，机械作业困难，区划种植不再实施。

1988年，《农作物模式化栽培技术规范》开始实施，在继续完善职工家庭农场承包责任制的基础上，实行区划种植，分户、分区、按条田落实。当年，农业三队率先在2斗1农、2斗2农、4斗3农实施区划种植，主栽品种为啤酒大麦，统一品种、统一播量和配方施肥，分户管理、收获和核算，其经验在全场推广。其后，农场种植计划按渠系、条田统一安排，种植品种按区划标准尽量安排在同一渠系或条田内，基本做到了用现代化科技指导农业、管理农业，生产水平得到了提高。2015年以来，公司完善修订《农作物标准化栽培技术规程》，突出"三结合"（农机与农艺结合、种植与养殖结合、河灌与滴灌结合）方式，有效保护高耕地质量，提质增效。同时，重视新品种应用，按条田轮作倒茬、膜下滴灌水肥一体化技术、配方施肥、病虫害绿色防控等技术的运用，在生产中起到了指导作用。

2015年后，按照甘肃省农垦集团公司关于发展"三大一化"现代农业的要求，在建设大条田的同时，推广"大条田"统一规划种植，统一农作物品种，以利于统一管理和大机械作业。

**（三）播种方法**

在不同的土壤条件下，农作物对水、肥、光、热的需求不同，栽培方法亦不同。各类农作物的播种方法经示范、实践和不断筛选，围绕"高产、优质、高效、低耗"的目标，具有科学性、实用性和丰产、稳产效果。主栽品种以机播为主，同时采用点播、条播和根茎栽培的方法。

1. **麦类**　麦类是农场主栽作物，主要有春小麦、啤酒大麦等。

（1）秋耕。要求早、深、透、平、细。有计划推广秋施基肥，即在封冻前将过磷酸钙和有机肥条施进耕层土壤，深度8～10厘米，镇压或耙耱越冬。

（2）春播。播前整地，秋施基肥土壤直接下种，其余土壤结合野燕麦土壤化学处理进行浅耙。

2. **籽瓜**　秋沙地铺膜前对角重耙切割，轻耙带木趟子直耙趟平，使土壤松、碎、墒足，便于起垄。整地与铺膜紧密相接，严防脱节，造成土壤失墒，影响出苗。

（1）施肥。结合铺膜将基肥施于种植线侧下部位，亩施有机肥250～400公斤、油渣30～50公斤、过磷酸钙50～80公斤（或磷酸二铵8～10公斤）、尿素10公斤。有机肥、油渣和过磷酸钙应及早混合发酵，机播前要晾晒、过筛，条施时与化学肥料均匀掺和，与铺膜同步完成。

（2）铺膜。要求垄面饱满平整，松紧适度，沟深行直，旱趟不少于1.2米，水趟不少于0.6米。

（3）播种。播期应避免出苗时晚霜危害，正常年份5月6—18日为适播期，12日以后所播种子应浸种催芽。播种密度为3000～4000株/亩，即每垄种植两行，行距90厘米，株距25～20厘米，播深3～5厘米，播量1.5～2公斤/亩，每穴2～3粒。

3. **啤酒花**　啤酒花系长线作物，根深喜肥，喜湿怕涝，播种材料为根茎穴播。鉴于啤酒花的生物学特性，建园应选择防风条件好、土层厚、有机质含量高、排灌条件优良的沙壤土耕地。

（1）建园设计。啤酒花为多年生桑科葎草属草本植物。建园前应进行土壤化验，设计要田、林、渠、路配套，耕作制度为宽平畦作，架面高度2米，杆距6米×6米或6米×7.5米，杆控面积不大于50平方米，铅丝走向间隔为0.5米，水旱趟2.5米×3米×（36～48）米，水趟不宜过长，地锚圆钢应结实牢固。

（2）栽前准备。啤酒花利用地下茎繁殖，用作栽培的根茎必须经过选择和切割，为黄白鲜活、无病虫害、直径 1.5～2 厘米、茎心充实、芽势饱满的根头或跑条。

（3）栽植方法。沿旱塘边水平开穴，采用同垄双行栽植方式，株距 40 厘米，穴深 15～20 厘米，亩开穴 1100～1300 株。种苗向上直立栽于穴内，苗顶距地表 12 厘米，复土 5 厘米压实。穴顶为碟状坑，待苗长高后继续覆土填平坑口。碟状坑为深栽技术，可防止根茎露出地面，延长根茎利用年限，促使土壤吸收光热提高地温，亦利于出苗早和幼苗防风。啤酒花忌出苗前灌水，因此，一般在栽前冬、春灌，使土壤有足够底墒。

4. **食葵、茴香等经济作物**　2010 年后，在食葵、茴香等经济作物上引进气吸式铺膜播种机械，推广机械化精量播种技术。到 2015 年以后，公司在食葵、茴香、玉米和白瓜籽种植上推广应用 145 厘米宽膜一膜两带三行（等行距）、145 厘米宽膜一膜两带四行、70 厘米窄膜一膜一带两行宽窄行膜下滴灌种植模式。地膜覆盖种植的茴香、白瓜籽、玉米作物，在春季耙地镇压后，可实现铺膜、膜面压土、铺设滴灌带、精量播种一次完成。食葵由于低密度种植，需要人工点播。

5. **种植苜蓿**　2000 年后，对中低产田推广种植小麦后再种植苜蓿的模式，通过 5～8 年种植，达到改良效果后可种植其他经济作物，能有效提高经济作物产量。

## 四、"三早"（早播、早耙、早灌）、"三百"（化学除草、苗期耙地、叶面追肥）措施

这是 20 世纪 90 年代农场根据多年生产实际，在粮作栽培生产上总结出的宝贵经验，是实现作物优质、高产的基本农艺措施，在模式化生产技术应用中发挥了重要作用。2015 年后，这一措施和水肥一体化技术一直在农业生产中广泛应用。

玉米穗选良种

## 五、良种繁育与推广

良种繁育与推广是 60 多年来保证农业增产的一项重要工作。从 20 世纪 60 年代中期开始，在"四自一辅"目标引导下，各地逐步建立起以县良种场为骨干、公社良种场

为桥梁、生产队种子田为基础的三级良种繁育推广体系。自 70 年代初开始,农场建立了"四自一辅"种子工作体系(站),80 年代进展达到了高潮。以当地当家品种为基础,在各连队建立种子田,大搞良种繁育,大力引进良种,基本保证了农业生产的种子供应。1983 年,原种子站并入科研站,确定原十队、十三队为一级种子生产队。为调动职工的积极性,对种子生产实行优质优价,原种加价 15%,一级加价 10%,二级加价 5%。

其主要措施有:

1. **逐步建立健全管理机构** 管理机构的主要任务是负责原种提纯变壮、新品种区域试验、引种鉴定和技术指导。1979 年,为加强种子工作,农场制定了《建立种子工作制度》;1989 年,建立健全了农作物良繁体系,实行统一供种,同时,建立起规模良种繁育基地,形成了较为完善的生产、加工、销售"一条龙"良种繁殖体系和管理手段,为企业粮食生产水平提高发挥了助推作用,使管理提高了一个档次。因良种繁育工作管理水平层次高、成绩突出,1994 年,饮马农场被甘肃省农垦总公司评为"种子生产先进单位"。在农垦系统实施的"三百工程"评定中,饮马农场被评为"百家良种企业"。2019 年,为加强良种管理,农场成立了相关组织,专门负责良种的引进和销售工作。

2. **不断引进良种,引进试种** 1964—1979 年,先后引进小麦品种喀什白皮、顾柔、景-77、阿勃、墨巴 66、山西红、67-红、全麦系等,其中,引进春小麦品种 40 个。经过试验,对引进品种进行了四次大更新,效果都很好。同时,还从苏联、美国、瑞典、墨西哥、匈牙利、法国、加拿大等国家引进了一大批麦类和经济作物品种,有的成了农场的主栽品种。

3. **注重新品种培育,为种植打好基础** 为培育好的品种,在本地培育的基础上,从 20 世纪 60 年代中期开始,农场在海南建立了南繁基地。经过不断探索和试验,培育出很多优良品种,如 1976 年用喀什白皮—俄罗斯 F1-6905-1 复合杂交出了新品种,在 1986 年特大风灾中,其他品种都严重减产,该产品却获得丰收,亩产较 1985 年增产 24.6%。为进一步发展新品种培育,1989 年,农场第四届职工代表大会审议通过《建立健全农作物良繁体系,实行统一供种》代表提案,确定了良繁"四化一供"(生产专业化、加工机械化、质量标准化、品种布局区域化和农场统一供种)体系的初步建立,以达到生产专业化、加工机械化、质量标准化、品种布局区域化程度。确定以场为单位统一供种,场设农技推广站(隶生产科),负责原种的引进、示范和新品种的培育。以品种比较试验、提纯复壮项目为准,下设一级种子队,队设二、三级种子田,种子工作开始制度化、规范化,除满足农场自用外,剩余部分可供系统内调剂或投放市场。主要种植的粮食作物种子，由技术推广站引进。专业育种单位进行的新品种试验，主要以啤酒大麦、小麦、籽瓜为主，在连队建立了种子繁殖田，分级繁殖后在大田推广。实现统一供种、统一包衣、统一收购，种子田给予适当补贴。农场种植的主导作物啤酒大麦种子，长期坚持由农场统一引种、统一繁殖、统一种子包衣供种，产品统一收购。为提高啤酒大麦产品的品质和产量，先后引进啤酒大麦品种100多个。

同时，农场开展并实施种子检验、品种品质检验、播种品质检验等，主要是检验品种的纯度和病虫感染率，以及种子的净度、发芽率、发芽势、含水量和千粒重等。检验方法以田间检验为主，在农作物生育期间的苗期、抽穗期、扬花期、成熟期进行。通过各项检验后，符合三级以上等级的种子才能在生产上使用，机械播种的种子应符合一、二级种子标准。

2000年后，农场经济作物种类面积快速增加，新品种引进应用成为最重要的增产措施之一，并且得到重视。扩种各种经济作物，种子以杂交种为主，主要来源于专业种子生产单位，通过市场购买。2010年后，重视经济作物杂交品种的引进推广，逐步引种瓜类作物，食葵、白瓜籽、油葵等作物的杂交种由农场从专业种子公司统一引进销售，其他经济作物种子由农户从农资市场购买种子公司生产的种子。2019年，公司成立农作物新品种引进审定委员会，管理和规范新品种的应用，2020年通过试验示范引进种植的新品种累计达到100多个。至2020年，通过分公司审定允许在公司推广种植的以杂交品种为主的6类作物有46个新品种，并且要求主导作物种子统一从专业公司引种，进行统一供应，累计引进种植各类作物如食葵、苜蓿草等新品种150多个。

春小麦、啤酒大麦、食葵、白瓜籽、苜蓿品种更新效果见表4-3-1至表4-3-5。

表4-3-1　春小麦品种更新增产效果

| 主要种植品种 | 年份 | 种植面积（亩） | 平均产量（公斤） | 增产幅度（%） |
|---|---|---|---|---|
| 哈什白皮、兰州红、山西红、欧柔、墨巴66 | 1964—1977 | 516642.6 | 83.45 | 65.97 |
| 金麦4号、7号，甘麦1号、哈什白皮、酒农系统40-7 | 1978—1985 | 304748.5 | 104.7 | 20.3 |
| 115-2、115-3-1、115-3-2、116-7A-1、酒农系统40-7、76选 | 1986—1990 | 56166.4 | 228.48 | 118 |
| 8092-1、7717 | 1991—1995 | 11856.6 | 336.17 | 47.13 |
| 8511、酒春11号 | 1996—2010 | 21507 | 376.3 | 11.93 |
| 永良4号、甘春11号 | 2011—2015 | 25979 | 379 | 0.71 |
| 宁春4号、宁春50号、新春43号、永良4号 | 2016—2020 | 31375 | 381.3 | 0.61 |

表4-3-2 啤酒大麦品种更新增产效果

| 年份 | 主栽品种 | 种植面积（亩） | 平均亩产（公斤） | 增产幅度（%） |
|---|---|---|---|---|
| 1984—1986 | 蒙克尔、莫特44、莫特B23 | 6043 | 135 | |
| 1987 | 莫特44、莫特B23 | 7115 | 245.3 | 81.7 |
| 1988—1990 | 黑引端、莫特B23 | 22112.7 | 263.75 | 7.52 |
| 1991—1995 | 法瓦维特、黑引瑞、莫特B23 | 112667.8 | 359.8 | 36.41 |
| 1996—2002 | 法瓦维特、甘啤3号、哈林顿、斯科瑞特、瑞维瓦 | 331451 | 331 | −8 |
| 2003—2006 | 甘啤3号、垦啤4号、垦啤2号 | 110177 | 428.6 | 29.5 |
| 2007—2014 | 甘啤4号、甘啤5号、甘啤6号、垦啤3号、垦啤5号 | 72735 | 381 | −11.11 |

说明：因1996—2002年新开荒地，种植面积增加1万多亩，造成平均产量下降。2007—2014年，由于小面积用于经济作物倒茬、土地改良及农药残留等原因造成平均产量下降。

表4-3-3 食葵主要杂交品种更新效果

| 年份 | 主栽品种 | 种植面积（亩） | 平均亩产（公斤） | 增产幅度（%） |
|---|---|---|---|---|
| 2010—2011 | LD5009、2177 | 22963 | 234.1 | 负增长 |
| 2012—2018 | TY0409、NT9106、NT9001、JK103、HY818、JK9002、SH363 | 94841 | 224.2 | −4.23 |
| 2019—2020 | JK601、SH363、TY0409 | 9252.91 | 233.35 | 4.08 |

表4-3-4 白瓜籽杂交种更新效果

| 年份 | 主栽品种 | 种植面积（亩） | 平均亩产（公斤） | 增产幅度（%） |
|---|---|---|---|---|
| 2016—2018 | 瑞丰9号、三合元宝、多福9号 | 7133.3 | 123.23 | 负增长 |
| 2019—2020 | 三禾908、德福2号、多福9号、籽优9号、吉祥1号 | 5041.06 | 149.14 | 21.02 |

表4-3-5 苜蓿品种更新效果

| 年份 | 主栽品种 | 种植面积（亩） | 平均亩产（公斤） | 增产幅度（%） |
|---|---|---|---|---|
| 2000—2010 | 甘农2号、甘农3号、金黄后 | 80570 | 559.2 | 负增长 |
| 2011—2015 | 金黄后、阿尔冈金、三得利 | 31256.5 | 841 | 50.39 |
| 2016—2020 | 阿迪娜、WL343、WL363 | 76967 | 899.4 | 6.94 |

## 六、农田灌溉

1. **灌溉方式的演变** 农场灌溉技术的演变，经历了从传统到科学、再到节水的发展过程。从建场初期到20世纪80年代初，主要采取块灌（即大水漫灌）的方式。80～

90 年代的主要灌溉方式，苗期以小畦灌溉为主，主要是 1.8 米宽的小畦灌溉，按照田间顺坡降方向长距离灌溉或分段灌溉；冬灌以开沟灌溉为主。

2000 年后，仍然沿用 20 世纪 90 年代的灌溉方式。直到 2010 年，农场推广应用激光平地机，逐步以块灌、弧形埂灌溉为主，洗盐压减效果好，沿用 20 多年的小畦灌溉以块灌替代。2014 年，开始实施推广节水滴灌，先在食葵、茴香地进行示范应用，当年推广应用 3000 亩。通过示范种植，取得经验后逐步扩大种植面积，彻底改变了长期以来以大水漫灌的传统习惯。

农田滴灌

"十三五"时期，农场全面实施国家高效节水项目，以井灌区为主，以建设蓄水池为辅，建成滴灌节水灌溉区，用经济作物膜下滴灌水肥一体化技术应用替代了传统的大水漫灌方式，主要应用作物有食葵、茴香、白瓜籽、洋葱等。2016 年开始苜蓿地下滴灌实验 1200 亩，后因实施难度大、效果不明显而停止。到 2020 年，滴灌建设面积达到 7.3 万亩，实际应用面积 2.4 万亩，主要应用作物有食葵、茴香、白瓜籽、洋葱、玉米等。至此，基本实现节水滴灌项目建设在分公司全覆盖。

**2. 主要灌溉方式**

（1）沟灌。沟灌是一种洗盐压碱的灌溉方式，在田间顺坡降开沟进行秋冬灌，保证了田间上水均匀。这种始于 20 世纪 60—70 年代的传统的灌溉方式现在还在沿用。

（2）弧形埂灌溉。弧形埂灌溉是在进行土地分段平整的基础上，设置弧形埂，起到拦水灌溉的作用，可节省用工。

（3）块灌。块灌针对土地经过细平、盐碱较明显的地块，5～10 亩为一单元，分块单独灌溉，可解决串灌造成压碱效果不好的问题。该方式是目前秋冬灌、苗水漫灌采用的主要方式。

（4）秋冬灌、春灌、夏灌、秋灌。

①秋冬灌。在秋季 9 月中旬至 11 月初灌溉，为耕地洗盐压碱，是夏秋作物春季播种灌好底墒水的一种有效方式。

②春灌。在春季土壤化冻，针对保墒差的部分地块不进行秋冬灌，进行补充底墒的灌溉。

③秋灌。在秋季作物的后期灌溉，一般在8—9月，满足生育期长的秋作物需水灌溉。

④夏灌。各类作物生长期都需进行夏灌，一般在5—7月。

（5）滴灌水肥一体化技术。该技术是将水源（机井水、河水蓄水）过滤后通过加压设备、管网、滴灌带或滴头以水滴的形式将作物需要的水分和养分均匀缓慢地滴入作物根区土壤中的灌水方法。滴灌不破坏土壤结构，土壤内部水、肥、气、热始终适合作物生长，蒸发损失小，不产生地面径流，几乎没有深层渗漏，是一种省水、节肥、省力的灌水方式。农场滴灌应用面积见表4-3-6。

表4-3-6　滴灌应用面积

| 年份 | 实施面积（万亩） | 应用面积（万亩） | 主要作物 |
|---|---|---|---|
| 2014 | 1.0 | 0.30 | 食葵、茴香 |
| 2015 | 1.3 | 0.50 | 食葵、茴香、玉米 |
| 2016 | 1.7 | 1.00 | |
| 2017 | 1.4 | 1.78 | |
| 2018 | 0.5 | 2.00 | 食葵、白瓜籽、茴香、玉米、洋葱、小麦、苜蓿 |
| 2019 | 1.0 | 1.90 | |
| 2020 | 0.4 | 2.10 | |
| 合计 | 7.3 | 9.58 | |

（6）干播湿出。干播湿出应用于膜下滴灌作物，针对土地盐碱较轻的区域，前茬作物收获后，深翻晾晒，不灌溉冬水，翌年作物铺膜播种后进行滴灌。该方式具有省工省时、节水显著、保苗率提高的特点。大部分地块由于洗盐压碱的需要，仍需要因地制宜间隔性地采用冬灌。2020年，干播湿出推广面积为5000～8000亩。

## 第二节　植物保护

### 一、植保与测报网建设

军垦时期，垦区建有上下相连的植保监报体系。师级设置专职植保参谋，团级、连级设置有二级或三级病虫害测报网。在组建测报网的基础上，实行专业测报与群众性的"两查两定"相结合、田间调查与室内实验相结合、中长期预报与短期预报相结合、军垦测报与地方监测情报相结合的工作方法，建立起病、虫、草害测报体系。植保工作坚持"防重于治"的原则和"及时测报，综合防治，治早、治小、治了"的方针。

1976年，根据酒泉地区农垦分局《植保工作暂行办法》的规定，农场设立测报站，由主管农业的副场长和生产科农业技术员负责全场病、虫、草害的测报与防治；农业队建立测报点，由副队长或技术员兼任测报员。1987年，在主管农业副场长和总农艺师的领导下，测报站专门从事病、虫、草害的监测、预报和防治。当年，经农场职代会审议通过，建立了技术人员、生产队干部和承包职工相结合的病、虫、草害测报防治协作网。

20世纪80年代后，农场由生产技术部门、连队（生产队）技术人员联合组成植保监测网络，负责农场范围内的植保工作。坚持"预防为主、综合防治"的原则，以防治为基础，兼用化学防治和物理防治相结合的措施，结合科学防治技术的应用，有效将各类病虫害控制在最低范围内。1995年后，植保工作采取连片统防统治，统一技术标准，应用"三喷一防"措施，推行绿色防控技术，并推广新品种、新的农艺栽培技术，使作物不受损失。至2020年，植保体系仍然按照以前的措施和方法进行，由农场生产技术部门牵头，技术人员、科技示范户组成监测网络，同时加强对职工的农科技术培训，发放技术资料，指导植保技术应用，加强与科研院所的联合，不断提高诊断和防治水平。

## 二、病虫害防治

### （一）综合防治技术的发展

军垦时期，随着化学农药的增多，病虫害防治进入大量使用农药阶段，大搞"无病无虫先防，有病有虫必治"和"全面防治，重点消灭"的举措。当时，化学农药的广泛使用成为解决病虫害防治的唯一手段。据统计资料显示，1969—1979年，化学农药亩施用量从0.187公斤增至1.26公斤，增长了6.75倍。由于长期单一使用化学农药，大量杀伤了自然天敌，

无人机喷洒农药

病虫产生了抗药性，人畜中毒事件屡有发生。农药越用越多，不仅造成生产成本越来越高，亦造成病虫害越来越重的恶性生态环境。

1980年，农场根据"预防为主，综合防治"的植保工作方针，开始重视生物防治技术的引进和推广。1988年，农场《农作物模式栽培技术》规定，植保工作以生物防治技术为主，化学防治技术为辅，实行综合防治方针。据1990年统计资料显示，当年，综合

防治面积为 87％，亩均成本较单纯依靠化学防治降低 46％，防治效果超过 92％。随着高效、低毒、低残留农药不断投入市场，农田生态环境得到改善。农场的主要防治方法有拌种、灌根、叶面喷施等。

20 世纪 90 年代，以麦类作物为主，草害的防治方法又新增了土壤处理技术，苗前苗后处理相结合，药剂混合种子包衣技术逐步全面推广应用。2000 年以后，在经济作物种植上，草害控制普及播前土壤处理技术，苗期辅助应用化除技术；由单一用药变为交替复配用药，拌种与叶喷相结合，水肥药相结合进行综合防治；人工作业逐步发展到由大型喷药机、无人机替代，安全性逐步提高。区域化防治、联合作业防治效果得到了提高。

2000—2020 年，农业种植结逐步以经济作物为主，粮食作物坚持种子包衣，苗期选择喷施内吸性禾本科除草剂。经济作物相继推广了杂草苗前土壤处理、苗后化学除草与中耕除草结合，生育期采用机械喷雾、无人机喷雾联防联治，防治病虫害与叶面喷肥结合进行，同时采用水肥药一体化技术防治土传病害，农药由单一高残留向低残留复配交替和绿色防控过渡。

**（二）作物病虫害防治措施和办法**

农作物病虫害防治一直都受到高度重视。但随着作物品种的增加和改良，再加上气候原因，以及施肥、耕作、土壤成分变化等因素，可能导致作物发生不同程度的病变和虫害。

20 世纪 80 年代以前，场区作物主要的虫害有麦蚜、玉米螟、甜菜象鼻虫、草地螟、红蜘蛛、蝼蛄、蛴螬、金针虫和地老虎等；主要病害有麦类黄矮病、黄化毒素病、黑穗病、锈病、缺素综合征和大麦条纹病、网斑病，玉米花叶条纹病、黑粉病、丝黑穗病，向日葵褐斑病、锈病，酒花霜霉病、根瘤病、根腐病、根茎肿病、籽瓜炭疽病、枯萎病、白粉病等。20 世纪 80 年代后至 2000 年，场区主要作物啤酒大麦的虫害是麦蚜，主要病害有条纹病、网斑病、叶斑病等；啤酒花的病害主要有根腐病、霜霉病，虫害有蚜虫、红蜘蛛等；籽瓜的病害主要有疫病、枯萎病、蔓枯病、炭疽病等。

2000 年后，啤酒大麦的虫害主要是蚜虫；食葵的病害主要有菌核病、锈病、叶斑病、日灼等，虫害主要有向日葵螟虫、蚜虫，地老虎、金针虫等；籽用西葫芦的病害主要有白粉病、叶斑病等；小麦的病害主要有黑穗病、蚜虫、吸浆虫；枸杞、苜蓿主要的病害是蚜虫病。2015 年后，农业科技广泛应用，并且采用了多种防治措施，有效遏制了农作物的病害和虫害，其危害程度大幅度降低。

为从根本上有效控制作物病虫害的发生，农场采取了以下措施：

（1）充分发挥科技作用，进行全面综合防治。做到每年坚持秋翻晒垡、轮作倒茬、中耕除草，清理酒花园枯枝落叶，清除土壤中的有害生物。

（2）推广使用高产优质优良品种，提高作物对病虫害的抵抗能力。

（3）对作物科学、合理使用农药，最大限度提高药效，降低药害给农作物带来的侵害，有效保护利用"天敌"。

（4）改进防护措施，消除病虫害产生的抗药性。

（5）加强田间管理，合理施肥、合理灌水，增加田间作物的通风透光，降低湿度等。

### 三、农田杂草的消除和防治

场区自然条件利于多种杂草的丛生，对农作物的危害比较大。据1983年《饮马农场土壤普查报告》记载，农田杂草主要有野燕麦、芦苇、稗草、扁穗冰草、灰条、黄毛菜、扯拉秧、白藜、苦曲菜、扁蓄蓄、苍耳、马齿苋、苦豆子、野油菜、铁心草等，约128种，分属32科97属。

**1. 农业防除措施**

（1）选用良种，注重种子精选。剔除野燕麦、苦豆子、稗草等种子，杜绝杂草种子入田。

（2）晒堡诱杀。麦收后早耕深翻或放水湿润土壤，捡拾芦苇根茎，促使表土杂草种子及地下根茎萌发，适时重耙切割，减少大田杂草基数。

（3）轮作换茬。改变某些杂草的生态环境，压低杂草田间基数，减轻草害。

（4）加强田间管理，培育壮苗，促苗抑草。

（5）人工扫残。结合药剂防除，与双子叶作物轮作倒茬，进行人工锄、拔、捋辅助作业。

**2. 化学药剂防除措施** 土壤处理和苗期防除相结合。麦田的野燕麦用燕麦畏进行土壤处理，苗期用燕麦枯、禾草灵叶喷防治。阔叶杂草用乙草胺进行土壤处理或苗期喷施2，4-D丁酯、二甲四氯钠盐、2，4-D异辛酯等苗期叶喷防治。双子叶作物野燕麦用高效盖草能等药剂叶喷防治。2000年以后，双子叶作物采用氟乐灵土壤处理。2015年以后，逐步以残留小的二甲戊灵替代氟乐灵进行土壤处理，部分用仲丁灵进行土壤处理。全面推广使用高效、低毒、安全的药剂。

1976—1999年农药施用量及病虫害杂草防治面积见表4-3-7，2000—2020年农药用量及面积见表4-3-8。

表 4 - 3 - 7　1976—1999 年农药施用量及病虫害杂草防治面积

| 年份 | 农药施量<br>（吨） | 防治病虫害面<br>（亩） | 化学灭草面积<br>（亩） |
|---|---|---|---|
| 1976 | 12.650 | 32000.0 | 40000 |
| 1977 | 9.029 | 11000.0 | 43883 |
| 1978 | 10.950 | 13000.0 | 46202 |
| 1979 | 64.710 | 27422.0 | 46000 |
| 1980 | 7.110 | 24627.0 | 23688 |
| 1981 | 10.060 | 17838.0 | 19013 |
| 1982 | 0.200 | 750.0 | 25796 |
| 1983 | 2.960 | 1678.0 | 20205 |
| 1984 | 8.700 | 1260.0 | 34044 |
| 1985 | 1.540 | 11489.0 | 6500 |
| 1986 | 4.590 | 8885.0 | 18758 |
| 1987 | 4.100 | 8151.2 | 11800 |
| 1988 | 8.650 | 9591.4 | 15300 |
| 1989 | 10.100 | 9839.0 | 15500 |
| 1990 | 12.540 | 8713.9 | 26000 |
| 1991 | 11.650 | 11626.8 | 12700 |
| 1992 | 11.220 | 12889.0 | 18900 |
| 1993 | 12.000 | 6410.0 | 23000 |
| 1994 | 9.700 | 4735.0 | 27540 |
| 1995 | 11.940 | 5784.5 | 32001 |
| 1996 | 11.880 | 5500.0 | 42686 |
| 1997 | 11.680 | 5800.0 | 45000 |
| 1998 | 12.480 | 7500.0 | 47328 |
| 1999 | 11.790 | 8200.0 | 56275 |

表 4 - 3 - 8　2000—2020 年农药用量及面积统计表

| 年份 | 农药（公斤） | | 化学除草 | | 病虫害防治 | |
|---|---|---|---|---|---|---|
| | 总用量 | 亩均用量 | 面积（亩） | 种植面积占比（％） | 面积（亩） | 种植面积占比（％） |
| 2000 | 16498 | 0.271 | 48752.80 | 80.07 | 43095 | 70.78 |
| 2001 | 15741 | 0.249 | 45654.00 | 72.29 | 43280 | 68.53 |
| 2002 | 14116 | 0.262 | 39885.70 | 74.11 | 41442 | 77.00 |
| 2003 | 13753 | 0.262 | 38919.60 | 74.06 | 40226 | 76.55 |
| 2004 | 13573 | 0.254 | 38178.00 | 71.44 | 40286 | 75.38 |
| 2005 | 14146 | 0.264 | 40497.80 | 75.58 | 40220 | 75.06 |
| 2006 | 13615 | 0.260 | 38968.10 | 74.43 | 38727 | 73.97 |
| 2007 | 14863 | 0.280 | 42207.60 | 79.51 | 43112 | 81.21 |

（续）

| 年份 | 农药（公斤） | | 化学除草 | | 病虫害防治 | |
|---|---|---|---|---|---|---|
| | 总用量 | 亩均用量 | 面积（亩） | 种植面积占比（%） | 面积（亩） | 种植面积占比（%） |
| 2008 | 14968 | 0.281 | 42673.20 | 80.14 | 43001 | 80.76 |
| 2009 | 15394 | 0.289 | 43916.30 | 82.56 | 44147 | 82.99 |
| 2010 | 14962 | 0.296 | 41391.90 | 81.98 | 46144 | 91.39 |
| 2011 | 16457 | 0.324 | 46306.59 | 91.04 | 48806 | 95.95 |
| 2012 | 17446 | 0.329 | 49318.10 | 93.10 | 51163 | 96.59 |
| 2013 | 17975 | 0.322 | 50097.16 | 89.78 | 54504 | 97.68 |
| 2014 | 18710 | 0.308 | 51338.60 | 84.62 | 58751 | 96.83 |
| 2015 | 19261 | 0.296 | 51521.30 | 79.20 | 63803 | 98.08 |
| 2016 | 20442 | 0.300 | 54840.15 | 80.47 | 67320 | 98.78 |
| 2017 | 21539 | 0.306 | 58459.85 | 82.97 | 69238 | 98.27 |
| 2018 | 20101 | 0.294 | 53814.22 | 78.62 | 66472 | 97.12 |
| 2019 | 18718 | 0.269 | 47566.20 | 68.40 | 68269 | 98.17 |
| 2020 | 18513 | 0.272 | 47188.52 | 69.26 | 67154 | 98.56 |

# 第三节　主栽作物面积和产量

农场在 1963 年、1990 年两次荣获"全国粮食生产先进单位"的称号。至 2020 年，农场作物栽培可大体归纳为粮、经、草三大类，共 168 种。农场主栽作物的种类、面积、产量情况如下：

小麦丰收

## 一、粮食作物

**1. 春小麦** 1968 年，种植面积 26053 亩；1975 年发展到 44177 亩；1980 年上升为 46207 亩；1981—1983 年稳定在 4 万亩左右；1984 年为 30016 亩；1985—1990 年，年种植面积稳定在 10000 亩左右；1991 年，随着啤酒大麦种植面积的扩大，春小麦年种植面积控制在 500～1500 亩。在粮食作物中所占比例由 1956 年的 11.72％ 上升到 1980 年的 99.6％，1995 年又下降到 1.06％。亩产由 1962 年的 69.8 公斤提高到 1995 年的 382.2 公斤，平均每年提高 9.46 公斤，增长 547.56％。期内，尤以 1983 年以后增长最快。1983 年为 104.2 公斤，1988 年为 266.8 公斤，1991 年为 306 公斤，1995 年达 382.2 公斤，12 年间平均每年亩产提高 23.16 公斤。因轮作倒茬需要，2004 年又开始种植小麦，至 2010 年，种植面积为 500～8000 亩，年平均种植面积 2589 亩，年均产量 8845.674 吨，平均亩产 441 公斤。

2011—2020 年，种植面积 3000～9000 亩，年均种植面积 5735.51 亩，年均产量 2279.94 吨，平均亩产 397.5 公斤。平均亩产最高的是 2017 年，达 423 公斤，2012 年亩产最低，为 365 公斤，其他年份产量水平变化不大，基本处于徘徊状态。

**2. 玉米** 1971—1979 年，亩产量一直在 150～200 公斤徘徊。1978 年种植面积 3594 亩，平均亩产 270 公斤；1988—1989 年推行带田种植，种植地膜玉米 120 亩，平均亩产达到 642 公斤。因大面积种植产量优势不明显，1990—2004 年，职工家庭农场有零星种植，其中以玉米制种为主，亩产 400～600 公斤。

1973 年饮马农场召开科学种田先进表彰大会

3. **蚕豆** 1969—1978 年，年种植面积都在千亩以上，亩产一直徘徊在 200 公斤左右。1975 年、1976 年、1977 年种植面积分别为 1515 亩、2795 亩、1861 亩，为种植之最，亩产分别为 219 公斤、230 公斤、260 公斤。1985 年以后不再安排种植。实行职工家庭农场管理模式后，每年均有小面积种植。

4. **糜子** 糜子从建场至 20 世纪 70 年代为场区主要倒茬品种。随着春小麦种植面积的扩大和草田轮作制度的推行，1974 年以后不再安排种植。

5. **啤酒大麦** 20 世纪 80 年代初，随着农场种植业结构的调整，引进啤酒大麦试种。1984 年种植面积 488 亩，占粮作总面积的 1.56%，亩产平均 124 公斤。根据市场要求，1993 年啤酒大麦种植面积发展到 23232 亩，亩产平均 391.1 公斤，其中法瓦维特（匈 84 - 62）种植面积占 97%，亩产平均达到 398.2 公斤。

2000 年，啤酒大麦种植面积增加到 58496 亩，是 1993 年的 2.51 倍，占当年粮作总面积的 100%，在新垦耕地增加 1.5 倍的特殊条件下，亩产平均达到 316.62 公斤，总产达到 18520 吨，是 1984 年的 4.4 倍，年增长 27.55%。2004 年种植面积 24757 亩，种植品种 5 个，总产 11673.3 吨，亩产 471.5 公斤，较 2003 年增长 19%。

2005—2009 年种植面积为 15000～30000 亩，品种以甘啤、垦啤系列为主，累计种植面积 120930 亩，年均面积 24186 亩，平均年产量 8693.98 吨，平均亩产 359.46 公斤。因啤酒原料销售市场的疲软，2009 年后只少量种植啤酒大麦。2014 年以后，农场不再安排大面积种植啤酒大麦，只有农户零星种植。

## 二、经济作物

### （一）工业原料

1. **啤酒花** 1980 年，农场首次引种青岛大花根苗试栽，获得成功。1981 年，在农业二队建园，栽种面积 138 亩，1982 年扩至 274 亩，生产干花 18.17 砘，亩产平均 66.31 公斤。1985 年增至 334 亩，生产干花 50.45 吨，亩产达到 151 公斤。1986 年，酒花栽培面积达到 900 亩，总产干花 69.05 吨，亩均干花 76.7 公斤。1987 年，酒花总面积 1255 亩，生产干花 191 吨，亩产干花 152.2 公斤。依据市场需求，1992 年，农业三队新上酒花 275 亩；1993 年，农业一队又上酒花 165 亩，十八队新上酒花 190 亩，农场啤酒花种植面积达 1980 亩，生产干花 385.936 吨，亩产平均 194.13 公斤。1995 年，共生产干花 561.23 吨，亩产平均为 283.45 公斤。

1996 年，农场酒花种植面积调整为 1637 亩，单产 293.34 公斤，总产 480.2 吨。

1999年，酒花种植面积1609亩，亩产平均278.6公斤，总产干花448.46吨。2004年，种植面积2558亩，其中青岛大花1261.26亩。据产量效益分析，2004年，啤酒花亩成本1488元，亩产值为3006.3元，亩效益为1974.7元。之后逐步更新老品种，扩种新品种，至2008年，面积稳定在2700亩左右，年均产量506吨，平均亩产187公斤。2009年年初，啤酒花种植业从农场剥离后，成立绿源啤酒花公司，隶属亚盛绿鑫啤酒原料有限责任公司管辖。

2. **甜菜** 20世纪70年代以后，由于种子混杂、质量低下等因素，1978年不再安排种植计划。1985年，因当地糖厂投产需要，农场当年种植197.8亩，总产200.32吨，亩产平均1.01吨。由于甜菜的经济效益不如籽瓜好，职工家庭农场只在田间零星套种，年交售量80～100吨。"八五"时期，经过各有关方的一致努力，甜菜生产发展较快，1993—1995年分别生产甜菜1650吨、1555吨、3088.6吨，年均递增105％。1996—2000年，年甜菜交售量分别为1800吨、2000吨、2100吨、2200吨，保持了较高的生产水平。2008—2012年有小面积种植，平均产量3.35吨左右，之后不再种植。

3. **棉花** 2003—2008年，根据市场行情，种植棉花300～2500亩，年均种植面积1069亩，年均产量208.15吨，平均生产水平194.72公斤，亩产量变幅为144～265公斤。

4. **亚麻** 2004年种植面积2083亩，由于严重的霜冻，只留存1546.5亩，生产原料178.256吨，亩产115公斤。由于种植产量较低，品质不佳，随即停止亚麻种植及新上建设项目，亚麻在种植一年后即停止。

**（二）油料类作物**

场区种植的油料类经济作物有胡麻、油菜和油葵。20世纪70年代，年平均生产油料28吨左右，由于人口迅速增长，食用油紧张。"八五"期间，年均生产油料27.6吨。油葵是农场职工零星种植的主要油料作物，多年主要以传统品种种植为主，但油料作物产量效益始终处于亏损状态。农场1975—1982年油料作物产量效益情况见表4-3-9。

表4-3-9 油料作物产量效益情况

| 年份 | 单产（公斤） | 亩产值（元） | 亩成本（元） | 亩效益（元） |
|---|---|---|---|---|
| 1975 | 22.3 | 12.5 | 39.2 | —26.7 |
| 1976 | 22.0 | 14.3 | 41.4 | —12.0 |
| 1977 | 35.0 | 21.2 | 63.4 | —42.2 |
| 1978 | 26.5 | 14.9 | 48.9 | —34.0 |
| 1979 | 27.5 | 15.7 | 50.6 | —34.8 |
| 1980 | 28.1 | 12.3 | 51.2 | —35.6 |
| 1981 | 15.3 | 13.5 | 49.7 | —52.8 |
| 1982 | 24.6 | 17.4 | 65.0 | —47.6 |

2001 年，农场引入杂交新品种油葵种植，亩产 200 公斤左右。2004 年总产油葵 495 吨，以单种油葵计算产量，亩产可达到 231 公斤。杂交种品质较好，种植方式主要以套种补救作物种植为主，少量单种，至 2020 年，累计生产油葵 4004.738 吨，生产的油葵部分用于解决职工家庭食用油，大部分以商品销售。同时，还扩种了食葵、茴香等。2010—2014 年种植面积为 1000～5000 亩，累计种植面积 14438 亩，年均种植面积 2887.64 亩，年均产量 951.368 吨，平均亩产 329.46 公斤。

### （三）中药材类作物

**1. 红花**  1982 年种植面积增至 457 亩，总产花 17.366 吨、花籽 12.339 吨。

**2. 水飞蓟**  依据医药市场需求，1982 年首次引入试种，种植面积 43 亩，平均亩产 15 公斤，获得成功。1983 年种植面积 685 亩，平均亩产 37.5 公斤。1984—1985 年，种植面积扩至 2322 亩和 3492.9 亩，平均亩产增至 53.9 公斤和 67.7 公斤。1988—1990 年，种植面积分别为 1418.3 亩、1034.2 亩和 546.5 亩，单产分别为 67.3 公斤、75 公斤和 82.3 公斤。之后不再种植。

**3. 其他药材**  自 2003 年起，农场进行种植业结构调整，开始引入板蓝根、红花、黄芪、甘草、麻黄等，适应性较好。2004 年种植中药材品种 5 个，种植面积 3450.4 亩，总产药材 446 吨。

（1）甘草种植。根据市场需要，2004 年开始引种甘草，到 2014 年，种植面积为 70～3000 亩，平均年种植面积 1045 亩，年产量 933.82 吨，平均亩产 893.6 公斤，一般 2～3 年起挖。

（2）板蓝根。2004 年种植板蓝根 1200 亩，平均产量 287.68 公斤，后由于市场行情下跌，不再大面积种植。

（3）艾草。2018 年，公司从河南引种艾草 5 亩，获得成功，年亩产干艾草 1 吨左右，由于无稳定的销售市场和加工项目，后暂停发展。

（4）百号。百号属特种中药材种植。按照国家特药管理部门的计划，于 1994—1995 年种植。1995 年的种植面积 596.2 亩，干药膏产量 875.3 公斤。由于管理难度大、人工割浆投入劳力多、效益不佳等原因，2005 年后不再种植。

### （四）瓜籽类作物种植

**1. 籽瓜**（黑瓜籽）  籽瓜种植始于 1979 年，经引种试验，1983 年进入大田推广，种植面积 1482.5 亩，平均亩产 52.6 公斤，总产黑瓜籽 77.98 吨。1984 年种植面积 7162.5 亩，平均亩产 57.1 公斤，总产达到 408.98 吨。1985 年，籽瓜种植面积扩大到 11489.3 亩，占当年耕地总面积的 39.57%，总产黑瓜籽 849.06 吨，是当时农场农业的主要拳头产品之一。1986—1990 年，年种植面积分别为 8885 亩、8751.2 亩、9591.4 亩、9839.4 亩和 6498 亩，单位面积产量分别为 77.5 公斤、95.6 公斤、87.9 公斤、109.3 公斤和 115.1 公斤，最高亩产达到 392 公斤，总量达到年产 1000 吨黑瓜籽的生产规模。1991—1995 年，根据市场需求，农场黑瓜籽种植面积仍占相当比重，分别为 9078.8 亩、8273 亩、4950 亩、1995 亩和 2108.8 亩。但由于多年种植出现病害、产量降低以及销量少等原因，后逐步停止种植。

2. **食葵**　2007—2009 年，职工开始小面积种植食葵，面积为 100～1500 亩，年均种植面积 687.3 亩，平均亩产 234.45 公斤。由于市场畅销，效益较好，种植面积逐年扩大。在种植上实现全程机械化，为当地产业发展发挥了示范带动作用，并被确定为农业主导种植作物，进行大面积扩种，种植面积从 2010 年的 6734 亩发展到 2015 年的 22500 亩，年均种植面积 14613.42 亩，平均亩产 232.15 公斤。食葵主栽品种从最初的 5009、2177 美系品种逐步转变为国产天葵系列，重点以优质、高产、薄皮、口感好、受市场青睐的 TY0409 为主，灌溉方式由传统的漫灌向膜下滴灌水肥一体化技术应用发展。由于轮作倒茬需要、市场价格低迷等原因，2017 年种植面积减少到 12137 亩。2016—2020 年种植面积为 4000～12000 亩，年均面积 77863.02 亩，平均产量 225.69 公斤，亩均收入从 2010 年的 1400 元左右增加到 2015 年的 2100 多元。其间，逐步试验更新品种，到 2020 年，主栽品种为 JK601，占种植面积的 93%，SH363 占 7%，平均亩产量 253 公斤，较上年增产 18.7%。至 2020 年，14 年间累计种植面积 12.91 万亩，总产量达 29711 吨，平均生产水平 230 公斤/亩。

食葵种植

啤酒花种植

3. **白瓜籽**　白瓜籽即籽用西葫芦，是一种休闲食品。根据市场需要，经过试验示范，成为公司 2016 年后发展的主导作物之一。当年种植面积 1073 亩，亩均产量 138 公斤，最高产量达到了 180 公斤/亩。至 2020 年，种植面积 4525 亩，亩产 149.8 公斤，亩均效益 600 元左右。累计种植面积 12174.4 亩，年种植面积 500～4000 亩，年均 2434.87 亩，累计生产瓜籽 1635.85 吨，年均生产 326.17 吨，平均生产水平 133.74 公斤/亩。

**4. 哈密瓜**　2005 年，农场开始引种哈密瓜。哈密瓜对光热资源要求较高，场区主要在原十二队种植。2005—2020 年均有种植（面积为 135～2100 亩），年均种植面积 686.73 亩，平均产量 1.75 吨，其中 2013 年种植面积最大，达到 2121 亩。因品质问题及销售不佳等原因，2015 年后，哈密瓜种植面积逐步下降，2020 年种植面积 135 亩。

### 三、果品类种植

枸杞是一种多年生食药两用保健品，种植适应性强，市场情况较好，并且在不适宜种植其他作物的盐碱地试种成功。枸杞是一种高投入、高产出、适宜在盐碱地生长的作物，属于效益显著的劳动密集型产业。

2010 年，农场从宁夏中宁招商引资，引进种植户，成功完成枸杞建园 566 亩，当年干果产量 15 公斤/亩。到 2015 年，建园面积达到 9882 亩，被分公司确定为特色主导作物，并进行大力发展。建设枸杞种植园

枸杞种植

的土地，大多数是家庭农场自主投资新开发的土地。2016 年，枸杞种植达到高潮，当年实现建园面积翻番，完成新建园 9265 亩，枸杞园面积达到 19147 亩。后由于产品供大于求，再加上市场行情低迷等原因，暂时不再大面积新建枸杞园。

2017 年，分公司在低产盐碱地上建成枸杞园 17175 亩，其中红枸杞 15317 亩，黑枸杞 1858 亩。部分枸杞园种植户因资金短缺、采摘用工紧缺、生产亏损等原因放弃管理。从 2018 年开始，国家实施新一轮退耕还林项目，将非基本农田的枸杞纳入退耕还林项目补助，至 2020 年，枸杞园面积达 15902 亩，11 年间累计种植面积 101285.58 亩，平均年种植面积 9207.8 亩，累计生产枸杞 9784.27 吨，平均生产水平 96.6 公斤/亩。其中，红枸杞占 90% 以上，黑枸杞占 10% 左右。其产量受市场价格、采摘期气候、田间管理的影响而变化。灌溉主要以 5～10 亩小块漫灌为主，采摘以人工进行，晾晒以日光自然晾晒为主，部分因天气的原因采取烘干措施。一般正常生产水平，建园第一年 15 公斤/亩左右，

第二年150公斤/亩左右，第三年生产水平达到250～400公斤/亩。

### 四、饲草种植

1. **苜蓿** 苜蓿是当地多年生的主要饲草品种，种植适应性强，主要作业实现全程机械化，好管理，适宜规模种植。一年刈割3次，工序上经刈割、晾晒、打包，到拉运交售，是农场长期坚持产品统一收购的品种。2000年后，在玉门大业公司的带动下，苜蓿种植稳步发展，2010年后确定为农业主导作物，也是主要的经济作物之一。2000—2020年，累计种植面积201426亩，年均种植面积9601.25亩，平均干草捆亩产823.37公斤。其中，2000—2010年，种植面积为500～10000亩，年均种植面积7324.6亩，平均亩产717.2公斤；2011—2013年，分公司大力发展食葵种植，苜蓿则按计划适度控制，稳步发展，种植面积为4000～9000亩，年均种植面积5503.65亩，平均亩产794.54公斤；2014—2020年，种植面积为10000～22000亩，年均种植面积15472.45亩，平均亩产量903.6公斤。

苜蓿种植

2. **青贮玉米** 青贮是等玉米生长到乳熟后期至蜡熟初期时全株适时收割、粉碎，装入青贮窖，压实、密封，经乳酸菌发酵，产生能长期储存的优质、味香、适口性好、青绿多汁饲料的过程。2014年起，根据饮马牧业饲料需要，引进种植青贮玉米，2015年种植3060亩，产量15626.46吨。2019年，种植制种或商品玉米面积4900亩，平均亩产400公斤。2020年种植3273.2亩，产量14753吨。2015—2020年累计种植15128.4亩，面积为300～3000亩，年均种植面积2521.4亩，平均亩产3432公斤。

**3. 燕麦草** 2018 年后引进进口良种，开始小面积试种燕麦草，极大地丰富了牧草品种。2018—2020 年，种植总面积 5228 亩，年均 1742 亩，平均亩产干草 474 公斤。

## 五、香料作物种植

**1. 孜然** 2002 年，公司在农业生产经营管理上推行"两费自理"经营模式，并调整种植结构，首次大面积引种经济作物。当时孜然套种茴香种植 16736 亩，平均亩产孜然 60.8 公斤，为历史最高水平。孜然生育期短，陆地种植，投入成本低，但易发根腐病，在收获期如遇降雨，存在绝收的风险。2006 年种植面积 6912 亩，亩产 23.12 公斤，为最低水平。之后面积逐年减少，至 2014 年基本停止种植。2002—2013 年累计种植面积 10.6 万亩，年均种植面积 8832.73 亩（800～18000 亩），总产量 3907.884 吨，年均 325.66 吨，平均亩产 36.87 公斤。

**2. 茴香** 2002 年，与孜然套种，茴香亩产平均 53.78 公斤。到 2014 年，基本停止了孜然套种模式。从 2006 年起，通过试验推广大田茴香地膜栽培 294 亩，产量提高 30％以上，成为主要种植模式。到 2010 年，单种面积发展到 10280 亩，成为分公司农业种植主导作物之一。2006—2020 年年均种植面积 13867.27 亩，年均产量 1843.67 吨，平均生产水平 132.95 公斤/亩。其中，2006—2010 年年均种植面积 14491.4 亩，年均产量 1787.89 吨，平均亩产 123 公斤；2011—2015 年年均种植面积 19443.47 亩，年平均产量 2799.53 吨，平均亩产 143.98 公斤。由于重茬及连作原因，根腐病频发，茴香种植面积逐步减少，轮作年限延长。2016—2020 年年均种植面积 7667 亩，年平均产量 998.89 吨，平均亩产 128.98 公斤。面积最多年份为 2013 年，种植 19758 亩，平均亩产 170 公斤。2020 年种植面积 4568 亩，平均亩产 141.52 公斤。

## 六、其他蔬菜作物

**1. 洋葱** 洋葱是一种高投入高产出的蔬菜，农场自 2004 年开始种植，面积为 1000～3000 亩，从 2007 年以来连续种植至今，累计种植面积 20842.7 亩，年均种植面积 1488.76 亩，年均产量 10360 吨，平均生产水平 7 吨/亩。2020 年，洋葱种植面积 3526 亩，平均亩产 8.23 吨，亩效益 8000 元左右。其主要灌溉方式为膜下滴灌水肥一体化技术应用。

**2. 保健瓜** 2018 年，公司引种保健瓜 320 亩，试种成功，平均亩产 5.28 吨。后因无销售市场，停止种植。

西瓜丰收 挑选良种

3. **黄花** 黄花又名金针菜。1981 年，农场开始引种面积 2 亩，由于土地、种苗条件较好，管理得当，品质、产量均优于原产地，成为农场种植业结构调整的主栽作物。翌年，甘肃省农垦经济协调会议决定"用 6 年时间建成饮马农场万亩黄花生产基地"，并完成了前期考察和规划。

1983 年，黄花生产基地建设正式启动，选择在原农业一队、二队、三队、四队、园林队、十七队和科研院站建园。当年，甘肃省农垦局下达种植面积为 300 亩，亩投资 300元，实际完成 500 亩，共支出 27.59 万元，亩投资 551.75 元，超支 18.59 万元。1985 年，农场黄花种植存活面积 170.5 亩。其间，籽瓜引种已获得成功，与籽瓜种植相比，黄花种植效益低、费工多、难度大，农场不再扩种。1990 年，全场黄花种植面积仅 139 亩，采收黄花菜 1700 公斤。1991 年，全部黄花被铲除，不再种植。

# 第四章　林　果　业

## 第一节　农田防护林建设

农场建设之初，尤为重视植树造林工作，并把此项工作提到了重要议事日程，重点是加强防护林建设，这对于调节气候、涵养水源、防风固沙、改善生态环境、抗御自然灾害、保证农业生产发展有着极其重要的作用。但由于戈壁荒漠土壤的盐碱化程度非常严重，给造林带来非常大的困难，致使栽植的林木成活率低，生长缓慢。面对这种状况，农场各级领导坚定信心，克服重重困难，采取各种技术措施，改造土壤，抗御风沙，使林木的成活率、保存率逐年得以提高。至20世纪60年代中期，场区的防护林建设已初具规模，防风固沙林、护渠林、道路林和居民点的四旁绿化等都逐步向好的方面发展。

### 一、各历史时期防护林发展情况

1957年春，饮马（劳改）农场按照《建场计划任务书》的要求，开始在规划的轮作区营造农田防护林，并在渠旁、路边、营区植树。但因受土壤盐渍危害，栽植的林木成活率、保存率都很低。为了改变这种状况，场领导和技术人员采取了很多办法，改变土质，降低盐碱对土壤的侵害程度，使栽植的树木成活率逐渐得到提高。至1963年，累计造林9581.32亩，年均造林1368.76亩，实际存活面积达到2437亩，存活率达25.43%。在树种选择方面，根据实际情况，栽植一些容易成活、抗风沙的本地乡土树种，主要有沙枣树、毛白杨、银白杨（俗称鬼白杨）、新疆杨、旱柳、毛柳、白榆、紫穗槐等。至1963年，蘑菇滩（含北湖）农场借鉴饮马（劳改）农场的造林经验，累计完成四旁植树20440株，营造防护林50亩，成活率、保存率均达到72%以上。

军垦初期，师团领导大多是从新疆兵团和其他垦区调入的，他们对营造防护林有一定的经验，也非常重视此项工作。在具体方法上，结合开荒造田、渠系配套，在规划的条田中配置防护林带，树种以杨柳和沙枣树混合林为主，可以增强其抵御风沙、保护农田的效果。同时，引进黑皮柳、钻天杨、二白杨、白蜡、胡杨等树种，进行大面积栽种，取得了很好的效果。1964年，第二团和饮马（劳改）农场均建立了园林队，各连（队）相继建立了林管班（组），制定了相应的规章制度，不但有效栽植林木，而且加强对林木的管护，同时做好育苗工作，为春季植树造林提供充足的树苗。据统计，1964—1966年，第二团累计营造防护林724亩，栽种护渠林、道路林34.8公里。因管护及时、方法得当，林木的存活率达到了68.7%。1967年，虽然受"文化大革命"的影响，但场区的植树造林工作并没有停止，仍继续有效稳步发展。到1975年，累计营造农田防护林面积3633.8亩，护渠林、道路林栽种89公里，营区四旁植树8.31万株。同时，引进了苹果树苗，并于当年栽植成功，填补了玉门地区没有苹果树的空白。

地管时期，在继续加强防护林建设的同时，着重加强营区绿化和果园建设。按照以往的经验，坚持在营区四旁植树，不留空白，使栽植林木的数量和面积逐年扩大，成活率逐年提高。根据本地实际，因地制宜，在树种选择上，主要栽植成活率高、容易管护、防风沙且耐干旱的树种。同时，破例在场区开始栽植苹果树和其他果树。经过努力，在短时期内建成了有一定规模的小果园。在林木管护方面，制定了具体的管理制度，加强了监督检查和责任制的实施，形成了"植树造林，人人有责，管护林木，重任在肩"的良好氛围。据统计，1979年营区绿化林栽植各种树木18.12万株，较1974年增加了2.18倍；农田防护林面积达2579亩，栽种护渠林、道路林87.18公里。

植树造林　绿化荒漠

1978年党的十一届三中全会后，农场恢复了管理体制，再次把防护林建设纳入整个农田建设的总体规划。在"种草种树，发展畜牧，植树造林，治穷致富"方针指引下，林业建设呈快速发展趋势。在 1983—1987 年的 5 年间，累计营造农田防护林 6462 亩，年均造林 1292.4 亩，成活率、保护率均达到 68％。据 1987 年统计资料显示，场区防护林面积 9986.2 亩，其中幼林抚育面积 5745.7 亩，护渠林、道路林达到 81.7 公里，营区绿化林植树 6.13 万株，林木蓄积量达到 6747 平方米。农田防护林较 1979 年增加 3.87 倍，保存面积为建场之最。至此，各建制农业队农田规划中的田、渠、林、路基本配套，防护林渠系建设初具规模。

随着农业综合开发水平的不断提高，"九五"期间，农场启动了"绿色长廊"工程，促进了林业的稳步发展。2000 年，农场防护林面积（保有量）为 6700 亩。这一时期，随着国家级农业综合开发、日元贷款风沙治理、退耕还林和"三北"防护林建设，以及疏勒河造林项目的启动，农场林业呈快速发展态势。2002 年，营造防风林带 335 亩，新建苗圃 100 亩；2003 年，完成退耕还林 1003 亩，荒地造林 2002.9 亩，栽种各种树木 85 万株；2004 年，栽植各种林木 105 万株，其中防风林 194.3 亩，荒地造林 1280.5 亩。

## 二、因地制宜，改进措施，加快发展

建场初期，农场造林基本全靠人工作业，生产成本高，植树造林的效率低。每年植树时，正当春耕时节，劳动力非常缺乏，直接影响植树工作的顺利进行。1976 年，农场购置了部分机械，开始采用机械和人工相结合的方法，使植树造林的效率大增，不但节约了生产成本，而且省了劳力。具体做法上，不断改进措施，发挥人力和机械相互配合的优势。在平整土地、扶埂作业时发挥机械作业的优势，挖坑、栽树则由人力去做，使工作效率、栽种树木的质量都有了明显提高，而生产成本也只有原来的三分之一。

20 世纪 80 年代初，农场按照中共中央、国务院《关于大力开展植树造林的指示》《关于保护森林，发展林业若干问题的决定》文件精神，相继出台了《饮马农场关于加快发展林业生产的有关规定（试行）》《饮马农场园林绿化管理办法》等规章制度，使防护林建设逐步向标准化、规范化发展。同时，造林方法和技术也日趋成熟，并在实施过程中积累了非常宝贵的经验。

农田防风林带

### 三、"绿色长廊"工程的实施

1996 年 8 月，农场结合《"九五"计划和 2010 年远景目标》的实施，启动"绿色长廊"工程。工程东起原二队，西至原十一队，南起原一队、七队，北至原十八、十九、二十队新开荒地，东西长 19 公里，南北宽 3～7 公里。在此范围内，计划第一步实现国道两侧林网化，第二步实现国道两侧农田和新开荒地林网化。从规划角度讲，"绿色长廊"属农场防护林体系的有机组成。在"绿色长廊"范围内，计划新栽植和补植林带 585.6 亩，任务分两年完成：1997 年完成 225.2 亩，植树 99988 株；1998 年完成 360.4 亩，植树 160000 株。同时，依据"属地栽植、属地管护"的原则，栽植计划分派各单位完成，由党支部书记具体负责。其经济责任由队长和书记共同担责，并与年终考核的奖罚挂钩。

为保证"绿色长廊"工程的顺利实施，农场制定了《"绿色长廊"建设规划与管理方案》，其要点有以下几个方面：

1. **技术措施**　必须做到细致平整土地，消灭草荒，苗木随挖随栽，适时灌水，按时追肥，重视苗木生长期间的管护，保证成活率、保存率都达到规定的目标要求。

2. **预防措施**　栽植林木不易，管护林木丝毫不能放松。要认真做好苗木病虫害防治、鼠害及牲畜咬坏苗危害的预防工作，广泛加强宣传，发动群众的力量，人人来管，大家监督，切实做好苗木管护工作。同时严禁人为的乱砍滥伐，严格执行管理制度，发生问题则要严加追责，并对破坏行为进行严肃处理。

3. **育苗措施**　抓好育苗基地建设，大力培育所需的树苗。要求从 1999 年开始，树苗由各单位自行解决，保证植树期间的树苗提供，农场不再购买树苗。

4. **管理措施**　一是建立岗位责任制，签订承包合同，责任落实到人；二是设立林业专项资金，用于科研和林业管理；三是加强林业管理干部的业务技术培训，做好本职工作。

### 四、全面规划，落实目标

据资料记载，从 1957 年起，饮马（劳改）农场坚持植树造林 12 年，到 1969 年，累计营造防护林 10270 亩，林木存活率达到 30.29%。20 世纪 60 年代中期，农场对防护林建设进行了全面改、扩建和"规划补课"工作，同时借鉴新疆兵团的经验，结合条田改建规划防护林网，设置结构开始变化。新的设计以"窄林带、小网络"为主，强调"带、片、网"与"田、渠、路"相结合，逐步形成综合型防护林体系。自1964年开始，农场在原设计的大条田内增挖了农排和临时毛排，防护林随条田的改扩建而设置，一律采用乔、灌树种混交疏透型形式，采用"两林加一渠"的设置结构，具有防风、省水、脱盐效果好的优点。1979年的林业调查资料显示，场区绿化林达到18.12万株，较1974年增加了2.18倍，农田防护林面积达到2579亩，护渠林和道路林达到87.18公里。

2004年栽种各种林木105万株，成活率均在70%以上。同时，成立了林业管护队，主要以农田防护林、营区防风林管护为主，并适时补种树木。2005年造林、补植面积达到193.9亩；2006年造林、补植面积为180亩，品种以新疆杨、沙枣树为主。2008年，农场林业管护队解散，由农场（分公司）统一安排各队进行造林，自主栽植，面积自定，树种自定，选择的苗木品种由农场统一采购，实行自我管护，落实包栽包活的承诺。2008年造林补植面积200亩，以沙枣林为主；2009年造林面积45亩，补植面积45亩，以新疆杨、沙枣树为主；2010年补植面积100亩，以沙枣林为主；2012年补植面积100亩，以沙枣林为主；2014—2016年栽植补植造林面积2025亩，以沙枣树、红柳为主。

2018年，分公司制定并实施《亚盛饮马分公司三年（2018—2020年）林网整理建设实施方案》，营造防护林大网格，安排补植断头、断腰、断尾林带，合理规划种植田间、道路防护林及场区、营区绿化林，取得了重大进展。至2020年，共新植林带面积172.53亩（不包括新建公园及营区道路绿化），在道路两旁、营区、场区种植以馒头柳、圆冠榆、松树及矮冠花木为主的树种，绿化了场区，美化了环境。

各年份具体造林面积见表4-4-1。

表4-4-1 2005—2020年造林面积统计表

| 年份 | 2005 | 2006 | 2007 | 2008 | 2009 | 2010 | 2011 |
|---|---|---|---|---|---|---|---|
| 造林面积（亩） | 193.9 | 180 | — | 200 | 45 | 100 | — |

| 年份 | 2012 | 2013 | 2014—2016 | 2017 | 2018 | 2019 | 2020 |
|---|---|---|---|---|---|---|---|
| 造林面积（亩） | 100 | — | 2025 | 10.17 | 25.15 | 54.18 | 93.2 |

### 五、退耕还林项目实施

农场第一轮退耕还林工程于2003年开始实施，总任务是3000亩，其中，退耕还林地1000亩，荒地造林2000亩。退耕地落实在农场原十一队（800亩）、酒花一队（30亩）

和酒花三队（170亩），荒地造林落实在农场十五个农业队。

2004年，根据日协项目和其他项目的安排，农场完成造林面积1474.8亩，补植林木386.1亩，完成计划的100%。种植各类苗木105万株，完成计划93万株的113%。其中乔木林（条田防护林）194.3亩，占10%；灌木林共1666.6亩，占90%。在种植的各类苗木中，有新疆杨20723株，占2%；红柳794360株，占75.6%；毛柳39665株，占3.8%；沙枣树147200株，占18.6%。各类苗木的成活率都保持在70%以上，并且通过了甘肃省林业厅监理公司、甘肃省项目办和集团公司项目办的检查验收。

分公司（农场）新一轮退耕还林工程于2018年开始实施，由玉门市自然资源局主管，分公司退耕还林办公室负责具体落实。2018年完成退耕还林面积15069.2亩，其中，枸杞面积11503.4亩，沙枣树面积2980.4亩，杏树面积465亩，新疆杨面积120.4亩，涉及6个农业队、47户退耕户（含分公司2户）、85个小班。2019年退耕还林面积10546.5亩，其中，枸杞面积73.4亩，沙枣树面积5662.1亩，红柳面积4516.9亩（分公司面积3736亩，吕占福个人780.9亩），杏树面积279.2亩，新疆杨14.9亩。在分公司统一经营田中，退耕还林面积3736亩，农户个人面积6810.5亩，涉及8个农业队、27户退耕户（含分公司6户）、71个小班。2018—2019年共完成退耕还林面积25639.4亩，涉及74户退耕户（含分公司），争取项目补助资金4098.5万元。

## 第二节　防护林管理

为了加强防护林管理，改善农场生态环境，2004—2007年，农场组建队伍，成立护林队，编制24人，统一管护全场以防护林为主的生态公益林。2008年后，护林队解散，由分公司农业公司（企业管理部）负责与玉门市林业部门进行业务对接，各队（分场）按区域管理，聘任护林员1~8名，由各队（分场）具体管理生态林和农田防护林。要求内容如下：

1. **林木抚育**　定干、抹芽、修枝、灌水、除草等。
2. **病虫害防治**　黄斑型天牛、尺蠖、沙枣木虱、黏虫等。
3. **工程措施**　修渠、加埂、开沟、换土、平整等。
4. **人为干预**　巡视、看护、防火等。

# 第三节 果园建设

## 一、果园建设发展情况

发展林果业、培育果树是农业生产发展的重要组成部分，也是发展农业经济的重要方面。有效发展林果业，不但有助于改善生态环境，调节气候，而且生产的果品可以满足市场供应，搞活市场经济。农场初建时期，首要任务是大量植树造林，栽植防风林带，当时还未能顾及发展林果业，在农场周边农村也没有规模性的林果业，只有部分农民在田间地头和庄前屋后种植了为数不多的桃树、杏树、梨子和酸果子树等，不但数量少，而且品种单调，谈不上什么经济效益。迫于当时的形势和任务，农场在20世纪50年代后期着手发展林果业，开始进行果园建设。农场的果园建设发展大体经历了4个阶段：

**1. 果树试种阶段**（1958—1963年）　建立果园、试种果树的最初阶段是最为困难的时期。因果树是多年生植物，对于土质的适应性要求非常高，所以建立果园，选择合适的地点非常关键。农场大多是盐碱土质，在这样的土地上种植果树、建立果园，其困难程度可想而知。根据当时的实际情况，饮马（劳改）农场和蘑菇滩农场都把建立果园的地点选在离场部较近的疏勒河边，一期工程分别为900亩和250亩，并划分为若干个小区，便于种植和管理。

依据"适地易栽"的原则，首先进行了土地区划、道路修建、防护林规划、渠系配套、土壤改良、树种搭配等前期工作，并对建立果园提出了三个要求：一是有利于先进科技的应用和现代化果园的管理，二是有利于阻止自然条件的不利因素（如风沙、干旱、盐碱、霜冻等），三是有利于利用水、土、光、热资源，确保果园建成后达到果品早产、质量稳定、品质优良、低成本的标准。

整体规划设计由甘肃省农林厅国营农场勘查队负责完成。1958年春，蘑菇滩农场在建园时购进了本地乡土桃、杏、秋子苗300株，进行定植。由于土质原因，当年成活率仅9％。1960年又引进乡土桃、杏、白果、酸梨子600余株栽植，成活率达到37％。至1963年，建成果园250亩，果树定植面积65亩，成活率较往年有了提升。饮马（劳改）农场按照规划设计，于1961年建成果园，面积919亩，1963年栽植成功桃、杏树10亩。出现这样的情况，主要原因是土壤含盐率高，地下水位高，再加经验不足，技术力量跟不上，栽植方法也有不够科学。但技术人员在困难面前不气馁，继续摸索有效方法，力争大面积试种成功。

**2. 创新发展阶段**（1964—1975 年）　1964 年春，第二团从新疆、河南引进苹果苗在灰槽子栽植，面积 150 亩。同时，饮马（劳改）农场也从外地引进苹果、葡萄、桃树苗进行栽植，面积 156 亩。为加强管理，适时进行技术指导，成立了园林队，安排了十多名人员专事果园管理。由于栽植方法得当，技术指导和管理到位，除葡萄和桃树栽植成活率不佳外，苹果树栽植的成活率达到了 87％。在总结经验、吸取教训的基础上，后又引进了多个品种进行栽植，主要有秋里蒙、蒙派斯、夏里蒙，以及红玉、倭锦、红元帅、青香蕉、国光、鸡冠等。据有关资料显示，1972 年，第二团果园发展形势很好，年产苹果 0.5 万～0.75 万公斤，1978 年的年产量达到 3 万公斤。

1973 年，农场开始引进梨树种植，主要品种有神不知、丰产等，由于管理得当，效益很好。到 1975 年，果园面积达到 350 亩，其中苹果树种植 263 亩，果园当年挂果面积达到 276 亩，占果园面积总数的 78.85％。而后，第四团也成立了园林队，开始大面积进行梨树、苹果树等各种果树的种植。

**3. 快速发展阶段**（1976—1984 年）　在酒泉地区管理期间，提出了"加强果林管护，快速发展果园建设"的目标，由此，农场的果园栽植面积迅速扩大。1977 年，农场共建起果园 10 个，面积达 418.5 亩；1979 年，果园发展到 27 个，面积达 1532.5 亩。这一时期，农场林果业的效益也是数十年来最好的。为了有效加强果林管护，农场的园林管理人员增加到 150 余人。经过长期的生产实践，园林管理人员和技术人员基本掌握了果林培育、果树生长、环境适应、果品质量从优的成套规律，尤其在果树良种选择、苗木培育及栽培技术、土壤处理、果树剪枝嫁接、病虫害防治等方面积累了成功经验。

1983 年，林果业发展已进入了一个成熟阶段，但原有的传统果树已逐渐老化，有些果树挂果能力较差，收获的果品有相当部分已不适应当时的市场经济环境。为此，农场将原来种植的品质较差的桃树、杏树全部砍伐，或是移植到防护林带。对于一些劣质的苹果树、梨树，亦进行品种更换，引进一些优良品种，如苹果梨、丹霞、羽红、长富二号等，同时进行高接换种，确保果树品种的质量。至 1984 年，经过更新换代后的果园面积达到 600 亩，当年新栽植果树面积 105 亩，果树挂果面积 193 亩，收获果品 112.5 吨。

**4. 巩固发展阶段**（1985—2002 年）　为适应农场改革和产业结构调整的需要，自 1985 年开始，依据场区的自然状况和经济条件，通过兴办职工家庭农场，推动商品果园基地建设。同时，对低产、劣质果园进行改造，使果园基地建设进入专业化、规模化、标准化轨道。为实施这一目标，农场成立了领导小组，设置了酒花园林办公室，负责进行高接换种、果树引进、建园规划等工作。1988 年制定了《果树模式化栽培技术》规定，并开始推广。至 1991 年，果园面积增加到 1030 亩，较 1985 年增长 61.06％，商品果园基地建设初具规模。

在果园建设的巩固发展阶段，有经验，也有教训。1991年，为了加快发展，不但扩大了果树栽植面积，种植的品种也比较多，目的是提高果品产量，使果园达到规模化发展。但由于栽种时对果树品种选择不当，建园地点又过于分散，再加发展过快，原有基础比较薄弱，导致后来适龄果园结果的产量低，果实的品种质量也很差，失去了市场竞争力。例如园林队4支4农的472亩果园，栽植果树后几年不结果，还经常发生林木严重病害，无奈之下只能进行变更处理，造成了很大的经济损失。

面对这样的教训，2002年，农场决定要打造规模化、标准化的果园，首先要转变思想观念，打破传统的方式方法，摈弃守旧意识，开拓新思路，从长远利益着手，把现有果树品种的更新作为主要的突破点，把引进高产、优质的果树品种进行栽植作为主攻方向，实现高产、稳产、优质、低耗的发展目标。后经过调整，把果园面积压缩到299亩（其中苹果园40亩，梨树园19亩，苹果梨240亩），2002年总产量达到340吨。

2002年后，农场果园保有量逐渐减少，后期锐减到189亩，品种有23种，主要分布在场部和原三团地带。后来因经营入不敷出，到2005年，果园保有量不足50亩（分布在原三团、医院门诊楼后面、庭院等地方）。自此，林果经济逐渐退出市场，面积大幅度减少，乃至再无果园种植。2010年年初，农场开始引进试种红枸杞，2018年在退耕还林项目区开始试种杏树，2019年试种文冠果，林果经济逐渐有所恢复。

## 二、枸杞园建设发展情况

2010年，饮马分公司在全省农垦系统首次引进种植红枸杞500亩，当年成活率达到98％，且当年挂果，单产达到15公斤/亩。2011年，扩大种植面积460亩，两年生红枸杞亩产达到80公斤。到2012年，亩产超200公斤，亩产值超过万元，亩效益达到8000元。枸杞种植极高的利润率激发了员工种植的积极性。2015年，饮马分公司原农业二队（现二分场）组织宁夏种植大户和本队职工到宁夏银川西夏大学科技孵化园考察枸杞加工项目，自筹资金80万元，新建枸杞烘干房一座，解决了晾晒场地紧张的问题。2016年，分公司（农场）栽植红、黑枸杞面积达到19000亩。后由于受到灾害（雨灾）及市场价格低迷等因素的冲击，部分人员因亏损而退出种植。2020年，红、黑枸杞保有量递减为17577亩。虽然出现这种状况，但枸杞种植已经形成了一个产业，在带动农场及周边乡镇经济发展方面发挥了一定的作用。

### 三、苹果、梨果园种植

苹果、梨种植果园兴建于 20 世纪 70 年代中后期，至 1979 年发展到 27 个，面积达 1532.5 亩，品质以秋里蒙苹果、身不知梨为主。截至 1984 年，全场果园面积达到 600 亩，当年新栽面积 105 亩，挂果面积 193 亩，当年水果产量 112.5 吨。品种以引进的丹霞、羽红、长富二号等为主，并对品种进行了高接换种。

2000 年以后，由于果树老化、品质不佳，效益相对较差，2002 年，果园面积减少为 299 亩（其中苹果园 40 亩、梨园 19 亩、苹果梨 240 亩），果品产量 340 吨。2012 年后，因果品品质不佳、效益较差等原因，农场退出果园经营。

## 第四节　林木主要病虫害及防治

据调查，场区有林木病虫害 35 种，其中病害 7 种，虫害 28 种。较为严重的有林木中黄化病、青杨天牛、杨园蚧、沙枣尺蠖、木虱、叶螨、黏虫、梨星毛虫等。对于林木病虫害的防治，一般在病虫害发生初期（4—6 月），组织各队（分场）用水胺硫磷、乐果、氯氰菊酯喷施防治，也可使用在树干钻洞的方法进行防治，效果较好。危害林果的主要病虫害有枸杞–沙枣木虱、红蜘蛛、蚧壳虫、黄化病、根腐、烂果，可用哒螨灵、阿维菌素、氧乐果、敌敌畏等喷洒（即喷雾法），或用硫酸亚铁进行防治。

林木病虫害防治

# 第五章　畜　牧　业

## 第一节　畜牧管理

1956 年，饮马一场建立畜牧场，下设良种站、兽医站及基层 7 个分站，分别开展相关业务和管理工作。1964 年，第二团建立畜牧队，由团生产股直接领导。畜牧队设队长、政治指导员，同时配备专业畜牧技术人员和兽医等。畜牧队下设种畜站、兽医站、人工授精站等业务单位。

1972 年 3 月，第四团党委决定建立养猪场，由 1 个排负责饲养工作，另 1 个排负责饲料生产供应，总共编制人员 59 人。到当年年底，生猪存栏数 972 头。1975 年 2 月，第三、第四团合并为酒泉地区饮马农场，4 月建起了种猪场。至 1977 年 7 月，农场共建起猪场 19 个，年末生猪存栏数达到 3874 头。

1981 年 2 月，农场根据农垦部文件精神，准许职工私人家庭饲养猪、羊及其他家禽，并出台了相关优惠政策。半年后，农场职工私人给公家交售猪肉 4.05 万公斤。私人养的羊只等牲畜宰杀后多为自家食用，但按规定价格给农场交售了大量羊毛和皮类。1984 年 10 月，农场成立了畜牧公司，负责全场畜牧业生产管理、疫病防治、饲料供应、畜产品收购等。

20 世纪 80 年代后期至 90 年代，随着改革开放及"两西"移民的迁入，部分职工和移民参与个人养殖，畜牧业形成了以农场公有养殖为主导、私有养殖为辅的经营管理体制。公有养殖实行统一经营管理，为个人养殖提供技术服务。公有养殖在 1996 年之前由连队经营，1997 年收回，由畜牧站统一经营。1997 年年底至 1998 年年初，畜牧公有养殖解散，畜牧业养殖实行私有化。

2000 年后，农场养殖业以个人散养经营为主，农场（分公司）提供防疫等经营服务。为改变传统的养殖模式，加速畜牧业发展，以家庭农场为依托，建立了肉羊养殖、育肥、放牧、舍饲及分散经营和规模经营相结合的多种类、多形式的畜牧业养殖经营体系。2002 年，农场（分公司）成立种羊养殖场，主要繁殖优质肉羊。2008 年后实行以个人经营为主、农场提供防疫等服务的经营模式。2019 年，分公司组建成立了畜牧公司，实行畜牧业统一管理，但养殖模式仍然是农户自养，畜牧公司主要以引进繁殖优质种羊和为农户提供技术服务为主。

2005—2020年，在畜牧业管理方面，农场（分公司）主要开展引种示范、防疫工作、疫情监测、数据统计等服务工作。同时，加强对畜牧业的管理，在做好服务性工作的同时，进行统一规划，组织养殖技术培训，推广适宜品种、统一防疫、统一销售，推进农场畜牧养殖业稳步有序发展。

## 第二节　畜牧养殖

### 一、养殖业概述

1956年4月，饮马第一场即在场部疏勒河边组建畜牧站，并在各作业站设分站，开始发展畜牧养殖。当年年底存栏马37匹、骡子21匹、奶牛5头、猪9头。1957年增加养殖毛驴15头、羊778只。截至1963年年底，存栏牛121头、马314匹、毛驴41头、骡子41匹、骆驼66峰、羊4570只、猪400头、其他家禽420只。期内，建成简易牲畜棚舍726.25平方米、牛棚170平方米、马厩320平方米、羊圈236.25平方

20世纪50—60年代农场的畜力运输队

米、马厩320平方米、羊圈236.25平方米。
同时，蘑菇滩农场也开始发展畜牧养殖，至1958年年底，存栏大牲畜114头（匹）、羊512只、猪40头。

1959年7月，玉门市把奶牛场移交蘑菇滩农场经营，至1963年10月，存栏奶牛311头、马64匹、毛驴87头、耕牛183头、骡子18匹、猪94头、羊1136只。1964年，农场通过整顿、淘汰、引进举措，努力改良畜牧品种，改善饲养条件，相应制定了一系列规章制度，配备了相关专业技术人员，大力推行畜牧养殖业的规范化发展。期内，80％的基础建设投资用于畜棚及畜舍修建、防疫和人工授精技术的实施，其余投资则用于引进畜类优良品种。

1966年，第二团累计建成畜棚、畜舍7367平方米，建成种畜站1个、人工授精站3个、药浴池4个，为发展养殖业提供服务保障。同时，引进西门达尔、科斯特洛姆、黑

白花等良种奶牛，以及阿尔登、卡巴金等良种役马40头（匹）。当年，饮马（劳改）农场亦新建畜棚畜舍6309.79平方米、猪舍5472平方米、饲料加工房2223.8平方米，引进西门达尔良种奶牛2头。当年年底，饮马农场大牲畜存栏927头（匹），有猪759头、羊4761只。至1966年年底，大牲畜存栏1069头（匹），生猪存栏1104口，羊存栏5124只。1967年，由于受"文化大革命"的影响，畜牧业生产遭到严重干扰，大牲畜死亡、丢失事故频繁发生，导致畜牧养殖业发展大幅度下滑。据第二团数据统计，当年牲畜死亡、丢失事故造成直接经济损失15444.45万元。

兰州军区生产建设兵团时期，提出"骡马化"发展建设目标，至1974年年末，大牲畜增加到1736头（匹），投资的重点仍以发展基础设施建设为主。但由于当时农场的粮食、饲料不能达到自给，新疆生产建设兵团也无法再给予支援，因此出现了牲畜饲料严重短缺的状况，造成畜牧业发展再次受阻。

酒泉地区管理时期，为解决职工肉食供应，提出"以养猪为中心，全面发展畜牧业"的目标，并于1975年4月在场部建成第一座现代化养猪场，建筑面积达2840平方米。至1976年上半年，各农业生产队、实验站、修造厂建成养猪场19个，年底存栏数达到3380头。但后期由于饲料供应不能保证，畜类养殖数量大为减少。1984年农场成立畜牧公司后，加大了养殖业发展力度，至年底，大牲畜存栏数312头（匹）、生猪存栏250头、羊存栏5584只，孵化鸡3万余只。

1987年，农场下发了《养羊经营管理规则》，鼓励发展养羊业。经过几年的发展，到1991年，羊只存栏6589只，次年增加到6900多只。1994年，由于疫病的原因，养羊业出现了"一高一多"现象，即突发性羊只死亡率高，往外出售活羊的数量多。据统计，在短时间内死亡绵羊982只，占当时公养羊只总数的13.6%。农场当年出售活羊369只，占公养羊只总数的5.12%。1997年，农场做出决定，牲畜饲养全部由职工家庭农场分散经营，畜牧队和各农业畜牧点也随之撤销。

良种羊只

2018年，分公司（农场）结合环境整治，将养殖区与生活区分离，新建暖棚式圈舍77套，面积12380平方米，年存栏羊只13244只、牛80头、猪36头、鸡1700只。2019年，新建暖棚式圈舍259套，面积41500平方米，年存栏羊11405只、牛120头、猪 53 头、鸡 2600 只。2020 年，新建暖棚式圈舍 81 套，面积 13414 平方米，年存栏羊 13167 只、牛 99 头、猪 36 头、鸡 3000 余只。至 2020 年，有养殖小区 18 个，年出栏羊 30000 只、牛 30 头。品种的更新和得力措施的实施使养殖规模逐渐扩大，效益逐步提升。

牲畜防疫

良种奶牛

## 二、商品畜牧业发展

自 1979 年开始，随着商品经济的发展和农垦体制的改革，农场畜牧业生产开始由自给生产型向商品生产型转化。1981 年，农场根据农垦部（81）农垦（生）第 101 号文件"国营农场应提倡职工家庭养猪、养羊，及公养、私养相结合"的精神，准许职工家庭养猪、养羊，或饲养其他家禽。半年后，职工家庭养猪数量达到 1105 头，养羊 1546 只，养鸡 7816 只。据统计，当年全场职工家庭总数为 1834 户，猪羊并养的家庭有 345 户，单养猪、羊的户数分别为 278 户和 195 户，占总户数的 44.6%。

1983 年 11 月，农场在玉门市区（今玉门老市区）建立奶牛场，有奶牛 16 头、育成母牛 8 头、母牛犊 4 头、种公牛 1 头。之后，农场下发了《关于扶持养鸡、养兔专业户具体办法的通知》文件，提倡职工家庭养鸡、养兔。当年年底，职工家庭个人养殖户共孵化雏鸡仔 3.3 万多只。之后，农场组建了畜牧公司，由唐振邦任经理，畜牧生产实行独立核算，进入市场化经营。后随着家庭农场承包经营的实施和"双层经营"体制的不断完善，农场将大牲畜、畜牧机械等作价拍卖给职工私人经营，或采取个人承包经营。到 1988 年 10 月，农场奶牛存栏 28 头、猪 49 头、羊 5589 只、鸡 1090 只；职工私人养殖牛 3 头、马 7 匹、毛驴 163 头、骡子 6 匹、猪 1164 头、羊 5500 只、鸡 4 万只、兔 5380 只。家庭养殖户占全场总户数的 82.96%。为加强畜牧业管理服务，做好畜禽防疫，农场保留了畜牧站和兽医站建制，适时为家庭私有养殖户提供服务。

1995 年，为解决有机肥和职工的肉食供应，农场保留了公有羊群和养猪场。至当年 12 月，公有羊只增加到 6430 只，由 19 个家庭农场养殖户承包经营；生猪存栏数 496 头，由畜牧队统一饲养。到 1996 年，因种植业对有机肥的大量需要，私有羊只发展到 15429 只。1997 年，撤销奶牛场，将奶牛、公养羊只、生猪全部卖给职工私人饲养，自此，农场畜牧业从公有制转变为私有经营。

2002 年，根据场区有利的自然资源优势条件，农场提出了"农牧结合，为养而种，加快农林牧业综合发展"的指导思想，恢复发展养殖业，把畜牧业发展作为拉动经济快速发展的主导产业来抓。由此制定了相关措施：一是建立饲草基地，将 9000 亩中低产田改种紫花苜蓿，为牲畜养殖提供充足的饲草；二是加大基础母畜的培育和购进数量，确保牲畜繁育数量的增加；三是重点以小群畜禽养殖为主，逐步扩大发展。这种状况一直持续到 2018 年。

### 三、良种肉羊养殖

2002 年 6 月，农场通过市场调查，决定利用场区的优势资源大力发展草产业和畜牧业，并于 9 月投资建成了良种肉羊养殖场。其目的是增加职工经济收入，有效为农业种植提供有机肥，同时，可为职工家庭农场和周边农户提供良种羊只。方法上，主要采取圈养的方式。新建的养殖场占地 68 亩，建筑面积 14590 平方米，有羊舍 10 栋，库房、兽医诊疗室、办公室等 16 间，机井 1 眼，并购置饲草料加工等机械设备多台（套）。

2003 年，建成人工授精室等配套设施，总投资 293.96 万元。同时，配备管理人员 8 名、技术人员 5 名、牧工 8 名，负责养殖场全部业务工作。2003 年 5 月，分两批从外地引进 4 个品种的良种羊 1023 只，其中小尾寒羊 994 只，其他品种有杜泊肉羊、萨福克、道赛特、萨寒、奶山羊等，共 20 多只。至年底，肉羊存栏数 1609 只，全年净生产羔羊 977 只。

2004 年年底，完成了肉羊良种繁育场工程建设及设施配套，形成了年出栏 1 万只肉羊的生产规模。由于经营管理不善，加之当时羊肉价格连续几年走低，造成养殖场严重亏损，2007 年 10 月，农场决定撤销养殖场，停止生产。农场财务审计资料显示，养殖场从建场到停产，累计亏损 600 多万元。

这一时期，家庭农场中，以养羊为主的养殖业发展迅速。据统计，至 2004 年 12 月，个体羊只存栏数达到 1.1 万只。在养羊业的带动下，其他养殖业发展也很可观，个体养殖奶牛及肉牛 150 头、生猪 1000 余头、鸡 3 万余只、兔 4800 多只。据统计，这一时期，职工家庭农场从事养殖业的户数占到总数的 74％。

### 四、优质肉牛养殖

为加快构建和完善现代产业体系，做强做大农垦畜牧产业，发展循环农业，2014 年 11 月，经甘肃省农垦集团公司批准，农场注册成立甘肃农垦饮马牧业有限责任公司，注册资本 3500 万元，其中，集团公司投资 3261 万元，饮马农场职工投资入股 239 万元。该工程于 2015 年 3 月开工建设，11 月底全面竣工并投入生产运营。公司占地面积 1200 亩，一期建设完成投资 6725 万元，完成计划投资 6851 万元的 98.16％。建成高标准牛舍 11 栋、消毒办公室 1 座、青贮窖 6 座、干草库 1 座、精料加工车间 1 座，总建筑面积 24000 余平方米。2016 年 1 月 17 日，首批从澳大利亚引进 1000 头黑安格斯、西门塔尔种牛进场投入生产，当年完成种牛配种 935 头，受孕率达到 95.18％，生产犊牛 70 余头。2017 年 4 月，因农垦管理体制改革，将甘肃农垦饮马牧业公司从农场剥离，成立独立法人经营实体。

饮马牧业全景

### 五、品种改良繁育

畜类品种的改良是促进养殖业发展的重要举措。农场适时引进优良畜（禽）品种，不断改良当地土种，发挥杂交优势，强化畜（禽）质量，以达到提升质量和效益为目的。自建场初期，农场就十分重视品种改良工作，相继建立了良种站、配种站，认真进行良种繁育，培育优良畜（禽）品种，做了大量行之有效的工作。1958年，农场率先引进西门达尔优质奶牛和耕牛、安哥拉毛用兔、力克斯皮用兔、来航鸡等良畜品种，为大力发展畜（禽）养殖奠定了有力基础。1960年，农场共繁育大牲畜98头（匹）、生猪198头、羊473只，引进了荷兰奶牛、西门达尔等优良品种15头。1973年，从河南引进南阳牛6头，从新疆兵团引进苏白猪10头，从江西调进巴克夏生猪11头，从山东引进罗姆尼种羊5只。大量引进大牲畜（家畜）优良品种，用科学的方法加以改良和繁育，提升了畜种质量，同时也提高了农场的经济效益。

在兵团"骡马化"时期，农场重视畜种改良工作。当时有驾辕骡马982匹，其中部分改良马是由当地土种马与岔口驿马、蒙古马杂交而成的品种。同时，还引进卡拉依马、伊犁马等优良品种作为父本与本地土马进行杂交，产生了更为优秀的良马品种。除此之外，在羊只的改良繁育方面也下了很大功夫，1980—1985年，引进天祝细毛羊、小尾寒羊等多个品种进行改良繁育。经过多年的改良培育，到1995年年底，改良后的公有羊只存栏数达到6340只。自1995年后，农场羊只改良繁育模式已基本形成，其组成部分有育种场（育种群）、扩繁场（繁育群）、商品场（商品群）。2002年9月，肉羊良种繁育场按照群体继代的繁育方法，建立了三元杂交繁育体系。到2015年，一些落后的养殖方式被淘汰，个体养殖户直接购进、养殖优良的家禽家畜。到2020年，农场个人养殖业状况处于平稳发展局势。与20世纪80—90年代相比，从养殖品种到养殖方法，都有了很大改变和突破。

回顾农场畜牧养殖业的发展，20世纪60—80年代，农场主要养殖以牛、马、驴、骆驼、猪、羊、鸡、兔等为主，当时，畜牧养殖是农场的支柱产业之一。20世纪70年代后，有了新的变化，开始引进和调入南阳牛、苏白猪、巴克夏猪、苏维埃重挽马、罗姆尼羊等优良品种，并进行有效改良和繁育。到80年代初，开始引进青紫蓝皮兔、加里佛尼亚种兔、新西兰种兔、丹麦种兔、大耳白种兔、天祝细毛羊、瘦肉型杜洛克猪、罗斯种鸡等，使家禽家畜养殖品种和数量得以大幅度增加，规模也逐步扩大，经济效益明显有了好转。从90年代开始，大量引进小尾寒羊等优良品种，并进行品种改良，畜牧养殖业进入稳步发展时期。

# 第六章　农业机械化进程

## 第一节　农机装备

实现农业机械化是生产力发展的重要体现。农场建设初期，因基础条件差，经济实力薄弱，农业机械发展较为缓慢。当初大多是引进国外农业机械，花费的成本高，弊端也很多。随着时间的推移，我国农业机械制造工业快速发展，国产农业机械成了农场生产建设中的首选装备。回顾农场农业生产机械化装备的发展历程，大体经过了3个艰难曲折的发展阶段：

### 一、进口农机具配备阶段

1956年，饮马场第一农场建立后，农业生产机械装备有德意志民主共和国产K5-7拖拉机8台，捷克产Z-35轮式拖拉机2台，苏联、匈牙利、捷克等国家生产的机引农具73台（件），匈牙利产AC-400牵引式收割机、苏联产MK-1100型脱谷机各1台，美国产吉斯汽车4辆。1958年，又调入德意志民主共和国产KS-30拖拉机2台、捷克产Z-25K拖拉机3台，机引农具新增四铧犁、24片圆盘耙等12台（件）。

1958年，饮马场第一农场又调入进口AC-400自动康拜因脱粒机、匈牙利产脱粒机各1台。北湖机耕农场投资246465元，购进匈牙利产DT-413拖拉机3台、罗马尼亚产UTOS-2轮式万能拖拉机1台，折合8.8个标准台，配备有五铧犁、24行播种机、镇压器、中耕机等农机具22台（件）。当年，蘑菇滩农场装备有匈牙利产DT-413拖拉机3台、C5-35M五铧犁3台、苏联产KYTC-4.2万能牵引中耕机，以及波兰产V形镇压器等各种农机具20台（件）。至1961年，除上述农机具外，增加农用载重汽车3辆，其中ST-20型1辆，美国产小道奇1辆。

1962年年底，甘肃省农垦局从黄花农场调入进口KS-30拖拉机2台，KS-07拖拉机、Z-25拖拉机、DT-413拖拉机、UTOS-2，拖拉机各1台，C-4收割机3台，戴维1郎-30D拖拉机2台。

在当时的条件下，进口农机具对农场的生产建设发挥了相当重要的作用，可以说是场区农业机械化发展之开端。但进口农机具的最大不足是缺少零配件，一旦损坏将无法修复。鉴于这样的情况，1962年后，农场引进进口农机具的数量逐渐减少，改为购进国产农机设备。

## 二、国产农机具配备阶段

1956年，饮马场第一农场有KS-07拖拉机10台（混合台），农用汽车、五铧犁、41片圆盘耙、48行播种机、等农机具共83台（件）。1962年，蘑菇滩农场有国产拖拉机66台，13.6个标准台，机引农机具41台（件），平均每标准台3.2件，农业机械固定资产值205283.76元。1966年，饮马场第一农场有各类拖拉机26台，55.2个标准台，有汽车8辆，机引农机具126台（件），农业机械固定资产值580069.15元。

1962年，农场贯彻中央"调整、巩固、充实、提高"的方针，在农机具引进方面进行改革和调整。经过认真调查研究，决定将那些性能质量差、发生故障多、技术状况不良又难以修复的进口机型全部淘汰，开始装备国产农机具。当年年底，蘑菇汤农场和饮马农场购进国产东方红-54链轨式拖拉机2台。1964年，投资27647.36元，购进扬场机、拾禾机等农机具9件。1965—1968年，先后购进播种机、平地机、联合收割机、棉花播种机、环形镇压器等农机具，共计128台（件）。1964年，第三团装备农机具的数量较多，农业机械固定资产达197350.69元。

1970年，第三团有东方红-54型拖拉机7台，铁牛-55型轮式拖拉机、东方红-54推土机、东方红-40拖拉机、Z-25拖拉机、DT413拖拉机各1台，东方红-75链轨式拖拉机4台，UTOS-Z拖拉机4台。自此，四团拥有大型拖拉机48台，其中东方红-54链轨拖拉机13台、东-75链轨车5台，其他机车有东-40、东-28、铁牛-55机车等20多台。1971年12月，第三团有农用拖拉机20台，40.6个标准台，有联合收割机5台、机引农机具77台（件）、农用汽车8辆，农业机械固定资产值832846.87元。当年，第四团有大中型拖拉机26台，农用汽车6辆，联合收割机、脱谷机、平地机、精选机等20余台，还有2.5~3吨拖车13辆，24行播种机39台，16行播种机、畜力播种机、悬挂式播种机54台，另有五铧犁、二铧犁、圆盘耙、镇压器、连接器、开沟器、中耕机等154台（件）。1973年有大中型拖拉机30台，61.4个标准台，有康拜因机械、农用汽车机其他各类机械330余台（件），自行修造机械81台（件），农业机械设备固定资产值1568834.7元。

1975年，第三、四团合并后，有拖拉机48台，折合107.4个标准台；有其他农用动力机械240多台、耕作机械226台、农用载重汽车19辆、机修设备41台（件）。1984年，有大中型拖拉机44台，手扶拖拉机、收割机、其他各类农机具490余台（件）。

随着国家农业机械工业的迅速发展，1975年年末，农场淘汰了全部的进口农机具，实现了农机国产化。这一时期，农场的农机具机型有东-54、东-75、东-28、东-40、铁牛-55、泰山-50、天水-50、东-60推土机，GT-4.9B、东风-3型自走式联合收割机，农用汽车有CA-10、CA-108解放车、跃进130等。以1976年为例，当年农场播种面积51581亩，有各类拖拉机50个混合台、109个标准台，每混合台担负耕地1031.6亩，每标准台担负473亩，达到农垦部规定的基本农业机械化阶段配备。联合收割机14台，每台担负耕地3684.3亩；农用汽车23辆，每辆担负2242.7亩，能完成耕、耙、播种、镇压、耢地、脱粒、精选、拉运、开沟、打埂、破埂、推土、平地等农业机械化作业，综合机械化程度达到70％。

1984年开始兴办家庭农场，随着生产经营管理方式的转变，对农机具服务有了更高的要求，大批农机具因不适用新的生产经营方式而被摆置报废，同时也促成了新一批农机具装备的诞生和购进。当年播种面积5.3万亩，配有大、中型拖拉机44台（链轨式27台，轮式17台）、手扶拖拉机18台、联合收割机20台、其他加工机械76台（件），各类农机具共有465台（件）。

### 三、农业机械的更新阶段

在计划经济时期，农机具的更新受计划经济制度和资金的限制，更新换代速度较为缓慢。进入市场经济体制后，基层可根据实际情况，用自筹资金更新农机具和机械。1988年，农场进行了一次系统性的农机普查。经普查，农业机械设备固定资产产值达473.28万元，净值366.23万元。据统计，1988—1995年，全场共投资3590168.6元，更新各类农机具136台（件），平均每年更新17台（件），更新资金达448773.32元。在此前后8年时间中，农场支付更新资金2001372.6元，基层生产队自筹更新资金1588796元，基层所筹更新资金占总更新资金的44.25％，形成了场、队合力更新农机具的新格局。

这一时期，农场选择技术性能优越的大、中、小型拖拉机及收割机械装备农机队伍，购买了东方红-802链轨车7台、东方红-70链轨拖拉机8台、哈萨克斯坦已伏洛达厂生产的T-75M 8台、轮式车选配铁牛-55C（天津产）7台，以及小四轮（潍坊、天水、新疆等地机型）9台，并有私营铁牛、小四轮74台，悬挂四铧犁、缺口重耙等机农具88台，自产

ZFX-13型籽瓜脱粒机、2BFX-1.7型地膜覆盖机、ZBYF-6000型种子包衣机、颗粒肥料机等90余台（件），并购置解放1092、1046型，东风1090E、140F型，跃进1041等运输车。农业机械的不断更新促进了生产力的提升，使农场的生产建设迈入快车道。

1997年，因经营体制改革，农场农机车辆作价出售，由个人经营。到2002年，农机经营逐渐放开放活，极大地调动了种植户购买大中小型农机具及车辆的积极性。至2005年，农场非公有类经营者拥有拖拉机152台，其中有大型履带式拖拉机36台、中型轮式拖拉机27台、小型拖拉机83台、大型联合收割机10台、小型收割机6台，还有农用汽车10辆、大型工程挖掘机1台，配套农机具154台件。2004年年底的调查统计显示，家庭农场私人共有农业机械总动力16758.93千瓦，有农用大中型拖拉机76台、小型拖拉机212台、联合收割机19台（佳木斯-1075型8台、福田谷神等小机型11台）、农用载重运输汽车28辆，种子精选包衣及晒场上扬场、装载机械共计264台，

还有牧草收割机械16台，大中型拖拉机与农机具的配套比为1：7.89，种植业机械化水平均为83％，其中耕、播、收作业机械化水平分别为98％、100％和76.3％。这一时期，农业机械装备在数量、结构、类型、科技含量等方面都达到了一个较高的层次。其后，农机发展的主要力量基本来自个体私有制经营。

2005年，饮马实业公司成立饮马农机服务中心，经营农机配件和加油站两项主营业务。此外，为满足农场苜蓿草种植业的收获要求，农场党委根据形势发展，决定成立农机中心，在承担规范全场农业机械化作业收费标准的同时，转变

食葵收割机

自身经营方式。当年，购进纽荷兰320型自走式苜蓿收割机1台，配备570型牧草打包机2台、约翰迪尔动力754车辆2台，承担起农场苜蓿草种植业发展的收割、打包、收获工作。

2005—2008年，在农机服务中心运营三年后，因产业结构调整，农机中心划归到农资供销公司合并管理。到2013年，因食葵和苜蓿草的种植面积不断扩大，同时，从整体农场社会经济平衡发展出发，农机中心又从农资供销公司分离出来，成立农机合作社，推动农场农业机械化综合性发展。

2013—2020年，农机合作社陆续购进了多台比较先进的配套农机具，更新私有农机

具 2153 台套,其中农用拖拉机 509 台,收获机械 78 台,犁、耙、趟、播等大中型农机具 486 台(套),小型农机具 531 套,其他农机具 549 台套。

农场更新淘汰废旧农机具是从 2019 年开始的。为了提高生产效率,农场动员广大农机户逐渐淘汰废旧农机具,使用更为先进的农机设备。随着农业经济的不断发展,农业机械化装备大多运用电脑数字化技术操作。据统计,至 2020 年,场区的电脑数字化技术操作配套私有农机具达到 1674 台(套)。

青贮收割机

苜蓿收割机

农场 1988—1995 年农机具更新数据见表 4-6-1,2013—2020 年购进农机具数据见表 4-6-2。

**表 4-6-1 1988—1995 年农机具更新数据**

| 年份 | 队属及农机具种类 | 数量<br>(台) | 更新总投资<br>(元) | 场支付投资<br>(元) | 队支付投资<br>(元) |
|---|---|---|---|---|---|
| 1988 | 3 队、15 队、19 队、酒花 3 队购小四轮拖拉机 | 4 | 284573.6 | | 26400 |
| | 佳木斯 1075 收割机 | 2 | | 259973.6 | |
| 1989 | 11 队更新小四轮 1 台,<br>13 队、15 队、18 队更新东方红-802 各<br>1 台,酒 3 队、酒 1 队更新铁牛各 1 台 | 6 | 162994 | 135394 | 27600 |
| | 酒 3 队等更新 24 行播种机。<br>东风收割机 2 台 | 14 | 412116 | 156332 | 68400 |
| 1990 | 3 队、11 队、4 队、17 队更新东方红-802 | 4 | | 150012 | |
| | 4 队、17 队、11 队、3 队更新悬挂四铧犁、<br>11 队、15 队更新缺口重耙 2 台 | 6 | | | 37372 |

（续）

| 年份 | 队属及农机具种类 | 数量（台） | 更新总投资（元） | 场支付投资（元） | 队支付投资（元） |
|---|---|---|---|---|---|
| 1991 | 1 队、19 队、20 队更新东方红-70 | 3 | 518608 | | 145524 |
| | 18 队、12 队、2 队更新铁牛-55C；20 队、园林队购小四轮拖拉机 | 5 | | | 111300 |
| | 1 队、19 队、20 队更新悬挂 4 铧犁、13 队、12 队、11 队、14 队、19 队更新 41 片圆盘耙 | 11 | | | 49544 |
| | 场更新佳木斯 1075 收割机 | 1 | | 212240 | |
| 1992 | 13 队、18 队更新东方红-802 | 2 | 584375 | | 108000 |
| | 5 队、7 队、12 队、14 队更新东方红-70 各一台，17 队更新小四轮一台 | 5 | | | 223068 |
| | 场购添佳木斯 1075 收割机一台 | 1 | | 224115 | |
| | 4 队、12 队、14 队、11 队更新播种机各一台 | 4 | | | 29192 |
| 1993 | 场更新佳木斯 1075 收割机 | 2 | 526466 | 478098 | |
| | 15 队更新五铧犁一台，17 队、12 队、15 队、11 队、19 队、1 队、2 队、7 队更新扬声机各一 | 9 | | | 48376 |
| 1994 | 4 队、7 队、17 队、15 队更新东方红-802 | 4 | 899236.06 | | 316000 |
| | 11 队更新东方红-70；3 队、5 队更新铁牛-55 | 3 | | | 167000 |
| | 13 队、17 队、1 队更新缺口重耙 | 3 | | | 31020 |
| | 场购佳木斯 1075 收割机一台 | 1 | | 284667 | |
| | 场购置排灌设备 | 40 | | 100549.06 | |
| 1995 | 1 队、19 队更新东方红-802，3 队购小四轮一台 | 3 | 200000 | | 173000 |
| | 酒 1 队、18 队、15 队秸秆切碎还田机 | 3 | | | 27000 |
| 合计 | | 136 | 3590168.6 | 2001372.6 | 1588796 |

表 4-6-2　2013—2020 年购进农机具数据

| 序号 | 名称 | 型号 | 生产厂商 | 购买日期 | 数量 | 规格 | 原值（万元） | 完好率 | 所有形式 | 是否进口 |
|---|---|---|---|---|---|---|---|---|---|---|
| 1 | 激光平地仪 | 3.5 米 | 上海天宝 | 2013 年 | 1 | 台 | 5.8 | 完好 | 合作社 | 否 |
| 2 | 法国库恩牵引割草机 | FC302RG | 法国 | 2013 年 | 2 | 台 | 50.7 | 完好 | 合作社 | 是 |
| 3 | 长城皮卡车 | 长城 | 长城 | 2013 年 | 1 | 辆 | 6.88 | 完好 | 合作社 | 否 |
| 4 | 约翰迪尔拖拉机 | 1204 | 天津 | 2013 年 | 1 | 台 | 48.66 | 完好 | 合作社 | 否 |
| 5 | 约翰迪尔拖拉机 | 1854 | 哈尔滨 | 2013 年 | 1 | 台 | 68.7 | 完好 | 合作社 | 是 |
| 6 | 德国克拉斯打捆机 | MARKANT65 | 德国 | 2013 年 | 3 | 台 | 75.84 | 完好 | 合作社 | 是 |
| 7 | 联合整地机 | 5.6 米 | 新疆科神 | 2013 年 | 1 | 台 | 4.8 | 完好 | 合作社 | 否 |
| 8 | 约翰迪尔拖拉机 | 754 | 天津 | 2013 年 | 1 | 台 | 35.63 | 完好 | 合作社 | 否 |
| 9 | 约翰迪尔拖拉机 | 804 | 天津 | 2013 年 | 3 | 台 | 69.8 | 完好 | 合作社 | 否 |
| 10 | 激光平地仪 | 3 米 | 上海天宝 | 2014 年 | 1 | 台 | 5.8 | 完好 | 合作社 | 否 |

（续）

| 序号 | 名称 | 型号 | 生产厂商 | 购买日期 | 数量 | 规格 | 原值（万元） | 完好率 | 所有形式 | 是否进口 |
|---|---|---|---|---|---|---|---|---|---|---|
| 11 | 纽荷兰自走式割草机 | SREEPROW ER130 | 纽荷兰 | 2014年 | 1 | 台 | 86 | 完好 | 合作社 | 是 |
| 12 | KAT拖拉机 | 1304 | 徐州 | 2014年 | 1 | 台 | 23.5 | 完好 | 合作社 | 否 |
| 13 | 液压翻转犁 | 435 | 新疆科神 | 2014年 | 4 | 台 | 5.56 | 完好 | 合作社 | 否 |
| 14 | 翻草机 | 256 | 纽荷兰 | 2015年 | 1 | 台 | 5.5 | 完好 | 合作社 | 是 |
| 15 | 旋耕机 | 2.3米 | 山东 | 2015年 | 1 | 台 | 1.78 | 完好 | 合作社 | 否 |
| 16 | 深松整地联合作业机 | TSZL | 新疆 | 2015年 | 3 | 台 | 33 | 完好 | 合作社 | 否 |
| 17 | 青贮收割机 | CCAAS850 | 德国 | 2015年 | 1 | 台 | 216 | 完好 | 合作社 | 是 |
| 18 | 气吸式穴播机 | 1.45米 | 新疆 | 2015年 | 2 | 台 | 9 | 完好 | 合作社 | 否 |
| 19 | 单铺膜机 | 1.45米 | 新疆科神 | 2015年 | 1 | 台 | 2.7 | 完好 | 合作社 | 否 |
| 20 | 深松整地机 | 310 | 酒泉天王 | 2015年 | 3 | 台 | 11 | 完好 | 合作社 | 否 |
| 21 | 精量播种机 | 宽窄 | 新疆 | 2015年 | 30 | 台 | | 完好 | 合作社 | 否 |
| 22 | 约翰迪尔404拖拉机 | 404 | 约翰迪尔 | 2016年 | 1 | 台 | 5.75 | 完好 | 合作社 | 否 |
| 23 | 1204拖拉机 | 1204 | 约翰迪尔 | 2016年 | 1 | 台 | 24.5 | 完好 | 合作社 | 否 |
| 24 | 装载机 | 柳ZJ—836 | 广西 | 2016年 | 1 | 台 | 24.85 | 完好 | 合作社 | 否 |
| 25 | 约翰迪尔拖拉机 | 1354 | 美国 | 2016年 | 1 | 辆 | 34.5 | 完好 | 合作社 | 是 |
| 26 | 江铃皮卡 | VX1020PSJA4 | 江铃 | 2016年 | 1 | 辆 | 7.98 | 完好 | 合作社 | 否 |
| 27 | 装载机 | 柳J—836 | 广西 | 2016年 | 1 | 辆 | 35.7 | 完好 | 合作社 | 否 |
| 28 | 液压四铧翻转犁 | 1—F435 | 新疆 | 2016年 | 4 | 台 | 5.68 | 完好 | 合作社 | 否 |
| 29 | 液压五铧翻转犁 | 1—F535 | 新疆 | 2016年 | 1 | 台 | 4.8 | 完好 | 合作社 | 否 |
| 30 | 割台（茴香） | 3.5米 | 佳木斯 | 2017年 | 1 | 台 | 8 | 完好 | 合作社 | 否 |
| 31 | 翻草机 | 横置式 | | 2017年 | 1 | 台 | 8 | 完好 | 合作社 | 否 |
| 32 | 纽荷兰大方捆 | BJ1270 | 美国 | 2017年 | 1 | 台 | 108.5 | 完好 | 合作社 | 是 |
| 33 | 深松旋耕整地机 | 310 | 新疆科神 | 2017年 | 1 | 台 | 3.85 | 完好 | 合作社 | 否 |
| 34 | 打杆搂膜一体机 | 4MP—2.0 | 新疆科神 | 2018年 | 1 | 台 | 2.5 | 完好 | 供销 | 否 |
| 35 | 动力驱动耙 | | NFSIWFT | 2019年 | 1 | 台 | 18 | 完好 | 合资入股 | 是 |
| 36 | 地膜捡拾机 | 4MP—3.5 | 新疆科神 | 2019年 | 1 | 台 | 10.8 | 完好 | 供销 | 否 |
| 37 | 地膜捡拾 | 4MP—3.5 | 疆科神新 | 2019年 | 2 | 台 | 21.6 | 完好 | 供销 | 否 |
| 38 | 田间扶耕器 | 2米 | 疆科神新 | 2019年 | 1 | 台 | 1.3 | 完好 | 供销 | 否 |
| 39 | 旋耕机 | H185 | 山东 | 2019年 | 1 | 台 | 2.8 | 完好 | 合作社 | 是 |
| 40 | 撒粪机 | ADS100 | 德国 | 2019年 | 1 | 台 | 16.8 | 完好 | 供销 | 是 |
| 41 | 食葵收割机 | CCAAS430 | 德国 | 2019年 | 1 | 台 | 195 | 完好 | 合作社 | 是 |
| 42 | 拖拉机 | 2104 | 约翰迪尔 | 2019年 | 1 | 台 | 54 | 完好 | 入股 | 是 |
| 43 | 纽荷兰打包机 | 5070 | 纽荷兰 | 2013年 | 3 | 台 | 52.6 | 完好 | 合作社 | 是 |
| 44 | 液压翻转犁 | 535 | 新疆科神 | 2013年 | 1 | 台 | 4.8 | 完好 | 合作社 | 否 |
| 45 | 打杆机 | 1.65米 | 酒泉 | 2013年 | 3 | 台 | 22500 | 完好 | 合作社 | 否 |

# 第二节 农机作业

垦荒初期，推土机等农用机械设备少，大多是人力开荒，或是由人力、畜力配合开荒平整土地。1958年5月，北湖农场调入几台机械设备投入垦荒，替代了人力，效率大增。当年8月，蘑菇滩农场的技术人员仿造了1台平地机，由拖拉机牵引，每天可平整荒地300亩。这或许是农场最早的农机具改装发明的开端。

1960年，开荒任务更加繁重，仅靠人力开荒已不现实，但机械作业又面临许多难题：首先是机械设备少，其次是机械作业的障碍较大。换句话说，就是由于荒滩高低不平，沟深坎高，推土机等机械短期内无法很好地发挥作用。面对这种局面，首先是排除障碍，用人工开挖高坎，解决"拦路虎"，再用推土机填埋深沟。采取的措施有：①按照整体条田规划要求，开挖排水沟，清除荒地障碍，便于推土机等机械进入作业。采用人力、畜力相结合的方式，挖掉沙包，填平坑洼，开出机道，使机械能够施展本领。②因地制宜，对开荒作业的小型农机具进行改装，利于实际操作。例如，根据不同荒地的土壤特性，改装步犁、五铧犁、平地机、刮土板、铲运机等。改装后的小型农机具可由小四轮车、手扶拖拉机牵引作业，也可用拖拉机、推土机联合作业，以提高工作效率。不过这一时期的平田整地和耕播作业基本还是采取人力、畜力、机械一起上的方法。

1965年后，耕地播种面积大量增加，但土地的盐碱性和潮湿程度都很严重，既不利于耕作，也影响播种。后经科技人员在盐碱地块深埋排碱漏沙管，土壤的盐渍结构和潮湿程度得到了缓解。期初耕作和播种只能由1台机车牵引1台小型播种机进行，技术人员经过实地观察，得到了一些启示，着手对机车和播种机进行了合理改造。改造后的机械设备，1台机车可以牵引24行或者48行大中型播种机作业，而且还可用3台播种机并行连接作业，既不耽误农时，又加快了播种进度。与此同时，技术人员再次改造设备，既节约了人力、机力，又达到了预期效果。据统计，采用这种方式后，每个班次可施肥、播种300亩耕地以上。

农场的耕地面积大，在春播时期，土地的平整、镇压、耙地工作十分繁重。为加快生产进度，减轻人力和机力负担，1967年，农机人员大胆进行工艺改进，自制平地耙，对从苏联进口的41片圆盘轻耙进行改造，和24片缺口重耙配合使用，达到了比较好的效果。

1968年，开挖排水沟的工作量很大，为了减轻劳动力负担，机修连的技术人员对购进的1台废弃的苏式开沟器加以改进，可与东-54机车配套使用，效果很好，极大地提高了工效。之后，他们又如法炮制，改装了多台同类型的开沟器，在当时的农田开沟筑渠工程中发挥了很大的作用。

1970年机农合一后，机务人员和技术人员共同合作，改变了老旧石磙镇压耕地的传统方式，研制了新式镇压耕地的农具。经过多次改进，自制完成V形机车牵引碾压地的镇压器，并投入作业。1971年，又大量购进可供冬春两季使用的机引V形、环形镇压器，经过改装，可使1台链轨车同时牵引3台镇压器且并列行走作业。这些新机械的出现和使用，让农场告别了石磙镇压耕地的方式。

1970年之前，化肥机械深施技术还没有投入实际应用。当时，机引播种机在田间作业和深施化肥是分开进行的，既费工费力，效果还很不理想。1971年春，在技术人员的努力下，播种机设备得以改进。新设备在机引播种机上增加了可控颗粒化肥分箱，能使机器播种和施肥同时进行，根据使用效果，还可进行手工调节。1972年，这项技术已在农场广泛应用并日趋成熟。1975—1976年，农场13队在小麦第一次灌水前的苗期阶段，运用机械深施化肥技术在农田进行大面积条播追施化肥，获得成功。这一举措，被称为农场田间管理机械化的一次革命。到20世纪70年代末，全场机械条播深施化肥面积达到100％。1992年，机械深施化肥技术被农业部列为农业节本增收工程技术重点示范项目进行大面积推广。

1976年，农场开始大面积种植玉米，但缺少可使用的中耕机械，后17队铁牛-55车驾驶员芦志恒把1台废弃的中耕机械改装后挂到机车上试验，获得成功。之后，又改装了多台这种型号的中耕机械，解决了大面积玉米地土地平整耕作问题。1978年后，原农场1队、3队、19队、科研站（代耕11队）纷纷效仿，改进中耕机，装配到铁牛-55机车上进行耕作，一次性完成松土、锄草、施肥、间苗、培土等机械作业。

葫芦收获

农机铺膜

农机打药　　　　　　　　　　　　　　　　机械耙地

　　20世纪80年代，农场大田用播种机播种小麦、大麦、玉米等作物的面积都占总面积的95％上。但使用同样的播种机播种油菜、油葵、百号（特种药材）等经济作物，就很不适应。为了充分发挥农业机械的优势，农机人员和技术人员对现有播种机的功能进行了改造、改装，使之适应经济作物播种。1982年，农场引进黑瓜籽种植，同时推广使用地膜覆盖技术。但对于这种新技术，一时很难掌握，机械也不好操作，致使地膜覆盖达不到标准要求。农场农机技术人员刘积银等人成立了5人科研小组，经过1年多的技术攻关，终于在1983年5月成功改装出ZBFX－1.7型籽瓜覆盖机，配套铁牛－55及东－75悬挂，可一次性完成开沟、起垄、施肥等几项工序，使用效果良好，得到了农机部门的认同。1985年，刘积银带领科研小组再次攻关，研制出第二代地膜覆盖机新机型，该机器增加了几项功能，镇压土地、平整垄面、铺设地膜、掌紧地膜、培土等作业可一次性全部完成，铺膜能力为10～12亩/小时，工效高，铺膜质量好。

　　收获机械作业方面，建场初期，饮马场第一农场仅有收割、脱粒机2台，生产力水平很低。1962年，蘑菇滩农场调入河南产3.0牵引式收割机2台，但使用质量不高，脱粒程序仍需人工完成。到1968年，逐步装备了4.9B牵引收割机和4.01自走式收割机多台。至1976年，由于灌溉作业的改进，自走式收割机的数量开始增加。据统计，1977年增加到67％，1979年达到85％，1981年达到95％。到1985年，基本全部使用自走式收割机，牵引式康拜因机型全部淘汰。1988年，更为先进的佳木斯1075收割机械进入大田作业，受到人们的青睐。其特点是能够一次性完成收割、脱粒等工序，机械化程度达到100％，被广泛推广使用。1998—2005年，由于受规模条件的限制，职工家庭农场大多购置较为实用的福田谷神、大型佳木斯1075收割机进行收获作业，该机的机械收获率可达到 100％。

有关农机作业和任务定额，在建场初期是参照农业部国营农场管理局制定的标准执行的，即实行农机具和机务人员配合作业，规定完成定额。按当时的任务完成情况，农用拖拉机的配备大于每标准台担负耕地 3000 亩的定额。以 1963 年为例，饮马农场当时有耕地 11500 亩，装备东-54 链轨车 5 台，但只能完成规定定额的三分之一，显然农机装备力量不够。1964 年，第二团执行农建十一师的规定，根据实际情况，每万亩耕地配备拖拉机 8～10 个标准台，3000～5000 亩耕地装备联合收割机 1 台。至 1975 年，每万亩耕地配备拖拉机 8～10 个标准台，联合收割机 3～4 台，农用载重汽车 2～3 辆，包括多台牵引农机具等，基本能完成定额。1978 年后，根据甘肃省农垦局的规定，每 1000～1700 亩耕地配备大中型拖拉机 1 台，后规定每万亩耕地配备拖拉机 5～7 台，装备力量逐步得到加强。

机车作业的定额，按照 1973 年兵团下发的《农业机械管理规章》规定，东-54、东-75、铁牛-55 等每标准台年定额为 9000 亩，联合收割机年工作定额为 2500～3000 亩。1983—1988 年，农机管理部门实行年度机务计划定额管理。主要经济技术指标要求为：机具完好率 90％；出勤率 85％；班次利用率 95％。标准台年工作量：一、二类轮式车 8000 标准亩，三类车 7500 标准亩；链式车一、二类 5500 标准亩，三类 5000 标准亩。油料消耗实行定额管理。

1988 年农机班次作业量标准见表 4-6-3，农机作业标准亩折合系数变化见表 4-6-4，大修基金、链轨轮胎提存标准见表 4-6-5，农机具折旧标准见表 4-6-6，农机具报废情况见表 4-6-7，农机作业标准亩折合系数变化见表 4-6-8。

表 4-6-3　农机班次作业量标准（1988 年）

| 作业项目 | 班次作业量（亩） | 作业项目 | 班次作业量（亩） |
|---|---|---|---|
| 耕地 | 50～70 | 铺膜 | 40～60 |
| 耙地 | 100～120 | 刮地 | 50～60 |
| 重耙地 | 60～70 | 镇压 | 90～100 |
| 播种 | 70～80 | 耱地 | 120～130 |
| 开沟 | 80～90 | 条施肥 | 90～100 |

表 4-6-4　农机作业标准亩折合系数变化

| 作业项目 | 作业项目与技术要求 | 省农垦局标准（亩） | 场区标准（亩） | | |
|---|---|---|---|---|---|
| | | | 1975 年前 | 1985 年前 | 1995 年前 |
| 耕熟荒地 | 20 厘米以上 | 1.2 | 1.4 | 1.4 | |
| | 19 厘米以下 | | 1.3 | 1.3 | |

（续）

| 作业项目 | 作业项目与技术要求 | 省农垦局标准（亩） | 场区标准（亩） | | |
|---|---|---|---|---|---|
| | | | 1975年前 | 1985年前 | 1995年前 |
| 开草荒地 | 20厘米以上 | 1.2 | | 1.6 | |
| | 19厘米以下 | | | 1.5 | |
| 耕熟地 | 17厘米以下 | | 0.8 | 0.8 | |
| | 18～19厘米 | | 1 | 0.9 | |
| 耕熟地 | 20～22厘米 | 1 | 1.2 | 1 | |
| | 23～25厘米 | 1.2 | 1.4 | 1.2 | |
| | 26～28厘米 | 1.4 | 1.6 | 1.4 | 1.82 |
| | 33厘米以上 | | 2 | 1.7 | 2.08 |
| | 40厘米以上 | | | 2 | |
| 耙地灭茬 | 41片轻耙灭茬 | | | 0.3 | 0.3 |
| | 41片轻开荒地 | | | 0.4 | |
| 耕后耙 | 20片缺口重耙耕后耙 | | | 0.6 | |
| | 灭茬耙生荒地 | | | 0.7 | 0.7 |
| 开沟 | 沟灌开沟机开沟 | | | 0.5 | 0.5 |
| | 钉齿耙或木耥1遍 | | 0.1 | 0.1 | 0.1 |
| 中耕 | 旋耕或深松 | | | 0.8 | |
| | 中耕同时深松 | | | 1.2 | |
| | 浅翻同时深松 | | | 1.2 | |
| 镇压 | 镇压 | | 0.2 | 0.2 | 0.2 |
| 播种 | 24行播种 | | 0.35 | 0.35 | 0.4 |
| | 播种同时施化肥 | | 0.4 | 0.4 | 0.6 |
| | 播种同时施颗粒肥 | | | 0.5 | |
| | 中耕同时施化肥 | | | 0.4 | |
| 喷药 | 喷粉喷雾 | | | 0.4 | 0.2 |
| 铺膜 | 铺地膜 | | | 1.3 | 1.4 |
| 运输 | 田间运输 | | 0.3 | 0.3 | |
| | 非田间运输 | | 0.2 | 0.2 | |
| 推土平地 | 推土、开沟、平地 | | 3.5 | 0.14 | |

表4-6-5　大修基金、链轨轮胎提存标准

| 项目 | 年份 | | | | |
|---|---|---|---|---|---|
| | 1980年（元/亩） | 1987年（元/公斤） | 1989年（元/公斤） | 1992年（元/公斤） | 大修间距（亩） |
| 东-75 | 0.1 | 0.15 | 0.25 | 0.35 | 40000亩 |
| 铁牛-55 | 0.08 | 0.15 | 0.25 | 0.35 | 45000 |
| 收割机 | 0.20 | 0.35 | 0.5 | 0.50 | 10000 |
| 汽车 | 5/百车公里 | 0.35 | 0.35 | 0.50 | 新车10万公里，旧 |
| 挖掘机 | 8 | | 0.80 | 0.80 | 车7.6万公里，耗燃 |
| 大修费 | 4000元 | 5000 | 8000 | 12000～15000 | 油6万公斤0.04/公斤 |
| 链轨车链轨费 | 100马力以上0.04元/亩，20～99马力耗主燃油5万公斤计0.045元/公斤 | | | | |
| 轮式车轮胎费 | 0.05元/亩 | | | | |
| 汽车轮胎费 | 3.20元/百车公里 | | | | |

表4-6-6　农机具折旧标准

| 农机具种类 | 规格及型号 | 耐用折旧年限（年） | 年折旧率（%） | 残值率（%） | 名称 | 规格及型号 | 耐用折旧年限（年） | 年折旧率（%） | 残值率（%） |
|---|---|---|---|---|---|---|---|---|---|
| 一、拖拉机 | 东-75 | 9 | 10.6 | 6 | 三、农具 | 各种机力农具 | 9 | 10.9 | 3 |
| | 东-60 | 9 | 10.6 | 6 | 四、动力工作机器 | 各种机床 | 15 | 6.5 | 3 |
| | 东-54 | 9 | 10.6 | 6 | | 修理设备 | 12 | 8 | 3 |
| | 东-803 | 9 | 10.6 | 6 | 五、运输设备 | 解放CA10 | 12 | 8 | 6 |
| | 东-70 | 9 | 10.6 | 6 | | 解放141 | 12 | 8 | 6 |
| | 铁牛-55 | 10 | 9.5 | 6 | | | | | |
| | 泰山-50 | 10 | 9.5 | 6 | | 东风140 | 12 | 8 | 6 |
| | 东-40 | 10 | 9.5 | 6 | | | | | |
| | 东-28 | 10 | 9.5 | 6 | | | | | |
| | 手扶 | 10 | 9.7 | 4 | | 跃进 | 12 | 8.2 | 3 |
| | 小四轮 | 10 | 9.7 | 4 | | 格斯吉斯 | 12 | 8 | 6 |
| 二、收割机 | 东风 | 12 | 8.2 | 3 | | 吉普车、救护车 | 12 | 8 | 6 |
| | 牵引4.98 | 10 | 9.8 | 3 | | 拖斗 | 12 | 8.2 | 3 |
| | 佳木斯1065 | 12 | 8.2 | 3 | | 马车 | 10 | 9.8 | 3 |
| | 佳木斯1075 | 12 | 8.2 | 3 | | | | | |

表4-6-7　农机具报废情况

| 时间 | 批准单位 | 批准报废机具 类别 | 批准报废机具 台件 | 报废农机具原值（元） | 报废机具残值（元） | 备注 |
|---|---|---|---|---|---|---|
| 1963.8 | 甘肃省农垦局 | 1 | 1 | 19000 | | 蘑菇滩农场DT4.13报废 |
| 1963 | 甘肃省劳改局 | | | 162562.01 | | 饮马农场 |
| 1964 | 甘肃省劳改局 | | 9 | 35773.95 | | 饮马农场 |
| 1973 | 兵团一师 | 19 | 97 | 580000 | | 农四团 |
| 1977.12 | 酒泉农垦分局 | 11 | 64 | 246164 | 21100.97 | 酒泉地区饮马农场 |
| 1979 | 酒泉农垦分局 | 23 | 61 | 206063 | 34199 | 饮马农场 |
| 1980.2 | 酒泉农垦分局 | | 55 | 206558 | 34040 | 饮马农场 |
| 1980.8 | 酒泉农垦分局 | 17 | 51 | 57257.08 | 4250.25 | 饮马农场 |
| 1980.12 | 酒泉农垦分局 | | 7 | 114476.49 | 8137.59 | 饮马农场 |
| 1980 | 酒泉农垦分局 | 19 | 59 | 213516.39 | | 饮马农场 |
| 1981 | 酒泉农垦分局 | 17 | 26 | 43032.03 | 4900.04 | 饮马农场 |
| 1982 | 酒泉农垦分局 | 7 | 8 | 75223 | 8193.08 | 饮马农场 |
| 1983.6 | 酒泉农垦分局 | | 8198 | 36656.07 | | 饮马农场 |
| 1983.11 | 酒泉农垦分局 | | 74 | 50152.72 | 28213.32 | 饮马农场 |
| 1983.11 | 酒泉农垦分公司 | 40 | 100 | 162036.2 | 22079.69 | 饮马农场 |
| 1983.11 | 酒泉农垦分公司 | | | 251627.35 | 8431.62 | 库存机电品削价处理 |
| 1983.11 | 农场自行报废 | | | 57294.2 | | 损失308921.55元 |
| 1983.12 | | | 7 | 88237.1 | 8823.71 | 规格不配套的机电产品 |
| 1984.1 | 酒泉农垦分公司 | | 23 | 350000 | 76654.45 | 凿岩机等机具 |
| 1984 | 酒泉农垦分公司 | 26 | 42 | 99866.33 | | 饮马农场 |
| 1985 | 酒泉农垦分公司 | 31 | 103 | 234628.09 | | 饮马农场 |
| | | | 8985 | 3412520.21 | 259023.54 | |

表 4-6-8　农机作业标准亩折合系数变化

| 作业项目 | 作业项目与技术要求 | 省农垦局标准（亩） | 场区标准（亩） | | | 备注 |
|---|---|---|---|---|---|---|
| | | | 1975 年前 | 1985 年前 | 1995 年前 | |
| 耕熟荒地 | 20 厘米以上 | 1.2 | 1.4 | 1.4 | | 耕二年生苜蓿 |
| | 19 厘米以下 | | 1.3 | 1.3 | | 地同此系数 |
| 开草荒地 | 20 厘米以上 | 1.2 | | 1.6 | | |
| | 19 厘米以下 | | | 1.5 | | |
| 耕熟地 | 17 厘米以下 | | 0.8 | 0.8 | | 耕绿肥地带钉 |
| | 18～19 厘米 | | 1 | 0.9 | | 齿耙合墒器等加 0.1 |
| | 20～22 厘米 | 1 | 1.2 | 1 | | |
| | 23～25 厘米 | 1.2 | 1.4 | 1.2 | | |
| | 26～28 厘米 | 1.4 | 1.6 | 1.4 | 1.82 | |
| | 33 厘米以上 | | 2 | 1.7 | 2.08 | |
| | 40 厘米以上 | | | 2 | | |
| 耙地灭茬 | 41 片轻耙灭茬 | | | 0.3 | 0.3 | 对角耙算两遍 |
| | 41 片轻开荒地 | | 0.6 | 0.4 | | |
| 耕后耙 | 20 片缺口重耙耕后耙 | | 0.7 | 0.6 | | |
| | 灭茬耙生荒地 | | | 0.7 | 0.7 | |
| 开沟 | 沟灌开沟机开沟 | | | 0.5 | 0.5 | |
| | 钉齿耙或木耱 1 遍 | | 0.1 | 0.1 | 0.1 | |
| 中耕 | 旋耕或深松 | | | 0.8 | | |
| | 中耕同时深松 | | | 1.2 | | |
| | 浅翻同时深松 | | | 1.2 | | |
| 镇压 | 镇压 | | 0.2 | 0.2 | 0.2 | |
| 播种 | 24 行播种 | | 0.35 | 0.35 | 0.4 | |
| | 播种同时施化肥 | | 0.4 | 0.4 | 0.6 | 筑小畦埂加 0.2 |
| | 播种同时施颗粒肥 | | | 0.5 | | |
| | 中耕同时施化肥 | | | 0.4 | | |
| 喷药 | 喷粉喷雾 | | | 0.4 | 0.2 | |
| 铺膜 | 铺地膜 | | | 1.3 | 1.4 | 同时条施颗粒 |
| 运输 | 田间运输 | | 0.3 | 0.3 | | 肥料或按每马力 |
| | 非田间运输 | | 0.2 | 0.2 | | 折合 0.2 计算 |
| 推土平地 | 推土、开沟、平地 | | 3.5/标准台、小时 | 0.14/马力小时 | | |

# 第三节　农机修造

农场初建时期就建立了修理农机具的小修配厂。到 20 世纪 60 年代，企业规模有了一定发展，但仍以农机具修理为主，并兼造一些农机具零配件。从 70 年代开始，农场机械工业有了进一步发展，由以往的单纯农机具修理变为机械修造行业，技术装备有所改善，产品品种不断增加，规模也越来越大。20 世纪 80 年代到 2005 年，农机修造业在更新设备、加强新产品开发、广泛应用新技术、新工艺方面有了快速发展，并取得了令人瞩目的成绩。

## 一、农场修造业

### （一）饮马（劳改）农场（含四团）修造业

农场于 1956 年建立农机修配厂，设置有烘炉锻铆、钳工制造、机械修理等。1961 年，农机修配厂固定资产达 11.6159 元。20 世纪 60 年代中期，引进了部分当时技术较为先进的设备，技术装备有所改善。到 1967 年，固定资产增至 266.8347 元。1969 年，农机修配厂移交农建师，1970 年改编为第四团机修连。1972 年，具备了制作空气压缩机、镗缸机、环形镇压器、康拜因集草车、弹簧锤、扶埂器及其他设备的能力。1973 年，机修连被一师后勤部指定为东方红 - 54、75 型拖拉机配件的生产定点厂家。

### （二）蘑菇滩农场（含二团）修造业

蘑菇滩农场于 1958 年 6 月成立铁工厂，主要生产小型农具和基建零件，如镰刀、锄头、钉耙等。工人用十分简陋的设备，进行手工操作，仿制生产出第一台机引平地机、打埂器等。当年，生产各种小农具 47 件，产值 3333.7 元，盈利 2161.32 元。1959 年 9 月，农场将铁工厂及所属木工、电工、机修工人集中管理，合并为农机修配厂，当年生产各式农具 2681 件、房建用具 670 件、生活用具 933 件，并保证了农机具的维修和改装，生产的部分优秀农机具还参加了玉门市"工业成果展览"。1960 年生产各式铁木工具 4000 件，1961 年实现修配产值 7100 元，1962 年为 27497 元，1963 年为 51097 元。

1964 年后，蘑菇滩农场修配厂更名为农二团机修连。由农建师管理后，扩大了规模，更新了设备，增强了技术力量。据 1970 年三团的《兵要地志》记载：机修连有汽修工、拖修工、油泵工、电工、焊工、煅工、车工、钳工、铸造工等各类技术人员 34 人；修造设备有 C616、C618 机床、钻床、自制土车床、自制钻床、自制铁板锤、自制空压机、小熔炉、压力及等。1972 年，制造各种工农业生产用具 2154 件，修旧利废 1138 件，改制了面粉自动提升装置及镗缸机、充电机、悬挂犁等。1973 年，师部指定生产 BF - 24A 机配铸铁齿轮。1974 年，制造出了为铁牛 - 55 车配备的悬挂铲运机、打埂犁、刮土板、开沟犁，以及畜力刮土板 50 台（件），修理机车 30 台次。

1975 年 3 月，三、四团合并后，原四团机修连编为运输队，留汽车修理和煅、钳、焊、电工工人多名；原三团机修连改名为修造厂，抽调运输队一部分机修工和其他技术工人充实加强了机修力量。修造厂及运输队共拥有较大型修造设备 40 台（件），其中机床 13 台，设备固定资产总值 292658.87 元。当年，自制设备 11 项，其中包括柱塞研磨机、乙炔发生器、液压油泵试验台、195 柴油机板车冷磨机、粉碎机、锯床、吊车、气门研磨机等；自制产品配件 8000 多件，创造产值 55028.37 元。

1976 年，修造厂、运输队自造设备 40 台（件），其中有机引中耕机、锄草机、粉碎机、打浆机、中耕播肥机等，并大修拖拉机 14 台、汽车 26 辆，小修拖拉机 26 台；加工拖拉机、汽车配件，产值达 72908 元，实现修造产值 91374 元。1977 年，自造农机具 105 台，加工农机具配件 9408 件。1980 年，农机具修造产值达 131088.62 元，其中运输队修造加工农机具 31152.7 元。1981 年，完成修理加工产值 87787.09 元。1981 年，农场修造厂有拖修组 4 个、焊工等修理组 10 个，拥有车床 31 台、其他设备 12 台，包括工业电炉、热处理炉、电渣炼钢等，设备固定资产 11179.69 元。因修造厂的厂房过于陈旧、狭小，设备分散，不利于生产发展，农场投资 168875 元，于 1981 年 10 月至 1982 年年底另建修理车间 1 座、辅助车间 2 座，面积 1520 平方米；同时，修建宿舍 7 幢，面积 1400 平方米。1982 年 4 月 20 日，场部将修造厂搬迁集中，以便于生产和管理。1982—1996 年，修造厂共完成农机具制造加工 10543 台（件），修理农机具 1566 台（件），修造产值达 6111412 元。1997 年农机具私有化后，农场农机修造业停止。

## 二、新产品开发

20 世纪 80 年代后，农场农机修造业结合自身特点，有计划、分步骤进行了较大规模的技术改造，并引进了部分先进设备。改造的重点是围绕产品质量和增加花色品种，适应种植业结构调整的需要，更好地为农业服务，同时，承担了部分工业企业设备的制作和安装。主要制造的机械产品有：

**1. ZFX－13 型籽瓜脱粒机** 1985 年，为适应种植结构的调整，修造厂制造了 13 型籽瓜脱粒机。该机械结构合理，生产效率高，配以干轮式拖拉机，每班可脱粒 4840 公斤（辅助工 8 人）。至 1995 年，共生产 52 台，除自用 21 台外，其他均销售外地。1989 年 3 月 9 日，此机械被甘肃省农垦总公司授予科技成果一等奖；1992 年，获西北五省区丝路节科技成果展优秀奖。

**2. ZBF－1.7 型地膜覆盖机** 1983 年 4 月，农场机务科与修造厂研制小组经过两个月时间，研制完成 1.7 型地膜覆盖机，配以链轨、轮式拖拉机，能一次性完成开沟、起垄、镇压、铺膜、紧膜、培土等连续作业，功效 8～9 亩/时。1985 年改加施肥装置，更名 ZBDX－P 型，共生产 28 台，后获甘肃省农垦总公司科技进步二等奖。

3. **颗粒肥料机**　1984 年研究改制卧式双边加料颗粒肥料机成功，功效 1.5～2 吨/时，共生产 36 台，农场自用。

4. **种子包衣机**　该机械于 1990 年 2 月研制成功，可一次性完成配肥输种、种子包衣程序，共生产 3 台，农场自用。

### 三、基层修理点

1971 年，为满足和方便基层单位农机具的保养维修需求，农场先后在 3 队、11 队、13 队、17 队、19 队设立连队修理点，配主修工及车床、钻床等设备，承担小修以下的机械保养修理、小农具及农机配件的制作。1986 年，基层修理点全部解体。

## 第四节　农机管理

### 一、体制演变

1956 年，饮马场第一农场设机械科，负责全场农业机械的统配使用和管理，以及油料、财物的计划分配，机械的维护、更换，规章制度的制定执行等。1958 年，机械科下设 4 个机耕队，每个队承担 8000 亩耕地任务。当年，北湖机耕农场、蘑菇滩农场均设机耕队。1961 年，蘑菇滩农场机耕队更名为农机站。1963 年 12 月，蘑菇滩农场归农建十一师管理后，二团农机仍以机耕队（连）形式实行专业化管理。1970 年改编为第一师三团后，团设机械股，负责机耕连、修配厂的机耕业务，以及农机修造、汽车运输业务管理，实行机农合一、机车分属连队管理的模式。

1970 年农四团时，设机运股。接管之初，沿袭原饮马农场建制，机耕一连管西片，机耕二连管东片，机修连负责机械修理、发电及汽车修理。1971 年实行机农合一管理后，机车、机务人员交给了生产队，但机车的统配、机务人员的任免、调配权仍由机运股负责。当年 11 月，四团撤销机耕连，在一连、二连、七连、十连实行机农合一管理，农机管理部门负责年度各类机务的经济、技术指标管理，油料、材料的采购供应，农机具平衡调配等。

1973 年 6 月，四团将汽车、轮式拖拉机集中起来成立了运输队。

1975 年后，机务管理纳入生产科，专设分管机务的 1 名副科长，并配备了几名管理人员，负责机务管理工作。1979 年，甘肃省农垦局在 13 队进行机械化试点，建立了甘肃农垦第一个机械化试验站，实行机农合一管理体制，稳定了农机队伍，充分发挥国有农场的农机服务优势，并严格执行设备管理的各项规定，建立健全农机保养和更新、使用等方面的规章制度，确保农机工作顺利进行。

1980 年 10 月，农垦部《机务规章规定》："管理机构应做到机械使用、修理制造、材料供应、技术培训、技术推广五个统一精神"。由此，机务管理业务从生产科分出，单独成立农业机械科。

1983 年 9 月，机械科改为机电公司。1984 年，更名为农机公司，负责全场机械、电力及运输生产的核算，农机具设备管理，计划管理，油料及材料的计划供应等。农机公司下设运输队、修配厂、5 个机耕分队，以及供电所、油料及材料供应站等机构。

1985 年 12 月，农场实行职工家庭农场承包责任制后，在拖拉机及其他农机具全部实行租赁承包的新形势下，又恢复了机务科，对农机业务进行专业化管理。1988 年，机务科与农业生产科合并为生产办公室，负责全场机电行业的业务管理。1989 年恢复机电科，1993 年 2 月改为机电公司，2000 年改为农机管理服务中心。

1997 年之前，所有农业机械均由农场统一管理，资产属于国有。1997 年 12 月，农场进行改革，根据国家有关政策，将国有农机具全部作价出售给职工个人自主经营。由机务科、修造厂等组成的农机管理机构被取消，成立了"饮马实业公司饮马农机服务中心"（简称"农机服务中心"），经营范围主要是销售农机配件，并经营加油站。

2002 年后，农场土地生产种植经营方式进入"两费自理"阶段，管理形式也随之改变。其间，主要经历了三个阶段：一是由农场直接管理阶段（专业化时期）；二是农业机械和生产连队结合管理阶段（农机合一时期）；三是专业化与农机合一管理阶段。从 2002 年农场成立农机服务中心至 2012 年，农机服务中心只提供服务，经营油料和配件，辖管加油站和农机配件商店。

2013 年 5 月，因种植结构调整和政策变化，农机服务中心从农资供销公司分离出来。为适应农垦集团"三大一化"现代农业发展战略部署，引领和壮大公有大型农机装备，推进土地统一经营，成立了农机合作社。之后，根据农场的产业布局，购置了约翰迪尔 1854 拖拉机、1204 拖拉机、牵引割草机、小方捆打捆机、5.4 米联合整地机、耕整地机等机械，2014 年又添置了纽荷兰自走割草机、纽荷兰 5070 打捆机。因农机管理服务工作比较规范到位，2016 年，农场被评为"全国农垦农机标准化示范农场创建单位"。

2017 年，随着种植结构的进一步调整变化和新项目的落地，再行购置克拉斯 430 食葵收割机、青贮850收割机、纽荷兰1270 plus大方捆等机械多台。2019年，农机合作社实行"混改"（混合经营管理改革）体制后，购置约翰迪尔2104拖拉机、雷肯动力驱动耙（3.5米）、弗林格撒粪机、残膜捡拾机等机械，为更好地投入农机服务奠定了有力基础。

2020年，农场的农机具管理体制从国有制管理分化为公私混合经营管理模式。当年，农机合作社并入供销公司，实行公有经营与租赁相结合的经营管理体制，负责农场统一经营田和承包租赁田的各项作业及管理。

回顾农场的农机管理体制演变，自20世纪60年代到2015年，一直在围绕"专业化""机农合一"及"专业-机农合一"的模式进行更迭变化。在饮马场第一农场、北湖、蘑菇滩农场、第二团时期，曾把拖拉机及各种机引农机具集中到机耕队进行统一管理，对农业队、连队实行代耕制。这种专业化的管理方式有利于机务管理干部技术专长的发挥，强化了农机服务与保养、维修工作；有利于农机具的更新配套，可更好地发挥其效能，降低费用，提高农机作业质量；有利于安全教育、安全生产，培养了机务人员的团队精神和凝聚力，总体来讲还是具有一定优越性的。但同时也存在一些弊端，容易出现"吃大锅饭"现象，或是出现"等、靠、要"的依赖思想。

## 二、制度建设

从20世纪60年代初到2010年，为使农业机械管理的各项规章制度在执行中得到进一步落实，农场在农机人员的配备、农机具的生产定额、维修与保养、大修基金的提存、折旧费的提取、机械作业标准亩系数、收费标准的修订变化、机械作业技术登记与统计、配件与油料供应9个方面，规定了执行标准，并在全场开展"农机管理五个标准化竞赛活动"，制定了《机务队长、机车组长、驾驶员、农机人员职责》《饮马农场机务管理制度》等，确保各项工作顺利进行。

1963年6月，农业机械折旧和报废按农垦部的《国营农场农业机械折旧和报废暂行规定》执行。其基本折旧标准为：大型拖拉机12年，工作2.4万小时；中型拖拉机10年，工作1.9万～2万小时；小型拖拉机9年，工作1.8万小时。年工作不满1000小时，按1000小时计算，或按标准亩提取。汽车为"解放"牌15年，工作45万车公里；"跃进"牌12年，行驶36万车公里。谷物收割机按4.9B 15年，工作6000小时；3.0型12年，工作4800小时。其他农业机械15年。凡是仍在使用的，不再提交折旧费用；使用不当，早期磨损，未达折旧期限即需报废者，在批准报废后将折旧费用一次性交清。

1973年，兰州军区生产建设兵团颁发了《农业机械管理规章》，对农机具折旧和残值重新做了调整，其基本精神与农垦部的规定大致相同。

1980年1月5日，为贯彻国家农垦局《国营农场机务工作规章》和甘肃省农垦局《关于加强国营农场机务管理的几项规定》精神，农场制定了《实施细则》下发执行。该细则规定：为加强内部成本核算，实行单车核算，搞好包定奖责任制，实行"三定"（定人、定车、定设备）、"三包"（包任务、包质量、包成本）、"一不误"（不误农时）的管理措施。同时，下发《关于机车修理费用定额的试行规定》[场（80）038号文件]，规范了机车大修间距、修理基金提存和修理四项费用的标准。其主要内容是：拖拉机和机力农具使用年限不低于10～12年；联合收割机使用年限不低于14年；农用载重汽车使用年限不低于12年或行程不低于50万车公里；维修机床设备不得少于15～20年。

1982年，农场下发了《油料管理再行规定》，对农机所使用油料标准、油库安全和加油站管理做了具体规定。

1983年4月，颁发了《关于执行"拖拉机、汽车和内燃机等大型机械设备修理基金预提标准及其管理暂行规定"的通知》，规范了机车大修间距、修理基金提存和修理四项费用的标准。

1984年下发文件，规定机械作业采取"四定"（定燃油消耗、标准亩作业量、成本经济指标、安全生产指标）、"三提足"（提足折旧、大修和链轨、轮胎费）、大包干管理方式。

1986年，农场配合"西北三省农机普查"，进行了农机设备系统的普查登记，建立了农机档案。至1998年年末，有各类拖拉机技术档案61份、收获机械档案12份、其他机械设备技术档案26份。

1990年2月25日，农场颁发《饮马农场机务规章》，内容有以下5个方面：①机械化生产队机务队长职责；②机务人员工资改革方案；③机械作业标准亩折合系数；④农业机械田间作业对农机的要求及验收标准；⑤农机修造和修理质量的有关规定。此项规定一直沿用到1997年，之后，所有农机和农机具拍售给个人经营。


## 三、人员管理

1987年2月17日，农场颁发《关于全场开展农机管理五个标准化竞赛活动及机务队长、机车组长、驾驶员、农机手职责的通知》[（1987）场字第009号]。按照文件精神，组织开展了"五个标准化竞赛活动"，活动结束后，评选出了农机优秀单位甲级车组4个、乙级车组6个、丙级车组7个。

当年，农场根据有关规定，设立了农机监理员，担负农机监理的专项管理业务。据统计，1987—2004 年，累计监审各类农用拖拉机 2686 台、驾驶员 1876 名，发证 396 件，举办安全教育培训班 117 期，处理农机事故 21 起，保证了农机管理、监理工作的正常进行。

1988 年 4 月 6 日，农场转发甘肃省农垦总公司《关于开展农机管理标准化活动的通知》，提出在全场农机人员中开展以田间作业为中心的"八个标准化"竞赛活动。活动结束后，按文件规定的标准，评选出甲级车组 8 个、乙级车组 15 个、丙级车组 9 个、未达标的车组 6 个。

在农机人员管理和队伍建设方面，1997 年农机经营体制放活后，农场农机服务中心在支持农机人员工作的同时，积极配合玉门市农机监理站进行人员业务培训、车辆年审、换证、挂牌等工作。为了强化农机队伍建设，做到后继有人，农机合作社采取聘任方式，把一些有熟练驾驶经验、证照齐全、思想过硬、爱岗敬业的人员扩充到了农机队伍中来，便于有效开展工作。

农业科技培训

2020 年，由于社会改革的不断深化，农机队伍管理体系也发生了很大变化。随着农机具作价售卖给个人经营，农机队伍的管理进入社会化管理阶段。单位管理层人员由公司党委聘用任命，机务人员和机车的使用实行聘任制。

# 第五节　农机服务

## 一、队伍建设

建场之初，农技人员非常缺乏。1956 年，饮马场第一农场从劳改系统工人中选拔出了一批思想素质高、有一定农机驾驶技术的人员组成农机队伍。1958 年，北湖、蘑菇滩两个农场仅有农技人员 16 人，1961 年增加到 52 人，1963 年增加到 64 人，包括拖拉机、收割机、农具手 43 人。

1970 年，第三团有机务人员 76 人，第四团有机务人员 127 人；1974 年，第三团机务人员增加到 88 人，第四团增加幅度大，有 292 人。1975 年，全场共有机务人员 423 人，其中车长 61 人、驾驶员 95 人、农具手 122 人、汽车驾驶员 31 人、其他各类机务人员114 人。

　　农机队伍建设，关系到农机事业和生产建设的发展。20 世纪 70—90 年代，农机人员相对比较稳定。军垦至恢复省管时期，根据生产的需要，农机队伍在人数上有了较大幅度的增加。1983 年年底，饮马农场共有机务人员 440 人，其中修造厂 77 人（占机务人员总数的 17.5%），平均技术级别 3.2 级，机务工龄 13 年，年龄 34 岁；各类驾驶人员中有驾驶执照、操作证者 343 人，占驾驶人员总数的 78.0%；管理人员 20人，占机务人员总数的 4.5%，其中有工程技术人员 5 人。1984 年，农场共有机务人员 349 人，其中男性 333 人，女性16 人，平均年龄 32 岁，平均技术级别4.5 级。

机械收割苜蓿草

　　1985 年兴办家庭农场后，对农机人员实行专业承包，自行核算、自负盈亏。1986 年，有机务人员 239 人，其中各类驾驶人员近 200 人。1994 年，有农机人员255 人，其中农机作业一线人员229 人。文化构成情况为：大专 2 人，中专4 人，高中 62 人，初中137 人，初中以下文化 50 人。


## 二、技术培训

　　加强农机人员的技术培训，是做好农机工作的重要保证。20 世纪 60—80 年代，农场主要采取了以下培训方式：一是把一些农机人员送到外地进行技术培训。二是加强内部培训。据有关资料显示，1965 年，二团派蒋学忠等 20 人参加武威第二拖修厂机训班学习；1972—1974 年，三团、四团派往一师边湾机校参加机务连长、排长、车长驾驶员培训班的人员达 210 人次；1980 年 10 月，农场派出 18 名收割机和拖拉机车长、驾驶员，汽车司机到酒泉学习电气技术、液压技术、燃油系统技术、电气维修等；1981 年，派出 5 名农机技术人员，到酒泉学习机械制图、五个标准化管理以及专业基础知识。实践证明，外出培训的方式不仅让学员开阔了眼界，提高了他们的技术水平，有效解决了他们在实际操作中遇到的各种技术难题和问题，也让机务人员树立了爱岗敬业的责任意识和事业心。

　　但是，送机务人员到外地培训不是唯一的途径，因为考虑到财务负担等诸多因素，所以最为实际的方式是内部培训。在当时，开展内部培训的情况比较普遍，一是利用每年冬、春季节，根据实际情况和需要，对农机人员进行集中培训。据统计，1975—2005 年，农机管理部门组织举办的内部短训班有 78 期，参加培训人员达 2300 多人次。通过集中培训，能够使机务人员达到"五会"（会使用、会保养、会调整、会排除故障、会修理）。同时，根据规定标准，对参加培训的人员进行技术考试和考核评定。2005 年，较大规模的考试（核）就进行过 2 次。通过集中培训、考试和考核评定，提高了机务人员的竞争意识和技术水平，增强了他们的业务能力。2006—2009 年，先后 5 期对机务人员进行了现代化机械数字技术操作培训，聘请了纽荷兰机械经销商的技工人员为老师，培训的主要内容是机械数字电脑技术操控应用、故障判断、检查检修等，共计培训驾驶人员 150 多人次。2010—2020 年，由于农场农机管理体制的变化，农业机械经营以私有化经营为主，农场没有再对农机人员进行集中培训，而是以自我提高为主。对农机驾驶人员的管理主要是由当地市政府农机监理站每年进行 1～2 次的机械年检和挂牌检查。

# 第五编

# 第二产业

中国农垦农场志丛

农场的工业发展是根据农垦行业的特点，结合场区资源和生产条件，依据不同历史时期的产业政策而设置，随着经济、技术的进步而逐步发展起来的，其规范和性质在很大程度上类似于乡镇企业。长期以来，农垦工业、副业之间并无严格界线，最初的副业生产可能转化为后来的工业项目，带有不同发展时期的鲜明特点。在几十年的发展历程中，农场先后开发了采矿业，建成了化工业（炸药厂）、食品业（罐头厂等），以及年生产40万吨的水泥厂、年生产量可达到3万吨的啤酒大麦麦芽加工厂，促进了农场现代化工业的快速发展。同时，工业所实现的奋斗目标不仅改变了农场以农业为主的格局，而且推动了生产大发展。2009年，随着水泥建材业、啤酒原料加工业从农场剥离，历经半个多世纪的农场工业按下了暂停键。工业发展活跃了农场经济，提升了农场的综合经济实力，对农业生产发展起到了相当重要的辅助作用。

# 第一章 工业综合

## 第一节 工业企业基本情况

回顾饮马农场的工业发展，经历了从无到有、从小到大，由低级走向高级的艰难发展历程，大体经历了4个曲折的发展阶段：

### 一、自给性、服务性场办工副业的兴起和发展

1956年建场后，至1963年，农场的主要任务是开荒造田、兴修水利。按照当时的要求，要在规定的年限内完成《建场计划任务书》的列项。农场地处荒漠，远离城镇，给数千名垦荒职工的衣、食、住、行带来了很大不便。为了安抚人心，加紧生产，如期完成各项任务，一些自给性、服务性的作坊和小工厂应运而生。在农场的支持下，很快办起了诸如面粉加工、碾米、榨油、酱油、食醋、豆制品、粉条和挂面制作，以及铁木工修理、生产工具制作等一些服务性的作坊和小工厂，不仅大大缓解了困难局面，而且为职工的生产、生活提供了很大方便。

1958年，为了更加有利于生产发展，方便人们的生活，农场从数千名支建人员中选聘了部分有一技之长的"能工巧匠"，组建起了铁工厂、木工厂、制糖厂、造纸厂、菌肥厂，以及年产15万吨的颗粒肥料厂，同时，还进行野生罗布麻纤维加工、焦炭炼油、硝酸钾化肥等项目的试生产。之后，随着农业机械的不断增加，又成立了农机修配厂，承担部分农机具的维修和保养，并利用废旧钢材自行设计制造出了机引平田机、扶埂器等，直接服务于农业生产。其间，还开办了煤矿等，并于后期开办了饮马水泥厂、啤酒大麦麦芽加工厂、啤酒花压缩干花车间、颗粒酒花生产线等。可以说，农场的工业是从最初小打小闹的手工作坊，到开办各种小工厂，一步步走向正规、走向完善的，并逐步形成了一定规模，为生产发展和社会服务做出了很大贡献，取得了良好的社会和经济效益。场办工业的兴起和发展，改变了农场以农业为主的格局，活跃了农场经济，提高了农场职工的物质和生活水平，达到了预期目的，是农场工业的起步阶段。

## 二、加大力度，拓宽工业发展的新路子

军垦以后，农场学习借鉴新疆兵团的经营模式，开始围绕农业办工业。除保留和扩大了面粉加工、被服生产、副食品综合加工、农机修理等工（副）业门类外，为解决房屋建设及建筑方面材料紧缺的问题，农场组建了烧制砖瓦、石灰、水泥预制件及采石等小型工厂。1964年8月，农场人员发现被新疆八一钢厂废弃的玉石山锰矿矿点，认为有一定的开采价值，遂报告农场。后经论证，各项指标均达到标准，经甘肃省政府批准，取得了开采权。1966年年初，农场即组织人力进行开采，到年底，开采锰矿石5000～8000吨。截至1995年，累计开采锰矿石15.9万吨。

1978年12月，党的十一届三中全会后，依据国家的产业政策，农场开始调整产业结构，兴办农工商联合企业，促进了场办工业的迅速发展。同时，为解决农业经营中的长期亏损问题，采用场、队一起上的方式，大力发展采矿业，先后在石包城、大洪山、马鬃山（肃北）、吊吊山（青海）、黑峡口等地开采锰矿。同时，还取得了五峰山铁矿、马鬃山铜矿、胡洞沟煤矿的开采权。到1995年，农场组织矿山开采31年，累计创收957万元，为降低农业亏损、"以工补农"做出了不可磨灭的贡献。

## 三、学习农工商综合经验，发展以农产品为原料的加工业

1980年，农垦部下发了《关于国营农场场办工业管理若干问题的决定（试行草案）》，要求"把国营农场尽快建成农工商联合企业，场办工业要有一个较大的发展"。1984年，全国农垦工作会议根据党的改革、开放、搞活经济的方针，提出了"围绕市场办工业"的号召。1984年年末，农场根据市场需求，利用场内水泥所需矿石贮量丰富、电力比较宽裕、交通条件便利的优势，自筹资金，在官庄子南戈壁原饮马锰粉厂旧址筹建饮马水泥厂，设计年生产规模为4.2万吨，于1988年4月建成投产。1992年9月，立项筹建饮马麦芽厂，并组建了甘肃省饮马啤酒原料有限股份公司。该项目分三期建设投产，形成年产优质啤酒麦芽3万吨的能力，结束了农场只卖初级农产品的历史。饮马农场生产的啤酒麦芽质量好、信誉高，远销重庆、江苏、内蒙古、陕西等十多个省、直辖市、自治区的啤酒厂家，饮马啤酒原料有限股份公司还与重庆啤酒集团公司建立了长期战略合作关系。1994年前后建成的年烘烤500吨的啤酒花压缩干花车间、2000年合资兴建的年加工3000吨颗粒酒花生产线，都是这一阶段所取得的成果。

### 四、根据市场需要，建立更高层次的现代工业企业

2001 年 6 月，农场与嘉峪关市祁峰建化有限公司合资，以股份制形式在玉门市玉门东镇新建日产 1000 吨干法水泥熟料的甘肃西部水泥有限责任公司。按照"资源共享，平等互利，总体布局，分步实施"的原则，项目总投资 1.168 亿元，饮马农场出资 49%，嘉峪关祁峰建化公司出资 51%，由嘉峪关祁峰建化控股。2006 年 6 月，水泥厂建成投产。

截至 2004 年年底，农场拥有工业单位 5 个，其中独立核算工业企业 3 个，从业职工 605 人，固定资产原值 11707.66 亿元，产值 1.149 亿元，占工农业总产值的 82.1%，其技术装备水平达到或接近国内同行业的先进水平。

2005—2008 年，农场工业主要以水泥建材业为主。其间，农场所属饮马水泥厂、天石水泥厂、西部水泥厂三家水泥生产企业以务实创新的精神，转变经营方式，创新管理方法，积极应对复杂的市场变化，全力以赴提高产销量，扩大经营业绩。截至 2008 年年底，共生产水泥 27 万吨，销售水泥 28 万吨，生产水泥熟料 23 万吨，销售水泥熟料 26 万吨，实现经营销售收入 12362 万元，上缴税金 1065.7 万元，职工人均收入 16500 元。生产的水泥除销往酒嘉地区、新疆哈密等地外，还远销哈萨克斯坦、蒙古等国。

2009 年年初，甘肃省农垦集团公司实施产业化、集团化、股份化发展战略，将啤酒花产业、水泥建材业从饮马农场分离，啤酒花入组绿鑫集团，饮马建设的水泥厂入组西部水泥集团。工业从农场剥离后，削弱了农场的经济发展实力，在一定程度上制约了农场整体经济的快速发展，农场（公司）也因此成为一个只剩下土地资源的纯农业企业。

## 第二节　大中型企业发展

### 一、啤酒花加工业

颗粒啤酒花是把整花加工后的干花，经物理方法压制成颗粒状的新制品。2000 年 5 月 18 日，农场与新疆绿嘉啤酒花有限公司决定联合建设年产 3000 吨颗粒酒花生产线，以合资方式组建甘肃省饮马绿嘉啤酒花有限责任公司。公司注册资本 360 万元，其中农场现金出资 183.6 万元，占注册资金的 51%；新疆绿嘉啤酒花有限公司现金出资 131.4 万元，非专利技术作价 45 万元（未经法定评估机构评估），占注册资金的 49%。同日，正式签订

协议，生产线于 8 月 28 日竣工投产。

2000 年总体加工颗粒酒花 952.145 吨（对内加工 831.525 吨、来料加工 120.62 吨），实现产值 1400 万元，销售 177.56 吨，销售收入 283.6 万元；2001 年加工颗粒酒花 818.9 吨（对内加工 775.66 吨、来料加工 43.24 吨），实现产值 1200 万元，销售 1003.64 吨，销售收入 1549.3 万元；2002 年加工颗粒酒花 847.86 吨（对内加工 697.66 吨、来料加工 150.20 吨），实现产值 1100 万元，销售 586.66 吨，销售收入 914.5 万元；2003 年加工颗粒酒花 144.26 吨（对内加工 114 吨、来料加工 30.26 吨），实现产值 114 万元，销售收入 526.3 万元。2002 年，产品通过 ISO 9002 质量认证，并获得绿色食品标志使用权。

酒花颗粒加工厂房

## 二、啤酒麦芽加工业

从"七五"时期开始建设的饮马啤酒原料基地，至"八五"计划初期已颇具规模。1992 年 8 月 22 日，重庆啤酒集团建议与饮马农场组成联合体，筹建制麦企业，增加啤酒大麦的附加值，并表达了"继续合作一百年"的愿望。在市场调查、论证的基础上，农场于 9 月提出建设 5000 吨/年麦芽生产线项目的报告。1993 年 10 月，项目竣工投产。1994 年加工麦芽 2494 吨，产值 99.76 万元，实现利润 12.7514 万元。当年底，农

饮马麦芽厂

场对麦芽厂实行股份制改造，以饮马实业公司、饮马水泥厂、饮马工贸公司、饮马加油站为股东（发起人），并向职工定向募集入股，筹集资金 600 万元。其中职工以认缴方式筹资 392 万元，占 65.33%，农场法人以企业结余的福利基金、奖励基金以及应付家庭农场产品款等筹资 208 万元，占 34.67%，全部股本所形成的资产用于啤酒原料股份有限公司麦芽厂的再建工程。1995 年 6 月 1 日，麦芽厂二期工程年产 10000 吨麦芽生产线竣工投

产。1998年1月，企业通过扩股600万元的形式，新建第三条生产线，于11月6日竣工投产。

2000年6月，农场生产的麦芽产品通过国家绿色食品认证，并被授予使用绿色食品商标标志权（标志编号LB-06-000127271）；12月，麦芽产品又通过ISO 9002：1994质量认证。当年，产品还通过了俄罗斯、哈萨克斯坦、蒙古等国家的"产品允许进入"认证，为甘肃省优质名牌产品。经过8年的快速发展，农场的麦芽产品销往国内10多个省市的知名啤酒厂家（公司），已形成稳固、长远、多元的市场营销网络。1999年，麦芽厂入组莫高股份公司，啤酒麦芽加工业从农场剥离。1994—2000年麦芽厂经济效益统计见表5-1-1。

**表5-1-1 麦芽厂经营效益统计**

| 年份 | 年末职工人数（人） | 年末固定资产原值（万元） | 麦芽生产（吨） | 酒花加工（吨） | 总产值（万元） | 销售收入（万元） | 实现利润（万元） | 全员劳动生产率（%） |
|---|---|---|---|---|---|---|---|---|
| 1994 | 96 | 319.8 | 2494 | 508.8 | 704 | 163.2 | 18.4 | 1.7 |
| 1995 | 140 | 1064 | 10050 | 561.3 | 2836.1 | 604 | 125.7 | 4.31 |
| 1996 | 135 | 1848 | 11000 | 472.77 | 3458.6 | 444.55 | | 3.29 |
| 1997 | 134 | 2073 | 15100 | 438.85 | 4681 | 783.93 | 134.55 | 5.85 |
| 1998 | 198 | 3031 | 15500 | 475.26 | 4681 | 716.75 | 8.4 | 3.62 |
| 1999 | 186 | 2709.9 | 15600 | 439.06 | 3510 | 624 | 100.37 | 3.35 |
| 2000 | 186 | 2709.9 | 18273.65 | 488.8 | 4111 | 5503.71 | 653.43 | 29.58 |

### 三、饮马水泥厂

饮马水泥厂于1985年6月奠基，1988年4月9日建成并投产，建筑面积13000平方米，动力机械总能力1885.3千瓦，安装大型设备121台（套），设计年生产能力4.2万吨，固定资产总投资536万元。投产当年生产水泥13524吨，销售12084吨，实现产值998093.03元。1993—1995年，先后投入资金85.3517万元，改造水泥生产工艺，增添涡流式选粉机，改开路粉磨为闭路粉磨；购立式破碎机，改一级破碎为二级破碎；在生料计量与成品包装上，引进微机管理控制系统等。经过一期改造，动力机械总能力达到2439.3千瓦，主体设备生产能力达6万吨，水泥出厂合格率和富裕标号合格率均达到百分之百。

1999年，水泥厂按照国家和甘肃省政府关于建材工业发展实行"控制总量，调整结构，淘汰落后"和实施新的量化指标的要求，进行第二次扩建技改。这次技改通过采用新技术、新工艺、新设备，降低能耗和成本，达到优质、高产、节能和进一步改善环境的目的，提高市场竞争力。为适应市场经济，改变水泥生产的产品结构、技术结构、规模结构仍然很不合理，整体发展水平相对较低的被动局面，2000年12月，甘肃省农垦总公司按照产业化、集团化、股份化的发展思路，决定将直属嘉峪关水泥厂全资并入饮马实业公司，组建甘肃农垦饮马（集团）有限责任公司，与酒泉祁峰建化有限公司按照"资源共享，平等互利，总体布局，分步实施"的原则，合资建设1000吨/天的窑外分解回转窑水泥熟料生产线技改工程，以股份制形式组建西部水泥有限责任公司。

饮马水泥厂

水泥生产设备

2000年以后，农场依托水泥生产业，大力推进工业发展。经过百折不挠的探索和不断拼搏，2006年年底，工业销售收入首次超过农业销售收入，农场的经济结构发生重大变化，工业产值在经济结构中的比重明显提高，为公司经济的快速发展增强了活力，对提高工业反哺农业的能力和农场综合经济实力产生了积极而深远的影响。

2005年，水泥厂全体干部职工紧紧抓住嘉安一级公路、安敦公路等一批重点基础设施建设项目在酒嘉地区实施的机遇，改变营销策略，积极应对市场变化，继续强化"6S"管理，发挥农垦精神，扎实苦干，实现了产量、质量和经济效益的同步提高。2005年生产水泥8万吨，完成计划的100%，销售水泥74653吨，产销率为93.7%，实现销售收入1919万元，生产编织袋153.9万条，销售162.9万条，资金回收率达到95%，职均收入达到12466元，各项生产经济指标又创历史新高。

2006年，饮马水泥厂抓住大唐风力发电、四〇四厂建设工程在酒嘉地区实施的大好历史机遇，创新管理，埋头苦干，扎实进取，经过全厂干部职工的艰苦努力，实现了年初确定的"双十万"奋斗目标，创历史新高。2006年，饮马水泥厂共生产水泥11.3万吨，较2005年提高8万吨，增长28.7%，销售水泥10.9万吨，较上年同期增长27%，实现销售收入 2663 万元，较上年增长 27.9%，生产编织袋 121.9 万条，资金回收率达到 85%，职均收入达到 12208 元，实现了产量、质量、效益同步增长。

2009 年 3 月，饮马水泥厂剥离后入组甘肃农垦新组建的西部水泥集团有限责任公司。

1988—2004 年水泥生产质控及煤、电消耗统计见表 5-1-2。

表 5-1-2　历年水泥生产质控及煤、电消耗统计

| 年份 | 水泥质量 | | 出磨生料质控 | | | 煤耗、电耗 | | 平均袋重合格率（%） |
|---|---|---|---|---|---|---|---|---|
| | 出厂水泥合格率（%） | 富裕标号合格率（%） | 碳酸钙滴定合格率（%） | 三氧化二铁合格率（%） | 细度合格率（%） | 熟料标准煤耗（公斤/吨） | 水泥综合电耗（千瓦时/吨） | |
| 1988 | 100 | 62.9 | 30 | 33 | 86 | 156 | 112 | 77.5 |
| 1989 | 100 | 73 | 38 | 29 | 90.1 | 153 | 110 | 80 |
| 1990 | 100 | 85.5 | 43 | 35 | 88.5 | 150 | 106 | 83 |
| 1991 | 100 | 97.8 | 45 | 41.5 | 88 | 150 | 102 | 85 |
| 1992 | 100 | 100 | 56.6 | 65 | 88.7 | 148 | 98 | 90 |
| 1993 | 100 | 100 | 55.9 | 70.5 | 91.6 | 142 | 95 | 92.5 |
| 1994 | 100 | 100 | 55.2 | 60.2 | 92.7 | 148 | 101 | 94.2 |
| 1995 | 100 | 100 | 46.5 | 63.5 | 95.8 | 148.7 | 92.5 | 96 |
| 1996 | 100 | 100 | | | | 150.3 | 88.56 | |
| 1997 | 100 | 100 | | | | 148.7 | 86.31 | |
| 1998 | 100 | 100 | | | | 146.5 | 84.17 | |
| 1999 | 100 | 100 | | | | 143.2 | 83.58 | |
| 2000 | 100 | 100 | | | | 141.2 | 81.06 | |
| 2001 | 100 | 100 | 53 | 83 | 96 | 143 | 90.4 | 97 |
| 2002 | 100 | 100 | 58.76 | 85.87 | 94.84 | 157.2 | 89.41 | 97.61 |
| 2003 | 100 | 100 | 59.71 | 91.52 | 96.59 | 156.4 | 95.38 | 98.51 |
| 2004 | 100 | 100 | 51.02 | 92.46 | 96.96 | 155.1 | 92.8 | 98.27 |

说明：表内 1996—2000 年的几项内容因无法查证而空缺。

## 四、西部水泥有限责任公司

1. **公司概况及股份构成**　2001 年 6 月《股东会议纪要》载，酒泉祁峰建化有限公司持有西部水泥 51% 的股权，饮马实业公司持股比例为 49%，自筹资金为股权持有量的 30%。工程启动后，受多种因素的制约，进度缓慢。2004 年 5 月 13 日，股东会议就工程进度、资金投入以及存在的问题进行了分析讨论，为保证技改工程的顺利完成，决定调整股权结构，并形成《股东会议纪要》。其要点为：从即日起，饮马实业公司持股 60%，酒

泉祁峰建化公司持股 40%，随着股权结构的变更，对营业执照、法人代表和《公司章程》亦进行变更与修改；自筹资金由原来的 30%提高为 40%。

2. **技改工程构成**　2003 年 6 月 5 日技改工程正式启动，2004 年 11 月土建工程基本完成，随后进入设备安装调试，于 2005 年 6 月底完成，投入试生产。主要土建工程为包括综合楼、生产厂房和辅助用房在内的各类建筑物 11277.1 平方米。构筑物有 2 座石灰石库，总贮量 5691 吨；1 座生料均化库，贮存量 4300 吨；1 座熟料帐篷库，贮存量 17300 吨；1 座原料库，贮存量 500 吨；5 座配料仓。主要耗材有：钢材 2419 吨，水泥 8650 吨，木材 283.1 立方米，工艺设备 2346.56 吨。

安装工程量主要有：工艺非标 132.52 吨，耐火材料 1390 吨，保温材料 609 立方米，电缆桥架 89.72 吨，电力电缆 31.84 千米，控制电缆 60.46 千米以及设备安装。其投资构成见表 5－1－3。

表 5－1－3　投资构成

单位：万元

| 项目名称 | 建筑工程 | 设备 | 安装工程 | 其他费用 | 概算总值 |
| --- | --- | --- | --- | --- | --- |
| 金额 | 1801.14 | 4256.92 | 1142.15 | 767.97 | 7968.18 |
| 比例（%） | 22.61 | 53.42 | 14.33 | 9.64 | 100.00 |

3. **原料矿山**　豁洛河沟石灰石矿位于肃南裕固族自治县祁丰区境内，距公司 26 公里。

地矿部第四地质队于 20 世纪 60 年代对矿点进行初步调查，共求得远景贮量 9522 万吨（以一级品为主）。后来的几年共开采矿石 30 万吨，对矿山破坏并不大，对正规生产无大的影响。矿体开采产状显示，其储量可靠，若年开采 55～60 万吨，服务年限可达 153 年。

据化验分析报告显示，矿石质量整体较好，CaO 平均含量 54.01%～55.98%，MgO 为 0～0.1%，$Al_2O_3$ 为 0.5%～0.77%，$SO_3$ 为 0.3%，绝大部分可达水泥原料一级品要求。据地质报告，矿床类型为沉积变质型，含矿层为奥陶纪大理岩、硅质大理岩、千枚岩等。矿体呈层状，同一层因褶皱构造成 2 个矿体，北矿体长 1400 米，厚 60～150 米；南矿体长 1070 米，厚 30～150 米，推深 350 米。矿层组成为向南倾斜的倒转背斜，倾向 40°～50°，适合露天开采。

4. **高层机构设置**　公司的组织机构由股东会、董事会、监事会和经理层组成。股东会是公司的最高权力机构，由按出资比例所产生的股东代表组成，依照法律和《公司章程》的规定行使职权。公司董事会于 2001 年 6 月 1 日成立，魏荣国任董事长，田心灵任副董事长。2004 年 5 月 13 日股权变更后，田心灵任公司董事长，魏荣国任公司副董事长。公司监事会由 3 人组成，设主席 1 名，股东双方各委派 1 人，主席由酒泉祁峰建化公司委派的监事担任。

公司实行董事会领导下的经理负责制，设经理 1 名、副经理 3 名。经理、副经理由股东双方委派，董事会聘任或解聘。常务副经理兼财务总监，副经理协助经理工作，经理对董事长负责。公司董事可兼任经理、副经理。2004 年，柴润生任经理，赵源德任常务副经理兼财务总监，王玉才、王玉生任副经理。

**5. 经济效益分析** 2005 年 10 月 18 日，西部水泥 100 吨/天熟料生产线技改项目正式投产，经两个多月的生产运营，已达到设计要求。

投产运营显示，新型干法水泥生产线技术先进，投资省、效益好，平均能耗可降低 20%，生产的水泥质量好、标号高，市场竞争力强。公司生产的熟料产品可满足普通水泥、硅酸盐水泥的生产要求，熟料中的 C3S＋C2S 大于或等于 75%～80%。在原料选择和生产工艺设计上，具备生产多品种水泥的条件。

据技改工程可行性研究报告显示，公司投产达标后，年平均利润 1614 万元，税后内部收益率为 17.35%，税后投资回收期 6.55 年，借款偿还期 5.7 年，投资利润率 17.04%，利税率 25.93%。从不确定因素分析，盈亏平衡点低，只要生产负荷达到 62.5%，即可保本。当产品售价、原材料、生产负荷和固定资产投资向不利方向变动 10% 时，其财务内部收益率也在 12.01% 以上。

工业管理方面，农场工业由面向场内和面向市场两类工业构成，受农垦体制多变的制约，其管理体制亦随之频繁变更。1956—1969 年，饮马（劳改）农场工（副）业生产由生产科负责，每年以"红头文件"形式下达各项生产指标，由各厂按照专业分工组织，按计划实施。1958 年 6 月，蘑菇滩农场设立工业组，统管农场工副业生产的计划实施。1959 年，场办工业不断增多，成立工业股，分管工副业的立项和生产。军垦以后，工业股并入团生产股，1970 年，第四团工副业由团后勤处管理。

1975 年第三、四团合并后，农场设工商科，负责全场工副业生产的指导、管理和新项目的可行性论证、立项与开发。20 世纪 70 年代后期，农场工业实行"五定一奖"政策。1978 年十一届三中全会后，农场全面推行承包经营制。1983 年农场探索改革管理体制，改工商科为工业公司，从机关剥离，成为相对独立、单独核算、自负盈亏的经济实体。这一时期，场办工业总体上发展较快。据档案资料记载，1975 年农场工业产值 97.27 万元，占工农业总产值的 47%；1984 年工业总产值 221.5 万元，较 1975 年增长 2.27 倍，占当年工农业总产值的 38.45%。

1989年1月，在新的机构设置中，变工业公司为工业科，负责生产指导、管理、立项和开发。1993年，工业科更名为工贸公司，成为工业生产、销售的经济实体，独立核算，负责矿山的开采和产品销售。1995年及1997年，农场按照建立现代企业制度的要求，对场办工业啤酒原料股份公司、水泥厂实行股份制和股份合作制改造，对其他企业实行拍卖、租赁等，使其成为市场竞争主体和法人实体。1999年9月，饮马啤酒原料股份有限公司拟增资扩股组建上市公司，向甘肃省国有资产管理局提出"对其资产进行评估验证立项"，获准；10月，编制完成《关于甘肃饮马啤酒原料股份有限公司增资扩股方案》，按照《中华人民共和国公司法》《中华人民共和国证券法》之规定，投资莫高股份。2001年，公司与农场分离。

# 第二章 开 采 业

## 第一节 非金属矿采选

### 一、煤炭开采业

1. **马鬃山煤矿** 1958 年 4 月，为适应"全民大办钢铁"形势的需要，甘肃省劳改局与煤炭工业局联合筹建马鬃山煤矿。7 月，马鬃山煤矿正式挂牌，由甘肃省劳改局第二十三劳动改造管教队生产经营。煤矿探明储量 4072.6 万吨，设计年产气煤和气肥煤 51 万吨，产煤主要供给酒泉钢铁公司。1958 年 10 月，煤矿炼制工业焦炭、煤焦油成功。11 月 2 日甘肃省委、省人委在《甘肃日报》头版发贺电祝贺。甘肃省煤矿工业局授予煤矿"火箭矿"荣誉。1961 年 8 月，根据中共中央西北局"兰州会议"精神，煤矿停产，撤销其建制，人员与固定资产并入饮马（劳改）农场。

据档案资料记载，马鬃山煤矿移交饮马（劳改）农场固定资产金额 1181525.01 元，流动资金金额 137505.37 元。1963 年销售煤炭、报废物资收入 16870.50 元，原煤、焦渣收入 10498.50 元。1964 年，场属马鬃山煤矿无用固定资产原值为 1058099.43 元，进行核销。1965 年，煤矿上交农场销售收入 14814.56 元。1966 年 3 月 12 日，根据甘肃省委指示，农建十一师命令第二团二连武装排进驻马鬃山煤矿，并筹建焦炭生产厂；8 月 25 日，甘肃省人委决定将马鬃山煤矿移交农建十一师经营。1980 年 1 月 28 日，马鬃山煤矿停产，人员撤回，预计共生产原煤近万吨。

2. **胡洞沟煤矿** 1975 年 3 月，十九队在胡洞沟建立队办小煤窑，时有采煤工 22 人，采煤 294 吨；1977 年采煤 1191 吨，销售收入 17894.1 元。1978 年 8 月，农场收回胡洞沟煤矿，为场办工业，时有采煤工 43 人，固定资产投资 10469.81 元。当年，农场与属地政府达成《胡洞沟煤窑联合开采协议》，协议大致内容为：共同出资，共同开采，利润四、六分成，农场占 40%，当地社队占 60%。1978—1982 年，累计开采原煤 10830.5 吨，农场分得原煤 4332.2 吨，外销后上交农场净利润 13379 元。后因国家政策限制，煤矿于 1985 年年底停止开采。

## 二、其他开采业

**1. 黏土开采**　黏土为水泥生产的辅料。1987年9月，水泥厂在国道312线947路碑北1公里处发现露天沉积黏土矿，经有关部门勘探，矿区面积0.8平方公里，储量在100万吨以上，二氧化硅含量52%。水泥厂在取得了开采权后，自投资金，以打眼爆破方式进行开采，以公路运输形式生产。据统计资料记载，水泥生产年需黏土1万吨以上，1987—2004年累计开采黏土近21万吨。

**2. 石膏开采**　1958年9月，蘑菇滩农场在玉门境内红柳峡开始开采石膏，投入劳力15名，开采30天，生产石膏310吨。因无法解决运输问题，于1959年停止开采。

**3. 石棉开采**　20世纪80年代初，农场为扭转长期亏损的局面，提出"以工补农，以工促农"的口号。1981年3月，农机站（原十三队）投入资金12万元，抽调人员（农业职工）45名，在阿克塞哈萨克自治县安南坝建立石棉开采点。在开采过程中，6月底，又发现新的矿点，遂组建饮马农场石棉矿，编制人员70人，经济独立核算。当年12月，又建了东西两处矿点，年底，职工人数达到106人，其中管理人员15人、工人91人。固定资产原值22.84万元，生产块棉和机选3-20-65、4-10-65、4-70等级棉50吨。1982年4月6日，西矿点被安南坝石棉矿抢占开采，酒泉农垦分局核报农场建矿费47034.80元，当年产石棉315吨。到1983年，产石棉400吨。

1983年12月7日，根据甘肃省农垦总公司的意见，农场与安南坝石棉矿就合作经营石棉问题达成协议，并形成《合营石棉矿座谈纪要》。该纪要指出："石棉矿交由饮马农场统一领导、经营核算、管理。保留安南坝石棉矿建制，并对外继续使用。"12月24日，组建了石棉矿新的领导班子，任命魏钦敬为石棉矿矿长，实行矿长负责制。石棉矿编制443人，下设5个采棉队、1个选棉车间。可供采棉的矿点有13个，年生产能力3000吨。

1984年8月25日，甘肃省农垦总公司决定："安南坝石棉矿与饮马农场剥离，独立经营。原饮马农场采棉队及固定资产一并移交安南坝石棉矿。"至此，农场结束了石棉开采业，无偿交出固定资产原值211588.76元，净值163677.37元，完好在用净值103399.16元，流动资金208921.74元，同时交出的还有在册职工109人。农场管理期间，石棉矿曾上交农场经营利润11万元。

**4. 芒硝开采**　20世纪60年代初，为解决农场生产经费不足的问题，饮马（劳改）农场在马鬃山区开采芒硝外销。据档案资料记载，1962年开采162吨，销售78吨，销售收入4485元。1979年，原一队、十五队在敦煌市黄墩子碱滩进行芒硝开采，生产芒硝1680

吨，产值 97372.8 元，其中销售 590 吨，收入 24200 元，盈利 12298.44 元。因产品多销往乡镇新办的硫化碱厂，货款收回困难，1981 年，芒硝矿停办。累计开采芒硝 4280 吨，销售 4280 吨。

**5. 硫黄开采**　1979 年，饮马农场在距离农场 270 公里的青海省劳改农场驻地菠萝沟建立了硫黄矿开采点，采矿队投入人员 28 人，投入发电机 3 台。至当年 5 月底，开采硫黄 350 吨。同时，炼矿队投入人员 40 人，进行纯硫黄炼制，每天可炼制 20 吨。后因交通不便，开采的硫黄无法运出销售，被迫停产。

**6. 皂矾、白矾开采**　1960 年，饮马农场在马鬃山（具体地点不详）开采生产皂矾 120 吨，销售 2 吨。1961 年核销皂矾、白矾（包括部分石膏）费用 314698.07 元。

**7. 冰洲石开采**　1990 年 4 月 25 日，农场和敦煌市西北五金矿产有限公司达成开采敦煌尖山冰洲石协议。农场投入资金 5 万元，矿石采出后，因采保技术落后，停止开采。

**8. 柘榴石开采**　1962 年 9 月 4 日，昌马基建队撤销，并入饮马农场。基建队移交了在肃北县马鬃山境内的柘榴石开采点 23919 立方米，产值成本 176502.29 元，未作销售，原地封存。1966 年，二团投入劳力 9 人，在马鬃山柘榴石矿拉运饮马农场的柘榴石 30 吨进行销售，后被停止。1970 年，四团四连在马鬃山境内投入劳力 30 余人，开采拉运柘榴石 30 吨进行销售，收入 1.15 万元。1971 年生产销售柘榴石 35.3 吨，收入 8091 元。

# 第二节　金属矿采选

## 一、锰矿开采

**1. 照东锰矿**　该矿位于安西县（今瓜州县）北 120 公里、兰新铁路照东车站西北 12 公里处。1958 年，该矿由新疆八一钢铁厂开采，1961 年废弃。1964 年被农场第二团发现，报请农建十一师和甘肃省政府批准开采。1966 年 2 月，甘肃省外贸局无偿提供发电机组、汽车、钢材及 10 万元流动资金，由第二团组织人力开采。

1966 年 4 月 18 日，第二团从二连抽调 30 名军垦战士，组成采矿队进山；4 月 20 日，成建制抽调九连 160 名战士，组建采矿队伍投入开采。当年开采锰矿石 1.5 万吨，获净利润 25 万元。1967 年 2 月，受"文化大革命"的影响，矿点只有 30 人留矿坚持生产。至 1969 年下半年，开采锰矿石 2851 吨，实现产值 185510 元。11 月，矿区除少数留守人员外，其他人员全部调回。

1970 年 3 月，第三团根据农建一师党委决定，重新组建人员对玉石山锰矿进行开采。

矿石开采现场

确定编制 106 人，其中管理人员 17 人，生产职工 89 人。至 1973 年，累计开采锰矿石 27487.7 吨（包括 1971 年四连开采的 1180 吨），产值达 217.64 万元，盈利 167.26 万元。期内，新增固定资产投资 64.3 万元。

1978 年，甘肃省冶金工业局向玉石山锰矿投放专项资金 30 万元，用于矿山挖潜。投入机电设备 23 台（件），净值 76654.45 元（多为 20 世纪 50 年代的进口设备），流动资金 223345.55 元，农场自筹资金 5 万元，进行锰矿石开采（生产和产值情况不详）。1978—1995 年，玉石山锰矿共开采矿石 15.0969 万吨，创造利润 649.1667 万元。

2. **石包城锰矿**　该矿位于肃北蒙古族自治县石包城东北 20 公里处。1982 年由十四队投资开采，抽调劳力 15 名，当年开采锰矿石 100 吨。1983 年，十五队在十四队矿点东 5 公里处新建东矿点，投入劳力 15 名，于 1983—1984 年在两处矿点共开采锰矿石 6060 吨。当年 10 月，肃北县收回矿山开采权，10 月 17 日停采，人员于 11 月全部撤回。

3. **大洪山锰矿**　该矿位于肃北蒙古族自治县境内，兰新铁路柳园火车站东北 80 公里处。1984 年，十二队投资 8 万元，投入劳力 25 人进行开采，当年开采锰矿石 8600 吨，产值 52.4 万元。1985 年，农场投资 12 万元对矿山进行改扩建，当年开采锰矿石 6700 吨，实现产值 40.9 万元。1966 年，采矿人员增加到 33 人，年末固定资产净值 149240.55 元，流动资金 207134.13 元，上缴利润 41515 元。当年 12 月，锰矿点由农场收回，交由场工业公司管理。据统计，至 1992 年，共开采锰矿石 17319 吨，由工业公司独立核算。

4. **石头沟锰矿**　1985 年 6 月，农场工业公司在青海省祁连县境内的吊吊山石头沟筹建锰矿石开采点，商定与当地社队合作，由地方出资源，农场出财力、人力进行开采。筹建及开采费用共 34031.56 元，采矿石 500 吨。由于矿石含磷过高，矿石未能发运，于 10 月停采。

## 二、五峰山铁矿

五锋山铁矿位于肃北蒙古族自治县五峰山，距兰新铁路安北火车站 11 公里，公路里程 48 公里。1985 年，农场工业公司与当地政府达成开采协议，抽调人力，投资 22.21 万元建矿，当年开采铁矿石 2000 吨。1986 年再建采矿点，编制 35 人，开采铁矿石 4000 吨，其中固定资产投资 10 万元。年末资产总值达 219070.47 元（其中固定资产 211542 元），流动资金 216955.05 元。1987 年开采铁矿石 449 吨，实现产值 11225 元，当年年底停采。据统计，1985—1987 年累计开采矿石 6449 吨，亏损 25 万元。

## 三、铜矿开采

1982 年 4 月，农场三队在肃北蒙古族自治县马鬃山区的公婆泉开办铜矿，进行矿石开采，至 1983 年 9 月，两年共投资筹建费 103973.77 元，生产销售铜矿石 550 吨，产值 95486 元。因矿井深达 78 米，给开采带来很大困难，铜矿停办，造成经济亏损 6.23 万元。

# 第三章 制 造 业

## 第一节 农副产品加工业

建场初期，农场的制造和加工业分为两类，一类是面向市场的制造加工业，主要有木材加工、被服加工、皮毛加工、弹花和网套加工、造纸业、罗布麻加工业等；另一类是面向农场内部销售的加工业，主要是为职工生活服务的粮油和副食品加工业，包括面粉加工、食用油、酱油醋、食糖、食盐、白酒、豆腐、糕点、挂面、冷饮、罐头、乳制品等项目。

### 一、面向市场的销售业

1. **啤酒花加工业** 烘烤加工啤酒花整花，是啤酒花生产中的关键环节，也是决定其质量优劣的关键。整花加工的工艺流程分为鲜花干燥、回潮、压榨和包装等，主要在于减少水分，便于长期使用、保存，稳定有效成分。1982年建成第一座酒花烤房，设计为4孔；1986年又新建10孔烤房；2001年再新建8孔烤房，同时设置酒花加工厂。截至2002年，酒花加工业固定资产原值361.2万元，年加工商品花500吨左右。

2. **啤酒麦芽加工业** 饮马农场与重庆啤酒集团于1992年8月合作组成联合体，筹建啤酒麦芽加工企业，年生产5000吨麦芽。当年10月开建，1993年10月竣工投产。至1994年12月，加工麦芽2494吨，产值达99.76万元，实现利润12.7514万元。1995年6月，麦芽厂二期工程建成投产，年产麦芽10000吨。1998年1月，企业通过扩股形式，新建第三条生产线，于当年11月竣工投产。1999年10月，麦芽厂入组莫高股份公司，啤酒麦芽加工业从农场剥离。

3. **颗粒啤酒花加工业** 饮马农场于2000年5月和新疆绿嘉啤酒花有限公司联合建起了年产3000吨的颗粒酒花生产线。当年年底加工颗粒酒花952.145吨，实现产值1400万元，销售177.56吨，收入283.6万元。2001年加工颗粒酒花818.9吨，实现产值1200万元，销售1003.64吨，销售收入1549.3万元。2002年加工酒花847.86吨，实现产值

1100 万元，销售 586.66 吨，收入 914.5 万元。2003 年加工酒花 144.26 吨，实现产值 114 万元，销售收入 526.3 万元。2009 年 2 月，啤酒花加工业从农场剥离。

## 二、农场对内销售加工业

1. **面粉加工业** 1956 年饮马场第一农场即建立面粉厂，加工设备为电动石磨（台件不详）。据资料记载，1960 年，饮马面粉厂出粉率从 85% 上升到 96.3%，加工收入 239382.73 元，面粉厂被玉门市树立为"先进单位"。1961 年加工收入 95333.16 元，1964 年加工收入 155988.90 元，1965 年加工收入 30616.39 元，1967 年加工收入 39432.25 元，1969 年 48325.65 元。几年中，平均每年加工面粉收入达 10346.51 元。1969 年，农场投资 4023.21 元，在四站安装电磨一处。当年交第十一团后，场部面粉加工厂连续生产，1975 年，四站面粉加工点停产。

丰收的喜悦

1958 年，北湖农场建有面粉站，有蓄力石磨 2 台、石碾 1 盘。当年 11 月前加工小麦、青稞、豌豆面粉 4650 公斤，碾米（糜、谷）3500 公斤，其他农副产品 1850 公斤。同时，蘑菇滩农场在原场部（今移民十队畜牧点）建了畜力石磨，在清水河上建了水磨，用于加工面粉。1959 年有磨面厂 2 个、碾米厂 1 个，均以牲畜做动力。当年 12 月，开始用电动机发电，电动磨派上了用场，随之加快了面粉生产，产量达 6.5 万公斤。1960 年磨面厂加工粮食 16 万公斤，1961 年加工 10.85 万公斤。至 1962 年，有蓄力畜里石磨 13 盘、水磨 1 盘、石碾 1 盘、电动石磨 2 盘，并新购进小钢 1 台。1963 年加工面粉 12.5 万公斤，收入 34887.90 元，盈利 1181 元。当年年底，随着体制的变更，磨面厂交由十二团管理。

1964 年，磨面厂加工面粉 49.23 万公斤。至 1971 年，更新了设备，废弃了畜力石磨和水磨，使用天津钢磨 2 台、山西钢磨 2 台、电动石磨 1 盘，并增加了洗粮机等设备，使年面粉加工能力达到 793840 公斤，产值达 61902.99 元。同时，新修了储粮仓库，面积为 2092.76 平方米。

1975 年两团合并后，面粉加工分两处持续生产。场部车间购进了钢磨丝机，改建了三组一联 6 盘钢磨，流水作业，制造并改装了选粮机、粮食去石机、洗粮机等设设备，共投资 4367.5 元。1976 年，全场有 65 型、125 型、130 型电动钢磨 18 台，其他各种设备共 33 台（件），固定资产 91436.54 元。

1978 年，原三团面粉加工车间与场部面粉车间合并，至 1979 年，磨面机达 22 台。1980—1984 年，磨面机淘汰至 15 台。1985 年，投资 4 万元新建一座面积 290 平方米的面粉加工车间。1986 年，淘汰了 350 型磨面机 12 台、SP－66－130 型磨面机 1 台，固定资产报损 28827.69 元，后投资 35630.74 元，从河南修武县粮食机械厂购进 6F－2235X4－20T 制粉机组，自配消风筒一组，日产面粉 20 吨，面粉质量符合国家 GB 1355—78 的规定。1988 年，面粉车间共有固定资产 79607 元。1996 年，随着国家粮油定量政策的废除，农场面粉厂不再生产，机械封存，职工的粮油供应改为市场自由选购。

1975—1995 年面粉生产经营情况见表 5－3－1。

表 5－3－1　1975—1995 年面粉生产经营情况

| 年份 | 加工面粉总产量（公斤） | 面粉加工生产成本（元） | 经营盈亏情况（元） |
| --- | --- | --- | --- |
| 1975 | 1464508.0 | 509648.81 | 24337.85 |
| 1976 | 1529696.0 | 5105852.54 | 53928.52 |
| 1977 | 1606342.0 | 581594.14 | −21740.32 |
| 1978 | 1246389.0 | 433743.36 | 4761.20 |
| 1979 | 1537463.0 | 535037.45 | 19106.56 |
| 1980 | 1173566.0 | 4415551.90 | 31193.38 |
| 1981 | 1664000.0 | 67736.83 | 35487.69 |
| 1982 | 1593500.0 | 64433.90 | 31926.46 |
| 1984 | 1169366.5 | 388846.33 | 18093.19 |
| 1985 | 871742.0 | 344001.80 | −37503.59 |
| 1986 | 1085533.0 | 377771.73 | 15569.69 |
| 1987 | 1079574.5 | 411475.10 | 19289.71 |
| 1988 | 1098350.0 | 417180.00 | 11543.00 |
| 1989 | 981750.0 | 364968.00 | 7420.00 |
| 1990 | 916950.0 | 372478.00 | 10203.00 |
| 1991 | 952100.0 | 376785.00 | 34815.00 |

（续）

| 年份 | 加工面粉总产量（公斤） | 面粉加工生产成本（元） | 经营盈亏情况（元） |
|---|---|---|---|
| 1992 | 957928.0 | 610411.00 | 51712.00 |
| 1993 | 560450.0 | 372462.00 | 205079.00 |
| 1994 | 1028750.0 | 665571.00 | 385778.00 |
| 1995 | 794705.0 | 503788.00 | 668707.00 |

说明：1983 年数据缺失。

2. **食油加工业**　农场食用油加工始于 1957 年，至 1959 年，生产数量无资料可查。据《财务决算》记载：1960 年生产清油（胡麻油）1382.5 公斤，收入 2046.10 元；1961 年生产 492 公斤，收入 778.56 元；1964 年生产 2990 公斤，收入 4752.11 元；1965 年生产 6323 公斤，收入 10256.07 元；1967 年生产 5303 公斤，收入 9752.01 元；1969 年生产 9311 公斤，属于小型食用油生产。1969 年年底，食用油加工移交第十一团（四团）经营，至 1974 年，共加工食用油 30513 公斤，亏损 25637 元。

1961 年，蘑菇滩农场建起食用油加工作坊，对自产油料进行加工，同时接收部分场外油料加工。当年，为黄闸湾乡加工油料 793.7 公斤，后因原料供应不足，自行停产。1964 年，油料加工由二团接管，购进 1 台 Z101 榨油机，日加工油料 60 公斤。至 1971 年，加工厂有员工 6 人，当年加工油料 7500 公斤，收入 3700 元。1975 年，食用油加工设备集中到综合加工厂，有榨油机 2 台、滤油机 1 台。1979 年投资 3123 元，购进 111ZYL－95 型榨油机 1 台。1975—1985 年，共加工生产食用油 140 吨（缺 1982、1983 年的数字），合计亏损 38312.44 元。1985 年，农场食用油加工业停办，改由私人经营，年加工量约 3 万公斤。

3. **酱油、食醋加工业**　1961 年，饮马（劳改）农场建起了食醋生产加工作坊，当年生产食醋 6282 公斤，收入 1873.85 元。1964—1969 年，共生产食醋 55.6 吨，收入 16459.65 元，盈利 3696.62 元。1969 年又建起酱油生产作坊，年内生产酱油 5878.5 公斤，收入 1410.83 元。1970 年作坊由四团管理后，生产处于停顿状态。1971 年恢复生产，至 1973 年，共生产酱油、食醋 17944.5 公斤。

1964 年，二团开始投资办酱油、食醋生产业，到 1969 年，生产酱油 2162.5 公斤、食醋 12832 公斤，产值 77550.04 元。1975 年后，场区酱油、食醋生产归综合加工厂和畜牧队经营管理。1975—1984 年共生产酱油 103.5 吨、食醋 454 吨。1985 年因经营原因停产。

4. **食糖加工业**　1958 年，饮马（劳改）农场开始种植甜菜，随之建起了制糖厂，主要设备有甜菜切丝机 4 台、烤糖锅 1 口、分蜜机 8 台。据资料记载，1960 年生产食糖

30.75 吨，外销 17.65 吨，销售收入 17642 元；内部自销 13.1 吨，收入 19374 元，上交税金 8586.69 元，盈利 10783.77 元。1961—1965 年，生产糖膏 7.1 吨、白糖553.5 公斤。

1960 年，蘑菇滩农场建起制糖组，购进熬糖锅 9 口、烤糖锅 2 口、分蜜机 1 台，年内生产食糖 5.6 吨，糖膏 4701 公斤，出糖率达到 20%。1961 年，制糖组停产。

**5. 食盐加工业**　1959 年，饮马（劳改）农场建起了食盐加工业。据资料记载，1960 年熬制食用盐 13.42 吨，每 1 斤食用盐的成本价是 0.10 元，总共销售 12.12 吨，收入 2064 元。

**6. 白酒酿造业**　1959 年，饮马（劳改）农场建起了酿酒作坊，1960 年生产销售白酒 4716 公斤，产值 10563.5 元。1961 年，由于原料紧缺等原因，生产白酒数量很少，仅有 94.5 公斤。1961 年，蘑菇滩农场亦开办酿酒作坊，请来懂行的酒匠酿酒，当年生产白酒 1.3 吨；1962 年生产 4.6 吨；1963 年生产 2.21 吨。1972 年，三团四连一月内酿造白酒 300 公斤。1973—1974 年，三团酿酒作坊在两年内共酿造白酒 2.1 吨。1975 年，农场白酒酿造业归综合加工厂管理。1976 年，生产白酒 815.5 公斤，产值达 1956 元。1977 年，白酒酿造业移交农场畜牧队管理，连续 8 年生产稳定发展，共酿造白酒 28.02 吨。酿酒原料均以本地种植的青稞、玉米为主，因此，农场生产的纯粮食精酿 60°青稞酒颇受安西（今瓜州）、玉门、肃北等县群众的欢迎。1979 年，3 队、15 队亦建起酿酒作坊，当年，15 队酿酒 182.5 公斤。1979—1980 年，3 队共酿造白酒 1042.5 公斤。1984 年年底，因酒类市场开放，农场的白酒酿造业停产。

**7. 豆腐、粉面加工业**　1958 年，蘑菇滩农场建起豆腐、粉房加工业项目。1969 年，饮马（劳改）农场建起了粉房，主要生产淀粉和粉条，年生产收入 12512.76 元。1976 年，农场综合加工厂建起了豆腐作坊，1977 年交畜牧队管理，至 1978 年，生产加工豆腐 17141 公斤。1979 年，2 队、3 队、4 队、7 队、11 队、15 队、17 队、18 队相继建起豆腐生产作坊，当年产量达 13461 公斤。1979—1985 年，畜牧队经营的豆腐坊共生产豆腐 36358 公斤。1978 年又建起了粉面作坊，至 1985 年，生产蚕豆淀粉 62534 公斤。1986 年场办豆腐作坊、粉房关停，有两家私营户经营豆腐作坊、粉房。

**8. 冷饮加工业**　1980 年，农场 4 队办起了冷饮加工业，自筹资金 5049 元，从江苏江阴县机械厂购进日月牌 BE－600 型冷冻机 1 台，开始生产雪糕，年生产 20 万只，产值 4 万元。1984 年购进冷藏柜 1 台。至 1986 年，共生产雪糕 809268 只。1990 年，转入食品加工厂经营。1993 年，冷饮加工业由私人承包，产品有冰激凌、膨化雪糕、硬雪糕、冰棍、汽水等，年产量 7 万只左右。1995 年 7 月，冷饮加工设备整体拍卖，场区冷饮加工业停产。

**9. 糕点、挂面加工业**  1979 年，农场综合加工厂购置简单设备，开始生产点心、饼干，在场内外销售。1981 年，生产糕点 8697 公斤，销售收入 26618.59 元，亏损 4508元。1981 年，农场投资 10843 元，在场区建起 92 平方米的面包生产房，购进 YHW-1型食品炉（四节）1 台，更新了糕点加工工艺，1982—1986 年共生产各种点心、面包、饼干等 59441 公斤。1987 年后，糕点加工点转移至玉门镇和玉门东站（现为玉门东镇）经营。至 1995 年，生产各式糕点食品 103 吨。1996 年，糕点加工业停办。

农场从 1978 年开始生产挂面，设备有和面机、压面机等，1986 年最高生产量为10086 公斤，至 1995 年，共生产挂面 110.5 吨。1996 年，挂面生产业由私人承包。

**10. 罐头食品加工业**  1985 年 10 月 25 日，农场与河南台前县经济联合社协议联办饮马罐头厂，购进的主要设备有大锅、瓶盖封口机。1986 年，用土法生产牛、羊、狗肉罐头 20500 瓶。后因管理不善、效益不佳、卫生指标不达标而停产，亏损 80787 元。

# 第二节  其他加工业

## 一、木材加工业

农场木材加工业，主要是加工制作住户房屋的门窗、职工的家具及其他木器。1956 年，饮马农场第一分场设立木工组；1958 年，蘑菇滩农场亦成立木工组，均归农场工业股管理。军垦时期，农场三团、四团除设木工排外，各连都有专门的木工，承担生产、生活方面的木器制作和修理。1975 年后，木工排归加工厂管理，设面积 290.13 平方米的木工车间，有固定资产 2589.98 元。1975—1982 年，木材加工业产值 305721.45 元（不包括 1977 年的数字），平均产值 43674.49 元。

1979 年，在原有小型电锯、电刨的基础上，增加了平刨、手压刨床、自动刨、打眼机等加工设备。1980 年，扩建了 267 平方米的带锯房；1981 年，投资 24368.68 元，购进MT3210 型木工带锯 1 台。

木材加工业隶属建筑公司管理。1986 年后，从事木材加工人员共 10 人，年加工200 立方米木材、400 套门窗。至 1995 年，共完成加工产值 1514814 元，平均年加工产值137710.36 元。2004 年，木材加工厂房面积增加到 365 平方米，有加工设备 10 台（件），其中包括 MT3210 型木工带锯、MT318-800 毫米木工万能带锯、木工多用锯、刨床、自动刨床、手压刨床、圆盘锯、砂轮机等。

## 二、被服加工业

1956 年 8 月，饮马被服厂建立。场部从劳改犯人中抽调有立功表现、有缝纫技术的 46 名服刑人员从事被服业生产，同时配备管教干部 7 人进行管理。当年，被服厂如期完成犯人冬季御寒服装、被褥、棉鞋等的生产任务。1957—1965 年，被服厂规模逐年扩大，从业人员以留场就业人员为主。业务方面，除缝纫外，还增加了制鞋、弹花、网套等门类。到 1959 年，共有从业人员 102 人，生产产值达到 17.8074 万元。其间，被服厂除完成服刑犯人的被服鞋帽加工任务外，有 6 名技师专门承揽来料加工，年产值超过 4 万元。

1969 年 10 月，被服厂移交第十一团管理。1970 年，从职工中选调有缝纫特长的技术工人 18 名，组建了缝纫组。缝纫组由后勤处商店管理，主要工作是加工制作军垦战士所需服装、被褥等。1973 年，缝纫组扩建为被服厂，占地面积 600 平方米，有人员 27 人，固定资产投资 2.95 万元。1971—1974 年，共加工制作各种服装 6842 件。

蘑菇滩农场建场后，亦建起了缝纫业务，1962 年有专业缝纫人员 6 名、缝纫机 4 台。1964 年 12 月转制为农二团后，有专业缝纫工人 24 名、缝纫机 16 台，当年生产服装 3847 件（其中单衣 2127 件、棉衣 1720 件），生产收入 8821.50 元。1975 年两团合并后，服装加工业保持原状。1980 年，农场被服厂有职工 20 人，其中技工 13 人、辅助工 3 人、裁剪工 2 人，业务上主要以来料加工和制作各种服装销售为主。其间，所产海军呢中山装曾畅销玉门、安西（今瓜州）等县。1983 年，被服厂有职工 26 人，固定资产 29547.43 元，流动资金 69331.73 元。1980—1986 年，被服厂共生产各类服装 34416 件（套）。1986 年后，由于市场开放，市面上各色服装应有尽有，生产品种单一、技术落后的被服厂关闭停产。至 2004 年，农场有 3 家个体缝纫店自主经营。

## 三、皮毛加工业

20 世纪 60 年代初，农场为解决职工冬季劳保所需皮衣及车马需要的皮缰绳、皮条等，建起了皮革加工厂，属作坊式生产。1960—1965 年，皮革加工业年产值为 4.5 万～5 万元。1970 年后，场四团在疏勒河边（场部南）选址加工皮革，主要对收来的牛、马、羊皮进行熟皮加工，生产鞭梢，马、骡、毛驴的拥子，马鞍子皮带，皮大衣等。1972 年加工生产牛、马、羊皮 5198 张，加工收入 3681 元；加工皮大衣 200 件（收入不详）。

1974 年加工皮大衣 187 件，收入 4516 元。

与此同时，农场二团亦在 20 世纪 60 年代初建起了皮革加工厂。据资料记载，该工厂 1973 年生产加工皮大衣 40 件、马拥子 200 副、皮条 4000 米。1975 年后，撤销原三团的皮革加工作坊，合并到四团疏勒河边的皮革加工厂，当年生产加工劳保皮衣 98 件、鞭梢 1050 米、牲畜搭腰 70 条、马拥子 227 副、皮条 31507 根。至 1981 年，皮革加工收入 130000.90 元，盈利 7009.18 元（不包括 1977 年的数字）。

1981 年，皮革加工作坊有房屋 207 平方米，资产净值 14772.16 元，有打皮机（4 千瓦）1 台、铲皮机（7 千瓦）2 台、擀毡机 1 台。1982 年加工皮革产值 11497.61 元，亏损 2995 元。1986 年，皮革加工厂有厂房 145 平方米，加工收入 5153.80 元。场区皮革加工厂在进行皮革加工的同时，还收购羊毛制作毛口袋、毛毡等。据统计，1963—1964 年生产、销售毛口袋 458 条；1984 年加工生产毛口袋 84 条。据历年生产年报统计，几年来，皮革加工厂共加工制作皮大衣 7284 件，生产加工车马牲畜挽具 7313 件。

### 四、弹花、网套加工业

20 世纪 60 年代末，农场二团建起了弹花服务业。据资料记载，1971—1974 年共加工弹花 3525 公斤。1975 年，农场综合加工厂成立弹花组，加工棉花网套，当年弹花 210 公斤，收入 41.98 元，亏损 17.51 元。1980—1981 年，弹花加工收入 3466.52 元，亏损 2523.87 元。1982 年，弹花组有弹花机 2 台，资产值 1400 元，当年加工网套 624 床，产值 9740.84 元，盈利 343 元。1983 年后，由于产品加工量小，且一直亏损，弹花加工业停止。

### 五、造纸业

1958 年 6 月，蘑菇滩农场三中队发现有一名职工有造纸技术，遂于 8 月 2 日在清水河边筹建蘑菇滩农场造纸厂，当时属手工作坊，购置工具设备 13 种、26 件，造纸原料是当地采割的马莲草。9 月 25 日，造纸厂建成投产，生产出了第一批（刀）麻纸，至 10 月 25 日，共生产出高质量的货用纸 86 刀。后因无法正常运行，于当年 12 月停产。1960 年，饮马（劳改）农场建起了纸浆生产业务，当年生产加工纸浆 218 吨，产值 9810 元，销售纸浆 2 吨，收入 900 元。

## 六、野生罗布麻脱皮加工业

罗布麻纤维是一种优良的纺织品原料，场区有大量的野生罗布麻资源。1956—1958年，甘肃省野生罗布麻考察队曾对场区进行过3次实地勘察，结论为：有广阔开发前景。1958年，玉门市着手发展野生罗布麻脱皮产业，提出"大量出口，换取外汇，支援国家建设"的口号。当年，蘑菇滩农场购进罗布麻脱皮机4台，就地采收野生罗布麻进行脱皮加工，当年生产脱皮麻3117公斤。后饮马第一农场建立罗布麻脱皮加工厂，采集罗布麻原料79680公斤，生产麻皮25799.5公斤。1960年生产麻皮199890公斤，加工罗布麻纤维81公斤，收入产值5107元。1961年，加工厂停产。

# 第四章 建 筑 业

## 第一节 建筑业基本情况

农场建筑业的发展是根据建设任务、建设规模、建设门类、建设重点的变化而发生变化的。起初，农场设置了开荒、水利、园林、房建等专业化队伍，所有行政建制和职能部门都为完成基本建设任务而服务。随着农场事业的扩大和建设的需要，设立了基建科，配备了专业技术干部。基建科负责全场的基本建设管理工作。2002 年 12 月，农场基建科和农场财务科合并，成立了计划财务项目信息部。

2008 年 1 月，公司将项目管理工作从财务部门分开，设立了项目部。截至 2020 年，项目部有管理人员 4 名，全部为大学本科学历，其中有高级工程师 1 名、高级农艺师 1 名、技术员 2 名，项目管理技术力量得到了加强。原农场下设的二级企业饮马农场建筑公司，承担了农场的基本建设任务，经济实行独立核算，自负盈亏。2008 年 12 月，公司将农场建筑公司资产作价后竞价拍卖，公司职工杨恒平竞标购买，此后，农场建筑公司改制为私人经营，原农场建筑公司 30 余名职工由农场分流到酒花公司和农业生产队承包土地。2010 年，因经营不善，公司自行解散。

## 第二节 土木工程建材业

### 一、采石业

饮马农场初建时期，为解决缺乏水渠衬砌、房屋地基加固等建筑石料问题，建立了采石场。场地位于饮马三站（当时的十二队）北 5 公里处（称东采石场），由三站投入劳力进行石料开采。石料主要用于水利的跌水、桥梁的涵洞、水渠闸门衬砌，以及房屋地基处理等。据档案资料记载，1965 年仅场区房屋、监舍修建所用石料即达 4348 立方米。1964—1965 年对外销售石料 5256 立方米，收入 26428 元，盈利 13013.6 元。

蘑菇滩农场建场后，即在四站（当时的 13 队）西北处建立了采石场（称西采石场），投入劳力 10 多人，常年进行开采。石料主要用于场区南片的水利、房屋建设等。当时修建农二团团部前疏勒河大桥所用的石料，就来自西采石场。军垦时期，采石场继续生产，年采石量平均为 4500 立方米左右。20 世纪 80 年代初，采石场停产。

## 二、制砖业

20 世纪 50 年代后期，农场建设加速发展，建筑业方面，房屋修建任务重、用料多，特别是砖块需要量很大。在此情况下，农场在二站（当时的 17 队）东坑建起小砖窑 2 座，手工制作砖坯，自然干燥，用土窑传统工艺烧制。1960 年生产青砖 12.854 万块，产值17681 元。1959 年 2 月，蘑菇滩农场 5 队试建砖厂，砖坯为手工制作，土窑架柴草烧制，大约烧成 1 窑砖坯需要柴草 10 万公斤，共生产 3 窑，烧制青砖 15 万块。

1966 年，农二团在园林队（当时的酒花 3 队）建立砖厂，编制 31 人，隶属工程连管理。建成可容砖 20 万块的砖窑 2 座，烧制红砖 125 万块。由于土质缺铁、含盐量高，1966 年后停产。1977 年，农场投资 13960 元，配置制砖机械，在 11 队建立砖厂；1978 年在 13 队（8 农）南建立砖厂；1979 年在 17、19 队建立砖厂，采用半机械化生产。1979—1982 年，共生产烧制青砖、红砖 51.4 万块。因受土质影响，所产砖块抗压、抗折、抗冻性能均差，于 1983 年停产，亏损 13110.46 元。

## 三、石灰烧制业

1957 年，饮马（劳改）农场在饮马北山开采石灰石，建窑烧制石灰，供场区建筑使用。1963 年对外销售 188.1 吨，收入 5641 元；1963—1964 年，生产建筑自用石灰338.776 吨，产值 27102 元；1965 年生产销售 119.892 吨，收入 7613 元。

1963 年，蘑菇滩农场在安西（今瓜州）县双塔水库西南约 2 公里处建窑烧制石灰。投入劳力 10 人，烧制的石灰供场区建筑使用。1964 年，农二团继续烧制。1966 年，在安西照东火车站以东建窑，排级编制 22 人，当年烧制石灰 1500 吨，后因爆破影响铁路运营而停产。1967 年，在马鬃山煤矿南建石灰窑，利用煤矿的煤炭资源烧制石灰，生产 4 个多月后，因"文化大革命"影响而停产。

# 第五章　交通运输业

## 第一节　运输业发展概况

农场开发建设之初，主要任务是开荒造田、兴修水利、建造房屋等。但当时在交通运输方面存在很大困难，能够投入生产运输的拖拉机、汽车数量很少，大部分土石方和工程材料都靠人力搬运，或是用马车、牛车、毛驴架子车运送。据资料记载，1957—1960年，饮马（劳改）农场有胶轮马车28辆、毛驴架子车280辆、载重汽车4辆、轮式拖拉机3辆。从运输车辆的种类和数据来看，这时期的机械动力运输力量非常薄弱，主要的运输工具依然是牛车、马车、毛驴架子车和人力架子车。

1958—1963年，蘑菇滩农场有胶轮马车14辆、木轮或铁轮牛车9辆、毛驴架子车40辆。1964年军垦时期，第二团增加汽车4辆。1966年，为支持玉石山锰矿开采，由甘肃省外贸局给第二团调拨汽车2辆。

1971年兰州军区生产建设兵团管理时期，提倡"骡马化"建设，大幅度增加骡马，作为主要运输力量。这一时期，机械运输车辆有所增加，第四团有载重汽车7辆（其中解放牌1辆，大道奇、小道奇各1辆，吉斯52型1辆，跃进牌3辆），轮式拖拉机增加到8台（其中铁牛-55型2台、东方红-28型2台、尤特斯-45型2台、热托25K 2台），胶轮马车增加到64辆，毛驴架子车增加的数量较多，有231辆。

当年，第三团有解放牌汽车1辆、嘎斯（苏联产）汽车6辆、轮式拖拉机8台、胶轮马车51辆、木轮或铁轮牛车7辆、毛驴架子车600余辆。后将汽车和部分胶轮马车集中，组建了运输排。1975年2月，两团合并后有载重汽车19辆，并成立了汽车运输队，编制105人，经济实行独立核算。1979年，汽车增加到22辆。1990年撤销运输队建制，车辆和驾驶员、修理工全部移交水泥厂管理。

饮马（劳改）农场在1975年有胶轮马车148辆、毛驴架子车377辆。1984年，毛驴架子车增加到500多辆。1985年实行职工家庭承包经营时，农场的8辆胶轮马车和518辆毛驴架子车全部一次性作价拍卖给职工家庭农场个人经营。1991年，水泥厂恢复汽车队建制，时有汽车18辆、挂车16辆，运输业有职工38人。当年，投资21.5783万元，购进东风、解放-141型汽车4辆。1994年3月，为扭转运输业长期亏损的局面，水泥厂撤销汽车队建制，所有车辆、配件一次性拍卖给职工家庭农场个人经营，收回拍卖款28.9830万元。农场运输业仅供销社有东风、解放牌汽车5辆。

1997年10月5日，饮马农场下发《关于贯彻落实党的十五大精神，推进企业体制改革方案的规定》（甘饮司发1997第051号）文件，对农场所有运输工具"实行一次性拍卖，产权归个人所有，自主经营，自负盈亏"。自此，农场公有运输业不复存在。

## 第二节　客运业情况

由于企业的特殊性，饮马农场没有组建自己的客运业。农场初建时期，人们的出行大多是步行或者坐牛车、马车、毛驴车到距农场30公里的玉门镇（今玉门新市区），再转乘公交车和火车。从玉门镇到农场的客运班车于1964年8月1日开通，由酒泉地区运输公司承担客运业务，当时在三团团部设有站点，每日从玉门镇至饮马（站点）通车两班。20世纪80年代后，随着改革开放的不断深化，往返于农场和玉门市等地的私营小面包车和其他各种客运车辆增多，大大方便了农场职工群众的出行，靠两条腿走路和坐牛车、毛驴车出行成为历史。

中国农垦农场志丛

# 第六编

# 第三产业

中国农垦农场志丛

农场第三产业兴起的时间有早有晚，相比之下，商业供应发展较早。在农场开发之初的 1956 年，大批建设者陆续来到荒凉的饮马大戈壁滩，他们要在这里大显身手，开荒造田、修渠引水、植树造林、建房筑屋，用青春热血和汗水描绘美好蓝图，自力更生，白手起家，立志建设一座现代化的农场。苦和累对于那些军垦战士、热血青年、移民自愿者都不算什么，但柴米油盐酱醋茶这些很现实的问题还是需要解决，于是农场就有了第一个商店。随着时光的流逝，后来，农场相继办起了招待所，修了大楼，有了比较上档次的餐饮和住宿业。再后来，农产品销售、房地产业、物业管理逐步发展和完善。在改革开放的大好机遇下，第三产业以崭新的姿态进入市场经济，稳步前行。

# 第一章　零　售　业

## 第一节　综合零售

饮马农场第一农场时期，零售商业由玉门县供销社集中管理。1956 年 8 月，经玉门县（今玉门市）商业局批准，由黄闸湾供销社在饮马农场设立分销店，负责饮马农场职工群众日常生活的百货供应，如糖、烟、酒等副食品供应。北湖农场职工的商品供应被列入饮马分销店供应范畴。

1958 年 6 月，饮马农场第一农场改建为国营蘑菇滩农场时期，经玉门县商业局批准，由柳河供销社在蘑菇滩农场设立分销店，供应日常生活必需品。在那个年代，因物资匮乏，多数日用商品的消费实行票证供应，如食盐、糕点、香烟、棉线、布、火柴、肥皂、煤油等，都凭"购物证"或"布票""粮票"等按票定量供应。一些大件贵重商品，如自行车、缝纫机、手表等凭票购买，数量很少，年供应量每千人才 1～3 件。1962 年，饮马农场分销店改为饮马供销商店，由玉门县供销社负责进货和业务管理，这是饮马农场商业网点独立经营的开端。

1963 年 3 月，农建十一师二团 3000 多人进驻饮马农场开荒造田。随着生产规模的扩大和职工人数的增多，规模不大且单纯的供销商店已不能满足农场职工的生活需求和生产力发展的需要。在此情况下，甘肃省委下发文件，做出了"就国营农场如何建立和发展商业"的指示，农场的商业发展由此开始走向正规。1965 年 5 月 1 日，第二团综合商店建成新的营业厅，建筑面积 160 平方米，编制 7 人，其中营业员 4 人。当年，购进商品额 345379 元，销售额 307352 元，商业流通费 22917 元，占销售额的 7.46％，利润11793 元，占销售额的 3.84％。第二团综合商店新营业厅建成后，扩大了营业范围，商品种类较齐全，在这种情况下，柳河供销社退出了蘑菇汤农场的经营。

为发展商业，按照当时师部机构的决定和批复，农场二团设置工商股，团部设亦综合商店，下设百货、针织、五金、糖烟酒、缝纫、理发、照相等门市部，以方便职工购物。同时，在一连、三连和照东锰矿增设了商业代销点，由团部综合商店派人员进行经营管理。

1969 年 10 月，饮马第二团综合供销商店退出，改由农建十一师三团经营。1978 年后，在"积极扶持，大力发展"政策的指导下，农场调整购销政策，改革商业体制，进入了新的发展时期。1981 年 6 月，甘肃省政府批准成立甘肃省农垦农工商联合企业公司，要求农垦企业在抓好农业基础建设的同时，大力发展工业和商业，实行农工商综合经营，走产供销一体化的路子。当年，经甘肃省农垦总公司批准，饮马农场农工商公司挂牌成立，负责农场化工、矿产品的生产和销售。

1983 年，饮马农场内部商业网点经营人员配置 9 人，年末职工人数增加到 29 人，社会商品零售总额达 81.8 万元，商业总产值 9.9 万元，净产值 8.85 万元，利润 3.4 万元，上交税金 2.39 万元。1985 年，农场内部商业经营网点人员配置 7 人，年末职工人数为 26 人，社会商品零售总额 103 万元，商业总产值 13.3 万元，净产值 8.93 万元，利润 3 万元，上交税金 2.98 万元。1988 年，农场内部商业经营网点人员有 7 人，年末职工人数减少到 19 人，社会商品零售总额 126 万元，商业总产值 18.7 万元，净产值 15.1 万元，利润 5.84 万元，上交税金 4.32 万元。1991 年，农场内部商业经营网点人员配置 4 人，年末职工人数为 28 人，社会商品零售总额 147 万元，商业总产值 21.9 万元，净产值 20 万元，利润 6 万元，上交税金 4.54 万元。

1991 年 12 月 1 日，农业部、商业部、国家工商行政管理局联合制定了《关于发展农垦商业若干问题的规定》，解决了农垦商业流通领域存在的政策性问题。1993 年，经农场第六届一次职代会审议通过，确定农场商业网点实行租赁经营。租赁后的商业网点向农场上交管理费用，参加职工养老、待业保险统筹。当年，农场共有商业网点 7 个，其中场区 5 个、玉门市区（今玉门老市区）1 个、玉门镇 1 个。

1993 年 7 月，甘肃省饮马实业公司成立，出台了相关政策，进一步加大改革力度。1994 年后，农场商业网点继续执行之前的相关规定，实行租赁经营。经营者如数走向市场化经营道路并向农场上交管理费，经营者（职工）参加养老保险、待业保险等社会统筹政策，到退休年龄，享受退休。同时，明确规定各类商业门店的经营权属个体所有，经营租赁房屋的产权、场地使用权属国有。

2002 年，因农场土地承包实行"两费自理"改革（即职工生活费自理、生产资料费自理），商业网点经营范围扩大到经营农业生产工具方面。当年，个体商业门店发展到 6 家，至 2009 年发展到 10 家，从业人员从 12 人到增加 20 人之多，并由农场职工和家属扩大到外来人员。

经过数十年的发展，2020 年，农场商业网店增加到 14 家，固定从业人员有 14 人，皆为个体私人经营。其中，零售商店 10 家、农机配件店 1 家、有资质的药店 1 家、理发店 1 家、兽医店 1 家。分公司（农场）规定，零售网店除上交房屋租赁费外，不再上交任何费用，属于自负盈亏经营性质的个体户。

# 第二节　农产品销售

## 一、农资公司经营情况

为了加强农资和农产品的销售，提高企业经营管理效益，2008 年 12 月，农场决定在原农场供销科的基础上，由农场和职工入股，共同投资成立股份制农资公司。当年，农场出资金额 197.59 万元，占总股本的 55.91%；职工入股金额 155.8 万元，占总股本的 44.09%。时任饮马农场副场长王建伟同志兼任农资公司董事长，党委书记黄建明同志兼任监事会主席。2011 年 1 月后，由饮马分公司总经理刘风伟兼任农资公司董事长。据统计，在农资公司运行的五年间（2009—2013 年），共销售各类农资和农产品 30862.42 吨。其中，2009 年 4082 吨，2010 年 4828.47 吨，2011 年 6135.73 吨，2012 年 6203.06 吨，2013 年 9613.16 吨。实现主营业务收入 14644.5 万元，其中，2009 年 1644.5 万元，2010 年 1362.2 万元，2011 年 3058.1 万元，2012 年 3520.1 万元，2013 年 5059.6 万元。实现净利润 958.9 万元，5 年间分别为 112 万元、125.1 万元、180.4 万元、248.2 万元、293.2 万元。2014 年，按照甘肃省农垦集团公司的要求，农资公司清理解散。之后，农资公司清退了所有农场和职工的入股金额。至此，农资公司重新恢复到原有的经营管理机制，2017 年更名为饮马农场供销公司。

农产品销售

农资供应

## 二、农产品销售

农产品销售是农业发展的重要环节，也是提高农业经济效益的重要手段。随着农垦经济体制和经营机制的改革，农场在农产品销售形式上发生改变，主要可以划分四个不同阶段。

1. **第一阶段**（1956—1983 年）　在计划经济时代，农场的农业生产以按上级指令种植粮食（小麦）为主，所产粮食除部分上交国家外，剩余粮食用于供应内部，没有市场流通。在此阶段，农场经济一直处于亏损状态。

2. **第二阶段**（1984—2001 年）　改革开放后，农场为搞活经济，提高经济效益，示范引种经济作物，打破单一种植粮食作物的种植模式。从 1984 年开始，推广种植了啤酒花、黑籽瓜、啤酒大麦、水飞蓟、孜然、茴香、食葵、枸杞、白瓜子等农作物。为抓好农产品销售，成立农工商商贸公司，下设供销科，专职从事农产品销售和农资采购、供应工作。因农场生产的农产品是绿色、无公害的优质产品，深受客户青睐。重庆啤酒股份公司、青岛啤酒股份公司、洽洽食品股份公司、台湾阿里山食品公司等知名企业均使用农场生产的产品。为提高农产品的附加值，农场于 1993 年兴建了麦芽厂，2000 年与新疆绿嘉啤酒花公司合作修建了颗粒酒花厂。

3. **第三阶段**（2002—2012 年）　为进一步提高职工的生产积极性和收入水平，2002 年，农场推行"两费自理"改革，土地经营权全部下放给职工。职工可以根据市场需求自主选择种植品种，所生产的农产品直接面对市场自主销售，农场不再统一销售农产品。

4. **第四阶段**（2013—2020 年）　根据甘肃省农垦集团公司发展"三大一化"现代农业的要求，为提升分公司（农场）农场的经济实力，改变一家一户面对市场和无农产品销售市场话语权的被动局面，农场从 2013 年起逐步推行土地、农产品、农资统一经营，将职工生产的大宗农产品收购后统一销售。农产品的销售方式有三种：一是直接销售，将收购的农产品直接销售给终端客户；二是与甘肃亚盛国际贸易有限公司合作，为其代收，该公司给农场支付管理费，支付标准根据当年市场行情和农产品的种类确定；三是引进收购商，在农场设立牧草收购点，收购商按市场价收购职工生产的苜蓿草、燕麦草等，并向农场上交 50～80 元的管理费。这一时期的农产品主要销往四川、陕西、山东、宁夏、甘肃、内蒙古等省份。

农场 1984—2001 年及 2013—2020 年农产品销售情况见表 6-1-1 和表 6-1-2。

表 6-1-1　1984—2001 年农产品销售情况

| 年份 | 收入（元） | 成本（元） | 主要农产品数量 |
|---|---|---|---|
| 1984 | 7133956.6 | 6602496.8 | 小麦 3414.9 吨、面粉 1168.9 吨、杂粮 859.5 吨、黑瓜籽 410.95 吨 |
| 1985 | 2613113 | 3560180 | 小麦 2063.68 吨、大麦 157.4、啤酒花 51 吨、水飞蓟 0.214 吨、黑瓜籽 855.10 吨 |
| 1986 | 3674654.71 | 3145636.98 | 小麦 419.94 吨、大麦 504.45 吨、啤酒花 108.9 吨、黑瓜籽 998.7 吨 |
| 1987 | 5098399 | 3452924 | 大麦 155.4 吨、啤酒花 147.388 吨、黑瓜籽 716.03 吨、水飞蓟 0.099 吨 |
| 1988 | 5465292.52 | 3885246.63 | 大麦 95.4 吨、啤酒花 381.2 吨、黑瓜籽 696.2 吨、水飞蓟 912.5 吨 |
| 1989 | 2402643 | 601752 | 大麦 757 吨、啤酒花 562.3 吨、黑瓜籽 862.0 吨 |
| 1990 | 2546014 | 1025915 | 大麦 3664.8 吨、啤酒花 234.8 吨、黑瓜籽 256.7 吨、水飞蓟 30.16 吨 |
| 1991 | 3185608 | 2061989 | 大麦 2347 吨、啤酒花 286 吨、黑瓜籽 249 吨、水飞蓟 45 吨 |
| 1992 | 3331979 | 2356168 | 大麦 6060 吨、啤酒花 331 吨、黑瓜籽 471 吨 |
| 1993 | 21141198 | 17063920 | 大麦 8855、啤酒花 411 吨、黑瓜籽 813 吨 |
| 1994 | 31461886 | 25952424 | 大麦 14538 吨、啤酒花 466 吨、黑瓜籽 322 吨 |
| 1995 | 45970560 | 37981463 | 大麦 11226 吨、啤酒花 579.2 吨、黑瓜籽 163.2 吨 |
| 1996 | 54799804 | 42870989 | 大麦 29770 吨、啤酒花 349.7 吨 |
| 1997 | 7839345.60 | 5585709.6 | 大麦 15100 吨、啤酒花 439 吨 |
| 1998 | 7167549.65 | 6375589.71 | 大麦 15500 吨、啤酒花 464.87 吨 |
| 1999 | 24170000 | 23100000 | 大麦 1799.5 吨、啤酒花 278 吨 |
| 2000 | 39926216 | 23813078.52 | 大麦 55037、吨啤酒花 831 吨、啤酒花颗粒 177 吨 |
| 2001 | 9338770.37 | 7503560.53 | 大麦 5994 吨、啤酒花 210 吨、黑瓜籽 813 吨 |

表 6-1-2　2013—2020 年农产品销售情况

| 年份 | 收入（元） | 成本（元） | 主营产品数量 |
|---|---|---|---|
| 2013 | 50784598.9 | 49348495.77 | 小麦 2579.08 吨、食葵 4291 吨、种子 19 吨、农资肥料等 2454 吨 |
| 2014 | 52854896.3 | 52108826.87 | 食葵 5276.97 吨、种子 13 吨、农资肥料等 2955.43 吨 |
| 2015 | 38808029.19 | 36798574.75 | 青贮 15674 吨、食葵 2913.8 吨种子 16.7 吨、农资肥料等 3138.1 吨 |
| 2016 | 41784616 | 39985461 | 苜蓿 9969 吨、白瓜籽 131 吨、食葵 2138 吨、种子 5.48 吨、农资肥料等 3060 吨、茴香 284.96 吨 |
| 2017 | 64378309 | 57039899 | 苜蓿 11949.77 吨、白瓜籽 4048.46 吨、食葵 2927.8 吨、3 种子 7.7 吨、农资肥料等 5120.9 吨 |
| 2018 | 76298173.3 | 70138363.54 | 小麦 4448 吨、食葵 706 吨、种子 362 吨、苜蓿 11714 白瓜籽 448 吨、农资肥料等 6304 吨 |
| 2019 | 120127903 | 110780106 | 小麦 3502 吨、食葵 2546 吨、种子 566 吨、苜蓿 29095 吨、农资肥料等 8476 吨、白瓜籽 510 吨 |
| 2020 | 127252617.1 | 117998083 | 食葵 6581 吨、种子 9417 吨、农资肥料等 12525 吨、白瓜籽 13973 吨、青贮玉米 365 吨 |

# 第二章　住宿和餐饮业

## 第一节　住　宿　业

20世纪50年代饮马农场初建时期，由于条件限制和相关政策规定，场区内没有招待所和营业性住宿场所。当时来农场办公事或探亲的职工家属以及他们的亲戚朋友都要到20多公里外的玉门镇旅社住宿。60年代初，农场人员逐渐增多，遂在场区开设了以接待公务人员为主的内部招待所。招待所由农场自行经营管理，主要承担公务性接待，不接待其他外来人员。70年代后，场区办起了两家内部招待所，服务方面仍以公务接待为主。1985年，农场招待所正式对外营业。同时，1名个体户在场区办起了私营招待所（也称旅社），负责接待外来办事人员，自主经营，自负盈亏，两年后停业。1991年，在场部主干道西侧修建招待所大楼（3层），建筑面积1400平方米，有住房34间，住宿业规模得到扩大。2005年5月以后，招待所（住宿部分）停业，农场住宿业从此结束。

### 一、机构组成

1985年饮马农场招待所成立后，内设所长1人、会计1人、服务员3～8名、餐饮炊事员2～3名。所长和工作人员均由农场招聘。其财务单独核算，不负盈亏，亏损由农场补平。

### 二、经营状况

从建场至1984年，农场设有招待所，用于上级领导或工作人员来场检查工作时居住，不对外营业。1984年，农场修建招待所（砖混结构二层楼房），从1985年开始对外经营。1991年，在场部主干道西侧修建招待所大楼（三层），住宿业发展有了一定规模。由于经营体制的原因，住宿（含餐饮）业虽然独立核算，但不负盈亏，管理人员的工资和绩效奖金比照机关工作人员发放。2000年后，因农场流动人员逐年减少，招待所只能勉强经营，入不敷出。2005 年 5 月至 2008 年 6 月,将场部招待所大楼(三层楼房)租赁给嘉安高速公路项目指挥部使用。2008 年 7 月至 2018 年 12 月,招待所住宿业务一直处于停业状态。2018 年 12 月,农场在将社会管理职移交玉门市饮马街道办管理的同时,把招待所(三层大楼)移交给玉门市饮马街道办使用。

## 第二节　餐　饮　业

自 20 世纪 50 年代农场建场之初到 80 年代中期,饮马农场在 30 多年间没有对外的营业性餐饮(饭馆、小吃部),只有以公家名义办的供内部职工就餐的公共食堂(即职工食堂)。农场办的招待所虽然也经营餐饮,但不对外营业。1985 年后,为了服务群众,方便外来人员就餐,场招待所餐饮部才开始对外营业。

1990 年后,市场放开,国家也有了优惠政策,场区出现了几家个体经营者开办的餐馆(小吃部、小饭馆),于凤成是第一个在场部开办餐馆的个体户。但大部分个体户经营规模小,经营人员少,发展也比较艰难和缓慢。至 1997 年,场区比较有规模的个体餐馆有五六家,基本能正常经营。1998 年 1 月,职工张秀贤经农场批准,在场部大门内东侧修建了一间 130 平方米的餐馆自主经营。之后陆续有王建伟、马纪成、王志云等人员亦在场部开办餐馆。在人员配备上,大多餐馆为 2~3 人。经营方式是由农场给经营者提供房屋等经营场所,餐馆经营者给农场上交房屋租金、水电等费用,自主经营,自负盈亏。

2010 年 1 月至 2013 年 6 月,农场招待所将餐厅及相关设备承包给原招待所服务员朱淑伟自主经营,每年给农场上交 4000 元管理费。2013 年 7 月至 2014 年 12 月,招待所餐厅因经营不善停业。2014 年 8 月至 12 月,由农场出资对招待所及餐厅进行重新装修,2015 年 1 月,将其承包给一家外来个体户自主经营,期限至 2020 年 12 月。为了鼓励个体餐饮业的发展,农场规定不收取个体户的租赁费,只负责为农场管理人员提供就餐服务。

可以说,从 2010 年后到 2020 年的这十年间,由于场区人口逐年减少,流动人口下降,原来的个体餐饮经营都不怎么景气,陆续有好几家关门歇业,或是去了别的地方经营,至 2020 年上半年,农场仅有 2 家小餐馆还在正常营业。

# 第三章　房地产业

## 第一节　房地产开发

从农场建立之初至 20 世纪 90 年代初，农场干部职工的住房条件相当简陋。从住地窝子到土坯房，再到建高楼，历经了 30 多年的时间。1990 年，农场经济实力明显增强后，为改善职工的住房条件，才开始进行房地产开发，但仍然是以自建自住的方式进行建设，不对外销售经营。

### 一、住房建设

#### （一）场部房屋建设

#### 1. 住房

（1）砖混结构平房。1986 年修建砖混结构二层平房 14 套，每套 77 平方米，由农场分配给场级领导居住。1991 年，在场部西一区修建砖混结构平房 16 套（户），每套 56.4 平方米。1994 年，在场部西二区修建砖混结构平房 62 套（户），每套 56.4 平方米。1996 年，在西一区修建砖混结构平房 40 套（户），每套 56.4 平方米。

（2）楼房。1990 年，在场部东一区修建楼房 1 栋，共 55 套。其中大套 5 套，每套 78 平方米；中套 45 套，每套 62 平方米；小套 5 套，每套 46 平方米。1993 年，在场部西一区修建楼房 2 栋，共 40 套，每套 64.2 平方米。1994 年，在场部西二区修建楼房 80 套，每套 64.2 平方米。1996 年，在场部东二区修建楼房 1 栋，共 50 套，每套 64.2 平方米。楼房竣工后，全部按条件分配给当时农场的管理干部和饮马麦芽厂职工居住。

#### 2. 办公楼及公共服务场所

（1）机关办公大院。20 世纪 70 年代中期，在场部中心南北主街道两侧修建砖混结构平房 7 栋，共 48 间，用于机关和场直单位办公。1990 年机关办公楼建成后，机关随即搬入办公楼办公。

（2）机关办公楼。为改善办公条件，1988年，在场部主干道西侧修建办公大楼1栋，建筑面积为2860平方米，工程总投资139.73万元。

（3）农场招待所。1984年，在场部主干道西侧场修建招待所（两层）和招待所餐厅，建筑面积994平方米，总投资119.13万元。1991年，在场部主干道西侧修建招待所大楼（3层），建筑面积1400平方米，主体工程建设投资100万元，2018年12月移交玉门市饮马街道办使用。

（4）文化中心。1998年，在场部主街道北终端修建1栋集娱乐、图书阅览、展览、会议为一体的文化中心，建筑面积为1825平方米，工程总投资209.87万元。

（5）商业门店房。为美化场部环境，2003年，将机关大楼斜对面原有的5间土坯房拆除后，新建砖混结构平房5间，每间40平方米，用于对外出租。

**（二）生产队房屋建设**

1. **住房** 从建场到1988年，农场连队（生产队）职工均居住在20世纪60—70年代农场自建的土坯房中。1989年，农场开始修建砖混结构平房。据统计，1989—1996年，农场各队共计修建砖混结构平房586套（户），每套（户）建筑面积54平方米，由农场建筑队修建。其中1989年在原三团、原农业8队、原农业17队、原农业18队、原农业19队、原农业20队营区修建248套（户）；1990年在原农业3队、原农业7队、原农业13队营区修建141套（户）；1991年在原农业1队、原农业14队营区修建71套（户）；1994年在原农业11队、原农业15队营区修建79套（户）；1996年在原农业12队的营区修建47套（户）。2006年，在原农业13队又修建砖混结构平房4套（户）。2020年，农场在实施棚户区改造项目时，在农业8分场（原农业9队、原农业10队）修建砖混结构平房34套，住房总建筑面积1879平方米。

2. **办公室** 1992年后，农场开始投资新建砖混结构办公室。1992—1998年，为原农业1队、原农业3队、原酒花2队、原农业13队、原农业14队、原农业15队、原农业17队各修建办公室1栋，每栋建筑面积为171平方米。2019年，为现农业8分场新建办公室1栋，建筑面积100.4平方米，投资28万元。2016—2020年，先后对现农业1分场至7分场的7栋办公室进行了维修改造，总投资达78.2万元。

3. **库房建设** 2018年，农场在农业1分场、2分场、3分场、4分场、5分场、6分场和7分场各修建砖混结构（彩钢顶）库房1间，建筑面积200平方米，每间投资12.8万元，共计89.6万元。2020年，在农业8分场修建砖混结构（彩钢顶）库房1间，建筑面积200平方米，投资12.8万元。

### （三）饮马花园（后改为饮马嘉园）建设

**1. 住宅楼**　2008 年 3 月，根据农垦集团公司《关于同意兴建饮马农场综合办公楼、住宅楼项的批复》（甘垦集团计〔2008〕13 号），农场在玉门市新市区昌盛路与赤金路交界处购买土地 20 亩，每亩 6.7 万元。2008 年 4 月，开工建设第 1 栋住宅楼，6 层，共 36 套。其中大套 24 套，每套 102.14 平方米；小套 12 套，每套 79 平方米。2009 年 4 月修建第 3 栋家属楼，6 层，共 36 套。其中大套 24 套，每套 99.3 平方米；小套 12 套，每套 78.8 平方米。2010 年 4 月修建第 2 栋住宅楼，6 层，共 30 套。其中大套 24 套，每套 125.56 平方米；小套 6 套，每套 90.6 平方米。

第 1 栋和第 3 栋住宅楼由甘肃农垦建筑公司承建，根据农场制定的《饮马农场饮马小区住房入住条件》进行量化打分，然后以得分排序选房，选完为止。第 1 栋住宅楼按建设成本价每平方米均价 700 元销售，第 3 栋按建设成本价每平方米均价 900 元销售。第 2 栋住宅楼由甘肃农垦宏盛房地产开发有限责任公司承建，按商品房价格面向市场销售，当时定价为每平方米均价 1680 元。

**2. 综合楼**　2009 年 3 月，在饮马花园内修建集办公、住宿、餐饮为一体的综合楼，总建筑面积 4000 平方米，主体工程及室外配套附属建设工程总投资 1235.78 万元，2010 年 11 月竣工。2011 年 6 月 30 日，将饮马花园综合楼 1～5 层（5 层留两间为农场办公用房）租赁给自主择业者江祥来经营，租赁期限为 2011 年 7 月 1 日至 2026 年 6 月 30 日，共 15 年。租金为：2011 年 7 月至 2016 年 6 月，每年 30 万元；2016 年 7 月至 2021 年 6 月，每年 40 万元；2021 年 7 月至 2026 年 6 月，每年 50 万元。

## 二、住房制度改革

建场至 1993 年，农场的住房分配制度由农场统一规划修建，然后由机关主管部门分配给各单位，各单位依据职工家庭人口情况安排给职工居住，产权属于农场。1993 年，农场根据国家有关房改政策，将农场现有住房作价卖给住户个人，产权归个人，并给住户颁发了由农场印制的《房产证》。当时确定的房屋售价标准为：土坯房视其完好程度，每间 100～300 元；砖混结构平房每套 4000 元；楼房每套 6000 元。购房款可以一次交清，也可分三年交清。分三年交清者，在每年缴纳的房费额上增加 12.5%。

## 第二节　物业管理

### 一、行业发展

自 1956 年建场至 2007 年 12 月，农场的房屋、供水、供电、供暖、环境卫生等，由农场负责安排有关部门和单位进行统一管理。2018 年 12 月，根据《甘肃省人民政府办公厅关于印发甘肃农垦企业办社会职能改革实施方案的通知》（甘政办发〔2018〕63 号文），农场将物业管理移交玉门市饮马街道办事处管理。农场管理时期的物业管理情况大概如下：

1. **供水**　场部居民用水先后由场长办公室、工贸公司、物业管理中心管理。2004 年之前，按每户居住人口计算，水费收费标准为 1 元/（月·人）。从 2005 年开始，场部通过水表计量，按每户实际使用量缴费，1.50 元/立方米，各生产队仍然按户按人收费。2019—2020 年，全场由玉门饮马街道办统一供水，通过水表计量，2.0 元/立方米，按实际使用量收费。

2. **供电**　建场至 1973 年 12 月，农场自行用柴油机发电，用作日常照明。自 1974 年 1 月起，由玉门市川北镇变电所统一为农场供电，农场成立供电所统一经营管理，独立核算，自负盈亏。2000 年后，农场供电所整体移交甘肃农垦供电公司负责管理，当时移交工作人员 13 名，资产 49.037 万元。

3. **供暖**　从建场初期到 1990 年，农场职工宿舍、居民家庭取暖，包括单位办公场所大部分都是自行解决，但农场负责安排有关单位，特别是在冬季到来之前，给职工、居民家庭、办公场所供应原煤或煤砖，职工和居民家庭自己出钱购买。按当地的习惯，有的家庭靠生火炉、烧土炕取暖，也有的家庭靠烧柴火取暖。1991 年农场修建住宅楼后，改善了取暖条件，采用燃煤锅炉供应暖气，为居民住宅楼各住户供暖。这项工作最早由酒花公司负责，2007 年 12 月物业管理中心成立后，供暖工作交由物业公司管理。2009 年酒花产业从农场剥离后，由绿源公司为住户供暖。2010 年 6 月，农场投资 18.8 万元，改造了供暖锅炉，完善了有关设备，场区的供暖工作从绿源公司分离，交由场物业公司管理。至2019 年 10 月，此项工作移交玉门市饮马街道办事处负责管理。1991—2020 年农场取暖费收费标准见表 6-3-1。

表 6 - 3 - 1　1991—2020 年取暖费收费标准

单位：元/平方米

| 年份 | 项目 | | |
| --- | --- | --- | --- |
| | 居民取暖 | 单位取暖 | 商业门店取暖 |
| 1991—2006 年 | 20 | 31 | 29 |
| 2007—2018 年 | 23 | 31 | 31 |
| 2019—2020 年 | 24 | 31 | 32 |

**4. 房屋管理**　1956—1990 年，职工住房均由农场场长办公室统一安排，但房屋产权和使用决定权统归农场所有。1991 年，农场按照国家有关政策规定，制定下发了《关于饮马农场职工住房改革及管理办法》，允许将职工住房作价卖给住户个人，但所有权仍属于国家，房屋维修则由住户自己负责。在未实行住房个人拍卖之前的相当一段时间内，农场房屋的管理由工贸公司负责；2008—2018 年由场物业管理中心负责管理；2019—2020 年由饮马分公司行政办公室负责管理。

**5. 环境卫生**　一直以来，农场都对环境治理和公共卫生工作非常重视。1993 年之前，场区的环境卫生管理工作由场长办公室全面负责。1994 年，农场根据玉门市爱国卫生委员会通知，成立了场爱国卫生委员会，制定了相关制度，确定专门人员分工管理此项工作。同时，场爱国卫生委员会还对各生产队如何做好环境卫生工作提出了具体要求，制定了监督检查制度，并通知各生产队组织人员定期打扫自己区域内的环境卫生，保持干净整洁。

1995—2003 年，场区的环境卫生管理由农场工贸公司负责；2004—2018 年，由物业管理中心负责管理；2019—2020 年，此项工作移交给玉门市饮马街道办事处管理，但场部的环境卫生打扫等经费则由农场承担，各基层单位的具体环境卫生由各单位自行管理安排。

为彻底整治环境卫生，改善人居环境，2018—2020 年，分公司累计投资 3000 余万元，拆除危旧房 2756 间，面积达 66144 平方米；拆除废弃圈舍等 761 套，面积达 91320 平方米；清除垃圾 23198 吨，捡拾农田及地面的残膜 274 吨，平整场地 424900 平方米；新建圈舍 336 套，面积 53760 平方米；新植林木 190.13 亩。同时，在场部建设休闲公园 1 座，面积 12.79 万平方米。通过全方位治理，农场的人居环境得到很大改善。

**二、物业专业化维修、养护及管理**（经营范围）

场区的物业管理及专业化维修养护范围广、任务重、责任重大。为了做好这方面工作，场部制定了相关工作职责，责令严格执行以下几点：

（1）认真做好农场场区人员的饮用水供水管理，及时检查，维护设备（水塔）安全，加强对设备的日常管理、维修与保养工作。

（2）认真管理好饮马农场场区住宅楼及部分平房的供暖，加强对设备（锅炉及供热管线）的日常管理、维修与保养工作。

（3）加强对农场场区、菜市场及商业门店的安全防护管理，认真做好市场监管工作，及时安排人员清理垃圾，保持公共场所的干净整洁。

### 三、从业人员

2007年之前，农场无专职物业管理人员，均为兼职管理。2007年12月，饮马农场成立物业管理中心，李应跃任主任，赵立民、梁德才任副主任，还有3～5名业务人员，主要负责农场酒花烘烤，兼管市场监管、场区供暖、供水及环境卫生等工作。2008年12月，郑凌世任物业管理中心党支部书记兼主任，赵立民、梁德才任副主任，全面负责物业管理工作。2014年12月，马世仁任物业管理中心党支部书记兼主任，主持全面工作。管理中心有工作人员5名，重点任务是负责物业管理工作的正常运行。2017年11月，马福任物业管理中心副主任，主持日常管理工作。中心有3名业务工作人员，各自按照分工负责物业管理具体事务。2019年1月，物业管理中心撤销，此项工作交由饮马街道办事处负责，原中心工作人员马福、侯先锋、徐少标、王苏梅、杨九平、张琛同时调去街道办事处工作。

### 四、业务经营

物业管理人员的主要职责是为场区人员做好服务工作，提供场区供水、供暖服务，同时负责酒花加工。2009年，酒花加工业务与农场剥离，物业管理人员主要负责场区垃圾清理、卫生整治，商业门店安全管理，设备维修、管护等业务性工作。

### 五、经营效益

2017年之前，物业管理费用没有单独列支，由各分管单位统一管理，收入支出无法单独区分。2017年物业管理中心成立后，作为农场下设的二级单位，财务实行独立核算，自负盈亏。但因物业管理本属于服务行业，入不敷出，多年来处于亏损状态，一直由企业给予补贴，以维持其正常运转。2016—2019年物业管理中心经营情况见表6-3-2。

表6-3-2 2016—2019年物业管理中心经营情况

单位：元

| 项目 | | 时间 | | | |
|---|---|---|---|---|---|
| | | 2016 年 | 2017 年 | 2018 年 | 2019 年 1—6 月 |
| 经营收入 | 暖气费 | 827557.79 | 548473.95 | 600803.68 | 216443.95 |
| | 房屋使用费 | 186710.00 | 224749.50 | 254638.94 | 0 |
| | 水费 | 55010.00 | 48615.00 | 54516.25 | 0 |
| | 其他收入 | 0 | 33161.00 | 0 | 0 |
| | 场拨经费 | 0 | 300000.00 | 352132.39 | |
| | 收入合计 | 1069277.79 | 1154999.45 | 1262091.26 | 216443.95 |
| 经营支出 | 锅炉成本 | 649577.48 | 744469.64 | 839354.32 | 764250.14 |
| | 三产成本 | 146773.45 | 122810.26 | 50052.58 | |
| | 水塔成本 | 56128.55 | 67466.43 | 185404.93 | 0 |
| | 其他成本 | 0 | 11535.10 | 0 | |
| | 管理费用 | 215118.46 | 202466.70 | 187035.02 | 7732.10 |
| | 财务费用 | 1679.85 | 6251.32 | 244.41 | 5055.92 |
| | 支出合计 | 1069277.79 | 1154999.45 | 1262091.26 | 777038.16 |
| 经营利润 | | 0 | 0 | 0 | −560594.21 |

## 六、管理现状

2019年，玉门市政府在饮马场区成立了玉门市饮马街道办事处，同时设立了两个社区，物业管理中心的工作交由饮马社区负责管理。自此，物业管理中心撤销，农场仅负责打扫办公区域环境卫生。

# 第三节　公共秩序管理服务

## 一、行业管理

1999年7月之前，农场公共秩序、户籍管理、社会治安、禁毒工作、人民武装、信访维稳、法制宣传等方面的工作均由饮马派出所和饮马法庭负责管理。1999年7月20日，上级下发《关于撤销全区七个农垦法庭的通知》（酒中法〔1999〕第51号），根据文件规定，撤销饮马派出所和饮马法庭。法庭工作人员遂被分流安置，派出所警务人员仍从事保卫治安工作，但人员逐年减少，保持在3～5人。1999年8月，正式取消派出所建制，改称保卫部，全面负责场区的公共秩序和户籍管理、社会治安、禁毒、人民武装、信访维稳、法制宣传等工作。2019年1月，将公共秩序、户籍管理、禁毒、人民武装、社会治安等工作移交街道办（社区）管理，保卫部仅负责分公司内部的信访维稳、法制宣传等工作。

2019年前，场区内农贸市场及场区内各商铺、小饭馆等的环境卫生，商铺的正常管理服务工作，由工贸公司和物业管理中心负责，2019年后由饮马社区管理。

各基层单位以生产队为单位划分区域，负责辖区内的环境治理和公共秩序管理服务工作。

## 二、从业人员及业务经营

原农场派出所设正、副所长各1名，所长由农场任命并报送司法部门批准后任职，其他工作人员共3～5名，由农场安排，负责场区的公共秩序、户籍管理、禁毒、人民武装、社会治安、信访维稳等管理和服务工作。成立保卫部后，设部长1名，工作人员2～3名。

农场工贸公司设经理、副经理各1名，会计1名，其他工作人员2～3名。人员由农场任命，具体负责场区内的环境卫生，菜市场及场区各商铺、饭馆及工贸公司的业务经营管理和服务工作。

各基层以队为单位，队部设队长、党支部书记各1名，副队长1～2名，会计1名，出纳1名，其他工作人员1～2名。人员由农场任命，具体负责本单位的思想政治、宣传、信访维稳、生产经营、安全生产、土地管理、环境卫生、公共秩序等管理和服务工作。

## 三、经济效益

农场派出所和保卫部属于公益性质的保障服务单位，自农场成立以来均由农场支付管理费用，没有任何经济收入。2019年社会事业管理工作移交社区管理后，分公司保卫部工作人员的工资、社保等费用全部由农场承担。

在农场工贸公司和农场物业管理中心负责管理场区环境卫生期间，由农场核拨管理费用，管理单位实行经济独立核算、自负盈亏。但因其为服务性单位，收入来源单一，年底决算均为亏损，农场会视其具体情况给予适当经济补助。体制改革后，对各基层单位公共秩序及环境卫生等管理没有专项拨款，由各基层单位自行解决。但农场把上述几项工作列入基层单位年终考核，以促进工作的正常开展。

中国农垦农场志丛

# 第七编

# 综合管理

中国农垦农场志

政企合一是全国农垦的特点。本编叙述的是企业自身的管理范畴，而农垦企业自身的建设和发展，也是一般企业运行规律的反映。农场建设和发展的历程，反映了为解放生产力从计划经济向市场经济过度的艰难历程和农场广大职工为争取生存空间所付出的巨大代价，同时，也展现了党的十一届三中全会后农场的飞速发展给人们带来的思想观念上的巨大变化。

# 第一章　体制沿革

## 第一节　经营管理形式的演变

农场管理体制有过多次变动，归纳起来，主要经历了以下四次演变：

### 一、省、地、县多头领导，以县为主

1957年10月，甘肃省农业厅将其所属农场、拖拉机站下放所在县管理，并提出"今后新建国营农场由县主办，省、专、州进行协助，核定投资和任务。农场向县、专区、自治州报告工作或报表时，应同时报农垦局备查。关于国营农场经营管理、财务、人事编制、工资等，由省农垦局制定表格，发各场和所在县依照办理。"1958年3月21日，甘肃省人委批准转发了上述意见。依照规定，场区北湖农场、蘑菇滩农场归玉门县领导，饮马场第一农场则由甘肃省公安厅劳改局领导，内部管理按《国营农场组织规程》执行。

省、地、县多头领导，以县为主的管理体制，旨在依靠驻地政府办好农场，为农业合作化和人民公社化起示范作用。体制规定：国营农场的一切行政领导、党务、计划、财务、人事管理统归所在县领导；甘肃省农垦局负责计划下达、业务指导、工作监督。这种被群众戏称为"爹多娘少"的管理体制，存在许多现实问题，阻碍了农场的发展。1960年2月，甘肃省委决定，劳改农场的生产业务交甘肃省农垦局领导。饮马（劳改）农场亦实行省、地、县多头领导，以县为主的领导体制。当年冬，全省出现了严重的饥荒，饮马农场的情况也非常严峻。鉴于这种局势，经甘肃省委批准，对河西国营农场进行了调整。1962年3月，决定将饮马（劳改）农场交回甘肃省公安厅劳改局管理，蘑菇滩农场由甘肃省农垦局直接管理。

### 二、省、地双重领导，以地为主

这种管理体制曾出现过两次：第一次出现在国营农场建场后的时期，即建立河西垦区

期间。为加强对农垦的领导，甘肃省委在河西垦区设立张掖专区农垦局（后改为张掖专区农垦委员会），实行省、地双重领导，以地为主的管理体制。垦区有生产计划权、产品处理权、资产管理权和人事调配权，甘肃省农垦局在经费上给予支持，在业务上给予指导。第二次出现于1975年。当年，兰州军区生产建设兵团撤销，经过一年的平稳过渡，农场交由酒泉地区管理。地区负责农场的生产计划、产品销售、资金管理和人事调配。甘肃省成立农林厅农垦处，只负责经费核拨和业务指导。

### 三、中央和省双重领导，以省为主，实行军垦管理

1963年12月1日，根据甘肃省委、甘肃省人委《关于成立农业建设第十一师的通知》精神，蘑菇滩农场移交农建十一师管理。1969年10月，根据兰州军区和甘肃省革命委员会指示，饮马（劳改）农场与农建十一师第十一团互调，场区全部实行军垦管理体制。按照中央批示，甘肃军垦实行农垦部和省双重领导，以省为主，新疆兵团负责人才、技术、物资支援的管理体制，农牧场管理则借鉴"新疆兵团模式"，实行党委统一领导。

1967年1月，受"文化大革命"影响，师、团领导班子瘫痪，行政、生产、财务等权力归群众组织。3月18日，农场实行军事管制，成立"抓革命、促生产"指挥部主持日常工作。1968年2月，建立"三结合文化革命委员会"，实行军管与师团文化革命委员会共同领导的体制。1969年兰州军区生产建设兵团成立，以"命令"形式将师、团领导班子改组为以现役军官为主的领导班子，并由师、团任命了下一级领导班子，"三结合文化革命委员会"自然消失。11月，第三、四团党委会建立，完全执行现役部队的组织模式，下设司令部、政治和后勤处。1963—1974年，军垦体制持续了11年，始终未能解决粮食自给与企业亏损两大问题。

### 四、甘肃省农垦总公司领导

1978年，甘肃省农垦局开始筹建，并逐渐从兰州军区建设兵团接管甘肃农垦事业，饮马农场也回到农垦管理序列。甘肃省局直接领导是农垦企业集权管理的主要形式之一，在农场管理体制中多次出现。其管理特点是集权于行业主管部门，一切按照国家有关农垦的政策法规办事。在计划经济条件下，计划、财务、生产、人事等均由甘肃省农垦局直接管理，公、检、法由驻地政府掌握，党务工作由所在区党委部门管理。这种管理体制克服了前三种管理体制的不足，对稳定和调整农场经济起到了积极作用。

　　1981 年贯彻新的《国营农场工作条例》，实行党委领导下的场长分工负责制。为了向市场经济过渡，1983 年撤销甘肃省农垦局，成立甘肃省农垦总公司，逐步向农工商综合发展的企业集团过渡。逐步建立起适应农垦特点的产权清晰、责权明确、政企分开、管理科学的国有农业企业经营体制和管理体制，重新构建适应社会主义市场经济的微观基础。1985 年全面兴办职工家庭农场，实行"大农场套小农场双层经营"体制；1986 年根据中央颁发的《全民所有制工业企业厂长工作条例》《中国共产党全民所有制工业企业基层组织工作暂行条例》和《全民所有制企业职工代表大会条例》的规定，实行场长负责制、党委领导下的职工代表大会制和基层党组织对企业经营活动的保证监督机制。

　　甘肃省农垦总公司成立后，饮马农场由甘肃省农垦总公司直接管理。1997 年，经甘肃省农垦总公司批准，加挂"甘肃省饮马实业公司"牌子，转制为县级经营实体，企业的计划、财务、生产、人事均由甘肃省农垦总公司直接管理。2009 年 10 月，甘肃省农垦集团公司决定，将饮马农场部分农业类相关资产入组甘肃亚盛实业（集团）股份有限公司，成立了甘肃亚盛实业（集团）股份有限公司饮马分公司。自此以后，饮马农场与饮马分公司实行两块牌子、一套班子的管理体制。饮马农场作为甘肃省农垦集团公司的直属企业，由甘肃省农垦集团公司直接管理，饮马分公司上市公司的分公司，由上市公司管理。20世纪 90 年代后，随着改革的不断深化，管理体制亦逐步向建立现代企业制度转化，力求建立起适应市场要求、企业创新制度更为完善的管理体制。

## 第二节　管理体制改革

　　1979 年以来，农场按照党的方针政策，针对企业经营管理体制和存在的弊端，进行了一系列改革，取得了显著成效。

### 一、财务包干

　　1979 年 2 月，《财政部、国家农垦总局关于农垦行业实行财务包干的暂行规定》提到："1979—1985 年，对农垦企业实行独立核算，自负盈亏，有利润自己发展，资金不足可以贷款"。财政部与国家农垦总局根据农垦 1976—1978 年平均亏损额核定每年包干指标，一定 5 年不变。据此，甘肃省财政厅根据甘肃农垦的生产条件和管理水平，从 1980 年起，对农垦各企业实行"亏损包干，一定 3 年不变，节约留用，超亏不补"的办法（亏损指标以 1980 年基数计）。企业留用的利润和包干结余，执行"先提后用"的原则，当年的结余安排在下年度使用。50％为发展生产基金，用于生产技术措施；30％为职工奖励基金和集体福利基金；20％为储备基金，用于以丰补歉。实行财务包干后，企业所需要的基本建设投资、流动资金、事业费等，仍列入基本建设投资和财政预算解决。3年财务包干期满后，在总结前阶段经验的基础上，自1983年起将财务包干办法改为"一年一定，分项核定，严格控制亏损指标，以工补亏，加快植树造林和农田基本建设等劳务投入，以改变生产条件"。包干补贴资金在安排上主要用于发展生产和自救。

1985年，国家基本建设资金改为有偿拨改贷，流动资金移交银行统一管理，财务包干资金的40％改为有偿扶持，周转使用。初步改革理顺了国家与企业的分配关系，使农场能够在一定程度上自负盈亏，较好地解决了企业长期吃国家"大锅饭"的问题，企业开始有了压力和发展生产的动力，同时也极大地调动了企业的积极性，使农场逐步成为自主经营、自负盈亏、相对独立的商品生产者和经营者。

## 二、企业包干、限期扭亏、利润有限上交

1985年10月，国家财政部、农牧渔业部联合发出《关于"七五"期间国营农垦企业财务包干的几项规定》，甘肃省农垦总公司与甘肃省财政厅共同制定了《甘肃省国营农垦企业3年（1986—1988）财务包干办法》。该办法提出："全省农垦企业一律实行财务包干，一定3年不变。对盈利企业定利润递增指标，增盈不多缴，减盈不少缴；对亏损企业限期扭亏，定额补贴，超亏不补，减亏留用。"在执行这项政策时，由于农场在1984年已是盈利100万元的企业，按照政策规定，3年内盈利农牧场的利润全部留用不上缴。包干指标以内的利润按6：2：2分成，即60％作为发展生产资金，20％作为后备资金，20％作为集体福利和奖金。超包干指标的利润分成按上述项目顺序4：2：4分成的比例对农场很有利，对农场加强财务管理、增强企业活力、带动全面改革起到了重要的推动作用。

## 三、所有权与经营权分离

1983年12月22日，甘肃省政府发文强调："省农垦总公司是全民所有制的农垦企业组织，为经济实体单位，受省政府委托，行使省属农垦行业主管机关的职权，实行人、财、物、产、供、销的集中统一管理。"1984年1月7日，酒泉农垦分局改为酒泉农垦分公司，为县级经济实体单位，其任务和职能与农垦总公司相应，负责管理酒泉地区的农垦企业。随着改革开放的继续深化，1988年8月20日，甘肃省农垦总公司决定，将酒泉分

公司改为酒泉农垦公司，与酒泉农垦农工商公司合署办公，两块牌子，一套班子，为县级经济实体单位，实行自主经营，独立核算，自负盈亏。对所属企事业单位不再行使与总公司相应的职能，只做一些协调服务工作，以促进其急速向经济实体转化。此举虽然与其他改革不配套，增加了公司工作的难度，但对包括饮马农场在内的企业，确实起到了松绑作用。

### 四、实行场长负责制

1982年，甘肃省农垦局根据党的政策，开始在所属农场推行党委领导下的场长负责制，以加强场长在生产技术、经营管理方面的指挥权，并充分发挥各业务科室的职能，促进农垦经济的快速发展。同时，要求企业党委要把主要精力放在抓好职工的思想政治工作和党的建设上，凝聚力量抓建设。1984年6月，甘肃省农垦总公司根据国务院《关于进一步扩大国营工业企业自主权的暂行规定》，制定了《关于改革干部管理制度的试行意见》。该意见规定："农垦企事业单位的正、副职党委书记，行政正职，由总公司考察任免。行政副职由正职提名，报总公司批准。内部机构设置和科级干部由本单位任免，报总公司备案。允许企事业单位从工人中招聘选用干部。"1985年3月，甘肃省农垦总公司根据党的政策，并结合自身实际，决定各企事业单位一律实行场长、经理负责制。1987年10月，根据党的十三大精神，实行党政分开，企业实行招标选聘制，各级干部实行聘任制、任期制，并精简党群机构和人员，进一步落实场长负责制。

### 五、企业承包经营责任制（合同制）

1988年1月，农垦总公司和甘肃省经济委员会等10个部门联合制定了《甘肃省全民所有制大中型企业承包经营责任制试行办法》，在农垦企业全面推行聘任制和承包经营责任制。该办法规定，凡原任企业法人代表符合承包要求，职工群众信任，经济效益好，成绩突出者，由总公司重新考察，聘任为新的企业法人代表。副职和"三总师"由法人代表提名，征求总公司、分公司意见后，由总公司聘任。如产生分歧，则以法人代表的意见为准确定。各类专业技术干部和基层干部均由法人代表聘任。党群干部按《党章》《职代会条例》选举产生，报上级主管部门批准。1992年，国家颁布了《全民所有制企业转换经营机制条例》，农垦企业及其主管部门根据该条例精神，加快了经营机制的转换。农场对所属水泥厂、啤酒原料公司、工贸公司实行厂长（经理）负责制，这是实现企业承包经营责任制的基础。

政策规定，第一轮企业承包经营为 3 年（后改为 5 年），法人代表与总公司签订 1988—1990 年（后续签至 1992 年）承包合同，并经甘肃省公证部门公证。合同的主要内容包括工农业总值、实现利润、上交税金、实现销售收入、定额流动资金周转天数、全员劳动生产率、职工人均利税、资金利税率、粮食总产量、家庭农场盈利面、万元产值综合能耗、职工人均收入等 13 项主要经济指标及新产品开发、质量、上等升级、技术进步、债权债务、还贷、培训等目标和各自的责任与义务等。

农垦总公司对企业承包经营者每年进行一次考核，完成合同指标或超额完成合同指标者受奖，未完成合同指标者受罚。考核办法是按合同内所定经济指标的比重分项计分，总分为 100 分，即行业记分标准达到 100 分者为完成合同经济指标，低于者为未完成合同经济指标，大于者为超额完成合同经济指标，分项超额部分按超额比例加分。合同中所定管理目标、技术改造目标、新产品开发目标、债权和债务处理目标、质量目标、职工培训目标等的完成情况，没有硬性量化计分标准，由总公司经理联席会议研究决定，称之为目标分数。经济指标分数与目标分数之和称目标总分数，根据完成目标总分数的多少实行奖罚。

企业承包经营奖罚标准为企业法人标准，班子成员按法人标准的 80％ 执行，一次性兑现。企业内部的奖罚由法人制定，报总公司备案，不受企业承包经营奖罚标准限制。除现金和荣誉奖励外，同时还执行工资奖励。班子成员在企业连续 2 年超额完成经济指标时，每年按班子成员人数的 30％ 浮动一级工资，连续 3 年超额完成经济指标的，可以奖励一级固定工资，并按干部管理权限履行审批手续。因遭受不可抗拒的自然灾害，或因其外界条件巨变的影响，经过努力确实不能完成任期目标责任的，可由总公司经理联席会议权衡完成合同目标的总分，决定免、减、罚。

企业承包经营责任制的推行初步实现了所有权与经营权的分离，进一步理顺了国家和企业的关系，调动了经营者和职工的积极性。此时，饮马农场的生产形势越来越好，据记载，在 1999 年扭亏为盈、不断进步的基础上，新的改革又给企业发展加了油，增添了新的活力，年年实现 100 万元左右的盈利，经济指标定量考核综合得分最高曾达到 530.07 分，这些成绩的取得是与场领导班子和职工的努力分不开的。

## 六、农工商综合经营体系的建立

农垦企业是国有农业企业组织，自创建之日起便要求给国家上缴商品。但是甘肃农垦由于历史的原因，逐渐形成"以粮为纲"的自给型经营模式，除矿产品在市场销售外，农产品及工业都是按计划和需求自给自足，商业经营也仅限于系统内部。1979年，国家允许农垦企业在抓好农业的同时，大力发展工业和商业，实行农工商综合经营。中国农垦学习推广南斯拉夫农业企业的经验，全国各农场开始走农工商综合经营的路子。此时，农场也摆脱了"以粮为纲"的束缚，调整经济和种植结构，生产市场所需要的农产品。由于处于试办阶段，农场虽设立了农工商公司，但仅限于锰矿石的销售，而农副产品由于产量有限，销量也很有限。

1981年，经甘肃省政府批准，甘肃省粮食厅、甘肃省财政厅、甘肃省农垦局共同决定："自1981年至1985年，农垦系统国营农场免交粮食征购任务，农业税折交资金。"这给农场调整种植业结构、生产市场需要的商品提供了方便条件，使农场的生产要素得到合理配置，资源得到合理利用。农场种植业结构调整的主要内容是：压缩粮食作物面积，扩大经济作物面积，以粮食生产保自给，以经济作物保盈利，以绿肥牧草保畜牧业，以提高土壤肥力。在调整种植业结构中逐步建立起专门供应国内外市场的啤酒原料、黑瓜籽和特种药材的商品生产基地，使农场由自给性生产转向商品化生产，由亏损转为盈利。

农工商综合经营是农垦经营发展的必由之路，是一种跨越一、二、三产业，具有内在优化机制且适应性很强的生产经营形式。1985年，农场利用自有资金，组建了年产4.2万吨水泥的水泥厂；1993年，农场以股份制形式组建了年产5000吨啤酒麦芽的第一车间；1994年又扩建了年产1万吨啤酒麦芽的第二车间，并在此基础上组建了饮马啤酒原料股份有限公司；1996年，扩建了年产1.5万吨啤酒麦芽的第三车间，年生产能力达到3万吨；水泥厂通过技术改造，2002年的生产能力达到10万吨。上述工业项目的建成，是对建立农垦经济新体制的积极而卓有成效的探索，使农场有了新的动力和活力，促进了企业经济的快速发展。

### 七、职工家庭农场土地承包责任制

1983年8月，中央领导提出：国营农场也要学习农村包产到户的成功经验，试行职工家庭承包，办家庭农场，即大农场套小农场。11月，中国农垦研究所（会）在重庆召开国营农场经济学术讨论会，重点对职工家庭农场的性质、特点、管理体制、发展趋势及其在改革中的地位等问题做了初步理论探讨。在此基础上，甘肃省农垦总公司制定下发了《关于国营农场兴办职工家庭农场的意见》，决定先在部分农场试点。1984年7月，总公司在张掖农场召开试办家庭农场座谈会，提出了全面推广意见，并强调了"加快步伐，加强领导，注意政策，坚持自愿"的原则。9月，全国农垦工作会议召开，讨论、制定了《国营农场职工家庭农场章程（草案）》，使兴办职工家庭农场有了政策依据。1985年年底，农场共办起职工家庭农场778个，承包人数2956人，其中固定职工1095人。在职工家庭农场中，有种植业农场632个、饲养业25个、林业16个、果园6个、水产养殖业32个、其他67个。

职工家庭农场承包责任制的具体内容是：①家庭农场以户为单位，实行家庭经营、定额上交、自负盈亏，由职工本人申请，农场审核批准并发给《职工家庭农场证书》。家庭农场和农场签订《土地承包合同》，并承担经济责任。②家庭农场承包的土地以生产队为单位分配。由于耕地质量不同，一般分为三类（等、级），按等级确定产量指标和经营利润，承包面积视土地面积和承包人数而异，30～50亩不等。为了方便管理，承包土地尽可能集中，好坏地搭配。家庭农场对承包和开发的土地只有经营权和使用权，不能私自转包、代包和租赁。③家庭农场必须按合同完成产品和经济指标，超产加价，欠产罚差价。经济指标有5项，即向农场上交农业税、土地税、管理费、养老金统筹和利润，按承包土地的数量、质量和人数结合平均分摊。种植业上交基数，按承包前3年平均产量计算，基数调整则按平均增长率累加。④家庭农场成员的原有身份不变，农场不再支付工资。根据承包土地面积和种植种类，预借生活费，一般每亩地为每月5元，年底决算时一并扣回。职工个人收入的高低完全取决于商品生产的绝对数量，其工资等级和以后的工资变动仍按国家规定执行，作为档案工资，离退休和工作调动时有效。⑤家庭农场遇到不可抗拒的自然灾害无法完成合同指标时，农场根据实际情况酌情调低其上缴指标，采取减、免、补的办法解决。为避免或减少市场风险，兼顾三者利益关系，主要农产品采取确定生产资料供应和产品收购保护价。

兴办职工家庭农场是农垦管理体制改革的重中之重，它突破了旧的模式，兴建速度快，效果显著。1995年，农场共有职工家庭农场856个，承包人数1456人，承包面积37473.8亩，盈利人数1401人，收支平衡人数16人，亏损人数39人。当年职工家庭农场盈利总额578.49万元，是1985年的4.42倍，总产值、劳均产值、劳均上交利费分别是1985年的2.05倍、3.87倍和10.91倍，家庭农场职均收入为大田7604元、酒花5995元、果园6360元、畜牧6254.5元、农机6161元。

2002年，农场又全面推行"两费自理"（生产资料和生活费自理），职工家庭农场实现了真正意义上的"自主经营，自负盈亏，自担风险，自我发展"，打破了多年来由农场垫付生产资料和预借生活费的农业生产模式，从根本上解决了职工家庭农场"负盈不负亏"的被动局面，强化了职工家庭农场的风险意识，为提高"农业增效，职工增收"开辟了新的途径。当年，"两费自理"实施率达 100%。

2006 年 1 月，农场在推行"两费自理"的基础上，又全面进行"三费自理"（生产资料、生活费、养老费自理）改革。农场给每一名家庭农场职工划分"养老田"5～8 亩，不收取承包费。职工耕种"养老田"产生的效益用于缴纳养老、失业、工伤、生育四项社会保险费用。农场不再承担职工的社会保险费用，由职工自行向农场按玉门市社保局规定的标准缴纳，农场代收后，如数向玉门市社保局缴纳。2007 年 1 月，农场又给每位职工划分 2 亩"医保田"，不收取承包费。职工耕种"医保田"产生的效益用于缴纳医疗保险费。因甘肃省上缴社保费的标准逐年提高，职工负担加重，农场决定，从 2018 年 1 月开始，职工社保费增加的部分由农场承担。当年，农场为职工缴纳增长部分养老金 39 万元。

## 八、大农场套小农场的双层经营

在实行上述改革的同时，"大农场套小农场"的双层经营活动也在向前推进。构成这个体制的两个层次是大农场和小农场。大农场是指国营农场总场、生产队和各种专业性服务公司；小农场是指包括各种专业户、农机承包车组和其他形式在内的经济实体。大农场以经营为主，以组织规模生产、谋求规模效益为主要经济职能；小农场则以生产为主，以实施优质、高产技术措施为主要经济职能。在行政隶属上，大农场对小农场负有领导、管理、服务、监督的职能；在经济责任上，通过签订承包合同，明确双方的责、权、利，以契约形式共同遵守执行。以家庭承包为基础，以专业服务为依托，以企业经营为主导。

以统为主、统分结合是双层经营的基本内容。统，是指大农场是独立决策的经营主体，代表国家占有土地等重要生产资料，在行政上领导和管理小农场，在再生产过程中开展各种生产性服务，是集中的、统一的实体，可以在总体上控制小农场；分，是指低一层次的经营主体——家庭农场，通过承包合同获得了土地的使用权和经营权，进行分散自主经营。农场在生产经营环节上，系统地建立了"十统十分"制度，即统一种植计划，分户分条田落实；统一产品销售，分户计算效益；统一产品收购价格，超产加价欠产罚差价；统一生产资料调配供应，分户分作物投入生产；统一账物管理，分户核算收支，自负盈亏；统一技术措施和生产措施，按环节分户落实；统一调配灌溉用水，分队分户实行轮灌，按户按所耗水方量计费；统一调配农机，车组分片包干；统一安排农田基本建设，支渠以上由场承担，斗渠以下由队按户分摊任务，计入劳务工；农忙和突击性工作，由场统一调动劳动力，由队组织实施，分户摊工。统分结合使两个经营层次的经济职能作用有了明确的分工，家庭农场收入完全取决于商品生产的绝对质量和数量，农场效益的好坏则取决于市场决策和营销效果。

在"大农场套小农场"双层经营体系中，小农场是第一经营层次，而生产队则是第一管理层次，队长对本队负有全面完成各项生产任务和经济指标的责任。农场经营计划的担子一定程度上压在了队长的肩上。队长和场长直接签订经营管理承包责任书。

## 九、调整所有制结构

在连续不断的改革进程中，旧的单一的所有制形式被打破，所有制逐步向多元化的方向发展，形成国有、集体、个体经济、私营、合资和股份制经济等多种经济成分并存的所有制结构。1986年，农场根据甘肃省"两西"建设委员会的指示，接收安置了会宁、永靖等干旱贫困地区的部分移民，不纳入农场职工范围，划拨土地、房屋等生产资料，自主经营，农场仅负责管理。1992年，农场根据党的十四大精神，对场直属商业、运输单位实行了拍卖、租赁经营。通过所有制结的调整，打破了公有制一统天下的格局。多种所有制并存既做到了优势互补、相互竞争、相互促进、共同发展，又有效地利用了资源和劳动力，方便了群众生活，加快了整个企业的经济发展。同时，大大减轻了企业负担，增加了职工的收入。

## 十、实行企业统一经营

自实行"两费自理"以来，农资、农产品由职工群众自行采购，自行销售，假种子、假化肥和打白条事件时有发生。这不仅严重侵占和损害了职工群众的利益，还给公司的社会稳定和经济发展带来严重的负面影响。

至2010年，"两费自理"和"三费自理"职工家庭农场分散经营14年后，为提高农产品市场竞争力和经营效益，增加职工收入，推行"统一经营"管理模式，即农业生产资料由企业统一供给、农产品由企业统一销售、农业种植技术统一标准、土地逐步收归农场统一经营。尤其是在2016年后全面推行这一模式，取得了明显成效。

**1. 农业生产资料统一供给** 企业统一供给的生产资料包括种子、无机肥、有机肥、部分农药、地膜等。每年春季，公司按种植面积、种植作物及施肥方案统一下达计划任务，由各农业生产队负责落实，纳入分公司统一供给的农业生产资料，享受国家农业支持保护政策等涉农政策的补贴。统一供给的农业生产资料在确保质量的前提下，销售价格不得高于同期市场价，由农场定价委员会定价。对拒不使用公司统一供给生产资料的种植户，其耕种的土地租赁费（承包费）每亩调控提高 40～70 元。2016—2020 年，分公司供销公司统一供给生产资料 29713 吨，年均销售 5942 吨，在实现生产资料统一供给全覆盖的同时，积极对外拓展，农资供销"朋友圈"进一步扩大，有力提升了农场在玉门市的影响力和话语权，2020 年销售化肥、地膜等农业生产资料 6770 吨。

**2. 农产品由企业统一销售**　按照不同的作物进行分类实施，确保公司收益面积全覆盖。总体上分订单面积和非订单面积实施。

（1）直接与种植户签订订单种植作物（食葵、白瓜籽等）。凡属分公司与家庭农场签订的订单作物，生产的合格产品全部交售分公司供销公司，并享受订单约定的赊欠生产资料等优惠政策。订单面积中生产的农产品不向分公司交售产品的，每亩租赁费（承包费）调控提高 40～70 元。

（2）间接与种植户订单种植作物（苜蓿、茴香、青贮玉米）。

①苜蓿、茴香：由公司引进多个收购方进行统一销售。公司不再统一与种植户签订订单，由种植户自由选择交售给特定合作收购方，产品款由公司统一兑付给种植户。对不交售产品的，每亩租赁费（承包费）调控提高一定额度。

②青贮玉米：青贮玉米由公司和饮马牧业公司协商确定种植规模，分公司统一安排种植地点。订单由饮马牧业公司直接和种植户签订，产品款由饮马牧业直接兑付给种植户。种植青贮玉米的种植户的土地租赁费（承包费）每亩调控提高一定额度。

（3）非订单种植作物。

①小麦：每年公司按轮作倒茬的需要确定种植小麦面积，生产的小麦由公司以保底价统一收购，但不做硬性要求。种植小麦的种植户的土地租赁费（承包费）不做调整。

②枸杞：枸杞暂不纳入公司统一经营范畴的，种植户的土地租赁费（承包费）暂不做调整。

③其他经济作物（洋葱、哈密瓜、花卉、制种等高效作物）：在国有土地上种植的其他经济作物，每亩土地租赁费（承包费）调控提高一定额度。

（4）直接签订订单和间接签订订单的作物。可根据市场行情具体确定，产品统一销售的办法可互相参考执行。同时，先后出台了《关于加强和规范公司农资农产品统一经营工作的指导意见》《饮马分公司统一经营田管理办法》《饮马分公司项目化管理团队统一经营土地管理办法》等指导性规章制度，从制度层面进一步加强和规范了公司统一经营工作。2020 年，销售化肥、地膜等农业生产资料 6770 吨，统销农产品 40000 吨，企业统一经营田面积达到 1.44 万亩，年统一经营收入达 1400 万元。

2016—2020 年，分公司供销公司累计收购农产品 114262 吨，年均收购 228532 吨。截至 2020 年，由企业统一收购的农产品达到 40000 吨，除枸杞由种植户自行销售外，其余大宗农产品均由供销公司收购和销售。

3. **农业种植技术统一标准** 对农业种植技术进行统一标准要求，保证各种农作物种植获得成功。

4. **土地逐步收归农场统一经营** 为提高土地规模经营效益，从 2018 年开始，农场对统一经营田进行探索性改革，对职工退休或临时租种土地人员退出的土地，采取"收、整、种、租"的方式，除部分租赁给他人种植外，规整出一部分由农场统一经营。2019 年分公司成立产业部，专职经营管理分公司统一经营的土地。2020 年，企业统一经营田面积达到 1.44 万亩，当年统一经营收入达 1400 万元。

# 第二章　综合管理

## 第一节　计划管理与变革

农场实行以计划为依据，组织、指挥和监督生产经营或其他业务活动的计划管理制度。建场初期，依据省以上计划部门审核批准的《建场任务计划书》，在国家计划指导下，建立健全计划管理机构和制度；根据国家任务，结合农场实际，编制切实可行的有关生产经营活动的各项计划；采取有效措施，保证计划的贯彻执行；对计划的执行进行核算、分析和检查，并及时发现问题、总结经验、改进工作。

1959—1979年，国家对农场实行指令性管理，农场以生产建设为中心，按国家下达的计划任务（指标）组织生产，没有自主权。国家实行统支统收的计划财务管理，所需物资由国家调拨，基本建设由国家投资，职工粮油由国家供应，产品全部上交，亏损国家补贴。农场对基层生产单位依靠行政手段，实行指令性计划管理，计划与企业效益、职工利益基本脱节。

改革开放后，提出发展社会主义商品经济，特别是党的十四大确立了建设社会主义市场经济，国家扩大企业生产经营自主权，相应改革计划管理体制，实行指令性计划、指导性计划和市场调节相结合，走出了一条新路子。农场在国家计划指导下，以提高经济效益为中心，根据市场导向和上级下达的主产品数量、经营利润（或减亏）等基本指标编制计划，组织生产建设和经营活动。

进入2002年，农场农业开始实行"两费自理"模式。根据市场需要，职工生产的产品由职工自行销售（除了订单）。农场以适应调整经济指标、提高职工效益为主，加快改革步伐。2008年，农场农业实行"三费自理"模式。2009年，酒花从农场剥离，当年，农场将农业1队至农业7队的财务归集到农业公司统一管理，移民队单独核算。2016年年底，成立了企业管理部，农业单位财务归集到该部门。2017年实行统一经营后，牢固树立了"一切围绕市场转，一切为了营销干"和"国有土地上的农业生产资料必须要由企业统一供给和国有土地的产品必须由企业统一销售"的理念，进一步提高了企业抵御自然风险和市场风险的能力。

# 第二节　财务管理与变革

财务管理涉及企业的全部经济活动，是服务于生产（业务）、保证生产经营活动正常进行的必要手段。农场财务包括资金的筹集、调拨、使用、分配、结算、支付和偿还等所有经营活动，通常在财务计划指导下运行。财务计划是农场综合经济计划的组成部分，是进行财务管理、财务监督的主要依据。2009 年入组亚盛股份公司后，饮马分公司财务管理实行股份公司的管理模式，农场仍然按原先的财务管理制度运行。

## 一、管理机构

饮马（劳改）农场初建时期设财务科，编制为总账会计、工副业会计、基建会计、成本会计及出纳各 1 人。财务科的主要职责有：编报财务计划和财务报表；平衡资金，保证各项费用、资金的供给；负责经济的核算、考核成本计划费用指标及定额管理；上缴利税、清理结算来往款项等。

军垦时期，团设计划财务股，编制有成本会计、资产和材料会计、计划统计、劳动工资参谋、基建会计、出纳等财务人员，1966 年增设固定资产和往来结算会计。1970 年，计划财务股隶属后勤处，主要职责是根据师计划财务科下达的财务指标和其他计划、预算和定额，编报团财务计划和财务报表，通常包括流动资金计划、利润计划、固定资产折旧计划、财务收支计划总表等。同时，完成团与国家预算及主管部门之间的缴拨款任务，团与银行之间的有关转账业务，团与附属单位之间的资金调拨任务，团与其他单位之间发生的结算任务，团与职工之间的有关劳动报酬和福利费用的结算、支付业务等。

1975 年，第三、四团合并为饮马农场，设置计划财务科。1984 年，农场对机关进行了改革调整，计划财务科并入场长办公室。1986 年，恢复计划财务科建制。1994 年进行机构调整，设经营财务部，增设结算中心、内部审计股室。

2002 年实行"两费自理"后，农场设计划财务项目信息部和党群纪检审计部，主管财务核算、项目及审计工作。2008 年年底，农场进行了机构改革，成立农业公司，生产队的会计直接转为出纳兼保管，由会计在农业公司进行核算，并制定出台了《饮马农场农业单位会计核算办法》，农场设计划财务项目信息部，对业务进行管理。2009 年入组亚盛股份公司，会计机构的设置未发生变化。2012 年，分公司根据亚盛股份公司总部的要求，制定了内部控制和财务管理制度，设立财务部、项目部、审计部。2014 年年底，根据国资委的要求，分公司与农场财务财务分离，至 2020 年，机构设置没有变化。2004—2020 年农场财务人员情况见表 7-2-1。

表 7-2-1　2004—2020 年财务人员情况

单位：人

| 年份 | 总人数 | 性别 | | 职称 | | | 文化程度 | | | | | 年龄结构 | | | |
|---|---|---|---|---|---|---|---|---|---|---|---|---|---|---|---|
| | | 男 | 女 | 中级 | 初级 | 会计员 | 本科 | 大专 | 中专 | 高中 | 初中 | 30岁以下 | 31~40岁 | 41~50岁 | 51岁以上 |
| 2004 | 34 | 21 | 13 | 1 | 11 | 22 | 0 | 6 | 7 | 13 | 8 | 13 | 15 | 4 | 2 |
| 2005 | 34 | 21 | 13 | 1 | 11 | 22 | 0 | 6 | 7 | 13 | 8 | 13 | 15 | 4 | 2 |
| 2006 | 34 | 21 | 13 | 1 | 13 | 20 | 2 | 9 | 5 | 12 | 6 | 12 | 16 | 4 | 2 |
| 2007 | 33 | 20 | 13 | 1 | 13 | 19 | 2 | 11 | 5 | 12 | 3 | 0 | 27 | 2 | 4 |
| 2008 | 32 | 20 | 12 | 1 | 13 | 18 | 2 | 11 | 4 | 12 | 3 | 0 | 26 | 2 | 4 |
| 2009 | 28 | 16 | 12 | 1 | 10 | 17 | 2 | 11 | 5 | 10 | 0 | 0 | 26 | 2 | 0 |
| 2010 | 28 | 16 | 12 | 1 | 10 | 17 | 2 | 13 | 3 | 10 | 0 | 0 | 26 | 2 | 0 |
| 2011 | 27 | 14 | 13 | 1 | 10 | 16 | 2 | 13 | 12 | 0 | 0 | 0 | 26 | 0 | 1 |
| 2012 | 27 | 12 | 15 | 1 | 10 | 16 | 2 | 13 | 12 | 0 | 0 | 0 | 23 | 3 | 1 |
| 2013 | 26 | 8 | 18 | 1 | 10 | 15 | 2 | 15 | 9 | 0 | 0 | 0 | 23 | 3 | 0 |
| 2014 | 26 | 7 | 19 | 1 | 10 | 15 | 2 | 15 | 9 | 0 | 0 | 0 | 23 | 3 | 0 |
| 2015 | 26 | 6 | 20 | 1 | 10 | 15 | 1 | 15 | 10 | 0 | 0 | 0 | 23 | 3 | 0 |
| 2016 | 26 | 6 | 20 | 1 | 10 | 15 | 1 | 18 | 7 | 0 | 0 | 0 | 23 | 3 | 0 |
| 2017 | 26 | 6 | 20 | 1 | 10 | 15 | 2 | 18 | 6 | 0 | 0 | 5 | 18 | 3 | 0 |
| 2018 | 25 | 6 | 19 | 1 | 10 | 14 | 4 | 18 | 3 | 0 | 0 | 8 | 11 | 6 | 0 |
| 2019 | 25 | 6 | 19 | 1 | 10 | 14 | 7 | 18 | 0 | 0 | 0 | 10 | 9 | 4 | 2 |
| 2020 | 25 | 6 | 19 | 1 | 11 | 13 | 11 | 14 | 0 | 0 | 0 | 10 | 9 | 4 | 2 |

## 二、管理转变

在计划经济条件下，农场的经济运行以实物为中心。农垦主管部门以实物形式下达计划任务，给农场的物资配给也是实物指标。因此，农场财务管理多集中在设备和原材料的配给量以及生产数量的完成情况上。农场在整个生产过程中以物为主导，人和钱随着物的运行而运行。

1956—1979 年，实行集中统一的财务管理制度。农场在上级主管部门的直接领导下，按照国家计划统管财权，统一接受国家或省的财政拨款，统一办理银行的存、贷款，亏多亏少均由财政弥补。农场对基层生产单位实行资金和财务收支统一管理，费用指标下达基层单位掌握使用，采用领报账制度或分级管理分级核算制度。

1980 年后，甘肃农垦开始实行财务包干政策，按照"包干上交、基数包干、超基数比例分成、定额补亏"的原则，既保证了国家财政收放的稳步增长，又使农场积累了一定的财力。从 1994 年开始，农垦面临纳入国家所得税运转序列的新形势，按照财税字〔1994〕168 号文件精神，完成了财务包干政策向所得税的平稳过渡。随着农场自主财力的增强，企业具有更强的配置资源、增强农业投入、调整产业结构的能力。

在市场经济条件下，农场遵循价值规律、供求规律和竞争规律，进行自主运作，生产、经营活动以增值最大为目的。为此，从"八五"计划开始，农场财务管理出现了以下几方面的转变：

1. **实施了"两则""两制"，进一步规范财务管理** "两则""两制"的实施使财会模式逐步向社会主义市场经济转轨，打破了过去沿用的财会制度，按所有制和部门分别确定。按照公平、规范、统一的原则，突出企业的市场主体地位和必要的理财自主权，使农场的会计基本原则、会计平衡公式和会计报表体系与国际惯例初步接轨。

2. **狠抓了扭亏工作，促进了农场效益的提高** 1985 年，国家对农场的基本建设投资由财政拨款改为贷款或由企业自筹。农场对基层生产经营单位实行单独核算，自负盈亏，根据定额上交、利润包干上交或超利润按比例分成的规定，对事业单位实行"经费包干、超支不补、节余留用"。财务部门在提高认识、明确目标、突出重点、搞好扶持等方面狠下功夫，落实了扭亏增盈责任制，建立了扭亏增盈基金，深入开展"双增双节"活动，取得了很好的成效。到"九五"末，播种面积由 1983 年的 3.1 万亩增至 6.2 万亩，增加 100%；荒地开垦、土地改良和渠系配套工程均是在国家没有投资的情况下，依靠自身积累或银行贷款完成的；粮食总产量由 1983 年的 6083 吨增至 1.8 万吨，增长 2.86 倍；销售收入 1983 年为 635.5 万元，1997 年突破亿元大关，2000 年达到 1.3503 亿元，增 16.28 倍；工农业总产值年增长率为 105.7%，上交税金年增长率为 122.5%，劳动生产率年增长率为 92.5%。

**3. 内部财会改革进一步深化，加速了财会工作的转型**　变型期内，农场围绕"两则""两制"制定了切实可行的企业内部财务管理办法、成本核算规程和会计核算制度，进一步规范了内部管理行为和核算体系。在切实加强会计基本工作，做好记账、算账、报账工作的同时，主动参与企业经营决策，拓宽理财范围，强化了会计工作职能。在做好传统财务会计工作的同时，大胆创造和采用现代管理会计技术，发展具有农垦特色的责任会计、内部银行、成本否决法、模拟市场核算、责任成本等系列会计管理方法，丰富了会计管理内容和实践。

**4. 强化了财会队伍建设，财会人员的整体素质明显提高**　初步建立了较为公平的财会人员评价、选拔和培养机制，建立财会人员的业绩、奖励、评价机制，会计队伍的人才结构和知识结构大大改善。

**5. 初步建立较为规范的企业会计核算制度**　根据"两则""两制"要求，结合农场生产经营特点和经营管理实际，建立了比较规范的内部会计核算制度，包括企业账户体系、会计岗位责任制、账务处理流程、会计政策、会计报表编制和报送程序、会计报表分析制度等。

**6. 初步建立了较为权威的财会监督、财会咨询服务模式**　为适应发展社会主义市场经济体系的要求，建立以社会中介机构、政府审计和企业内部审计监督为主，会计检查为辅的会计监督体系，积极引进会计师事务所等市场中介机构参与农场项目、投资、生产、经营决策、咨询服务，提高财会工作为经济改革和企业发展进行评估、论证、咨询服务的水平。

2004 年 6 月，财政部颁布了《企业会计师制度》和《农业企业会计核算办法》。7 月 10 日至 10 月 12 日，五联联合会计师事务所受甘肃省农垦集团公司委托，对农场进行了清产核资专项财务审计，并开始修订和完善原有的各项财务会计制度，包括企业内部的财务管理制度、会计核算制度、资产管理制度，会计电算化管理办法等。

2007 年，为管理好财务经济，农场在原有基础上重新制定了财务管理制度，同时设置了计划财务部，配置了几名有较高思想素质和业务能力的会计人员进入计划财务部工作。计划财务部作为独立的财会机构，负责办理农场的计划、统计、财务、项目、会计等所有与经济有关的业务。2012 年，按股份公司要求，分公司制定《甘肃亚盛实业（集团）

股份有限公司饮马分公司制度手册》，将公司的所有制度归集到一起，便于查看。
2020年，公司再行审核更新了该制度手册，加强对财务工作的管理。

### 三、资金管理

农场的资金管理主要包括固定资金、流动资金、基本建设资金和专用资金。1993年，按照国家新的《企业财会通则》规定，主要资金划分为固定资产、流动资金和公益金，不再设专用基金科目。2009年入组亚盛股份公司以后，公司的资金管理主要包括货币资金管理（库存现金、银行存款）和票据管理，资产管理主要包括存货管理、固定资产管理、无形资产管理。

1. **固定资产管理** 根据《企业财会通则》规定，由国家或者财政投资的固定资产和流动资金统称国家资本金。农场的土地、道路、桥梁、机井、晒场、防护林、经济林等，都列为固定资产。农场建立了严格的固定资产管理使用责任制和定期清查、盘点制度。对于盘亏（盘盈）的固定资产，按照规定手续，报经批准后自"待处理财产损失"（盘盈）账户结转"固定基金——企业固定基金"账户。企业的固定资产管理还包括：①编制固定资产修理计划，进行固定资产的经常维修和大修；②确定固定资产的折旧率；③采取措施提高固定资产的利用率，尽量减少未使用固定资产，及时处理不需要的固定资产；④拟定并执行固定资产的更新、扩建、改造和清理方案，进行固定资产核算和分析，检查固定资产的运用和维修情况等。2007年，农场制定了财务管理制度，规定了固定资产的标准、计价、内部管理、固定资产的折旧等。2012年，股份公司实行内控制度，对固定资产制定了管理办法，该办法分为六章、三十条，系统阐释了固定资产在企业管理中的作用，充分发挥了固定资产效能，提高了公司的整体经营效益。

2. **流动资金管理** 维持农场正常周转最低需要的定额流动资金，1986年以前统一由国家财政拨款。实行财务包干政策后，国有商业银行对企业所需各种流动资金统一供应和统一监督。政策规定，流动资金只能用于生产，严禁挪作基本建设、更新改造和福利开支。

定额流动资金由财务部门统一管理。年初核定各生产单位资金占用限额、单位转账、交款以及农本垫支等资金往来均由会计办理。农场定额流动资金分为储备资金、生产资金、生产成本资金、库存商品、待处理流动资金损失等科目。严格执行流动资金管理制度，现金库存按银行规定办理，建立较健全的采购、领发、保管、销售责任制度。

**3. 专用基金管理**　专用（项）基金亦称"特种基金"，在农场有更新改造基金、职工保险福利基金、企业基金、生产发展基金、储备基金、奖励基金、大修基金等。1983 年 7 月 1 日之前，按当时会计制度规定设立专用基金会计科目，是农场内部财务管理的一个重要组成部分。

更新改造基金主要来自固定资产折旧和变价收入。1963 年以前，固定资产折旧按政策规定如数上交，企业固定资产更新由国家重新投资。1973 年财政部财字 337 号文件规定："固定资产折旧和变价收入作为更新改造资金，原则上留企业，主管部门也可集中 30％（最多），在所属企业之间调剂使用。"

职工福利基金按职工工资总额的 11％提取（1993 年改为 14％），用于职工劳动保险、医疗、生活困难补助、集体福利设施。1978 年规定，职工福利基金用于医疗支出占 6％～7％，生活困难补助占 1.5％，集体福利补贴和福利设施维护占 2.5％，费用项目之间可以调剂使用。

1993—2001 年，职工福利基金按职工工资总额的 14％提取，用于职工劳动保险、医疗、生活困难补助、集体福利设施等。2002 年农场实行"两费自理"后，职工福利基金再未提取。

企业基金主要用于职工集体福利。1993 年国家财政部有关政策规定："企业在完成国家下达的主要产品产量、产品交售量、成本、利润和流动资金周转等五项年度计划时，可按全年工资总额的 5％提取。"1980 年实行财务包干后，企业基金不再提取。国家有关政策规定，财务包干结余部分的 50％作为生产发展基金，用于生产技术措施等方面；其余 30％可作为职工奖励基金和集体福利基金，20％作为储备基金用作以丰补歉。

1993 年 7 月 1 日，国家财政部下发《农业企业财务制度》，明确企业可以从缴纳所得税后的利润，或完成上交包干利润后的利润中提取法定盈余公积金和公益金。盈余公积金可用于转增资本金，公益金主要用于企业职工集体福利设施支出。这一规定现在仍在继续执行。

**4. 财务监督与检查**　建场以来，农场非常重视财务制度的执行和财务监督、检查，严格财经纪律，不断建立健全各项规章制度，保证财务工作的正常运行。20 世纪 50—60 年代初，农场财务股核算后，会公布各基层单位"三包一奖"的执行情况，接受职工群众的监督。军垦时期，各生产连队有士兵委员会，实行民主理财，定期对本单位的经济活动进行分析、监督，公布各项经济指标完成情况，让群众找差距、提问题，加以整改。

1975 年两场合并后，按照农垦企业规定的财务管理制度，严格执行会计原则，认真记录并定期报告企业的生产经营和财务状况，接受职工理财小组的监督检查。1982年，在贯彻落实中共中央〔82〕1号文件及农垦部关于《开展财务检查的意见》时，农场认真组织人员对本场财务进行了大检查。涉及的主要内容有：①会计工作制度是否健全；②执行财务会计制度和财经纪律的情况；③彻底清查贪污盗窃、投机倒把、行贿受贿、敲诈勒索、侵吞国家资产，以及造成严重经济损失等违法违纪问题。方式上采取自查互查，主管部门重点检查的办法，发动群众检举揭发揭露问题，并提出改进措施，对查处的问题进行严肃处理。

1985年9月，结合推行职工家庭农场承包责任制工作，农场对全场基层核算单位进行了财经纪律、财务制度执行情况大检查。通过财务检查、清查盘点库存，查出违犯财经纪律、财务制度的案例36件，暴露出财务管理上存在的问题，并随即对当事人进行了严肃处理，在财务管理方面进行了认真整改。从20世纪90年代开始，为使农场财务工作适应市场经济形势和环境的变化，更好地发挥其管理职能，农场财务部门建立了切实可行的岗位责任制，保证了财务工作的有效进行。

2009年10月，农垦集团公司将饮马农场优良资产入组亚盛集团，成立甘肃亚盛实业（集团）股份有限公司饮马分公司和甘肃省国有饮马农场，分公司财务管理实行股份公司的管理模式，饮马农场依旧按原先的财务管理执行。2012年，甘肃省国有饮马农场财务应农垦集团公司财务部要求实行统一管理，建立NC账务处理系统。同时，分公司按股份公司要求制定了饮马分公司《财务管理制度》《内控控制手册》，按照新的制度严格把关。2014年，国务院国有资产监督管理委员会在对分公司的检查中，提出了财务"两分开，三独立"的做法。2015年，饮马农场与分公司体制分开，财务随即分开，各自单独管理。

为强化财务监督，2010年，农垦集团公司实行为下属单位委派财务总监的制度。2010年，农垦集团公司聘任郑红斌为农场财务总监。2012年后，亚盛股份公司按照上市公司财务管理的要求，每年除亚盛股份公司财务部对分公司财务进行全面审计外，还委派会计事务所人员对分公司财务进行审计。先后委派五联会计事务所、瑞华会计事务所、国浩瑞华会计事务所、大信会计事务所对分公司财务进行了审计。

2018年，饮马分公司设立审计部（农场入组亚盛成立分公司，资产情况从2010年开始审计）。

1983—1997年农场财务收支与利润统计见表7-2-2，1998—2020年饮马农场资产情况见表7-2-3，2010—2020年亚盛饮马分公司资产情况见表7-2-4。

表7-2-2　财务收支与利润统计

| 项目 | 1983 | 1984 | 1985 | 1986 | 1987 | 1988 | 1989 | 1990 | 1991 | 1992 | 1993 | 1994 | 1995 | 1996 | 1997 |
|---|---|---|---|---|---|---|---|---|---|---|---|---|---|---|---|
| 1. 经营总收入 | 635.48 | 796.90 | 759.55 | 740.99 | 911.27 | 1622.22 | 1618.30 | 1417.60 | 1599.80 | 2239.00 | 3528.00 | 4340.00 | 6720.00 | 8015.00 | 11040.00 |
| 2. 经营总成本 | 681.70 | 753.94 | 756.58 | 638.75 | 827.55 | 1560.13 | 1175.90 | 1192.10 | 1332.80 | 1906.00 | 2833.00 | 3531.00 | 5748.00 | 6303.00 | 9140.00 |
| 3. 税金 | 14.08 | 9.56 | 13.55 | 15.45 | 15.12 | 19.86 | 21.60 | 25.50 | 64.00 | 53.00 | 166.00 | 172.00 | 209.00 | 297.00 | 343.00 |
| 其中：农牧税 | 9.48 | 9.49 | 12.00 | 10.05 | 10.00 | 14.80 | 17.50 | 17.60 | 55.00 | 42.00 | 67.00 | 67.00 | 67.00 | 69.00 | 69.00 |
| 4. 营业外收入 | 0.92 | 3.35 | 12.43 | 3.39 | 14.20 | 3.53 | 0.90 | 2.60 | 1.00 | 1.00 | 2.00 | 5.00 | | | |
| 5. 营业外支出 | 36.47 | 40.71 | 41.93 | 46.93 | 44.90 | 52.92 | 50.40 | 55.80 | 72.90 | 93.00 | 68.00 | 25.00 | 46.00 | 44.00 | 57.00 |
| 6. 决算上报利润 | −92.89 | 0.14 | 1.03 | 10.01 | 20.00 | 30.00 | 102.40 | 107.00 | 108.00 | 109.00 | 120.00 | 128.00 | 201.00 | 399.00 | 160.00 |
| 考核场长政绩利润 | | 40.39 | 56.82 | 57.35 | 152.62 | 253.66 | 180.00 | 182.00 | 108.00 | 109.00 | 120.00 | | | | |
| 实际利润 | −92.89 | 40.39 | 56.82 | 57.35 | 152.62 | 510.80 | 273.91 | 365.80 | 459.10 | 584.48 | | | | | |
| 7. 上缴利润 | | | | | | | 3.50 | 2.40 | 15.40 | 13.00 | 20.00 | | | | 22.37 |
| 8. 财政补贴 | 114.00 | 68.00 | 33.00 | 30.00 | 21.00 | 12.00 | | | | | | | | | |
| 9. 政社拨款 | 29.77 | 31.00 | 27.50 | 35.53 | 31.00 | 33.00 | 33.50 | 42.00 | 88.70 | 37.00 | 28.00 | 26.00 | 31.00 | 28.58 | 28.60 |
| 10. 救灾补助 | | | | 16.00 | 3.00 | 6.00 | 6.00 | | | | | | | | |
| 11. 包干结余年末余额 | 48.65 | 114.03 | 144.19 | 22.43 | 41.00 | 42.00 | 38.90 | 51.30 | 77.60 | 94.00 | | | | | |
| 其中：发展资金 | 14.12 | 40.87 | 90.89 | 20.84 | 16.40 | 16.90 | 10.00 | 22.30 | 36.30 | 45.00 | | | | | |
| 储备资金 | 11.72 | 25.35 | | −3.55 | 8.20 | 8.40 | 69.00 | 10.20 | 15.50 | 19.00 | | | | | |

表 7 - 2 - 3　饮马农场资产情况

单位：万元

| 年份 | 年初固定资产原值 | 年末固定资产 | 累计折旧 | 年末固定资产净值 | 资产总额 | 收入 | 利润 |
|---|---|---|---|---|---|---|---|
| 1998 | 4826.00 | 6180.00 | 1623.00 | 4557.00 | 10616.00 | 11500.00 | 160.00 |
| 1999 | 6180.00 | 6107.00 | 1789.00 | 4813.00 | 11072.00 | 8258.00 | 98.00 |
| 2000 | 6107.00 | 6455.00 | 2039.00 | 4416.00 | 13286.00 | 12246.00 | 101.00 |
| 2001 | 6445.00 | 6445.00 | 2029.00 | 4416.00 | 5451.00 | 3183.00 | 20.00 |
| 2002 | 4284.00 | 4368.00 | 1535.00 | 2833.00 | 63521.00 | 7518.00 | −253.00 |
| 2003 | 4368.00 | 4515.00 | 1778.00 | 2737.00 | 66717.00 | 8061.00 | −509.00 |
| 2004 | 24606.00 | 24703.00 | 1531.00 | 23172.00 | 39256.00 | 8411.00 | −82.00 |
| 2005 | 24703.00 | 32658.00 | 1866.00 | 30792.00 | 41109.00 | 8718.00 | −12.00 |
| 2006 | 34640.00 | 34744.00 | 2624.00 | 32120.00 | 46778.00 | 9101.00 | 106.00 |
| 2007 | 34743.61 | 34538.92 | 3095.11 | 31443.81 | 47880.73 | 9664.84 | 132.01 |
| 2008 | 34538.92 | 34448.02 | 3650.83 | 30797.19 | 49212.07 | 10200.55 | 142.02 |
| 2009 | 24658.67 | 24658.67 | 1175.36 | 23483.31 | 44419.92 | 5584.86 | 71.57 |
| 2010 | 25625.88 | 24518.14 | 1107.74 | 23410.40 | 40125.95 | 无 | 无 |
| 2011 | 无 | 无 | 无 | 无 | 29491.45 | 11.03 | 无 |
| 2012 | 无 | 无 | 无 | 无 | 14821.29 | 9.65 | −12.50 |
| 2013 | 无 | 无 | 无 | 119.01 | 15320.19 | 162.50 | 4.16 |
| 2014 | 无 | 无 | 无 | 无 | 13521.57 | 2980.60 | −7.89 |
| 2015 | 无 | 无 | 无 | 无 | 5032.51 | 196.39 | 762.83 |
| 2016 | 无 | 无 | 无 | 无 | 4377.53 | 227.38 | 8.02 |
| 2017 | 973.30 | 973.30 | 129.52 | 843.78 | 19257.15 | 410.84 | 13.20 |
| 2018 | 973.30 | 3083.05 | 198.02 | 2885.03 | 21398.42 | 392.80 | 11.38 |
| 2019 | 3083.05 | 8046.81 | 377.87 | 7668.94 | 28954.82 | 401.83 | 8.30 |
| 2020 | 8046.81 | 9455.94 | 783.52 | 8672.42 | 26778.03 | 440.81 | 54.63 |

表 7 - 2 - 4　亚盛饮马分公司资产情况

单位：万元

| 年份 | 年初固定资产原值 | 年末固定资产 | 累计折旧 | 年末固定资产净值 | 资产总额 | 收入 | 利润 |
|---|---|---|---|---|---|---|---|
| 2010 | 1793.59 | 1569.62 | 756.42 | 813.20 | 22622.07 | 8076.50 | 1511.12 |
| 2011 | 1569.62 | 2416.16 | 837.92 | 1578.25 | 22353.61 | 10755.05 | 2651.31 |
| 2012 | 2416.16 | 2359.26 | 947.07 | 1412.19 | 22439.21 | 21453.39 | 4051.30 |
| 2013 | 2233.87 | 3120.03 | 810.30 | 2309.73 | 24044.64 | 24621.58 | 4517.80 |
| 2014 | 3120.03 | 5122.68 | 1018.17 | 4104.51 | 25000.09 | 22824.78 | 3846.55 |
| 2015 | 5122.68 | 5082.91 | 1278.32 | 3804.59 | 25622.38 | 16321.13 | 2975.33 |
| 2016 | 5082.91 | 5082.91 | 1590.42 | 3492.49 | 22752.39 | 16624.10 | 2871.45 |
| 2017 | 5082.91 | 5191.81 | 1897.27 | 3294.53 | 29139.20 | 19906.46 | 3391.88 |
| 2018 | 5191.81 | 5272.08 | 2211.29 | 3060.80 | 30901.32 | 22114.34 | 3460.167 |
| 2019 | 5328.29 | 5665.56 | 2484.78 | 3180.771 | 35051.54 | 25095.65 | 3352.36 |
| 2020 | 5665.56 | 5003.05 | 2096.90 | 2906.15 | 34887.34 | 27628.28 | 3037.25 |

# 第三节　干部管理

## 一、干部管理体制

**1. 党管干部，分级管理**　在计划经济体制下，干部资源的配置是通过计划实现的。农场干部管理坚持"党管干部和分级管理"的原则，选拔、任免、培训、调动和奖惩均按干部管理权限，由党委决定。根据党的干部政策和农垦工作的特殊性，坚持"德才兼备、以德为先，五湖四海、任人唯贤"的用人原则，在实践中考察和使用干部，量才使用、知人善用。

1960 年，劳改农场统一归口农垦管理，干部的选拔、任免、奖惩由玉门市委和张掖地委决定，农场党委书记参加玉门市政法领导小组工作，领导干部选拔、任免和调动，必须征得甘肃省公安厅党组同意。"文化大革命"期间，农场正副大队长（科长、站长）、教导员以上干部，由甘肃省革命委员会保卫部审批管理。

当时北湖农场属县办农场，干部管理由玉门县委审批。蘑菇滩农场为甘肃省农林厅农垦局所属下放干部农场，场级领导干部由甘肃省委组织部管理，科级以下干部由玉门县委管理，保留干部身份的下放干部由原单位党组织管理，农场干部的任免和调动，必须征得甘肃省农垦局党组同意。

1964 年，蘑菇滩农场移交农建十一师领导，连级以上干部由师党委任免，师政治部组织科管理。兰州军区生产建设兵团成立后，营职以上干部由兵团党委任免，连职以上干部由师党委任免。团党委受师党委领导，具体工作由师党委政治部办理。团政治处设组织股，负责干部管理。

1975—1978 年，农场交由酒泉地区管理，副科以上干部由酒泉地委任免，地委组织部管理。队级干部由地区农垦局党委任免，农场组织科管理。1978 年恢复甘肃省农垦直管体制后，对干部实行集中统一管理，即对副科级以上干部的考核、任免、调动和一般干部的调进、调出，统一由甘肃省农垦局党委组织部办理。农场党委设组织科（或党委办公室），负责日常工作的管理。

1983 年年底，甘肃省农垦局改为甘肃省农垦总公司，遵照中央关于改革干部管理体制和国务院《关于进一步扩大国营工业企业自主权暂行规定》的精神，开始改革农垦干部管理体制。1985 年 3 月，甘肃省农垦总公司党委《关于改革干部管理制度几个问题的通知》规定：独立企事业单位的行政正职（主承包人）由总公司党委考核任免，行政副职由正职提名，征求党委同意后，报甘肃省农垦总公司任免。该通知还规定，凡 1984 年 5 月 7

日国务院〔1984〕67号文件下发前提拔任命的各级领导干部，未聘入新领导班子者，其职务自行消失。落聘干部充实生产第一线，原享受的待遇不变，按干部管理。

1990年，根据甘肃省委〔90〕13号文件精神，培养、选拔、使用干部，除广泛听取群众意见外，在管理上实行"党政共同负责，以党委为主的原则"。1992年后，进一步加强对干部的管理，场级干部由农垦总公司和集团公司党委任命或聘任。1993年，贯彻《企业转换经营机制条例》，深化劳动人事制度改革，干部和工人一样实行劳动合同制。2012年后，分公司高管由亚盛股份公司党委任命或聘任，坚持公平、公正、公开的原则，经下级党委民主推荐，上级党委考察、考核后，由党委会研究决定。

2. **技术干部管理**　根据党和国家"尊重知识，尊重人才，要致力于提高国民素质，在各个领域培养一批跨世纪人才"的政策，农场认真落实知识分子政策，积极改善科技干部的生活和工作条件，在评定技术职称、工资和物质待遇方面，都给予重视和关心，使他们能发挥自己的一技之长，安心工作。

3. **贯彻干部"四化"方针**　为确保农场经济社会持续健康发展，提供足够的人力资源，按照中央关于实现干部革命化、年轻化、知识化、专业化的要求，农场对领导班子不断进行新老更替调整，以适应生产发展形势需要。同时，在20世纪80年代初，按照"民主选举，党委集体讨论，组织部门考核，上级党委审查决定"的程序和对干部的"四化"要求，着重培养提拔能够坚持党的四项基本原则，政治素质好，德才兼备，懂业务、会管理，既具有商品经济和市场观念，又能密切联系群众的优秀中青年干部和妇女干部进入领导班子，以加强干部队伍建设。

4. **建立干部考核和民主评议制度**　为进一步加强对干部的民主管理，农场根据有关行政法规，由职代会、纪检和组织部门联合组成民主考核干部领导小组，在党委领导下，定期或不定期对干部进行监督考核和民主评议。对场、科、队级干部实行目标管理，民主测评，年终进行考核，对干部的德、能、勤、绩各方面做出客观评价，以此作为干部调整、晋升、选拔使用的依据。

党的十八大以来，分公司始终坚持"党管干部、任人唯贤"的原则，在全场范围内大力营造"尊重知识、尊重人才、尊重劳动、尊重创造"的良好氛围。同时注重人才的引进和培养，为企业发展注入活力，每年坚持从大、中专院校招聘5～8名毕业生来场就业。据统计，2016—2020年，农场引进大中专毕业生44人，从职工子女中提拔使用管理人员10人，让他们走上重要岗位，贡献自己的聪明才智，优化人才队伍的知识结构。此外，加大对干部的学习培训力度，提高干部队伍的整体思想和业务素质，建立健全对干部的约束、激励机制，建立了完善、科学、公平的责任目标考核及党建责任目标考核体系。把干部的管理、考核和提拔任用、职称评定、评优评先、奖惩挂钩，严格奖惩制度，使干部在工作中感到既有压力又有动力，激励他们为生产建设做出更大贡献。

干部带头参加劳动

## 二、干部来源和构成

1956 年，饮马场第一农场创建，甘肃省公安厅第三劳改支队成建制搬迁，有干部 141 名。1961 年 8—9 月，马鬃山煤矿（县级）、公婆泉铁厂（县级）、昌马新生基建队（科级）并入饮马（劳改）农场，原建制干部随并调入。1966 年 2 月，嘉陵农场（科级）、城湾农场（科级）并入饮马（劳改）农场，原建制干部亦随并调入。据档案资料记载，1965 年，饮马（劳改）农场有县、科级在职干部 308 人，其中技术干部 21 人。军垦初期，通过协商，从哈尔滨铁路卫校、常州卫校招聘中级医护人员 11 名，加强了农场的医疗卫生事业。

1958 年，北湖农场和蘑菇滩农场始建，从省属各单位抽调干部 23 名、部队转业军官 13 名。1959 年，玉门市奶牛场并入蘑菇滩农场，12 名干部随调来场。当年，一批河南支建青年来场，随迁 4 名干部编入干部序列。截至 1963 年年底，蘑菇滩农场有职干部 27 名。

1964 年，农建十一师第二团组建，从新疆生产建设兵团调入副连级以上干部 24 人，从山东青坨子垦区调入副连级以上干部11人，从省内企事业单位抽调行政、技术干部18人，从北京军区接受安置转业军官5人，从济南军区接受安置转业军官7人，充实了干部队伍。

1964年，为加强和充实干部队伍，先后从来场的城市知青、复转军人和工人中选拔劳动锻炼表现好、具有实践和生产经验的人员264人，以"以工代干"的方式，担任连、排基层干部，有的进入机关工作，后有部分人员被提拔，走上领导岗位。1969年，第十一团与饮马（劳改）农场对调，随迁调入干部59人。

1970年，兰州军区生产建设兵团成立，兵团分配34名现役军官担任第三、四团连级以上正职。

1986年，在落实《全民所有制企业场长（经历）工作条例》的过程中，农场将7名民办教师转为公办教师，同时从国家不包分配的"五大"（电视大学、职工大学、函授大学、业余大学、夜大）毕业生中招收录用干部35人，从优秀中青年工人中聘用干部183名。这些被聘用人员有财会、医疗、教育、农科技术及管理方面的特长和经验，是农场建设的中坚力量。自建场以来，农场累计安置统配的大中专毕业生159名。据2005年的统计，农场聘用干部中，担任副县、副科级领导干部的有10人，分别占当时干部总数的28.57％和47.5％。

2009年3月，饮马水泥厂、西部水泥有限责任公司从饮马农场剥离；2015年，饮马牧业分离，有11名管理干部调出。2019年年底"二供一业"移交，将饮马医院管理干部及分公司6名管理人员移交至饮马街道办。2015年后，为解决企业人才断档问题，农场下大力气从应届大学毕业生中招聘人才。据统计，2015—2020年累计招聘研究生1名，大中专毕业生43名。截至2020年，农场和分公司现有管理干部98名，其中研究生1名、大学本科30名、大专38名、高中及以下文化的29名；有党员72名。干部的合理使用，使农场干部队伍的整体年龄结构得到优化，知识水平有了明显提高。

2020年，农场干部总数98人。其中，县级干部7人（正县职3人、副县职4人），均为男性、汉族、党员，文化程度为研究生1人、本科2人、大专2人、高中及中专2人，专业技术职务为高级的2人、中级4人、初级1人；有科级干部28人（正科级9人、副科级19人），男性25人、女性3人，均为汉族、党员，文化程度为本科7人、大专7人、中专8人、高中及中专6人，专业技术职务为高级的2人、中级3人、初级17人、员级6人；有一般干部63人，有少数民族1人，党员38人，文化程度为本科21人、大专17人、中专4人、高中以下21人，专业技术职务为高级的2人、中级3人、初级17人、员级41人。

1964—2004年干部变动情况见表7-2-5，2005—2020年干部变动情况见表7-2-6，2020年在职干部基本情况见表7-2-7。

表7-2-5 1964—2004年干部变动情况

单位:人

| 年份 | 合计 | 性别 | | 文化程度 | | | | 党员 | 年龄结构 | | | | 人员变化 | | | | | | | | |
|---|---|---|---|---|---|---|---|---|---|---|---|---|---|---|---|---|---|---|---|---|---|
| | | | | | | | | | | | | | 增加 | | | | 减少 | | | | |
| | | 男 | 女 | 大学 | 中专 | 高中 | 初中 | | 25岁以下 | 26~45岁 | 46~55岁 | 56~60岁 | 调入 | 分配大中专生 | 吸收聘用 | 合计 | 调出 | 精减解聘 | 离退休 | 死亡 | 合计 |
| 1964 | 113 | 94 | 19 | 5 | 4 | 15 | 89 | 73 | 0 | 0 | 0 | 0 | 0 | 0 | 0 | 0 | 0 | 0 | 0 | 0 | 0 |
| 1965 | 268 | 212 | 56 | 8 | 10 | 26 | 224 | 174 | 0 | 0 | 0 | 0 | 0 | 0 | 0 | 0 | 0 | 0 | 0 | 0 | 0 |
| 1966 | 343 | 272 | 71 | 8 | 30 | 37 | 268 | 169 | 0 | 0 | 0 | 0 | 0 | 0 | 0 | 0 | 0 | 0 | 0 | 0 | 0 |
| 1967 | 321 | 254 | 67 | 7 | 10 | 28 | 276 | 208 | 0 | 0 | 0 | 0 | 0 | 0 | 0 | 0 | 0 | 0 | 0 | 0 | 0 |
| 1968 | 306 | 242 | 64 | 8 | 9 | 31 | 258 | 198 | 0 | 0 | 0 | 0 | 0 | 0 | 0 | 0 | 0 | 0 | 0 | 0 | 0 |
| 1969 | 610 | 483 | 127 | 16 | 27 | 87 | 480 | 396 | 21 | 483 | 92 | 14 | 0 | 0 | 0 | 0 | 0 | 0 | 0 | 0 | 0 |
| 1970 | 569 | 450 | 119 | 15 | 25 | 81 | 448 | 369 | 19 | 451 | 86 | 13 | 0 | 0 | 0 | 0 | 0 | 0 | 0 | 0 | 0 |
| 1971 | 638 | 505 | 133 | 17 | 28 | 91 | 502 | 382 | 22 | 506 | 96 | 14 | 0 | 0 | 0 | 0 | 0 | 0 | 0 | 0 | 0 |
| 1972 | 595 | 472 | 123 | 16 | 26 | 85 | 468 | 357 | 20 | 472 | 90 | 13 | 0 | 0 | 0 | 0 | 0 | 0 | 0 | 0 | 0 |
| 1973 | 585 | 474 | 111 | 16 | 21 | 84 | 464 | 382 | 41 | 501 | 40 | 3 | 0 | 0 | 18 | 18 | 0 | 0 | 0 | 1 | 1 |
| 1974 | 566 | 449 | 117 | 15 | 20 | 80 | 451 | 368 | 35 | 480 | 45 | 6 | 0 | 0 | 44 | 44 | 0 | 0 | 0 | 0 | 0 |
| 1975 | 544 | 443 | 101 | 14 | 24 | 77 | 429 | 353 | 19 | 440 | 73 | 12 | 0 | 4 | 0 | 4 | 13 | 0 | 3 | 1 | 17 |
| 1976 | 527 | 414 | 113 | 14 | 23 | 75 | 415 | 342 | 18 | 426 | 73 | 10 | 0 | 6 | 6 | 12 | 9 | 0 | 0 | 0 | 9 |
| 1977 | 296 | 210 | 86 | 8 | 13 | 42 | 233 | 164 | 4 | 240 | 45 | 7 | 4 | 0 | 0 | 4 | 17 | 0 | 0 | 0 | 17 |
| 1978 | 141 | 111 | 30 | 12 | 13 | 15 | 101 | 70 | 2 | 113 | 23 | 3 | 6 | 0 | 0 | 6 | 15 | 0 | 0 | 0 | 15 |
| 1979 | 417 | 361 | 56 | 6 | 16 | 65 | 330 | 300 | 1 | 347 | 57 | 12 | 6 | 0 | 320 | 326 | 23 | 0 | 24 | 2 | 49 |
| 1980 | 113 | 94 | 19 | 15 | 30 | 10 | 58 | 59 | 6 | 50 | 42 | 15 | 3 | 1 | 0 | 4 | 29 | 0 | 0 | 1 | 30 |
| 1981 | 114 | 96 | 18 | 15 | 34 | 9 | 56 | 61 | 4 | 40 | 52 | 18 | 6 | 3 | 0 | 9 | 11 | 0 | 6 | 1 | 18 |
| 1982 | 96 | 84 | 12 | 13 | 26 | 8 | 49 | 47 | 5 | 39 | 42 | 10 | 4 | 1 | 8 | 13 | 3 | 0 | 6 | 2 | 11 |
| 1983 | 80 | 71 | 9 | 8 | 29 | 9 | 34 | 43 | 3 | 29 | 41 | 7 | 5 | 0 | 0 | 5 | 36 | 0 | 0 | 3 | 39 |
| 1984 | 273 | 212 | 61 | 11 | 38 | 35 | 189 | 164 | 10 | 190 | 68 | 5 | 4 | 0 | 261 | 265 | 73 | 0 | 0 | 0 | 73 |

（续）

| 年份 | 合计 | 性别 | | 文化程度 | | | | 党员 | 年龄结构 | | | | 人员变化 | | | | | | | | |
|---|---|---|---|---|---|---|---|---|---|---|---|---|---|---|---|---|---|---|---|---|---|
| | | | | | | | | | | | | | 增加 | | | | 减少 | | | | |
| | | 男 | 女 | 大学 | 中专 | 高中 | 初中 | | 25岁以下 | 26~45岁 | 46~55岁 | 56~60岁 | 调入 | 分配大中专生 | 吸收聘用 | 合计 | 调出 | 精减解聘 | 离退休 | 死亡 | 合计 |
| 1985 | 191 | 149 | 42 | 4 | 37 | 9 | 141 | 136 | 3 | 114 | 70 | 4 | 6 | 0 | 0 | 6 | 52 | 0 | 0 | 0 | 52 |
| 1986 | 161 | 127 | 34 | 4 | 26 | 12 | 119 | 109 | 3 | 86 | 67 | 5 | 8 | 0 | 0 | 8 | 30 | 0 | 0 | 0 | 30 |
| 1987 | 235 | 218 | 17 | 15 | 37 | 55 | 128 | 159 | 6 | 125 | 98 | 6 | 18 | 0 | 0 | 18 | 30 | 0 | 0 | 0 | 30 |
| 1988 | 257 | 203 | 54 | 15 | 42 | 37 | 163 | 130 | 32 | 129 | 88 | 8 | 15 | 2 | 20 | 37 | 20 | 6 | 6 | 1 | 33 |
| 1989 | 305 | 233 | 72 | 27 | 55 | 52 | 171 | 129 | 53 | 146 | 101 | 5 | 11 | 1 | 68 | 80 | 15 | 9 | 3 | 0 | 27 |
| 1990 | 307 | 240 | 67 | 27 | 69 | 46 | 165 | 125 | 51 | 150 | 103 | 3 | 11 | 16 | 18 | 45 | 10 | 22 | 4 | 1 | 37 |
| 1991 | 300 | 234 | 66 | 28 | 67 | 47 | 158 | 132 | 46 | 144 | 102 | 8 | 22 | 3 | 9 | 34 | 10 | 9 | 1 | 0 | 20 |
| 1992 | 259 | 184 | 75 | 35 | 61 | 37 | 126 | 111 | 32 | 129 | 90 | 8 | 20 | 25 | 14 | 59 | 15 | 0 | 3 | 0 | 18 |
| 1993 | 240 | 184 | 56 | 30 | 62 | 34 | 114 | 107 | 32 | 111 | 77 | 20 | 0 | 12 | 5 | 17 | 15 | 14 | 2 | 0 | 31 |
| 1994 | 225 | 172 | 53 | 32 | 52 | 39 | 102 | 100 | 17 | 112 | 62 | 34 | 12 | 2 | 6 | 20 | 14 | 0 | 4 | 1 | 19 |
| 1995 | 252 | 187 | 65 | 41 | 61 | 43 | 107 | 116 | 17 | 126 | 61 | 48 | 2 | 10 | 28 | 40 | 10 | 1 | 0 | 2 | 13 |
| 1996 | 267 | 194 | 73 | 44 | 64 | 60 | 99 | 111 | 24 | 136 | 59 | 48 | 0 | 1 | 29 | 30 | 6 | 0 | 6 | 0 | 12 |
| 1997 | 243 | 174 | 69 | 46 | 60 | 59 | 78 | 95 | 17 | 136 | 59 | 31 | 7 | 2 | 0 | 9 | 9 | 0 | 24 | 0 | 33 |
| 1998 | 229 | 168 | 61 | 44 | 54 | 59 | 72 | 90 | 18 | 124 | 52 | 35 | 0 | 0 | 0 | 0 | 4 | 0 | 10 | 0 | 14 |
| 1999 | 182 | 127 | 55 | 65 | 40 | 30 | 47 | 67 | 4 | 118 | 38 | 22 | 0 | 3 | 0 | 3 | 4 | 33 | 13 | 0 | 50 |
| 2000 | 176 | 117 | 59 | 58 | 40 | 30 | 48 | 61 | 4 | 111 | 42 | 19 | 0 | 0 | 0 | 0 | 0 | 0 | 0 | 0 | 0 |
| 2001 | 166 | 114 | 52 | 61 | 40 | 30 | 35 | 79 | 7 | 105 | 42 | 12 | 0 | 0 | 0 | 0 | 0 | 0 | 10 | 0 | 10 |
| 2002 | 163 | 112 | 51 | 62 | 38 | 30 | 33 | 76 | 5 | 104 | 42 | 12 | 0 | 2 | 0 | 2 | 0 | 0 | 5 | 0 | 5 |
| 2003 | 172 | 118 | 54 | 71 | 40 | 31 | 30 | 69 | 15 | 104 | 41 | 12 | 2 | 10 | 0 | 12 | 0 | 0 | 3 | 0 | 3 |
| 2004 | 178 | 127 | 51 | 73 | 39 | 51 | 15 | 105 | 17 | 102 | 35 | 24 | 4 | 6 | 0 | 10 | 0 | 0 | 4 | 0 | 4 |

表 7 - 2 - 6　2005—2020 年干部变动情况

单位：人

| 年份 | 合计 | 性别 | | 文化程度 | | | | | | 年龄结构 | | | | 人员变化 | | | | | | | |
|---|---|---|---|---|---|---|---|---|---|---|---|---|---|---|---|---|---|---|---|---|---|
| | | | | | | | | | | | | | | 增加 | | | 减少 | | | | |
| | | 男 | 女 | 研究生 | 本科 | 大专 | 中专 | 高中 | 初中 | 25岁以下 | 26~45岁 | 46~55岁 | 56~60岁 | 调入 | 吸收聘用 | 合计 | 调出 | 解聘 | 离退休 | 死亡 | 合计 |
| 2005 | 154 | 105 | 49 | 0 | 5 | 66 | 34 | 33 | 16 | 4 | 108 | 26 | 16 | 0 | 0 | 0 | 13 | 3 | 8 | 0 | 24 |
| 2006 | 140 | 94 | 46 | 0 | 5 | 64 | 27 | 34 | 10 | 3 | 105 | 19 | 13 | 6 | 4 | 10 | 2 | 1 | 4 | 0 | 7 |
| 2007 | 137 | 93 | 44 | 1 | 5 | 58 | 27 | 36 | 10 | 3 | 105 | 16 | 13 | 1 | 3 | 4 | 25 | 1 | 4 | 0 | 30 |
| 2008 | 111 | 77 | 34 | 0 | 5 | 48 | 19 | 32 | 7 | 2 | 74 | 16 | 19 | 1 | 3 | 4 | 4 | 0 | 4 | 0 | 8 |
| 2009 | 116 | 83 | 33 | 1 | 5 | 54 | 20 | 31 | 5 | 2 | 85 | 18 | 11 | 10 | 3 | 13 | 4 | 1 | 5 | 0 | 10 |
| 2010 | 111 | 78 | 33 | 1 | 5 | 54 | 21 | 26 | 4 | 3 | 82 | 16 | 10 | 4 | 1 | 5 | 24 | 2 | 4 | 0 | 30 |
| 2011 | 83 | 60 | 23 | 1 | 4 | 48 | 12 | 16 | 2 | 3 | 57 | 16 | 7 | 2 | 0 | 2 | 9 | 0 | 0 | 0 | 9 |
| 2012 | 82 | 59 | 23 | 1 | 5 | 45 | 14 | 15 | 2 | 3 | 46 | 27 | 6 | 8 | 0 | 8 | 3 | 0 | 2 | 0 | 5 |
| 2013 | 84 | 61 | 23 | 1 | 6 | 48 | 14 | 14 | 1 | 4 | 45 | 27 | 8 | 2 | 5 | 7 | 2 | 0 | 1 | 0 | 3 |
| 2014 | 90 | 66 | 24 | 1 | 10 | 50 | 14 | 15 | 0 | 4 | 43 | 35 | 8 | 5 | 4 | 9 | 17 | 0 | 6 | 0 | 23 |
| 2015 | 74 | 52 | 22 | 1 | 11 | 38 | 10 | 14 | 0 | 4 | 32 | 35 | 3 | 3 | 4 | 7 | 7 | 0 | 2 | 0 | 9 |
| 2016 | 72 | 51 | 21 | 1 | 9 | 40 | 8 | 13 | 1 | 2 | 33 | 35 | 2 | 3 | 4 | 7 | 5 | 0 | 3 | 0 | 8 |
| 2017 | 94 | 69 | 25 | 1 | 25 | 39 | 14 | 12 | 3 | 12 | 41 | 39 | 2 | 13 | 16 | 29 | 2 | 4 | 1 | 0 | 7 |
| 2018 | 100 | 77 | 23 | 1 | 26 | 44 | 13 | 13 | 3 | 14 | 37 | 45 | 4 | 7 | 6 | 13 | 5 | 7 | 1 | 0 | 13 |
| 2019 | 91 | 67 | 24 | 1 | 27 | 41 | 11 | 8 | 3 | 13 | 36 | 36 | 6 | 0 | 4 | 4 | 1 | 5 | 1 | 0 | 7 |
| 2020 | 98 | 73 | 25 | 1 | 30 | 38 | 12 | 9 | 8 | 12 | 40 | 40 | 6 | 0 | 14 | 14 | 0 | 0 | 0 | 0 | 0 |

表 7 - 2 - 7　2020 年在职干部基本情况

单位：人

| 总数 | 性别 | | 政治面貌 | | 文化程度 | | | | | 专业技术职务 | | | | 年龄分段 | | | |
|---|---|---|---|---|---|---|---|---|---|---|---|---|---|---|---|---|---|
| | 男 | 女 | 党员 | 群众 | 研究生 | 本科 | 大专 | 中专 | 高中及以下 | 高级 | 中级 | 初级 | 员级 | 25岁以下 | 26～45岁 | 46～55岁 | 55岁以上 |
| 98 | 73 | 25 | 72 | 26 | 1 | 30 | 38 | 12 | 17 | 5 | 7 | 31 | 55 | 12 | 40 | 40 | 6 |

## 三、干部培训

农场从创业之初就十分重视干部的教育培训工作，在普遍组织干部学政治、学业务、学科技的同时，还分期分批、有计划地选送干部到相关大专院校学习深造，结业后返回农场工作。据〔60〕垦秘字地 154 号文件显示，1960 年饮马（劳改）农场和蘑菇滩农场选送 5 人到甘肃省农业大学学习培训，3 人到甘肃省农业机械学院培训学习，4 人到甘肃省畜牧学校学习深造，6 人到新疆八一农学院培训。

农场不仅重视干部业务技能的提高，而且重视对他们实际工作能力的培养。除选送干部到外地院校脱产学习外，还经常举办各种长期或短期培训班，让干部在工作中边干边学，提升其理论和实践相结合的水平。据资料记载，1958 年建场初期，饮马第一农场和蘑菇滩农场就办起了"红专大学"，培养又红又专的人才。同时，针对场内部分工农出身的老干部文化程度偏低的情况，开办扫盲班及小学、初中、高中文化补习班，让他们学文化、学知识，提高文化水平，解决工作中的难题。此外，还根据农场生产特点，分层次开办种植业、畜牧业、园林业，以及盐碱治理、水利等专业技术方面的培训班，培养科技人才，提高业务技能。据统计，几年中，农场累计举办干部专业培训班 833 人次。

1964 年 3 月，农建十一师司令部面对兴修水利、开荒造田、房屋修建、测量等艰巨的建设任务，为按照技术标准保质保量完成任务，在一团（黄花农场）和工程团（建筑公司）举办土地平整学习班、场内水利工程施工培训班、测量人员培训班，时间 3 个月，二团共派出 25 岁以下排以上干部 33 人参加培训。司令部规定，凡担任机务连长、主管农机的连长，必须经边湾机校培训取得《培训合格证》后才算合格，才能担任职务。

1976 年恢复农垦管理体制后，农场将三团修造厂改作"业余大学"，对全场干部进行脱产轮流培训，先后举办政工干部培训班、行政干部培训班、业务干部培训班共 36 期。1981—1994 年，每年都举办 1 次管理干部培训班、党支部书记培训班、会计培训班，最长 3 个月，最短 1 个月，参加培训的干部有 238 人。党的十一届三中全会后，农场把干部培训作为一项战略性任务常抓不懈，按干部级别层次，采用多形式、多渠道、经常化、制度化的方式进行。

2000 年以后，农场将管理干部的教育培训作为干部管理的一项重要内容，纳入人才培养计划，将经常性教育与集中教育相结合，将传统教育与现代教育相结合，将"送出去"与"请进来"相结合。在坚持以前一些行之有效作法的同时，还从以下方面加强培训：一是每年冬春两季都组织管理干部进行集中培训，时间为一周左右，培训内容为传达农垦及亚盛经济工作会议精神以及财务、党务、公文写作、科技等方面的知识，同时还组织观看相关影视资料，先后累计培训 3000 多人次。据统计，自 2005 年以来，先后有 12 名副场级以上干部参加北京农垦干部学院、广东全国企业管理人员培训班的学习；2012—2020 年，先后派送 236 人（次）到省内外进行培训学习；2005—2013 年，组织 64 名管理干部到玉门市看守所进行警示教育学习。二是由主要领导带队，分公司组织相关人员赴新疆、宁夏及周边兄弟单位进行观摩学习。三是组织干部参加在线学习，内容侧重学历教育和专业技术职务提升。四是对于引进的大中专毕业生，经过多岗位和基层的锻炼考察，大胆提拔使用，促其早日成才。同时，将一线优秀青年职工选拔到管理干部岗位，进一步优化。人员结构和知识结构。五是部分管理人员通过自学的方式，取得了专科及本科学历，提高了自身的素质。六是每年组织相关人员下队，就农业科技、分公司相关政策、法律法规等内容进行宣讲，每年累计培训 500 多人次。七是根据生产需要，举办现场农业技术培训班，采取师傅带徒弟的办法，传授农业科技知识，提高职工学科技、用科技的积极性。

2010—2020 年，农垦集团公司及亚盛股份公司坚持不懈抓干部培训，把此项工作纳入常态化。每年举办的不同内容的培训班，分公司都积极组织相关人员参加，且近几年始终坚持每月 1 次组织管理干部集中学习，并积极开展研讨会交流学习，要求各级管理干部必须做到讲政治，提高思想认识，树立为人民服务的公仆意识、识大体、顾大局，有使命感、紧迫感、责任感，尽职尽责做好本职工作。

冬春季举办党员干部培训班

## 四、老干部工作

农场对老干部管理工作一直都很重视。自 2005 年以来，在生活上关心离退休干部和其他老干部，尽力帮助他们解决困难。一是严格执行国家有关政策，严格落实离退休干部的政治待遇和生活待遇。二是按规定，每年全额报销离休干部的医药费，2012—2020 年为离休干部报销医药费共计 537065.71 元。对于一些生活特困人员，根据不同情况给予困难补助，给他们送去党的关怀和温暖。三是每逢"两节"，分公司主管领导都亲自带领人员，到居住在酒泉地区的离休干部家中进行慰问。对于不在本地区居住的离休干部，会在"两节"期间进行电话慰问，并由财务部将慰问金寄发到离休干部家中。若老干部及家属生病、住院、病故，分公司领导也会亲自探望慰问。

截至 2020 年 12 月，分公司有在世离休干部 1 名（曹怀志），退休场级老干部 3 名。农场享受副县级以上待遇的离退休干部见表 7-2-8。

表 7-2-8　享受副县级以上待遇的离退休干部

| 享受县级待遇 | 享受副县级待遇 |
| --- | --- |
| 陶宝礼<br>付江海（退） | 王天礼、张忠海、周振江、王振升、汪功柱、王琥、王振汉、张循增、康发尧、夏桐林、李万生、曹怀治<br>周全礼（退）、陈宜富（退）、孔凡本（退）、刘文礼（退）杨艳梅（退） |

农场离休老同志有：闫海玉、张清堂、周镇江、吕忠诚、张寿年、陈书琴、沈洪颐、李茂林、王才山、黄大才、赵连云、胡守运、雷清发、原克济、周正才、朱勤、王伟、乔四娃、孙广林、李占山、黄朝富、陈春山、万庆昌、张自伟，共 24 人。

## 第四节　劳动管理

劳动管理包括用工制度、劳动保护等。

## 一、用工制度

从农场建场之初到 20 世纪 70 年代，职工由国家计划控制，工人的招收、调配由劳动行政部门统一管理，用工形式为单一的固定工制度。1978 年党的十一届三中全会后，根据改革开放政策，企业的发展环境、性质、地位、目标等都发生了根本性变化，由行政部门的约束转变为市场经济的主体，与此相适应的用工制度也发生了重大改变，特别是优化组合、全员劳动合同制、"三项制度"改革、"大农场套小农场"双层经营机制的实施，给企业增添了活力，用工制度也更为灵活和实际。

**1. 用工制度的演变** 1956—1963 年，场区实行两种管理体制，采取多种用工制度。饮马（劳改）农场劳动力的主体是劳动改造的罪犯，属甘肃省公安厅劳改局管理。对于那些刑满释放人员，根据国家相关政策，按照社会就业程序，由农场提出安置计划，报请甘肃省公安厅劳改局批准，才可予以招工，统称"留场就业工人"。按国家规定，留场就业人员在管理上由管教部门变为农场政工部门或劳资部门，其政治生活待遇和国家正式工人一样。

北湖农场和蘑菇滩农场时期的用工则由省、地、县、农垦和地方劳动行政部门多头管理，农场只有劳动组合权，职工调动、劳动工资、福利待遇、劳动保护等均由省、地、县农垦和地方劳动行政部门决定。到了军垦时期，用工制度另有规定。1964 年 3 月，因大量招收城市知识青年，而且参加军垦建设的复转军人也开始增多，劳动管理和用工制度开始建立。团司令部在计划财务股设劳资助理员，分管劳动力调配、劳动工资、安全生产等。人员用工数量由甘肃省计划委员会下达招工指标，师部根据中央划定的招工地区派人前往，在地方政府行政部门的配合下招收工人。

1978 年党的十一届三中全会后，改革用工制度，劳动就业逐步走向规范。1979—1981 年，甘肃省农垦局根据国家有关规定，经与劳动行政部门协商，为来场定居的职工家属办理了招工手续。1983 年将职工子女就业、安置工作纳入计划管理，并按政策规定给予招工。招工后实行合同制管理。

1985 年，在国家规定的劳动计划内，允许农场根据生产特点和实际需要招收临时工、季节工，同时简化了审批手续。1987 年，农场全面实行劳动合同制，招收工人人数由劳动行政部门决定，方法上采用公开招工、自愿报名、择优录取、组织培训的方式，之后方可走上工作岗位。同时规定，新招收的合同制工人与固定工人一样对待，享受农场职工应有的权利和所有福利待遇。

酒泉市劳动局于 1987 年下发文件，下放招聘合同工审批权限，企业根据用工需求，有权自主招聘合同工。1988 年农场改职工调配制为劳动组合制，并实行预备工制度（职工待业制度）。1993 年，农场实行全员劳动合同制，有 2016 名职工与农场签订了劳动合同，并在酒泉地区老动人事处进行了公证。同时，根据酒泉市劳动局下放招聘合同工审批权限，企业根据用工需求，有权自主招聘合同工。企业用工制度实行市场化运作，充分调动了职工的积极性。至 2020 年，劳动合同制仍在农场执行。

**2. 编制定员和劳动定额** 农场编制定员和劳动定额工作始于 20 世纪 60 年代初。

1960 年，根据劳动部和农垦部的规定，甘肃省农垦局要求各农场建立编制定员制度，并制定了定员标准和劳动定额。军垦以后，学习"新疆兵团模式"，按照行业、部门进行分级管理，统一领导，劳动部门负责综合平衡。1985 年后，农场根据国家和甘肃省农垦总公司的要求，结合自身实际，本着宜统则统、宜分则分、统分结合的原则，办起了职工家庭农场。与此同时，对场内工、建、运、商、服等行业进行了改革，在企业内部全部实行承包责任制，并以此推行了不同的编制定员和劳动定额，定员定额工作得到了加强和发展。1995—2017 年，农场没有招聘合同制工人，只聘用大中院校毕业生。2018—2020 年，从临时工中聘用 10 名合同工，安置在各农业生产队"工作人员"岗位，从事农业生产管理。

## 二、劳动保护

**1. 安全生产和相关组织的建立**　建场初期，农场没有系统的安全生产组织网络，安全工作侧重于宣传教育。军垦时期，团成立了安全生产领导小组，重点是对机耕队、修理厂、加工厂、工程连、锰矿等重要单位进行监督管理。

1977 年，农场成立安全生产委员会，各基层单位建立安全生产领导小组，车间、机车车组和矿山班组等岗位设兼职安全员。同时，农场制定了《安全生产条例》和相关安全生产管理具体措施。1988 年，农场规定，把安全生产列入各级主要领导的承包合同，作为干部年终考核的重要内容。

1992 年，调整充实了农场安全生产委员会，由相关部门 16 人组成，并强调在年终考核中实行安全生产"一票否决制"，突出了抓好安全生产的重要性和必要性。其间，根据中央九部委联合下发的《关于开展安全生产月活动的通知》精神，农场组织开展了"安全月"活动，在矿山、机务人员中进行"六查"，具体内容为查有无安全员设置、有无安全生产措施规定、是否严格执行安全规章制度等，有效加强了安全管理。

1995 年后，在继续贯彻原有安全生产管理条例及各项规章制度的同时，补充了新的内容，强调并规定了领导干部对本单位、本部门安全工作应负有的责任，更为明确化、具体化地做出了执行规定。同时，加大了对岗位人员的监管力度和检查力度，严格问责制度，继续坚持安全生产"一票否决制"的实施，确保安全工作紧抓不放、顺利进行。

2005 以后，农场的安全生产工作不断得到重视和加强，并且成为一种常态化的例行工作，更为规范化。农场始终坚持"安全第一，预防为主""谁主管，谁负责"的方针，切实提高安全生产意识，安全生产事故发生率逐年下降，在实际工作中主要抓了以下几方面的工作：

（1）加强领导，健全机构，落实安全责任制度。随着企业的进一步深化改革，安全委员会人员有所变动，分公司及时调整其成员，完善机构，确保安全工作落到实处。2020年6月，安全委员会再次进行调整，其组成成员为：主任常玉泉，副主任吕林，成员关治清、李行、党文新、马世仁、刘庄寿、王建军、梁英、陈天亮、张鸿基、王基财、陈德云。办公室设在企业管理部。

（2）加强制度建设，建立、健全各项规章制度，做到有章可循、常抓不懈。2005年以来，针对农场安全方面的实际情况，加强制度建设，做到有章可循。不断改进、建立健全各项安全工作规章制度，下发了一系列安全措施文件，步步抓落实。做到每年有安排、定期有检查、年终有考核评比，责任落实单位、到人，使单位明确自己的目标责任，岗位人员牢记安全生产的利害关系，齐抓共管，把安全隐患消灭在萌芽状态，严防各类生产事故的发生。

（3）加强业务培训，增强安全意识，重视安全教育。农场生产各个方面的工作情况复杂、头绪多，坚持安全生产是各项工作的重中之重，必须做到严加管理、常抓不懈。一是抓培训。每年农场都对农机驾驶员、电工、机械工等特殊工种人员进行培训。二是各农业单位在生产经营过程中必须召开安全会议，安排安全生产工作。三是重视对职工群众进行道路交通安全、防火、防盗安全教育。近几年来，在农产品收获季节，分公司都会安排管理人员进行路口值班，确保运输车辆的安全。同时，每年都组织1~2次安全知识的普及和宣传教育活动，目的是提高大家的安全意识。四是对于特殊工种行业，要求人员必须做到持证上岗，绝不马虎。对特殊工种行业特殊对待，严加培训，严加管理，要求做到熟悉业务和操作规程，才可上岗，时刻牢记安全第一的规定。

党的十八大以来，以习近平为核心的党中央坚持以人民为中心的发展思想，把安全生产作为民生大事，纳入"五位一体"总体布局和"四个全面"战略布局统筹推进。分公司（农场）在对安全工作常抓不懈、采取一系列措施的同时，侧重抓了以下几方面工作：一是每年组织2次以上的安全检查，定期组织安全培训，并邀请玉门市安全部门的人员到农场为职工举办安全知识讲座，结合各个不同岗位和工种，理论联系实际，给职工讲解做好安全工作的重要性、必要性，使参加者受到了深刻的安全教育；二是每年邀请玉门市消防部门的人员给职工讲课，传授基本的消防知识，同时配合农场，对相关单位、要害岗位、容易发生险情的房屋及库房等进行现场消防演练，并检查灭火设备和规章制度是否规范、合格，落实使用情况；三是分公司（农场）坚持开展月检查、季度检查，确保安全工作落到实处；四是将安全生产工作列入年度考核，与绩效挂钩。

**2. 职业病防治**　职业病的防治，主要贯彻"预防为主，综合治理"的方针。一是加强职业病防治教育，让职工提高认识，重视自我保护。二是不断改进工艺流程和操作方法，逐步实行机械化、自动化、密闭化，消灭尘源。三是采取温式作业、密封尘源、通风除尘等措施，针对不同工艺流程分而治之。四是加强个人防护，自觉树立自我防范意识。五是建立严格的防尘管理制度。六是加强重点管理。水泥厂投产以来，农场十分重视治理尘毒危害，极力改进工艺设备，对散发有害健康的蒸气、气体和粉尘的设备采用密封作业，并安装了通风、吸尘和净化装置。据玉门市卫生防疫站监测和普查，以上岗位近几年无矽（尘）肺发生病历。七是采取必要措施，改善作业环境，减少职业危害。同时，定期组织职工进行体检，确保职工身体健康。

1968—1979年，农场对矿山职工先后进行了3次矽（尘）肺普查，受检人员896人，大多数人员普查合格。对于个别矽（尘）肺患者，及时送医院进行治疗。1980—2020年，农场在职业病防治方面进入了制度化、常态化阶段，做到人人重视、单位常抓，发现问题及时处理，并重点加强对畜牧业工作人员的教育和管理，近几年重点抓了人畜共患的布氏杆菌病、包虫病等疾病的防治，每年进行1次普查。

**3. 女工保护**　农场严格按照国家有关规定，执行同工同酬的原则，不歧视女职工，根据工作需要，合理安排工作。严格遵循女职工禁忌从事的劳动范围的规定，加强女职工劳动保护，主要做了以下方面工作：一是成立女职工委员会，维护女职工合法权益；二是在女职工怀孕期间，不分配有害身体健康和容易引起小产、早产的拽、搡、推、扛、蹲及高空等劳动，如果妊娠反应过重，可以调换轻便工作，对于不能坚持工作的，经医生证明，按病假处理；三是严格遵守国家制度，女职工生育享受98天产假；四是对已参加生育保险的女职工，享受产假期间的生育津贴；五是女职工在休产假期间，企业发放全额工资，按照要求扣除绩效及误餐补助；六是每年安排女性职工进行"两癌"普查，并举办相关的安全知识讲座。

# 第三章　社会保障

## 第一节　基本保险

### 一、基本养老保险

从建场开始，农场（分公司）即根据国家、甘肃省政府和甘肃省农垦主管部门的政策规定，对职工实行基本养老保险制度。1968年以前，根据国家规定，在工资总数中按月提取一定比例的劳动保险金，用于职工离退休、退职金的发放。自1969年开始，原由劳动保险金开支的职工养老保险改由营业外支出项下处理。

随着经济体制改革的不断深化，为使离退休人员的基本生活得到保障，解除职工和企业的后顾之忧，从1992年7月1日起，根据国务院《关于改革企业职工养老保险制度的决定》精神，实行职工养老金统筹。职工基本养老保险费用由企业和职工个人共同承担，社会统筹与个人账户相结合、权利与义务相对应。农场根据甘肃省农垦总公司的要求，设立了养老保险科（与劳动人事部合署办公），专门办理职工养老统筹金的收缴、登记、建档、建卡、建账和离退休、退职职工养老金的核发工作。

自1992年7月1日起，农场（公司）根据甘肃省和酒泉农垦公司核准的统筹数字全额收缴。至1992年12月，职工个人缴费比例为工资基数的2%，计入个人账户，固定工由企业上缴中划转15%的积累金，合同工则划转17%进入个人账户。1996年，按照《甘肃省城镇企业职工养老保险制度实施办法》，至1997年12月，职工按个人缴费工资基数3%的比例缴费，以后每两年提高1个百分点，最终个人缴费比例达到8%，已离退休、病退人员个人不再缴纳。企业按甘肃省农垦总公司和酒泉农垦公司核准的年缴费比例缴纳，统筹比例平均为职工工资总额的25%，其中按个人缴费工资基数的9%划转记入职工个人账户，其余部分进入社会统筹基金。

为实现全省企业职工养老保险制度改革办法与全国统一并轨，根据《国务院关于建立统一的企业职工基本养老保险制度的决定》（国发〔1997〕26号），结合甘肃省的实际，1997年11月，《甘肃省关于印发贯彻国务院建立统一的企业职工基本养老保险制度决定的实施办法通知》（甘政发〔1997〕134号）下发，1998年2月，甘肃省劳动厅《甘肃省统一企业职工养老保险制度实施细则（试行）》（甘劳发〔1998〕第30号）公布执行。1999年1月22日，朱镕基总理签发国务院令，发布了《社会保险费征缴暂行条例》和《失业保险条例》，这两个条例的发布，规范了社会保险费征缴制度和程序，增强了社会保险费征缴的强制性，为职工依法享受社会保险待遇提供了更为明确、具体的法律保障。

根据甘肃省人民政府关于印发《甘肃省国有企业职工养老保险金省级统筹管理办法》（甘政发〔1999〕70号）文件精神，农垦企业基本养老保险系统统筹直接过渡到省级统筹，由农垦社会保险经办机构负责各项社会保险工作。通过两年的平稳过渡，经甘肃省财政厅、甘肃省劳动和社会保障厅同意，农垦系统企业基本养老保险从2001年7月1日并入省级统筹。当年农场工资总额核定为1226万元，参保职工总数2168人，职工个人缴费比例为基本工资额的6%，失业保险为1%。2014年将职工医疗保险纳入玉门市社保局统筹管理，同年，职工开始缴纳医疗保险费，缴费比例为工资总额的7%；同时增加大病保险，缴费标准为每年每人60元，企业缴纳133.01元。2015年增加生育保险，缴费比例为工资总额的1%。

根据《甘肃省农垦企业职工社保保险业务移交属地管理实施方案》（甘政发〔2010〕28号）文件精神，从2010年1月开始，农垦系统社会保险工作移交当地政府管理，分公司（农场）直接向玉门市社保局缴纳"五险"费用，职工退休由玉门市社保局审批。2019年1月，离退休职工社会保险工作移交玉门市饮马街道办管理。

农场2001—2005年"两金"上缴和养老金发放情况见表7-3-1，2005—2020年社会保险缴费明细见表7-3-2。

表 7-3-1　2001—2005 年"两金"上缴和养老金发放情况

单位：万元

| 年份 | 上缴 | | | 实发金额 |
| --- | --- | --- | --- | --- |
| | 养老金 | 失业保险金 | 合计 | |
| 2001 | 318.760 | 46.340 | 365.100 | 511.80 |
| 2002 | 330.590 | 34.198 | 364.788 | 588.09 |
| 2003 | 349.709 | 34.970 | 384.679 | 676.00 |
| 2004 | 361.340 | 36.130 | 397.470 | 700.14 |
| 2005 年 1—6 月 | 316.470 | 21.090 | 337.560 | 757.09 |

单位：元

表 7－3－2　2005—2020 年社会保险缴费明细

| 年份 | 基本养老金 | | | 失业保险 | | | 工伤保险 | 医疗保险 | | | 生育保险 | 大病保险 | | | 个人合计 | 企业合计 | 合计 |
|---|---|---|---|---|---|---|---|---|---|---|---|---|---|---|---|---|---|
| | 个人部分 | 企业部分 | 合计 | 个人部分 | 企业部分 | 合计 | 企业部分 | 企业 | 个人 | 合计 | 企业 | 个人 | 企业 | 合计 | | | |
| 2005年 | 843899.90 | 2109749.76 | 2953649.664 | 105487.488 | 210974.976 | 316462.464 | 105487.488 | | | 0 | | | | 0 | 949987.392 | 2426212.224 | 3375599.616 |
| 2006年 | 922281.608 | 2305704.02 | 3227985.628 | 115285.201 | 230570.402 | 345855.603 | 115285.201 | | | 0 | | | | 0 | 1037566.809 | 2651559.623 | 3689126.432 |
| 2007年 | 1003870.56 | 2509676.4 | 3513546.96 | 125483.82 | 250967.64 | 376451.46 | 125483.82 | | | 0 | | | | 0 | 1129354.38 | 2886127.86 | 4015482.24 |
| 2008年 | 1150230.16 | 2875575.4 | 4025805.56 | 143778.77 | 287557.54 | 431336.31 | 143778.77 | | | 0 | | | | 0 | 1294008.93 | 3306911.71 | 4600920.64 |
| 2009年 | 1193352.792 | 2983381.98 | 4176734.772 | 149169.099 | 298338.198 | 447507.297 | 149169.099 | | | 0 | | | | 0 | 1342521.891 | 3430889.277 | 4773411.168 |
| 2010年 | 1088907.116 | 2722267.79 | 3811174.906 | 136113.3895 | 272226.779 | 408340.1685 | 136113.3895 | | | 0 | | | | 0 | 1225020.506 | 3130607.959 | 4355628.464 |
| 2011年 | 914322.508 | 2285806.32 | 3200128.828 | 114290.317 | 228580.634 | 342870.951 | 114108.817 | | | 0 | | | | 0 | 1028612.825 | 2628495.771 | 3657108.596 |
| 2012年 | 875616.44 | 2189040.66 | 3064657.1 | 119497.425 | 238994.82 | 358492.245 | 119407.905 | | | 0 | | | | 0 | 995113.865 | 2547443.385 | 3542557.25 |
| 2013年 | 1047987.14 | 2431507.68 | 3479494.82 | 130806.6 | 262080.92 | 392887.52 | 130962.49 | | | 0 | | | | 0 | 1178793.74 | 2824551.09 | 4003344.83 |
| 2014年 | 1270876.14 | 3177614.18 | 4448490.32 | 158796.68 | 317612.44 | 476409.12 | 158778.14 | 882000 | 241680 | 1123680 | | 25200 | 31500 | 56700 | 1699552.82 | 4567504.76 | 6264057.58 |
| 2015年 | 1387392.8 | 3468482 | 4855874.8 | 126352.4 | 302078.09 | 428430.49 | 173424.28 | 944748 | 247342 | 1192090 | 123671 | 29340 | 23472 | 52812 | 1790427.2 | 5035875.37 | 6826302.57 |
| 2015年（农场） | 137769.12 | 344422.80 | 482191.92 | 10020.92 | 27242.06 | 37262.97 | 17221.14 | 65688 | 18768 | 84456 | 9384 | 1632 | 2040 | 3672 | 168190.035 | 465997.995 | 634188.03 |
| 2016年 | 1243303.76 | 3006820.66 | 4250124.42 | 59239.44 | 197904.43 | 257143.87 | 224443.65 | 1098484.8 | 274436.8 | 1372921.6 | 68609.2 | 47918 | 29640 | 77558 | 1624898 | 4625902.74 | 6250800.74 |
| 2016年（农场） | 180023.44 | 434860.34 | 614883.78 | 8628.26 | 29154.52 | 37782.78 | 25191.62 | 120974 | 33686.4 | 154660.4 | 8421 | 2880 | 4656 | 7536 | 225218.1 | 623257.48 | 848475.58 |
| 2017年 | 1344316.15 | 3192750.88 | 4537067.03 | 53227.295 | 114908.21 | 168135.505 | 196948.11 | 1274109.2 | 305411.2 | 1579520.4 | 76352.8 | 28520 | 53628 | 82148 | 1731474.645 | 4908697.2 | 6640171.845 |
| 2017年（农场） | 557137.43 | 134232 | 691369.43 | 444305.7 | 121077.71 | 565383.41 | 427319.16 | 146697.6 | 40104 | 186801.6 | 10026 | 3000 | 5450 | 8450 | 1044547.13 | 844802.47 | 1888349.6 |
| 2018年 | 1401231.12 | 3327923.91 | 4729155.03 | 52535.65 | 122583.4 | 175119.05 | 397700.05 | 1424286.33 | 449508.58 | 1873794.91 | 146076.81 | 30118.2 | 59431.8 | 89550 | 1933393.55 | 5478002.3 | 7411395.85 |
| 2019年 | 1297474.72 | 2777776 | 4075250.72 | 48703.92 | 113654.12 | 162358.04 | 211061.78 | 1437624.84 | 414940.49 | 1852565.33 | 162357.81 | 30000 | 65709.58 | 95709.58 | 1791119.13 | 4768184.13 | 6559303.26 |
| 2020年 | 1025209.44 | 1638131.84 | 2663341.28 | 39099.09 | 71015.77 | 110114.86 | 92142.42 | 994240.83 | 254714.4 | 1248955.23 | 95223.63 | 30180 | 62269.03 | 92449.03 | 1349202.93 | 2953023.52 | 4302226.45 |

注：2015—2017 年，农场体制分为饮马农场和饮马分公司，两块牌子、一套人马，社会保险缴费数据单独计算。从 2018 年开始统一计算、合并统计。

## 二、基本医疗保险

2007 年以前，因城镇职工医疗保险缴纳费用高，农场职工没有纳入地方城镇职工和城镇居民医疗保险管理，职工的医疗费用由企业根据农场的经营效益确定报销比例报销，绝大部分年份因企业经营效益差没有报销，职工自己承担医疗费用。2007 年，在企业的积极努力争取下，经与玉门市医保办协商，将所有在岗职工及有意愿参加城镇居民医疗保险的部分非职工身份人员纳入玉门市城镇居民医疗保险，并按属地化管理原则，由玉门市医保办负责医疗费报销事宜。2007 年，分公司（农场）有 1700 人参加了玉门市城镇居民医疗保险，其中在册职工 532 人，非职工身份人员 1168 人。当年市级财政补贴 6.8 万元，个人共缴纳 13.6 万元，基本解决了群众"看病难"的问题。

2013 年 2 月，根据甘肃省酒泉市政府有关文件精神，农垦企业退休职工每人一次性缴纳 6300 元，其中企业缴纳 90%，个人承担 10%，农场退休职工可纳入城镇职工医疗保险管理。为此，农场决定将 984 名退休职工全部一次性纳入玉门市城镇职工医疗保险统筹管理。当年共缴纳医保费 619.92 万元，其中农场缴纳 557.928 万元，退休职工 61.992 万元，彻底解决了退休职工的医保问题，减轻了退休职工的经济负担。

2014 年 1 月，农场为在职职工和 2013 年后退休的职工办理了医疗保险、生育保险、大病保险。截至 2014 年 6 月，农场有 97% 的在职职工参加了城镇职工医疗保险。当年企业上缴医疗保险金 88.2 万元，生育保险及大病保险金 5.67 万元，全年报销医疗费 39 万元。2015 年上缴医疗保险金 127.65 万元，为 86 人报销医疗费 96 万元；2016 年通过与玉门市有关部门协商，以最

党委书记、经理常玉泉慰问困难职工

优惠的政策缴纳职工医疗保险费 152.76 万元；2017 年上缴医疗保险金 176.63 万元；2018 年上缴 187.38 万元；2019 年上缴 185.26 万元；2020 年上缴 124.9 万元。同时，为 962 名退休职工发放退休工资 3000 多万元，协助 150 多名断保人员到玉门市社保局补缴了养老金，解决了职工的养老之忧。

2020 年年初，突如其来的新冠疫情开始蔓延，直接影响到了人民群众的生产、生活。国家为减轻企业负担，帮助企业渡过难关，下发了《关于阶段性减免企业社会保险费的通

知》（人社发〔2020〕11号）。根据文件要求，对受到疫情影响的中小微企业，可减免部分社会保险费，农场当年少缴纳社保费70.2万元。

### 三、失业和工伤保险

2001年之前，职工没有缴纳失业和工伤保险，因此没有相关数据。2001年7月至2004年7月，职工只缴纳"两金"，即养老保险金和失业保险金；2004年7月1日，农场为1463名在岗职工办理了工伤保险，上缴7—12月保险金58.165万元；2005年上缴工伤保险金10.5487万元。据统计，2004—2020年，农场为13名受伤职工办理了工伤保险。

### 四、生育保险

2015年，企业为职工缴纳了生育保险，按照《酒泉市人民政府关于酒泉市职工生育保险实施办法的通知》，2015—2020年，企业为6人申请了生育津贴，共计11.7万元。

## 第二节　职工工资和福利待遇

1983年以前，由于土地贫瘠、种植结构单一，企业连年亏损，仅靠国家补贴生存。在这种情况下，虽然企业是按国家公布的职工福利与保险等一系列规定贯彻执行的，但在具体实施中，因财务亏空，短欠的情况时有发生。1983年后，随着经济情况的逐步好转，从当年起，职工工资、离退休人员工资、各种补贴、丧葬费、抚恤金发放等全部予以落实。由于多方面的原因，农场之前在劳动工资方面存在的问题较多，很长时间都未得到解决。存在的问题主要有：①工资制度混乱，工资等级繁杂种类多。据1972年的调查，当时的工资等级多达56种、252个。到20世纪80年代中期，执行的劳动工资种类还有14种之多。②农场职工的工资标准普遍较低，农工一级18元、二级25元、三级36元，不仅低于其他企业，而且低于周边农民的水平。③工资执行中的弊端多，不合理现象长期存在。④存在"大锅饭"问题，工资实行平均主义，损伤了职工的工作积极性。⑤同工不同酬问题等。以上列举的工资无序情况，直到1978年党的十一届三中全会后才逐步有所改变。

1978年，甘肃省农垦局组建后，农场的劳动工资和基本养老金保险制度有了几次较大变动。1980年，经过努力，农垦职工的工资标准基本上赶上了地方一般企业的工资标准，农垦职工工资长期偏低问题得到了纠正。同时，农垦局加强了职能部门的监管作用，劳资工作得到了有效管理。

1990年，农场经济得到了较快发展，为提高管理干部的收入，开始改革工资发放办法，由级别工资制改为结构工资制，当时确定的结构工资由三部分构成：职务工资＋职称工资＋津贴补助。岗位工资设置8个级别，每个级别发放的标准为：正场级142元/月，副场级126元/月，正科级110元/月（被评为中级职称的专业人员按此标准执行），副科级96元/月（队级单位队长、书记、科级单位车间主任等按此标准执行），主办科员89元/月（队级单位副队长、科级单位车间副主任、被评为助理级职称的专业人员按此标准执行），科员82元/月（队会计职务按此标准执行），被评为技术员级专业技术人员70元/月，办事员、勤杂人员60元/月（没有正式分配，由场聘用的技术人员、会计、卫生员等按此标准执行）。承包土地的职工不发工资，每月根据其承包土地的面积预借生活费。

2000年，根据《关于执行新增标准的通知》（甘饮司发〔2000〕第002号）文件精神，对工资进行调整，调整后执行标准为：正场级633元/月，副场级506元/月，正科级397元/月，副科级345元/月，主办科员291元/月，科员265元/月，勤杂225元/月。对于农业工人，凡参加农业土地承包的固定工、工龄满10年以上的合同制职工，在不发生亏损的原则下，在原执行标准的基础上每人每月增加预借生活费50元，其他承包人员仍执行原标准。

2002年农场实行"两费"自理改革后，从事农业生产的职工不再预借生活费，实行生产资料费和生活费自理，自负盈亏，自担风险，并沿用至今。2010年1月，农场又对管理干部的岗位工资发放标准进行了改革，由结构工资制改为岗位工资制。岗位设置和发放工资的标准为：正场长级3000元/月，副场长级2400元/月，正科级1800元/月，副科级1440元/月，主办科员1152元/月，科员840～1080元/月，一般工作人员720～840元/月。

2014—2016年，饮马农场与亚盛饮马分公司实行"两独立""两分离"后，管理干部的工资发放仍然执行岗位工资制，但岗位工资发放的标准有所提高。2017年1月，分公司将岗位工资制改为结构工资制，结构工资由工龄工资、学历工资、职称工资、岗位工资四项构成。具体标准为：工龄工资10元/年，以此类推；学历工资为本科100元/月，大专60元/月，中专（高中）40元/月，高中以下学历20元/月；职称工资为高级职称200元/月，中级职称100元/月，助理职称50元/月，员级职称30元/月；岗位工资为正科级（含享受正科级待遇的副科级）4400元/月，副科级3600元/月，科员（含机关部室会计、出纳）2800元/月，农业队正职（含享受正队级待遇的副队长）4000元/月，副队长 3200 元/月，基层单位会计 2800 元/月（含享受会计待遇的基层出纳），基层出纳 2400 元/月。从建场到 2020 年，管理干部、在职职工、离退休人员的工资均能按月准时发放。但由于农场的经济基础比较薄弱，在 2007 年之前，农场只在春节期间给干部职工发放少量的米、面、油等福利，从 2008 年开始按国家规定的标准为干部职工发放福利。2014 年分公司工会成立后，工会按照《企业工会工作条例（试行）》的要求为职工发放福利。据统计，2016—2020 年共给职工发放福利折合金额 92 万多元。同时，农场（分公司）建立了福利费专项基金，用于改善职工福利待遇、集体福利设施建设、医药卫生补助、困难职工补助等。

## 第三节　社会救助

### 一、最低生活保障

2002 年 7 月，农场开始纳入城镇居民最低生活保障管理，2019 年 1 月，企业社会职能移交玉门市饮马街道办管理，社会救助方面的工作随之移交到饮马社区管理。自 2014 年 5 月 1 日国家施行《社会救助暂行办法》后，对最低生活保障、受灾人员救助、医疗救助等专项救助的覆盖范围、申请及审核程序等做了明确规定。分公司在 2012 年就制定了《甘肃亚盛实业（集团）股份有限公司饮马分公司城镇居民最低生活保障人员管理办法》（甘亚饮司发〔2012〕第 47 号），2014 年进行了修订，详细规定了申报最低生活保障的范围和对象，以及家庭和家庭收入的核定、申请、审批程序等。

自 2002 年玉门市民政局将饮马农场纳入最低生活保障范围以来，农场的生活困难群体才开始享受到国家的有关政策，但只允许非农业户人员申请。对于生活在农场的农业户口的"移民"和外来租地人员，仍然无法申请社会救助。2018 年，通过分公司（农场）与地方政府协商，将"移民"和外来租地人员纳入当地政府最低生活保障申报范畴，当年有 11 户农业户口人员享受到了最低生活保障，做到了应保尽保。2002 年 7 月至 2018 年，总计为 4564 人（次）发放低保金 1509.2 万元（表 7-3-3）。

表 7-3-3　2002—2018 年享受最低生活保障情况明细

| 时间 | 户数（户） | 人数（人） | 救助金额（万元） |
| --- | --- | --- | --- |
| 2002 年 7 月—2002 年 12 月 | 29 | 74 | 3.6 |
| 2003—2007 年 | 156 | 386 | 36.9 |
| 2008 年 | 88 | 129 | 39.8 |

（续）

| 时间 | 户数（户） | 人数（人） | 救助金额（万元） |
|---|---|---|---|
| 2009 年 | 101 | 143 | 41.8 |
| 2010 年 | 192 | 240 | 54.2 |
| 2011 年 | 210 | 263 | 74.1 |
| 2012 年 | 272 | 367 | 84.1 |
| 2013 年 | 272 | 367 | 84.1 |
| 2014 年 | 281 | 385 | 132.6 |
| 2015 年 | 294 | 552 | 207.2 |
| 2016 年 | 294 | 555 | 250.3 |
| 2017 年 | 291 | 548 | 250.3 |
| 2018 年 | 293 | 555 | 250.2 |
| 合计 | 2773 | 4564 | 1509.2 |

## 二、特困人员供养

20 世纪 80 年代初至 80 年代中期，因大量知青返城、老职工退休、职工子女纷纷调离等原因，劳动力流失严重，农场事业处于后继乏人的局面。为了使农场得到永续发展，1988 年，农场将现有移民和临时就业人员招为职工，为他们办理了招工手续。当时这部分人员的年龄已超过招工规定的年龄，为了顺利办理招工手续，只能有意识地将年龄填小，导致按现行职工退休政策，这些人到龄却无法办理退休手续。于是，2018 年，分公司出台了《亚盛饮马分公司关于对部分职工实际年龄比档案年龄大不能按期退休和个别职工不能按期缴纳土地承包费等费用的相关规定》政策，对于档案年龄与实际年龄相差 6 岁以上的，在办理退地退养手续后，由企业发放 700 元/月的补助，等本人能领取养老金时，企业终止发放补贴。截至 2020 年，农场为 10 名实际年龄比档案年龄大的职工办理了退地、退职手续。

## 三、受灾人员救助

在农业生产种植中，因春季低温、夏季高温、病虫害等因素的影响，职工群众种植的食葵、茴香、苜蓿、白瓜子等多次受灾减产或绝收。为此，农场及时向玉门市民政局申请救助，2017 年为 46 户、150 人受灾者申请救助金 3 万元；2019 为 65 户、208 人受灾者申请救助金 9 万元。

## 四、教育救助

一是慰问和救助困难学生，每年"六一"儿童节期间，农场均要慰问困难学生，发放慰问金的金额为 2000～10000 元。2016 年，农场干部职工 455 人为考取大学的孤儿姚欢捐款 30695 元。二是根据《甘肃省农垦系统工会关于开展"金秋助学"调查摸底工作的通知》文件要求，2017 年，农场为 2 名困难职工子女申请助学救助资金 4000 元；2020 年，为 1 名困难职工子女申请助学救助资金 2000 元。三是积极向民政局争取低保户家庭高校贫困大学生生活补贴。2015—2018 年，为 37 名大学生发放生活补贴共计 12 万元。四是为残疾家庭考上高等院校的子女申请每人 2000 元的补助。

## 五、就业救助

一是为邹家明、郭胜华、高仁刚等残疾人安排合适的工作岗位，解决了他们基本的生活问题；二是本着优先吸纳场里职工子女的原则，为本场困难职工子女解决了就业问题。自 2000 年以来，农场安排 30 多名困难职工家庭子女就业。

## 六、临时救助

甘肃省自 2009 年开始建立临时救助制度。2010 年，分公司积极与玉门市政府协调，将农场纳入玉门市救助体系管理范畴，并根据《甘肃省人民政府关于进一步加强和改进临时救助工作的意见》（〔2014〕4 号）要求，分公司（农场）制定了《关于临时救助的相关操作要求》，严格按程序进行申请救助。至 2018 年 12 月农场社会职能移交地方管理前，为 363 人（次）申请了临时救助资金，共计 19.58 万元。

第八编

文教卫生

中国农垦农场志丛

农场建设初期，为职工生产、生活服务的基本设施还没有完全建立起来，职工看病、子女就学、文化需求，甚至购买生产生活用品都依赖于几十里外的城镇，再加上当时交通不便，人们的生活处于相当困难的境地。随着农场的逐步发展和经济社会效益的不断提高，职工生活状况逐步好转，社会服务体系开始建立。农场发挥自身优势，克服了重重困难，办学校、建医院、兴科技，开展各种文化娱乐活动，活跃职工群众的精神文化生活。到20世纪70年代，农场的文化教育、医疗卫生、科技服务等社会公共事业有了长足发展，服务设施齐全。进入80—90年代，在现代高科技引领下，文化、教育事业呈现出欣欣向荣的繁荣景象，成果辉煌。到20世纪末，农场的文化建设和各项社会服务体系更加完善，且呈稳步发展的趋势。

# 第一章　教育发展

农场的教育事业是在极其困难的条件下创办起来的。从20世纪50年代后期办起第一所学校，到2006年农场撤销学校，交由玉门市政府教育部门管理，50余年来，农场的学校教育、职业教育经历了艰难曲折的发展历程。党的十一届三中全会后，改革开放为教育事业发展提供了良好契机，学校教育、职业教育齐头并进，稳步发展，为莘莘学子求学、职工在职学习深造提供了优越的环境条件和良好机遇。

## 第一节　学校教育

### 一、创建与管理

1958年建场初期，中央决定迁移上海移民和河南支建青年到河西投身农垦建设，随后，数千人齐聚饮马农场，开始了他们开荒造田、改造大自然、建设现代化农场的新生活。当时许多移民都是举家搬迁，统一安置，但农场没有学校，他们的子女教育问题一时成了一个大难题。面对这种局面，农场曾多次向甘肃省农垦局、河西农垦分局报告请示，并与省、地、市（县）教育行政部门协商，以尽快解决这一问题。1959年7月，经玉门市文教局批准，蘑菇滩农场和饮马（劳改）农场分别建立职工子女学校。鉴于当时玉门市教育行政部门人力、财力有限，无力支援农场办学，所有办学经费、师资、设备均由农场自行解决，但教学工作的检查、监督列入政府管理序列。办学初始，困难重重，无师资、无经费、无校舍、无设备、无教学器材，一大堆现实困难摆在了场领导面前。但为了下一代，为了培养德智体全面发展的社会主义事业接班人，农场在极端困难的条件下，组织人力、财力、物力，决定办好学校，稳定人心，给"农垦人"光明的希望。当年，蘑菇滩农场在场部修建了60平方米的教室2间，拨款1000元，购置了部分教学设备和用具，并从农场下放干部中选拔了2名人员担任教师。第一所农场小学在1959年秋天开学，开设4个班级，招收学龄儿童32人，采取复式教学法给学生上课。与此同时，饮马（劳改）农场也开始创办小学，在场部修建了1栋150平方米的教室，拨款1216元，购置了教学用具，配备了 3 名教师，任命了 1 名校长（陈国葵），招收学龄儿童 36 人，开设 5 个班级，于当年秋天开学。

刚刚开办的农场学校虽然设备简陋，经费短缺，师资力量薄弱，但教师们从"教书育人"的大局出发，爱岗敬业，精心执教，教学质量并不比其他学校差。玉门市文教局于 1962 年对农场学校进行检查摸底考试，蘑菇滩农场学校和饮马农场小学学生的考试成绩合格率分别为 96% 和 94%。经过几年的努力，1963 年，农场两所学校的学龄儿童入学率均达到 72%。不久，鉴于蘑菇滩农场的居民点比较分散，学生上学很不方便，为解决学生就近上学问题，经与玉门市文教局协商，决定将一站（原酒花二队）的学龄儿童划分到黄闸湾中心小学借读，两校学生高小毕业后可进入玉门二中就读。

农建十一师成立后，学校教育由师政治部宣教科主管。1964 年 3 月，师分配第二团师范大学本科毕业生 3 名（甘肃师范大学 2 名，甘肃教育学院 1 名），组建第二团初级中学。1965 年，第二团有九年制学校 1 所，教师 9 名，在校学生 148 名。随着学龄儿童的不断增多，为方便各连队学生就近上学，自 1966 年开始，第二团相继在一连、七连、九连、十一连、十四连办起了教学点，聘请政治思想表现好的城市知识青年担任教师。其间，学校以团部子校为中心，对各基层教学点实行"专业管理，垂直领导"。1968 年，第二团子校开设教学班 10 个，有教职员工 30 名（其中有大专师范院校分配的教师 4 名，复转军人 4 名，城市知识青年 22 名），学生 460 名。办学经费列入政策性支出，中小学教育自成体系。

1966 年，饮马（劳改）农场子校增设初中部，由甘肃省劳改局分配师范专科院校毕业生 5 名，设 8 个教学班，共有教职员工 17 名，在校学生 286 名。至 1969 年，建成可供边远学生住宿的砖木结构校舍，面积达 1082 平方米，校园总面积 42 亩，学校配备课桌 380 余套。当年 10 月，学校移交第十一团，翌年改称第四团军垦中学。后因农场驻地比较分散，不利于学生集中就读，于 1970 年在一连、三连、七连、八连、十连设立了多处小学教学点，共有学生 309 名（其中有中学生 47 名），配置任课教师 29 名（均为经过选拔的高中文化程度的城市知识青年）。

兰州军区生产建设兵团时期，学校管理与农建十一师相同。为解决各团场初中毕业生升学问题，第一师在玉门镇官庄军垦中学设高中部，垦区各团（场、厂、矿）的初中毕业生升入高中后集中在官庄军垦中学高中班学习。教育经费列入政（策）社（会）经费，由甘肃省农垦财务核拨。

1975 年 2 月，第三、四团合并为饮马农场，经酒泉农垦局报请甘肃省教育行政部门批准，农场设立 2 所普通中学，即原第四团军垦中学改为饮马第一中学，原第三团军垦中学改为饮马第二中学。场部设置两个学区，分别管辖教学和有关事务，由农场党委1名副书记主管教育。农场设教育科，进行教育行政管理。学校学生的学籍、统考、升学考试等事宜，均由玉门市教委统一管理。

## 二、调整与改革

1969年，在团军官组和文化革命委员会的领导下，"工人毛泽东思想宣传队"（简称"工宣队"）进驻学校，接管学校的一切事物。1978年党的十一届三中全会后，学校教育经过"拨乱反正"，开始走向正规。当年，恢复农垦体制后，甘肃省农垦局设立科教卫生处，加强对教育的管理，把普及九年义务教育作为农场学校教育的重点来抓，着手改善办学条件，充实教学设备，增加教育投入。主要抓了以下几方面工作：

一是针对农场办学点多面广、教育资源配置分散、教学质量难以保证等问题进行合理调整。1984年撤销13个小学教学点，学生全部集中在饮马一中、二中学习。中小学同在一个校园内，便于加强管理；教学机构各自独立，对后勤、财务进行统一管理；边远连队的学生实行寄宿教育，并配备生活教师，负责学生饮食起居和安全等方面的管理。1989年，根据当时的实际情况，撤销了饮马二中，将饮马一中和二中合并，设立饮马农场中学，学生集中到饮马农场中学学习。两校合并后，教育资源配置更为集中、结构更加优化。

二是重视改善办学条件，有效增加教育投入，促进了学校教育稳步发展。1989年筹资修建教学楼，建筑面积达2198平方米。1995年又建成学生公寓楼，建筑面积2069平方米。同时，购置了1辆"驼铃"牌大客车，专门接送边远生产队学生到校读书。这些有力举措获得了社会好评，使家长满意、师生满意。1989年9月，甘肃省农垦总公司授予农场"尊师重教先进单位"；1992年10月，授予农场"办学先进单位"等荣誉。

三是在抓好基础教育的同时，加大对幼儿教育、中小学教育的结构调整，使之更趋合理化。

### （一）幼儿教育

农场学校的幼儿教育始于军垦后期。当时，随着第一次生育高峰的到来，适龄孩子骤然增多，面对这种情况，各连队都增设了"红幼班"（即后来的幼儿园）。农场选拔思想好、有责任心的城市知识青年担任幼儿教师，管理教育孩子。到20世纪80年代初，各连队的"红幼班"全部停办。1989年，场部学校办起了学前班，由于条件所限，当时只招收5.5～6周岁家住场部的儿童入学。1995年，学前班发展到3个班，有入学儿童112名，配备专职教师 3 名，在校学生中 50％为生产队职工子女。

为加强对幼儿教育的管理，农场按照国家教委、甘肃省教委的相关规定，责令学校按统配的课本给幼儿授课，课程设置有语言、计算、常识、美术、音乐、体育、故事等门类。2005 年，幼儿学前教育以小、中、大 3 个层次分班，小班招收 3.5～4.5 周岁儿童，中班招收 4.5～5.5 周岁儿童，大班招收 5.5～6.5 周岁儿童入学。

**（二）小学教育**

农场小学的学制最初设置为六年制（初小 4 年，高小 2 年），1965 年前，因学生数量少，各连队教学点大多采用复式法教学。1966 年"文化大革命"开始后，正常的教学秩序和教育结构被打乱，小学学制改为五年。1976 年 10 月之后，教育部颁发了《教学大纲》，明确提出了新的教育方针，指出"应该使受教育者在德育、智育、体育几方面都得到发展，成为有社会主义觉悟的、有文化的劳动者"。学校亦贯彻执行新的教育方针。

同时，学校严格按照《教学大纲》规定教学，并逐步建立健全各项规章制度。1981 年恢复小学六年制教学，按照《教育法》规定落实义务教育，贯彻《小学生守则》，教育学生认真遵守。这一时期，农场学校在认真组织教学的同时，狠抓教学质量的提高。在玉门市教委组织的教育检查和对学生学业成绩测试中，农垦四校学生的学业成绩在玉门地区名列前茅。1986 年后，按规定，小学学生的入学年龄应为 7 周岁，但由于农场"两西"移民的迁入，小学生的入学年龄有些偏高，农场小学学龄儿童入学率从原来的 97.3 下降到 87％。经过 4 年的努力，到 1986 年上升到 100％。同时，小学学生的巩固率、升学率也有了显著提高，分别达到 99％和 98％。据资料记载，农场实行集中办学后，出现了可喜局面：学校无危房，班班有教室，人人有课桌，质量步步高。该校也成为甘肃农垦最早实现"一无两有"的农场学校之一。

**（三）中学教育**

按照教育部的规定，中学初中、高中阶段的学制均为三年制，但这项规定同样在"文化大革命"开始后被打乱。1969 年，学制改为"二二分段制"（即初中二年，高中二年），课程设置简化为政治、语文、数学、军体、工业和农业基础知识。1978 年，农场中学增设高中部，修业年限试行初中三年制、高中二年制。1987 年再行恢复六年制，初中和高中均为三年制。

从 1986 年开始，学校实行校长负责制，教师实行聘任制，并恢复了班主任责任制度。明确规定了任课教师的工作职责，倡导"尊师爱教"的优良作风，树立"教书育人"的正确观念，把教师的职业道德修养，学生的德、智、体全面发展，教育质量的全面提高作为学校的头等大事来抓。同时，学校重新组建教研组，专门研究、探讨教学中存在的各种问题，不断进行整改。当年，在学生中开展普法教育、基本国情教育、道路交通法规教育等，让学生了解国情，树立良好的学习风尚。

1990年，在贯彻《中小学德育大纲》的同时，教育学生认真遵守《中学学生守则》，按照《日常行为规范》提出的要求，规范自己的言行举止，做合格的"三好"学生。1993年，为配合形势教育，在学校开展国情教育、革命传统教育，激发学生的爱国热情，帮助学生树立正确的人生观、价值观，做遵纪守法的道德模范。

1991年，按照甘肃省农垦总公司教育工作会议精神，从1992年起，农场中学不再开办普通高中班，酒泉农垦部门将集中在玉门镇官庄农垦中学办学，教育资源配置相对更加集中和优化。当年，饮马中学有学生539名，毕业生209名，统考成绩位列玉门地区农垦四校第一。据统计，1992—2000年，农场学校共培养初中毕业生827名，其中考入高中的264名，占31%，并且大多数学生就读于酒泉、嘉峪关、兰州和外省的重点中学。据统计资料显示，当时考入省内外中等专业学校的学生有72名，占8.7%；考入农垦职专或自费到省内外中等职业技术学校学习的有314名，占37.9%。在2004年的初中毕业会考中，所有参加考试的学生成绩均高于毕业分数线，其中政治、语文两科的合格率为100%。

学校召开庆祝六一儿童节大会

## 三、教师队伍

农场办起小学后，重视教师的配置和选拔。选拔的办法有两种方式：一是从农场内部的下放干部中选拔思想表现好、有较高文化水平的人员承担教学工作；二是选拔政治觉悟高、有一定文化水平的政工干部担任教师。随着教育事业的不断发展，1978年，农场学校增设了初、高中班，但师资力量不足，能胜任初、高中教学的教师很少，而当时国家分配到教育系统各学校的大中专毕业生名额非常有限，能分配到农场学校的名额就更少了。为解决这一难题，农场根据实际情况，选拔了部分城市知识青年，经过短暂的培训后，让他们担任学校初、高中班的教学工作。同时，从长远利益考虑，农场决定自1980年开始，每年都从在职教师中选送一些合格人员，到省内相关大专院校进行对口专业委培，以此提高在职教师的教学水平。

此外，建立了以市场引导为主要模式的招聘机制，公开向社会招聘学历合格的教师来场校任教。通过这种方式选拔了一些优秀人才，保证了教学工作的正常进行。同时，鼓励教师进行在职自修，要求他们必须参加"教材教法合格证""专业合格证"等过关考试，拿到合格证方能上岗，以保证教学质量。

1988年，根据国家规定，实行教师专业技术职称评定制度；1989年，实行教师专业技术职务聘任制度。截至2005年，在职教师中，具有大专以上学历的有20名，占45.45％；具有中师文化程度或取得专业技术职称的有22名，占52.38％。有中教1级3名，占6.6％，小教高级1名，占3.3％，小教1级4名，占13.3％，小教2级7名，占23.3％，小教3级4名，占13.3％。2006年后，学校教育交由地方政府管理，农场不再承担教师进修等方面的工作。

## 四、教育经费

农建十一师时期，教育经费列入政策性支出，年度经费通过计划由财政拨款，缺口由农场自筹解决。兰州军区生产建设兵团管理期间，办学经费列入政（策）社（会）经费开支，由甘肃省财政核拨，不足部分仍由农场自筹解决。随着社会事业的不断发展，教育经费支出呈上升趋势，虽然财政补贴逐年有所增加，但仍存在严重不足的状况。据统计资料记载，1975年，农场教育经费补贴为5.55万元，1980年增至20.71万元，增长了3.7倍，平均年增长61％；1985年，政社拨款27.5万元，实际支出52.75万元，农场补贴25.25万元，较1980年增长18％；2000年，经费性质的财政拨款39万元，年度支出89万元，其中中小学经费补助79万元，专职政法人员经费10万元，转入营业外支出数为50万元，用于教育经费的补贴45万元。

在校舍硬件建设方面，1983年以前，经费列入基本建设项目，由国家拨款；1984年后则从农场利润包干资金等专用基金或自筹资金中支付，甘肃省农垦总公司则以专项拨款给予支持。学校的勤工俭学收入用于补贴教育经费不足、学生伙食、组织各项活动和购买仪器设备等方面。自1986年开始，农场每年年初为学校确定教育经费包干基数，由场长宏观调控，学校开支由校长审批。

### 五、教育设施

农场教育经费自 2000 年后增长很快，学生年平均占有经费已接近或高于全省水平。但由于历史欠账过多，教育经费的基数较低，办学条件还没有从根本上得到改善。截至 2004 年，学校教育设施有：教学楼 1 幢；砖混结构校舍 1 幢；学生寄宿公寓楼 1 幢；图书和阅览室 1 幢，面积 102 平方米；实验室 1 间，面积 56 平方米；仪器室 1 间，面积 46.4 平方米（理化生物实验仪器可供每班按 4～6 人分组实验）；电教室 1 座，配备电脑 31 台；露天体育场 1 座，面积 14000 平方米。

2006 年，根据甘政办发（2006）24 号，酒政办发（2006）33 号、62 号《关于驻酒农垦企业分离社会职能工作的有关通知》文件精神，于当年将农场学校移交地方，由玉门市政府教育局管辖。2009 年，农场学校更名为玉门市饮马学校。2010 年 9 月，饮马市教育局调整学校布局，撤销初中部，成为寄宿制完全小学，同时开办 1 所全日制幼儿园。

### 六、莘莘学子

纵观农场教育事业几十年的建设发展，经历了极不平凡的艰难历程，各历史时期学校的分合调整都是伴随着国家政策的规定、农场经济社会的发展变化而变化的。在党的英明政策指引下，在历届场领导的关心支持下，一批又一批教育工作者为培养莘莘学子成才做出了巨大的努力和奉献。那些从农场学校毕业后走上社会的大批有志青年，有的进入高校继续进修深造，成为社会各行各业的栋梁和优秀人才，也有不少人成为社会经济、现代科技、教育事业、文化卫生等领域的掌门人和佼佼者。

据不完全统计，1978—1998 年，农场学校共有 62 名学子考入国家或省级重点大学，其中有 7 名学生获得了博士学位，18 名学生获得硕士学位，他们中有不少人学成之后都成了所在研究领域的青年科技带头人。他们的成功是无疑是农场的骄傲和自豪，他们的优秀表现为农场学校争得了荣誉。

1978 年，从农场学校高中毕业的陈卫华以优异成绩考入甘肃师范大学（数学系本科），给农场学校众多莘莘学子求学上进树立了榜样，也让他们看到了希望。

李卫东，一个普通的农场子弟，1985 年从农场学校高中毕业后，以酒泉地区前 5 名的成绩被兰州大学化学系有机化学专业录取。此后，仅用 4 年半时间，他就完成了本应

6 年完成的学业，成为兰州大学化学系第一位用四年半获得理学博士学位的研究生。他在涉及的大环二匝类天然产物的全合成及相关反应研究中，取得了一系列具有开创性的研究成果，发表有关学术论文 30 余篇，为我国有机化学在这一热点研究领域工作的开展和不断深入奠定了坚实的基础，代表了我国合成有机化学的研究水平，并在国际化学界赢得了一席之地。同时，他在美国哈佛大学化学系 E. J. corey 教授实验室从事博士后合作研究，创造性地完成了具有重要生物活性的天然产物 Lactacystin 的新全盛策略的建立和不对称全合成，并首次系统研究了其构效关系，为这一重要的天然产物在细胞生物学和蛋白质生物化学中的广泛应用做出了重要贡献，得到了国际同行的普遍关注，受到 Corey 教授的高度好评。1999 年，李卫东被评选为甘肃省跨世纪学科带头人，荣获第四届"甘肃十大杰出青年"荣誉称号。诸如此类的典型事例，在农场学校还有很多。

## 第二节　职业教育

### 一、发展概述

职业教育是提高劳动者业务技能的一项重要手段。饮马农场的职业教育始于建场初期，通过职业技术培训，给职工传授现代农业科技和机械化生产知识，使其掌握业务技能，尽快适应岗位工作。方法上采取专家指导、岗位培训、进修深造、师傅带徒弟、自学成才等多种形式，结合农场实际开展。

建场初期，由于农场地处远离人烟的荒漠戈壁，缺乏吸引人才的客观环境，已有人才也大量流失，给农场生产建设带来很大的负面影响。此外，在当时的环境条件下，困难较多，经济力量薄弱，投入严重不足，劳动力技能结构重心偏低，高技能、复合型技术人才缺乏，职业教育种类少，方法和手段比较落后，重视程度也不够，致使职业教育发展缓慢，效果不够理想。

1957 年年初，农场的开荒造田、盐土改良、水利建设工程等已全面铺开，各种农业机械也大量投入使用，但各生产岗位，包括农机驾驶、修理等都急缺技术人才。面对这种困难局面，农场求助省内有关部门帮助解决。后甘肃省农林厅、水利厅积极联系西北农学院，聘请了几位苏联专家来场帮助解决难题，指导工作。在苏联专家和甘肃省厅农林水利专家的帮助指导下，农场开办了各种行业的技术短训班，对岗位职工进行初、中级职业技术培训，许多生产一线职工踊跃参加。专家们对工人细心指导，并且毫无保留地把自己的实践经验和技术要领传授给工人，甚至手把手地教，工人们非常感动。

在集中举办了多期技术短训班后，农场又把那些参加过培训、技术熟练的"小师傅"组织起来，让他们分头到生产一线培训其他岗位职工，通过传、帮、带，大多数岗位职工都能掌握基本的生产技能，适应或者承担本岗位的技术工作，为农场生产建设起到了积极的推动作用。据档案资料记载，1957—1963 年，农场共举办水利施工、盐土改良、农机驾驶、保养修理、农艺、园艺、人工授精等短期技术培训班 13 期，参加培训人员有263 人。

农场根据实际情况，经常举办这样的职业技术培训，通过及时培训，能够基本满足各作业站（队）技术人才的需求。同时，为了培养尖端技术人才，更好地为农场生产建设服务，农场先后选送了 19 名具有初、高中学历的青年职工到甘肃农业大学、西北农学院、甘肃省畜牧学校、甘肃省林业学校和甘肃省水利学校等大专院校进修。他们学成归来后，都在各自的生产岗位上发挥了重要作用。

1958 年 8 月 1 日，蘑菇滩农场红专大学成立，场长武铁汉兼任校长，聘请园艺、畜牧、农机、盐改、水利等行业的技术人员自编教材，举办技术培训班，对全场职工分期、分批进行轮训，每期 3 个月，共举办 4 期，参加培训的人员有 216 人。通过培训，大多数职工在短时期内熟练掌握了某种岗位技术。此外，为了生产需要，农场在冬春农闲季节会招收一部分内部农民工、支建青年、职工家属，从事各个行业的生产工作。但在这部分人员中，除支建青年外，有相当一部分青壮年及职工家属文化程度偏低，甚至有些人是不识字的文盲。为让他们尽快脱盲，适应工作，农场举办扫盲识字班，请教师指导这部分人员识字、学文化。方法上采取集中办班、学员互相包教包学多种方式，效果较好。同时，在识字、学文化的基础上，对他们进行初级职业技术培训，将文化知识和职业技术有机结合。经过一段时间的扫盲和职业培训，1959 年玉门市教育部门组织考试验收时，蘑菇滩农场有 63 名青壮年脱盲，脱盲率达 98.4%。

军垦时期，坚持职业教育常抓不懈，并重视对职工进行岗前培训，技术技能要求达到合格规范。1964 年，农建十一师创办边湾机校，对所有机务人员（含拖拉机、康拜因、汽车驾驶员和农具手，负责机务工作的排长、副连长等）实行分期、分批集中培训，学期6 个月，考试合格发放结业证书和操作证，执证上岗，结束了农场机务人员靠"传、帮、带"培训的历史。

1975 年，边湾机校改称酒泉地区农垦机械学校，专门招收农机行业的学员，培养技术人才。学校开办 4 年，为农场培训初、中级机务人员 305 名，其中有 9 名学员取得了工人技师资格。后根据上级通知，该校于 1979 年停办。其间，师、团两级还结合当时生产建设的实际需要，举办了水利施工与水利管理、盐土改良与土地平整、蔬菜栽培与植物保护、物资供应与仓储管理等多期职业技术培训班，为提高职工的职业技能发挥了重要作用。

恢复农垦管理体制后，根据酒泉地区统一安排，农场为"文化大革命"期间毕业的初、高中青年职工进行了文化补课。通过再学习，使他们真正具有真才实学，能够承担本职工作。同时，对职工进行初级技术补课、岗位培训、技术工人等级培训、提高学历教育等培训等，坚持职业教育的常态化、规范化，培养德才兼备的人才，更好地为农场的经济建设服务。1985年，甘肃省农垦总公司在玉门镇官庄建立酒泉农垦技工学校，负责酒泉垦区各农垦企事业单位职工的教育和培训，并且规定，以后农场招工，必须经过技工学校的职业培训，否则不予上岗。

## 二、职教改革

1984年，甘肃省农垦总公司根据农垦部《关于农垦系统职工培训工作的通知》，经甘肃省政府批准，在兰州建立甘肃农垦职工中等专业学校（简称农垦职专）和农垦电大（驻地武威黄羊镇），根据农垦企业的需要设置班次，培训在职干部和急需人才，着力发展职业教育。农场根据实际情况，制定了职业教育培训规划，按照职工的岗位、学历、年龄和工作经历确定培训内容和采取的方式方法，大体有以下几点：

（1）在管理体制上实现从计划经济管理体制向社会主义市场经济新体制的转变，改变由国家统包的旧管理模式，理顺关系，实行分级培训、分级管理。截至2004年，已基本建立起以企业自主开发为主体的适应市场经济体制需要的职业教育管理体制。

（2）在运行机制上，解放思想，转变观念，改变计划运行机制，结合农场改革，建立现代企业制度，遵循市场经济运行规律，逐步建立起以市场引导为主的职业教育、技能培训运行模式，使职业教育与农场生产经营协调发展、相互促进。同时，引进竞争机制，提倡合理、公平、合法的竞争，提高职业教育与培训的利用率，确保达到预期效果。

（3）在职业教育和培训的质与量上，尽量做到质高量足，总量平衡，使人才种类、数量、质量基本能够满足农场发展的需要。培训中，要从企业的实际需要着手，根据农场经营管理和生产的实际需要确定培养对象与培训内容。这是职业教育与培训的出发点。

（4）在经营投入上，实行有偿服务和成本核定，谁受益、谁投资，以确保职业教育与培训的经费来源，不断改善培训条件，扩大培训规模，提高培训效益。在人力资源开发的各个环节，要有适当的提前量，不但看到近期需要，而且要预见到长远发展的趋势。

（5）工作重点要以农林为主体，使职业教育与培训的渠道、层次、规格更适合农场发展的需要，把职业教育与培训融入企业的生产经营活动之中，形成职业教育与培训考核、使用和待遇相结合，与人事、劳资相结合，与导向、激励、约束相结合的"三位一体"运行模式。

（6）从培养农垦精神着手，充分发挥农垦优势，开发自己的人力资源，培养能够留得住的人才。同时，结合政治思想教育和爱国主义教育，激发职工对农场的感情，增强其对农垦建设的事业心和责任感，为农场建设发展做出应有的贡献。

### 三、职教成果

20世纪70—80年代，随着知识青年大返城，农场的一大批技术业务骨干和优秀人才按政策规定离开了工作岗位，农场一度出现了某些技术岗位断档、人才急缺、后继无人的状况。面对这种局面，从1984年开始，农场下大决心，采取多种方式，加强职工业务培训工作，着手培养自己的人才，坚持多年，取得了很好的效果。

（1）据统计资料记载，1987—1995年，共有21名管理、技术人员到北京农垦干部管理学院、农业部乡镇企业干部管理学院、河南医科大学、建材管理学院、酒泉教育学院进修，毕业后回农场工作。同时，有31名职工在甘肃省农垦职工中等专业学校、甘肃省建材学校接受学历教育，如今多数人已成为农场中层以上管理人员或业务骨干。1991年和1995年，甘肃省农垦总公司分别与陕西师范大学、西北师范大学联合办学，农场选送了2名应届高中毕业生入校学习，毕业后回农场，在子校任教。

（2）1987—2004年，农场副场级以上在职干部和后备干部分期、分批参加了甘肃电大黄羊镇工作站举办的场长、经理培训班，学制3年，均取得了国家统考合格证。同时，还参加了中央党校、北京农垦干部管理学院举办的专题研讨班学习。2005—2013年，农场选派副场级以上干部11名到北京农垦干部学院、甘肃省委党校、农业部华南农垦干部培训中心学习，为期30～40天。此外，农场还多次安排各级干部参加甘肃省农垦总公司、酒泉农垦公司和农场组织的以职业教育为主的培训班，取得了显著成绩。据统计，农场干部每年在各类培训机构接受培训的人数保持在5％左右。截至2004年，共有121名职工取得了不同等级的职业资格证书，成为农场现代化建设的高素质劳动者和技能骨干。

（3）职工离职到外地培训、进修学习固然是一种很好的方式，但鉴于农场工作的特殊性，有些职工因岗位需要无法离职进修，农场也尽力给他们提供方便条件，鼓励这些职工参加在职函授、成人自学考试等，以提高其学历和知识水平，更好地适应岗位工作。据统计，1995年参加中央党校、农业广播电视学校等成人自考教育的在职人员有126名，其中通过国家资格考试的有 10 名，通过甘肃省资格考试的有 2 名，通过 5 科以上的约占 47%。此外，随着市场经济的不断发展，就业结构和就业方式也发生了重大变化，许多职工子女选择了自费上学接受再教育，进一步提高文化水平，扩大知识面，培养职业技能，以方便就业。一项调查资料显示，农场子女在外地上学的，有 42% 的人学成返回农场，把自己的聪明才智贡献给了农垦事业。

（4）对于那些技术复杂、要求高、操作规程严格、直接关系到产品质量和安全生产的行业与工种，对从业人员进行严格培训，使其掌握必要的知识和技能，实行准入控制，推行职业资格证书制度。对于职工家庭农场，推行"模式栽培"制度，利用冬春农闲时间进行集中培训。在田间管理期间，按照模式化栽培技术要求限时、限量完成任务，实用技术通过试验、示范后大力推广。每年推广的新技术成果有 2～3 个，培训人员超过总数的 85%。

1996—2005 年学校经费开支见表 8-1-1。

表 8-1-1　1996—2005 年学校经费开支

| 年份 | 教育经费数量（元） |
| --- | --- |
| 1996 | 741933 |
| 1997 | 904293 |
| 1998 | 866987 |
| 1999 | 628839 |
| 2000 | 846020 |
| 2001 | 924804 |
| 2002 | 1146338 |
| 2003 | 1035405 |
| 2004 | 1131060 |
| 2005 | 1122466 |
| 合计 | 9348145 |

# 第二章　文化建设

## 第一节　企业文化

企业文化是在特定地域、特定环境和特定时段中形成的一种独特的文化体系。饮马企业文化是饮马人的精神支柱，是饮马人创业精神、集体智慧、拼搏奉献群体思想观念的结晶和体现，是饮马人宝贵的文化遗产和精神财富。饮马文化大体可归纳为三个方面：一是物质文化。农场以农为主，农业产品是农场的主打名片。物质文化的大体结构由绿洲、设施、产品、品牌、生产和生活环境组成，包括一切物质成果所产生、表现的文化范畴。二是行为文化，即职工的精神风貌、思想品质、道德修养、行为准则，以及遵纪守法、个人行为的约束力体现等。三是观念文化，即职工的世界观、人生观、价值观形成，以及对信仰理念的坚定性，体现在对社会的认识、对工作的态度和无私奉献精神等各个层面。这三个层面相互渗透、共同作用，是为了一个共同的奋斗目标所产生的凝聚力和亲和力。

企业文化，是几代饮马人在艰难的创业过程中逐步造就的。对饮马人而言，民族和国家利益高于一切，对党的无比忠诚，对祖国的无限热爱，对农垦事业的执着信念，都融合在了企业文化的丰富内涵之中。正是在这种精神力量的推动下，一代又一代的饮马人顽强拼搏、无私奉献，勇于克服困难，在逆境中奋进，铸就了"诚信、求实、敬业、创新"的企业精神，丰富了"勤劳、善良、包容、竞合"的企业文化。

农场威风锣鼓队的表演

秧歌队表演

自编自演的文艺节目

举办庆祝建党 100 周年红歌比赛

# 第二节　职工文化

职工文化是企业文化的重要组成部分，是物质文明和精神文明建设的共同成果。职工文化的形成和发展是一个漫长的历史进程，不但丰富了职工群众的精神文化生活，而且使人们在寓教于乐中接受教育、陶冶情操，净化思想灵魂，丰富内心精神世界。

## 一、文化刊物的创办

建场之初，为加强社会宣传和对职工的思想教育，凝聚人心，促进生产建设，1958 年 5 月 30 日，国营蘑菇滩农场政治部创办了《红专简报》油印小报，在创刊号上刊登了时任场长武铁汉的"创刊词"。创刊词以简洁明快的语言阐述了办报的意图和遵旨，鼓励职工为农场建设献计出力做贡献。小报经常登载一些生产建设情况，及时报道农场建设中涌现出的好人好事，以及职工创作的诗歌、散文、快板、绘画等文艺作品。在办好《红专简报》的同时，根据生产季节，还创办了《春播快报》《三夏快报》《工地战报》《捷报》等应时小报。为配合各行业生产，交流经验，进行技术指导，还办了《水利工地简报》《林业生产简报》《畜牧生产简报》等专业性小报。

1960 年 10 月创办了《情况反映》和《疫情测报》两种小报，主要刊发自然灾害的发生与防治、疫情预防措施等消息类文章。截至 1963 年 10 月，共刊印各类小报 254 期，每期都发行至农场各班组。

军垦时期，于 1964 年 5 月 1 日创办《军垦简报》。该报由第二团政治处宣传股主办，开辟了多个专栏，有生产进展、经验交流、生产技术、典型事例等，主要报道军垦生产建设中优秀人物的先进事例、经验介绍、技术交流等，每期印 200 份，发至农场各班。1967 年 4 月 18 日创办《生产简报》，由第二团军管组和生产指挥部主办。

1970 年 12 月 21 日，兰州军区党委批准兰州军区生产建设兵团成立报社，创办《人民军垦》报。该报为兵团机关报，内容主要配合兵团各个时期的中心任务，宣传党的方针政策，贯彻兰州军区党委、各省（区）军区党委的有关决定和会议精神，交流军垦部队政治思想建设和生产建设方面的经验等。

1971 年 1 月 21 日，《人民军垦报》试刊发行，报纸宗旨、内容和《人民军垦》相同，每期刊印 233 期，发至排。同时，第三、四团政治处宣教股还主办了季节性刊物《春播简讯》《夏收战报》，至 1976 年 7 月，分别出刊 11 期、29 期，1986 年夏收结束后停刊。

1985 年年初，农场创办《农业气象报》，每月 1 期，为职工群众及时提供天气预报情况，以及农业气象分析、灾害性天气预报等，信息由玉门市气象站提供。

1987 年 3 月 8 日，《饮马周报》创刊，由农场宣传科主办，每周 1 期，主要围绕农场的中心工作，宣传党的路线方针政策，报道企业改革动态、生产经营、双文明建设、先进人物、典型事例等。至 12 月，共印发 38 期，刊登各类文章 516 篇。至 1999 年，共出刊 602 期。

1993 年 10 月创办《饮马风采》期刊，由农场党群工作部主办。内容以宣传反映农场物质文明和精神文明建设为主，兼以刊登农场简讯、时政消息等内容。采取摄影作品和文字介绍相结合的方式，并在橱窗定期陈列，以加强宣传效果，充分发挥刊物的社会宣传作用。2000 年，该刊物改为《走进新时代》，每年定期出刊 7～9 期，后改为《饮马简报》《饮马报》，每年出刊 10～12 期。2019 年，该报停办。

## 二、对外宣传报道

受地域环境、交通运输、通信条件的制约，农场早期的对外宣传报道较少，或没有留下记载。

1963 年，蘑菇滩农场荣获国务院"全国粮食生产先进单位"称号，《中国农垦》《甘肃日报》等报刊及时对此进行了宣传报道。这是农场自建场以来的宣传文章第一次见诸报端。

1964 年 8 月，天津市组成慰问团，1965 年 6 月，西安市组成慰问团，相继慰问了河西地区参加军垦的天津籍、西安籍知识青年。随团记者以来访见闻在有关报刊、电台进行了报道，引起了社会各界的强烈反响。《西安晚报》记者柳影还将采访中的摄影作品在该报发了两个专版，用镜头真实地记录了军垦建设的生动画面。

1969年7月3日，第二团一连子校教师席宗信为抢救落水儿童牺牲的消息传出后，兰州军区政治部、兰州军区生产建设兵团政治部、《甘肃日报》、甘肃人民广播电台、《人民军队报》《人民军垦报》等新闻媒体先后派记者深入农场，对席宗信的典型事迹做了专访，并从不同角度进行了宣传报道。1970年3月21日，《人民军队报》发表了题目为《军垦战线英雄歌》的长篇通讯，文章见报后反响很大。

1971年1月至1973年8月，第三、四团政治处宣传股建立报道组，4名工作人员被《人民军垦报》聘为通讯员，期内发稿137篇，采用36篇。

1977年1月23日，《甘肃日报》发表了《学习大寨抓根本，农场一年大变样》的通讯，真实生动地反映了饮马农场快速发展的新变化。

20世纪80年代后期，农场迈出了"走出农场，走进市场"的第一步。随着改革开放的不断深化，经济结构加速调整和提升，农场迎来了历史上最好的时期。期内，甘肃省内外许多知名作家和媒体记者纷纷来农场采访，后在有关报刊发表了大量有关饮马农场自力更生、艰苦奋斗、建设农场、发展生产，以及饮马人无私奉献，为农场建设做贡献的新闻报道文章和文艺作品。

据不完全统计，1985—2005年，相关新闻媒体在报刊撰文宣传农场的稿件达620篇（条）之多。同时，农场还建立了自己的通讯员队伍，各基层单位也建立了通讯报道组。农场职能部门每年利用冬春农闲季节对通讯报道员进行1～2次集中培训，并推荐部分通讯报道员到甘肃省农垦公司党委举办的专题学习班进修，还积极参加酒泉农垦公司举办的笔会和采风活动。据统计，1985—2005年，农场人员在国家、省（区）、地级有关报刊发表通讯、消息类文章达1058篇（条）。

1996年2—7月，农场与《甘肃日报》联合举办了"饮马杯头条新闻大奖赛"，本场职工王富海、常通、张大光采写的通讯《"饮马"奔腾创新业——甘肃饮马农场发展壮大纪实》获得一等奖。

1966—1998年，农场为《中国农垦经济》协办单位；1996—2005年，农场为《甘肃农垦》协办单位，有7名职工被聘为杂志通讯员。据不完全统计，农场通讯员和部分其他作者这一阶段在《甘肃日报》《农民日报》《中国农垦》《甘肃农民报》《甘肃农垦》《甘肃农垦报》《酒泉日报》等报刊发表报道饮马农场生产发展、人物纪实的新闻类文章（消息、通讯）700余篇。

2006—2020年，农场的对外宣传报道抓得很好，生产发展、特色农业、养殖业发展呈现的新变化、新风貌、新人新事等，时有本场通讯员或职工写稿报道，新闻类的通讯、消息、其他短文也常见报端。省市的一些记者也常进行采访报道，及时反馈信息，让职工了解场内外大事，达到了宣传教育的目的。

自 2010 年以来，农场借助多种新闻媒体的优势，加强对外宣传报道工作，除电视、报纸的宣传外，随着互联网的普及，农场利用 LED 电子屏、喷绘展板、微信群、QQ、网站等载体，向《甘肃农垦》《亚盛通讯》及省内外多家媒体投稿，充分展示企业形象，宣传企业发展动态，提升正能量，鼓舞人心，使新闻宣传不断呈现新局面，取得了很好的效果。

### 三、广播、电影、电视

#### （一）有线广播

20 世纪 50 年代，广播的作用很大，传达中央的方针政策、转播新闻、各项宣传都离不开广播。饮马农场有广播的历史始于 1958 年 6 月，当时由甘肃省农垦局给农场调拨 150 瓦扩音器一台，并配备 0.4 瓦扩音喇叭 10 只。蘑菇滩农场在场部和邻近生产队架设了有线广播，经过安装、调试后即开始播音。1959 年 10 月 1 日，为向国庆十周年献礼，全场的有线广播线路全部架通，农场广播站也正式成立，配备了 1 名女播音员、1 名广播设备管理人员，当天播出了庆贺国庆十周年的文艺作品、社论、其他文章、音乐及革命歌曲等。

1965 年年初，第二团建立广播站，有播音室 1 间，配备 150 瓦、500 瓦扩音器各 1 台，扩音喇叭 30 只。同时，利用电话线路建成了全场有线广播网，定时向各基层单位广播。第一位播音员为玉门籍女知识青年田辛玉，接任者为天津籍女知识青年曹明华。广播的内容当时是有规定的，包括国内形势、国家新闻大事，以及农场的一些新闻、好人好事、歌曲、戏剧音乐片段等。

农场 20 世纪 60—70 年代的广播喇叭

至 1998 年，农场广播事业经过 30 多年的建设发展，已初具规模。全场开通有线广播线路总长约 60 公里，架设各种喇叭 48 只，广播覆盖面达 24 平方公里（按居民点分布面积计算）。广播站配有有线广播机 1 台（徐州无线电厂生产）、50 瓦扩大机 2 部、录音机 1 台、电唱机 2 部，总资产 13.8 万元。广播站工作由党群工作部管理，部宣传干事负责具体事宜，配备具有业务专长的女播音员 1 名，广播时间为每天早、中、晚各播出 3 次，内容主要是转播中央人民广播电台和甘肃人民广播电台的新闻节目。同时，还播出自办节目，每天 2 次，每次 30 分钟。内容主要有报刊的重要社论文章、农场重要信息、本场通讯员采写的消息、通讯、生产动态等。为了突出广播效果，还开辟了《文化生活》《法制园地》《科技兴场》《计划生育》《健康咨询》等专栏。据统计，广播站年播出本场通讯员采写的各类稿件 360～520 篇。

1998 年 5 月，广播站安装 XF－2448K 编码遥控式调频广播发射机，更新了设备，播出效果得到明显改善。截至 2005 年，农场广播在宣传党的路线、方针、政策，"双文明"建设，改革开放的新变化，配合农场建设和生产发展、经营管理等多方面发挥了重要作用。2005 年后，收音机、电视等各种家用电器更新换代，发展迅速，极大地丰富了人们的文化生活，广播已不再是人们唯一依赖的宣传工具，那些扩音机、大喇叭、有线广播逐渐退出了历史舞台。

### （二）电影放映

20 世纪 50 年代农场开发之初，为活跃军垦人员、职工的文化生活，鼓舞士气，凝聚力量，大力宣传农垦建设的伟大意义，上级部门曾派电影队不定期到农场放映电影。由于当时的条件所限，放映的影片大多是黑白新闻纪录片及少量的故事片。

1962 年 5 月，蘑菇滩农场购置长江-54 型 16 毫米电影放映机、幻灯机各 1 部，并自备发电机，配备放映人员 2 名，开始给农场职工放映电影。这是饮马农场自建场以来自成建制放映电影的开端。

20 世纪 60—70 年代农场电影放映情景

1965 年 6 月，农建十一师给农业二团调拨 1 套甘光 F - 35 毫米放映机，农场借调玉门市电影放映队放映员孙从治来场对电影放映工作进行技术指导，二团遂正式成立电影放映队，编制人员 3 人，由孙从治任队长。电影队隶政治处宣教股管理，具体放映的影片由玉门市电影管理站依时间顺序提供和安排。农场大约每月可放映影片 2～3 部，并且每月还准时到数百公里外的玉石山锰矿给生产工人放映电影 1～2 次。

此外，为配合当时的政治形势宣传和军垦建设日新月异的大变化，电影放映队安排在全团各基层单位巡回放映。为加强宣传效果，电影队还自制大量幻灯片，在正式影片放映前进行播放，内容为宣传国家大事，农场新风貌，各基层、各行业的好人好事等。因当时条件简陋，电影放映大多都在露天场地进行，"两根木杆，一块银幕，一台柴油发电机"，是当时情景的真实写照。

1969 年 10 月，第四团进驻场区，场区的电影放映队增加到 2 个。

1971 年 3 月 26 日，经兰州军区政治部批准，兵团成立电影发行站，解决了军垦部队的影片供应问题，使影片种类和数量有所增加。同时，场区配备了 16 毫米电影放映机 3 套、35 毫米电影放映机 2 套。自此，农场电影放映自成体系。

1973 年 6 月 9 日，第四团新增甘 F - 35 毫米电影放映机 1 套，随着 35 线路的开通，电影放映条件有了较大改善。

1975 年 2 月，场区的几个电影放映队统一合并为饮马农场电影放映队，由农场宣传科管理，放映员由宣传科干部兼任。

军垦转制后，影片供应划归酒泉地区电影发行公司负责，每年由农场根据电影工作会议安排报送租片计划，按供片时间安排放映场次。据统计，1978 年全年放映电影 102 场，其中深入基层生产单位放映次数在 60% 以上。

1991 年 7 月，农场购置井冈山 104 - X2 型氙灯放映机 1 套（上海八一电影机械厂产），加上原有井冈山氙灯放映机、改装光源的解放 103 型放映机各 1 套，至 2005 年，共有 3 套放映设备，基本可以满足当时的放映要求。据统计，在 1991—2005 年的十多年间，年电影放映数都在 35～50 场次。2005 年后，农场的电影放映工作移交玉门市政府民政部门统一管理，但每年安排在场部放映电影 20～30 场。

2006—2020 年，随着电视的广泛普及，电影放映进入低谷期。但玉门市政府依然做出决定，由宣传、文化、民政部门具体安排，由市电影公司具体执行，安排市电影队每年到农场放映电影 30～40 场（和市属乡镇场次一样多）。

**（三）电视普及**

农场电视接收始于 1980 年 7 月，得益于玉门电视台建成开播。

1980年7月20日，玉门电视台建成10千瓦彩色电视转播台1座，以六频道转播中央电视台第一套节目及甘肃电视台部分节目，覆盖面积3万平方公里，实际达到5万平方公里，场区可接收转播信号。1982年7月，玉门电视台增设八频道，发射功率1千瓦，场区可接收到两套节目。据统计，1980年，场区有电视机8台，到1982年增加到43台。

1985年实行职工家庭农场经营承包制后，电视机开始普及，但因市场供应限制和职工收入的制约，大多数家庭的电视机都以小荧屏黑白机为主，彩色电视机数量仅占总数的14%。

1991年6月，经甘肃省广播电视厅批准，由甘肃省广播电视服务中心承建，农场自筹资金15万元，建成电视差转台1座，开办2个频道。1992年，在酒泉电视台的支持下，场部改为闭路电视，新增节目6套，于11月5日正式开通。差转台主要设备有LWP-50-Ⅱ彩色电视发射机2台、卫星接收机2台、电视机2台、录像机4台、DVD机1台，发射天线总高49米，一、七频道发射功率为50瓦。差转台以转播中央电视台节目为主，七频道为自制节目，包括农场新闻、专题报道、电视系列片、荧屏集锦、科技和文艺节目等。

1998年6月，场办电视台停止运转，农场电视接收并入玉门电视台网，采用微波网接收光缆入户的办法，共接收29套节目。2006年，根据中央"村村通"工程的实施，有线接收光缆入户，场区入户共1320户，水泥厂有64户，以有线传输替代了微波传输。据统计，至2000年年底，农场每百户家庭拥有电视机126台，其中彩色电视机占98.7%。

2010年后，随着市场经济的进一步繁荣和职工生活水平的不断提高，到2020年前，市面上各色家用电器应有尽有，而且电视机的更新换代非常快，大多数家庭已不再满足于普通电视，开始向大荧屏、智能型、豪华型发展。

饮马农场娱乐城

## 四、文艺宣传

建场以来，各级组织对文艺宣传非常重视，经常开展一些群众喜欢的文化娱乐活动，活跃职工群众的文化生活。

1958年8月18日，蘑菇滩农场业余剧团成立，排演的节目以西北地方戏为主，如秦腔、眉户，有全本，也有折子戏。同时，根据当时的宣传需要，还自编自演一些秧歌剧、快板剧等群众喜闻乐见的文艺节目。后来，大批河南、上海支建青年及移民来场，同时带也来了别具一格的地域文化，业余剧团增加了豫剧、越剧、沪剧等剧目，丰富了演出内容。

1964年5月1日，组建不久的农业二团举办了第一届军垦战士文艺调演。在4天时间内，共演出8场，上演各种文艺节目156个。参加演出的单位均为全团各基层连队，演员是本单位具有文艺特长的青年职工。

1965年4月，团文艺演出队成立，队长由傅炳高担任，李进波担任政治指导员，演出队隶政治处宣教股管理。之后，全团各连队也相继成立了业余文艺宣传队。1966年，因受"文化大革命"的影响，团文艺演出队解散。1969年12月，第三、四团文艺宣传队相继恢复，其阵容、规模、创作和演出都达到了一定水平。

1970年4月29日—5月21日，由著名作家李镜、朱克俊创作的《席宗信》专场文艺节目随同席宗信事迹报告团深入矿山、农牧场、军营、工厂，以及席宗信的家乡庆阳地区镇原县进行演出，共演出了36场，受到了观众的赞赏。

1973年2月，为庆祝兰州军区生产建设兵团成立三周年，兵团政治部举办了陕、甘、宁、青四省（区）军垦部队第一届文艺调演，第三团文艺宣传队排练的现代京剧《红灯记·痛说革命家史》《沙家浜·智斗》和女高音独唱《老房东查铺》获优秀演出奖。

1978年后，随着城市知识青年返城，一大批文艺骨干纷纷离开农场，群众性文艺演活动处于低潮阶段。1991年农场恢复文艺宣传队建制，由李进波任队长。经过一段时间的排练后，组织宣传队到基层单位进行演出。

1992年8月，文艺宣传队参加甘肃农垦文艺汇演，以宣传饮马场农业大丰收为题材的自编自演的舞蹈《我们丰收了》荣获文艺演出二等奖。由农场职工自己创作的获奖歌曲《送你一束沙枣花》《疏勒河流过我家乡》深受好评。这时期，还拍摄制作了电视宣传片《岁月风流》，这是一部宣传饮马发展历史的优秀专题片，社会反响很好。

1993年10月，为配合"饮马农场十年改革经验总结大会"的召开，文艺宣传队排练了新节目，在"情系农垦，魂系饮马"专场演出中奉献了一台精彩节目，受到了职工群众的热烈称赞。

1995年7月1日，农场举办"爱我中华"大型歌咏比赛，有27个基层单位参加，演唱人员有800余人。

据统计，1991—1997年，文艺宣传队下基层为职工群众演出470多场。1998年2月，文艺宣传队整建制并入啤酒原料股份公司，后在体制改革中取消文艺宣传队建制，从此再无专职文艺宣传队。

期内，各基层单位群众性文艺演出活动开展得非常活跃。围绕爱国主义教育、改革开放大好形势、农场生产建设，突出一个主题，先后举办了"党在我心中""质量攻坚，发展经济""情系饮马""香港回归""澳门回归""喜迎国庆五十周年"等专场文艺演出。至2000年，共举办文艺汇演38场，其中1995年举办的"庆七一 党在我心中"歌曲大合唱，共有23个建制单位组队参加，演出人员有上千人。

这时期，各单位还经常举办卡拉OK比赛、小型演唱比赛等活动，以多种文艺形式活跃职工群众的文化生活。与此同时，校园文化、社区文化、休闲文化也在群众中广泛开展。如每逢"六一"儿童节，场区学校都组织文艺演出，社区也常举办各种形式的文化活动，使文艺活动常年不间断，常办常新。

2013年9月，为庆祝甘肃农垦成立60周年，农场举办了"甘肃农垦成立六十周年饮马分会场文艺晚会"。甘肃省农垦集团公司领导和农垦下属各企业主要领导、部分离退休老干部和职工群众1000多人观看了演出。

农场重视每年的春节文化活动，曾连续举办了10届内容丰富的文艺汇演、社火表演等。2010年春节期间，组织了大型职工团体操表演，有8个大项、24个小项。社火表演、元宵节灯会、烟火晚会更是盛况空前。在社火表演中，农场各单位有11支队伍参加，演出人员达五六百人。最引人瞩目的是场区离退休老同志组成的"夕阳红"秧歌队，参加的有上百人，最大年龄74岁，其他人员都在60岁上下。他们的表演动作到位，个个都很认真，受到了观众的热烈称赞。其次是丰富多彩的灯会，展出的各种花灯有500多盏，如十二生肖灯、旋转宫灯、荷花灯、形象产品灯等，都由职工自己制作。花灯造型独特，色彩鲜明，制作工艺精湛，体现了农场职工的聪明才智和对生活的热爱。

为丰富职工文化生活，给节日增添喜庆气氛，2019年和2020年春节，农场组织100名职工组成"威风锣鼓"表演队，经过1个月的认真排练，在春节期间参加了玉门市举办的社火汇演，获得玉门市政府颁发的"社火表演三等奖"。2019年10月，农场组成业余演出队，排练舞蹈"农垦兵团礼赞"，参加了农垦系统举办的"庆祝新中国成立70周年"文艺汇演，获得文艺创作优秀奖、音乐舞蹈戏曲演出三等奖。

2020 年 12 月，为喜迎元旦、春节，农场举办了"书画摄影作品展览大奖赛"，共展出农场干部职工创作的摄影作品 30 余幅、书画作品 40 多幅，并对优秀作品进行了评奖。

回顾几十年来农场在文艺宣传和演出方面取得的成就，可谓收获颇丰。但饮马人不自负、不守旧，曾多次请外地的演出团队到本场演出，既让职工群众开了眼界，活跃了文化生活，又达到了学习交流的目的。据资料记载，曾来农场演出的文艺团体有天津市歌舞团、新疆生产建设兵团秦剧团、农建十一师京剧团、农建十一师文工团、西安市曲艺团、兰空文工团、酒泉市文工团等。

## 五、群众体育

农场的群众性体育运动起步时间较早。据资料记载，1958 年 6 月，饮马、北湖和蘑菇滩三家农场曾组织体育代表队参加玉门县（县址在玉门镇）体育运动会的武术、田径、篮球、乒乓球比赛。1959 年 6 月，蘑菇滩农场体育代表队参加了玉门市（市政府驻地在玉门油矿区）组织的体育运动会，在篮球比赛中，与 20 多支球队同场竞技，最终取得第六名的好成绩。

丰富多样的职工体育活动

1964 年，一大批城市知识青年和复转军人参加军垦建设，为农场体育运动的广泛开展带来了良好契机。至 1966 年，各连队都建起了篮球场、排球场、简易（水泥）乒乓球台，并且经常举行各类比赛。其他文体活动，如羽毛球、单双杠、围棋、象棋、拔河、跳绳等也经常性开展。同时，根据农垦单位的特点，还不定期组织军事体育活动，项目有队列操练、投弹射击、野营拉练等。1971—1974 年，组织举办师以上综合体育运动会 5 次。

1978 年党的十一届三中全会后，随着改革开放的不断深入，经济发展和职工生活水平逐年提高，农场职工体育活动开展得更为广泛和普遍。据统计，经常参加各类体育活动的职工占总数的 48%，其中以青少年和老年体育爱好者为主。当年 5 月 1 日，农场举办了首届足球运动会，十几个基层单位近 200 名运动员参加了比赛。6 月 1 日，玉门地区农垦四校（黄花、官庄子、工程大队、饮马中学）田径运动会在场区运动场举行，各学校都组织了精干的运动员队伍，本着"友谊第一，比赛第二"的体育竞技原则，积极参加比赛。这些活动不但活跃了职工群众的文化生活，而且促进了体育运动的广泛开展。

1982 年，农场成功举办玉门区农垦四校综合性体育运动会，荣获 14 项冠军、21 项亚军、24 项季军。1986—2005 年，农场共举办规模较大的职工体育比赛 21 次，其他各类体育比赛每年都举行 3～4 次。

20 世纪 80 年代后，农场离退休老同志逐渐增多，为了让他们安度晚年，农场专门建起了老年活动室，添置了活动器材，并派专人负责管理。2005—2020 年，农场职工的群众性体育活动更加丰富多彩，每年春节期间都组织全场职工群众开展篮球、乒乓球、象棋、拔河、广场舞、自行车慢骑、跳绳、踢毽子等体育比赛，并鼓励职工参加各种健身、休闲娱乐体育活动，推动职工体育活动不断发展。

## 第三节　文艺创作

自 20 世纪 50 年代农场初建到 2020 年的 60 多年时间里，回顾农场职工的业余文艺创作，涉及的内容非常广泛，创作的作品数量也比较多，其发展历程大致可分为 3 个阶段：

### 一、建场初期到 1966 年"文化大革命"前的文艺创作

农场建设初期，大批的复转军人、青年知识分子、城市知识青年及其他劳动人员，抱着建设边疆、献身农垦事业、开发建设现代化农场的雄心壮志，积极投身到农场开荒造

田、兴修水利、改造大自然的生产建设之中。在艰苦的生产、生活环境中，他们经受了各种考验和锻炼，以苦为乐，信心百倍，顽强拼搏，无私奉献，怀着对祖国的无限热爱，对美好生活的憧憬和向往，把自己的切身感受写成一首诗、一篇小说、一段散文，投给报刊，见诸报端，"农垦文学"由此诞生。这是农场文学艺术作品创作的开端。

这时期，创作的作品有诗歌、散文、小说、曲艺等诸多类型，大部分发表在《甘肃日报》《甘肃文艺》《新疆文学》《延河》等省内外报刊和一些地方性报刊上。据1959年4月8日蘑菇滩农场《红专简报》的短讯记载："自1958年至今，（农场作者）已有34篇（首）诗歌、散文、曲艺、小说在省内外报刊发表。"之后，陆续有其他文学作品、摄影作品、歌曲、舞蹈作品在《天津日报》《西安晚报》《甘肃日报》《甘肃文艺》《新港》等刊物上发表。

农场作者创作发表的作品颇具时代感及浓郁的地方特色。他们在艰苦的生产劳动实践中，把自己深切的感受、体会和独到的见解以文艺的形式表达出来，内容包括艰苦卓绝的农场生产建设、如火如荼的火热生活、不断涌现出的新人新事，以及那些奋战在生产一线的劳动模范、先进人物的感人事迹，着力讴歌时代精神，描绘建设蓝图，激励人们的决心和干劲。因受当时的社会条件所限，后期发表的各类作品较少，没有留下文字记载。

## 二、"文化大革命"期间的文艺创作

"文化大革命"期间，农场大批业余作者并没有停止创作，只不过所创作的各类作品都被深深地印上了时代烙印，带有明显、强烈的政治色彩。由于历史的原因，他们在这时期创作、发表作品没有留下文字记载。

## 三、1976—2020年的文艺创作

据资料记载，早期的部分作者，如中篇小说《疏勒河畔饮马人》的作者浩岭、报告文学《饮马长城窟》的作者王建虎、报告文学《饮马人》的作者焦炳昆、《戈壁绿洲》的作者高平、《饮马采风》的作者安可君等，他们的作品曾经在农场职工群众中产生了很深的影响，也带动了后来农场文艺创作的不断发展。

据统计，1980—2005年，农场业余文学爱好者创作发表诗歌800余首（组）、散文150余篇、报告文学30余篇、小说15篇、剧本6个，其中部分作品得到专家学者和社会

的较高评价。这一时期主要发表的代表作品和作者有：

马兆玉，农场职工，长于诗歌、散文创作，曾在《诗刊》《飞天》《星星诗刊》《诗林》《诗歌报》《未名诗人》等20余种报刊发表作品350余首（篇、组）。其中，组诗《母性的太阳》获得大陆青年诗人国际诗展优秀奖，诗歌《韵》获"江阳杯"全国青年诗歌征文大赛优秀奖，诗歌《我听见一只鹰在夜空中坠落》收入1994年《中国第四代诗人诗选》。1996年10月出版个人诗集《多情胡杨》（华侨出版社出版），2000年后出版诗歌、散文作品集2本。

黄建明，农场干部，笔名黄原，20世纪80年代开始文学创作，至2002年，先后在《甘肃农垦》《阳关》等期刊发表诗歌、散文等作品50余篇，散文《访美见闻》、诗歌《山海关远眺》、歌词《西部·奔向新时代》等很受好评。同时，他还汇集多年来创作的诗歌、散文作品，结集成书，于2004年出版《疏勒·月夜》个人专集。

张大光，农场干部，长于文史、散文写作。20世纪80—90年代在《酒泉报》（《酒泉日报》的前身）《阳关》等杂志发表散文《烽火台纪事》《饮马·饮马人》及其他作品60多篇。

陈敬仲，农场职工，其创作的剧本《一子福》《甘肃文艺》发表，散文《饮马风土人情》刊登在1990年的《中国农垦》杂志上。

邓小志，农场职工，1991年，其创作的诗歌《冬的概念》被收入《玉门诗选》。

张林海，在校学生，1991年，其创作的诗歌《凝固之爱》被收入《玉门诗选》；诗歌《父亲的手》被收入《美的追求》，并荣获全省中学生征文三等奖。

岳彩梅，女，学生，创作的散文《我爱我的绿荫》发表在1991年的《新一代》杂志上，并获"长庆杯"征文二等奖。

董西林，农场干部，曾获酒泉地区文联和酒泉农垦公司联合举办的"夜光杯"征文二等奖，创作的小小说《雨过天晴》于1995年发表在《酒泉报》上。

冯怀英，农场职工，笔名九立，1996—2000年发表诗歌、散文近40篇（首）。散文《红柳情思》《款冬花遐想》，诗歌《古今三英雄酒鉴》等作品获得优秀奖。

李玉贤，女，农场职工，诗歌《候》《大漠的赐予》，散文《农垦人的中秋》《爱在秋天》等在相关杂志发表。

郑小琴，女，农场职工，散文《在六月的记忆里》《喜迎回归的日子》及诗歌《农垦人的四季》等在有关杂志发表。

2000—2020年，农场职工的业余文艺创作处于低谷时期。从客观情况分析，一是老作者大部分已退休，有的离开农场去了外地。二是随着农场体制改革，年轻人走上了领导岗位，工作压力大，创作时间有限。其他为数不多的业余文艺爱好者因生产任务重，或者外出进修、学习，将大部分时间和精力用在业务工作方面和市场经济的运作上，虽然也有作品发表，但数量不多。据统计，这时期农场作者发表的各类文艺作品有 80 多篇（市文联统计数）。

从 20 世纪 70 年代初到 2004 年，农场的文艺创作还包括大量的美术、书法、摄影作品，部分作者的作品在不同时间段参加了多地举办的书画展览，部分作品在相关报刊发表并获奖。

1970 年 3 月，农场配合兰州军区第三团举办"席宗信烈士"事迹展览，25 块版面、50 多幅照片、36 幅画作均出自农场业余美术、摄影作者之手。

1988 年春节，农场举办了第一届美术、书法作品展览，共展出作品 400 余幅。其中美术作品占一半，种类有油画、国画、水粉画、素描等；书法作品种类有楷书、行书、草书、隶书等，展出数量近 200 幅。截至 2004 年，农场在 6 年间举办美术、书法作品展览 8次。其间，作者俞关忻的楷书《从军行》展出后被选送参加酒泉地区书画作品展览，获得铜奖。

1992 年，农场举办美术、书法作品展展览，石明柱的油画作品《古塞春意》《思》被选送参加酒泉地区书画作品展，后被酒泉地区群众艺术馆收藏。1993 年 9 月，农场请甘肃电视台拍摄了《岁月风流》专题纪录片。

1993 年 10 月，农场举办"十年改革成就展"，50 块版面共展出摄影爱好者创作的作品 486 幅，其中不乏许多精品。

1995 年，农场拍摄了爱国主义教育电视片《为了 21 世纪的重托》，剧本撰稿由农场干部廖伟祥完成。

1996 年年初，农场拍摄了电视专题片《希望的荒原》，剧本撰稿由张大光完成。

1996 年 6 月，农场场史陈列室开展，展出的 314 幅摄影作品均由农场业余作者创作。

2004 年 3 月，场史陈列室补充新内容，农场业余摄影作者提供了大量新创作的作品，受到社会好评。

2015 年 8 月，农场拍摄了场史教育专题片《追梦》，剧本撰稿由廖伟祥完成，摄影和制作人为刘明军及许述旺。

在文艺创作的范畴内，农场业余作者还创作了不少电影、电视文学剧本，有部分被搬上了银屏。1993 年 9 月，农场完成了 8 集电视系列片《疏勒河畔饮马人》的拍摄，剧本撰稿由业余作者张大光、冯怀英完成。

刘明军，农场干部，多年来致力于新闻写作和文学创作。2019 年在农业部举办的

"北大荒杯，我的农垦我的梦"征文大赛中获三等奖；在中国农垦研究中心举办的"亚盛好食邦"垦三代征文中获二等奖；在 2019 年度玉门市文艺奖评选中作品荣获三等奖；2020 年，在农业农村部举办的"新朝杯"圆梦小康征文大赛中作品获优秀奖；2020 发表的散文《疏勒河边的农垦三代人》被农垦集团公司党委拍成了微电影《疏勒河畔》；在农业农村部农垦局举办的"我的农场，我的梦"征文大赛中获二等奖。

回首历史，几十年来，在饮马这片希望的田野上，产生了众多的优秀文艺作品，形成了一个笔耕不辍、为几代饮马人讴歌的创作群体。他们有：早期的饮马本土作者高平、浩岭、董西林、焦炳昆、安可君、王建虎；中后期的业余作者张大光、冯怀英、马兆玉、黄建明、陈敬仲、邓小志、张林海、李玉贤、郑小琴、刘明军等。

## 第四节　档案与图书

### 一、档案管理

农场非常重视档案工作，因为档案资料是历史的真实记录。农场在初建时期就建立了综合档案室，由场长办公室直接管理档案工作，集中统一保管党、政、工、团、妇、兵等部门的文书档案，并设有专门的档案管理员，负责档案的收集、查询、借阅等具体事务。军垦时期，档案管理员称机要保密员，后统称档案保管员。据统计，1995 年已保存综合性档案 763 卷、会计档案 3126 卷。20 世纪 80 年代后期，根据农场机构改革和岗位设置变化，农场的主要档案由机关各部门分别保管。2020 年，根据上级有关文件规定，将农场退休职工的档案全部移交玉门市档案局管理。现场部保存的主要档案有：人事劳资 500 多册，生产科技 400 多册，计划财务 8048 册，基建等方面的重要资料 350 多册。

### 二、图书阅览

从建场之初到 20 世纪 50 年代末，农场因条件所限，没有建立专门的图书阅览室。至 1959 年下半年，场部首次建起了一座有点规模的图书阅览室，陈列了兰州市 56 个单位捐赠给农场的图书 2700 余册。至 60 年代中期，农场图书阅览室的书刊大量增加，约有 26000 册。同时，有各省区的报刊 12 种，满足了职工群众的阅读需求。为更好地为职工服务，1997 年，在农场娱乐城一楼开辟了图书阅览室 120 平方米，陈列书刊 2000 余册。

1995 年后，农场有图书阅览室 2 所（即场部图书阅览室和学校的图书阅览室），图书报刊不断增加，供职工借阅。2000 年 2 月，农场的图书阅览室有藏书 3700 余册、报刊 46 份。2005—2018 年，场部的图书阅览室有各种图书、报刊万余册（份、本）。近几年来，因电视、网络、其他新闻媒体发展很快，人们可以通过手机微信阅览新闻和文艺作品等，阅览室增加的图书、报刊比较少，借阅人数也不太多。但总的来讲，人们获取知识的渠道多了、宽了，看书、看报的人也更多了。

# 第三章  科学技术

在现代科学技术的支撑引领下，在自然环境十分复杂、生产条件相当有限的情况下，如何建设一个现代化农场，并示范、带动周围农村共同发展，是农场建设的重要任务之一。回顾几十年来农场科技事业发展的历程，有收获、有不足，但总体来讲，取得的成绩令人瞩目。

## 第一节  发展历程与机构设置

20世纪50年代末，在生产建设发展中，农场充分发挥科学技术的力量，解决了不少难题。同时，学习苏联的经验，有计划地培养技术干部，让他们放手进行各方面的生产试验，不断总结成绩、积累经验，有利于更好地开展工作。虽然当时也购进了一批先进的农机具，但缺乏技术过硬的人才，操作使用效果不佳。

进入军垦时期，鉴于多次挫折和教训，农场干部深刻认识到"科学技术是第一生产力"这个真理，改变了传统思想观念，更加重视对科学技术的运用。时任师长李正肃在许多场合都讲科学技术对办好农场的重要性。1964年3月24日，农建十一师农业科学研究所成立，4月1日，农建十一师科学技术委员会成立。1964年11月，农垦部科委下达了《关于加强农垦系统科学实验工作的规定》，批准农建十一师成立综合性农垦科学研究所，编制100人，采用"事业单位，企业经营，定额补贴"的经费支付办法。在这种大好形势的推动下，农场相继成立了试验站，连队设置了技术员，作物、园林、土肥、植保、农机、牲畜等都纳入了科技管理。

此后不久，有的领导认为军垦部队的主要任务是搞生产建设，进行科学技术研究不是军垦部队的责任，还有人还提出撤销科研单位，精简科研人员，加强生产建设力量的建议。之后，这种建议得到了采纳，并很快就付诸行动，刚刚建起的科研单位被撤销，科研技术人员被调走或下放到生产一线。

1972年，农场恢复了正常的农业科技研究工作，抽调了人员，成立了相关科研单位，使科学技术工作又慢慢走上了正确的道路。1982年，在中央《关于科学技术体制改革的决定》文件精神指引下，农场的科学技术工作得到进一步加强，人才得到重视，并为他们提供了更为良好的科研工作环境。而后，成立了农业科技推广站，后因体制改革，其建制撤销。1982 年后，又重新成立了农业科技试验站。1998 年以后，技术推广站与农林生产部合并管理，科研工作由农林生产部承担。2017 年分公司机构改革，成立了农业科技示范中心，开展科研推广与技术服务工作。

## 第二节　科技队伍建设

在计划经济条件下，农场专业技术人员由国家培养，然后按计划分配到企业。从 20 世纪 60 年代到 2015 年，国家向农场输送各类专业院校毕业的技术人员 416 名，其中 56.3% 为生产技术干部，43.7% 为教育、卫生系统的干部。为了大力发展农业科技事业，充分发挥技术人员的积极作用，农场采取了一些有效措施，保证这项工作的顺利开展。

一是加强科技队伍建设，补充人员，保证正常工作的开展。采取的办法是从优秀工人中选拔文化程度较高、热爱科技事业并有实际经验的人员进入科研机构，从事专门的科技研究。

二是根据各时期的生产需要，举办短期技术培训班，采取"师傅带徒弟"的办法，传授农业科技知识，更好地为生产建设服务。同时，根据需要，选送一批中青年专业技术人员到省内外大中专院校进修深造，提高业务能力。

三是根据研究科目的不同，有目标地面向社会招聘、引进科技人才。据统计，至 2020 年，招聘引进的各种人才数量占全部科技人员总数的 100%。

四是着手长远，从长计议，不断充实科研技术力量，妥善解决新老交替问题。考虑到农场科研工作的特殊性，农场把一些老科技干部请了回来，让他们加入科技队伍，对年轻干部进行传、帮、带，以提高他们的业务能力，保证科技研究工作的连续性。

五是为了调动科研工作者的积极性，农场领导在工作、生活上关心他们，在技术上依靠、重用他们。同时按照相关政策规定，及时兑现科技人员的工资、奖金、福利待遇。在科研经费方面，尽量满足要求。同时，大胆对计划经济时期一些不合适的制度、规定进行改革，实行新政策，如对专业技术职务实行聘任制，被聘任人员可浮动一级工资，从事专业科研工作满 5 年的按固定工对待，还给他们增加书报费等。这一系列优惠政策让科技工作者有了信心，能够充分发挥他们的聪明才智，更好地服务于农业科技事业。

经过多年的努力实践，农场的科技力量得到了进一步加强，业务技术方面更加精益求精，不少科研人员在不同的领域和岗位上做出了突出贡献。截至 2004 年，农场共有各类专业技术人员 167 名，有专业技术职称的 121 名（不含政工系列）。其中，有农、林、牧、农机、经济和工程专业技术人员 46 名（其中高级技术职称 1 名、中级 9 名、初级 36 名），财会类技术职称人员 28 名（中级 2 名、初级 26 名），卫生类技术职称人员 16 名（主治医师 3 名、心超技师 1 名、护师 2 名、药剂士 2 名、护士 8 名），教育类技术职称人员 31 名（中教一、二、三级分别为 3、9、2 名；小教高、一、二、三级分别为 1、4、8、4 名）。这部分人员中，有相当数量的专业人员曾获得过各种奖励和表彰。

据统计，至 2020 年，农场有 1 人获得国务院授予的"全国劳动模范"称号，享受政府特殊津贴，并获得省政府授予的"优秀专家"奖励；有 3 人获得国家科委、国家教委、农业部、林业部"科技推广先进工作者"荣誉称号；有 2 人获得甘肃省政府"科技推广先进工作者"荣誉称号；有 2 人获甘肃省人事局、计委、教委"优秀大学生"和"优秀中专生"表彰；有 28 人（次）获甘肃省农垦总公司、酒泉地区"科技工作先进个人"奖励。

2020 年农场具有职称的专业技术人员见表 8 - 3 - 1。

表 8 - 3 - 1　2020 年农场具有职称的专业技术人员

| 专业名称 | 人数 | 高级职称 | 中级职称 | 初级职称 | 员级职称 |
| --- | --- | --- | --- | --- | --- |
| 农艺 | 19 | 3 | 2 | 13 | 1 |
| 工程 | 3 | 1 | 0 | 2 | 0 |
| 财会 | 12 | 0 | 2 | 9 | 1 |
| 政工 | 12 | 1 | 4 | 5 | 2 |
| 卫生 | 1 | 0 | 0 | 0 | 1 |
| 合计 | 47 | 5 | 8 | 29 | 5 |

## 第三节　科研活动和成果

从 20 世纪 50 年代至 2020 年，农场开展了近 400 项科研活动，取得了一批卓有成效的科研成果。自 1978 年国家实行评奖制度以来，截至 2005 年，共有 39 项科研成果获得各种奖励，其中省部级以上奖励 7 项，厅局级奖励 32 项，95% 以上技术成果已在生产上推广应用，并且取得了较好的经济、社会和生态效益。据对"八五"期间部分成果的统计，科技推广新增净产值 7400 万元，科技贡献率达 42%。

主要成果有：

（1）在盐碱土改良方面，总结了"盐从水来，盐随水去"的水盐运动规律，积累了灌排渠系建设、洗盐压碱、绿肥改土经验等，为大面积盐碱地改良提供了科学依据。

（2）重点研究了场区土壤肥力演变规律，以及在不同土壤条件下主要作物的需肥规律，提出和推广了绿肥翻压、秸秆还田、小麦测土施肥、微量元素补缺，以及密植、秋翻、深耕、轮作等应用技术，为农业生态的良性循环、作物产量的持续增长创造了有利条件。

（3）镁质碱化盐土俗称青白土，不生长任何作物，是场区盐土改良的难题。1971 年，农建十一师农科所科研人员在五支一斗二农地块开展研究，通过土样化验、分析土质，以及盆栽试验、大田改良实验等，历经 2 年时间，终于弄清了青白土的毒害物质为碳酸镁，改良的有效方法是大量施用过磷酸钙和石膏。为了降低改良成本，科技人员用 3 年多的时间，对饮马北山蜂窝状石膏和戈壁石膏土进行了改良试验，终于取得了比较理想的效果，不仅青白土可以生长作物，而且还保障了全苗，使春小麦的平均单产达到 200～250 公斤，为场区镁质碱化盐土的进一步改良提供了科学依据。

（4）试验、示范和推广芥菜型油菜种植，解决盐土区油料低产问题。历史上，场区油料作物习惯上只种胡麻，亩产不过 20～40 公斤。由于胡麻作物产量低，导致职工食油供应困难。面对这种情况，1972 年，在农建十一师农科所的帮助下，通过实验，以耐盐碱土质的芥菜型油菜替代胡麻种植，一举取得成功，亩产油籽达到 125～150 公斤，高出胡麻产量 5～6 倍。且其秸秆还可利用，埋进土壤后增肥地力作用明显。1973 年大面积推广油菜种植，当年种植面积 2959 亩，平均亩产均在 120 公斤以上。

（5）内陆河流域大面积盐碱土改良示范。这个项目是 1975 年甘肃省科委下达的课题项目，由酒泉地区农垦局农科所承担实施研究任务。计划改良示范面积 3002 亩，其中耕地 1693 亩、荒地 1309 亩，改良措施为暗管排水与农业技术措施综合处理。经过科研人员的共同努力，两年后终于按计划完成研究课题任务，并取得了良好效果。

（6）饮马水泥厂技改项目。在甘肃省建材设计研究院专家的帮助下，水泥厂于 1994—2001 年经过多次大幅度技术改造，取得了很好的效果。如 1994 年进行的生料系统改造，1997 年的旧水泥系统改造、机立窑除尘系统改造，2000 年的扩容技术改造等。通过一系列的技术改造，水泥生产线由最初设计的年产 4.2 万吨增至 10 万吨，降低了成本，节约了资源，工艺符合或超过国家规定的标准。

（7）地下水动态长期观测研究。这一艰巨项目由甘肃省水利厅昌马水利工程处、甘肃省水文队、农建十一师勘测设计队共同合作完成。观测研究地点最初定在饮马、北湖、蘑菇滩 3 家农场 210 平方公里地带，而后扩大到昌马冲积扇及其邻近地带。观测研究项目从 1954 年开始实施，至 1975 年全部完成，时间跨度 21 年，取得的成果令人满意，摸清了场区水文地质条件、地下水动态变化规律及主要的影响因素，得到了科学结论，有利于指导生产实践。

（8）卫星遥感资料在荒地资源考察上的应用研究。这是 1978 年甘肃省科委下达的试验课题，由甘肃省农垦局荒地勘测规划设计大队实施，项目主持人为盛震。课题研究工作开展后，采取查看卫星照片、航摄照片、地形图和实地考察相结合的办法，历经 4 年多的时间，完成了对河西走廊荒地资源的考察，并总结利用卫星遥感资料进行荒地资源考察的应用技术。这项研究发挥了卫星遥感影像视域广阔、信息丰富、概括性强的优势，增强了荒地开发利用的预见性与计划性，为农场后期荒地开发利用提供了基础资料。1982 年 4 月，该课题项目通过有关部门鉴定，荣获甘肃省科委颁发的科技类研究成果二等奖。除此之外，该项科技研究在园林试验、畜牧兽医、农机改造等多方面都取得比较好的成果。

（9）小麦新品种选育推广。朱扶昌、冯彬程利用优势春小麦品种，培育完成了"115－2 系列春小麦"新品种。该品种抗干热风、口紧，抗逆性强，耐盐碱、抗倒伏，具有理想株、穗型和抗逆性强的特性，为 1985—1989 年农场主栽品种，增产率 10％～15％。1989 年 7 月，该品种通过甘肃省品种审定委员会鉴定，定名为"甘垦 2 号"，至 20 世纪 90 年代初还在大面积种植。

（10）1986 年开始研制籽瓜脱粒机，1988 年，52FX－13 型籽瓜脱粒机定型，投入批量生产。该机性能稳定，可一次完成施肥、开沟、起垄、铺膜等多项作业，与人工作业比，工效提高数十倍，亩成本降低 10～15 元。同年，"瓜类脱粒机的鉴定与改制推广方案"获甘肃省农垦总公司科技进步二等奖，1992 年通过甘肃省技术和产品鉴定，获"中国丝绸之路节科技成果展示交易会优秀奖"。

（11）20 世纪 90 年代，啤酒花、啤酒大麦、籽瓜引种及高产栽培技术的推广应用，为推动农业产业发展发挥了重要支撑作用。

部分年代农场科技成果获奖情况见表 8－3－2。

表 8－3－2　获奖科技成果一览表

| 成果名称 | 主持单位 | 主要完成人员 | 奖励等级 | 评奖时间 | 领奖单位 |
|---|---|---|---|---|---|
| 啤酒花引种及丰产栽培 | 饮马农场 | 彭述先、周全礼、傅江海 | 一等奖 | 1988 年 9 月 | 农牧渔业部 |
| 啤酒花引种及高产优质栽培技术 | 农垦总公司生产处 | 彭述先（7） | 二等奖 | 1988 年 | 甘肃省人民政府 |
| 啤酒大麦良种选择及生产栽培技术研究 | 饮马农场 | 饮马农场 | 二等奖 | 1986 年 1 月 | 甘肃省农垦总公司 |
| 啤酒大麦引种及丰产栽培试验示范 | 饮马农场 | 李家茂 | 二等奖 | 1988 年 12 月 | 甘肃省农垦总公司 |

（续）

| 成果名称 | 主持单位 | 主要完成人员 | 奖励等级 | 评奖时间 | 领奖单位 |
|---|---|---|---|---|---|
| 春小麦甘垦二号选育 | 饮马农场 | 朱扶昌、冯彬程 | 二等奖 | 1989 年 | 甘肃省农垦总公司 |
| 春小麦模式化栽培技术 | 饮马农场 | 傅江海、李家茂、朱扶昌、冯彬程、何庆祥、吕希文 | 二等奖 | 1990 年 3 月 | 甘肃省农垦总公司 |
| 春小麦种子包衣技术 | 饮马农场 | 李家茂、冯彬程、何庆祥、于生仁、赵富强 | 三等奖 | 1990 年 | 甘肃省农垦总公司 |
| 啤酒大麦亩产项目 | 饮马农场 | 傅江海（1） | 一等奖 | 1993 年 1 月 | 甘肃省农垦总公司 |
| 粮食丰收项目 | 饮马农场 | 傅江海、李家茂、何庆祥、于生仁、沈正军、张会基、沈成起、冯秉程、王兴宏、王永宏、董兴胜、茹升忠、张钜铭、杨恒远、张维文 | 一等奖 | 1993 年 1 月 | 甘肃省农垦总公司 |
| 小麦优良品种及增产技术 | 饮马农场 | 傅江海（5） | 一等奖 | 1993 年 3 月 | 甘肃省农垦总公司 |
| 春小麦模式化栽培技术 | 饮马农场 | 李家茂 | 二等奖 | 1988 年 12 月 | 甘肃省农垦总公司 |
| 河西地区啤酒大麦新品种栽培技术示范推广 | 饮马农场 | 李家茂 | 一等奖 | 1991 年 7 月 | 甘肃省农垦总公司 |
| 小麦优良品种及增产技术丰收计划 | 饮马农场 | 李家茂 | 一等奖 | 1993 年 11 月 | 甘肃省农垦总公司 |
| 农业丰收 | 饮马农场 | 李家茂、何庆祥、王永宏、于生仁、冯秉程、李兴福、沈成起、沈正军、徐光明、孔凡星、李建平、杨相回、王秀玲、赵玉凤、梁玉芳 | 一等奖 | 1992 年 2 月 | 甘肃省农垦总公司 |
| 河西地区啤酒大麦新品种栽培技术示范推广 | 农垦科研中心 | 何庆祥（28） | 二等奖 | 1991 年 7 月 | 甘肃省农垦总公司 |
| 大小麦大面积丰收 | 农垦科技处 | 何庆祥（2） | 一等奖 | 1992 年 2 月 | 甘肃省农垦总公司 |
| 河西地区春小麦高产栽培示范 | 农垦科技处 | 何庆祥（7） | 一等奖 | 1992 年 2 月 | 甘肃省农垦总公司 |
| 小麦优良新品种及增产技术农垦科技处 | 农垦科技处 | 何庆祥（31） | 一等奖 | 1993 年 11 月 | 甘肃省农垦总公司 |
| 啤酒大麦良种繁育体系建设 | 农垦科技处 | 何庆祥（7） | 一等奖 | 1995 年 12 月 | 甘肃省农垦总公司 |
| 大麦优良品种及增产技术 | 农垦科技处 | 何庆祥（4） | 一等奖 | 1995 年 12 月 | 甘肃省农垦总公司 |
| 作物养分平衡施肥试验示范 | 农垦农业处 | 何庆祥（5） | 一等奖 | 1995 年 12 月 | 甘肃省农垦总公司 |

（续）

| 成果名称 | 主持单位 | 主要完成人员 | 奖励等级 | 评奖时间 | 领奖单位 |
|---|---|---|---|---|---|
| 黑瓜籽大面积丰产 | 饮马农场 | 傅江海、李家茂、何庆祥、冯秉程、沈成起、于生仁、沈正军、张彪、董兴盛、王永宏、马敬宾、张天云、张会基、王兴宏、李兴福 | 二等奖 | 1991 年 1 月 | 甘肃省农垦总公司 |
| 啤酒大麦高产粮田 | 饮马农场 | 傅江海、王永宏、于生仁、李兴福、梁才智、张维文、杨相回、李秋菊、李元、徐光明、苏月金、刘兴元、周国乾 | 一等奖 | 1993 年 1 月 | 甘肃省农垦总公司 |
| 黑瓜籽大面积丰产 | 饮马农场 | 李家茂 | 二等奖 | 1991 年 1 月 | 甘肃省农垦总公司 |
| 野燕麦除草剂药效试验 | 农垦科研中心 | 蒋爱国（2） | 二等奖 | 1989 年 | 甘肃省农垦总公司 |
| 河西垦区五万亩盐渍化低产田改良 | 饮马农场 | 何庆祥 | 二等奖 | 1989 年 12 月 | 甘肃省农垦总公司 |
| 果树模式化栽培技术 | 饮马农场 | 党清俊、周全礼、李家茂、蒋斌、武利文、关治清、李忠雄 | 二等奖 | 1990 年 | 甘肃省农垦总公司 |
| 瓜类脱粒机的鉴定和改制推广方案 | 饮马农场 | 饮马农场 | 二等奖 | 1989 年 3 月 | 甘肃省农垦总公司 |
| 5ZFX - 13 型籽瓜脱粒机 | 饮马农场 | 刘吉银、傅江海、吴四安、侯巍 | 一等奖 | 1988 年 12 月 | 甘肃省农垦总公司 |
| 改进种蛋白质，提高孵化率的试验 | 饮马农场 | 钟翊华、马翰栋 | 二等奖 | 1984 年 | 甘肃省农垦总公司 |
| 杨园蚧生物学特性及防治研究 | 饮马农场 | 傅江海、何庆祥、党清俊、郑凌世、王福年 | 三等奖 | 1996 年 | 甘肃省农垦总公司 |
| 青天杨牛发年规律及防治效果 | 饮马农场 | 傅江海、何庆祥、史建锋、王兴宏 | 三等奖 | 1996 年 | 甘肃省农垦总公司 |
| 大麦万亩千斤田栽培技术 | 饮马农场 | 何庆祥 | 三等奖 | 1997 年 | 甘肃省农垦总公司 |
| 节水农业及微灌技术 | 饮马农场 | 苏聚明 | 一等奖 | 1998 年 | 甘肃省农垦总公司 |
| 农业丰收奖 | | 饮马农场 | 一等奖 | 1999 年 | 农业部 |
| 食葵全程机械化栽培技术示范推广 | 亚盛饮马分公司 | 刘凤伟、赵富强等 | 科技进步三等奖 | 2013 年 | 甘肃省农垦集团 |
| 食葵标准化栽培技术大面积推广应用 | 亚盛饮马分公司 | 常玉泉等（9） | 科技进步三等奖 | 2016 年 | 甘肃省农垦集团 |
| 农牧结合循环农业模式研究与推广 | 亚盛饮马分公司 | 常玉泉、赵富强、王兴宏 | 科技进步三等奖 | 2018 年 | 甘肃省农垦集团 |
| 种养结合　促进产业发展 | 亚盛饮马分公司 | 常玉泉、赵富强、张会基、王兴宏 | 科技创新提名奖 | 2020 年 | 甘肃省农垦集团 |

# 第四节　科技论文与交流

从建场初期至今，几十年来，农场的科技工作者在生产实践中不断探索、总结，并根据自己的亲身经历、体验和积累的经验教训，撰写了大量各个科技门类的论文 308 篇，参加各类学术交流 214 次。据不完全统计，农场的科技工作者在各类学术刊物、科技成果与论文选编上发表相关论文 57 篇，其中农业类 25 篇、林果类 4 篇、兽医类 1 篇、农机类 4 篇、卫生类 17 篇、经济类 1 篇、管理类 5 篇。部分论文目录见表 8-3-3。

表 8-3-3　科技成果论文目录汇编

| 论文题目 | 作者 | 发表刊物及时间 |
| --- | --- | --- |
| 河西灌区啤酒花优质高产栽培技术 | 周全礼 | 《农业科技通讯》1995 年第四期 |
| 我场粮田灌水制度改革 | 李家茂 | 《甘肃农业科技》1993 年增刊 |
| 啤酒大麦矮化密植技术效应 | 李家茂 | 《甘肃农业科技》1994 年十一期 |
| 啤酒大麦高产栽培技术总结 | 何庆祥 | 《甘肃农业科技》1994 年 |
| 春小麦区域试验报告 | 朱扶昌、冯秉程 | 《甘肃农垦科技论文选编》1988 年第三集 |
| 啤酒大麦丰产栽培技术总结 | 何庆祥 | 《甘肃农垦科技论文选编》1988 年第三集 |
| 氮菌混合拌种增产效果显著 | 饮马农场生产办公室 | 《甘肃农垦科技论文选编》1989 年第四集 |
| 春小麦栽培实施"三百"措施效果好 | 付江海 | 《甘肃农垦科技论文选编》1990 年第四集 |
| 春小麦"三早措施应用效果" | 李家茂、冯秉程 | 《甘肃农垦科技论文选编》1990 年第四集 |
| 我场粮田灌水制度的改革 | 李家茂 | 《甘肃农垦科技论文选编》1990 年第四集 |
| 秸秆还田培肥地力 | 何庆祥 | 《甘肃农垦科技论文选编》1990 年第四集 |
| 小麦种子包衣技术应用总结 | 饮马农场 | 《甘肃农垦科技论文选编》1990 年第四集 |
| 我场粮田灌水制度改革 | 李家茂 | 《甘肃农垦科技论文选编》1990 年第四集 |
| 开展科技服务，促进生产发展 | 饮马农场 | 《甘肃农垦科技论文选编》1990 年第四集 |
| 推广模式化栽培技术，走科技兴农之路 | 饮马农场 | 《甘肃农垦科技论文选编》1991 年 2 月 |
| 小麦种子包衣技术应用总结 | 饮马农场 | 《甘肃农垦科技论文选编》1991 年 |
| 春小麦模式化栽培技术规范 | 饮马农场 | 《甘肃农垦科技论文选编》1992 |
| 机械化解放了种植籽瓜的生产力 | 付江海 | 《甘肃农垦科技论文选编》1993 年第六集 |
| 不同深度等级固定排沟通排盐效果探讨 | 于生仁、何庆祥 | 《甘肃农垦科技论文选编》1993 年第六集 |
| 坚持种子"四化一供"，促进农业发展 | 饮马农场 | 《甘肃农垦科技论文选编》1993 年第六集 |
| 麦二义蚜虫为害啤酒大麦经济阀值研究 | 郑凌士、王兴宏 | 《甘肃农垦科技信息》1994 年第三期 |
| 啤酒大麦矮化密植高产栽培技术 | 李家茂、何庆祥 | 《甘肃农垦科技论文选编》1995 年第八集 |
| 啤酒大麦不同微肥（激素）叶喷试验总结 | 何庆祥、王兴宏、郑凌世 | 《甘肃农垦科技信息》1995 年 |
| 浅农药的科学使用 | 郑凌士、史建锋 | 《甘肃农垦科技信息》1995 年第四期 |
| 高美施在酒花上减少化肥用量试验 | 何庆祥、张天云 | 《甘肃农垦科技信息》1995 年第四期 |
| 调查苹果品种结构，加快更新步伐 | 蒋斌 | 《甘肃农垦科技信息》1989 年第二期 |
| 苹果梨早期丰产栽培技术 | 党清俊 | 《甘肃农垦科技论文选编》1989 年第三集 |

（续）

| 论文题目 | 作者 | 发表刊物及时间 |
|---|---|---|
| 果树黄花病防治试验小结 | 周全礼、武利文 | 《甘肃农垦科技论文选编》1990 年第四集 |
| 青杨天牛的发生及防治研究 | 史建锋 | 《甘肃农垦科技信息》1995 |
| 从饮马机修厂看怎样振兴国营农场农机修理 | 崔新民 | 《甘肃农机》1987 年 4 月 |
| 52FX－13 型籽瓜脱粒机 | 崔新民 | 《农牧仪器机械》1981 年 1 月 |
| 52FX－14 型籽瓜脱粒机 | 饮马农场 | 《甘肃农垦科技论文选编》1988 年第二集 |
| ZBDX－P 型地膜覆盖机 | 饮马农场 | 《甘肃农垦科技论文选编》1988 年第二集 |
| 马疝痛的诊断和治疗 | 唐振邦 | 《甘肃农垦科技论文选编》1989 年第三集 |
| 急性腰扭伤 577 例治愈体会 | 张和志 | 《中国临床医药》1995 年 9 月版 |
| 《诸病源候论》养生刍议 | 冯怀英 | 《四川中医》1994 年（5）21 |
| "不容"穴名辨误 | 冯怀英 | 《针灸临床杂志》1994 年（1）44 |
| 半夏稀米汤治愈小儿不眠以头撞墙奇病案 | 冯怀英 | 《医案选出奇》1993.95 |
| 重用开麻治愈顽固潘唇疮 | 冯怀英 | 《四川中医》1989 年（8）42 |
| 小议《温病条辨》桂枝类方及桂枝的应用 | 冯怀英 | 《四川中医》1989 年（11）4 |
| 逢春呃逆治验一例 | 冯怀英 | 《山西中医》1990 年（1）39 |
| 临证治验拾零 | 冯怀英 | 《山西中医》1990 年（6）42 |
| 百合证治赘言 | 冯怀英 | 《甘肃中医》1991 年（3）34 |
| 安神欢元枣治梅核气 | 冯怀英 | 《中国当代效奇书》1994 年版 |
| 《金匮》"跌阳脉当伏"非常脉之刍言 | 冯怀英 | 《中国农村中医药优秀论文荟萃》1991 年 |
| 冯寿棋医踪鳞爪 | 冯怀英 | 《山西中医》1992 年（5）4 |
| 上下更替寒热发作奇案病案 | 冯怀英 | 《中国医药卫生学术文库》1995 年 |
| 肾咳治验 | 冯怀英 | 《四川中医》1989 年（12）11 |
| 唐容川《通解》物象用药浅探 | 冯怀英 | 《山西中医》1993 年（3）31 |
| 从古文化术数学探仲景制方之内涵 | 冯怀英 | 《中华医药文化研究会论文集》1993 年 |
| 《医古文精篇注译解析》（合著书） | 冯怀英等 | 1995 年甘肃科技出版社出版 |
| 饮马农场双层经营体制与经济职能作用 | 董西林、傅江海 | 1992 年《调查与研究》 |
| 玉门垦区甘草人工栽培技术 | 郑凌世 | 《甘肃农业科技》2008 年第 10 期 |
| 关于甘肃农垦农业发展的几点思考 | 郑凌世 | 《甘肃农业科技》2009 年第 5 期 |
| 大力士拌种剂在食葵、茴香、青贮玉米上的大田示范效果 | 王兴宏 | 《河南农业》2016 年第 12 期 |
| 奈安除草安全添加剂在食葵、茴香、青贮玉米上的大田示范效果 | 王兴宏 | 《南方农机》2016 年第 10 期 |
| 甘肃河西灌溉设备施工技术 | 邹常生、汤国峰 | 《农业与技术》2017 第 18 期 |

# 第四章　医疗卫生

农场医院是伴随农场建设逐步发展起来的。但因特殊时代背景等因素，医院虽然在解决职工群众的基本医疗、卫生防疫、妇幼保健、危重及突发性流行病，保证农场经济发展和社会稳定做了多方面的工作，却未能纳入国家医疗卫生管理系统。

农场开发之初，最早建立起来的是一个医务室，后随着职工人数的增加，医务室规模逐渐扩大，成为医务所。1958年，在医务所的基础上成立了蘑菇滩农场职工医院。从1958年至20世纪70年代，医院各方面发展都很快，在医疗技术上，除了常见病、多发病和普外科手术治疗外，还可治疗部分疑难病症和危重病人。按当时的条件来讲，在玉门区内，设备和医护人员的医疗技术还

饮马农场医院

是比较先进的。到20世纪80年代，医院的医护人员、各种医疗设备逐步增加，到2005年已基本可以满足农场职工的医疗需要，其中，外科、眼科、妇科手术在酒泉地区达到了比较高的水平。农场医院不但负责场区职工的医疗服务，还为玉门周边乡镇群众看病，加强相互之间的合作和联系。

农场重视医院的设备设施建设。1995年后建起医疗用房面积1994平方米（其中楼房1300平方米，平房694平方米），水泥地坪3000平方米，并建了花坛和果园，占地面积170亩。医院四周树木环绕，环境优美。住院部经过逐步完善，到2000年拥有病床40张，达到每千人拥有病床7.69张。2012—2017年，为改善职工医院的医疗设备，提高医疗水平，农场投资1万元更新和购置了B超机、X光机等设备，大大提高了服务水平。

同时，加强并重视对地方多发病及常见病的研究、防治和治疗。方法上，主要是加强巡回医疗，经常进行防疫宣传和定期检查，掌握场区人员的基本健康状况。此外，对重病患者实行监控医疗，采取中西医结合的方法。为此，医院还潜心研究当地中草药，如1973年，

医院人员利用当地采集的中草药，自治药丸、散、膏、丹等 27 种，用于治疗各种病症。

通过多年的努力，农场比较好地建立健全了医疗卫生系统，群众性的爱国卫生运动、卫生防疫与食品卫生、妇幼保健工作等各个方面的工作都做得比较到位，相应也建立健全了各项规章制度。对于职工十分关心的医疗保险，1999 年 3 月，根据国家医疗保险制度的改革精神，农场制定了《饮马农场职工医疗保险制度改革方案》，已开始试行，切实保护了职工利益。饮马农场职工医院运行几十年，随着国家的整体改革部署也

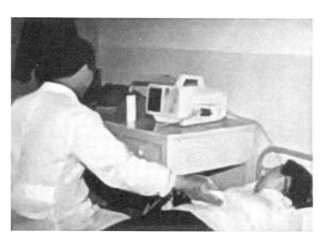
场医院的医生认真为患者治病

进行了相应的改革。根据甘肃省政府办公厅《关于印发甘肃农垦企业办社会职能改革实施方案的通知》（甘政办发〔2018〕63 号）文件精神，于 2018 年 9 月正式将医院移交玉门市政府所属卫生和计划生育局管理，原来农场承担的办医职能统一纳入地方政府管理，医疗机构资产一次性无偿划转，符合移交条件的医疗从业人员 14 人一并转入地方事业编制。

职工医院分离移交资产汇总见表 8-4-1，1975—2018 年医疗设备及人员情况见表 8-4-2，1975—2018 年医疗卫生经费开支见表 8-4-3。

表 8-4-1 职工医院分离移交资产汇总

| 资产类别 | 数量（项） | 账面原值（元） | 账面净值（元） | 备注 |
|---|---|---|---|---|
| 现金 | 1 | 1052.48 | 1052.48 | |
| 银行存款 | 1 | 211222.96 | 211222.96 | |
| 其他应收款 | 5 | 134724.24 | 134724.24 | |
| 存货—产成品（库存商品） | 1077 | 153076.81 | 153076.81 | |
| 房屋建筑 | 1 | | | 均为已费用化资产 |
| 机器设备 | 232 | 1461000.00 | 1461000.00 | 其中 217 项为账外资产 |
| 车辆 | 1 | | | 均为账外资产 |
| 合计 | 1318 | 1961076.49 | 1961076.49 | |

表 8-4-2 1975—2018 年医疗设备及人员情况

| 年份 | 医疗单位（个） | | 病床（张） | 医疗卫生人员数（名） | | | | | | | | | | |
|---|---|---|---|---|---|---|---|---|---|---|---|---|---|---|
| | 医院 | 连队诊断 | | 合计 | 中医 | 西医 | 护士 | 司药 | 放射 | 五官 | 化验 | 特检 | 其他 | 连队卫生员 |
| 1975 | 1 | 23 | 60 | 89 | 2 | 18 | 18 | 7 | 2 | 1 | 2 | 0 | 16 | 23 |
| 1976 | 1 | 24 | 70 | 81 | 2 | 17 | 20 | 7 | 2 | 1 | 3 | 0 | 5 | 24 |

（续）

| 年份 | 医疗单位（个） | | 病床（张） | 医疗卫生人员数（名） | | | | | | | | | | 连队卫生员 |
|---|---|---|---|---|---|---|---|---|---|---|---|---|---|---|
| | 医院 | 连队诊断 | | 合计 | 中医 | 西医 | 护士 | 司药 | 放射 | 五官 | 化验 | 特检 | 其他 | |
| 1977 | 1 | 24 | 63 | 83 | 3 | 16 | 21 | 7 | 2 | 1 | 3 | 0 | 6 | 24 |
| 1978 | 1 | 20 | 70 | 93 | 4 | 16 | 23 | 9 | 3 | 1 | 4 | 0 | 13 | 20 |
| 1979 | 1 | 27 | 70 | 90 | 4 | 17 | 22 | 9 | 3 | 2 | 5 | 0 | 1 | 27 |
| 1980 | 1 | 27 | 60 | 89 | 4 | 17 | 22 | 9 | 3 | 2 | 5 | 0 | 0 | 27 |
| 1981 | 1 | 24 | 60 | 88 | 3 | 11 | 21 | 13 | 3 | 2 | 4 | 0 | 7 | 24 |
| 1982 | 1 | 20 | 50 | 88 | 3 | 11 | 23 | 13 | 3 | 2 | 4 | 0 | 4 | 25 |
| 1983 | 1 | 16 | 50 | 84 | 1 | 13 | 22 | 8 | 2 | 2 | 3 | 0 | 17 | 16 |
| 1984 | 1 | 17 | 40 | 55 | 2 | 10 | 11 | 8 | 0 | 2 | 2 | 0 | 3 | 17 |
| 1985 | 1 | 15 | 40 | 55 | 1 | 6 | 11 | 7 | 1 | 2 | 1 | 0 | 11 | 15 |
| 1986 | 1 | 20 | 40 | 56 | 1 | 6 | 9 | 5 | 1 | 1 | 1 | 0 | 12 | 20 |
| 1987 | 1 | 20 | 40 | 57 | 1 | 6 | 9 | 5 | 1 | 1 | 1 | 0 | 13 | 20 |
| 1988 | 1 | 19 | 40 | 56 | 1 | 6 | 9 | 5 | 1 | 1 | 1 | 1 | 12 | 19 |
| 1989 | 1 | 17 | 40 | 54 | 1 | 6 | 8 | 5 | 1 | 1 | 1 | 1 | 13 | 17 |
| 1990 | 1 | 17 | 40 | 53 | 1 | 8 | 8 | 5 | 1 | 1 | 1 | 1 | 10 | 17 |
| 1991 | 1 | 15 | 40 | 52 | 1 | 8 | 8 | 5 | 1 | 1 | 1 | 1 | 11 | 15 |
| 1992 | 1 | 18 | 40 | 61 | 1 | 9 | 11 | 5 | 1 | 1 | 1 | 1 | 13 | 18 |
| 1993 | 1 | 17 | 40 | 58 | 1 | 9 | 11 | 5 | 1 | 1 | 1 | 1 | 11 | 17 |
| 1994 | 1 | 15 | 40 | 53 | 1 | 9 | 11 | 5 | 1 | 1 | 1 | 1 | 8 | 15 |
| 1995 | 1 | 16 | 40 | 54 | 1 | 9 | 15 | 5 | 1 | 1 | 1 | 1 | 5 | 16 |
| 1996 | 1 | 16 | 40 | 53 | 1 | 8 | 15 | 5 | 1 | 1 | 1 | 1 | 4 | 16 |
| 1997 | 1 | 16 | 40 | 50 | 1 | 7 | 14 | 5 | 1 | 1 | 1 | 1 | 3 | 16 |
| 1998 | 1 | 16 | 40 | 43 | 1 | 6 | 10 | 4 | 1 | 1 | 1 | 1 | 2 | 16 |
| 1999 | 1 | 16 | 40 | 43 | 1 | 6 | 10 | 4 | 1 | 1 | 1 | 1 | 2 | 16 |
| 2000 | 1 | 16 | 40 | 42 | 1 | 6 | 9 | 4 | 1 | 1 | 1 | 1 | 2 | 16 |
| 2001 | 1 | 16 | 40 | 42 | 1 | 6 | 9 | 4 | 1 | 1 | 1 | 1 | 2 | 16 |
| 2002 | 1 | 16 | 40 | 41 | 1 | 6 | 8 | 4 | 1 | 1 | 1 | 1 | 2 | 16 |
| 2003 | 1 | 16 | 40 | 42 | 1 | 7 | 8 | 4 | 1 | 1 | 1 | 1 | 2 | 16 |
| 2004 | 1 | 15 | 40 | 40 | 1 | 7 | 7 | 4 | 1 | 1 | 1 | 1 | 2 | 15 |
| 2005 | 1 | 14 | 40 | 39 | 1 | 7 | 7 | 4 | 1 | 1 | 1 | 1 | 2 | 14 |
| 2006 | 1 | 13 | 40 | 36 | 1 | 7 | 7 | 3 | 1 | 0 | 1 | 1 | 2 | 13 |
| 2007 | 1 | 13 | 40 | 33 | 0 | 6 | 7 | 3 | 1 | 0 | 1 | 1 | 1 | 13 |

（续）

| 年份 | 医疗单位（个） | | 病床（张） | 医疗卫生人员数（名） | | | | | | | | | | |
|---|---|---|---|---|---|---|---|---|---|---|---|---|---|---|
| | 医院 | 连队诊断 | | 合计 | 中医 | 西医 | 护士 | 司药 | 放射 | 五官 | 化验 | 特检 | 其他 | 连队卫生员 |
| 2008 | 1 | 13 | 30 | 32 | 0 | 6 | 6 | 3 | 1 | 0 | 1 | 1 | 1 | 13 |
| 2009 | 1 | 13 | 30 | 31 | 0 | 5 | 6 | 3 | 1 | 0 | 1 | 1 | 1 | 13 |
| 2010 | 1 | 13 | 30 | 31 | 0 | 5 | 6 | 3 | 1 | 0 | 1 | 1 | 1 | 13 |
| 2011 | 1 | 7 | 25 | 23 | 0 | 4 | 5 | 3 | 1 | 0 | 1 | 1 | 1 | 7 |
| 2012 | 1 | 7 | 25 | 21 | 0 | 4 | 4 | 2 | 1 | 0 | 1 | 1 | 1 | 7 |
| 2013 | 1 | 7 | 20 | 21 | 0 | 4 | 4 | 2 | 1 | 0 | 1 | 1 | 1 | 7 |
| 2014 | 1 | 7 | 20 | 21 | 0 | 4 | 4 | 2 | 1 | 0 | 1 | 1 | 1 | 7 |
| 2015 | 1 | 0 | 20 | 14 | 0 | 4 | 4 | 2 | 1 | 0 | 1 | 1 | 1 | 0 |
| 2016 | 1 | 0 | 20 | 14 | 0 | 4 | 4 | 2 | 1 | 0 | 1 | 1 | 1 | 0 |
| 2017 | 1 | 0 | 20 | 14 | 0 | 4 | 4 | 2 | 1 | 0 | 1 | 1 | 1 | 0 |
| 2018 | 1 | 0 | 20 | 14 | 0 | 4 | 4 | 2 | 1 | 0 | 1 | 1 | 1 | 0 |

注：2001—2004 年购置美国强生稳步倍加型血糖监测仪、日本 FCP－2155、康岭 KL－2000B 超声显像仪等设备，共有医疗设备 68 台件，设备资产值 41.3 万元，设施资产账面值 20.35 万元。

表 8 - 4 - 3　1975—2018 年医疗卫生经费开支

| 年份 | 医疗经费数量（元） | 年份 | 医疗经费数量（元） |
|---|---|---|---|
| 1975 | 277388.61 | 1997 | 892749 |
| 1976 | 142235.31 | 1998 | 869804 |
| 1977 | 125518.35 | 1999 | 359998 |
| 1978 | 139796.35 | 2000 | 481956 |
| 1979 | 161417.92 | 2001 | 479792 |
| 1980 | 170978.39 | 2002 | 465438 |
| 1981 | 191118.29 | 2003 | 419205 |
| 1982 | 149445.54 | 2004 | 387935 |
| 1983 | 157526.62 | 2005 | 406239 |
| 1984 | 167905.52 | 2006 | 980000 |
| 1985 | 154360.29 | 2007 | 1500000 |
| 1986 | 165876.17 | 2008 | 1600000 |
| 1987 | 15.00 | 2009 | 1700000 |
| 1988 | 16.00 | 2010 | 1600000 |
| 1989 | 17.00 | 2011 | 1500000 |
| 1990 | 213510.97 | 2012 | 1400000 |
| 1991 | 253987.36 | 2013 | 1300000 |
| 1992 | 317921.75 | 2014 | 1400000 |
| 1993 | 370485.45 | 2015 | 1400000 |
| 1994 | 600036.58 | 2016 | 1400000 |
| 1995 | 661391.31 | 2017 | 1438946.05 |
| 1996 | 809897 | 2018 | 909862.16 |

中国农垦农场志丛

第九编

党群工作

中国农垦农场志丛

建场以来，农场（分公司）始终积极推进党的组织建设、思想建设和作风建设，扩大党的工作覆盖面，做到了有群众的地方就有党的工作，有党员的地方就有党组织，有党组织的地方就有健全的组织生活和战斗力。不同历史时期，农场（分公司）党组织将党的路线、方针、政策与农场（分公司）的中心工作和自身建设有机结合起来，在重大决策、干部人事、舆论监督、思想政治工作等方面，发挥着党组织的战斗堡垒作用和党员的先锋模范作用。此外，在加强自身建设的同时，积极开展保持共产党员先进性教育、社会主义"荣辱观"教育、"三严三实"教育、"两学一做"学习教育、"三比三促"主题活动、"不忘初心，牢记使命"主题教育，还在最广泛的范围内联系、动员、教育党员和非党员职工群众，收集、反映、协调、综合群众的利益要求，团结一切可以团结的力量，不断扩大党的社会影响力，不断巩固党执政的群众基础，从而形成了一切为了群众、一切相信群众、一切依靠群众，从群众中来、到群众中去的群众路线和优良传统，党的凝聚力、创造力、战斗力逐渐增强。

# 第一章　中国共产党组织

## 第一节　基层组织

1964年1月，蘑菇滩农场被改编为农建十一师农业二团，批准成立中共农业二团委员会。1969年3月，兰州军区生产建设兵团正式成立，党的组织生活逐步恢复。10月3日，批准成立第二团党委会，翟修利任书记，岳国礼、邹积熙任副书记。重新登记党员人数236名，设22个基层支部。当月，第十一团与饮马（劳改）农场对调进驻场区，12月22日，兵团党委批准成立第十一团临时党委，由藏光辉、杨德荣（现役，未到职）、周满年、许景云、陈仁俊、于国德（现役）6名同志组成临时党委会，藏光辉任书记，周满年任副书记。

1970年年初，兵团根据兰州军区批复，对农建十一师的师、团、厂、矿番号序列统一进行了调整。第二团改称第一师三团，党委委员由钟秀文、岳国礼，邹积熙、吕常正、郭二庆、杨安全、姜恒民7位同志组成，钟秀文任党委副书记；第十一团改称第一师四团，5月16日，第四团党委正式成立，王俊生任书记，下设3个基层党委、18个基层支部。1972年3月，任命张文（现役）为第三团政治委员（党委书记）；1973年2月，任命陈世民（现役）为第四团政治委员（党委书记）。

1973年5月6日，中共酒泉地委批准农场建立党委，由21名委员组成，韩正芳、周满年、陶宝礼、徐良、邓炳才、杜荣华、张巧莉任常委，党的组织关系隶属地委领导。时有党员636名，设4个分场党委、33个党支部。

1978年10月10日，中共酒泉地委组发31号文件，批准韩正芳为党委书记，邓炳才为副书记，梁任之、周满年、杜荣华、张巧莉（女）为党委委员。12月18日，中共酒泉地委组发94号文件，批准饮马农场下设4个分场党委，吕忠诚为一分场党委书记，张巧莉（女）兼二分场党委书记，李志全为三分场党委副书记、场长，綦跃林为四分场党委书记，夏桐林为四分场党委副书记。

党的十一届三中全会以后，为适应党的工作重点转移，党组织经过拨乱反正，认真贯彻党中央重新确立的思想路线、政治路线和组织路线，解放思想，实事求是，大力加强党的思想建设、组织建设和作风建设。1979 年 7 月，根据甘肃省委的决定，中共酒泉地委、行署将原农建师接收的农垦企事业单位全部移交甘肃省农垦局管理，实行省地双重领导、以省为主的管理体制，党的关系归所在地区领导。1980 年 2 月，任命梁任之为党委书记。

1983 年 8 月，甘肃省农垦总公司对农场领导班子进行了改组，组建新一届农场党委，由陶宝礼、傅江海、赵灿、孔凡本、李家茂组成党委会，陶宝礼任书记，赵灿任副书记；1986 年，傅江海任书记，亓瑞发任副书记。1985 年，农场有党员 354 名，设 5 个党总支、36 个党支部。

为适应新的变化，1988 年后，农场机构多次撤并调整，党的组织也相应随之增减。2000 年，农场设党委 1 个、总支 2 个、支部 26 个、党小组 59 个，共有党员 414 名。

2001 年 12 月，根据甘肃省农垦集团公司体制改革要求，饮马农场改为饮马实业公司。至 2007 年 12 月农场召开第四次党代会时，农场设党委 1 个、党支部 28 个、党小组 45 个，共有党员 392 人，其中在职党员 200 人，退休党员 192 人。2005 年 8 月，甘肃省农垦集团公司党委将饮马农场所建的原官庄水泥厂和原嘉峪关西部水泥厂相继剥离。2010 年 10 月，根据甘肃省农垦集团公司改革部署和亚盛实业（集团）股份有限公司上市需要，饮马农场入组甘肃亚盛实业（集团）股份有限公司，甘肃农垦国有饮马农场随之改为甘肃亚盛实业（集团）股份有限公司饮马分公司，中共甘肃农垦国有饮马农场委员会也随之改为中共甘肃亚盛实业（集团）股份有限公司饮马分公司委员会。2012 年 10 月，饮马分公司的啤酒花产业也入组甘肃亚盛实业（集团）股份有限公司绿鑫分公司。2016 年 4 月，根据甘肃省农垦集团公司党委下发的（甘垦集团党发〔2016〕20 号）和《关于调整理顺部分企业党组织设置及管理体制的通知》（甘垦集团党发〔2016〕21 号）文件精神，撤销中共甘肃亚盛实业（集团）股份有限公司饮马分公司委员会，设立中共甘肃省国有饮马农场委员会。农场党委下设党支部 15 个，有党员 238 人，其中在职党员 120 人，退休党员 118 人。

2018 年 3 月，按照甘肃省农垦集团党委《关于理顺亚盛股份公司与原农牧场党组织管理体制和运行机制的实施方案》（甘垦集团党发〔2018〕23 号）和亚盛股份党委《关于成立分公司党委的通知》（亚盛股份党发〔2018〕28 号）文件精神，撤销中共甘肃省国有饮马农场委员会，设立甘肃亚盛实业（集团）股份有限公司饮马分公司委员会。分公司党委下设党支部 15 个，有党员 228 人，其中在职党员 118 人，退休党员 110 人。

2020 年 10 月，根据《中共中央、国务院关于进一步推进农垦改革发展的意见》（中发〔2015〕33 号）文件精神，分公司将退休党员全部移交玉门市人民政府饮马街道办管理后，分公司党委下设党支部 12 个，有在职党员 111 人。

# 第二节　党员代表大会

## 一、中国共产党农建十一师农业二团第一次党员代表大会

1964 年 5 月 8—11 日，中国共产党农建十一师农业二团第一次党员代表大会在原蘑菇滩农场场部清水河畔地窝子召开。出席大会的有正式代表 56 人、列席代表 6 人。大会的主要议程有：听取和审议党委书记和副书记的工作报告及形势报告；选举农业二团第一届委员会及出席师第一次党员代表大会代表；通过《中共农业二团第一届代表大会决议》和《中共农业二团第一届代表大会给师党委的决心书》。大会选出中共农业二团第一届委员会委员 11 人，选举产生了出席农建十一师第一次代表大会的代表，并选出中共农业二团监察委员会委员。常委委员为王学敏、高成连、翟金山、杨安全、郭琳，王学敏任书记，高成连、翟金山任副书记。

此后，因特殊时期的原因，党代会一直未召开。

## 二、中国共产党甘肃省国营饮马农场第一次党员代表大会

中国共产党甘肃省国营饮马农场第一次党员代表大会于 1988 年 3 月 4—5 日在场部召开。出席会议的有正式代表 44 人（其中女代表 3 人）、列席代表 14 人，大会的主要议程是总结和交流工作经验。自 1983 年 8 月饮马农场组建以来，实现了工作重心的转移，树立以农业为基础的思想，适应体制改革的要求，建立健全"大农场套小农场"的双层经营体制，依靠科学技术，使农场在短短四年内从年亏损"双百万"一跃成为甘肃农垦年盈利超百万元的企业，经济效益稳步增长，综合生产能力大大增强，职工生活有了较大改善，精神文明建设取得明显成果。

根据党章规定，采取差额选举办法，选举产生了中共饮马农场第一届委员会和纪律检查委员会委员。党委委员有傅江海、孔凡本、王天礼，傅作琪、曹怀治，傅江海任党委书记，孔凡本任党委副书记。

## 三、中国共产党甘肃省国营饮马农场第二次党员代表大会

中国共产党甘肃省国营饮马农场第二次党员代表大会于 1991 年 2 月 10—11 日在场部

召开。出席会议的有正式代表 43 人、列席代表 18 人。大会的主要议程是要加快改革步伐，总结经验，继续前进，圆满完成十年规划和"八五"计划；实现农业的战略转移，把农场建设成甘肃的啤酒原料基地；加强精神文明建设，维护社会安定团结；加强党的思想、组织和作风建设，搞好领导班子和干部队伍建设。大会选出中共饮马农场第二届委员会和纪律检查委员会。党委会由傅江海、孔凡本、曹怀治、李家茂、刘文礼、傅作琪、田心灵同志组成，傅江海任书记，孔凡本任副书记。

### 四、中国共产党甘肃省国营饮马农场第三次党员代表大会

中国共产党甘肃省国营饮马农场第三次党员代表大会于 1996 年 2 月 5—6 日在场部召开。会议应到正式代表 52 人，实到 50 人，缺席 2 人，还有列席代表 8 人参加了会议。大会的主要议程是：制定农场"九五"计划和 2010 年远景目标；听取和审议中共饮马农场第二届委员会和纪律检查委员会工作报告；选举中共饮马农场第三届委员会和纪律检查委员会委员。大会要求各级党组织和全体共产党员认真贯彻落实党的十四届五中全会精神，进一步加强党的领导，依靠职工群众，为全面完成"九五"计划而做出新的更大的成绩。

党委选举结果为：傅江海、黄建明、孔凡本、周全礼、田心灵 5 名同志为党委委员，傅江海任书记，黄建明任副书记。

### 五、中国共产党甘肃省国营饮马农场第三届党代会第二次代表大会

1998 年 3 月 6—8 日，召开了中国共产党甘肃省国营饮马农场第三届党代会第二次代表大会，会议应到正式代表 51 人，实到 46 人。自第三届党委会以来，农场党委以邓小平理论为指导，坚持改革开放，坚持从严治党，农业生产获较好收成，场办工业快速发展，经济增长健康稳定，精神文明建设质量明显提高。大会号召全体党员和干部职工全面贯彻落实十五大精神，增收节支，战胜困难，再求农场经济的新发展。

大会选举产生傅江海、黄建明、郑尚凯、苏聚明、田心灵、杨艳梅（女）7 位同志为党委委员，傅江海任书记，黄建明任副书记。

2000 年 12 月 27 日，甘肃省农垦总公司党委《关于成立甘肃饮马实业（集团）有限责任公司党委、纪委暨田心灵等同志任职的通知》（甘垦党〔2000〕29 号）批复，新一届党委由田心灵、黄建明、贾增录、郑尚凯、苏聚明、杨艳梅、赵源德 7 人组成，田心灵任书记、黄建明任副书记。2001 年 12 月 31 日，贾增录退休，增补刘凤伟为党委委员。随

着饮马啤原公司与农场剥离、部分同志的到龄退休及甘肃省农垦集团公司党委批复，2005年，农场党委由田心灵、黄建明、苏聚明、刘凤伟、李兆强、陈舜堂6位同志组成，田心灵任党委书记，黄建明、李兆强任党委副书记。

## 六、中国共产党甘肃省国有饮马农场第四次党员代表大会

2007年12月8日，中国共产党甘肃省国有饮马农场第四次党员代表大会在场部机关五楼会议室召开，会议应到正式代表82名，实到80人。大会的主要议程是：听取和审议中共饮马农场第三届委员会和纪律检查委员会的报告，并通过相应决议；选举中共饮马农场第四届委员会和纪律检查委员会委员。大会要求各级党组织和全体共产党员要认真落实十七大精神，在农场党委的领导下，团结带动全体干部职工，振奋精神、同心同德、开拓进取、扎实工作，全面推动公司各项事业的振兴与发展，为实现平安和谐小康社会而努力奋斗。

党委选举结果为：尹彩琴、王建伟、王谦、刘凤伟、张海、李兆强、陈舜堂、黄建明8名同志为党委委员，黄建明任党委书记，张海、李兆强任党委副书记。

纪委选举结果为：王肃东、王斌、李兆强、李炳维、郑宏斌、柴润生、廖伟祥7名同志为纪委委员，李兆强任纪委书记。

2012年11月4日，饮马分公司党委上报了《关于召开中共亚盛饮马分公司第一次党员代表大会的请示》，后因企业改革和领导班子成员有较大调整而未按时召开。

## 七、中国共产党甘肃省国有饮马农场第五次党员代表大会

2016年9月4日，中国共产党甘肃省国有饮马农场第五次党员代表大会在饮马农场场部机关五楼会议室召开。会议应到正式代表55名，实到54人。大会的主要议程是：听取和审议中共甘肃省饮马农场第四届委员会和纪律检查委员会的报告；选举中国共产党饮马农场第五届委员会和纪律检查委员会委员；选举出席中国共产党甘肃省农垦集团有限责任公司第一次代表大会代表。

大会要求各级党组织和全体共产党员要认真落实十八大和十八届三中、四中、五中全会精神，习近平总书记系列重要讲话精神。全面总结农场在经济建设和党的建设方面取得的成就，实事求是分析面临的发展机遇和挑战，进一步理清科学发展思路，科学规划未来五年的经济建设、政治建设、文化建设、社会建设、生态文明建设和党的建设，动员全场

党员和职工群众坚持党的基本路线，同心同德，艰苦奋斗，为实现"十三五"规划、促进甘肃省国有饮马农场经济平稳较快发展和社会和谐稳定而努力奋斗。

党委选举结果为：王光青、刘风伟、张海、杨元平、常玉泉、廖伟祥、薛军7名同志为党委委员，常玉泉任党委书记，刘风伟任党委副书记。

纪委选举结果为：马东红、刘明军、李春胜、赵富强、廖伟祥5名同志为纪委委员，廖伟祥任纪委书记，刘明军任纪委副书记。

选举参加中国共产党甘肃省农垦集团第一次代表大会的代表为：刘风伟、刘明军、陈天亮、常玉泉。

## 八、中国共产党甘肃亚盛实业（集团）股份有限公司饮马分公司第一次代表大会

2020年9月9日，中国共产党甘肃亚盛实业（集团）股份有限公司饮马分公司第一次代表大会在场部机关五楼会议室召开，会议应到正式代表54名，实到54人，还有列席代表3人。大会的主要议程是：听取和审议中共甘肃省饮马农场第五届委员会和纪律检查委员会的报告；选举中国共产党亚盛实业（集团）股份有限公司饮马分公司第一届委员会和纪律检查委员会委员；选举出席中国共产党甘肃省亚盛实业（集团）股份有限公司第二次代表大会代表。

分公司第一次党代会场景

大会要求各级党组织和全体共产党员要认真落实十九大和十九届二中、三中、四中、五中全会精神，习近平总书记系列重要讲话精神。动员和号召广大党员干部、全体职工群

众为圆满完成"十四五"规划确定的目标任务，建设富裕、和谐、幸福、美丽新饮马而不懈奋斗！

党委选举结果为：王德胜、吕林、张国峰、常玉泉、廖伟祥、薛军5名同志为党委委员，常玉泉任党委书记，张国峰任党委副书记。

纪委选举结果为：马东红、吴大鹏、党文新、张会基、廖伟祥5名同志为纪委委员，廖伟祥任纪委书记，张会基任纪委副书记。

选举参加中共甘肃亚盛实业（集团）股份有限公司第二次代表大会的代表为：刘明军、何均平、邹常生、赵富强、常玉泉、韩正满。

# 第三节　纪律检查

## 一、纪律检查委员会

1964年5月11日，中共农建十一师农业二团第一次党员代表大会选举产生党的监察委员会，由郭琳、赵福昌、姜恒民、孙才善、张慎文5名同志组成，郭琳任监察委书记。在监察委员会成立之前，党的纪律检查工作由党的基层委员会统一管理。

1980年7月，经中共酒泉地委批准，成立纪律检查委员会，纪委委员有王永和、有陆媛、王遂，纪委书记为王永和。

1981年2月，党的纪律检查委员会改选，委员会由李发科、王天礼、马风翔、赵灿、任启勇、李志全、朱秀甫7名同志组成，党委副书记李发科兼任纪委书记。1983年3月，党委副书记严亚雄兼任纪委书记。1984年2月，增补调整纪委成员，党委副书记赵灿兼任纪委书记，王天礼任副书记，委员有张学年、潘质明（女）、郑传明、傅作琪。1987年3月，党委副书记亓瑞发兼任纪委书记。

1988年3月5日，中国共产党饮马农场第一次党员代表大会选举产生第一届党的纪律检查委员会，委员会由孔凡本、王天礼、李进波、张学年、潘质明（女）5名同志组成，党委副书记孔凡本兼任纪委书记，王天礼任副书记。

1991年2月11日，中国共产党饮马农场第二次党员代表大会选举产生第二届党的纪律检查委员会，委员会由曹怀治、张学年、董西林、李进波、邓开庭5名同志组成，曹怀治任书记。成立纪委办公室，张学年为纪委专干。

1996年2月6日，中国共产党饮马农场第三次党员代表大会选举产生第三届党的纪律检查委员会，委员会由孔凡本、张学年、张德林、李兆强、傅作琪同志组成，孔凡本任书记，张学年任副书记。

1998年3月8日，中国共产党饮马农场第三届二次党员代表大会选举产生了新的纪律检查委员会，委员会由黄建明、李兆强、傅作珩、张德林、李应耀同志组成。党委副书记黄建明兼任纪委书记，廖伟祥为纪委专干。

2000年12月17日，甘垦党〔2000〕29号文件批准，饮马（集团）公司新的纪律检查委员会由黄建明、李兆强、傅作珩、李应耀、廖伟祥组成，党委副书记黄建明兼任纪委书记。

2005年2月28日，任命李应耀为饮马实业公司纪律检查委员会专职干事。2006年5月8日，增补郑红斌、李炳维为纪委委员。

2007年12月20日，甘肃农垦集团党委批准饮马农场新的纪律检查委员会委员由王肃东、王斌、李兆强、李炳维、郑宏斌、柴润生、廖伟祥7名同志组成，李兆强任纪委书记，李应耀任纪委专干。

2016年9月12日，甘肃省农垦集团党委批准饮马农场新的纪律检查委员会委员由马东红、刘明军、李春胜、赵富强、廖伟祥5名同志组成，廖伟祥任纪委书记，刘明军任纪委副书记。

2020年9月17日，甘肃亚盛实业（集团）股份有限公司党委批准饮马分公司新的纪律检查委员会由马东红、吴大鹏、党文新、张会基、廖伟祥5名同志组成，廖伟祥任纪委书记，张会基任纪委副书记。


## 二、加强党风党纪教育和党内监督

遵照纪检监察工作的职权和任务，农场紧紧围绕党的中心工作积极搞好党风廉政建设，主要抓了以下工作：

一是运用纪委办案的优势对党员进行典型案例教育。多年来，纪委在查处违纪案件时，选择那些性质比较严重、危害程度较大、具有普遍教育意义的典型案例，对党员干部进行党风党纪教育，既表明农场党委从严治党的决心，又体现了对党员和干部从严要求的原则，达到了"处理一案，教育一片"的作用。

二是认真抓好党的法规教育。纪委按照《关于在全体党员中开展党纪党规学习教育的通知》精神，每年都对党员、党纪、党规教育做出具体安排，并认真贯彻落实，发现问题及时解决。利用农场电视差转台、广播和简报等媒体，多次播放或撰写党内条规教育系列讲座，同时对全体党员进行试题答卷考试，合格率达96.8%。这对增强党员，特别是党员干部遵纪守法的自觉性起到了促进作用。

三是进行反腐倡廉教育。协助党委狠抓了反腐斗争和反腐倡廉教育工作，起草下发了《在党员干部中开展反腐倡廉教育的安排意见》《反腐倡廉教育宣讲提纲》等文件和材料，录制了 11 部反腐倡廉教育案例纪实录像片，制定了《党内民主监督制度》《各级干部廉洁自律的 10 条规定》《纪检监察信访工作目标管理制度》等规章制度，以约束自身的行为。

四是坚持经常性的党风党纪教育。多年来，利用"三会一课"制度、民主评议党员制度，评选先进党组织和优秀共产党员、干部考核等制度，经常性对党员进行党风党纪教育，同时，通过各种会议、培训班、集中学习教育班等形式，对党员进行党风党纪教育，做到警钟长鸣，防患于未然。

五是全面履行"从严治党"主体责任，严格执行中央八项规定，坚持不懈纠正"四风"，把纪律和规矩挺在前面，把握运用监督执纪"四种形态"，以严明的纪律推进全面从严治党。下发了《亚盛饮马分公司对党员干部进行诫勉谈话和函询实施细则》，每年签订党风廉政建设和反腐败目标管理责任书、企业中层管理干部《廉洁承诺书》和重点岗位、重点单位（部门）《廉洁风险防控目标责任书》，营造了勤政、务实、为民、清廉的浓厚氛围。


### 三、认真查处违纪案件

1979—1987 年，纪委把查处党员违纪案件当作端正党风的突破口，特别对违犯财经纪律的党员干部进行了立案查处，共立案查处违纪案件 31 起。

1988—1995 年，共查处违纪案件 30 起，涉及 37 人，其中经济违纪案件 19 件，查处非法所得金额 41181.6 元，为企业挽回经济损失 27771.9 元。

1996—2005 年，共立案查处违纪案件 9 起，结案 9 起，违纪金额 47738.7 元。

2005—2010 年，共查处违纪案件 9 起，结案 2 起。2011—2020 年，纪委充分运用"四种形态"，谈话、批评教育、处罚 59 人，组织调整 13 人，给予党纪处分 5 人，依法处理严重违法犯罪的党员干部 1 人。


### 四、群众来信来访

1979 年，受理来信 367 件，来访 214 人（次）。

1988—1995 年，共受理群众来信 67 件、来访 160 多人（次），其中上级转来信函

6件。上述群众来信来访都得到了妥善处理。

1996—2005年，共受理群众来信71件，接待群众来访76人（次）。党委和纪委对于群众来信来访反映的问题非常重视，不论反映的问题大小，都认真调查核实，初步核实有违纪问题的立案查处。对于一般性矛盾纠纷，充分发挥纪检监察部门的协调和疏导作用，在弄清引发矛盾原因的基础上，依照党的原则和场纪场规，做好群众的思想工作，化解矛盾，防止矛盾激化，维护社会稳定。"有问题找纪委"已成为职工群众的共识。

2006—2020年，共受理职工群众来信15件，接待职工群众来访81人（次），处理上级转来信函12件。纪委在解决问题的同时，全力做好职工群众的思想工作，化解矛盾，疏解情绪，维护了企业和谐稳定发展的局面。

## 第四节　党的建设和思想政治工作

### 一、党的建设

1985年10月，按照中共十二届二中全会通过的《中共中央关于整党的决定》，开始分批整党，指导思想是"统一思想，整顿作风，加强纪律，纯洁组织"，分为学习文件、对照检查、集中整改、组织处理和党员登记5个阶段。1986年3月，该项工作结束，360人符合登记，61人另作处理。

1988年进行政治体制改革，实现党委工作重心的转移。改变过去党委一元化领导体制，转为支持场长和各级行政领导充分行使职责，重点加强党的自身建设、思想政治工作和精神文明建设，更好地实现党的政治核心和领导作用。

1989年1月，党委建立"基层党组织工作目标管理百分制考核责任制"。基层党组织目标管理责任内容包括思想建设、组织建设、作风建设、党员民主评议、新党员培养发展、思想政治工作和精神文明建设等10个方面34项，党委与各基层党组织签订了《目标管理责任书》。当年，还开展了以反腐倡廉为中心的党风党纪教育，把勤政廉洁作为调整班子和使用干部的重要依据。

1990—1995年，开展了党建理论学习和社会主义思想教育。在"双基"（基本国情、基本路线）教育的基础上，消除党员中存在的"怕、满、软、混"的等待观望思想。以邓小平建设有中国特色的社会主义理论和发展社会主义市场经济理论为指导，树立"围绕经济抓党建，抓好党建促经济"的指导思想，加强思想政治工作领导，把企业改革和生产经营中的难点作为党组织工作的重点，以增强党的凝聚力，充分发挥党组织的政治核心和监督保证作用。在开展党性实践活动中，开展了"我为党旗添光彩，我为党建做贡献"活动，以及党员联系户、干部责任区活动，机关科级以上干部与生产队挂钩，采取风险共担的办法，落实责任制度。据统计，由于多层次、大范围的扶贫行动，亏损面和亏损农户从第一期承包的 20％ 以上逐步降低到 3％，许多基层单位已消灭了亏损户。5 年间，共评选出优秀党员 205 名（次），先进党支部 34 个（次）；评选出合格党员 1374 名（次），基本合格党员 176 名（次），不合格党员 14 名（次）。向酒泉农垦公司党委推荐先进党支部 19 个（次），优秀党员 38 名（次）。1993 年 10 月，评选出 50 名在十年改革中做出突出贡献的场级劳动模范。

之后，在每年召开的党建工作会上，都会进行先进党支部、优秀共产党员、优秀党务工作者表彰活动。1995—2020 年，共表彰优秀共产党员 268 名，优秀党务工作者 106 人，先进党支部 76 个。

期内，党委讨论通过了《关于贯彻落实中共中央关于加强党的建设的几个重大问题的实施方案》，完善了《民主生活会制度》《党委议事规则》《领导干部分工负责制度》《民主评议党员制度》和《支部书记岗位责任制》等 16 个党的主要组织生活制度。

1996—1998 年，党的建设着重抓了三个方面的工作：一是按照党中央"讲学习，讲政治，讲正气"的要求，组织党员学习党的基本理论和基本路线，增强其辨别是非的能力，提高其政治敏锐性和政治鉴别力。二是深入学习《中国共产党党员领导干部廉洁从政若干准则（试行）》等 7 部法规，增强党员干部的自我约束力，教育他们要一心一意为人民谋利益，密切联系群众，吃苦在前、享受在后、乐于奉献。在工作中把握党的群众路线，摆正自己在人民群众中的位置，纠正一切高踞于群众之上、不关心群众疾苦、不维护群众利益的不良作风，反对一切欺压群众、损害群众利益的违法违纪行为，反对弄虚作假、言行不一、以权谋私、敷衍塞责，坚持廉洁奉公、勤政为民、艰苦奋斗、勤俭节约的优良传统和作风。三是加强党的组织建设，坚持和健全民主集中制，严格按党委议事制度规定，凡属全局性重大决策问题、干部推荐、奖惩，以及涉及职工利益的问题，都要集体讨论决定。进一步完善分工负责制，把集体领导和个人分工负责结合起来，以发挥每个班子成员的特长。力戒空谈，扎实工作，抓落实、办实事、讲效益。

1999—2005 年，党的建设以毛泽东思想、邓小平理论和"三个代表"重要思想为指导，树立科学发展观，紧紧围绕所有制结构调整、产业结构调整、区域结构调整和组织结构调整四条主线，全面提升农场经济的整体素质，着力增强优势产业、优势产品的综合竞争力，提高农场经济实力和职工收入，加强党的建设。

2005—2010 年，党的建设以马列主义、毛泽东思想、邓小平理论、"三个代表"重要思想、科学发展观为指导，紧紧围绕企业发展实际，打破了原有的经营管理模式，实行"两费自理、四到户"的农业经营管理模式，改变种植模式，扩种经济作物，职工收入大幅提高，企业经济实力明显增强，企业和谐稳定。农场（分公司）党委根据农垦集团党委的安排，开展了"保持共产党员先进性教育活动"，并按要求制定了《亚盛饮马分公司党委关于开展"保持共产党员先进性教育活动"实施方案》。取得的成效有：①广大党员受到了一次深刻的马克思主义教育；②基层党组织的创造力、凝聚力、战斗力进一步提高；③党组织和党员服务群众的行动更加自觉，党员干部的作风进一步改进，促进了企业经济社会又快又好发展；④党委进一步推动了保持共产党员先进性长效机制建设。

农场 1997 年思想政治工作会议

2011—2020 年，党的建设以马列主义、毛泽东思想、邓小平理论、"三个代表"重要思想、科学发展观、习近平新时代中国特色社会主义思想为指导，企业在巩固"两费自理、四到户"的农业生产管理模式的同时，创新管理理念，推行"三统一化"（土地统一经营、农资统一经营、农产品统一经营和项目团队化）管理模式，大力发展"三大一化"现代农业建设。在农业种植结构调整上也逐步形成了瓜、果、草、香、粮的农作物种植格局。2016 年以来，连续五年保持"千万元"利润，职工群众的生活水平稳步提高，企业发展逐步迈上良性发展轨道。此阶段，企业约有 90％的职工群众在城里购置了楼房，80％的职工购买了小轿车。党委根据党中央的决策部署，狠抓党的建设工作，认真落实党中央全面从严治党要求，严格按照省委、农垦集团公司党委和亚盛股份公司党委的安排，扎实开展了"党的群众路线""三严三实""两学一做""不忘初心、牢记使命"主题教育活动。农场（分公司）党委先后出台了《甘肃省国有饮马农场党务工作制度》《甘肃省国有饮马农场党委中心组理论学习规则》《甘肃省国有饮马农场党委理论学习中心组制度》

《饮马农场（公司）党委"三重一大"决策制度实施办法》等党务制度 10 多项，为党建工作扎实有效开展夯实了基础，党的建设迈上了新台阶，党的建设工作也成为促进企业发展的坚强保障。

## 二、职工思想政治工作

多年来，在党委统一领导下，农场建立起以政工干部为骨干，以广大党员、团员和积极分子为基础，党、政、工、团、妇共同负责、齐抓共管的职工思想政治工作体系。其基本经验有：

1. **深入了解职工思想实际，找准问题症结，对症下药**　注重了解职工的思想动态与心理变化，从实际出发，做到有的放矢、对症下药，把工作做到职工的心坎上，真正让职工口服心服。职工思想政治工作有目标、有重点、有主次、有针对性，避免盲从和简单化。

2. **解决思想问题与解决实际问题相结合，既讲道理又办实事，既以理服人又以情感人**　随着市场经济体制的建立和完善，企业的生存与发展面临机遇和挑战，各种思想矛盾、利益冲突也更加错综复杂，思想政治工作任务更趋艰巨。农场注意关心和帮助解决职工的实际问题与困难，带着感情去做思想工作，体贴入微地疏导职工的工作情绪，千方百计帮助他们解决面临的实际问题和困难，不但解决了实际问题，也为经济工作创造了宽松的环境。

3. **党员干部以身作则，以实际行动感染人，用高尚的人格打动人**　多年来，农场培养、树立了一大批先进典型，形成了群星璀璨的英模群体。这批英模有扎根农场、奉献一生的老农垦人，有忘我工作、献身绿洲的中年职工，有奉献青春、爱岗敬业的青年典型，有呕心沥血、勇攀高峰，在科技、教育、卫生战线默默耕耘的知识分子，也有不图报酬，专抢急、难、险、重任务的青年群体。1996—1999 年，农场被甘肃省委宣传部、组织部、甘肃省总工会和甘肃省经贸委连续评为"全省思想政治工作优秀企业"。1995 年，傅江海、董西林撰写的《论企业思想政治工作的无形资产价值》获甘肃省农垦总公司思想政治工作经验交流会优秀论文一等奖。

4. **基层党支部的凝聚力战斗力创造力逐步增强**　全面加强党的建设工作，充分发挥党支部的凝聚力、战斗力、创造力，使党支部成为单位生产经营工作的坚强堡垒。党委通过开展争创"四强"（政治引领力强、推动发展力强、改革创新力强、凝聚保障力强）党组织和"四优"（政治素质优、岗位技能优、工作业绩优、群众评价优）共产党员，以及

"三比三促"（比学习促守规、比作风促实干、比贡献促发展）等主题活动，较好地发挥了党支部的组织功能和党员的模范作用。同时，通过加强支部阵地建设、连续组织支部书记和支部委员参加业务培训、认真开展党支部建设标准化工作、加大支部党建工作考核分值比重等措施，支部书记的综合素质和工作能力有了较快提升，支部委员的作用也有了较好发挥，支部工作质量整体迈上新台阶，分公司农业二队被甘肃省农垦集团公司党委评为党支部建设标准化"样板党支部"。

# 第二章　职工代表大会

## 第一节　建立职工代表大会制度

根据《国营农场工作条例》之规定，1956 年 10 月，农场建立起职工代表大会制度，企业工会委员会作为职工代表大会的工作机构，负责职工代表大会的日常工作。军垦时期，学习新疆兵团经验，建立士兵委员会，士兵代表大会替代职工代表大会。1967 年，士兵代表大会制度废除。

党的十一届三中全会以后，恢复职工代表大会制度。1983 年 2 月，饮马农场第一届职工代表大会召开，职工代表实行常任制，每两年改选一次，可以连选连任。1983—2005 年，农场职工代表大会已换届 10 次，共召开职工代表大会 22 次。

1986 年 9 月，中共中央、国务院颁发了《全民所有制工业企业职工代表大会条例》，要求企业"进一步健全职工代表大会制度和各项民主管理制度，发挥工会组织和职工代表在审议企业重大决策、监督行政领导干部、维护职工合法权益等方面的作用"。使职工代表大会制度得到了加强。

### 一、职工代表大会的职权

（1）定期听取场长（经理）的工作报告，审议企业的经营方针、长远和季度计划、重大技术改造和技术引进计划、职工培训计划、财务预决算、自有资金分配与使用方案，提出意见和建议，并就上述方案的实施做出决议。

（2）审议通过场长提出的企业经济责任制方案、工资调整计划、资金分配方案、劳动保护措施方案、奖惩办法及其他重要的规章制度。

（3）评议、监督企业各级领导干部，并提出奖惩和任免的建议。

对工作卓有成绩的干部，可以建议给予奖励，包括晋级、提职。对不称职的干部，可以建议免职或降职。

对工作不负责或者以权谋私，造成严重后果的干部，可以建议给予处分，直至撤职。

（4）主管机关任命或免除企业行政领导的职务时，必须充分考虑职工代表大会的意见。职工代表大会根据主管机关的部署，可以民主推荐场长人选，也可以民主选举，报主管机关审批。

（5）推选职工代表参加农场管理委员会。

（6）在职工代表大会上，可以由场长（经理）代表行政、职代会主任代表职工签订集体合同或共同协议，为企业发展的共同目标互相承担义务，保证贯彻执行。


## 二、职工代表大会组织制度

1. **职工代表**　按照法律规定享有政治权力的企业职工，均可当选为职工代表。

职工代表的产生，以生产队为单位，由职工直接选举，代表名额一般占职工总数的3％，不足30人的独立单位可选举1名职工代表。工业企业的职工代表，由车间、科室的职工代表相互推选产生。每2年改选一次，可以连选连任。

职工代表中有工人、技术人员、管理人员、领导干部和其他方面的职工。其中各级领导干部占职工代表总数的20％，青年职工和女职工应占适当比例。同时，通过民主协商，吸收有经验的技术人员、经营管理人员参加职工代表大会。职工代表对选举单位的职工负责，选举单位的职工有权监督或撤换本单位的职工代表。

2. **组织制度**　农场职工代表大会每年召开一次，选举主席团主持会议。主席团由工人、技术人员、管理人员和领导干部组成。其中工人、技术人员、管理人员应超过半数。建立职代会办公室，承办职工代表大会闭会期间的日常事务。基层单位正式代表3人以上成立职工代表小组，设小组长。职代小组接受所在单位党组织的思想政治领导。

参加农场管理委员会的职工代表，由职工代表大会选举产生。管委会要向职工代表大会汇报工作，接受职工代表大会的监督。遇有重大事项，经场长、职代会或三分之一职工代表的提议，可召开管委会或临时会议。

职工代表大会进行选举或做出决议，必须经职工代表过半数通过。职工代表大会在其职权范围内决定的事项，非经职工代表大会同意不得修改。

职工代表大会可根据需要，设立临时或经常性的专门小组，完成职工代表大会交办的工作，审议职工代表提交的方案，在职工代表大会闭会期间，根据职工代表大会授权，审定需临时解决的问题，并向下一次职代会报告予以确认，检查、督促有关部门贯彻执行职工代表大会决议和职工提案的处理，办理职工代表大会交办的其他事宜。

— 453 —

# 第二节　历次职工代表大会

## 一、蘑菇滩农场第一届职工代表大会

蘑菇滩农场第一届职工代表大会于 1961 年 12 月 7 日召开，会期 3 天。出席会议的有正式代表 48 名，其中女代表 7 名，列席代表 7 名。大会审议通过了场长王学敏所做的《关于农场 1961 年工作总结与 1962 年计划安排》，学习贯彻农垦部颁发的《国营农场试行工作条例（草案）》根据国民经济"调整、巩固、充实、提高"八字方针，审议通过了《蘑菇滩农场管理条例（草案）》《蘑菇滩农场工资制度》和《职工用地规章制度》。选举产生了张治国等 11 人为农场管理委员会委员，张治国任职代会主任。

## 二、蘑菇滩农场第二届职工代表大会

蘑菇滩农场第二届职工代表大会于 1963 年 2 月 8 日召开，会期 3 天。出席会议的有正式代表 48 人，列席代表 18 人。大会审议通过了场长王学敏所做的《1962 年工作总结与 1963 年工作安排的报告》，副场长杨安全所做的《财务预算和决算工作报告》，职代会主任张治国所做的《关于各项规章制度的说明》。经过认真讨论，大会通过了《民主管理制度（草案）》《财务管理制度（草案）》《农业工人实行固定等级月薪、日薪加定额管理工资制度实施细则（草案）》。党委副书记翟金山做了总结讲话。

大会选举产生张治国等 11 人为农场管理委员会委员，张治国任职代会主任。

## 三、饮马农场第一届职工代表大会

饮马农场第一届职工代表大会于 1983 年 2 月 25 日至 3 月 1 日召开。出席大会的有正式代表 126 名，其中女代表 31 名，占代表总数的 24.6％；少数民族代表 16 名，占代表总数的 12.7％。党委副书记严亚雄致开幕词，副场长王兴才代表农场做工作报告，财务科长马凤翔代表农场做《1982 年财务决算与 1983 年财务预算》报告。提交大会审议的规章制度有《饮马农场经济责任制方案》《加强生产财务管理若干规定细则》《安全生产条例》《职工奖惩条例细则》《场规民约》和《职工代表大会条例》。大会审议通过了 2 个报告和

6个议案，党委书记崔振功做了总结发言。

大会选举产生王兴才等15名同志组成农场管理委员会，推选王兴才为职代会主任，裴广友、田心灵为副主任。

### 四、饮马农场第二届职工代表大会

饮马农场第二届职工代表大会于1985年2月10日召开，会期2天。出席会议的有正式代表100名，其中女代表16名，占代表总数的16％，还有列席代表24名。会上，李家茂致开幕词，傅江海做《1984年工作总结及1985年工作安排》的工作报告，孔凡本做《1985年经济责任制办法》，李家茂做《1984年亏损减免的处理规定》的起草说明，赵灿致闭幕词。会议审议通过了3个报告、5个条例（章程），包括《饮马农场财务管理细则》《职工代表大会章程》《安全生产条例》《内部安全防范工作试行条例》《场规民约》等。

大会选举李家茂等15名同志组成农场管理委员会，推选李家茂为职代会主任，裴广友、田心灵为副主任。

### 五、饮马农场第三届职工代表大会

饮马农场第三届职工代表大会于1986年12月27日召开，会期3天。出席大会的有正式代表101名。其中工人51名，占代表总数的50.5％；技术人员21名，占代表总数的20.79％；女代表14名，占代表总数的13.9％。此外，还有31名代表列席会议。大会认真学习了中共中央、国务院《全民所有制工业企业厂长工作条例》《中国共产党所有制工业企业基层组织工作条例》《全民所有制工业企业职工代表大会条例》和甘肃省政府《关于发展农垦经济若干问题的意见》，听取、审议并一致通过了场长傅江海所做的工作报告和《场长任期目标责任制》，并对上届代表大会制定的5项规章制度作了修改、补充和完善。大会提出《关于职工家庭农场有关问题的十项规定》，经与会代表审议后，建议场长根据代表的意见修改后正式下发执行。

大会选举产生李家茂等19名同志为第三届管委会委员，李家茂为职代会主任，王天礼、杨艳梅为副主任，张学年为秘书。职代会设常设机构，处理日常事务。酒泉农垦分公司经理李坤福应邀参加了大会。

饮马农场第三届职工代表大会代表合影

## 六、饮马农场第四届职工代表大会

饮马农场第四届职工代表大会于 1989 年 2 月 14 日召开，会期 2 天。出席大会的有正式代表 73 人，其中女代表 9 人，占代表总数的 12.3%；干部及管理人员 22 人，占代表总数的 30.1%；一线工人 24 人，占代表总数的 32.9%。场党委委员、行政领导列席会议。大会听取、审议和通过了傅江海所做的农场工作报告，潘质明所做的《1988 年财务执行情况及 1989 年财务预算情况报告》，李家茂所做的《第三届职代会管委会工作报告》，冯秉程所做的《1989 年农业技术措施修改补充意见》和《建立种子基地实行种子分级加价的建议》，彭述先所做的《关于加强实施果树更新方案》，董西林所做的《关于住房制度改革方案》《关于鼓励科技人员业余兼职的方案》。

大会选举曹怀治等 11 名同志为第四届职代会管委会委员，曹怀治为职代会主任，杨艳梅、王永宏为副主任。

本届职工代表大会第二次会议审议通过《职工医院医疗制度改革意见》《饮马农场职工代表大会条例试行细则（草案）》《关于建立土壤培肥制度的方案》《关于建立高产丰产和设立"丰收奖"实施办法》《关于生产队干部奖金提取、发放的办法》和《承包经营者奖励方案》等规章制度。

### 七、饮马农场第五届职工代表大会

饮马农场第五届职工代表大会于 1990 年 12 月 25 日召开，会期 3 天。出席会议的有正式代表 72 人。其中管理干部 18 人，占代表总数的 25%；技术干部 5 人，占代表总数的 7%；一线工人 49 人，占代表总数的 68%；女代表 8 人，占代表总数的 11%。大会听取、审议和通过了傅江海所做的题为《坚定信心，继续前进，为实现"八五"期间经营承包目标而奋斗》的工作报告、曹怀治所做的《第四届职代会工作报告》。审议通过《职工奖惩条例实施细则》《辞退违纪职工试行办法细则》《关于第二轮承包经营责任制实施办法》《实施（甘肃省计划生育条例）细则》《饮马农场第一轮承包经营责任制指标完成情况的考核奖惩办法》《关于主要承包经营者傅江海同志奖励决定》6 个决议。

大会选举刘文礼等 13 名同志为第五届职代会管委会委员，刘文礼为职代会主任，王永宏、杨艳梅为副主任。

本届职代会任期 2 年，召开职工代表大会 2 次、管委会 8 次。审议通过了《实行劳动合同制试行细则》《饮马农场劳动管理试行细则（草案）》《职工离职培训、进修管理办法（试行）》《土地补偿制度试行方案》《风险基金方案的试行细则》《企业浮动升级方案的实施意见》《农场粮油价格调整方案》《农场职工养老保险金收缴办法》和《房屋改革修订方案》等 13 项决议。

### 八、饮马农场第六届职工代表大会

饮马农场第六届职工代表大会于 1992 年 12 月 26 日召开，会期 3 天。出席大会的正式代表 78 人。其中管理干部 13 人，占代表总数的 16.7%；一线工人 59 人，占代表总数的 75.6%；技术干部 6 人，占代表总数的 7.7%；女代表 11 人，占代表总数的 14.1%。大会听取、审议和通过了傅江海所做的农场工作报告，审议通过了《关于完善和健全计划用水制度，推行节水型农业》《职工医疗保健办法》《关于调整粮食收购价格的意见》的议案。

会议选举周全礼等 11 名同志为第六届职代会管委会委员，周全礼为职代会主任，杨艳梅、王永宏为副主任。

本届职代会受领导班子人事调整的影响，任期 3 年，召开职工代表大会 3 次、管委会 11 次。期内，审议通过了《转换企业经营机制，建立适应社会主义市场经济体制要求的公司管理机构》《改革人事、劳动、分配制度，建立充满活力的竞争机制和激励机制》《积极推进住房制度改革》《改革和完善社会保障制度》《关于农产品价格和"两费"自理问题》《完善承包经营责任制，积极试行其他资产经营形式》《调整种植结构，顺应市场，全力发展商品型农业》《关于麦芽厂股份制改造职工入股方案》和《全面实行劳动合同制实施办法》等 21 项决议。

### 九、饮马农场第七届职工代表大会

饮马农场第七届职工代表大会于 1996 年 2 月 5 日召开，会期 3 天。出席大会的有正式代表 77 人。其中管理干部 15 人，占代表总数的 19.48％；技术干部 9 人，占代表总数的 11.69％；一线工人 53 人，占代表总数的 68.83％；女代表 21 人，占代表总数的 27.27％。大会的主要议题是：①听取、审议并通过农场工作报告、职代会工作报告；②选举产生第七届职代会管委会；③审议通过相关方案等。大会审议通过的方案有 2 项，即《关于调整农业机械田间作业收费标准》和《关于贯彻国务院职工工作时间规定的实施细则》。

大会选举孔凡本等 11 名同志为第七届职代会管委会委员，孔凡本为职代会主任，杨艳梅为副主任。

本届职代会任期 2 年，召开职工代表大会 2 次、管委会 6 次。期内，审议通过了《饮马实业公司 1993—1995 年企业职工升级工作实施办法》《职工生产资料款预留办法》《主承包人的资金分配方案》《畜牧业管理办法》等方案。

### 十、饮马农场第八届职工代表大会

饮马农场第八届职工代表大会于 1998 年 2 月 23 日召开，会期 3 天。出席大会的有正式代表 76 人，管理干部、技术干部、一线工人分别占代表总数的 12.3％、8.9％和 78.8％；有女代表 16 人，占代表总数的 21.05％。大会的主要议程是听取、审议和通过傅江海代表农场所做的工作报告及杨艳梅代表第七届职代会所做的工作报告，选举产生第八届职代会管委会。

大会选举杨艳梅等 9 名同志为第八届职代会管委会委员，杨艳梅为职代会主任，廖伟祥为秘书。

本届职代会任期 2 年，召开职工代表大会 2 次、管委会 6 次。第一次职工代表大会审议通过《关于 1998 年农产品收购保护价格及农业生产资料价格的规定》《饮马农场关于与重庆啤酒（集团）有限责任公司联合的方案》。第二次职工代表大会审议通过《饮马农场职工医疗保险制度改革方案》《1999 年职工工资升级方案》和《对亏损问题的处理意见》。

## 十一、饮马农场第九届职工代表大会

饮马农场第九届职工代表大会于 2000 年 2 月 15 日召开，会期 3 天。出席大会的有正式代表 67 人，其中管理干部、技术干部占代表总数的 28.6％，一线工人占代表总数的 71.4％，女代表占代表总数的 28.35％，各基层单位负责人列席大会。会议听取、审议和通过了傅江海代表农场所做的工作报告、杨艳梅代表第八届职代会所做的工作报告，审议并通过了《对饮马水泥厂实行新一轮扩容技术改造的方案》。

大会选举杨艳梅等 13 名同志为第九届职代会管委会委员，杨艳梅为职代会主任，廖伟祥为秘书。本届职工代表大会历时四年，在农场党委的领导下，以参与民主管理、强化民主监督为手段，以扩大民主政治、维护放大职工的合法权益为目的，认真履行职责、积极工作，为农场的经济发展和社会全面进步做出了应有的贡献。

## 十二、饮马农场第十届职工代表大会

饮马农场第十届职工代表大会于 2004 年 2 月 27 日召开，会期 2 天。出席大会的有正式代表 67 人，其中管理干部、技术干部占代表总数的 28.6％，一线工人占代表总数的 71.4％，女代表占代表总数的 31.34％，基层与场机关负责人列席了大会。会议听取、审议和通过了田心灵代表农场所做的工作报告、杨艳梅代表第九届职代会所做的工作报告。

大会选举苏聚明等 13 名同志为第十届职代会管委会委员，苏聚明为职代会主任，廖伟祥为秘书。

## 十三、饮马农场第十一届职工代表大会

饮马农场第十一届职工代表大会于 2008 年 3 月 12 日召开，会期 1 天。出席大会的有正式代表 57 人，其中管理干部、技术干部占代表总数 34.5％，一线职工代表占代表总数的 65.5％，女代表占代表总数 33％，部分基层单位和机关部门负责人列席了会议。会议听取、审议和通过了张海代表农场所做的工作报告、李兆强代表第十届职代会所做的工作报告。

大会选举了刘凤伟等 7 名同志为第十一届职代会管委会成员。

根据甘肃亚盛实业（集团）股份有限公司党委要求，2014 年 3 月 27 日成立了亚盛饮

马分公司工会。

### 十四、亚盛饮马分公司第一届职工代表大会

2018 年 12 月 26 日，亚盛饮马分公司第一届职工代表大会会议召开。出席大会的有职工代表 43 人，占职工总人数的 10.6%。其中管理和技术干部 22 人，占 50.2%；一线职工 21 人，占 49.8%；女职工代表 4 人，占 9.3%。会议通过了《关于选举亚盛饮马分公司第一届职工代表情况的报告》和《亚盛饮马分公司第一届职工代表大会选举办法》，选举产生了亚盛饮马分公司第一届职代会管委会成员。职代会管委会选举廖伟祥为亚盛饮马分公司第一届职工代表大会职代会主任，听取、审议和通过了常玉泉代表分公司所做的工作报告，听取了新当选的亚盛饮马分公司第一届职工代表大会主任的表态发言。

农场召开纪念建党 80 周年大会暨农场第二次工作会议

农场召开九届一次职代会

饮马分公司召开第一届职代会

农场召开九届二次职代会

## 第三节　提案办理

提案办理是加强企业民主管理、强化职工参政议政意识的重要措施，从制度上为职代会创造了解全局、知情参政的条件。

历届职工代表大会均设有提案办理小组，主动广泛地收集代表提案、建议和意见，按性质分类，整理后提交管委会，委托企业法人做出解答。对于牵扯到农场经济和社会发展、重大技术改造方面的提案，由场长提出课题，职能部门拿出具体方案，工程技术人员和专家进行可行性论证，认真听取党委意见后提交职代会进行审议，场长最后决策。部分提案、建议和意见则由场长责成有关部门办理，并指派专人督促检查。据统计，饮马农场第一届至第十届职工代表大会共收到职工代表提案654件、建议和意见1074条、审议立案408件，占提案总数的62.38%，全部办理完毕，其余提案、建议和意见也都做了妥善处理。

1986年以前，代表提案、建议和意见议生活福利的多，论生产经营的少；向场长争福利的多，给场长出谋划策的少；看眼前利益的多，考虑长远利益的少。在第二届职工代表大会提案中，有关福利待遇的提案占87.4%。以后的历届职代会提案质量不断提高，代表提案、建议和意见以参改革之政、议改革之事、监督行政领导干部、维护职工合法权益为主。职工参政议政意识得到了加强，参政议政能力得到了提高，较好地促进了农场的健康稳步发展。

代表提案的办理，一是表现在尊重职工的主人翁地位，能充分调动职工的积极性，从而保证企业经济目标的实现；二是把职工的智慧、经验和创造力集中起来，有利于集思广益，协助场长和领导班子正确决策；三是有利于齐心协力，为场长（经理）和领导班子排忧解难，企业内部能形成团结和谐、干群一心的局面；四是有利于监督干部，通过对干部的评议、推荐和建议罢免，既加强了对干部的监督，又促进了干部的"四化"建设；五是有利于关系协调，促进了企业内部的安定团结。

2018年12月，亚盛饮马分公司第一届职工代表大会成立后，坚持每年召开一次职工代表大会，认真履行职代会相关职责，广泛听取职工代表的意见和建议，努力发挥公司和员工之间的桥梁、纽带作用。对征求的职工代表提案，认真分类整理归纳。截至2020年，职代会共征求了渠系建设、机耕路修建、桥涵安装、结构调整、加强员工业务培训、环境整治等方面的提案41件。在分公司党委的支持下，提案都得到了较好的落实，落实率达到95.3%，职工代表的满意度较高，赢得了职工的一致赞誉。

# 第三章　社会主义精神文明建设

## 第一节　精神文明建设成果

1986年9月，党的十二届六中全会通过了《关于社会主义精神文明建设指导方针的决议》，全党全国人民积极响应，很快掀起了精神文明建设热潮。饮马农场党委坚决贯彻决议精神，把精神文明建设作为企业建设的一项重要任务，列入党委的重要议事日程，常抓不懈。在加强精神文明建设的同时，狠抓了法制教育的宣传落实，倡导和推进文明新风创建活动，使企业精神文明建设取得了显著成效，职工思想道德素质进一步得到提高，促进了经济社会发展，职工群众的获得感、幸福感有了明显提升。

意气风发　开创未来

1991年4月，农场被中共玉门市委、市政府命名为市级"文明单位"，1993年4月晋升为市级"模范文明单位"，1994年1月被中共酒泉地委、酒泉行署评为地级"文明单位"，当年又被中共甘肃省委、省政府评为省级"文明单位"，成为首批被评为省级"文明单位"的唯一农垦企业。1998年，农场被甘肃省委组织部、宣传部、总工会和经贸委评为"1996—1997年全省思想政治优秀企业"；2004年，又被甘肃省精神文明建设指导委员会评为"甘肃省诚信单位示范点"；2015年，被亚盛实业（集团）股份公司党委评为"亚盛成立 20 周年先进单位";2019 年,被甘肃省农垦集团公司评为"先进单位"。

1995 年,在群众性精神文明创建活动中,农场重视活动内容的不断创新和制度的不断完善,结合企业特点设计了"文明单位""文明青年""十佳少年""优秀人民勤务员""十星级文明家庭"等评比条件。在活动实践中,通过典型示范、竞赛评比、虚功实做、动态管理、物化量化、考核评比等措施,相互促进、整体推动。例如原饮马水泥厂根据行业特点,制定了精神文明建设"五项二十条"规范标准,涉及生产、生活、道德、行为的方方面面,每季度评比一次,个人逐条对照,班组民主评议,车间、科室审查,然后在各自的岗位上由党支部审查并张榜公布。

截至 2005 年,农场有场级"文明单位"7 个、"文明家庭"160 个、"文明青年"38 人、"优秀人民勤务员"18 名。2009 年,饮马农场被甘肃省农垦集团公司党委评为"农垦工作先进企业",被甘肃省农垦集团公司事业管理办公室评为"社会保险先进单位",被酒泉农垦公司党委授予"酒泉垦区深入学习实践科学发展观先进组织"荣誉称号。

2010—2020 年,农场(分公司)党委将精神文明建设内容纳入党建目标管理责任书,但未进行"精神文明单位"的评选。同时,企业根据实际情况调整了精神文明建设工作领导小组,农场(分公司)的精神文明建设工作围绕"关注民生,构建和谐"等主题,以打造"美丽、富裕、和谐"新饮马为目标,用新思想研究新情况,用新办法解决新问题,用新措施开创新局面,整合创建资源,激发创建活力,使农场(分公司)精神文明创建工作迈上了新台阶。

形式是内容的载体,有了好的内容,还必须有好的形式去体现。新闻媒介、精神文明创建活动、文化活动和先进典型的宣传,都是深受群众欢迎的载体。多年来,农场(分公司)通过各种载体,实现了"外树形象,内强素质"的预期目标,通过"塑魂""树形""立本"等方式,培育了具有农垦特色的团队精神,树立了视觉冲击力较强的饮马形象,促进了企业"两个文明"建设的健康发展。

精神文明建设为农场经济社会发展提供了思想保证、智力支持和精神支柱,促进了农场经济的持续、快速、健康发展和社会的进步。在没有国家投资的前提下,农场依靠自身积累,先后建起了水泥厂、麦芽厂、颗粒酒花厂(合资)、西部水泥技改生产线、甘肃农垦饮马牧业公司等一批大中型企业。2009 年,农场原有的麦芽厂、水泥厂、啤酒花产业相继剥离后,农场依靠自身积累,解决了几代农垦人已充分认识但无力解决的职工住房问题,累计新建职工住房 89204 平方米,并于 2008—2009 年在玉门市新市区修建职工住宅楼 108 套。2013 年,在场部修建 3000 多平方米的文化广场,改建了机关五楼多功能会议厅,新修了老年活动中心等文化娱乐设施,重新硬化场区柏油路、美化亮化场区道路。2018—2020 年，在分公司党委的领导下开始拆除危房、清理陈年垃圾、出台环境整治管理办法，逐年在场部及各农业队植树造林，在场部修建了占地面积 191 亩的公园，为职工群众营造了一个良好的休闲场所，使分公司（农场）的环境面貌发生了翻天覆地的变化。

饮马公园一览

## 第二节　精神文明创建活动

### 一、创建文明农场、文明单位

1982 年 1 月，农场党委颁发《关于创建文明农场的实施办法》文件，提出创建文明农场、文明单位的目标。1985 年 1 月，农场党委制定了《关于创建文明单位实施办法（试行）》。通过几年的努力，农场在获得玉门市、酒泉市文明单位的同时，于 1994 年被评为"甘肃省文明单位"。

1997 年，农场制定下发了《饮马实业公司加强社会主义精神文明就是五年规划（1996—2000）》。总体目标是在全体职工中牢固树立建设有中国特色社会主义的共同理想，牢固树立坚持党的领导的基本路线不动摇的坚定信念，实现以道德修养、科学教育水平、民主法治观念为主要内容的干部职工素质的显著提高，以积极健康、丰富多彩、服务人民为主要需求的文化生活质量的提高，以社会风气、公共秩序为主要标志的文明程度的显著提高，形成精神文明和物质文明协调发展、共同进步的良好局面。具体目标是在五年内争创全国文明单位。当年 3 月，在农场召开的思想政治工作会议上，表彰了首批 3 个文明单位。

## 二、创建文明家庭

1985 年 5 月，农场制定了《创建文明家庭考核办法》，该考核办法出台后，农场每年都对各单位推荐的文明家庭进行考核，并进行 30 户左右的文明家庭评选表彰活动，文明家庭的表彰在较大程度上促进了农场的文明单位建设。2014 年，分公司党委根据国家和企业发展实际，重新修订了相关评选内容，下发了《亚盛饮马分公司"十星级文明家庭"评选办法》，进一步明确了"十星级文明家庭"（热爱企业星、科技致富星、诚实守信星、遵纪守法星、家庭和睦星、邻里和谐星、重教育才星、安全防护星、卫生清洁星、保护生态星）评选标准，并将"十星级文明家庭"评比纳入各单位党建工作目标管理责任书进行考核。2019 年，分公司党委又根据企业发展需要，对"十星级文明家庭评选办法"进行了修订。同时，分公司党委每年在各单位评选出 10 户文明家庭进行表彰。"十星级文明家庭"活动的持续开展，较好地实现了以家庭文明促进企业文明的进程。

# 第三节　精神文明教育工作

## 一、开展"三爱""三德"和"社会主义核心价值观"教育活动

2006 年，饮马实业公司党委根据上级要求下发了《饮马实业公司关于开展爱祖国、爱党、爱社会主义"三爱"活动的通知》。该活动以马列主义、毛泽东思想、邓小平理论、"三个代表"重要思想、科学发展观为指导，以提高干部职工队伍的文明程度和思想道德素质为目的。活动的开展使广大干部职工树立了正确的人生观、世界观、价值观，促进企业稳步发展。2010 年，农场党委根据农垦集团公司党委和亚盛股份公司党委的安排，以职业道德、社会公德、家庭美德建设为基本内容，开展了社会公德、职业道德、家庭美德建设活动。通过富有成效的教育和实践，引导广大干部职工强化道德意识，提高道德修养，提升道德品质，自觉践行道德规范，促进干部职工全面发展，为企业又好有快发展提供强大的精神动力、思想保证、道德情操和人文环境。2017 年，饮马分公司党委根据亚盛股份公司党委要求开展了社会主义核心价值观教育活动，制定了《亚盛饮马分公司社会主义核心价值观教育活动实施方案》。活动以马列主义、毛泽东思想、邓小平理论、"三个代表"重要思想、科学发展观为指导，深入学习贯彻党的十九大精神和习近平总书记重要讲话精神，紧紧围绕实现中华民族伟大复兴中国梦这一目标，紧紧围绕坚持和

发展中国特色社会主义这一主题，广泛开展主题教育活动，弘扬、践行社会主义核心价值观。

农场青年开展学雷锋活动

农场组织开展知识竞赛

## 二、法制教育活动

从 1986 年我国开始实施普法教育的第一个五年规划至 2020 年"七五"普法结束，历经了 34 年。其间，农场（分公司）每一届领导班子都高度重视普法教育工作，并根据玉门市政府普法工作整体安排，扎实开展普法宣传教育。从"一五"普法至"七五"普法，农场（分公司）主要做了以下几方面的工作：一是开展法律知识学习。农场（分公司）管理干部根据普法要求带头学习，各单位也定期组织职工学习法律知识，通过学习提升法律知识水平。农场先后组织学习了《中华人民共和国宪法》《中华人民共和国土地法》《中华人民共和国水法》《中华人民共和国治安管理处罚条例》《中华人民共和国劳动法》《中华人民共和国安全生产法》《中华人民共和国道路交通安全法》《中华人民共和国禁毒法》《全民所有制企业职工代表大会条例》《中华人民共和国民法典》等法律法规。二是加强法律宣传。农场（分公司）充分利用电子屏、横幅、黑板报、小音箱等宣传载体进行法律知识宣传。同时，在每年土地日、地球日、禁毒日、法制宣传日和安全生产月等重要时间节点广泛开展活动，进行相关法律法律的宣传教育，营造了良好的学法氛围。据统计，法制宣传活动中累计出动各类宣传车 68 台（次），张贴标语 2 万多张，制作横幅标语 778 幅、饮马简报 26 期、黑板报 1100 期，购买法律法规书籍 4000 多套。三是举办知识竞赛。共举办各类法律知识竞赛 16 次，有各级管理干部 468 人参加。四是开展法律知识考试。在普法期间，共组织副队级以上管理干部 568 人参加了《中华人民共和国宪法》《中华人民共和国经济法》《中华人民共和国会计法》《中华人民共和国合同法》等法律知识考试，平均合格率达到了 96.40%。

普法教育使农场（分公司）干部职工充分地认识到，随着社会主义市场经济的不断完善和发展，必须依法经营企业，只有强化内部管理，依法保护企业职工的合法权益，才能构建企业和谐稳定的社会环境，才能使企业发展立于不败之地。通过普法教育，广大干部职工的法律意识显著增强，遵纪守法、依法维护自身合法权益和依法办事的意识不断提高。普法教育的基本经验有：①领导重视，各单位和部门齐抓共管，为农场（分公司）普法教育工作提供了强有力的组织保证。②制度健全，明确任务。农场（分公司）普法办根据玉门市委、市政府的相关要求，制定了法制宣传教育工作规划，确保普法教育工作任务的全面落实。③坚持学用结合的学习方法，按照玉门市依法治市的要求，农场（分公司）的普法宣传也围绕依法治场（司）目标，坚持学用结合、学以致用、普治结合的原则，使各级管理干部和职工学法用法的意识不断提高，依法行政水平也得到了提升。

## 第四节　倡导文明新风

### 一、崇尚科学

2002 年，党中央提出了关于严密防范和打击邪教活动的重要部署。2002 年 6 月 15 日，饮马实业公司根据甘肃省农垦集团公司安排要求，召开了全体管理干部、职工代表大会。大会号召全体干部职工崇尚科学，认清邪教组织的邪恶本质，反对邪教。要求全体干部职工讲正气、讲科学，树立正确的人生观、价值观、事业观。个别基层单位根据公司的安排也相继召开了职工大会进行宣传，在全场范围内营造了崇尚科学、反对邪教的浓厚范围。

### 二、厉行节约

农场自建场开始就提倡"节约粮食，浪费可耻"，在接待用餐方面有严格的规章制度，使农场（分公司）"厉行节约，反对浪费"光荣传统得到了延续和弘扬。2020 年，为认真贯彻落实习近平总书记提出的"坚决制止餐饮浪费行为，在全社会营造浪费可耻，节约光荣"重要指示精神，分公司党委转发了上级文件内容，同时在食堂张贴"节约光荣，浪费可耻""节约粮食，光盘行动"的警示牌，开辟了制止餐饮浪费的宣传栏，举办了"制止餐饮浪费，实行光盘行动"演讲比赛等。

### 三、尊老爱幼

尊老爱幼是中华民族的传统美德，在农场（分公司）近 70 年的发展历程中，始终保持和发扬这一美德。农场（分公司）会在节假日、职工生病住院、职工生活困难期、女职工生育期对职工进行慰问、看望、帮扶。据不完全统计，2009—2013 年，农场在春节期间对全场 80 岁以上的老人进行了慰问。2000—2020 年，农场（分公司）在职工慰问方面的开支达 100 多万元。分公司工会自 2014 年成立以来，每年会对困难职工、困难党员等进行看望慰问，年赠送价值 3 万多元的米、面、油等生活物质，解决困难职工的实际困难。

# 第四章　生态文明建设

生态文明是以人与自然、人与人、人与社会和谐共生、良性循环、全面发展、持续繁荣为基本宗旨的社会形态。1992年，我国生态文明建设进入可持续发展阶段。从环境保护到可持续发展，党和国家对生态文明的认识与建设实践有了重要推进。2000年11月，国务院印发了《全国生态环境保护纲要》，2002年，我国生态文明建设进入科学发展阶段。党的十六届三中全会提出，要坚持以人为本，树立全面、协调、可持续的发展观，促进经济社会和人的全面发展。

## 第一节　生态环境保护与修复

### 一、生态环境保护

甘肃省深居大陆腹地，东部受季风影响，西部受西方气流控制，气候条件复杂。省内有亚热带季风区、温带及温带干旱区，还有高寒山地垂直气候带，西部基本不受影响，为西风季流控制。农场地处甘肃省河西走廊西部，气候环境恶劣，农业生产条件较差。几十年来，农场（分公司）各届领导都十分重视生态环境保护，下发了《饮马农场（分公司）严禁开荒的通知》《关于严禁乱砍乱伐林木、破坏生态环境的通知》，转发了《酒泉市玉门市政府关于严禁打井开采地下水的通知》等文件，出台了《饮马农场（分公司）关于做好生态环境保护管理办法》等制度来保护生态、保护环境，促进农业发展。

### 二、生态环境修复

园林建设是生态环境修复的措施之一，农场（分公司）在基本建设投资中单独立项，占基本建设投资的2％左右。投资包括农田防护林、防沙林、场界林、防蚀林、渠道养护林和四旁植树的造林费；经济林的建园费、苗圃育苗费和幼林抚育费等。据统计资料，1956—1995年，园林建设累计投资311.41万元，占同期基本建设总投资的2.03％。

1996 年，农场启动"绿色长廊工程"和"2.5 万亩防风治沙造林综合治理开发项目"，建设内容包括防风固沙林网、周边防护林和果园建设，总投资 655.5 万元。该项目从 1997 年开始实施，至 2000 年，建设防护固沙林 1500 亩，投资 220.75 万元；经济林木 1000 亩，投资 185 万元；培育苗圃 200 亩，投资 58 万元。

2003 年，农场退耕还林面积 3000 亩，其中退耕还林 1000 亩，荒地造林 2000 亩，种植了红柳、沙枣、新疆杨树等树种。

2004—2008 年，实施了"饮马农场日元贷款风沙治理项目"，实际完成项目总投资 2200.3 万元，营造公益林 377.7 公顷、经济草林 470 公顷、沙（滩）育林（草）816.4 公顷、渠道工程 26.23 公里、道路工程 10.6 公里。

2009—2017 年，农场（分公司）每年自筹资金在场部及各农业队种植林木 428 亩。

2018 年，实施了新一轮退耕还林项目，项目总投资 4056.18 万元，种植林带 2.56 万亩，种植树种为沙枣、杨树、圆冠榆等。

2018 年以来，饮马分公司深入贯彻落实党的十九大和习近平总书记视察甘肃重要讲话精神，并根据《甘肃省农垦集团公司场容场貌三年（2019—2021 年）整治行动方案的通知》要求，把环境整治工作作为重大政治任务来抓。本着以人为本，建设干净、整洁、宜居农场和造福职工群众的宗旨，因地制宜，统筹规划，着力推进人居及环境整治工作，相继制定了《亚盛饮马分公司环境整治三年（2018—2020 年）实施方案》《亚盛饮马分公司场容场貌三年（2019—2021 年）整治行动方案》。通过拆除危旧房屋和农机库房、清除垃圾、购进机械捡拾残膜、生产队营区美化绿化、场区修建公园、修建公厕（路桥）等措施，极大保护和改善了人居环境，提升了职工群众的幸福指数。据统计，截至 2020 年 5 月，饮马分公司累计投入环境整治资金 2340 多万元，其中企业投资 1170 多万元，职工自筹资金 700 万元，争取地方政府资金 470 多万元。

## 第二节　节能减排与资源循环利用

### 一、节能减排

我国经济持续快速增长，各项建设取得了巨大成就，但也付出了巨大的资源和环境代价。经济发展与资源环境的矛盾日趋尖锐，群众对环境污染问题反映强烈。

饮马农场（分公司）的节能减排工作，在工业上主要聚焦的是 1988 年 4 月 9 日在玉门镇（现玉门市）官庄子建成投产的国营饮马农场水泥厂和 2005 年 10 月 18 日在玉门市玉门东镇建成的甘肃西部西部水泥有限责任公司。根据国家环保要求，这两家水泥厂通过实施技术改造、优化工艺、提高工业废渣掺加量、合理原材料配比、调整产品结构、内部市场化管理和物资调配、对标管理、技能竞赛、完善绩效考核等措施，达到了环保要求，实现了提质增效和企业增效、职工增收的目标。在农业上的节能减排工作主要是通过开展秸秆还田、废旧地膜捡拾等措施来实现。

## 二、资源循环利用

节约资源、提高经济效益、实现资源优化配置和可持续发展都具有重要意义。资源的循环综合利用是经济和环境协调发展的基础，是降低物质消耗、提高经济效益的有效手段，是关系可持续发展的大事。农场主要通过发展草业和畜牧业实现资源循环利用，推动农业可持续发展。截至 2020 年，分公司（农场）种植苜蓿草 25000 多亩、青贮苜蓿 3200 多亩，存栏羊 15000 多只，2015 年新建万头肉牛养殖场一家。农场利用得天独厚的自然资源发展牧草生产，为畜牧业发展提供充足的优质草原，畜牧业生产又为农业生产提供有机肥近 2 万立方米。农场要求每亩地施用 3 立方米牛羊粪或增施其他颗粒有机肥，不断提高土壤有机质含量，从而提高土地产出率和农产品的质量，实现资源循环利用。

# 第五章 群众工作

## 第一节 青少年组织

### 一、共产主义青年团

**1. 团组织** 1964年，一批一批的城市知识青年和复转军人陆续来饮马农场参加生产建设，其中有不少青年都是共青团员，鉴于此，经农建十一师党委批准，成立共青团农业二团基层工作委员会，任命赵福昌为团委书记、王永清为副书记，在各建制连队均建立团支部。截至1964年10月底，青年总人数2646人，其中团员653人，后发展新团员123人，下设17个团支部。

1965年12月5日，共青团第二团第一次代表大会召开。赵福昌代表团委做工作报告，选举赵福昌、王永清、王敏、淳芝昆、裴景胜、傅永甫、宋洪祥、张万银组成共青团第二团第一届工作委员会，赵福昌任书记，王永清任副书记。时有青年2178名、团员562名，当年发展新团员106名。

1972年，经过整团建团，恢复团组织活动。7月，共青团第三团基层工作委员会成立，经民主协商，由王永惠、马骥智、孙焕玲（女）、韩守瑾、王永和、郭述卿、李进波、杨木兰（女）、尉迟桂（女）组成新的团委，王永惠任书记。

1973年5月2日，第四团召开第一次团代会。出席会议的有正式代表84名，其中女代表36名，占代表总数的42.86%。政治处主任曹怀治代表党委做工作报告，五个连队代表在支部介绍整团建团经验。会议选举安海燕（女）、王建一、刘辉、张巧莉（女）、李祥敏（女）、杨献民、郭志海、邹泽民、梁福民、郑奉琪（女）、董兴胜、席玉芳（女）、李文昌、杨梓毅为共青团第四团第一届委员会委员，安海燕任团委书记。

1975年7月24日，共青团饮马农场第一次代表大会召开。出席会议的有团员代表106名，列席会议青年代表24名，"红卫兵"代表6名。徐良代表农场党委做工作报告，会议表彰了3个先进集体和34名优秀团员。经民主协商，选举安海燕（女）、刘长福、张桂芝（女）、王建一、何淑香（女）、王留柱、周建国、张勇、张军萍（女）、涂胜荣、郭

— 473 —

志海、刘西艳（女）、李冬梅（女）、丛培欣、孙爱华（女）为第一届团委会委员，安海燕任书记，刘长福、张桂芝任副书记。

1978年5月，共青团饮马农场第二次代表大会召开，选举张桂芝（女）、张兴华、张学年、赵维杰、刘西艳（女）、张金凤（女）、张勇、张明杰、高俊琴（女）、祁田山、乔建勇、孙爱华（女）、程桂后、朱宝宝（女）、赵士轩为第二届团委委员，张桂芝任书记，张兴华、张学年任副书记。

1982年5月，共青团饮马农场第三次代表大会召开，选举陆媛（女）、雷开玲（女）、唐克、綦亚丽（女）、曹霞（女）、王爱东、黄艳丽（女）为第三届团委委员，陆媛任书记，雷开玲任副书记。

1985年5月，共青团饮马农场第四次代表大会召开，选举马秀敏（女）、张魁、曹霞（女）、唐克、陈明星、王志刚、黄艳丽（女）为第四届团委委员，马秀敏任书记，张魁、曹霞任副书记。

1988年5月，共青团饮马农场第五次代表大会召开，选举王弘（女）、常通、苏梅（女）、李玉红（女）、傅鹏为第五届团委委员，王弘任书记，常通任兼职副书记。

1990年5月，共青团饮马农场第六次代表大会召开，选举田明霞（女）、郝俊哲、常通、井红（女）、孔玲玲（女）、张永红、王伟平、张光明为第六届团委委员，田明霞任书记。

1991年4月，团委改选，团委委员包括郑中玉（女）、张光明、张魁、李清英（女）、曹仲良、徐春明、王伟平，郑中玉任书记，张光明任副书记。

1993年5月，共青团饮马农场第七次代表大会召开，选举郑中玉（女）、张天云、杨华（女）、王海霞（女）、师海满为第七届团委委员，郑中玉任书记，张天云、杨华任副书记。

1996年5月，共青团饮马农场第八次代表大会召开，选举郑中玉（女）、冯国荣、史建锋为第八届团委委员，郑中玉任书记，冯国荣任副书记。

2005—2016年，因职工人员老化、农场未招聘职工等原因，分公司（农场）青年团员人数较少，团组织活动开展较少。2017年8月9日，农场党委批复了《共青团国有饮马农场一届一次委员会选举情况的报告》，团委大会选举产生了由马佶、王璐、刘婉君、张文丽、党永旭组成的共青团甘肃省国有饮马农场一届一次委员会。委员会会议选举王璐同志任书记，刘婉君同志任副书记。因团委委员工作调动的原因，2019年1月25日召开了团员大会，选举刘婉君、张静、刘锐为团委委员，刘婉君为团支部书记。

截至2020年年底，公司（农场）共有团员13人，35岁以下青年36人。

2. **团的工作**　各级团组织通过评选先进集体和优秀团员青年、推荐优秀青年入党、读书讲演、知识竞赛等活动，寓教于活动之中，将理想纪律教育、形势政策教育、共产主义教育开展得生动活泼、富有成效。

带领青年为建设农场、发展农垦经济贡献力量。根据农场自然条件差、经济基础薄弱、文化技术落后、生活条件艰苦等垦情，各级团组织的重点工作是振兴农垦经济，带领青年干有影响、有实效、有特色的实事，直接为改变农场面貌贡献力量。

加强团的自身建设。抓基层、抓典型、抓落实，注意调动各级团组织和广大团员青年的积极性、主动性和创造性，努力发挥团组织的整体力量。

以团带队，活跃少先队工作。少先队组织以"树理想、学创造、小助手"为目标，开展"我们是建设农场的小参谋、小助手""争创十佳少年"等主题教育活动，使少先队工作与创造教育相结合，与建设农场、开发西部相结合，为农垦跨世纪工程培养了大批合格人才。

3. **团的活动**　1963年3月，毛主席发出"向雷锋同志学习"的号召，团总支先后召开4次学习雷锋动员会，助人为乐、无私奉献的好人好事层出不穷，当年收到表扬稿件132份。团委组织的学习雷锋活动持续至今。

1964—1968年，农场团组织在安置城市知识青年、教育职工安心河西军垦建设、组织千亩农田大会战和防洪救灾等方面做了许多有益的工作。团干部吴文明于1965年出席甘肃省"五好"职工代表大会。

在1969年开展的"双学"活动中，农场团组织带领全场团员青年在实施"屯垦戍边"中发挥了青年突击队的作用，六连十二班被师军管会授予"双学"先进集体。

1977年开展"学雷锋、树新风、促生产"活动，各团支部都成立了"学雷锋"小组。

1979年，围绕党在新时期的中心工作，共青团甘肃省委开展争当"新长征突击手"活动，农场2个集体、12名团员青年被酒泉农垦分局团委授予"新长征青年突击队"和"新长征突击手"称号。

1981年2月，将"五讲四美"活动作为长期开展的工作之一，对团员青年进行了前途、信念、理想教育，开展先进团组织、优秀团员和"五好"青年评比活动。

1983年，响应党中央"种草种树，治穷致富"的号召，发动团员青年采集各种树籽407公斤，超额完成任务。当年，建立支部"三会一课"（按时开好团员大会、支委和团小组会，坚持上好团课）和"六本两册"（支部必须建立会议记录、活动登记、争优创先、青年考察、上级来文和经费收支6本，支部必须建立团员和青年基本情况2册）制度。

1988 年，把转变团的活动形式作为组织建设的重要内容，推行了团的工作目标管理责任制。采取分层次定目标、逐级考核评比的办法，改进了工作方法，引进了竞争机制，活跃了团的工作，形成了系统管理的强大合力，团的工作进入高效、有序、规范、系统的科学管理轨道。1989 年 12 月酒泉垦区评比验收，农场团委综合考核为 85.5 分，名列酒泉垦区第 2 名，被共青团酒泉地委、酒泉农垦公司团委评为"优秀团组织"。

1988—1993 年，团委提倡"移风易俗，婚事新办"，先后举办集体婚礼 6 次，有 74 对新婚青年参加，对农场社会风气的好转起到了积极作用。

1990 年，农场团委制定了 5 年规划。1991 年，由四队团支部发起，先后成立四队、十三队、机关等 5 支青年突击队，组成人员共 152 名，成为农场抢险救灾、发展经济的生力军。1994 年，农场团委被酒泉农垦公司团委授予"合格达标团委"。

1995—1998 年，团的活动紧紧围绕党委中心工作，全力实施"跨世纪青年文明工程"和"跨世纪青年人才工程"，努力建设青年服务体系，巩固、调整、发展团的基层组织，打造广泛联系青年的平台。农场团组织围绕经济建设，按照"科技兴农"的思路，本着"实际、实效、实用"的原则，多渠道、多形式、多层次地举办各类实用技术培训班，组织引导青年学习农业技术，提高种植技能。抓好青年科技示范户，做到有示范项目、有示范效果、有辐射作用。工业企业则继续深化"创业工程"，以促进经济效益的提高和青工成才为重点，深化"青年岗位能手"活动，开展应知应会、岗位练兵、技术比武等竞赛。

1999—2005 年，团委根据实施"跨世纪青年文明工程"和"跨世纪青年人才工程"的实践，结合农场实际，将其细化为"6334"工程，即坚持"六个教育"（深入开展理想信念教育、爱国主义教育、青少年的社会公德和道德养成教育、科技教育、法制教育、艰苦奋斗教育），抓好"三项竞争"（争当岗位能手、"十星"青年文明户和"十佳"文明少年竞赛），建好"三块阵地"（活动阵地、教育阵地和宣传阵地），突出"四项活动"（广泛开展生动活泼、健康向上的文体娱乐活动，深入开展青年志愿者、"手拉手"和希望工程资助活动）2005 年之后的 10 多年时间，因各种原因，团的活动开展较少。

2017 年以来，农场（公司）团支部在党委的领导下，充分结合农场（公司）实际，按时召开团员大会。在党委的领导和支持下，经常性组织开展演讲、上团课、集体劳动、志愿服务等活动。团支部还定期组织团员进行网络集中学习，利用网络平台拍摄快闪视频，建立"智慧团建"平台，较好地丰富了支部活动，培养了团员青年，为企业培养了青年人才。

农场团的队伍与组织机构情况见表 9-5-1。

表 9-5-1　农场团的队伍与组织机构情况

| 年份 | 团（工）委 | 团总支 | 团支部 | 青年 | 团员 总数 | 团员 女 | 发展新团员 |
|---|---|---|---|---|---|---|---|
| 1958 | | | 1 | | 49 | 13 | |
| 1959 | | | 1 | | 48 | | 3 |
| 1960 | | | 3 | | 69 | | |
| 1961 | | | 4 | | 62 | | |
| 1962 | | 1 | 4 | 183 | 56 | | |
| 1963 | | 1 | 4 | 172 | 20 | | |
| 1964 | 1 | | 12 | 2646 | 653 | | 123 |
| 1965 | 1 | | 12 | 2178 | 562 | 235 | 106 |
| 1966 | 1 | | 12 | | 343 | | 151 |
| 1972 | 1 | | 18 | 559 | 740 | 369 | 138 |
| 1973 | 1 | | 17 | 1153 | 657 | 325 | 19 |
| 1974 | 1 | | 17 | 833 | 605 | 277 | 109 |
| 1975 | 1 | | 30 | 506 | 689 | 329 | 39 |
| 1976 | 1 | | 30 | 448 | 530 | 257 | 42 |
| 1977 | 1 | | 30 | 391 | 436 | 211 | 43 |
| 1978 | 1 | | 28 | 687 | 380 | 196 | 33 |
| 1979 | 1 | | 31 | 997 | 359 | 180 | 49 |
| 1980 | 1 | | 27 | 369 | 340 | 181 | 21 |
| 1981 | 1 | | | | | | |
| 1982 | 1 | | 25 | | | | |
| 1983 | 1 | | 25 | 507 | 301 | 108 | 23 |
| 1984 | 1 | | 24 | 512 | 297 | 178 | 21 |
| 1985 | 1 | | 26 | 476 | 293 | 161 | 31 |
| 1986 | 1 | 1 | 21 | 687 | 281 | 140 | 53 |
| 1987 | 1 | 1 | 21 | 678 | 266 | 159 | 59 |
| 1988 | 1 | 2 | 21 | 439 | 254 | 130 | 74 |
| 1989 | 1 | 2 | 21 | | 208 | | |
| 1990 | 1 | 2 | 21 | 543 | 325 | 207 | |
| 1991 | 1 | 2 | 21 | 1233 | 350 | 224 | 31 |
| 1992 | 1 | 2 | 21 | 1152 | 305 | 197 | 27 |
| 1993 | 1 | 2 | 21 | 989 | 390 | 210 | 29 |
| 1994 | 1 | 1 | 21 | 1104 | 280 | 135 | 30 |
| 1995 | 1 | 1 | 21 | 1053 | 203 | 105 | 19 |
| 1996 | 1 | 1 | 18 | 1041 | 180 | 96 | 32 |
| 1997 | 1 | 1 | 15 | 1038 | 132 | 63 | 35 |
| 1998 | 1 | 1 | 10 | 1020 | 105 | 56 | 24 |
| 1999 | 1 | 1 | 10 | 1023 | 71 | 35 | 30 |
| 2000 | 1 | 1 | 6 | 1001 | 62 | 30 | 25 |

（续）

| 年份 | 团（工）委 | 团总支 | 团支部 | 青年 | 团员 | | 发展新团员 |
| | | | | | 总数 | 女 | |
|---|---|---|---|---|---|---|---|
| 2001 | 1 | 1 | 6 | 989 | 65 | 33 | 27 |
| 2002 | 1 | 1 | 6 | 982 | 60 | 29 | 30 |
| 2003 | 1 | 1 | 6 | 979 | 52 | 34 | 29 |
| 2004 | 1 | 1 | 6 | 976 | 48 | 23 | 37 |
| 2005 | 1 | 1 | 6 | 906 | 51 | 24 | 3 |
| 2019 | | | 1 | 36 | 13 | 5 | |
| 2020 | | | | 43 | 12 | 5 | |

注：此表不含饮马（劳改）农场团的队伍与组织机构。

## 二、中国少年先锋队

农场建立少先队组织与建立职工子弟学校同步。1965年有大队2个、中队7个、小队20个，第二团有少先队员148名。

在各个时期，共青团组织领导少先队，以共产主义教育为核心，开展了丰富多彩的活动。少先队工作认真贯彻《关于改革和加强中小学德育工作》《中国少年先锋队教育纲要》和《五星队员达标制》，根据少年儿童的年龄和生理特征，丰富校园文化生活，优化学生成长环境，寓德育于各种丰富多彩、生动形象的文化娱乐、体育及系列主题教育和社会实践活动中，为学生德智体美劳全面发展创造良好的成长环境，培养有文化、有理想、有道德、有礼貌的共产主义接班人。

20世纪60年代，少先队重点开展学雷锋、学刘文学活动，引导少年儿童"好好学习，天天向上"，广泛开展了爱党、爱祖国、爱人民、爱劳动、爱科学教育。80年代，广泛开展了学雷锋、学赖宁、学老山前线英雄和尊师爱校教育，提高少年儿童的自尊心和自信心，让他们树立好好学习、报效祖国的远大理想。为支援贫困地区失学儿童重返校园，多次开展"献出一份爱心，救助失学儿童"活动。

1993年以后，少先队根据中国少年先锋队全国工作委员会《跨世纪中国少年雏鹰行动——生存、发展行动计划》的精神，开展了培养自理、提高自学、锻炼自律、增强自护、树立自强意识的"五自"能力锻炼，以提高少年儿童全面素质。每年节庆假日，学校少年儿童都会编排专题文艺节目。

2006年学校移交地方政府后，农场（公司）不再对少先队组织进行管理。但每年的"六一"儿童节，农场（公司）领导都会参加学校"六一"儿童节的节目演出活动，同时，农场（公司）党委还会对贫困儿童进行慰问。2015 年 6 月，农场（公司）党委给饮马小学捐赠各类图书 400 多册。

# 第二节 妇女组织

## 一、组织状况

1964 年实行军垦，妇女工作由政治处负责，配有专职妇女干事。1976 年 3 月，饮马农场第一次妇女代表大会召开，出席大会的有正式代表 205 人。大会主要议程有：①传达有关会议精神，学习重要文件；②审议通过张巧莉代表妇联所做的《以阶级斗争为纲，挑起巩固无产阶级专政的重任》的妇联工作报告；③表彰先进妇女；④选举妇代会主任、副主任；⑤向全体女职工发出《倡议书》；⑥其他事项。酒泉地区妇联王晓艾到表示祝贺。大会选举张巧莉为妇代会主任，赵志耕、陆媛为副主任；选举赵志耕、杨桂花、李洪艳出席酒泉地区妇代会代表。

1983 年 3 月，饮马农场第二次妇女代表大会召开，出席会议的正式代表共 151 人。此后，没有再召开妇女代表大会。

## 二、工作任务

在党委领导下，妇联认真贯彻落实党的路线、方针、政策和中央书记处制定的妇联工作任务，为完成党的总任务进行了不懈努力。

1. **提高妇女素质，坚持两个文明一起抓**　为解决农场妇女文化低的问题，妇联积极配合有关部门，通过各种渠道，采用多种形式，为妇女提供学习机会。据不完全统计，1985—1995 年，举办各种技术培训班 46 期，参加培训的妇女有 17000 余人（次）。妇联还配合有关部门，为妇女治穷致富、发展生产铺路搭桥，提供信息，帮助妇女解决生产中遇到的各种困难和问题，总结推广女能人的先进经验。1979 年以来，广泛开展了"三八"红旗手（集体）和"五好"家庭（后改为"十星级文明家庭"）评选活动，到 2004 年，共表彰"三八"红旗手和"三八"红旗集体 798 名（个），"五好"家庭 646 个（次），占农场总户数的 58.72％。这些活动对于培养有理想、有道德、有文化、有纪律、懂科学的一代新型妇女起到了积极的推广作用。

2. **将抚育、培养、教育少年儿童健康成长作为重要的工作来抓**　随着女职工的增多和事业的扩大，为减轻妇女负担和促进妇幼的健康，各单位纷纷办起临时性托儿所。1987年，农场小学增设学前班，接受 6 岁儿童入学，进行正规学前教育。1990 年增设幼儿班，接受 4～5 岁幼儿，学校修有公寓楼 1 座，边远生产队入学儿童均可住宿，配备有专职生活教师，周末有学校专用大轿车负责接送学生。

与此同时，科学育儿工作也取得新的进展。场职工医院设有婚育学校，准父母均可参加婚育培训，此外，还建有优生优育咨询门诊、儿童保健门诊。生产队配备有卫生员，定期入户对育龄妇女进行科学育儿指导。

3. **坚决维护妇女儿童合法权益**　多年来，妇女组织配合各级司法部门调查、调解处理各种侵犯妇女儿童权益的案件 467 件，受理人民来信来访 1437 件，结案率 92.7%。

4. **妇女获得了法律赋予的民主权利，政治地位显著提高**　在农场当选的县以上人民代表、党代表中，妇女代表不少于 25%，在职代会管委会组成人员中占 18%。

建场以来，有担任副场级的女领导干部 7 人，副科级以上女干部 74 人，在管理、技术岗位上的女干部 463 人，其中财会、教育、卫生部门的女性占总人数的 46.3%。

5. **积极参加"四化"建设，妇女的作用日益显著**　自 1964 年农场组建女子"三八"机车组开始，农、林、牧、副、工、商、建、运等行业均有妇女的身影，充分发挥了"半边天"的作用。据统计，妇女创造的劳动价值一般占家庭收入的 45%。


## 三、巾帼风采

军垦时期，第二团"三八"女子机车组建立，在高级工程师徐香玲（女，兼第一任车长）的带领下，刻苦学习技术，创造了耗油量最低、出车日最多、完成定额和作业质量最好的成绩，1965 年 10 月被农建十一师授予"先进机车组"称号。在"大打农业翻身仗"的活动中，六连十二班 12 名天津女知青创人均日挖排碱渠 26.3 立方米，九连八班 12 名女知青创人均日运土 17.5 立方米，四连十班 14 名女知青创人均托土坯 750 块的最好成绩，被誉为"铁姑娘"先进集体。在 1969 年的"四〇四"国防施工中，甘一平、孙焕玲、张铸芬、韩素芬等被兰州军区生产建设兵团荣记三等功。

在 1975 年冬季的条田改造、平田整地中，三队八班妇女创人均日运土 19 立方米的最好成绩。期内，157 名妇女被评为"先进生产（工作）者"，占全场先进生产（工作）者总数的 33%，16 个妇女班组被评为"先进集体"，占先进集体总数的 26.4%，21 名妇女进入场队级领导班子。

党的十一届三中全会以后，面对农场工作的战略性转移，女职工在各个行业、各条战线上都发挥了模范带头作用，涌现出许多先进工作者、先进生产者、优秀共产党员、科技致富能手和优秀卫生、教育工作者。其中，十二队托儿所于1981年被甘肃省妇联授予"先进托儿所"称号；职工医院院长张桂琴于1983年被甘肃省政府授予"甘肃省卫生战线先进工作者"称号，1986年被卫生部授予"全国卫生文明先进工作者"；中学教师李喆于1986年被甘肃省农垦总公司授予"先进教师"称号；2009年9月，女职工乔传芝被评为"感动饮马人物"。女职工还在开展"五好"家庭（后改为"十星"级文明户）、尊老爱幼、邻里和睦、勤俭持家、计划生育、遵纪守法等方面发挥了积极的促进作用。

## 第三节　各专门委员会

### 一、历届计划生育委员会（领导小组）组成人员名录

1975—1982年，计划生育领导小组组长徐良（任期1975—1978年）、韩正芳（任期1979—1980年）、李发科（任期1981—1982年），副组长蔡发文（任期1975—1978年）。

陈秀琴（女）（任期1975—1978年）、康发尧（任期1979—1982年）任计划生育办公室主任。

1983—1990年，计划生育委员会主任陶宝礼（任期1983—1986年）、傅江海（任期1987—1990年），副主任赵灿（任期1983—1986年）。

1991—1995年，计划生育委员会主任傅江海（任期1991—1995年），副主任孔凡本。

1996—2000年，计划生育委员会主任傅江海（任期1996—2000年），副主任黄建明。

2001—2005年，计划生育委员会主任田心灵，副主任杨艳梅。

2006—2012年，计划生育委员会主任黄建明，副主任李兆强。

2013—2015年，计划生育委员会主任张向荣，副主任许述望。

2016—2018年，计划生育委员会主任常玉泉，副主任廖伟祥。

2019年年底，计划生育移交地方后，不再成立计划生育委员会。

### 二、历届安全生产委员会组成人员名录

第一届安全生产委员会（1977—1978年）主任邓炳才。

第二届安全生产委员会（1979—1981年）主任张巧莉（女）。

第三届安全生产委员会（1982—1983年）主任严亚雄，副主任安海燕（女）。

第四届安全生产委员会（1984—1986年）主任李家茂，副主任郑传明。

第五届安全生产委员会（1987—1990年）主任陈宜福，副主任郑传明，魏兴坤为专干。

第六届安全生产委员会（1991—1995年）主任周全礼，副主任何庆祥、傅作琪、郑传明。

第七届安全生产委员会（1996—1997年）主任黄建明，副主任何庆祥、张德林。

第八届安全生产委员会（1998—2000年）主任傅江海，副主任黄建明、苏聚明。

第九届安全生产委员会（2001—2005年）主任田心灵，副主任黄建明、苏聚明。

第十届安全生产委员会（2005—2010年）主任张海，副主任刘风伟、黄建明。

第十一届安全生产委员会（2011—2015年）主任刘风伟，副主任张向荣、薛军、廖伟祥。

第十二届安全生产委员会（2016—2019年）主任常玉泉，副主任薛军。

第十二届安全生产委员会（2019—2020年）主任常玉泉，副主任吕林。

### 三、历届人民调解委员会成员

第一届人民调解委员会（1983—1986年）主任曹怀治，副主任郑传明。

第二届人民调解委员会（1987—1989年）主任曹怀治，副主任王天礼、邓开庭。

第三届人民调解委员会（1990—1995年）主任周全礼，副主任王敏。

第四届人民调解委员会（1996—2000年）主任杨艳梅，副主任廖伟祥。

第五届人民调解委员会（2001—2005年）主任杨艳梅（女），副主任廖伟祥、李应耀。

第六届人民调解委员会（2006—2010年）主任刘风伟，副主任李兆强、李炳维。

第六届人民调解委员会（2011—2013年）主任李兆强，副主任王肃东、寇化雄。

第七届人民调解委员会（2014—2015年）主任刘风伟，副主任张向荣、廖伟祥。

第八届人民调解委员会（2016—2018年）主任廖伟祥，副主任寇化雄。

2019年1月，分公司的社会职能管理移交地方政府。

### 四、历届综治委领导成员

第一届综治委（1983—1986年）主任陶宝礼；第二届综治委（1987—1990年）主任

孔凡本；第三届综治委（1991—1995 年）主任曹怀治，副主任邓开庭、王敏、郑传明；第四届综治委（1996—2000 年）主任傅江海，副主任黄建明；第五届综治委（2001—2004 年）主任田心灵，副主任黄建明、赵勤壁、杨艳梅（女）；第六届综治委（2005—2009 年）主任张海，副主任李兆强；第七届综治委（2010—2012 年）主任黄建明，副主任李兆强、廖伟祥；第七届综治委（2013—2015 年）主任张向荣，副主任薛军；第八届综治委（2016—2020 年）主任常玉泉，副主任廖伟祥。

### 五、劳动鉴定委员会组成人员

1979 年，主任周满年；1981 年，主任綦跃林；1983 年，主任严亚雄；1984—1990 年，主任傅江海；1991—1995 年，主任傅江海。

1996 年，农场养老保险移交酒泉农垦公司后，劳动鉴定也一并移交，农场不再设置劳动鉴定组织。

## 第四节　市以上党代会代表、人民代表、政协委员和专业协会

### 一、党代会代表

1959 年 12 月，选举慕生儒、王林绪、王学敏、张寿年为中共玉门市第三届代表大会代表。

1964 年 1 月，选举慕生儒、李明庭（饮马农场）为中共玉门市第四届代表大会代表；5 月，选举王学敏、高成连（农业二团）为中共农建十一师第一届代表大会代表，王学敏被选为中共农建十一师委员会委员。

1991 年，选举傅江海为中共甘肃省第九届代表大会代表。

### 二、人大代表

1956 年 10 月，白秉璋、高玉顺当选玉门县第二届人民代表大会代表。

1959 年 9 月，慕生儒、史直华、张治国、王金荣当选玉门市第三届人民代表大会代表。

1961 年 6 月，高玉顺、周长德、张治国、王金荣当选玉门市第四届人民代表大会

代表。

1963年6月，王学敏、杨安全、高玉顺、李明庭当选玉门市第五届人民代表大会代表。

1966年1月，慕生儒、李明庭、翟金山、宋凤英（女）当选玉门市第六届人民代表大会代表。

1979年2月，周满年、张永恒、孔凡本、张志军、党志强、卢志衡、晋学峰、吴秀宝、高中山、傅振国、杨玉珍（女）、李桂敏（女）、姜占香（女）、王玉芹（女）、王淑英（女）、谷淑琪（女）、候彩华（女）当选玉门市第八届人民代表大会代表。

1980年12月，田心灵、安海燕（女）当选玉门市第九届人民代表。1983年4月，在玉门市第九届第三次人民代表大会上，田心灵被选为甘肃省第六届人民代表大会代表。

1984年1月，傅江海、安海燕（女）、张桂琴（女）当选玉门市第十届人民代表大会代表。

1987年2月，傅江海、白仁武当选玉门市第十一届人民代表大会代表。1989年12月，连选连任玉门市第十二届人民代表。傅江海被选为第十一届、第十二届玉门市人大常委会委员。

1992年12月，徐冬兰（女）当选玉门市第十三届人民代表大会代表。在玉门市第十三届第一次人民代表大会上，徐冬兰被选为甘肃省第八届人民代表。

1997年1月，傅江海、李斌（女）当选玉门市第十四届人民代表大会代表。

2002年11月，苏聚明、马兆玉当选玉门市第十五届人民代表大会代表。

2002年11月25日，田心灵当选酒泉市第一届人民代表大会代表。

2016年7月6日，刘风伟当选玉门市第十八届人民代表大会代表。


## 三、政协委员

1987年2月，彭述先当选政协玉门市第二届委员会委员；1991年，当选政协玉门市第三届委员会委员；1995年，当选政协玉门市第四届委员会委员、常委；1999年，当选政协玉门市第五届委员会委员、常委。

2002年11月，尹彩琴（女）当选政协玉门市第六届委员会委员。

## 四、各专业协会

1. **酒泉地区农学会**　农场为酒泉地区农学会第三届、四届、五届、六届成员单位，何庆祥为第六届农学会理事，苏聚明、郑凌世、王兴宏、赵富强为农学会会员。

2. **甘肃省水泥协会**　饮马水泥厂为甘肃省水泥协会成员单位。2002 年 11 月，田心灵当选甘肃省第四届水泥协会副会长。

3. **中国农垦经济研究会**　农场为中国农垦经济研究会成员单位。2004 年 11 月，黄建明当选中国农垦研究会第六届理事会理事。

中国农垦农场志

第十编

人物　荣誉

中国农垦农场志丛

在饮马农场 60 多年的建设发展中，一代又一代"饮马人"义无反顾、拼搏奉献，发扬自力更生、艰苦奋斗光荣传统，用青春、热血乃至生命谱写了震古烁今的时代壮丽凯歌。在这场改天换地的伟大生产斗争中，各历史时期都涌现出了一批又一批的好干部、群众的贴心人、生产建设的开拓者和事业的领路人，同时也不乏许许多多的先进生产者和劳动模范。正是他们无私奉献、坚韧不拔的吃苦精神，激励着千千万万的农垦建设者，他们意气风发、勇往直前，克服了前进中的重重困难，取得了生产斗争的伟大胜利。是的，他们是普通一兵，是平凡的人，但在不平凡的人生历练中，他们从大局着想，以人民的利益为重，有担当、有责任，更有一身正气，树立了不怕困难的决心和信心，做出了非凡的成就。从踏进农垦建设的那一刻，他们就把自己的一生交给了党、交给了人民，像一头老黄牛，默默耕耘在这片热土上……

# 第一章  人  物

## 第一节  人 物 传

### 一、臧光辉传

臧光辉，男，汉族，生于 1920 年 6 月，四川省雅安县人。1934 年，14 岁的他参加了中国工农红军，被编入红四方面军二十七团三营九连，经历了两万五千里长征。1935 年 9 月，红军到达甘肃武山后，他因病转到地方部队（红二团）休养，病愈后任战士、通讯员、副班长。1943—1944 年，在部队进行的大生产运动和军事训练中，他表现积极，不怕吃苦，勤学苦练，多次受到上级嘉奖，1944 年加入中国共产党，1945 年调入团警卫连任班长、副排长、团供给股军需员。解放战争时期，编入西北野战军三十一团后方留守处。1949 年年初任粮秣助理员、粮秣股长等职。

1949 年 10 月，他调离部队转入地方工作，先后任临泽县五区区长、县委组织部长、县委副书记等职。1955 年 7 月，进入甘肃省委党校学习。1958 年 10 月从省委党校毕业后，即参加农垦工作，先后任国营敦煌棉花农场场长、党总支书记，农建十一师第七团、第十一团团长、党委副书记，以及第一师后勤部副部长，后任酒泉地区农垦局副局长，党委委员。1969 年 10 月，出任第十一团团长、党委副书记。任职两个多月的时间，他跑遍了各个连队、各个条田和渠系。经过调查研究，提出了"拉沙压碱，清挖排渠，草田轮作，广辟肥源"等有力措施，促进了农业生产的发展。为使农场减少经济亏损，增加经济效益，提高办事效率，他提出压缩非生产人员，充实农业第一线，后得到落实，农场非生产人员从 20％压缩到了 12％以下。在生产建设中，他积极推行"四固定"（定劳力、定土地、定措施、定产量），一切为发展生产着想。

臧光辉同志对党忠诚，立场坚定，党性原则强。他严格执行党的路线和政策，坚持实事求是原则，团结广大干部职工，为大家树立了榜样。1981 年，臧光辉离职休养，享受正地级待遇，1992 年在酒泉病逝，享年 72 岁。为了纪念红四方面军在川陕苏区的丰功伟绩，缅怀在川陕苏区战斗过先烈之英名，1978 年，四川省人民政府建成"川陕苏区将帅碑林"，臧光辉名讳镌刻其上，以昭示子孙后代。

## 二、王光璠传

王光璠，男，汉族，生于 1920 年 5 月，四川省巴中县大和乡方坝林村人。1933 年 10 月在四川清江渡参加红军，先在苏维埃儿童团，后被编入红四方面军三十三军，曾参加广昭、陕南、强渡嘉陵江等战役，后随红军长征。红一、四方面军会师后，改编为红五军，在军后勤供给部任战士。1936 年 10 月底，他随红五军渡过黄河，参加了西路军攻打高台的战役。1937 年 1 月 12 日，红五军奉命坚守高台，同敌人展开血战，激战 7 天 7 夜，终因敌众我寡，弹尽粮绝，3000 多名红军指战员壮烈牺牲，剩余指战员被俘。王光璠被俘后，被押解青海修路，1940 年，他在押解兰州途中逃跑，以打短工为生。1941 年，他又被国民党抓去当兵，在骆驼大队放骆驼。1943 年再次逃跑，流落兰州，仍以打短工、贩菜为生。1949 年 8 月兰州解放，王光璠被介绍到建筑单位干临时工。1956 年，经兰州市劳动局分配，参加农垦建设，先在甘肃省农垦勘测队干杂务，后分配北湾农场当农工。1969 年 10 月，他随第十一团调迁至饮马农场，在十三队畜牧排放牧。王光璠生活节俭，工作勤勤恳恳，任劳任怨，在农垦工作的 33 年间，始终以一个老红军的标准严格要求自己，有困难自己克服，从不给组织上添麻烦。1980 年，王光璠从农场退休，1989 年因病去世，享年 69 岁。

## 三、席宗信传

席宗信，男，汉族，生于 1939 年 3 月，甘肃省镇原县人。1964 年毕业于甘肃师范大学中文系，同年分配农建十一师农业二团子校当教师。1969 年 7 月 30 日下午 3 时，为抢救落水学生不幸牺牲，年仅 30 岁。1970 年 3 月，兰州军区党委为表彰其英雄事迹，决定为席宗信追记一等功，批准其为革命烈士，并根据其生前申请，追认其为中国共产党党员。

席宗信出生在贫困山区，10 岁才得以读书，至大学毕业，一直是品学兼优的"三好"学生。进入农垦工作后，他决心"为军垦教育事业贡献毕生精力"。最初，他在团子校任教，为了更加接近基层，1969 年 3 月，他主动要求到一连教学点工作。基层教学点条件极差，他和全体师生一起扛木头、搬砖瓦、打土坯，抬石下基，修建校舍，仅用了一个多月时间便改变了学校面貌。桌椅坏了，自己动手修，缺少教学仪器，自己动手做。当时学校仅有 2 名教师、46 名学生，分别在 5 个不同年级上课。但他始终按照教学大纲规定的课程，认真给各年级学生授课，得到了学生家长的普遍赞扬。

席宗信从小就养成了艰苦朴素、勤俭节约的优秀品德。1966 年，还穿着上高中时的棉衣，已经补了 20 多个补丁。一件衬衣，长袖改短袖，一穿再穿，一补再补。他自己精打细算，从不乱花一分钱，却自费订了两份报纸和一份杂志，用自己的微薄工资为 17 名学生买了课本，为学校购置了 80 余本课外读物。有一次他去玉门镇办事，见一位老大娘昏倒在路旁，毫不犹豫地将大娘背到了医院，并预交了医药费，却没有留下姓名，以致自己因没有了公交车费而步行 20 多公里回到农场学校。

席宗信牺牲后，他的先进事迹在农场广为流传。1970 年 3 月 20 日，《人民军队报》以半个版面的篇幅刊登了他扎根边疆、建设农场、无私奉献、教书育人，不惜牺牲自己的生命抢救落水儿童英勇牺牲的长篇通讯，弘扬正气，宣传他的高尚精神。同时，兰州军区生产兵团为席宗信举行了隆重的庆功大会，把他誉为"农垦战线知识分子的优秀代表和学习榜样"。

## 第二节  历届副场（团）级以上领导简介

王学敏，男，汉族，陕西子洲县人，1923 年 2 月出生，1941 年加入中国共产党，历任战士、班长、排长、连长、副营长、营教导员等职。1961 年从部队转业，任蘑菇滩农场场长、党委副书记；1963 年 1 月任党委书记；1964 年任第二团政治委员、临时党委副书记，5 月任党委书记、师党委委员；1969 年调离农场。

高成连，男，汉族，山东梁山人，1923 年 6 月出生，1942 年参加革命，同年加入中国共产党，历任战士、班长、排长、连长、大队长等职。1949 年随部队进疆屯垦，后任新疆兵团农二师塔里木六场副场长、场长、党委副书记等职；1963 年 11 月调任农建十一师第二团团长、临时党委副书记、党委副书记。

杨安全，男，汉族，山西忻县人，1930年2月出生，曾任蘑菇滩农场副场长、党委委员、第二团副团长、文化革命委员会副主任、党委委员等职。1946年参加革命；1947年1月加入中国共产党，历任战士、班长、排长、正副指导员、副营长等职；1949年随人民解放军一野一兵团第二军进驻玉门，转业后任玉门县靖边区区长、玉门市商业局局长、国营农场筹委会委员等职；1962年1月任蘑菇滩农场副场长、党委委员；1963年12月任第二团副团长、党委委员；1967年10月进入三结合文化革命委员会，任副主任；1973年10月被停职，1975年恢复工作后调离农场。

翟修利，男，汉族，山东莒南县人，1924年3月出生，曾任第二团政委、革会会副主任、革委会主任等职。1942年参加革命，同年加入中国共产党，历任战士、班长、排长、指导员、教导员、政治处主任、副政委等职；1966年3月从济南军区转业参加农垦，任第二团政治委员；1968年5月改任革委会主任；1969年8月调离场区。

钟秀文，男，汉族，山东泗水人，1924年8月出生，曾任第三团团长、党委副书记。1942年参加革命，同年加入中国共产党，历任战士、班长、排长、连长、营长、副团长等职；1966年3月从济南军区某坦克团转业参加农垦，任第五团革委会副主任；1969年8月任第三团团长、党委副书记；1974年调离农场。

臧光辉，详见本志《人物传》部分。

王俊生，男，汉族，河北任丘人，1926年3月出生，曾任第四团团长。1943年参加革命，翌年加入中国共产党，历任战士、班长、排长、连长等职；1950年整建制转入新疆生产建设兵团农六师，后任副团长；1964年调西北水土保持师，后改为兰州军区生产建设兵团林建师，任第一团副团长、党委副书记；1973年9月调任第四团团长、饮马农场革委会主任、党委副书记；1978年后任饮马农场党委书记；1982年调离场区。

陈世民，男，汉族，山东高密人，1973—1974年任第四团政治委员、党委书记，现役军人。

李学福，男，汉族，甘肃安西人，1926年出生，曾任第四团副团长、党委委员。1959—1964年任黄花农场场长、党委副书记；1964—1966年任农建十一师第一团副政委、党委副书记；1964—1966年任农建十一师第一团副政委、党委副书记；1965—1969年任农建十一师第六团团长、党委副书记；1972年被兰州军区生产建设兵团任命为第四团副团长、党委委员；1974年12月调离场区。

周满年，男，汉族，陕西西安市人，1922年2月出生，1938年参加革命，翌年加入中国共产党，历任战士、班长、排长、连长、营长等职。1955年转业北大荒；1965年调农建十一师第十一团任副团长、党委委员；1969 年 10 月在场区工作，任第四团副团长、党委委员，兼司令部参谋长，1973 年 12 月调出；1978 年 1 月又调回场区，任饮马农场副场长、党委委员。1982 年 8 月 7 日，因患肺心病医治无效逝世。

樊锐，男，汉族，河南武强人，1924 年出生，中共党员，曾任兰州军区司令部管理局参谋；1970—1973 年任第四团副团长、党委委员。现役军人。

张文，男，汉族，辽宁省辽阳人，1929 年出生，中共党员，1972—1975 年任第三团政治委员、党委书记，现役军人。

刘德录，男，汉族，河北保定人，1926 年出生，1964—1969 年任第二团副团长、党委委员。

柴啸峰，男，汉族，甘肃天水人，1926 年 3 月出生，1947 年参加革命，翌年加入中国共产党，历任战士、班长、排长、连长、营长等职。1959—1964 年任八一农场副场长、党委委员；1964—1969 年任农建十一师第七团、第六团、第十团副团长、党委委员；1970—1973 年调场区工作，时任第三团副团长、党委委员。

徐景云，男，汉族，河南范县人，1928 年出生，1969—1971 年任第四团副团长、党委委员，1971 年 7 月调出。

陶宝礼，男，汉族，江苏盐城人，1930 年 5 月出生，1947 年 5 月参加革命，10 月加入中国共产党，历任战士、班长、排长、连长等职。1973 年从下河清农场调第三团，任副团长、党委委员，第三、四团合并后，任饮马农场革委会副主任，党委委员；1976 年 5 月，调疏勒河水管处任革委会主任、党委书记，酒泉农垦局生产科长等职；1983 年 8 月调回农场工作，任场党委书记；1989 年 2 月离职休养，享受正县级待遇。

邓炳才，男，汉族，山东文登人，1940 年出生，1959 年参军，翌年加入中国共产党。1964 年自济南部队退伍，参加军垦建设；1975 年从黄花农场调入场区，任副场长、党委委员；1978—1980 年任场长、党委副书记。

梁任之，男，汉族，甘肃榆中人，1934 年出生，1951 年参军，1952 年加入中国共产党。1963 年自新疆兵团调农建十一师，任司令部办公室主任，后任生地湾农场革委会副主任；1978 年调入场区，任饮马农场副场长、党委副书记；1979 年 7 月任场长；1980 年 7 月任党委书记；1982 年调离农场。

崔振功，男，汉族，河北乐亭县人，1927 年出生，1947 年参加革命，翌年加入中国共产党。1951 年转业北大荒，后调山东青索子垦区，1964 年调入甘肃农垦；1974—1980 年任甘沟硫黄矿副矿长，党委委员；1980 年 7 月任饮马农场场长、党委副书记；1982 年兼任党委书记；1983 年调离场区。

徐良，男，汉族，山东绛县人，1941 年出生，1959 年参军，翌年加入中国共产党。1964 年 3 月，从济南部队退伍到农建十一师第二团，历任排长、副指导员、指导员、政治处副主任；第三、四团合并后，任饮马农场革委会副主任、副场长、党委副书记；1977 年 12 月调离农场。

孔凡本，男，汉族，重庆人，1939 年出生，1959 年参军，在北京军区某部服役，1959 年加入中国共产党。1964 年 3 月退伍后分配到农二团工作，历任班长、排长、副指导员、指导员；1981 年任饮马农场副场长、党委委员；1988 年以后任党委副书记、纪委书记、职代会主任等职；1998 年年底退休。

杜荣华，男，汉族，甘肃古浪人，1937 年 9 月出生，1955 年参军，1957 年加入中国共产党，历任战士、坦克车长、连长等职。1964 年自北京军区某坦克团转业到农建十一师第二团，先后任指导员、生产股长、副参谋长等职；1975—1979 年任革委会副主任、副场长、党委委员等职；1980 年 1 月调离场区。

马珍，男，汉族，河北获鹿人，1935 年出生，1952 年参军，翌年加入中国共产党。1964 年从北京军区转业参加农垦；1964—1968 年任农建十一师第三团团长、第五团政治委员；1969—1974 年任第九团副团长、党委委员；1975—1978 年任饮马农场革委会副主任、副场长、党委委员；1979 年 1 月调离场区。

张巧丽，女，汉族，天津市人，1949 年出生，1964 年自天津参加河西军垦建设来场，1967 年加入中国共产党，历任战士、班长、排长、正副指导员、政治处助理员、组织股副股长等职。1975—1981 年任农场革委会副主任、副场长、党委委员等职；1981 年 10 月返城回天津。

张永恒，男，汉族，甘肃省靖远县人，1916 年 12 月出生，1952 年参加工作，同年加入中国共产党，曾任靖远县古城乡农会主席、党支部书记。1953 年 5 月投身农垦，初为靖远马拉机农场生产队长、副场长；1966 年 8 月任农建十一师十一团一营（北湾农场）副营长、营长；1969 年 10 月调任饮马农场；1971 年任第四团副参谋长；1979 年任饮马农场副场长、党委委员；1981 年退休。1998 年 8 月 23 日，因患肾病综合征，张永恒在靖远逝世，终年 82 岁。

李凤阁，男，汉族，吉林省吉林市人，1938 年出生，1955 年参军，1957 加入中国共产党，历任战士、班长、文化教员、团参谋、助理员等职。1965 年转业五大坪农场；1969 年 10 月调入饮马农场，历任第四团指导员、生产科长等职；1979—1982 年任饮马农场副场长、党委委员；1982 年 3 月调离农场。

彭善之，男，汉族，四川广元人，1923 年出生，1947 年参加革命，1950 年加入中国共产党。1954 年转业分配甘肃省农林厅农垦局，在农垦勘测设计队任技术员；1969 年调入场区任技术员；1979—1982 年任饮马农场副场长、党委委员，高级农艺师。

王永和，男，汉族，山东省益都县人，1939 年出生，1959 年参军，在济南军区某部服役，1961 年加入中国共产党。1964 年 3 月退伍，分配第二团，历任排长、副指导员、指导员等职；1982 年任饮马农场副场长、党委委员；1984 年 5 月调离农场。

王兴才，男，汉族，甘肃玉门人，1930 年出生，1949 年参加工作，翌年加入中国共产党，历任区民政助理员、县政府科员、民政科长等职。1958 年下放北湖农场劳动，后一直留在农场；1961 年后，任生产队长、副连长、连长、水管所所长等职；1982 年任饮马农场副场长；1982 年 11 月调离农场。

綦跃林，男，汉族，辽宁省辽阳市人，1935 年出生，1954 年参军，在沈阳军区某部服役，1956 年加入中国共产党。1965 年参加农垦；1969 年 10 月调第四团工作，曾任党委办公室主任、营（分场）党委书记等职；1980 年任饮马农场党委副书记；1983 年 6 月调离农场。

李发科，男，汉族，甘肃临洮人，1940 年出生，大学本科学历，自西北师范大学毕业后即分配农垦工作，历任教师、校长、宣传科长等职。1981 年任饮马农场党委副书记；1982 年调酒泉农垦分公司，任党委副书记、党委书记等职；1999 年退休。

吕常正，男，汉族，陕西吴堡人，1926 年出生，1946 年参加革命，翌年加入中国共产党。1969—1972 年任第三团副政委、党委副书记；1972—1974 年任第四团副政委、党委副书记。

邹积熙，男，汉族，山东乳山人，1928 年出生，1944 年参加革命，1946 年加入中国共产党。1966 年 12 月自海南政治部转业农垦，任农建十一师第二团副政委、党委副书记；1976 年调离农场。

岳国礼，男，汉族，山东新泰市人，1926 年出生，1943 年参加革命，翌年加入中国共产党。1966 年 3 月自济南军区转业参加农垦，任农建十一师第二团副政委、党委副书记；1971 年调离农场。

郭二庆，男，汉族，河北宁普人，1928 年出生。1973 年任农建十一师第二团副政委、党委副书记；1977 年调离农场。

张呈福，男，汉族，甘肃临洮人，1943 年出生，大学本科学历，高级农艺师。1967 年自甘肃农业大学毕业分配农垦，历任农业技术员、生产科副科长等职；1983—1984 年任饮马农场副场长；1985 年调离农场。

傅江海，男，汉族，陕西省西安市人，1937 年 10 月出生，中专学历，高级工程师职称，享受国务院特别津贴，甘肃省有特殊贡献优秀专家。1957 年参加甘肃农垦；1960 年加入中国共产党，历任拖拉机驾驶员、机耕队长、技术员、农机科长等职；1983 年 8 月调饮马农场任场长、党委委员；1986 年兼任党委书记；2000 年 12 月退休。

赵灿，男，汉族，甘肃靖远人，1943 年出生，大专学历。1964 年参加农垦，先后在五大坪农场、第十一团（第四团）工作，曾任政工科副科长；1983—1986 年任饮马农场党委副书记。

李家茂，男，汉族，山东潍坊市人，1943 年出生，1965 年毕业于山东社会主义劳动大学农学专业，后分配至第二团，任农工，后任技术员、队长之职，高级农艺师。1976 年加入中国共产党；1983—1995 年任饮马农场副场长、总农艺师、党委委员；1996 年调下河清农场任场长。

周全礼，男，汉族，河南邓州人，1937 年 7 月出生，中专学历。1958 年 7 月在新华农场参加工作，1974 年 6 月加入中国共产党，历任技术员、师生产科科员、西湖农场生产科副科长等职。1981 年 6 月—1984 年 2 月任西湖农场副场长、党委委员；1984 年 3 月调入本场，历任副场长、职代会主任、副经理、党委委员等；1992 年 12 月获得高级农艺师任职资格，1998 年退休。

亓瑞发，男，汉族，山东莱芜人，1938 年出生，1957 年参加革命，1959 年加入中国共产党。1986—1988 年任饮马农场党委副书记。

朱扶昌，男，汉族，山东蓬莱人，1942 年出生，农学专业。1965 年从山东社会主义劳动大学毕业后分配至第二团，历任技术员、科研站长、生产科长等职；1986—1992 年任饮马农场副场长、党委委员等；1992 年 10 月调敦煌农场任场长。

陈宜富，男，汉族，江苏岩新人，1938 年 3 月出生，1956 年 12 月参军，随志愿军赴朝参战，后在北京军区某部服役，1960 年 8 月加入中国共产党。1964 年 3 月参加农垦，1964—1987 年任嘉峪关水泥厂车间主任、生产科长、副厂长、党委委员等职；1987 年 4 月调入本场，任副场长、副经理、党委委员，主抓工业生产；1999 年退休。

彭述先，男，汉族，河南邓州市人，1942 年 7 月出生，1960 年 3 月参加工作，1962 年 3 月调入蘑菇滩农场，历任农工、技术员、队长、酒花园林办主任、供销科长等职。1990 年 11 月任饮马农场副场长、副经理、供销部长等职，取得了经济师任职资格，曾为玉门市政协委员、常委；2001 年饮马啤酒原料与农场剥离后，任莫高股份饮马啤酒原料分公司副经理。

郑尚凯，男，汉族，四川中江县人，1956 年 12 月出生，中专学历，1994 年 1 月加入中国共产党，1976 年参加工作，历任文书、统计员、会计、副科长、科长等职。1993 年

8月任饮马农场副场长、副经理、党委委员，兼任计划财务部部长、甘肃莫高实业公司发展股份有限公司董事；2000年12月任饮马（集团）公司总经理；2001年，饮马啤酒原料与农场剥离后，任莫高股份饮马啤酒原料分公司经理、党委委员。

何庆祥，男，汉族，甘肃秦安县人，1964年出生，1988年8月由石河子农学院农学本科毕业分配本场，1992年加入中国共产党，历任技术员、生产科副科长、科长等职。1993年8月任副场长、党委委员；1997年9月调甘肃省农垦农业科学院。

田心灵，男，汉族，祖籍陕西省富平县，1946年8月出生于甘肃武威。1964年3月参加军垦建设，1982年11月加入中国共产党，历任战士、农机班长、收割机驾驶员、车长、生产队长等职，经济师。1984—1994年任水泥厂筹建组副组长、副厂长、厂长、总支书记等职；1994年任饮马农场副场长、副经理、党委委员，兼水泥厂厂长、总支书记；1999年兼任嘉峪关水泥厂厂长；2000年12月任饮马（集团）公司董事长、党委书记，饮马农场场长、党委书记职务。

曹怀治，男，汉族，陕西佳县人，1934年2月出生，1948年3月参加革命，1956年7月加入中国共产党，历任西北军区联防卫生部护训队战士、护士班班长、27陆军医院护士长，57陆军医院总护士长。1954—1957年在长春第一军医大学进修；1957年11月转业东北农垦总局第一中心医院；1964年5月调甘肃农垦，任北湾农场办公室主任、十一团组织股长；1969年10月调任第四团营教导员、政治处主任、调研员等职；1989年3月任饮马农场职代会主任、纪委书记；1995年12月离职休养，享受副县级待遇。

黄建明，男，汉族，祖籍四川井研县，1956年5月出生于北湾农场，大学本科学历，农业经济师、高级政工师职称。1973年10月参加工作，1986年加入中国共产党，历任工人、科员、科长等职。1993—1995年考入北京农垦干部管理学院学习，毕业后重返农场工作；1996年1月任饮马实业公司（饮马农场）党委副书记、纪委书记兼党群工作部和人事劳动部部长；2016年退休。

苏聚明，男，汉族，陕西府谷县人，1945年10月出生，高中学历，农业经济师。1964年3月自西安参加军垦建设，1985年12月加入中国共产党，历任战士、班长、农业技术员、科员、办公室主任等职。1988年1月任黄花农场副场长、党委委员；1996年1月调敦煌农场任场长，10月调饮马农场任副场长、副经理、职代会主任、农业生产部部长等职，党委委员；2005年12月退休。

刘凤伟，男，汉族，祖籍山东临沂县，1966年11月在农场出生，助理会计师。1993年毕业于甘肃农垦职工中专，参加工作后，任会计、财务部副部长等职。2001年12月任副场长、副经理、党委委员；2004年兼任西部水泥有限责任公司董事、党总支书记。

杨艳梅，女，回族，陕西西安市人，1948 年出生，助理农艺师。1964 年 3 月自西安参加军垦建设，1986 年 6 月加入中国共产党，在饮马农场任副班长、班长、副队长、队长、副科长、科长等职。1986 年 1 月当选为职代会副主任；1998 年 3 月当选为职代会主任、党委委员；2003 年 12 月退休，享受副县级待遇。

赵勤壁，男，汉族，甘肃会宁县人，1946 年 12 月出生，农艺师。1972 年 1 月参加军垦建设，1982 年 12 月加入中国共产党，历任工人、班长、副队长、队长、科员、办公室副主任等职。1988 年任黄花农场副场长、党委委员；1991 年任黄花农场党委副书记，1996 年 2 月任黄花农场党委书记；2000 年 3 月调离农场；2001 年饮马啤酒原料公司与农场剥离，任莫高股份饮马啤酒原料分公司副经理。

庞艳肃，男，汉族，祖籍黑龙江省密山市，1962 年 6 月出生于甘肃农垦连家砭农场，1969 年随父辈调迁饮马农场。1982 年 9 月参加工作，1992 年 6 月加入中国共产党，历任工人、会计、队长等职。1992 年任饮马麦芽厂厂长；1998 年任饮马实业公司（饮马农场）副经理、副场长，兼啤酒原料公司副经理等职；2001 年饮马啤酒原料公司与农场剥离，任莫高股份饮马啤酒原料分公司副经理。

王建伟，男，汉族，甘肃秦安人，1965 年 9 月出生，1990 年 7 月毕业于天水师专，大专学历，同年被招聘到农场工作。2003 年 3 月加入中国共产党，助理农艺师职称，历任技术员、生产队长、农林生产部副部长等职。2002 年 1 月任副场长、副经理；2011 年 1 月调入张掖农场任副经理。

尹彩琴，女，汉族，甘肃秦安人，1965 年 9 月出生，1991 年毕业于新疆石河子农学院农田水利工程专业，本科学历，后参加农垦工作，2003 年 12 月加入中国共产党，水利工程师职称。1996 年 12 月调入饮马农场，历任技术员、项目部部长、土地管理所所长等职；2003 年 8 月任副场长、副经理；2010 年 4 月调入亚盛实业（集团）股份公司工作。

李兆强，男，汉族，山东荣成人，1965 年 2 月出生，1983 年 9 月参加工作，大学本科学历（中央党校），政工师职称，历任组织科、政工科、党委办公室干部及党群工作部副部长（副主任）。2005 年 5 月任农场党委副书记、职代会主任；2011 年 12 月调入黄花农场任党委书记。

陈舜堂，男，汉族，甘肃古浪人，1969 年 2 月出生，1993 年 7 月毕业于甘肃农业大学农学系电大直属班，大专学历，同年被招聘到农场工作，农艺师职称，历任任技术员、生产队长等职务。2005 年 5 月任农场党委委员、副场长、副经理；2009 年 4 月调入甘肃农垦绿鑫啤酒原料股份公司任副经理。

张海，男，汉族，江苏邳州人，1963 年 2 月出生，1989 年 7 月毕业于北京农垦干部管理学院财会专业，本科学历，1980 年 6 月参加农垦工作，1985 年 10 月加入中国共产党，会计师职称。1980 年 6—1998 年 10 月，历任农垦建筑公司技术员、副队长、计财科科长、总会计师；1998 年 11 月，任疏勒河项目农垦工程建设指挥部副指挥长；2007 年 4 月至 2014 年 3 月，历任饮马农场党委副书记、场长、董事长、总经理，西部水泥有限责任公司董事长（兼）、亚盛实业（集团）股份有限公司副总经理（兼），甘肃农垦集团公司财务处处长（兼），甘肃农垦宏远电站党委书记、董事长（兼）等职务；2014 年 4 月—2020 年 12 月任饮马农场调研员。

常通，男，汉族，甘肃天水人，1963 年 11 月出生，1987 年 6 月毕业于新疆石河子农学院畜牧专业，大学学历，1987 年 7 月参加工作，高级政工师职称。1987 年 7 月—1998 年 11 月，历任饮马农场中学教师、农场机关科员、办公室主任、场长助理等职务；1999 年 12 月—2009 年 3 月，历任黄花农场副场长、小宛农场场长、裕盛公司经理等职务；2009 年 4 月—2010 年 4 月，任饮马农场副总经理、党委委员；2010 年 5 月调入甘肃农垦建筑工程公司任党委书记。

廖伟祥，男，汉族，江西定南人，1963 年 12 月出生，1984 年 8 月毕业于江西赣南师范学院汉语言文学专业，大专学历，1984 年 9 月参加工作，1997 年 6 月加入中国共产党，政工师职称。1988 年 8 月—2010 年 6 月，历任饮马农场中学教师、农场党群工作部科员、纪检专干、办公室主任；2010 年 6 月，历任农场副场长、党委副书记、纪委书记、工会主席；2014 年 4 月—2015 年 5 月，任亚盛黄花分公司党委副书记、纪委书记、工会主席；2015 年 6 月—2020 年 11 月，任亚盛饮马分公司（农场）党委副书记、纪委书记、工会主席、饮马牧业公司监事等职务；2020 年 12 月，任饮马分公司（农场）副调研员。

王德胜，男，汉族，甘肃定西人，1969 年 7 月出生，1993 年 7 月毕业于新疆建设兵团经济专科学校企业管理专业，大专学历，1993 年 8 月参加工作，2015 年 7 月加入中国共产党，会计师职称。1993 年 8 月—2010 年 11 月，历任甘肃农垦建筑公司会计、疏勒河项目农垦工程建设指挥部财务科副科长、科长；2010 年 12 月—2012 年 4 月，任农场财务部部长、场长助理；2012 年 5 月，任饮马农场副场长；2014 年 11 月，任甘肃农垦牧业公司副经理；2016 年 4 月—2020 年 12 月，任亚盛饮马分公司财务总监。

张向荣，男，汉族，甘肃民勤人，1961 年 11 月出生，1999 年 12 月毕业于甘肃省委党校企业管理专业，在职大专学历，1979 年 8 月参加农垦工作，中共党员，政工师职称。1995 年 3 月—2011 年 1 月，历任勤锋农场团委书记、党办主任、办公室主任、场长助理、纪委副书记、副场长、纪委书记、职代会主任等职务；2011年1月—2013年3月，任黄花农场党委书记、场长；2013年4月—2018年4月，任亚盛饮马分公司（农场）党委书记、经理；2018年5月，调入甘肃农垦金昌农业公司任党委书记。

王光青，男，汉族，甘肃民勤人，1970年11月出生，1993年7月毕业于中央广播电视大学财务会计专业，在职大专学历，1993年8月参加农垦工作，2000年9月加入中国共产党，会计师职称。1993年8月—2013年3月，历任嘉峪关天石水泥公司会计、财务部副部长、西部水泥基团公司财务总监等职务；2013年4月—2014年10月，任甘肃农垦宏远电力公司财务总监；2014年12月—2016年3月，任亚盛饮马分公司财务总监；2016年4月调任甘肃农垦饮马牧业公司副经理。

许述旺，男，汉族，河南淮阳人，1964年8月出生，2002年7月毕业于甘肃农业大学成人教育学院农林经济管理专业，在职大专学历，1981年6月参加工作，政工师职称。1981年7月—2014年3月，历任农垦建筑工程公司工人、技术员、宣传干事、党总支书记、副经理，甘肃农垦绿鑫啤酒原料股份公司副经理等职务；2014年4月—2015年4月，任饮马农场分公司党委副书记、纪委书记；2015年4月调入甘肃农垦建筑工程公司任副经理。

薛军，男，汉族，甘肃张掖人，1962年6月出生，2002年7月毕业于甘肃农业大学成人教育学院农林经济管理专业，在职大专学历，1979年2月参加农垦工作，1992年6月加入中国共产党，助理农艺师职称。1979年2月—1988年11月，历任黄花农场机务队副队长、车长等职务；1988年12月—2008年2月，历任官庄联合公司副队长、队长、生产科长、党委委员、副经理等职务；2008年3月—2013年3月，历任黄花农场党委委员、副场长，绿鑫啤酒原料公司裕盛分公司党委委员、副经理等职务；2013年4月任党委委员、副经理；2019年7月—2020年12月任饮马分公司调研员。

杨元平，男，汉族，甘肃靖远人，1966年6月出生，1999年7月毕业于甘肃农业大学，在职专科学历，1985年1月参加工作，内科医师职称。1985年1月—2014年3月，历任饮马职工医院内科医生、医保科长、农场经理办公室主任、场长助理等职务；2014年4月任饮马农场副场长；2016年5月调入甘肃农垦饮马牧业公司任副经理。

吕林，男，汉族，山东莱州人，1963年6月出生，1986年1月从宁夏军区86705部队转业，专科学历，1986年2月参加工作，1997年5月加入中国共产党，政工师职称。1986年2月—2011年4月，历任黄花农场农林科科员、供销科副科长、党支部书记、丰花草业公司经理等职务；2011年5月—2018年3月，任黄花农场党委委员、副场长、副经理；2018年4月调入饮马农场任饮马分公司党委委员、副经理；2020年12月任饮马分公司副调研员。

常玉泉，男，汉族，甘肃通渭人，1975年6月出生，1997年7月毕业于甘肃农业大学植保专业，本科学历，1997年5月加入中国共产党，1997年8月参加工作，高级农艺师职称。1995年9月—2008年12月，历任国营八一农场农业科科员、企业管理部副部长、部长、磷肥厂厂长、天生炕分场场长、党委委员、黑土洼分场副场长、党委委员等职务；2009年1月—2014年11月，历任黄花农场企管部部长、国土所所长、场长助理、党委委员、副经理等职务；2014年12月—2016年4月，任亚盛饮马分公司（农场）党委委员、副经理；2016年5月—2016年6月，任亚盛平凉五举分公司党委书记、经理；2016年7月—2020年12月，任饮马分公司党委书记、经理。

张国峰，男，汉族，河南灵宝人，1965年11月出生，2002年7月毕业于中央党校函授学院政法专业，在职本科学历，1986年7月参加工作，1995年4月加入中国共产党，高级政工师职称。1986年7月—2008年3月，历任酒泉农垦公司农机技术员、党务部科员、党务部副部长、党委办主任、团委书记、直属党委书记等职务；2008年4月—2011年1月，任敦煌农场党委副书记、纪委书记、职代会主任、监事会主席等职务；2011年2月—2014年3月，任黄花农场党委副书记、纪委书记、职代会主任、副场长等职务；2014年3月—2014年11月，任亚盛绿鑫啤酒原料集团有限责任公司党委副书记、纪委书记、工会主席；2014年12月—2018年3月，任黄花农场党委副书记、场长；2018年4月—2020年12月，任饮马分公司（农场）党委副书记、农场场长职务。

张雷，男，汉族，甘肃甘谷人，1972年9月出生，1996年6月毕业于西南大学教育学院，本科学历，1996年7月参加工作，2001年11月加入中国共产党，政工师职称。1996年7月—2019年2月，历任临泽农场人力资源部部长、党群工作部部长、党委办公室主任；2019年3月—2020年11月，历任临泽农场党委委员、副经理、纪委书记、工会主席等职务；2020年12月调入亚盛饮马分公司，任党委委员、纪委书记、工会主席职务。

马世仁，男，汉族，甘肃金塔人，1970年3月出生，1989年7月毕业于酒泉地区农业职工专业学校果蔬专业，在职大专学历，1989年12月参加工作，1997年4月加入中国共产党，助理农艺师职称。1993年12月—2012年3月，历任饮马农场农业技术员、副队长、队长、供销公司副经理；2012年4月—2013年11月，任农垦建筑工程公司七道沟农场副场长、党支部书记；2013年12月—2020年11月，历任物业中心主任、项目办主任、综合办公室主任等职务；2020年12月任饮马分公司党委委员、副经理。

## 第三节 职能部门负责人名录

各农场历年部门负责人见表10-1-1至表10-1-5。

**表10-1-1 1958年3月—1963年12月蘑菇滩（含北湖）农场时期职能部门负责人**

| 机构名称 | 职务 | 姓名 | 任职时间 | 备注 |
|---|---|---|---|---|
| 行政办公室 | 主任 | 苏永贤 | 1958.5—1959.10 | |
| | 主任 | 陈文珍 | 1959.10—1963.12 | |
| | 副主任 | 孙适生 | 1958.5—1963.12 | |
| 党委办公室 | 主任 | 朱秀甫 | 1961.1—1963.12 | |
| 生产股 | 股长 | 于显登 | 1958.5—1959.12 | |
| | 股长 | 张振帮 | 1960.1—1963.12 | |
| 工业股 | 股长 | 彭威 | 1959.5—1959.12 | |

**表10-1-2 1964年1月—1974年12月农建十一师第二团（第一师三团）职能部门负责人**

| 机构名称 | 职务 | 姓名 | 任职时间 | 备注 |
|---|---|---|---|---|
| 司令部 | 参谋长 | 刘金全 | 1969.8—1971.11 | 现役 |
| | 副参谋长 | 姜恒民 | 1966.1—1971.3 | |
| | 副参谋长 | 杜荣华 | 1971.3—1975.1 | |
| 政治处 | 主任 | 郭琳 | 1963.11—1967.3 | |
| | 主任 | 岳国礼（兼） | 1967.4—1970.6 | |
| | 主任 | 陈仁俊 | 1970.6—1972.8 | 现役 |
| | 主任 | 蒋兴发 | 1972.1—1974.1 | |
| | 副主任 | 蒋兴发 | 1969.1—1971.12 | |
| | 副主任 | 王永惠 | 1972.8—1974.12 | |
| 后勤处 | 处长 | 郭琳 | 1973.1—1974.12 | |
| 组织股 | 股长 | 赵福昌 | 1963.11—1969.3 | |
| | 股长 | 刘世南 | 1969.3—1972.2 | |
| | 股长 | 邢俊杰 | 1972.2—1974.12 | |
| | 副股长 | 王琥 | 1966.1—1969.12 | |
| 宣教（传）股 | 股长 | 陈尔振 | 1966.3—1969.12 | |
| | 副股长 | 班玉玺 | 1964.2—1969.10 | |
| | 股长 | 王永惠 | 1969.12—1971.9 | |
| | 股长 | 王宝石 | 1971.9—1974.12 | |
| 保卫股 | 股长 | 赵福昌（兼） | 1963.11—1969.3 | |
| | 股长 | 康树海 | 1971.3—1973.2 | |
| | 副股长 | 张慎文 | 1963.11—1972.2 | |

（续）

| 机构名称 | 职务 | 姓名 | 任职时间 | 备注 |
|---|---|---|---|---|
| 保卫股 | 股长 | 张慎文 | 1972.2—1975.2 | |
| 农林生产股 | 股长 | 张振帮 | 1964.2—1973.11 | |
| | 副股长 | 杜荣华 | 1969.12—1971.3 | |
| | 副股长 | 王洪章 | 1971.9—1974.12 | |
| 计财股 | 股长 | 姜恒民 | 1964.1—1966.1 | |
| | 副股长 | 褚孟超 | 1966.1—1973.7 | |
| 管理股 | 股长 | 王琥 | 1969.12—1972.9 | |
| | 副股长 | 王琥 | 1972.10—1975.2 | |
| | 协理员 | 张云山 | 1971.3—1975.4 | |
| 供应股 | 股长 | 张炎德 | 1964.1—1971.9 | |
| | 股长 | 夏桐林 | 1971.9—1980.1 | |
| | 副股长 | 夏桐林 | 1969.12—1971.9 | |
| | 协理员 | 王长友 | 1969.12—1973.2 | |
| | 协理员 | 康树海 | 1973.2—1975.2 | |
| 机械股 | 股长 | 段成元 | 1970—1973.6 | |
| 基建股 | 股长 | 那启贤 | 1964.4—1966.10 | |
| | 副股长 | 黄浩然 | 1966.3—1973.8 | |
| 参谋股 | 股长 | 毕金柱 | 1971.3—1974.6 | |
| | 副股长 | 段成元 | 1969.12—1971.3 | |
| 三营 | 教导员 | 姜来会 | 1971.2—1972.6 | |
| | 副营长 | 史占华 | 1971.4—1972.6 | |

**表 10 - 1 - 3　1969 年 10 月—1974 年 12 月农建十一师第十一团（第一师四团）职能部门负责人**

| 机构名称 | 职务 | 姓名 | 任职时间 | 备注 |
|---|---|---|---|---|
| 政治处 | 主任 | 曹怀治 | 1972.6—1973.8 | |
| 司令部 | 参谋长 | 周满年（兼） | 1969.10—1971.3 | |
| | 参谋长 | 水长青 | 1971.3—1973.10 | |
| | 副参谋长 | 张永恒 | 1972.12—1974.12 | |
| 后勤处 | 处长 | 于国德 | 1969.10—1970.9 | |
| 组织股 | 股长 | 唐绍寅 | 1972.12—1973.6 | |
| | 副股长 | 黄兆奎 | 1972.1—1974.11 | |
| 宣教股 | 股长 | 樊振中 | 1972.10—1975.4 | |
| | 副股长 | 樊振中 | 1971.3—1972.10 | |
| 保卫股 | 股长 | 邱芸义 | 1973.7—1974.2 | |
| | 股长 | 袁瑞卿 | 1974.2—1975.4 | |
| | 副股长 | 袁瑞卿 | 1972.6—1974.2 | |
| 参谋生产股 | 股长 | 李风阁 | 1973.6—1975.4 | |
| | 股长 | 史建华 | 1973.1—1973.6 | |

（续）

| 机构名称 | 职务 | 姓名 | 任职时间 | 备注 |
|---|---|---|---|---|
| 参谋生产股 | 副股长 | 李风阁 | 1972.6—1973.6 | |
| | 副股长 | 黄文奎 | 1972.10—1975.4 | |
| | 副股长 | 许志城 | 1969.12—1972.6 | |
| 行政管理股 | 副股长 | 俞伯林 | 1972.6—1973.1 | |
| | 副股长 | 张勤俭 | 1973.2—1975.2 | |
| | 协理员 | 李景科 | 1972.6至今 | |
| | 协理员 | 李翰林 | 1969.12—1973.6 | |
| 机械股 | 股长 | 豆海录 | 1972.10—1975.7 | |
| 财务股 | 副股长 | 俞伯林 | 1969.12—1972.6 | |
| 供应股 | 股长 | 俞伯林 | 1973.1—1975.10 | |
| | 副股长 | 白显明 | 1969.12—1973.6 | |
| | 协理员 | 杜甫生 | 1973.1—1974.12 | |
| 一营 | 营长 | 张永恒 | 1969.10—1972.12 | |
| | 营长 | 白显明 | 1972.12—1973.6 | |
| | 教导员 | 曹怀治 | 1969.12—1972.6 | |
| | 副营长 | 穆印来 | 1969.12—1972.1 | |
| | 副教导员 | 范成玺 | 1969.12—1972.2 | |
| 二营 | 营长 | 许志晖 | 1972.12至今 | |
| | 教导员 | 杜甫润 | 1969.12—1973.1 | |
| | 教导员 | 班玉玺 | 1972.6—1974.2 | |
| | 副教导员 | 贾宗顺 | 1970.7至今 | |
| | 副营长 | 邱芸义 | 1971.6—1973.6 | |
| 三营 | 营长 | 贾宗顺 | 1969.12—1970.7 | |
| | 营长 | 范承玺 | 1972.2至今 | |
| | 教导员 | 姜来惠 | 1972.6至今 | |
| | 教导员 | 李翰林 | 1969.2—1970.8 | |
| | 教导员 | 班玉玺 | 1970.2—1972.6 | |
| | 副营长 | 史建华 | 1972.2—1973.2 | |
| | 副营长 | 豆桐 | 1970.6—1973.2 | |

表 10-1-4　酒泉地区饮马农场职能部门负责人

| 机构名称 | 职务 | 姓名 | 任职时间 | 备注 |
|---|---|---|---|---|
| 党委办公室（政工科、组织科） | 主任 | 綦跃林 | 1975.6—1982.3 | |
| | 主任 | 裴景胜 | 1975.2—1978.11 | |
| | 副主任 | 李发科 | 1975.1—1976.6 | |
| | 副主任 | 安海燕 | 1976.6—1983.11 | |
| | 副科长 | 赵灿 | 1980.10—1983.8 | |
| 宣传科 | 科长 | 李华民 | 1975.4—1975.9 | |

（续）

| 机构名称 | 职务 | 姓名 | 任职时间 | 备注 |
|---|---|---|---|---|
| 宣传科 | 副科长 | 朱子杰 | 1977.2至今 | |
| | 副科长 | 李发科 | 1976.6—1981.8 | |
| 行政办公室 | 副主任 | 李广善 | 1975.2—1980.6 | |
| | 副主任 | 汪功柱 | 1975.2—1985.1 | |
| 农业生产科 | 副科长 | 李风阁 | 1975.2—1976.6 | |
| | 副科长 | 段成元 | 1975.2—1977.11 | |
| | 副科长 | 张呈福 | 1980.10—1981.8 | |
| 计划财务科 | 科长 | 徐殿臣 | 1976.6—1980.12 | |
| | 副科长 | 夏桐林 | 1975.2—1980.10 | |
| 供销科 | 副科长 | 徐殿臣 | 1975.2—1976.6 | |
| | 副科长 | 周振江 | 1978.12—1980.10 | |
| 劳动工资科 | 科长 | 任启勇 | 1975.2—1980.9 | |
| 农业机械科 | 科长 | 王琥 | 1975.2—1984.6 | |
| 保卫科 | 科长 | 张慎文 | 1975.2—1980.10 | |

表 10-1-5　国有饮马农场职能部门负责人

| 机构名称 | 职务 | 姓名 | 任职时间 | 备注 |
|---|---|---|---|---|
| 党委办公室（党群工作部） | 科长 | 曹春河 | 1983.9—1985.6 | |
| | 科长 | 傅作琪 | 1986.11—1993.2 | |
| | 副部长（正科级） | 董西林 | 1993.2—1995.6 | |
| | 副部长（正科级） | 侯平江 | 1996.3—1998.10 | |
| | 副部长（正科级） | 李兆强 | 1998.1—2005.5 | |
| | 副部长（正科级） | 李应耀 | 2005.6—2006.1 | |
| | 副部长 | 常国选 | 2006.1—2007.12 | |
| | 部长（正科） | 王肃东 | 2008.1—2016.4 | |
| | 部长（正科） | 刘明军 | 2014.12—2020.12 | |
| | 副科长 | 傅作琪 | 1985.8—1986.11 | |
| | 副科长 | 李兆强 | 1993.2—1998.7 | |
| | 副部长 | 冯怀英 | 1998.7—2000.4 | |
| | 副部长（正科级） | 李应耀 | 2005.1至今 | |
| | 电视台台长（副科级） | 夏明 | 1993.2—1994.3 | |
| | 电视台台长（副科级） | 李进波 | 1989.8—1992.10 | |
| 宣传科 | 科长 | 王占成 | 1986.11—1987.8 | |
| | 科长 | 李进波 | 1989.8—1992.10 | |
| | 电视台台长（副科级） | 夏明 | 1993.2—1994.3 | |
| 经理办公室（行政办公室） | 主任 | 夏桐林 | 1980.1—1984.1 | |
| | 主任 | 刘文礼 | 1984.5—1986.11 | |
| | 主任 | 李竞成 | 1986.1—1988.7 | |

（续）

| 机构名称 | 职务 | 姓名 | 任职时间 | 备注 |
|---|---|---|---|---|
| 经理办公室（行政办公室） | 主任 | 郑传明 | 1988.12—1996.2 | |
| | 主任 | 郭永戈 | 1989.12—1990.3 | |
| | 主任 | 常通 | 1996.2—1998.7 | |
| | 主任 | 李兆强 | 1998.7—1998.10 | |
| | 主任 | 杨顺庆 | 1998.10—2000.5 | |
| | 主任 | 李应耀 | 2001.3—2005.1 | |
| | 主任 | 廖伟祥 | 2005.1—2010.12 | |
| | 主任 | 常国选 | 2010.12—2013.12 | |
| | 主任 | 杨元平 | 2013.12—2016.12 | |
| | 主任 | 赵富强 | 2016.12—2018.2 | |
| | 主任 | 马世仁 | 2018.3至今 | |
| | 副主任 | 安海燕 | 1983.11—1985.6 | |
| | 副主任 | 郑传明 | 1985.5—1987.2 | |
| | 副主任 | 权志英 | 1983.11—1984.9 | |
| | 副主任 | 董西林 | 1987.2—1989.1 | |
| | 副主任 | 李淑玲 | 1989.2—1990.6 | |
| | 副主任 | 杨艳梅 | 1990.5—1990.11 | |
| | 副主任 | 赵振业 | 1990.11—1993.2 | |
| | 副主任 | 常通 | 1993.2—1995.2 | |
| | 副主任 | 董兴盛 | 1996.2—1997.1 | |
| | 副主任 | 赵立民 | 1997.1—1998.5 | |
| | 副主任 | 王杰 | 1998.5—1999.12 | |
| | 副主任 | 章亦华 | 1999.12—2000.4 | |
| | 副主任 | 李朝辉 | 2000.4至今 | |
| 农林生产科（农林生产部） | 科长 | 李凤阁 | 1976.6—1979.11 | |
| | 科长 | 刘贵先 | 1983.9—1985.5 | |
| | 科长 | 彭述先 | 1988.1—1990.5 | |
| | 科长 | 何庆祥 | 1990.11—1993.8 | |
| | 科长 | 何庆祥 | 1993.9—1996.1 | |
| | 副部长（正科级） | 赵富强 | 1996.8—1999.9 | |
| | 科长 | 赵富强 | 1995.12—1999.8 | |
| | 科长 | 慕自发 | 1999.9—2007.12 | |
| | 副科长 | 李光琦 | 1980.10—1981.8 | |
| | 副科长 | 刘贵先 | 1983.9—1985.3 | |
| | 副科长 | 朱扶昌 | 1983.11—1986.12 | |
| | 副科长 | 冯秉程 | 1988.1—1993.2 | |
| | 副科长 | 何庆祥 | 1989.11—1990.11 | |
| | 副科长 | 沈正军 | 1996.2—1996.3 | |
| | 副科长 | 王建伟 | 1999.9—2007.12 | |

（续）

| 机构名称 | 职务 | 姓名 | 任职时间 | 备注 |
|---|---|---|---|---|
| 农林生产科（农林生产部） | 副科长 | 刘飞 | 2003.2—2005.12 | |
| | 副科长 | 郑凌世 | 2000.1—2007.12 | |
| | 副科长 | 陈德云 | 2003.1—2003.12 | |
| | 副科长 | 王学银 | 2006.1—2007.12 | |
| 农业公司 | 经理 | 慕自发 | 2008.3—2013.10 | |
| | 经理 | 张会基 | 2013.11—2016.12 | |
| | 支部书记、副经理 | 郑凌世 | 2014.12—2016.3 | |
| | 副经理 | 王兴宏 | 2014.1—2016.12 | |
| 企业管理部 | 部长 | 张会基 | 2017.1至今 | |
| | 副部长 | 关志清 | 2017.1至今 | |
| 农业机械科 | 科长 | 王琥 | 1980.10—1982.11 | |
| 酒花园林科 | 科长 | 杨艳梅 | 1996.1—1998.3 | |
| | 副科长 | 党清俊 | 1988.1—1995.12 | |
| | 副科长 | 陈重铁 | 1990.5—1993.2 | |
| | 副科长 | 杨艳梅 | 1990.11—1995.12 | |
| 计划财务科（部） | 科长 | 徐殿臣 | 1981.1—1981.8 | |
| | 科长 | 马凤祥 | 1981.8—1988.1 | |
| | 科长 | 刘戈里 | 1988.1—1988.4 | |
| | 科长 | 潘质明 | 1989.2—1990.11 | |
| | 科长 | 郑尚凯 | 1990.11—1993.8 | |
| | 部长 | 刘凤伟 | 2000.12—2003.8 | |
| | 部长 | 王德胜 | 2010.12—2012.3 | |
| | 副部长 | 许红燕 | 2010.12—2003.8 | |
| | 副部长 | 陈德云 | 2009.3—2014.12 | |
| | 部长 | 郑红斌 | 2005.1—2007.12 | |
| | 科长 | 顾正权 | 2009.2至今 | |
| | 副部长 | 吴大鹏 | 2018.3至今 | |
| | 部长 | 马东红 | 2016.2—2018.3 | |
| | 副科长 | 马凤祥 | 1980.5—1981.8 | |
| | 副科长 | 王兴才 | 1981.8—1982.6 | |
| | 副科长 | 鞠水民 | 1983.9—1986.2 | |
| | 副科长 | 范成秀 | 1983.11—1986.3 | |
| | 副科长 | 刘戈里 | 1984.5—1988.1 | |
| | 副科长 | 潘质明 | 1986.11—1989.2 | |
| | 副科长 | 郑尚凯 | 1989.12—1990.11 | |
| | 副科长 | 万庆昌 | 1993.2—1995.6 | |
| | 副部长 | 刘凤伟 | 1995.11—2000.11 | |
| | 副部长 | 郑红斌 | 2005.1—2007.12 | |
| | 副部长 | 吴大鹏 | 2016.12至今 | |

（续）

| 机构名称 | 职务 | 姓名 | 任职时间 | 备注 |
|---|---|---|---|---|
| 计划财务科（部） | 副部长 | 史建锋 | 2005.1—2007.12 | |
| | 副科长 | 刘萍 | 2009.2 至今 | |
| 供销科（供销部） | 科长 | 刘文礼 | 1983.9—1992.2 | |
| | 科长 | 彭述先 | 1990.5—1991.6 | |
| | 经理 | 韩正满 | 2016.12—2020.11 | |
| | 副经理 | 韩正满 | 2017.12—2018.12 | |
| | 副经理（副科级） | 滕文乾 | 2008.12—2013.5 | |
| | 副经理 | 李文国 | 2016.12—2017.12 | |
| | 副经理 | 彭启焱 | 2017.12—2019.7 | |
| | 副经理 | 郭建平 | 2017.7—2018.5 | |
| | 副经理 | 周莉 | 2019.1—2020.10 | |
| | 副科长 | 黄艳丽 | 2009.2 至今 | |
| | 副部长（正科级） | 赵振业 | 1993.2—1995.12 | |
| | 副部长（正科级） | 乔建勇 | 1996.7 至今 | |
| | 副部长（正科级） | 魏兴天 | 1996.7 至今 | |
| | 副科长 | 刘文礼 | 1986.11—1989.4 | |
| | 副科长 | 白仁武 | 1989.12—1993.2 | |
| | 副科长 | 乔建勇 | 1993.2—1995.12 | |
| | 副科长 | 白正亮 | 1993.2—1995.12 | |
| | 副科长 | 曹怀治 | 1985.8—1986.2 | |
| | 仓库主任 | 彭九亨 | 1980.1—1983.7 | |
| 人事劳动部 | 科长 | 黄建明 | 1990.11—1995.12 | |
| | 科长 | 傅作琪 | 1993.2 至今 | |
| | 科长 | 张德林 | 1996.3—2002.8 | |
| | 副科长 | 李进波 | 1988.1—1989.9 | |
| | 副科长 | 李淑玲 | 1990.2—1993.2 | |
| | 副科长 | 白仁武 | 1993.2—2001.9 | |
| | 副部长 | 傅作珩 | 2001.11—2004.8 | |
| | 副部长 | 王肃东 | 2004.9 至今 | |
| | 副部长 | 常国选 | 2005.3 至今 | |
| 项目信息部 | 部长 | 刘凤伟 | 2002.5—2003.8 | |
| | 部长 | 尹彩琴 | 2005.1—2005.12 | |
| | 部长 | 尹彩琴 | 2006.1—2009.12 | |
| | 部长 | 尹彩琴 | 2010.1—2011.12 | |
| | 部长 | 杨朝懿 | 2012.1—2012.12 | |
| | 部长 | 杨朝懿 | 2013.1—2015.12 | |
| | 部长 | 杨朝懿 | 2016.1—2016.12 | |
| | 部长 | 杨朝懿/邹常生 | 2017.1—2017.12 | |
| | 部长 | 马佶/邹常生 | 2018.1—2018.4 | |

（续）

| 机构名称 | 职务 | 姓名 | 任职时间 | 备注 |
|---|---|---|---|---|
| 项目信息部 | 部长 | 邹常生 | 2018.5—2018.8 | |
| | 部长 | 王德胜（兼） | 2018.9—2020.12 | |
| | 副部长 | 史建峰 | 2006.1—2009.12 | |
| | 副部长 | 陈德云 | 2010.1—2011.12 | |
| | 副部长 | 邹长生 | 2013.1—2015.12 | |
| | 副部长 | 邹常生/马佶 | 2016.1—2016.12 | |
| | 副部长 | 马佶 | 2017.1—2017.12 | |
| | 副部长 | 李建国 | 2018.1—2018.4 | |
| | 副部长 | 邹常生 | 2018.9—2020.12 | |
| 经营办公室 | 主任 | 董西林 | 1990.11—1993.6 | |
| | 副主任 | 董西林 | 1989.1—1990.1 | |
| | 副主任 | 万庆昌 | 1990.11—1993.1 | |
| 农机科 | 经理 | 李竞成 | 1984.8—1985.6 | |
| （机运科、机务公司、机电公司、农机管理服务中心） | 经理 | 陈重铁 | 1986.12—1995.2 | |
| | 主任 | 薛志林 | 1999.1—2000.12 | |
| | 副经理（农资服务） | 王杰 | 2007.12至今 | |
| | 经理（农资） | 王键伟 | 2007.12至今 | |
| | 经理 | 滕文乾 | 2013.12—2019.12 | |
| | 经理 | 韩正满 | 2020.1—2020.11 | |
| | 副经理（农资服务） | 马世仁 | 2007.12—2010.12 | |
| | 副经理 | 郭建平 | 2011.12至今 | |
| | 副经理 | 滕文乾 | 2011.12—2013.12 | |
| | 副科长 | 张呈福 | 1980.10—1982.2 | |
| | 副科长 | 李光琦 | 1981.8—1984.2 | |
| | 副经理 | 刘积银 | 1983.9至今 | |
| | 副经理 | 陈重铁 | 1985.8—1986.12 | |
| | 副经理 | 侯巍 | 1985.8—1999.2 | |
| | 副经理 | 吴四安 | 1987.4—1995.8 | |
| 农工商公司 | 科长 | 李志全 | 1980.10—1985.1 | |
| （工商科、工业公司、工贸公司） | 科长 | 杨庆喜 | 1986.11—1988.1 | |
| | 经理 | 范成秀 | 1984.8—1984.10 | |
| | 经理 | 彭述先 | 1984.10—1990.5 | |
| | 经理 | 于学斌 | 1989.1至今 | |
| | 经理（兼） | 孔凡本 | 1993.2—1994.2 | |
| | 经理 | 詹殿学 | 1994.2—1995.12 | |

（续）

| 机构名称 | 职务 | 姓名 | 任职时间 | 备注 |
|---|---|---|---|---|
| 农工商公司 | 副科长 | 周振江 | 1981.10—1983.6 | |
| （工商科、工业公司、工贸公司） | 副科长 | 刘文礼 | 1980.10—1983.9 | |
| | 副经理 | 蒋荣环 | 1983.11—1984.9 | |
| | 副经理 | 范成秀 | 1983.9—1984.8 | |
| | 副经理 | 魏振才 | 1984.5—1984.10 | |
| | 副经理 | 彭述先 | 1984.8—1984.10 | |
| | 副经理 | 詹殿学 | 1988.8—1994.2 | |
| | 副经理 | 于学斌 | 1985.2—1989.1 | |
| | 副经理 | 刘炳祥 | 1986.11—1987.6 | |
| | 副经理 | 刘文礼 | 1989.1—1993.12 | |
| | 副经理 | 张继昌 | 1993.2—1995.2 | |
| | 副经理 | 杨恒平 | 1989.1—1995.8 | |
| | 副经理 | 赵立民 | 1993—1995.3 | |
| | 副经理 | 寇化雄 | 1997.6—1999.12 | |
| | 副经理 | 唐振帮 | 1984.10 至今 | |
| 畜牧公司 | 经理 | 裴广友 | 1983.9—1985.8 | |
| 建筑公司 | 经理 | 冯尧功 | 1985.8—1986.11 | |
| （劳动服务公司） | 经理 | 郭永戈 | 1986.11—1989.1 | |
| | 经理 | 杨顺庆 | 1989.1—2000.5 | |
| | 经理 | 王志刚 | 1996.3—2000.12 | |
| | 副经理 | 曹生华 | 1983.9—1986.6 | |
| | 副经理 | 郭永戈 | 1985.8—1986.11 | |
| | 副经理 | 火习星 | 1986.5—1992.2 | |
| | 副经理 | 王遂 | 1993.2—1995.2 | |
| | 副经理 | 王志刚 | 1993.2—1995.6 | |
| | 副经理 | 吕继宏 | 1996.3 至今 | |
| | 副经理 | 雷如乾 | 1996.3 至今 | |
| | 副经理 | 夏守法 | 1996.3 至今 | |
| 派出所 | 科长 | 任启勇 | 1980.10—1984.2 | |
| | 所长 | 邓开庭 | 1986.2—1995.12 | |
| | 副所长 | 张德林 | 1991.2—1996.3 | |
| | 副所长 | 李应耀 | 1996.3—2000.4 | |
| | 副所长 | 李炳维 | 2000.5—2009.12 | |
| | 指导员 | 刘传友 | 1991.2—1996.3 | |
| 饮马法庭 | 庭长 | 王天礼 | 1980.10—1993.2 | |
| | 庭长 | 王敏 | 1993.2—1995.6 | |
| | 副庭长 | 王敏 | 1959.3—1993.7 | |
| | 副庭长 | 寇化雄 | 1994.5—1997.2 | |
| | 站长 | 何庆祥（兼） | 1993.2—1995.12 | |

（续）

| 机构名称 | 职务 | 姓名 | 任职时间 | 备注 |
|---|---|---|---|---|
| 技术推广站（农技中心） | 副站长 | 蒋敏 | 1993.2—1994.12 | |
| | 副站长 | 郑凌世 | 1994.2—1995.12 | |
| | 主任 | 王兴宏 | 2017.2—2018.2 | |
| | 主任 | 赵富强 | 2018.2—2019.12 | |
| | 主任 | 张会基 | 2020.2—2020.12 | |
| 酒花加工厂 | 厂长 | 冯尧功 | 1989.1—1992.2 | |
| | 厂长 | 梁德才 | 1992.8—2002.1 | |
| | 厂长 | 冯尧会 | 2002.2—2003.2 | |
| | 厂长 | 梁德才 | 2003.3—2013.8 | |
| 一分场 | 副场长 | 郭永山 | 1977.2—2005.2 | |
| | 副场长 | 安海燕 | 1978.12—2006.6 | |
| 二分场 | 场长 | 张巧丽（兼） | 1975.12—1981.10 | |
| | 副场长 | 郭永山 | 1978.12—2002.2 | |
| | 副场长 | 王洪章 | 1978.12—2001.6 | |
| 三分场 | 场长 | 李志全 | 1978.12—2000.2 | |
| | 副场长 | 周彦昌 | 1978.12—1995.2 | |
| | 副场长 | 汪功柱 | 1977.2—1988.2 | |
| 四分场 | 场长 | 夏桐林 | 1978.12—1988.2 | |
| | 副场长 | 陈作章 | 1978.12—1985.6 | |
| | 副场长 | 周彦昌 | 1977.2—1978.12 | |

# 第四节　高中级知识分子名录

农场高中级知识分子名录见表 10-1-6。

### 表 10-1-6　农场高中级知识分子

| 姓名 | 性别 | 在场工作时间 | 毕业院校与专业 | 学历 | 专业职务 | 备注 |
|---|---|---|---|---|---|---|
| 宋家林 | 男 | 1956—1959 | 甘肃农业大学农学专业 | 本科 | 农艺师 | |
| 胡玉柱 | 男 | 1965—1969 | 西北农学院农学专业 | 本科 | 农艺师 | |
| 张振帮 | 男 | 1962—1973 | 西北军政大学农学专业 | 大专 | 农艺师 | |
| 尤顺庆 | 男 | 1965—1985 | 山东劳动大学农学专业 | 中专 | 高级农艺师 | 调下河清农场任场长 |
| 李家茂 | 男 | 1965—1995 | 山东劳动大学农学专业 | 中专 | 高级农艺师 | 调下河清农场任场长 |
| 朱扶昌 | 男 | 1965—1992 | 山东劳动大学农学专业 | 中专 | 高级农艺师 | 调敦煌农场任场长 |
| 林丽云 | 女 | 1965—1990 | 山东劳动大学农学专业 | 中专 | 农艺师 | 调条山农场 |
| 张镇 | 男 | 1965—1976 | 甘肃农业大学农学专业 | 本科 | 高级农艺师 | 调武威市任科技副市长 |
| 彭善之 | 男 | 1969—1982 | 甘肃农业大学农学专业 | 大专 | 高级农艺师 | 调甘肃省农垦农机研究所 |
| 张呈福 | 男 | 1966—1981 | 甘肃农业大学农学专业 | 本科 | 高级农艺师 | 调酒泉农垦任副经理 |

（续）

| 姓名 | 性别 | 在场工作时间 | 毕业院校与专业 | 学历 | 专业职务 | 备注 |
|---|---|---|---|---|---|---|
| 刘贵先 | 男 | 1969—1985 | 西北农学院农学专业 | 大专 | 高级农艺师 | 调建筑公司 |
| 沈成起 | 男 | 1969—1997 | 临洮农校农学专业 | 中专 | 农艺师 | 1997 年退休 |
| 周全礼 | 男 | 1984—1997 | 张掖农校农学专业 | 中专 | 高级农艺师 | 1998 年退休 |
| 蒋爱国 | 男 | 1985—1995 | 甘肃农业大学农学专业 | 大专 | 农艺师 | 调酒泉地区农科所 |
| 何庆祥 | 男 | 1987—1997 | 石河子农学院农学专业 | 本科 | 高级农艺师 | 调甘肃省农垦科学院任院长 |
| 郑凌世 | 男 | 1992—2016 | 甘肃农业大学农学专业 | 本科 | 农艺师 | |
| 徐香玲 | 女 | 1964—1978 | 北京农机化学院 | 本科 | 高级农机工程师 | 调山西农大任教授 |
| 姚仁生 | 男 | 1964—1976 | 甘肃农业大学农机系 | 本科 | 高级农机工程师 | 调咸阳交通处任处长 |
| 李光启 | 男 | 1963—1979 | 省农机学校农机专业 | 中专 | 农机工程师 | 调永昌县农机局 |
| 崔新民 | 男 | 1969—1981 | 省农机学校农机专业 | 中专 | 高级农机工程师 | 调甘肃省农垦公司农机处 |
| 傅江海 | 男 | 1983—2000 | 宁夏农机学校农机专业 | 中专 | 高级农机工程师 | 2000 年 12 月退休 |
| 王允成 | 男 | 1991—2000 | 甘肃农业大学农学专业 | 大专 | 农机工程师 | 调生地湾农场 |
| 刘积银 | 男 | 1960—2000 | 省农机学校农机专业 | 中专 | 农机工程师 | |
| 党清俊 | 男 | 1967—2007 | 省林业学校园林专业 | 中专 | 林业工程师 | |
| 罗宇生 | 男 | 1964—1975 | 新疆兵团水校 | 中专 | 高级水利工程师 | 调疏勒河水管处 |
| 尹彩琴 | 女 | 1996—2005 | 石河子农学院农水专业 | 本科 | 农水工程师 | |
| 钟翔华 | 男 | 1964—1985 | 黑龙江农垦大学 | 本科 | 畜牧师 | 调甘肃省农垦商公司 |
| 王玉兰 | 女 | 1964—1979 | 黑龙江农垦大学 | 本科 | 畜牧师 | 调嘉峪关市 |
| 水长青 | 男 | 1971—1973 | 新疆兵团畜牧研究所 | 大专 | 高级畜牧师 | |
| 唐振邦 | 男 | 1964—1975 | 甘肃农业大学农学专业 | 大专 | 兽医师 | 退休 |
| 潘云鹏 | 男 | 1962—2000 | 甘南畜牧学校 | 中专 | 兽医师 | 2000 年退休 |
| 丁高林 | 男 | 1996.11—2020 | 石河子农学院畜牧专业 | 本科 | 兽医师 | |
| 李玉华 | 男 | 1958—1976 | 上海财经学院 | 大专 | 高级会计师 | 调工商银行酒泉支行 |
| 诸孟超 | 男 | 1964—1978 | 西北军政大学 | 大专 | 高级会计师 | 调嘉峪关水泥厂 |
| 刘戈里 | 男 | 1964—1990 | 天津市 104 中学 | 高中 | 会计师 | |
| 马富国 | 男 | 1964—1978 | 部队转业 | 高中 | 会计师 | 调酒泉农垦分局 |
| 郑尚凯 | 男 | 1993—2001 | 农垦职专会计专业 | 中专 | 会计师 | 2001 年调离饮马农场 |
| 郑红斌 | 男 | 1992—2000 | 电大会计专业资格考试 | 大专 | 会计师 | |
| 刘小翠 | 女 | 1995—1998 | 北京农垦干部学院会计专业 | 大专 | 会计师 | |
| 张安秀 | 男 | 1964—1977 | 兰州医学院临床专业 | 本科 | 内主治医师 | 调兰医任教授 |
| 韩道康 | 男 | 1966—1987 | 兰州医学院临床专业 | 本科 | 内主治医师 | 调天津 |
| 蒙定力 | 男 | 1966—1982 | 兰州医学院临床专业 | 本科 | 内主治医师 | 调酒泉农垦局医院 |
| 傅振国 | 男 | 1966—1980 | 兰州医学院临床专业 | 本科 | 内主治医师 | 调湖北武汉 |
| 蔡发文 | 男 | 1965—1979 | 黑龙江农垦总局 | 大专 | 外主治医师 | 调山西省 |
| 张若玉 | 女 | 1965—1979 | 黑龙江农垦总局 | 大专 | 妇主治医师 | 调山西省 |
| 钱兴正 | 男 | 1966—1982 | 北京医学院 | 本科 | 中医师 | 泰王国皇家御医 |

（续）

| 姓名 | 性别 | 在场工作时间 | 毕业院校与专业 | 学历 | 专业职务 | 备注 |
|---|---|---|---|---|---|---|
| 何泰芳 | 女 | 1967—1975 | 武汉医学院 | 本科 | 儿主治医师 | 调四川成都 |
| 章亦龙 | 男 | 1962—1980 | 张掖卫校 | 中专 | 外主治医师 | 调天津铁路公安医院 |
| 张桂琴 | 女 | 1969—1997 | 黑龙江农垦总局 | 大专 | 内主治医师 | 1997年退休 |
| 李玉民 | 男 | 1969—2000 | 岐睢鲁庄中学 | 高中 | 内主治医师 | 2000年退休 |
| 熊化标 | 男 | 1964—2000 | 江苏洋河中学 | 高中 | 儿主治医师 | 2001年退休 |
| 王兰荣 | 女 | 1975—1978 | 四〇四厂工校 | 中专 | 妇主治医师 | |
| 王兰坤 | 男 | 1974—1976 | 河南医科大学 | 大专 | 内主治医师 | |
| 张和志 | 男 | 1974—1978 | 河南医科大学 | 大专 | 外主治医师 | |
| 李德川 | 男 | 1969—1992 | 甘肃师范大学 | 大专 | 中学级教师 | |
| 常元慧 | 男 | 1964—1974 | 酒泉教育学院 | 大专 | 中学一级教师 | |
| 白亚萍 | 女 | 1987—2000 | 石河子农学院 | 大专 | 中学一级教师 | |
| 刘丽娜 | 女 | 1976—1986 | 酒泉农垦中学 | 高中 | 小教高级 | |
| 黄建明 | 男 | 1973—2016 | 北京农垦干部管理学院 | 本科 | 高级政工师 | |
| 李兆强 | 男 | 1983—2011 | 中央党校 | 本科 | 政工师 | |
| 廖伟祥 | 男 | 1988—2000 | 江西赣南师范学院 | 大专 | 政工师 | |
| 苏聚明 | 男 | 1996年至今 | 西安十六中 | 高中 | 农业经济师 | |
| 陈舜堂 | 男 | 2005—2020 | 甘肃农业大学农学系电大直属班 | 大专 | 农艺师 | |
| 李应耀 | 男 | 2005—2016 | 甘肃农业大学 | 大专 | 政工师 | |
| 王肃东 | 男 | 1988—2020 | 新疆石河子农学院学习微机应用专业 | 大专 | 政工师 | |
| 常通 | 男 | 2009—2010 | 新疆石河子农学院畜牧专业 | 本科 | 高级政工师 | |
| 慕自发 | 男 | 1999—2007 | 甘肃农业大学 | 大专 | 农艺师 | |
| 郑凌世 | 男 | 1992—2016 | 甘肃农业大学植物保护专业 | 本科 | 高级农艺师 | |
| 张海 | 男 | 2007—2014 | 北京工商大学企业管理专业 | 研究生 | 会计师 | |
| 常玉泉 | 男 | 2016年至今 | 甘肃农业大学农学专业 | 本科 | 高级农艺师 | |
| 张国峰 | 男 | 2018—2020 | 中央党校函授学院 | 本科 | 高级政工师 | |
| 吕林 | 男 | 2018—2020 | 中央广播电视大学行政管理专业 | 大专 | 政工师 | |
| 王德胜 | 男 | 2012年至今 | 新疆兵团经济专科学校企业管理专业 | 大专 | 会计师 | |
| 张雷 | 男 | 2020年至今 | 西南大学教育学院行政管理专业 | 本科 | 政工师 | |
| 赵富强 | 男 | 1987年至今 | 甘肃省平凉农业学校农学专业 | 中专 | 农艺师 | |
| 王兴宏 | 男 | 1989年至今 | 中央广播电视大学水利水电专业 | 大专 | 高级农艺师 | |
| 李炳维 | 男 | 1985年至今 | 甘肃农业大学成人教育经济管理专业 | 大专 | 政工师 | |
| 汤国锋 | 男 | 2018年至今 | 甘肃农业大学成人教育经济管理专业 | 专科 | 高级农艺师 | |
| 李建国 | 男 | 2012年至今 | 甘肃广播电视大学行政管理专业 | 专科 | 农艺师 | |
| 邹常生 | 男 | 2013年至今 | 大连理工大学水利水电专业 | 本科 | 高级工程师 | |

# 第二章　荣　誉

## 第一节　先进集体

### 一、国家级奖励

具体见表 10 - 2 - 1。

表 10 - 2 - 1　国家级先进集体

| 颁奖时间 | 颁奖机关 | 获奖单位 | 荣誉称号 |
| --- | --- | --- | --- |
| 1963 年 | 国务院 | 国营蘑菇滩农场 | 全国粮食生产先进单位 |
| 1990 年 | 国务院 | 国营饮马农场 | 全国粮食生产先进单位 |

### 二、省、部级奖励

具体见表 10 - 2 - 2。

表 10 - 2 - 2　省、部级先进集体

| 颁奖时间 | 颁奖机关 | 获奖单位 | 荣誉称号 |
| --- | --- | --- | --- |
| 1981 年 | 甘肃省妇女联合会 | 饮马农场十二队托儿所 | 先进托儿所 |
| 1983 年 | 中国对外经济贸易部 | 饮马农场 | 黑瓜籽出口优良产品 |
| 1985 年 5 月 | 农牧渔业部 | 饮马农场职工医院 | 全国农垦系统先进单位 |
| 1989 年，1993—1995 年 | 中国农业银行 | 饮马农场 | 资金信用优良企业 |
| 1990 年 | 甘肃省人民政府 | 饮马农场 | 农业标准化先进单位 |
| 1991 年 | 甘肃省人民政府 | 饮马农场 | 全省农业标准化管理单位 |
| 1992 年 | 中国首届丝路节协调领导小组 | 饮马农场 | 丝路节科技成果展优秀奖（5zfx-打瓜机） |
| 1994 年 | 中共甘肃省委、省政府 | 饮马农场 | 文明单位 |
| 1995 年 | 农业部农垦局 | 饮马农场 | 全国农垦系统农机管理标准化优秀单位 |
| 1998 年 | 甘肃省委组织部、宣传部、总工会和经贸委 | 饮马农场 | 1996—1997 年全省思想政治优秀企业 |
| 2021 年 | 甘肃省政府国资委 | 中共亚盛饮马分公司党委 | 先进基层党组织 |

## 三、厅、局、地区先进单位

具体见表 10 - 2 - 3。

**表 10 - 2 - 3　厅、局、地区先进单位**

| 颁奖时间 | 颁奖机关 | 获奖单位 | 荣誉称号 |
|---|---|---|---|
| 2000 年 | 省委组织部、宣传部、总工会和经贸委 | 饮马农场 | 1998—1999 年全省思想政治优秀企业 |
| 1976 年 | 中共酒泉地委 | 饮马农场二十队、十五队、锰矿 | 先进集体 |
| 1979 年 | 酒泉地区行署 | 饮马农场五队 | 计划生育先进队 |
| 1978 年 | 中共酒泉地委、革委会 | 饮马农场三队学校 | 先进教育单位 |
| 1991—1993 年 | 中国人民保险公司甘肃省分公司 | 饮马农场 | 甘肃省保险先进农场 |
| 1993 年 | 中共酒泉地委 | 饮马农场 | 文明单位 |
| 1993 年 | 酒泉地区公安处 | 饮马派出所 | 集体三等功 |
| 1995 年 | 中共酒泉地委 | 饮马农场 | 综合治理模范单位 |
| 1995 年 | 酒泉地区行政署 | 饮马农场 | 首次第三产业普查先进单位 |
| 1994 年 | 酒泉地区公安处 | 饮马派出所 | 公安保卫工作一级达标单位 |
| 1992 年 | 甘肃省水泥协会 | 饮马农场水泥厂 | 先进单位 |
| 1995 年 | 甘肃省建材局委托省水泥协会 | 饮马水泥厂 | 水泥质量评比优良企业 |
| 2000 年 | 农业银行甘肃省分行 | 饮马农场 | AAA 信用单位 |
| 1970 年 | 兰州军区生产建设兵团 | 三团一连 | 先进单位 |
| 1972 年 | 兰州军区生产建设兵团 | 四团十二连三班 | 人均生产粮食 10700 斤 |
| 1979 年 | 甘肃省农垦局 | 饮马农场三队 | 增产节约扭亏增盈先进单位 |
| 1983 年 | 甘肃农垦总公司 | 十三队三班、科研站基建班、酒花二队二组、林场炸药班 | 先进集体 |
| 1984 年 | 甘肃农垦总公司 | 酒花二队二组 | 酒花生产先进集体 |
| 1985 年 | 甘肃农垦总公司 | 酒花一队、二队、三队 | 酒花生产先进集体 |
| 1986 年 | 甘肃农垦总公司 | 饮马农场 | 酒花生产先进单位 |
| 1989 年 9 月 | 甘肃省农垦总公司 | 饮马农场 | 尊师重教先进单位 |
| 1989 年 12 月 | 甘肃省农垦总公司 | 饮马农场 | 农业标准化先进单位 |
| 1991 年 | 甘肃省农垦总公司党委 | 饮马农场 | 全省农垦商贸流通先进单位 |
| 1991 年 | 甘肃省农垦总公司党委、总公司 | 饮马农场 | 1988—1990 年承包经营一等奖 |
| 1991 年 | 甘肃农垦总公司 | 饮马农场 | 科技兴农先进集体 |
| 1992 年 | 甘肃农垦总公司 | 饮马农场 | 办学先进单位 |
| 1993 年 | 甘肃农垦总公司 | 饮马农场 | 粮食丰收一等奖 |
| 1994 年 | 甘肃省农垦总公司 | 饮马农场 | 1993 年承包经营一等奖 |
| 1995 年 | 甘肃省农垦总公司 | 饮马农场 | 1994 年承包经营一等奖 |
| 1996 年 | 甘肃省农垦总公司 | 饮马农场 | 1995 年承包经营一等奖 |
| 1997 年 | 甘肃省农垦总公司 | 饮马农场 | 1994 年财务决算编报二等奖 |

（续）

| 颁奖时间 | 颁奖机关 | 获奖单位 | 荣誉称号 |
|---|---|---|---|
| 1998 年 | 甘肃省农垦总公司 | 饮马农场供销科 | 1995 年先进单位 |
| 1999 年 | 甘肃省农垦总公司 | 饮马农场 | "八五"科技兴农先进集体 |
| 1995 年 | 甘肃省农垦总公司党委、总公司 | 饮马实业公司 | 优秀企业 |
| 2006 年 | 甘肃省农垦集团公司党委 | 饮马农场 | 2005 年度社会保险工作先进单位 |
| 2006 年 | 甘肃省农垦集团公司党委 公司 | 饮马农场 | 2005 年度农垦企业先进单位 |
| 2012 年 | 甘肃省农垦集团公司党委 | 饮马农场 | 2011 年度农垦工作先进单位 |
| 2012 年 | 甘肃省农垦集团公司党委 | 农业二队党支部 | 创先争优先进基层党组织 |
| 2012 年 | 甘肃省农垦集团公司党委 | 农业一队党支部 | 创先争优样板党支部 |
| 2015 年 | 甘肃亚盛股份公司党委 | 亚盛饮马分公司 | 2014 年度工作先进单位 |
| 2015 年 | 甘肃亚盛股份公司党委 | 亚盛饮马分公司 | 亚盛成立 20 周年先进单位 |
| 2016 年 | 甘肃省农垦集团公司 | 亚盛饮马分公司 | 甘肃农垦科技进步三等奖 |
| 2019 年 | 甘肃省农垦集团公司 | 亚盛饮马分公司 | 2016—2018 年甘肃农垦科技进步三等奖 |
| 2019 年 | 甘肃省农垦集团公司党委 | 亚盛饮马分公司 | 先进单位 |
| 2020 年 | 亚盛股份公司 | 亚盛饮马分公司 | 先进单位 |
| 2021 年 | 甘肃农垦集团公司 | 亚盛饮马分公司 | 甘肃农垦创新提名奖 |
| 2020 年 | 甘肃农垦集团公司 | 亚盛饮马分公司 | 甘肃省农垦集团公司人居环境整治阶段性验收先进单位 |

## 四、农建十一师、一师，酒泉农垦分公司，酒泉农垦公司先进集体

具体见表 10 - 2 - 4。

表 10 - 2 - 4　农建十一师、一师，酒泉农垦分公司，酒泉农垦公司先进集体

| 颁奖时间 | 颁奖机关 | 获奖单位 | 荣誉称号 |
|---|---|---|---|
| 1966 年 | 农业建设十一师 | 二团一连 | "五好"连队 |
| 1969 年 | 十一师军管会、革委会 | 二团六连十二班 | 先进单位 |
| 1969 年 | 十一师党委 | 三团三连、运输连、十一团三连、七连、八连、十三连 | "四好"连队 |
| 1970 年 | 十一师党委 | 三团之女十二班、三团机关家属生产班 | 先进集体 |
| 1970 年 | 兰州军区生产建设兵团一师、一师党委 | 三团二连、四连、七连、二连四团一连、五连<br>三团六连十二班、机关家属生产班 | "四好"先进集体<br>"四好"先进集体<br>"四好"班组 |
| 1970 年 | 兰州军区生产建设兵团一师、一师党委 | 三团一连、四团五连<br>三团团机关 | "四好"连队<br>先进集体 |

（续）

| 颁奖时间 | 颁奖机关 | 获奖单位 | 荣誉称号 |
|---|---|---|---|
| 1972 年 | 兰州军区生产建设兵团一师 | 三团机关、五排、七排<br>四团七连七班、十二连二排 | 先进妇女集体 |
| 1973 年 | 兰州军区生产建设兵团一师 | 三团一连一班、一连七班、二连七班、四连一班、团机关<br>四团一连炊事班、七连九班、九连放牧班、十连 28 车组、五连马车班 | "农业学大寨""工业学大庆"先进集体 |
| 1973 年 | 兰州军区生产建设兵团一师 | 三团药房 | 医疗先进单位 |
| 1974 年 2 月 | 兰州军区生产建设兵团一师 | 三团六连四排、八连科研班<br>四团七连三排、一连四班、三连二班、一连食堂 | "农业学大寨""工业学大庆"先进集体 |
| 1974 年 2 月 | 兰州军区生产建设兵团一师 | 三团一连二排、七连二排、一连二班、一连五班、一连七班、一连十班、二连一班、二连二班、三连一班、四连一班、六连三班、八连三班、九连二班、十连一班、三团机关、三连科研班、九连科研班<br>四团一连、七连、三连、三连四班、三连五班、三连八班、七连七班、七连九班、九连二班、十二连三班、十二连六班、二连三班、二连七班、二连八班、二连十一班、二连十班、五连二班、八连二班、八连四班、九连一班、九连四班、十二连四班、十二连七班、一连种菜班、五连托儿所、九连科研组 | 表彰奖励"农业学大寨""工业学大庆"单位 |
| 1974 年 | 兰州军区生产建设兵团一师 | 三团六连、机修连"车风"收割机组、机关"五七"班、四连托儿所、四连二班<br>四团三连、养猪场、一连食堂、一连一班、二连八班 | "农业学大寨"先进集体 |
| 1977 年 | 中共酒泉地区农垦局委员会 | 饮马农场十三队五班 | 青年建设社会主义先进集体 |
| 1977 年 | 中共酒泉地区农垦局委员会 | 饮马农场三队小学 | 树立为教育先进集体 |
| 1977 年 | 中共酒泉地区农垦局委员会 | 饮马农场二中 | 先进集体 |
| 1977 年 | 中共酒泉地区农垦局委员会 | 饮马农场运输队、机修厂钳工组 | "工业学大庆"先进集体 |
| 1977 年 | 中共酒泉地区农垦局委员会 | 饮马农场十四队、十五队 | 先进养猪单位 |
| 1978 年 | 中共酒泉地区农垦局委员会 | 饮马农场十三队科研班、修配厂技术改新组 | 先进科技单位 |
| 1978 年 | 中共酒泉地区农垦局委员会 | 饮马农场一队、五队、十三队、十三队一排、十五队一排、车风"十四"号车组、十三队科研班、十二队林业班 | "农业学大寨"先进集体 |

（续）

| 颁奖时间 | 颁奖机关 | 获奖单位 | 荣誉称号 |
|---|---|---|---|
| 1978 年 | 中共酒泉地区农垦局委员会 | 一队二排、五队二排、十四队康拜因车组 | 通报表扬集体 |
| 1981 年 | 中共酒泉地区农垦局委员会 | 十队、十五队基建班、二十队五班、十一队车风车组 | 先进集体 |
| 1983 年 | 中共酒泉地区农垦局委员会 | 林场炸药班 | 树立安全生产先进单位 |
| 1983 年 | 中共酒泉地区农垦局委员会 | 八队、十一队、水电所、油罐车组、科研站基建班 | 安全生产先进单位 |
| 1985 年 | 中共酒泉地区农垦局委员会 | 饮马农场第二中学 | 教育系统先进单位 |
| 1985 年 | 中共酒泉地区农垦局委员会 | 饮马农场十三队 | 安全生产先进单位 |
| 1986 年 | 中共酒泉地区农垦局委员会 | 饮马农场修配厂 | 安全生产先进单位 |
| 1990 年 | 中共酒泉地区农垦局委员会 | 饮马农场职工医院 | 安全生产先进单位 |
| 1993 年 | 中共酒泉地区农垦局委员会 | 饮马农场水泥厂烧成车间 | 安全生产先进单位 |
| 1995 年 | 中共酒泉地区农垦局委员会 | 饮马农场 | 安全生产知识竞赛第二名 |

## 五、玉门市先进集体

具体见表 10 - 2 - 5。

表 10 - 2 - 5　玉门市先进集体

| 颁奖时间 | 颁奖机关 | 获奖单位 | 荣誉称号 |
|---|---|---|---|
| 1990 年 | 玉门市委、市政府 | 饮马农场 | 文明单位 |
| 1992 年 | 玉门市委、市政府 | 饮马农场 | 模范文明单位 |
| 1992 年 | 玉门市委、市政府 | 饮马农场 | 综合治理先进单位 |
| 1994 年 | 玉门市委、市政府 | 饮马农场水泥厂 | 文明单位 |
| 2014 年 | 玉门市委、市政府 | 饮马农场 | 市社会管理综合治理暨维稳先进单位 |
| 2016 年 | 玉门市委、市政府 | 饮马农场 | 项目建设先进单位 |
| 2017 年 | 玉门市委、市政府 | 饮马农场 | 支持地方经济社会发展贡献突出单位 |
| 2018 年 | 玉门市委、市政府 | 饮马农场 | 2017 年度综合维稳工作先进集体 |

# 第二节　先进人物名录

## 一、国家表彰的先进人物

具体见表 10 - 2 - 6。

表 10 - 2 - 6　国家表彰的先进人物

| 姓名 | 时任职务 | 工作单位 | 颁奖单位 | 称号 | 受奖时间 |
|------|---------|---------|---------|------|---------|
| 傅江海 | 场长 | 饮马农场 | 国务院 | 全国劳动模范 | 1989 年 2 月 |
| 刑文生 | 农业二分场职工 | 饮马农场 | 农业农村部 | 全国农业劳动模范 | 2017 年 5 月 |

## 二、省、部级表彰的先进人物

具体见表 10 - 2 - 7。

表 10 - 2 - 7　省、部级表彰的先进人物

| 姓名 | 时任职务 | 工作单位 | 颁奖单位 | 称号 | 受奖时间 |
|------|---------|---------|---------|------|---------|
| 张寿年 | 副队长 | 北湖农场一站 | 甘肃省委、省政府 | 劳动模范 | 1964 年 |
| 刘德芳 | 技术员 | 北湖农场 | 甘肃省委、省政府 | 先进工作者 | 1964 年 |
| 吴永涛 | 战士 | 十一师二团二连 | 甘肃省委、省政府 | "五好战士" | 1965 年 |
| 席宗信 | 教师 | 一师三团一连 | 兰州军区 | 追记一等功 | 1970 年 |
| 田心灵 | 收割机手 | 饮马农场修造厂 | 兰州军区政治部 | 五好战士 | 1977 年 |
| 吕德光 | 教师 | 饮马农场七队小学 | 农垦部 | 全国农垦系统先进教师 | 1982 年 |
| 田心灵 | 车长 | 饮马农场 | 甘肃省政府 | 先进生产者 | 1982 年 |
| 李家茂 | 副场长 | 饮马农场 | 国家科委、教委、农业部、林业部 | 科技推广先进工作者 | 1984 年 |
| 朱扶昌 | 副场长 | 饮马农场 | 国家科委、教委、农业部、林业部 | 科技推广先进工作者 | 1984 年 |
| 张桂琴 | 医院院长 | 饮马农场医院 | 甘肃省人民政府 | 甘肃省卫生战线先进工作者 | 1983 年 |
| 傅江海 | 场长 | 饮马农场 | 农牧渔业部 | 农业科技推广先进工作者 | |
| 张桂琴 | 医院院长 | 饮马农场医院 | 卫生部 | 全国卫生文明先进工作者 | 1986 年 |
| 张桂琴 | 医院院长 | 饮马农场医院 | 甘肃省卫生厅 | 全省卫生文明先进工作者 | 1986 年 |
| 彭述先 | 科长 | 饮马农场酒花科 | 农业部 | 全国农牧渔业丰收一等奖 | 1988 年 |
| 周全礼 | 副场长 | 饮马农场 | 国家科委、教委、农业部、林业部 | 科技推广先进工作者 | 1987 年 |
| 彭述先 | 副场长 | 饮马农场 | 甘肃省政府 | 科技进步二等奖 | 1988 年 |
| 傅江海 | 场长、党委书记 | 饮马农场 | 甘肃省计划委员会 | 新科技推广管理优秀管理者 | 1989 年 |
| 傅江海 | 场长、党委书记 | 饮马农场 | | 全国劳动模范 | 1991 年 |
| 傅江海 | 场长、书记 | 饮马农场 | 中共甘肃省委 | "廉洁奉公好党员" | 1989 年 |
| 俞祖义 | 队长 | 饮马农场 | 农业部、农垦部 | 全国畜牧病普查先进个人 | 1990 年 |
| 李家茂 | 副场长 | 饮马农场 | 甘肃省政府 | 全省农业科技推广先进个人 | 1990 年 |
| 傅江海 | 场长、书记 | 饮马农场 | | 享受政府特殊津贴专家 | 1993 年 |
| 何庆祥 | 副场长 | 饮马农场 | 甘肃省人民事部、计划委员会、教育委员会 | 优秀大学生 | 1994 年 |

（续）

| 姓名 | 时任职务 | 工作单位 | 颁奖单位 | 称号 | 受奖时间 |
|---|---|---|---|---|---|
| 傅江海 | 场长、书记 | 饮马农场 | 甘肃省人民政府 | 优秀专家 | 1995 年 |
| 王永宏 | 队长 | 饮马农场十八队 | 甘肃省人民政府 | 劳动模范 | 1995 年 |
| 邱应祥 | 职工 | 饮马农场三队 | 甘肃省人民政府 | 农村带领群众勤劳致富先进个人 | 1987 年 |
| 张维文 | 职工 | 饮马农场十八队 | 甘肃省委、省政府 | 劳动模范 | 1999 年 |
| 赵秀美 | 班长 | 四团林业班 | 农建十一师军管会 | 先进个人 | 1969 年 |
| 陈建筑 | 学生 | 三团一连小学 | 兰州军区生产建设兵团党委 | 追记三等功 | 1970 年 |
| 陈茹珍 | 饲养员 | 四团二连 | 农建十一师党委 | 活学活用毛泽东思想积极分子 | 1970 年 |
| 安海燕 | 排长 | 三团六连 | 农建十一师党委 | 活学活用毛泽东思想积极分子 | 1970 年 |
| 贠小苏 | 班长 | 四团一连 | 农建十一师党委 | 活学活用毛泽东思想积极分子 | 1970 年 |
| 郑邦琪 | 排长 | 四团十二连 | 农建十一师党委 | "农业学大寨""工业学大庆"先进妇女 | 1972 年 |
| 柳淑玲 | 护士 | 三团一连 | 农建十一师党委 | 卫生先进个人 | 1973 年 |
| 李洪恩 | 卫生员 | 三团三连 | 农建十一师党委 | 卫生先进个人 | 1973 年 |
| 李玉民 | 卫生员 | 四团七连 | 农建十一师党委 | 卫生先进个人 | 1973 年 |
| 裴景胜 | 政指 | 三团一连 | 农建十一师党委 | 通令嘉奖 | 1974 年 |
| 田心灵 | 场长 | 饮马农场 | 甘肃省人事局、甘肃省建材工业局 | 全省建材系统建材工作者 | 2000 年 |
| 田心灵 | 场长 | 饮马农场 | 甘肃省农垦总公司 | 甘肃农垦劳动模范 | 2003 年 |
| 胡文亮 | 科长 | 饮马农场 | 甘肃省农垦总公司 | 甘肃农垦劳动模范 | 2003 年 |
| 何秀英 | 职工 | 饮马农场 | 甘肃省农垦总公司 | 甘肃农垦劳动模范 | 2003 年 |
| 寇景荣 | 科长 | 饮马农场 | 甘肃省农垦总公司 | 甘肃农垦优秀共产党员 | 2003 年 |
| 何均平 | 产业部副部长 | 饮马分公司 | 甘肃省政府 | 甘肃省劳动模范 | 2010 年 |
| 李兆强 | 党委副书记 | 饮马农场 | 甘肃省农垦集团公司党委 | 2010 年农垦集团公司维稳信访工作先进工作者 | 2011 年 |
| 寇化雄 | 保卫部部长 | 饮马农场 | 甘肃省农垦集团公司 | 2012 年度信访维稳工作先进个人 | 2012 年 |
| 史利红 | 职工医院 | 饮马农场 | 甘肃省农垦集团公司 | 甘肃农垦优秀青年人才 | 2014 年 |
| 邹常生 | 项目信息部 | 饮马农场 | 甘肃省农垦集团公司 | 甘肃农垦优秀青年人才 | 2014 年 |
| 张向荣 | 经理 | 饮马分公司 | 甘肃亚盛实业（集团）股份有限责任公司党委 | 亚盛成立 20 周年先进个人 | 2015 年 |
| 陈天亮 | 七队队长 | 饮马分公司 | 甘肃亚盛实业（集团）股份有限责任公司党委 | 亚盛成立 20 周年先进个人 | 2015 年 |
| 马雪婷 | 七队职工 | 饮马分公司 | 甘肃亚盛实业（集团）股份有限责任公司党委 | 亚盛成立 20 周年先进个人 | 2015 年 |

（续）

| 姓名 | 时任职务 | 工作单位 | 颁奖单位 | 称号 | 受奖时间 |
|---|---|---|---|---|---|
| 许红燕、王亚菊、王玉惠、赵晓梅 | 职工 | 饮马分公司 | 甘肃省农垦集团有限责任公司 | "巾帼风采"优秀女职工 | 2015 年 |
| 张会基 | 企管部部长 | 饮马分公司 | 甘肃省农垦集团有限责任公司 | 2015 年甘肃农垦高产创建先进工作者 | 2015 年 |
| 张会基 | 企管部部长 | 饮马分公司 | 甘肃省农垦集团有限责任公司党委 | 优秀党员 | 2016 年 |
| 王兴宏 | 科技中心科员 | 饮马分公司 | 甘肃省农垦集团有限责任公司 | 2014—2016 年度优秀科技工作者 | 2016 年 |
| 张会基 | 企管部部长 | 饮马分公司 | 甘肃省农垦集团有限责任公司党委 | 2019 年度优秀共产党员 | 2019 年 |
| 刘明军 | 党委办主任 | 饮马分公司 | 甘肃省农垦集团有限责任公司党委 | 2019 年度优秀党务工作者 | 2019 年 |

## 三、局、地、十一师表彰的先进人物

具体见表 10 - 2 - 8。

表 10 - 2 - 8　局、地、十一师表彰的先进人物

| 姓名 | 时任职务 | 工作单位 | 颁奖单位 | 称号 | 受奖时间 |
|---|---|---|---|---|---|
| 沈桂花 | 政治指导员 | 三团四连 | 农建十一师党委 | 通令嘉奖 | 1974 年 |
| 杨和顺 | 排长 | 三团六连 | 农建十一师党委 | 通令嘉奖 | 1974 年 |
| 杨明山 | 连长 | 四团十一连 | 农建十一师党委 | 通令嘉奖 | 1974 年 |
| 邓开庭 | 干事 | 四团保卫科 | 农建十一师党委 | 通令嘉奖 | 1974 年 |
| 马林 | 排长 | 四团三连 | 农建十一师党委 | 通令嘉奖 | 1974 年 |
| 董俊山 | 排长 | 四团五连 | 农建十一师党委 | 通令嘉奖 | 1974 年 |
| 汪万清 | 班长 | 四团一连 | 农建十一师党委 | 表彰奖励 | 1974 年 |
| 陆嫒 | 书记 | 饮马五队 | 中共酒泉地委 | 农垦战线先进个人 | 1976 年 |
| 张永恒 | 副参谋长 | 饮马农场 | 中共酒泉地委 | 农垦战线先进个人 | 1976 年 |
| 柳淑玲 | 医院 | 饮马农场三队 | 中共酒泉地委 | 农垦战线先进个人 | 1976 年 |
| 陈重铁 | 车长 | 饮马农场修造厂 | 中共酒泉地委 | 农垦战线先进个人 | 1976 年 |
| 李竞成 | 组长 | 饮马农场修造厂 | 甘肃省农垦局 | 科技工作先进个人 | 1977 年 |
| 葛庆华 | 售货员 | 饮马农场商店 | 中共酒泉地委 | 酒泉地区财贸先进个人 | 1977 年 |
| 吕季清 | 摄影员 | 饮马农场商店 | 甘肃省农垦局 | 先进工作者 | 1979 年 |
| 吴秀宝 | 驾驶员 | 饮马农场运输队 | 中共酒泉地委 | 酒泉地区全区交通安全生产个人 | 1980 年 |
| 周锡章 | 驾驶员 | 饮马农场运输队 | 中共酒泉地委 | 酒泉地区全区交通安全生产个人 | 1980 年 |

(续)

| 姓名 | 时任职务 | 工作单位 | 颁奖单位 | 称号 | 受奖时间 |
|------|---------|---------|---------|------|---------|
| 许国洪 | 驾驶员 | 饮马农场运输队 | 中共酒泉地委 | 酒泉地区全区交通安全生产个人 | 1980 年 |
| 王庆思 | 驾驶员 | 饮马农场运输队 | 甘肃省农垦局 | 酒泉地区全区交通安全生产个人 | 1980 年 |
| 冯殿启 | 驾驶员 | 饮马农场运输队 | 甘肃省农垦局 | 酒泉地区全区交通安全生产个人 | 1980 年 |
| 郭金山 | 驾驶员 | 饮马农场运输队 | 中共酒泉地委 | 酒泉地区全区交通安全生产个人 | 1980 年 |
| 吴兴学 | 驾驶员 | 饮马农场运输队 | 中共酒泉地委 | 酒泉地区全区交通安全生产个人 | 1980 年 |
| 吕德光 | 教师 | 饮马七队小学 | 甘肃农垦总公司 | 先进工作者 | 1982 年 |
| 翟立钰 | 主任 | 饮马水泥厂 | 甘肃农垦总公司 | 先进工作者 | 1983 年 |
| 刘登科 | 饲养员 | 饮马农场二队 | 甘肃农垦总公司 | 劳动模范 | 1983 年 |
| 田心灵 | 车长 | 饮马农场修造厂 | 甘肃农垦总公司 | 劳动模范 | 1983 年 |
| 彭述先 | 科长 | 饮马农场酒花科 | 甘肃农垦总公司 | 先进个人 | 1986—1991 年 |
| 张桂琴 | 院长 | 饮马农场医院 | 甘肃农垦总公司 | 先进个人 | 1987 年 |
| 周全礼 | 副场长 | 饮马农场 | 甘肃农垦总公司 | 先进科技工作者 | 1987 年 |
| 吴贞桂 | 职工 | 饮马农场酒花一队 | 甘肃农垦总公司 | 啤酒花特级生产能手 | 1986—1987 年 |
| 郭显良 | 职工 | 饮马农场酒花二队 | 甘肃农垦总公司 | 啤酒花特级生产能手 | 1986 年 |
| 郑付春 | 职工 | 饮马农场酒花二队 | 甘肃农垦总公司 | 啤酒花特级生产能手 | 1987 年 |
| 侯月明 | 职工 | 饮马农场酒花二队 | 甘肃农垦总公司 | 啤酒花特级生产能手 | 1987 年 |
| 姜占香 | 教师 | 饮马农场中学 | 甘肃农垦总公司 | 先进教师 | 1989 年 |
| 党清俊 | 副科长 | 饮马场酒花园林科 | 甘肃农垦总公司 | 酒花生产科技工作者 | 1989 年 |
| 傅江海 | 场长、书记 | 饮马农场 | 甘肃农垦总公司 | 酒花生产先进工作者 | 1991 年 |
| 何庆祥 | 副场长 | 饮马农场 | 甘肃农垦总公司 | 酒花生产先进工作者 | 1991 年 |
| 吕德光 | 教师 | 饮马农场中学 | 甘肃农垦总公司 | 先进教师 | 1992 年 |
| 孔静 | 教师 | 饮马农场中学 | 甘肃农垦总公司 | 先进教师 | 1992 年 |
| 傅江海 | 场长、书记 | 饮马农场 | 甘肃省农垦总公司 | 科技兴农先进工作者 | 1994 年 |
| 田心灵 | 厂长 | 饮马水泥厂 | 中共酒泉地委 | 全区环境保护先进工作者 | 1994 年 |
| 田心灵 | 厂长 | 饮马水泥厂 | 甘肃省建材协力第二任理事会 | 先进个人 | 1995 年 |
| 董兴胜 | 队长、书记 | 饮马农场三队 | 甘肃省农垦总公司 | 先进工作者 | 1995 年 |
| 何政教 | 队长、书记 | 饮马农场五队 | 甘肃省农垦总公司 | 先进工作者 | 1995 年 |
| 翟立钰 | 主任 | 饮马水泥厂 | 甘肃省农垦总公司 | 先进工作者 | 1995 年 |
| 王永宏 | 队长、书记 | 饮马农场十八队 | 甘肃省农垦总公司 | 先进工作者 | 1995 年 |
| 李增福 | 队长 | 饮马农场十七队 | 甘肃省农垦总公司 | 先进工作者 | 1995 年 |
| 张维文 | 职工 | 饮马农场十八队 | 甘肃省农垦总公司 | 农业科技推广先进工作者 | 1997 年 |
| 廖伟祥 | 主任 | 饮马农场机关 | 甘肃省农垦集团公司 | 先进工作者 | 2009 年 |
| 廖伟祥 | 党委委员、副场长 | 饮马农场机关 | 甘肃省农垦集团公司 | 2008—2009 年度甘肃农垦信访维稳先进工作者 | 2010 年 |

## 四、酒泉地区农垦局酒泉农垦公司表彰的先进人物

具体见表 10-2-9。

表 10-2-9　酒泉地区农垦局酒泉农垦公司表彰的先进人物

| 姓名 | 时任职务 | 工作单位 | 颁奖单位 | 称号 | 受奖时间 |
|---|---|---|---|---|---|
| 陆媛 | 书记 | 饮马农场五队 | 酒泉农垦局 | 青年建设社会主义先进个人 | 1977年 |
| 王广义 | 排长 | 饮马农场十五队 | 酒泉农垦局 | 青年建设社会主义先进个人 | 1977年 |
| 曹燕生 | 班长 | 饮马农场四队 | 酒泉农垦局 | 青年建设社会主义先进个人 | 1977年 |
| 马文华 | 教师 | 饮马农场二队小学 | 酒泉农垦局 | 教育革命先进个人 | 1977年 |
| 章武辉 | 驾驶员 | 饮马农场运输队 | 酒泉农垦局 | "工业学大庆"先进个人 | 1977年 |
| 刘登科 | 饲养员 | 饮马农场二队 | 酒泉农垦局 | 模范饲养员 | 1977年 |
| 苏明翠 | 饲养员 | 饮马农场十五队 | 酒泉农垦局 | 模范饲养员 | 1977年 |
| 彭善之 | 技术员 | 饮马农场十三队 | 酒泉农垦局 | 先进科技工作者 | 1978年 |
| 傅振国 | 主治医师 | 饮马农场十三队 | 酒泉地区农垦局 | 先进科技工作者 | 1978年 |
| 张永恒 | 副参谋长 | 饮马农场 | 酒泉地区农垦局 | "农业学大寨"先进个人 | 1978年 |
| 王茂林 | 职工 | 饮马农场 | 酒泉地区农垦局 | "农业学大寨"先进个人 | 1978年 |
| 钱兴正 | 中医师 | 饮马农场 | 酒泉地区农垦局 | 先进个人 | 1981年 |
| 杨金寿 | 工人 | 饮马农场 | 酒泉地区农垦局 | 先进个人 | 1981年 |
| 李竞成 | 工人 | 饮马农场 | 酒泉地区农垦局 | 先进个人 | 1981年 |
| 李义仁 | 工人 | 饮马农场 | 酒泉地区农垦局 | 先进个人 | 1981年 |
| 李家茂 | 副队长 | 饮马农场 | 酒泉地区农垦局 | 先进个人 | 1981年 |
| 姜玉兰 | 职工 | 饮马农场 | 酒泉地区农垦局 | 先进个人 | 1981年 |
| 叶青 | 职工 | 饮马农场 | 酒泉地区农垦局 | 先进个人 | 1981年 |
| 安志朴 | 队长 | 饮马农场 | 酒泉地区农垦局 | 先进个人 | 1981年 |
| 高本德 | 电工 | 饮马农场 | 酒泉地区农垦局 | 先进个人 | 1981年 |
| 孙全国 | 技术员 | 饮马农场 | 酒泉地区农垦局 | 先进个人 | 1981年 |
| 何应斗 | 职工 | 饮马农场 | 酒泉地区农垦局 | 先进个人 | 1981年 |
| 王福清 | 职工 | 饮马农场 | 酒泉地区农垦局 | 先进个人 | 1981年 |
| 张文学 | 职工 | 饮马农场 | 酒泉地区农垦局 | 安全生产先进个人 | 1983—1985年 |
| 郭华荣 | 教师 | 饮马一中 | 酒泉地区农垦局 | 先进教师 | 1983年 |
| 王作兰 | 教师 | 饮马农场一中 | 酒泉地区农垦局 | 先进教师 | 1983年 |
| 常元慧 | 教师 | 饮马农场二中 | 酒泉地区农垦局 | 先进教师 | 1983年 |
| 周春华 | 教师 | 饮马农场一中 | 酒泉地区农垦局 | 先进教师 | 1983年 |
| 姚运秀 | 教师 | 饮马农场二中 | 酒泉地区农垦局 | 先进教师 | 1983年 |
| 王志中 | 教师 | 饮马农场二中 | 酒泉地区农垦局 | 先进教师 | 1983年 |
| 吕德光 | 教师 | 饮马农场二中 | 酒泉地区农垦局 | 先进教师 | 1983年 |
| 李兆平 | 教师 | 饮马农场二中 | 酒泉地区农垦局 | 先进教师 | 1983年 |
| 孔祥萱 | 教师 | 饮马农场二中 | 酒泉地区农垦局 | 先进教师 | 1983年 |

（续）

| 姓名 | 时任职务 | 工作单位 | 颁奖单位 | 称号 | 受奖时间 |
|---|---|---|---|---|---|
| 朱扶昌 | 技术员 | 饮马农场 | 酒泉农垦分公司 | 先进科技工作者 | 1983 年 |
| 钟翔华 | 技术员 | 饮马农场 | 酒泉农垦分公司 | 先进科技工作者 | 1983 年 |
| 孙全国 | 技术员 | 饮马农场 | 酒泉农垦分公司 | 先进科技工作者 | 1983 年 |
| 刘积银 | 技术员 | 饮马农场 | 酒泉农垦分公司 | 先进科技工作者 | 1983 年 |
| 张桂琴 | 院长 | 饮马农场医院 | 酒泉农垦分公司 | 先进医务工作者 | 1983 年 |
| 李玉民 | 医生 | 饮马农场医院 | 酒泉农垦分公司 | 先进医务工作者 | 1983 年 |
| 韩道康 | 医生 | 饮马农场医院 | 酒泉农垦分公司 | 先进医务工作者 | 1983 年 |
| 蒙定力 | 医生 | 饮马农场医院 | 酒泉农垦分公司 | 先进医务工作者 | 1983 年 |
| 李喆 | 教师 | 饮马农场二中 | 酒泉农垦分公司 | 教育系统先进个人 | 1985 年 |
| 李勇 | 教师 | 饮马农场一中 | 酒泉农垦分公司 | 教育系统先进个人 | 1985 年 |
| 王素华 | 教师 | 饮马农场一中 | 酒泉农垦分公司 | 教育系统先进个人 | 1985 年 |
| 安文 | 教师 | 饮马农场一中 | 酒泉农垦分公司 | 教育系统先进个人 | 1985 年 |
| 张静英 | 教师 | 饮马农场一中 | 酒泉农垦分公司 | 教育系统先进个人 | 1985 年 |
| 葛云芳 | 教师 | 饮马农场二中 | 酒泉农垦分公司 | 教育系统先进个人 | 1985 年 |
| 张淑惠 | 教师 | 饮马农场二中 | 酒泉农垦分公司 | 教育系统先进个人 | 1985 年 |
| 赵振业 | 司机 | 饮马农场 | 酒泉农垦分公司 | 教育系统先进个人 | 1988 年 |
| 刘家勇 | 队长 | 饮马农场十三队 | 甘肃省玉门市委、市政府 | "见义勇为先进个人" | 1989 年 |
| 魏兴天 | 司机 | 饮马农场 | 酒泉农垦分公司 | 安全生产先进个人 | 1990 年 |
| 张桂琴 | 院长 | 饮马农场医院 | 甘肃农垦总公司科技卫生处 | 卫生工作先进个人 | 1990 年 |
| 饶太平 | 医生 | 饮马农场医院 | 甘肃农垦总公司科技卫生处 | 卫生工作先进个人 | 1990 年 |
| 章亦华 | 司机 | 饮马农场 | 酒泉农垦分公司 | 安全生产先进个人 | 1993 年 |
| 廖伟祥 | 主任 | 饮马农场 | 玉门市司法局 | 2004 年度司法行政工作先进个人 | 2005 年 |

## 五、场、团劳模、立功者

具体见表 10 - 2 - 10。

表 10 - 2 - 10　场、团劳模、立功者

| 颁奖单位 | 颁奖时间 | 荣誉称号 | 获奖人 |
|---|---|---|---|
| 十一师二团 | 1969 年 | 三等功 | 甘一平、王海、郭其春、王振帮、冯明华、彭思勇、庹汉志、孙焕玲、张铸芬、孟庆春、腾国政、徐良、傅作琪、黄土龙、尤文忠、韩素芬 |
| 一师三团 | 1970 年 | 三等功 | 姜开生、宋洪祥、何丕森、傅振国 |
| 一师四团 | 1972 年 | 三等功 | 王成学、慕振升、邓喜章 |
| 一师三团 | 1973 年 | 三等功 | 柳淑玲、沈桂花、李现臣、刘秀兰、李应科、张汉英、李才元 |
| 一师三团 | 1973 年 | 三等功 | 覃达光、柳淑玲、兰志安、雷凤英、铁国栋、高灿、张雁聪、寇正芳、谢洪堂 |
| 一师四团 | 1973 年 | 三等功 | 盛增太、阵锡万、马自新、李艳英 |
| 一师四团 | 1972 年 | 三等功 | 穆文龙、于本江、施文玉、崔保柱、(安西会战)王世安 |

（续）

| 颁奖单位 | 颁奖时间 | 荣誉称号 | 获奖人 | |
|---|---|---|---|---|
| 一师四团 | 1973 年 | 三等功 | 张广德、王伟、汪万清 | |
| 饮马农场 | 1979 年 | 劳动模范 | 张永恒、高中山、张久仁、吴兆梅 | |
| 饮马农场 | 1977 年 | 三等功 | 李维群 | |
| 饮马农场 | 1989 年 | 劳动模范 | 刘文礼、田心灵、白仁武、王永宏、杨艳梅、候巍、彭述先、郭永戈、张桂琴、吕继宏、陈德浩、张维文、张建芳、郑富春、刘彦兰、冯尧会、张继春、王振平、袁应才、赵振业、王天礼、王淑娥 | |
| 饮马农场 | 1993 年 | 劳动模范 | 傅江海、田心灵、王永宏、张桂琴、董兴胜、何政教、袁应才、石桂松、张维文、李增福、朱金喜、马秀琼、尹华新、马自新、于克杰、马占海、靳土淑、马有苏、张传德、王桂花、郭巧英、杨秀珍、张钜铭、李振林、徐光明、安新文、郭宝年、许冬兰、陈友霞、朱友运、苏源、常元慧、刘丽娜、王杰、王安全、朱洪生、王庆思、孙绍金、徐伯和、杨恒远、魏瑞亮、赵振业、乔建勇、刘元杰、邓开庭、马兆玉、杨顺庆、陈重铁、郑传明、郑尚凯 | |

# 附　　录

## 五大坪、北湾农场简介

1969年10月，五大坪和北湾农场搬迁至场区农建十一师第十一团，系原甘肃省农垦局所属五大坪、北湾农场移交军垦后组建而成。其简况分述如下：

### 一、五大坪农场

五大坪农场原位于靖远县西南黄河北岸之河谷台地，由中堡坪、独石头坪组成。土地总面积1304.32公顷，其中耕地324.87公顷、林地434.27公顷、牧地351.46公顷、基建及工副业用地137.39公顷、沟壑占地92.33公顷，提引黄河水灌溉。至1969年，中堡坪已完成三级干渠提灌，独石头坪完成两级干渠提灌。

场区地势平缓，由北向南倾斜，海拔高程1460～1540米，相对高差22～34米，坡降为0.05%～0.07%。由于土壤湿陷性大，布满纵横交错、大小不等的沟壑、陷穴和螺旋状凹坑，加大了平田整地与渠道加固工程的难度。当地属中部亚热干旱气候，年平均气温9℃、降水量243.1毫米，无霜期190天。粮食作物主要有麦、玉米、黄豆、蚕豆、糜谷等，经济作物主要有苹果、瓜类、金针菜、玫瑰花等。

农场创建于1964年3月，由甘肃省农垦局规划设计，被列入黄河提灌工程建设主要项目。建场初，为贯彻"勤俭办场"方针，"以经济、适用和可能条件下的美观"为原则，向当地农村看齐，房屋建筑除办公室、仓库、食堂为砖土木结构外，其余均为"干打垒"。每逢雨季，普遍漏雨，需草泥堵漏。冬季取暖期为4个月。

农场干部由甘肃省农垦局从北湾、前坝、连家砭、白石嘴、大山门农牧场和花儿坡药场抽调组成，首任场长李福来。职工的主要来源有：①从大山门、连家砭、二将川、玄峰山、万宝川、电尕寺、阿木去乎农牧场抽调；②接收安置北京、兰州、定西等城市知青；③接收安置部分复转军人。1966年2月，甘肃省农垦局并入农建十一师，五大坪、北湾、条山农场合并为第十一团，团部设中堡坪，建置依农建十一师《关于团的建置编制命令》。团直设4个连（队），除一连驻独石头坪外，其余均驻中堡坪。北湾农场为一营，条山农场为三营。团长邵增琪，政治委员彭振江，李福来任参谋长。调迁饮马后，条山农场编入农建十一师第五团序列，五大坪和北湾农场移交甘肃省公安厅劳改局经营。

建场至 1965 年年底，农场完成开荒平地 2142 亩，修渠 4.53 公里，定植苹果树 410 亩，造林 80 亩，压砂田 30 亩，修公路 2 公里，架设通信、供电线路 14 公里，完成房屋建设 5598 平方米，共完成基本建设投资 36.39 万元。当年生产粮食 1.5 万公斤、蔬菜 2.5 万公斤；畜牧业有大牲畜 27 头（匹）、羊 582 只。

1966 年播种面积 2650 亩，生产粮食 20.5 万公斤，总产蔬菜瓜果 15 万公斤。1968 年完成主要提灌工程和干、支渠修建；1969 年完成农田渠系配套和平田整地，实现了全面灌溉，并根据农场的土地特征，研究总结出《黄土灌溉沉陷的克服途径和节水灌溉方法》。因当地土壤灌水后塌陷严重，当年开荒不能当年配套，未能如期完成《建场计划任务书》所提出的建场目标。

## 二、北湾农场

北湾农场位于靖远县西部黄土丘陵川坝区，濒临黄河，农场土地分布于四、五、六、七灌渠间，东西长 5.8 公里，南北宽 1 公里，总面积 226.67 公顷，其中水田 133.33 公顷、水浇地 93.33 公顷，靠引黄河水灌溉，两级提灌，排灌动力机械为 11 台/267.8 千瓦。当地夏秋之季湿度偏高，水平如镜，稻茂鱼跃，有"江南风光，鱼米之乡"的美誉。

北湾农场创建于 1953 年，原系中国人民解放军第三军生产基地，以打坝淤地的办法造田种植。1954 年移交甘肃省农林厅，成为厅属马拉机农场。1959 年移交甘肃省农垦局，1965 年并入第十一团建置。

场区土地除簸箕湾外，均系多年人工筑堤引黄河水放淤而成。通过放淤增加土地耕层厚度，是当地每年必须进行的一项生产措施，其历史可上溯至民国初年。当地民谣有"寸水淤地，一亩顶十亩""天心地胆，年种年收"之说。场区气候干燥，气温较高，日照充足，年温差和日温差较大，海拔高程 1400 米，年平均气温 8.7℃，降水量 250 毫米，无霜期 180 天，有利于农作物生长。土地由西向东微斜，坡降 0.15%，且平坦集中，利于排灌和机耕。土质黏重肥沃，粮经作物均获高产，曾是全省农垦经济效益最好的农场之一。

甘肃省农垦局 1964 年 1 月 10 日局务会议批准：北湾农场职工编制为 240 人，场部组织机构设置为场长 1 人、副场长 2 人，设办公室、基本建设股、生产管理股、计划财务股，编制 25 人。实行场、队二级管理，农场一级核算。附设机构有卫生所、畜牧兽医站、场办子校和商店。1965 年移交第十一团时，总人口为 538 人。人口来源为：①当地迁入农场的农民；②来自兰州、白银市的城市知青；③接收安置兰州家禽场、旱坪川棉花农场合并后调入的人员。农场职工宿舍及办公室均为自建的土木结构。其经营管理方式有"三包一奖"，班组核算、固定工资加奖励等。

# 饮马农场建场相关文件

## 饮马场国营机械化农场建场计划任务书

第一章　建场的目的

饮马场国营机械化农场建场目的有三：

一、变荒地为良田，向自然界作斗争。饮马一带面积广阔，地势平坦，土壤肥沃，气候方面适合于多种农作物生长，具备机械耕作条件。过去因受灌溉水源的限制及个体小农经营，无法大面积进行垦殖，致使可资开发利用的广大土地荒废弃置殊为可惜，今后在昌马河灌溉工程的配合下，利用机械进行大规模的开垦，数年之间即可将此荒芜的荒地变为良田，为人民创造诬陷财富。

二、建立社会主义性质的农业企业，利用科学技术与机械耕作进行大规模的农业生产，可以引导启发本省个体小农经济走上机械化、集体化的生产道路，奠定社会主义的农业发展基础。

三、供给粮食（包括动物和植物食粮）。配合本省工业建设，本场附近粮食颇感缺乏，不能充分供给工业区人口需求，大量粮食往往从千余里外的武威调运，粮食对于工业建设影响很大。甘肃在今后的工业建设中为重点建设省份，本区又为全国著名的石油工业中心建设地区。为了配合工业上的发展，必须利用附近广大荒地生产大批粮食，及时解决工业方面的粮食问题。

（以下只录章节条目，其余省略）

第二章　建场具备的条件

第一节　场地勘察结果

第二节　建场有利条件

第三章　建场后发展的前途

第四章　建场后在政治与经济上所发挥的作用

第五章　设计区划与建场年限及实施步骤

第六章　建场费用初步估计

第七章　建场后逐年生产收入支付与利润估计

## 第八章　建场设计区划负责单位及主持人

甘肃省人民政府农林厅

一九五二年十二月

　　注：此计划任务书经甘肃省政府批准报呈国家农垦部备案，对场区荒地资源、土壤类型、气候条件等做了进一步勘察，于 1954 年 8 月完成《饮马场机械化农场详查报告》。

# 有关转让土地、房屋协议

## 黄闸湾乡人民公社、国营蘑菇滩农场关于转让土地、房屋协议书

玉门市黄闸湾乡人民公社和国营蘑菇滩农场关于转让土地、房屋，双方成立以下协议，并规定本协议自 1959 年元月 1 日起生效。

一、社方将规划区内另表目录所列土地、房屋物资转让给场方永远使用，场方业已接管。

二、场方接管前项土地、房屋物资后，对社方付给代价人民币壹万零贰佰零伍元整，社方业已出据收讫。

三、双方成立协议后，土地房屋物资归场方所用，并承担一切应承担的义务（如纳税等）；对协议生效以前有关前项土地房屋上所发生的一切，统由社方负责解决。

为日后留存证据，兹制本协议书五份，社、场双方各存壹份外，并报甘肃省农垦局及玉门市农业局各壹份备案。

出让土地房屋单位：

玉门市黄闸湾乡人民公社管理委员会（印）

负责人：娄永皋（印）

受让土地房屋单位：国营蘑菇滩农场（印）

负责人：王学敏（印）

1961 年 10 月 8 日于甘肃省玉门市蘑菇滩

# 柳河人民公社、国营蘑菇滩农场关于转让土地、房屋协议书

玉门市柳河人民公社和国营蘑菇滩农场关于转让土地、房屋，双方成立以下协议，并规定本协议自 1959 年元月 1 日起生效。

一、社方将规划区内另表目录所列土地、房屋物资转让给场方永远使用，场方业已接管。

二、场方接管前项土地、房屋物资后，对社方付给代价人民币贰万肆仟伍佰肆十捌元整，社方业已出据收讫。

三、双方成立协议后，土地房屋物资归场方所用，并承担一切应承担的义务（如纳税等）；对协议生效以前有关前项土地房屋上所发生的一切，统由社方负责解决。

为日后留存证据，兹制本协议书五份，社、场双方各存壹份外，并报甘肃省农垦局及玉门市农业局各壹份备案。

出让土地房屋单位：

玉门市柳河人民公社管理委员会（印）

负责人：宋国栋（印）

受让土地房屋单位：国营蘑菇滩农场（印）

负责人：王学敏（印）

1961 年 10 月 8 日于甘肃省玉门市蘑菇滩

# 关于建场设计任务书的批复

## 甘肃省人民委员会关于农建十一师农业二团建场设计任务书的批复

农建十一师：

（64）师司基字第 069 号报告及附件收悉。经研究，基本同意，并提出几点意见，请遵照执行。

一、建场规模与范围。生产用地暂定为 4 万亩，群众割草的草湖全部留给群众。与柳河公社耕地交叉部分让出，暂不规划进去；与黄闸湾等公社放牧有矛盾的地方，应与地方取得协议，放在后期开发。农场的规模，将来可和地方政府、群众协商，取得协议，还可适当扩大。

二、建场投资偏大，请在今后编制年度计划时严格审查，尽量降低造价，节约投资。

三、定型年度。基本建设同意在 1968 年定型，到 1970 年要自给有余，增加上缴利润。

四、对新建的一条支干渠，请主动和水利部门协商，提出设计比较方案，待审批设计时再定。

五、为了防止土壤盐渍化，应加强水文地质勘测与地下水观测工作，对排水沟的间距和深度在设计中要妥善考虑，并请考虑利用地下水灌溉农田。

六、渠道衬砌，要因地制宜，就地取材，摄取多种多样的防渗漏措施。但由于这里地下水位高，对混凝土渠道衬砌要慎重，应先做重点试验，请在设计中适当核减，以便节约土地利用率。

甘肃省人民委员会（公章）

1964 年 9 月 16 日

抄报：国家计划委员会、西北局计划委员会、农垦部、水电部

抄送：省计划委员会

# 甘肃省农垦局国营蘑菇滩农场建场设计任务书审核意见书

## 一、建场依据

蘑菇滩农场于一九五八年建立，以后北湖农场又并入该场。全场土地总面积 57000 亩，其中可耕地 30000 亩（现有耕地 5600 亩），宜牧地 35000 亩，其他 10000 亩，土地连片集中，坡降 1/200～1/100，宜于机耕。可耕地大部分是盐土，需要经过改良，才能生产。场区海拔 1425～1460 米，年平均气温 7.1℃，年积温 3112℃，年无霜期 160 余天，日照 3209 小时，年降水总量 83 毫米，为灌溉农业区，适种春谷类作物。该场属昌马河灌区，水量丰富，有扩灌潜力。

## 二、建场规模

耕地 3 万亩，建议防护林带和果园 3000 亩，沙枣林 5000 亩。羊 2000 只，繁殖母猪 200 口，乳牛 100 头，1972 年定型。要求 1965 年耕地达到 10000 亩。积极改良土壤，加强精耕细作，提高单产。随着水利工程的进展，再行扩大开荒面积，进行农田基本建设，预计 1970 年农场基本建成。

## 三、经营方针

以粮为主，农、林、牧、副综合经营。

## 四、生产布局

该场土地集中平坦，水利条件优越，距工矿区近，实行"四化"有充分条件，在定型年基本实现以农业机械化为中心的"四化"，是有可能的。因此，要求在建设过程中首先抓好机械化，创造经验，为实现农业"四化"打好基础。

定型后，种植的比例为粮食作物占 75%，牧地占 20%，油料、蔬菜占 5%。在定型年以前，林带面积达到 2900 亩，果树 100 亩，沙枣林 5000 亩，以便于提早取得效益。但在果树栽培方面，要求从现在起即着手进行试验，在解决困难问题后再行扩大。羊 1000 只，每年出售 150 只；繁殖母猪 200 口，每年出售育肥猪 1000 口。该场建成之后，为国家提供商品有粮、油、奶、肉等。

## 五、人员配备

为了二期发展建设的需要，我们认为该场职工在前期可以多上一点（以下略）。

## 六、流动资金

建议初步设计时核定。

## 七、基本建设

建议总投资为362.7万元，除已投资114.8万元外（尚需核资落实），尚需继续投资248万元。其中农业83.1万元，园林13.2万元，畜牧业17.7万元，工副业10.5万元，场内水利64.8万元（斗门以上水利工程投资未计算在内），交通电讯业13.9万元，房屋31.8万元，其他13万元（主要是改良土壤）。

## 八、存在问题

缺水文资料，农作物播种面积数字有错误，畜牧发展计划与畜产品生产计划数字、基本建设计划与房屋建设计划、牲畜棚建筑面积等不符，建议初步设计时详作。

甘肃省农垦局（公章）

1963 年 10 月 6 日

# 关于场界划定的有关文件

**关于批转河西建委、农建十一师、玉门市人委联合工作组"关于解决农建十一师第二团与柳河公社场、社界线的报告"的函**

（67）建字第 012 号

农建十一师、玉门市人委、农建十一师第二团、玉门市柳河公社：

河西建委、农建十一师、玉门市人委联合工作组"关于解决农建十一师第二团与柳河公社场、社界线的报告"，经征得农建十一师和玉门市人委的同意，又经我委讨论决定：同意这个报告。现将工作组的报告（附农建十一师第二团场界图）批转有关单位及团、社（队）双方遵照执行，并报省人委备案。

甘肃省河西建设委员会（公章）

1967 年 1 月 31 日

## 关于解决农建十一师第二团与柳河公社场、社界线的报告

河西建委并报农建十一师、玉门市人委：

第二团系原蘑菇滩（包括北湖）农场，于1958年初建场，1963年12月移交农建十一师经营。

原蘑菇滩农场曾于1958年3月划定过场界，并经原玉门县委、县人委同意；归农建十一师后，在原划场界的基础上，又重新作了勘测规划。在规划时，和柳河公社界经未经过具体协商，某些地段还存在一定的问题。

第二团系军垦"五好"期间重点建设的团场之一，为保证如期完成生产建设任务，同时，便于社队进行"五好"规划建设，在场、社界线上存在的问题，急待解决。为此，河西建委会同意农建十一师和玉门市人委组成联合工作组，并有第二团、柳河公社以及有关生产大队、生产队干部、贫协主席参加，于11月19日到达第二团和柳河公社开展工作，25日结束，我们遵照毛主席"政治工作是一切经济工作的生命线"的教导，在整个工作过程中狠抓了突出政治，学习了《毛主席语录》中有关指示，武装了头脑，用毛泽东"研究问题，忌带主观性、片面性和表面性""看问题要从各方面去看，不能只从单方面去看"的教导，并本着"军民兼顾，有利于发展生产，有利于军民团结"的原则，互助相让，反复协商，统一思想，达成协议，现将划定情况报告如下：

### （一）

第二团一九六四年规划的场界，东面以皇渠、北面以疏勒河及排渠等自然物为界线，均不存在问题。而西、南面与柳河公社的界线尚存在问题，主要是：场、社土地彼此插花；二团规划范围内包进了二道沟生产大队等6个生产队的部分荒地或弃耕地，未作处理；场、社牲畜放牧草场及割草地未作明确划分。对上述问题，我们分别做了研究、处理。

1. 红旗生产大队在第二团四支渠三斗一农条田内插花有熟耕地及轮歇地45亩，四支渠四斗一农条田内有熟耕地17亩，以上共153亩。我们商定：将四支三斗一农条用划归红旗生产大队；红旗生产大队在四支四斗一农条田内的17亩熟耕地，从现在起划归第二团；红旗生产大队在一斗五农条田内的45亩熟耕地、轮歇地仍由大队继续耕种二年，1968年秋收后交给第二团。第二团在大队指定的地段内开荒100亩（在1967年5月底前开好，开荒项目是：翻犁一次，机具粗平，开沟、筑埂各一次，大队自行洗盐压碱后，二

团再给耕翻一次）。

2. 二道沟生产大队在四支一斗一农（1）、（2），一斗二农（1）、（2）四个条田内有熟耕地 93 亩，熟荒地 360 亩，轮歇地 50 亩；第二团在此四个条田内有洗好盐的荒地 42 亩，并耕翻部分荒地，在一斗二农（1）、（2）条田内作了配套竣工工程，一斗一农（1）、（2）条田内挖了斗、农排。二道沟生产大队在一斗三、四农条田内插有生荒地 130 亩。该队又在三支四斗五农条田附近（即柴家墩）插有熟耕地 64 亩。我们商定：将第二团四支渠一斗一农（1）、（2），一斗二农（1）、（2）四个条田划归二道沟生产大队，将柴家墩熟耕地 64 亩、一斗三、四农条田内二道沟生产大队插花的生荒地 130 亩划归第二团。柴家墩 64 亩耕地内有的林木，归生产大队砍伐。

3. 第二团规划的支干渠进水口附近有徐家沟生产大队部分荒地插入第二团规划条田内，待放线后，插入多少由第二团在大队的指定地段内给翻犁多少，犁完后，进行对换。张家碱梁有徐家沟生产大队生荒地 60 亩，由第二团在大队指定的大队地段内翻犁 60 亩地，犁完后，进行兑换。

4. 第二团规划范围内的割草地（即柳条湖），为解决社、队牲畜放牧、割草的实际需要，我们商定：将这块割草划归社队放牧割草；清水河割草问题，按新划定的场、社界线，场、社在自己界线内割草、放牧。

5. 二道沟生产大队第六生产队史家庄以西（二团三支一斗四农条田末端），由第二才修南北大车路，接通原大车道，供团、社公用。第二团南部规划支干渠设计施工时，在进入柳条湖割草地渠线上，应设桥梁，供车、畜通行。在黄水沟地段，该渠线与黄水沟之间留 30 米左右，作为牲畜走道，并在 30 米内沿渠线修大车道一条，通往柳条湖。

## （二）

上述具体问题经协商处理后，第二团与柳河公社的场界是：从第二团二支排末端起，向南延三支排至西支渠八斗排相交，折向西北延旧斗渠至枯沟河东又为界：界线以南归第二团，以北归蘑菇滩大队。

西界：西北自枯沟河东叉起向南延枯沟河东叉至第二团独一农，折向东，延独一农到西四支渠相交于独一农进水口；折向南，延西四支渠至四斗渠进水口；折向东，延四斗渠至三斗一农排；折向南延一斗农排（注：应为三斗一农排）直线至三斗渠：折向西延三斗渠至四支渠；折向西延四支渠，与一斗二农排直线相交为界。界线以东归第二团，以西归社、队。

南界：自四支渠与一斗二农排直线相交点起，向东延一斗二农排至一斗排相交，折向前延一斗排直线至独斗排相交，折向东延独斗排直线至一斗四农东边规划林带，延林带折向北至拐弯处，折东至大车路，折东延大车路到老二斗排（老斗排）以南 30 米，折东直达清水河。越过清水河自一支排末端延一支排向东南推进 250 米止，折向西南直线 625 米，再折东南延支干渠的三斗排到支干渠相交，延支干渠向东南与独斗排相交，折向东北至一支排；折向东南一支排 625 米与独五斗排相交，折向西南延独五斗排至支干渠，延支干渠（此渠距黑沙窝 1300 米，距沙包北耕地约 700 米）折向东南穿过一支渠直达黄（皇）渠中心为界。界线以北归二团，以南归社队。

上述场界，经团、社（队）双方协商一致同意。

以上报告，如无不妥，请批转有关部门执行。

附：农建十一师第二团场界图

联合工作组：

河西建委：阎嘉贤、刘熙章（签名）

农建十一师：何昌孚（签名）

玉门市人委：王乐昌、范一心（签名）

农建十一师第二团：杨安全、姜恒民（签名）

柳河公社：张德全（签名）

柳河公社生产大队代表：谢天有（签名）、二道沟生产大队：马良国（签名）、徐家沟生产大队：罗生贤（签名）、官庄子生产大队：张学仁（签名）、蘑菇滩生产大队：陈天寿（签名）

1966 年 11 月 25 日

## 农建十一师二团、玉门市柳河公社关于解决场、社土地问题的协议

农建十一师第二团与柳河公社的界线问题，一九六七年元月三十一日，曾由河西建委、农建十一师、玉门市人委联合工作组和社、队共同协商划定过地界［文号（67）建字第012号］，这个地界今后仍然有效。但近年来，农村发展很快，柳河公社要求农二团支援一部分荒地。省革命委员会和兰州军区生产建设兵团派出领导，由地区革委会和农建十一师主持举办毛泽东思想学习班，进一步提高了我们的阶级斗争和两路线斗争觉悟。双方遵照毛主席"备战、备荒、为人民""团结起来，争取更大的胜利""要拥军爱民"的伟大号召，根据兰州军区、省革委会首长的指示，本着"加强团结、准备打仗、尊重现实，军民两利，互谅互让"的精神原则，经协商，达成以下协议：

一、考虑到生产发展的需要，农二团同意在一九六七年划定地界内，将西支渠以西，枯沟河以东农二团规划的北边独三、独四农50亩面积的两个条田划归柳河公社开发利用。地界以独三农为分界，独三农以北西四支以西归柳河公社，独三农以南归农二团。

二、在三年内将柳河公社红旗大队插入二团和西四支三斗一农条田内的90亩熟地、143亩荒地与农二团独一、二农750亩（包括60余亩熟地）条田进行兑换。在兑换以后，双方土地使用权归双方，若柳河公社需要在独一、二农内开垦荒地时，可持公社介绍信与二团联系，由农二团按实际情况进行安排。

农建十一师第二团代表：蒋辉

玉门市革委会代表：武德惠

玉门市柳河公社代表：恽焕文

1970年元月6日于安西

# 酒泉市地方志编纂办公室关于《饮马农场志》稿的审阅意见

酒市志办发〔2003〕8号

甘肃省国有饮马农场：

你场抄报我室《甘肃省国有饮马农场关于申请终审（饮马农场志）稿的报告》（甘饮场发〔2003〕053号）及《饮马农场志》稿收悉并审阅。意见如下：

1. 结构体系安排科学，篇目设置合理，某些地方还能根据事物的本质特征予以灵活处理，富有创见。如：与饮马农场建置沿革相关的五大坪和北湾农场，放在"农场建置"编后，以"附录"的形式加以简介，处理十分得当。

2. 观点正确，能注意在对事件的记述中表达编写者的观点和评价，符合志书资料性的特点。

3. 资料翔实可靠。

4. 有鲜明的地方特点与行业特色。

5. 语言简洁、规范，文风朴实，专业术语的使用科学、严谨，某些段落叙述平实而又不失美感，反映出编写者较高的语言修养。

总之，该志是本地区已修成的各类志书中质量上乘的一部。其成书过程及出版面世，将为本地区各地行业，特别是河西各国营农场修志提供丰富的经验并成为可资借鉴的范例。

但也还有一些需要调整修改的地方：

①人物传应严格遵守生不立传的原则。对农场建设和发展曾做出过特殊贡献而至今仍健在的人物，建议以依事系人的方式进行记述；对农场发展有突出贡献并至今健在者和现任领导，可以列表的形式进行记述，使志书成为经得起推敲、经得起时间检验的信史。第十编第一章所属各节标目层次不清，建议调整为"传记""简介""表录"三节记述相关内容。

②应坚持只述不论、只述不议的原则，尽可能做到寓论于叙，以突出地方志资料性的特点。某些章节中还存在过多的分析、论述、总结性的语段及学科性理论阐述，如第585、586页关于农场安全生产工作的总结，第590页给"劳动工资"下定义等。

③从饮马农场所处的地域看，这里从西汉起，历经隋唐、明清，直至20世纪60—70年代，一直是国家驻军屯垦、移民实边的重要地区；从饮马农场建场的历史看，曾有很长一段时期是"军垦模式"，接纳并安置了一批复转军人、城市知识青年和贫困地区的移民，既担负着生产建设的任务，也担负着卫国守边的任务，与古代驻军屯垦、移民实边的历史一脉相承。因此，建议在"历史沿革"一章中设置"历代屯垦"一节专述。

④饮马农场从20世纪80年代中期开始进入较快的发展阶段，经济建设取得了显著成效，建议在"综合管理"一编中专设一章记述经济总情。

⑤志稿中还有前后交叉重复的内容，建议尽可能进行调整，使之更加简洁、精炼。

⑥建议对志稿中数字（尤其是列表中）做进一步核对测算，以保证其准确无误。

⑦对"文化大革命"期间机构的称谓前后不一致的地方，建议以当时行文的称谓加以规范。

⑧个别地方还存在一些语病及打印错误，已将发现的在送审稿上或标明或做了修改，请斟酌采用。

二〇〇三年十月二十日

# 甘肃省农垦集团有限责任公司关于《饮马农场志》稿的审阅批示

甘垦集团党便字〔2003〕12 号

饮马农场：

　　你场《关于申请终审（饮马农场志）稿的报告》收悉。经组织审核认为，饮马农场志送审稿准确、全面记述了农场创建至 2000 年的发展历史，特别突出了党的十一届三中全会以来所取得的成就和经验，基本做到思想性、科学性和资料性相统一，符合修志原则。请按照酒泉、玉门市地方志编纂办公室意见修改后出版。

二〇〇三年十二月十六日

中国农垦农场志

甘肃饮马农场志
GANSU YINMA NONGCHANGZHI

后记

编史修志是中华民族的优良传统，编纂一部完整的企业志，可以让人们了解企业发展的历史，起到"存史、资政、教化育人"的作用，鼓舞士气，激励人们再创佳绩。

《饮马农场志》的编纂工作始于1995年5月，至2021年10月，40余万字的全部场志（初稿）基本完成，并于2022年上半年再次进行修改完善，最终定稿40.2万字。从最初的写稿编纂到5月定稿，时间跨越了27年之久。其编纂工作大体经历了三个曲折阶段：

**一、第一阶段**（1995—2005年）

20世纪80年代末，农场领导就提出了编写场志的意向。1995年年初，根据甘肃省农垦总公司的要求，场领导经研究决定，正式启动场志编纂工作。为此，场里抽调了几名即将退休的老同志，开始搜集、查找资料，为后期场志编纂做准备。1996年4月，农场党委研究决定，把场志编纂工作列入农场两个文明建设的系统工程，按计划予以逐步实施。6月初，成立了场志编纂工作领导小组和编纂委员会，下设场志编纂办公室、编辑部。

《饮马农场志》编纂委员会：

主　任　傅江海

副主任　孔凡本、周全礼、李家茂

委　员　曹怀治、何庆祥、彭述先、

傅作琪、万庆昌、党清俊、董西林、常通、张桂琴、常元慧、陈重铁、田心灵、詹殿学、杨顺庆、李伯晓、梁忠贤

《饮马农场志》编纂人员：

主　　编　张国光

副主编　冯怀英

编辑撰稿　董西林、张国光、冯怀英、王青宇

编委会成立后，场里抽调了傅作琪、张大光、冯怀英、王青宇4名同志专门从事场志编纂的案头工作。同时，场党委对修志工作提出了进展计划和具体要求，体制上实行党委领导下的主编负责制，把修志工作纳入党委和农场行政的日常工作。在具体的业务方面，要求和省、地、市地方志编纂委员会取得联系，接受其业务指导。1997年年初，农场办公室主任兼场志主要编辑董西林调离，傅作琪同志在9月退休。1999年，调冯怀英去小宛农场任职，专职编辑人员再没有补充，编纂工作由张国光负责。

回顾历史，令人感慨万端。编写饮马场志，意义非常重大。众所周知，饮马农场于1956年正式开发建设，到2020年已有64年的历史。其间，经历了劳改、县办、军垦、省属等多种管理体制。由于管理体制的多变，以至在文档资料的保存管理方面有许多意想不到的缺憾，现有资料数量少，又较为分散，还有的内容残缺不全，给编纂工作带来了很大困难。为了保证场志编纂工作的顺利完成，工作人员坚定信心，克服重重困难，内查外调，多方搜集资料，力求使场志编纂不留遗漏和缺憾。当时确定的资料收集和场志编纂下限时间为1995年12月31日。

对于编委会的编纂人员来讲，着手编纂场志确实是一项新任务。被抽调来的几名老同志，如张大光、冯怀英、董西林等，虽然有一定的文字功底，发表过一些作品，但担任场志主编、副主编、编辑，编纂一部洋洋几十万字的大部头场志，心里还是没底。编纂志书的专业性非常强，对文字的要求极其严格，非一般人所能为，他们只能在实际工作中摸索前行，遇到难题就请教专家和学者。经过一段时间的实践和努力，编委会终于制定出了一份比较可行的场志编纂方案，遂报送省、地、市地方志办公室审定，后经数次修改完善，编纂大纲终被确定下来。

从大局来讲，编纂场志，历史资料是重要基础和先决条件。要保证场志内容准

确、全面、完整，结构合理，按照"上限不等高，下限一刀切"的编纂原则。在具体做法上，"上限"根据具体情况尽量上溯，"下限"则统一规定到1995年，并且按照先内后外、先易后难、先近后远的方法撰写。据统计，至2003年5月初稿形成，编纂人员共翻阅查找各方面的档案、典籍、书册和各类统计报表1.4万卷（册），走访场区不同时期的领导和当事人374名，摘抄、归纳档案和收集口碑资料240多万言，复印各种可用的原始资料50余万字，并对收集的所有资料进行分类登记、编号填卡、鉴别考证。

在掌握了相当数量翔实可靠的第一手资料后，从1998年5月起，编写工作加快了进度，场志编纂得以全面推进。但在编写过程中，也遇到了一些难题，比如在农场的创建与发展方面，经历了相当艰难曲折的复杂历程，有前进、有后退、有亏损、有盈利，但每一次的进退亏盈都与当时的社会环境和大的政治形势密切相关。在编写过程中，编纂人员坚持实事求是的原则，客观反映现实，用数字说话，让人们从对比中看到发展的希望。此外，农场是全民所有制综合性农业企业组织，农林牧副渔、工农商学兵各业俱全，在建设和发展过程中，形成了与农村经济和其他国有企业不同的特点，具有企业性、全民性、区域性、综合性和社会性。如果按行业分章编纂，有失农垦特色，如果丢掉行业，则内容空虚，因此，场志编纂采用了竖排沿革、横排门类的编目框架，为了清晰表达农场的历史与现状，采用先志其变，次志其稳，再志其发展的编目。对十一届三中全会以后实行改革开放的经营效果，设专章志述。对原始资料中的浮夸部分，本着实事求是、去伪存真的原则，除数字无法更正加以注解外，全部舍而不用，对有根据可以推算的必要数字，则加备注说明。

经过第一阶段10年的艰辛努力，2003年3月，场志初稿完，共10编、43章、166节，加上序言、概述、大事记、附录，总约60万字。考虑到修编一次场志极不容易，后经过场领导研究，将场志下限时间延续、确定到2000年。为了进一步对场志进行修改完善，2001年6月将初稿打印成册，分送各有关部门、各级领导和当事人审阅，让他们提出修改意见。2003年4月，场志初稿进入复审阶段，场领导田心灵、黄建明、刘凤伟、李兆强等亲自参加，并认真进行审阅，提出了中肯意见。

2003 年 8 月，几易其稿的场志（初稿）（1956—2000 年）经农场党委会复审后，报送农垦集团公司和酒泉、玉门市地方志编纂办公室终审，同时，分送酒泉农垦公司、饮马水泥厂、莫高股份饮马啤原分公司，以及调出农场的离退休主要领导傅江海、李家茂、周全礼等同志传阅，再度征求修改意见。2005 年 5 月，集中了所有意见和建议后修改完善，打印成册送审。

2005 年 5 月，基本编成《饮马农场志》（初稿），在前期十余年的编纂过程中，得到了社会各界和相关部门的大力支持。尤其是一批建场元老，他们主动反映情况、提供资料，其精神令人感动。同时，还得到了司登明（甘肃省志编纂处处长）、钟圣祖（甘肃省长城考古队处长）、郑信（甘肃省《劳改工作志》主编）、杜振涛（玉门市志办主任兼主编）、贺涤新（甘肃省农垦总公司高级工程师）等领导的指正和帮助。

## 二、第二阶段（2005—2007 年）

2005 年 6 月，根据当时农场主要领导的要求，农场党委会研究决定，将《饮马农场志》的编纂下限时间延至 2005 年 12 月。因 1996 年成立的场志编纂委员会的大部分编辑人员已调离或退休，人员需要补充，于是，农场经研究决定成立了新的场志编纂委员会。新成立的场志编委会仍由张国光同志总体负责，经过一年多的努力工作，2006 年 12 月，场志第二稿初稿基本完成，并上报进行审核。

《饮马农场志》编纂委员会：

主　任　田心灵

副主任　黄建明

委　员　苏聚明、王建伟、刘凤伟、李兆强、尹彩琴、李应跃、王兰荣、寇景荣、侯平江、张国光

《饮马农场志》编纂人员：

主　编　张国光（又名张大光，下同）

副主编　李兆强

其他人员　尹彩琴、王兴宏、罗六旺、沈成起、郑中玉

### 三、第三阶段（2020—2022年）

因人事变动和其他客观原因，到2007年4月，《饮马农场志》的编纂工作基本搁置。2020年8月，场志编纂工作被重新提上分公司（农场）领导的议事日程。经研究决定再行成立机构，重新组织人员，并把场志编写的下限时间确定在2020年12月底。经过前两次的编纂，在前几任撰稿人员的不懈努力下，这次的场志编写有了一定的文稿基础，积累了大量的资料，困难程度没有当初那么大。但同时，也有一些新的问题出现，如原场志文稿时间跨度大，由于社会环境和形势在不断发生变化，有些术语和社会习惯性称呼到2020年已很不适应，新文稿必须顺应新的形势。如此一来，又在无形中增加了新的工作量。

从2020年7月开始，第三次场志编纂工作正式启动。9—10月，分公司（农场）主要领导就场志编纂事宜亲自主持召开了几次大小会议。当年9月30日，农场下发了《〈甘肃农垦饮马农场志〉编纂工作实施方案》。该方案包括指导思想、组织机构、工作任务、编纂要求、保障措施等几大部分：

**（一）指导思想**

以马克思主义、毛泽东思想、邓小平理论、"三个代表"重要思想、科学发展观和习近平新时代中国特色社会主义思想为指导，弘扬农垦艰苦奋斗、勇于开拓的精神，坚持实事求是，突出时代特色和企业特色；坚持全面、客观、真实、公正地记录和反映农场历史与现状，存真求实，通鉴后世。

**（二）组织机构**

《饮马农场志》编纂委员会：

主　任　常玉泉

副主任　廖伟祥

成　员　刘明军、党文新、郭万鑫、邹常生、刘婉君、马东红、吴大鹏、关治清、张彪、王兴宏、张将元、宋丽菁

**（三）工作任务**

编纂工作总目标是客观、真实地对甘肃农垦饮马农场建场以来的历史进行回顾、总结、记录，确保志书的真实性、完整性和科学性。

第一阶段：2020年7月1日—8月30日，编纂工作启动阶段。为加强对志书编纂工作的领导，农场成立以党委书记、经理为组长，各相关领导和部门为成员的领导小组。领导小组下设办公室，选用政治素养好、工作责任心强、熟悉农场情况、有一定文字表达能力和吃苦耐劳的同志负责具体编纂工作所需的资料收集。落实好办公经费和办公场所，配备必要的办公设施。

第二阶段：2020年8月30日—9月30日，方案制定阶段。制定编纂工作实施方案和编纂目录，落实工作责任和工作任务，确保编纂工作如期顺利完成。

第三阶段：2020年9月30日—12月20日，工作实施阶段。对现已掌握的历史文字和图片资料进行收集、分类、整理，在确保农场志编纂篇目的同时进行资料的再挖掘、再补充、再完善，更加完整、真实地记载饮马农场建场至今的发展历程，全面真实地反映农场各方面的情况。

第四阶段：2020年12月20日—12月31日，年度进展总结阶段。对前三个阶段工作的开展情况进行总结。

第五阶段：2021年1月—2021年10月30日，志书初稿编纂阶段。按照志书编纂要求，依据收集的文字、图片、视频、音频等历史资料，客观、真实、全面地进行场志编纂，于10月底前完成初稿编纂任务。

第六阶段：2021年11月1日—11月30日，报审阶段。

第七阶段：2021年12月1日—12月31日，定稿报审阶段。根据上级提出的意见进行再补充、再修改、再完善，努力编纂出一部高质量的农场志书。

**（四）编纂要求**

（1）编纂工作要从客观存在的实际出发，详细地搜集、保存农场历史发展的第一手材料并进行分析研究，去伪存真，归纳、整理、编辑、记录，坚持实事求是、科学严谨、保持历史真实性的原则。

（2）编纂工作要做到详今明古，按照农场历史发展的脉络，突出时代特色，篇目科学、行文规范、文字简练、语言朴实、文笔流畅、数据准确、逻辑合理、简略得当。

（3）编纂工作要突出重点，特别是对重大事件、重要人物以及发展历程中的重要节点，都要翔实记述，横不断项、纵不断线。

（4）编纂工作要突出农场特色，特别是要对饮马文化、企业特色、时代特点进行充分挖掘，真实地展现农垦的精神风貌和农场的发展状况。

### （五）保障措施

（1）落实保障措施，确保编纂工作顺利进行。做到认识到位、领导到位、机构到位、经费到位、设施到位、规划到位、工作到位，提供独立的编纂办公室及相应的办公设施，制定安全、保密、编纂工作等相关工作制度。

（2）增强精品意识，高质量完成编纂任务。严格质量标准，在制定阶段工作计划、科学制定志书篇目、编纂人员素质等方面，做到严格要求。充分认清志书编纂的重大意义，制定高标准，严把编纂的每一个环节，一丝不苟、精益求精。

（3）定期督导检查，稳步推进场志编纂工作。领导小组要定期对编纂工作进行督导检查，掌握和了解编纂工作进度，随时提出指导意见和建议，保证编纂工作的顺利进行，高标准、高质量地完成饮马农场志的编纂工作任务。

应该说，这个方案是切实可行的。为此，场里再行组织编撰人员开会，安排具体工作，并于2020年10月20日下发了"编撰《饮马农场志》任务安排表"，人员和分工情况如下：

刘明军　撰写第一编、第九编

党文新　撰写第二编

邹常生　撰写第三编

王兴宏　撰写第四编、第八编部分章节

关治清　撰写第四编部分章节

刘婉君　撰写第五编、大事记及第七编部分章节

张将元　撰写第六编、第四编部分章节

张　彪　撰写第六编部分章节

宋丽菁　撰写第七编部分章节

吴大鹏　撰写第七编部分章节

马东红　为第七编提供表格

郭万鑫　撰写第八编部分章节、第十编

为进一步做好场志编纂工作，能够让编纂人员熟悉业务，农场按照上级组织的

要求，于 2020 年 10 月派时任场志编纂委员会副主任的廖伟祥和成员刘明军二人到黑龙江省哈尔滨市参加了农业农村部农垦局举办的农场志编纂业务培训班。为加强编纂力量，2021 年 5 月 10 日，农场专门聘请了曾主编过《疏勒河项目志》《玉门军事志》《玉门市志》（文化志部分）等志书的玉门市政协原文史委主任张怀德担任场志文稿总编辑。此后，分公司党委书记、总经理常玉泉亲自主持召开了由十多名编撰人员参加的会议，具体安排场志编纂工作任务，并提出相关要求。

虽然这次场志编纂工作遇到了很多困难，但编纂人员还是按照原定计划，于 2021 年 12 月 20 日完成了各自的写稿任务。其间，总编辑张怀德和二位编审廖伟祥、刘明军密切配合，互相传阅，精心修改每一编、每一篇文稿，逐步完善文稿内容，力争达到标准。

2022 年 2 月，场志初稿打印后交由分公司（农场）各位领导审核，并提出了修改意见。经过再次修订，于 3 月 16 日将场志初稿报送中国农业出版社审核，后农场收到农业出版社反馈的审核意见后继续进行修改。

此次修订的《饮马农场志》共 10 编、39 章、111 节，包括序言、概述、大事记、附录，总约 82 万字，文内照片来源为：①农场场史展览厅和机关党群部保存的影像资料；②由撰稿作者邹常生、王兴宏、关治清几名同志提供，对此我们深表谢意。由于编者水平有限，书中难免存在一些不尽如人意的错漏和缺憾，诚望读者批评指正。

编　者
二〇二二年五月

# 中国农垦农场志